**Yukio Mishima:
O Homem de Teatro
e de Cinema**

Coleção Estudos
Dirigida por J. Guinsburg

Equipe de realização – Edição de texto: Iracema A. de Oliveira; Revisão de provas: Soluá Simões de Almeida; Sobrecapa: Sergio Kon; Produção: Ricardo Neves e Raquel Fernandes Abranches.

Darci Kusano

**YUKIO MISHIMA:
O HOMEM DE TEATRO
E DE CINEMA**

 PERSPECTIVA

Dados Internacionais de Catalogação na Publicação (CIP)
(Câmara Brasileira do Livro, SP, Brasil)

Kusano, Darci
    Yukio Mishima : O homem de teatro e de cinema /
Darci Kusano. – São Paulo : Perspectiva : Fundação Japão,
2006. – (Estudos ; 225 / dirigida por J. Guinsburg)

    ISBN 85-273-0748-0

    1. Cinema – Japão 2. Dramaturgos – Japão 3. Mishima,
Yukio, 1925-1970 – Crítica e interpretação 4. Teatro japonês
– História e crítica 5. Teatrólogos japoneses – Crítica e inter-
petração I. Guinsburg, J. II. Título. III. Série.

| | CDD -791.430952 |
| 05-9962 | -792.0952 |

Índices para catálogo sistemático:
    1. Cinema japonês: História e crítica   791.430952
    2. Teatro japonês: História e crítica   792.0952

Direitos reservados à
EDITORA PERSPECTIVA S.A.
Av. Brigadeiro Luís Antônio, 3025
01401-000 – São Paulo – SP – Brasil
Telefax: (0--11) 3885-8388
www.editoraperspectiva.com.br
2005

*A edição desse livro contou com subsídio do Programa de
Apoio a Publicações da The Japan Foundation.*

Agradecimentos

Em São Paulo:

Prof. Jacó Guinsburg, pela sugestão do tema de pesquisa;
Prof. Haroldo de Campos, pela cooperação. A ambos os mestres, pelos diálogos, apoio e incentivo incessantes;
Olga Shimabukuro, pela generosidade inestimável em ter digitado as traduções das peças de Mishima;
Profª Hiroko Yanagui, minha mestra há mais de duas décadas, pelas elucidações de língua e cultura japonesa;
Profª Maria Lúcia Pupo, pelo exemplo de batalhadora intelectual;
Prof. José Eduardo Vendramini, pelo auxílio em diferentes momentos;
Prof. Clóvis Garcia, pela colaboração e disponibilização de sua biblioteca na preparação aos exames;
Christine Greiner, pelos frutíferos diálogos Oriente e Ocidente;
Fundação Japão de São Paulo: Akihiro Otani, Masakatsu Umemiya, Hiroshi Yoshii, Hiroki Yamasaki, Michiko Okano, Cecília Suzuki, Kahoru Tanaka, Norma Wakizaka e Sandra Yamafuku, pela colaboração de longa data. E em especial ao diretor de projetos culturais, Jo Takahashi, cujo trabalho tem sido fundamental na divulgação criativa da Cultura Japonesa no Brasil;
Aliança Cultural Brasil-Japão, pela facilidade de acesso ao seu acervo;
Neide Kusano, Rubens Matsubara, Márcio Kusano, Setsuko Iwakiri, Rosiane Kusano e Gustavo Melgarejo pela assessoria em informática;

X YUKIO MISHIMA: O HOMEM DE TEATRO E DE CINEMA

Rosa Eiko Higashi, pela leitura das traduções;
Minha família comunitária, pela paciência durante o longo período de gestação do livro: minha mãe Yose e meus irmãos Antonio, João e Marina.
Professores da banca da tese de livre-docência: Drs. Waldenyr Caldas, Vera Lúcia Felício, Sedi Hirano, Reynúncio Napoleão de Lima e Élide Mozeglio, pelas argüições pertinentes que colaboraram na elaboração final da obra.
Toshihiko Tarama, Rimi H. de Oliveira, Susumu Miyao e Célia Oi, diretora do Museu Histórico da Imigração Japonesa, pelas informações preciosas sobre a estadia de Mishima no Brasil.

Em Kyoto:

International Research Center for Japanese Studies (Nichibunken): Prof. Sadami Suzuki, supervisor; Prof. Sussumu Nakanishi, coordenador da pesquisa em grupo de *O Poder Imaginativo dos Japoneses*; Sachiko Usui da Seção de Intercâmbio Internacional; psicanalista Prof. Hayao Kawai, introdutor de Yung no Japão, e sua discípula Dr.ª Yoshimoto; Prof. Tetsuo Yamaori e Prof. Akira Hayami, pela colaboração, apoio e troca de idéias; Prof. Ben-Ami Shillony da Universidade de Jerusalém, pelas indicações bibliográficas;
Prof. Hideaki Sato da Universidade Feminina Suguiyama de Nagoya, especialista em Mishima, pelo fornecimento de material precioso;
Eduardo Ryoho Sasaki, estudioso de religiões, pelos contatos e generosidade;
Prof. Luis Canales da Kyoto University of Foreign Studies, especialista em Mishima, pelo material de pesquisa.

Em Osaka:

The Japan Foundation Japanese Language Institute, Kansai: diretor Yoshio Kawashima; Prof. Morio Hamada, coordenador do Programa de Língua Japonesa Específico para Pesquisadores, e seus professores assistentes: Atsuko Ôsumi, Kunihiro Shiotani, Yasue Takeuchi, Maeda e a bibliotecária Nobue Yamada, pelo ensino e colaboração dedicados; ao coleguismo de Nguyen Thi Oanh e Isabelle Saulquin.
Nobuko Machida da cidade de Suita, pelo apoio.

Em Nara:

Prof. Michio Morinaga, ex-reitor e atual mestre da Faculdade de Artes Liberais da Universidade Tezukayama, e sua assistente em

AGRADECIMENTOS

Estudos Dramáticos, Yuri Suzuki, pela generosidade e fornecimento do material de estudo.

Em Tóquio:

Prof. Yoshio Ôzasa, pelos cursos sobre o Teatro de Mishima na Universidade Waseda;

Prof. Akira Kikuchi, a pesquisadora Kaoru Matsuyama e o fotógrafo Tomogane do Museu do Teatro de Waseda, pelo fornecimento do material de pesquisa;

Fotos: Tsubouchi Memorial Theatre Museum da Universidade Waseda, pelo acervo fotográfico;

Seiji Washio, pelo acesso à gravação sonora de Mishima;

Prof. Takashi Inoue da Universidade Feminina Shirayuri, pela indicação bibliográfica mais recente;

Itsuo Hama, produtor do Bungaku-za; gerente Kazuya Tominaga e produtora Naoko Shimotsuma do Haiyû-za; Hideki Arakawa, produtor do Subaru, pelos programas de encenações das peças e livros.

Em Yokohama:

Hiromi Yamamoto, pela edição japonesa das *Peças de Nô Moderno* de Mishima e apoio entusiasta;

Família de Tachie e Yoshie Oka, pelo fornecimento e envio do material de pesquisa, bem como a hospitalidade durante a minha estadia na região.

Família de Luiz Melendez Ibarra, pela hospitalidade durante a minha estadia em Boston.

Bolsas de pós-doutorado concedidas pela Fundação de Amparo à Pesquisa do Estado de São Paulo (Fapesp) e Fundação Japão
Treinamento em Língua Japonesa para Pesquisadores, em Kansai (Osaka), pela Fundação Japão.

Em memória de Haroldo de Campos.

*Para Olga Shimabukuro e todos os que embarcam
nessa grande aventura chamada Oriente.*

Sumário

Introdução XXIII

Uma Vida em Quatro Correntes: Rios do Livro, Teatro,
Corpo e Ação XXVII

PARTE I: RIO DO LIVRO 1

PARTE II: RIO DO TEATRO..5

MISHIMA DRAMATURGO

1. O Aspirante a Dramaturgo Kimitake Hiraoka....................45
   Inspiração em Temas Bíblicos 45

2. A Decadência da Burguesia no Pós-Guerra e o Emergir
   da Galeria de Mulheres Fortes: Sob a Égide da *Fedra*
   de Racine 49

   A Estréia do Homem de Teatro Yukio Mishima
   com *Casa em Chamas*..49
   A Sombria Juventude em *Ansiedade Amorosa*................54
   As Relações Perigosas em *O Farol*................................55
   Comédia *Níobe,* Inspirada na Mitologia Grega................56

A Psicologia Juvenil em Ridicularizar *A Santa* 58

3. DRAMAS DE GUERRA: "VIVER COMO SE NÃO HOUVESSE UM AMANHÃ" 61

4. CRIAÇÃO DE TRAGICOMÉDIAS 67
   Nada é Tão Caro como o Grátis 67
   Girassol Noturno, Peça Escrita em Paris 69
   Desejo Triangulado em *As Três Cores Primárias* 70

5. MISHIMA E O BRASIL 75
   Rio de Janeiro, a Ansiada Terra Natal 76
   A Estadia no Estado de São Paulo 80
   Carnaval do Rio 83
   A Toca de Cupins, Peça Inspirada na Fazenda de Lins .. 87
   Opereta *Bom Dia, Sra.!*, Inspirada no Carnaval
   do Rio 91

6. OS ANOS DE FILIAÇÃO À COMPANHIA BUNGAKU-ZA (1956-1963) .. 93
   A Confissão Amorosa da Matrona em *Um Grande
   Obstáculo* 94
   Pela Ressurreição da Teatralidade, o Melodrama
   Palacete das Festas 96
   O Mundo é Uma Rosa em *A Rosa e o Pirata* 102
   Árvore Tropical, a Electra Japonesa 105
   A Bad Girl, ou melhor, a Pirata *Lagarto Negro*,
   em um Drama de Suspense 109

7. RUPTURA COM O BUNGAKU-ZA, FORMAÇÃO DA COMPANHIA NLT 117
   "A Arte Tem Ferrões": O Incidente de
   A Harpa da Alegria 117

8. TEATRO POLÍTICO 127
   Prelúdio para o Teatro Político: *As Mulheres Não se
   Renderão* 127
   Década de 1960: Surgimento do Teatro Político 129
   *Trilogia sobre o Incidente de 26 de Fevereiro
   de 1936: Os Crisântemos do Décimo Dia* 137
   As Vozes dos Espíritos dos Heróis Mortos 141

SUMÁRIO   XVII

A Questão do Imperador em *A Queda da Família Suzaku* 144

9. O DESPERTAR EXISTENCIAL EM *OS VELEIROS DO AMOR*............. 151

10. O EXPERIMENTALISMO EXTREMO COM *MARQUESA DE SADE* E *MEU AMIGO HITLER* 155

    Seda e Sangue em *Marquesa de Sade* 155

11. RUPTURA COM A COMPANHIA NLT; FORMAÇÃO DO ROMAN GUEKIJÔ 171

    Meu Amigo Hitler.. 172

12. SOB A INFLUÊNCIA DO TEATRO TRADICIONAL JAPONÊS............. 179

    Peças de Nô Moderno 179

    A Transmigração do Ser em *O Travesseiro dos Sonhos*.... 188

    O Tamboril de Damasco que Não Ressoa.................... 194

    A Centésima Noite em *Komachi sobre o Stupa* 199

    O Fantasma Vivo em *A Dama Aoi* 205

    Os Leques Trocados em *Hanjo* 212

    A Face no Espelho em *Dôjoji*..................................... 219

    A Contemplação das Florações de Cerejeiras em *Yuya* .. 223

    O Jovem Cego 226

    Missa para o Príncipe Genji...................................... 232

13. PEÇAS ESCRITAS EM NOVA YORK: *LONG AFTER LOVE* E O KYÔGUEN MODERNO *BUSU*.. 233

    Busu, um Kyôguen Moderno 234

14. KABUKI DE MISHIMA.. 235

    Kabuki, a Flor do Mal.. 235

    Peças do Kabuki de Mishima....................................... 247

    Fedra em Estilo Kabuki, *Orvalho no Lótus: Contos de Ouchi* 264

    O Herói Inacabado em *Lua Crescente: As Aventuras de Tametomo* 270

    Estética Dramatúrgica de Kabuki................................. 279

    Arte do Ator de Kabuki.. 281

    Arte do *Onnagata*... 284

XVIII YUKIO MISHIMA: O HOMEM DE TEATRO E DE CINEMA

15. O Bunraku *Lua Crescente: As Aventuras de Tametomo* 289

16. Combinação de Kabuki e Shimpa em *Azaléias Matutinas* ...291

17. Sob a Influência dos Musicais Americanos 295
    A Deusa que se Dissipou 296
    Grand Nu Follies, O Amor Possui Sete Chaves 297
    Arabian Nights 298

18. O Monstro Chamado Ópera 301
    Minoko, a Ópera Abortada 303

19. *Boxe*, Radionovela Inspirada na Música Concreta 307

20. A Morte Desejável no Monólogo *A Saudação do Barco* 309

21. A Pantomima *Cavalheiro* 311

22. Reflexões Sobre a Criação do Drama Poético, Drama
Dançante e Balé 313
    Dança é Alegria 316

23. Os Balés *Patriotismo* e *Miranda* 319

24. Butô, o Pesadelo Contemporâneo 323
    Dança em Crise 325

25. Corpo a Corpo com o Demônio Chamado Tradução.........329
    A Eloqüência da Retórica no *Britânico* de Jean
    Racine 329
    O Pequeno Paraíso Perdido na *Prosérpina* de Goethe 332
    A Impressão Carnal Violenta em *O Martírio*
    de São Sebastião de D'Annunzio 334

26. Pela Restauração da Teatralidade e do Teatro
Romântico 341
    Adorável *Tosca*, de Victorien Sardou...........................343
    Ruy Blas, de Victor Hugo 345

27. A Doença do Absoluto em *O Terraço do Rei Leproso* 347

MISHIMA DIRETOR

28. A Viagem Diretiva Inaugural em *O Farol* 361

29. *Orvalho no Lótus: Contos de Ouchi*.............................363

30. *Orfeu* da Era Guenroku 365
    A Águia de Duas Cabeças...366

SUMÁRIO

31. O FILME *PATRIOTISMO* 369
    Première Mundial Francesa de *O Rito de Amor*
    e Morte 371
    Estréia Japonesa de *Patriotismo* 372

32. UM TRABALHO A TOQUE DE CAIXA NA DIREÇÃO DE *LUA*
    CRESCENTE: AS AVENTURAS DE TAMETOMO 379
    Yukio Mishima nos Ensaios 383

33. *SALOMÉ*, OBRA QUE ABRE E FECHA O SEU CICLO DE VIDA
    ADULTA 381

PARTE III: RIO DO CORPO 393

1. ESTÉTICA DO CORPO 401
    O *Senhor Teste* do Corpo 401
    No Princípio Era o Verbo... 402
    Mishima e a Grécia 403
    Construção do Corpo 408
    Dualidade Corpo e Espírito 413
    Sofrimento, Morte e Grupo 416
    O Estilo É Físico 419
    Dilema Autoconsciência e Existência 421
    Morte, o Princípio Maior 423

MISHIMA ATOR
2. MISHIMA ATOR DE TEATRO, MUSICAL E CINEMA 427
    Mishima Ator de Teatro e Musicais 427
    Mishima Ator de Cinema 431
    O Enigma de *Patriotismo* 436
    O Duelo de Navalhas em *Lagarto Negro* 439
    A Estética do Terrorismo em *Os Matadores* 439
    Mishima Modelo Fotográfico 444

3. TEATRO E CINEMA DE YUKIO MISHIMA 451
    Por que Mishima Escrevia Peças Teatrais? 451

4. PROCESSO CRIATIVO 455
    Só Existe o Demônio Consciente 457
    Criação a Partir do Desfecho 458

YUKIO MISHIMA: O HOMEM DE TEATRO E DE CINEMA

Teatro e Romance...460

A Múmia e a Rota para o Clássico.............................462

Veneração pelos *Kata*.......................................463

O Princípio Trágico e a Estética da Decadência...........465

O Espetáculo da Guerra e o Nascimento da Estética
da Morte..466

Processo Criativo e *Código de Processo Criminal* 470

O Mundo da Farsa..471

O Teatro É Um Show da Fala..................................473

Luta entre o Amor e a Política..............................478

5. ARTES DO ATOR DE TEATRO E DO ATOR DE CINEMA.............481

Arte do Ator de Teatro......................................481

Arte do Ator de Cinema......................................486

6. O TEATRO IDEAL MORREU.....................................491

7. ENCONTROS COM HOMENS DE TEATRO...........................493

O Japão Visto por Tennessee Williams........................493

O Breve Encontro com Albee..................................497

Cocteau, Anjo e Leão..498

8. AS COISAS QUE ME FASCINARAM:..............................501

A Serenidade Clássica de Raymond Radiguet...............501

Ôgai Mori, um Mestre Maior do que Radiguet.............503

O Dualismo de Thomas Mann...................................504

A Origem da Tragédia de Nietzsche.........................506

O Erotismo de Bataille....................................508

9. O VERDADEIRO TEATRO DE MISHIMA............................517

Ideal Estético de Simplicidade e Clareza................517

Teatro é Confissão, Com Uma Máscara.........................518

Negação da Realidade..520

A Voz é a Vida do Teatro....................................522

Teatro Tradicional e Shingueki..............................523

Teatralidade..524

Mishima Ator e Modelo Fotográfico...........................524

Mishima e o Ocidente..525

O Verdadeiro Teatro...527

SUMÁRIO

PARTE IV: RIO DA AÇÃO..529

1. DEBATES COM OS UNIVERSITÁRIOS DE IPPONBASHI, WASEDA E IBARAKI EM 1968 533

2   ENCONTRO COM OS ESTUDANTES COMUNISTAS DA UNIVERSIDADE DE TÓQUIO 537

3   O QUE PROTEGER? 539
    A Questão do Imperador 539
    Original e Cópia 544
    Características da Cultura Japonesa 545

4. *HAGAKURE* DE JÔCHÔ YAMAMOTO, A FILOSOFIA DA MORTE......549

5. HISTÓRIA DO *SEPPUKU* 551

6. "O ESTILO É O HOMEM" 555

7. ENCONTRO COM OS JOVENS DO *RONSÔ JOURNAL* 557

8. FORMAÇÃO DA SOCIEDADE DO ESCUDO 559

9. CONCEITO DE *BUNBU RYÔDÔ* 561

10. DRAMATIZAÇÃO DE *PATRIOTISMO*: O *SEPPUKU* NO QUARTEL-GENERAL DE ICHIGAYA 565

DRAMATURGIA DE YUKIO MISHIMA 571

BIBLIOGRAFIA EM JAPONÊS 579
    Obras de Yukio Mishima 579
    Bibliografia sobre Yukio Mishima 580
    Revistas Dedicadas a Yukio Mishima 582
    Programas de Encenações das Peças de Yukio Mishima........582
    Entrevistas sobre Mishima 583

BIBLIOGRAFIA EM LÍNGUAS OCIDENTAIS 585
    Dramaturgia de Yukio Mishima 585
    Romances, Contos e Ensaios de Yukio Mishima 586
    Críticas, Biografias, Álbum Fotográfico e Bibliografia Geral.....586

CRÉDITOS DAS IMAGENS 589

Introdução

No final de 1990, inadvertidamente torci o pé. No longo período de imobilidade forçada e sessões de fisioterapia, comecei a traduzir as *Peças de Nô Moderno* de Yukio Mishima. Logo elas foram seguidas pelas traduções do drama *Marquesa de Sade*, da tragédia *Árvore Tropical* e do melodrama *Palacete das Festas*. Certo dia mostrei as traduções ao meu orientador no doutorado, Prof. Jacó Guinsburg, no Centro de Artes Cênicas da Escola de Comunicações e Artes da Universidade de São Paulo. Ele sugeriu-me a idéia de acrescentar um ensaio crítico às traduções e apresentá-los como a tese de livre-docência. Acatei de imediato a sugestão e assim iniciei o pós-doutorado sobre o teatro de Yukio Mishima, com o auxílio de uma bolsa da Fapesp em 1992.

Yukio Mishima é conhecido no Brasil sobretudo pelas traduções de suas obras literárias (romances, contos e ensaios), pela biografia *A Vida e a Morte de Mishima* do jornalista e escritor inglês Henry Scott Stokes e através do filme *Mishima, Uma Vida em Quatro Capítulos* (1983) do diretor americano Paul Schrader, cuja projeção ironicamente continua proibida até hoje no Japão. Todavia o teatro de Mishima, de peso relevante dentro do conjunto de sua obra, embora constitua uma importante contribuição para o teatro moderno, não apenas nipônico, mas universal, é quase que praticamente desconhecido em nosso país. Enquanto romancista já é amplamente divulgado, porém, como homem de teatro e cinema infelizmente tem sido negligenciado até mesmo no Japão.

XXIV YUKIO MISHIMA: O HOMEM DE TEATRO E DE CINEMA

Mishima foi um dos últimos grandes dramaturgos a compor peças de nô e kyôguen modernas e, com o seu domínio do japonês clássico, dramas de bunraku e kabuki. Além disso, o seu teatro funciona como uma ponte entre os teatros nipônico e ocidental, uma vez que ele também escreveu peças *shimpa* (tendência nova), que tem um pé no teatro tradicional e o outro no teatro moderno japonês, e *shingueki* (teatro moderno), fortemente influenciado pelo teatro ocidental.

Anteriormente já havia lido alguns romances e contos de Mishima, mas o meu primeiro trabalho com a sua obra acontecera alguns anos antes. No início de 1985, o Prof. Haroldo de Campos colocounos, a Profª Elza Doi da Universidade de Campinas e a mim, em contato com o poeta Paulo Leminski, para assessorá-lo tecnicamente na sua tradução do ensaio *Sol e Aço*, publicado ainda naquele ano pela editora Brasiliense. Posteriormente como pesquisadora de doutorado na Universidade Waseda de Tokyo (1986-1990), freqüentei as aulas do Prof. Yoshio Ôzasa, presidente do Centro Nipônico da Associação Internacional dos Críticos Teatrais, encarregado dos teatros moderno e contemporâneo japoneses. Vários desses cursos abordavam o teatro de Mishima, mas um deles foi especificamente sobre o kabuki *Lua Crescente: As Aventuras de Tametomo*. Durante a estadia em Tóquio e sobretudo no primeiro semestre de 1990, vigésimo ano da morte do escritor, pude assistir algumas montagens de suas peças: *Palacete das Festas*, as *Peças de Nô Moderno*, o drama dançante kabuki *Yuya*, *Lua Crescente: As Aventuras de Tametomo*, *Lagarto Negro* e *Marquesa de Sade* dirigida por Ingmar Bergman.

Em 1993 e 1994, graças a uma bolsa da Fundação Japão, prossegui o pós-doutorado no International Research Center for Japanese Studies em Kyoto, conhecido pela abreviação nipônica de Nichibunken. O centro dedica-se à pesquisa interdisciplinar da cultura japonesa de uma perspectiva internacional. Através da cooperação nos estudos, Nichibunken enfatiza a importância do entendimento internacional mútuo. Ele fica bem distante do centro urbano, no meio das montanhas de Kyoto, pois como justificava um professor estrangeiro: "Cogumelos e pesquisadores devem ser cultivados no meio das montanhas". Logo adquiri os dois volumes do *Teatro Completo de Yukio Mishima* pela editora Shinchôsha. À medida que avançava na leitura, constatei que todas as peças terminavam de maneira inesperada. O que o autor queria dizer com isso?

Nas narrativas árabes de origem iraquiana das *Mil e Uma Noites*, a jovem Sherazade adiou o final de suas estórias por mil e uma noites, para não ser morta ao amanhecer pelo poderoso sultão Chahriyar. Já Mishima, como uma Sherazade dos tempos modernos, ao contrário, fazia questão de contar-me claramente o desfecho dos seus dramas, mas sempre sob a forma de um enigma. Sob a configuração engenhosa de apólogos, assim como as estórias poéticas foram prendendo a atenção do algoz de Sherazade, que acaba se apaixonando por ela,

INTRODUÇÃO   XXV

fui-me sentindo cada vez mais atraída pelos enigmas das estórias do dramaturgo japonês.

De volta ao Brasil, o Prof. Jacó Guinsburg sempre afirmava que não era preciso decifrá-los, deveria-se deixar os leitores ou espectadores fazerem as suas interpretações. Mas aí já se transformara numa obsessão. E o que inicialmente se propunha como a análise de dez peças, acabou se estendendo para o *Teatro Completo de Yukio Mishima*, na tentativa de compreender o seu universo dramático.

Para acelerar a investigação do teatro e cinema de Yukio Mishima, participei do Programa de Língua Japonesa para Pesquisadores (1998-1999) no Japan Foundation Japanese Language Institute, Kansai, nas cercanias de Osaka. Vivíamos numa comunidade com estagiários procedentes de 48 países, uma espécie de mini-ONU. E lá tivemos lições de história viva, que nenhum livro nos ensinaria.

O impacto do encontro com a cultura japonesa é como bem expressou o crítico de cinema americano Donald Richie, radicado há 50 anos no Japão, na entrevista concedida ao *The Japan Foundation Newsletter* (outubro/novembro, 2004).

Não me ocorria que havia coisas além do pensamento socrático, linear e racional. No Ocidente é um insulto dizer, "Mas isso é ilógico!" No Japão, se você quer devastar uma pessoa, diga-lhe que ela é muito "ronri-teki" (muito lógica). Um dos principais modos de comunicação no Japão é através do pensamento associativo. No Japão, algo que é muito lógico é rígido, inatural e afetado.

O mais ocidentalizado e o mais nipônico dos escritores do Japão contemporâneo, Mishima possuía esses dois modos de pensamento: o lógico e o associativo, que é uma maneira alternativa de pensar. Ele era racional e emotivo, apolíneo e dionisíaco.

Este livro é baseado originalmente na tese de livre-docência completada em 2002 e defendida na Escola de Comunicações e Artes da Universidade de São Paulo em 2003, exceto pelo texto Estética do Corpo, de setembro de 2004. As Olimpíadas de 2004 lembraram-me a importância que a viagem à Grécia tivera para o escritor no seu culto ao corpo. Na sua existência dividida em quatro grandes correntes: literatura, teatro, corpo e ação, a ênfase é dada sobretudo ao teatro (Mishima dramaturgo e diretor) e ao corpo (estética do corpo, Mishima ator de teatro, musical e cinema, bem como modelo fotográfico), seguidos da ação (Mishima e o seu exército particular, a Sociedade do Escudo).

As estórias de Mishima, sob a forma de dramas, comédias, tragédias, musicais, operetas, dramas dançantes, balé, traduções de textos teatrais, monólogo, radionovela e filmes, arrebataram-me o tempo. Nesta última década, convivi com Sessenta e Dois Enigmas Parados no Ar! Este estudo adota a estrutura narrativa, característica primordial do teatro oriental. Como os contos das *Mil e Uma Noites*, as obras teatrais e cinematográficas de Mishima foram analisadas uma a uma, à medida que elas me eram narradas através de textos, encenações, vídeos e películas, apenas agrupadas pelo gênero e temática. Caminhar pelos meandros desse universo tão intenso e complexo foi uma aventura fascinante, mas também angustiante. Findo o trabalho, sinto que Mishima me cumprimenta com a sua sonora e peculiar gargalhada ...

O Prof. Haroldo de Campos participara nas bancas do meu mestrado, doutorado e não pôde na de livre-docência, devido à sua repentina internação hospitalar. Posteriormente, generoso como sempre, mesmo internado, discutiu ao telefone, com uma rapidez de raciocínio e perspicácia surpreendentes, as principais questões levantadas durante a argüição. Ele foi um grande divulgador e incentivador dos estudos orientais (japonês, chinês, coreano e árabe) no Brasil, a quem só temos a agradecer. O poeta Haroldo de Campos tinha o projeto da criação de uma associação internacional em São Paulo, que congregasse Oriente e Ocidente e onde reinasse o diálogo das diferenças. E a guisa de prefácio que escreveria, Haroldo de Campos se despediu, com a sua sonora gargalhada ecoando a de Mishima ...

Uma Vida em Quatro Correntes: Rios do Livro, Teatro, Corpo e Ação

Após seis anos, quando estava prestes a completar a tetralogia *Mar da Fertilidade*, houve um pedido da loja de departamentos *Tôbu* para uma grande exposição sua. Yukio Mishima estava justamente pensando em organizar a sua vida artística, portanto, aceitou com naturalidade a solicitação. O escritor afirma que quando o próprio autor começa a contemplar o seu passado artístico é o seu fim. Porém, quando um estranho quer fazê-lo, não se tem como evitá-lo. Ele mesmo projetou a mostra com muitas fotos, suas obras e outros pertences dignos de serem lembrados. Assim, a *Exposição Yukio Mishima*, na loja de departamentos *Tôbu* no bairro de Ikebukuro em Tokyo, foi aberta ao público de 12 a 17 de novembro de 1970, poucos dias antes do seu espetacular suicídio a 25 de novembro. Na introdução ao catálogo da exibição, ele declara: "Dividi a minha existência de 45 anos, repleta de contradições, em quatro correntes, os rios do *Livro, Teatro, Corpo, Ação* e os estruturei de modo a desaguarem no *Mar da Fertilidade*."

Na recapitulação fotográfica de sua existência, combinou instantâneos da sua vida real desde a infância, com os familiares, na escola e com os amigos, e da sua vida artística, enquanto escritor, dramaturgo, diretor, esportista, ator de teatro, cinema e musical, modelo fotográfico quase sempre desnudo e cantor. Inseriu adequadamente redações infantis, o boletim escolar do último ano colegial, a sua foto com o relógio de prata ganhado do imperador como o melhor aluno da turma, cartões enviados diariamente aos pais durante a guerra quando estudante de direito mobilizado, as publicações dos primeiros contos e romances. Incluiu cenas de viagem com um baile à fantasia e no convés do navio *President Wilson*, que o levara para a sua primeira viagem às Américas e depois à Europa; anos mais tarde em Nova York, no Camboja e na Índia. Encontros com os escritores Yasunari Kawabata, o prefeito de Tokyo Shintarô Ishihara e o romancista Junnosuke Yoshiyuki, com o *onnagata* de kabuki Utaemon Nakamura VI, com as atrizes Haruko Suguimura e Yaeko Mizutani, com o diretor teatral Keita Asari, com o compositor de música concreta Toshirô Mayuzumi, as montagens de suas peças teatrais, o célebre debate com os estudantes de esquerda na Universidade de Tokyo, praticando *kendô* (*esgrima japonesa*) e a sua fase final enquanto militar com os membros do seu exército particular, a Sociedade do Escudo, todos uniformizados e ostentando a bandeira do grupo. Por fim, as suas obras completas em várias edições, inclusive as traduzidas para várias línguas.

Mishima alegrou-se com o grande sucesso da mostra. Mas as paredes da galeria, inteiramente cobertas de preto, davam a impressão ou já antecipavam uma exibição em sua memória.

Rio do Livro

Este rio, com a bênção da água, ajuda no cultivo da minha gleba de terra, sustenta a minha vida, por vezes, provoca enchentes e quase me afoga. Este é um rio que juntamente com o transcorrer das estações do ano, com a passagem do tempo, requer uma paciência infinita e um labor diário. O quanto o ato de escrever e a lavoura se assemelham. A tempestade e a geada não perdoam um segundo sequer de negligência do espírito, que vigia o campo sem cessar e, ao cabo do cultivo ilimitado de poesia e sonho, não dá para ele próprio prever o quão fértil será a colheita. O livro escrito afasta-se de mim, ele já não mais será um alimento para o meu espírito, só podendo transformar-se em chicote no futuro. Se eu tivesse acumulado na memória quantas noites severas, quantas horas desesperançadas foram despedidas nesses livros, certamente enlouqueceria. Entretanto, eu não tenho outra escolha senão continuar escrevendo, hoje de novo a linha seguinte e a linha seguinte ...

MISHIMA em catálogo da *Exposição Yukio Mishima*, 1970.

Desde o seu romance *Confissões de uma Máscara* (1949), quando surgiu como um jovem escritor de talento, Mishima compôs inúmeros romances, contos, peças teatrais, críticas, ensaios literários, filosóficos, culturais e políticos. As *Obras Completas de Yukio Mishima*, pela Editora Shinchôsha, perfazem trinta e oito volumes espessos. Ele era seguramente o maior escritor nipônico de sua época, indicado três vezes ao Prêmio Nobel de Literatura. Porém, em 1968 fora preterido pelo seu amigo mais velho, Yasunari Kawabata (1899-1972), que foi o primeiro japonês a ser agraciado com essa distinção. Talvez porque a obra de Mishima tivesse sido influenciada pelo Ocidente, enquanto que a de Kawabata era mais japonesa. Mas mesmo Kawabata reconhecia o talento excepcional de Mishima como sendo de escala mundial, "uma espécie de gênio que surge a cada trezentos anos", afirmava ele com modéstia. Em vida Mishima também fora rival artístico de Kobo Abe (1924-1993) e do Nobel de Literatura de 1994, Kenzaburô Oe (1935-), escritores opostos a ele tanto na literatura como na política. Abe, a quem Mishima chamava de *smart communist* (*comunista inteligente*), retratava o homem universal; já Mishima, um nacionalista de extrema direita, deu a sua vida pela negação total da democracia no pós-guerra nipônico, enquanto Oe até hoje é o grande defensor da democracia. Embora os três tivessem em comum o fato de serem críticos pertinazes da atualidade japonesa.

As obras literárias mais representativas de Mishima são os romances *Confissões de uma Máscara* (1949); *Sede de Amor* (1950);

Cores Proibidas (1951); *Mar Inquieto* (1954); *Templo do Pavilhão Dourado* (1956); *A Casa de Kyôko* (1959); *Depois do Banquete* (1960); *O Marinheiro que Perdeu as Graças do Mar* (1963); os contos reunidos em *Morte em Pleno Verão e Outras Estórias* (1953); o conto *A Espada* (1963); e a tetralogia *Mar da Fertilidade*, composta pelos romances *Neve de Primavera* (1967), *Cavalo Selvagem* (1968), *O Templo da Aurora* (1969) e *A Queda do Anjo* (1970).

Rio do Teatro

Outrora o teatro era como uma agradável festa noturna a que eu me dirigia, após terminar o trabalho. Havia aí um outro mundo cheio de brilho, onde os personagens que eu criara, usando belos trajes, riam, se enraiveciam, se entristeciam e dançavam defronte a um lindo cenário. Enquanto dramaturgo, eu controlava tudo dos bastidores ... Porém, lentamente esse prazer transformou-se em amargura. A magia, que dava às pessoas a ilusão do instante de brilho supremo da existência e que mostrava diante dos seus olhos toda a beleza deste mundo, gradualmente começou a carcomer o meu coração. Todavia, a solidão do dramaturgo não passa de palavras manipuladas. O drama magnífico em que escorre sangue falso, talvez seja uma experiência mais forte e profunda do que as da vida e possivelmente comova e enriqueça as pessoas. A beleza da estrutura lógica e abstrata do texto teatral, que se assemelha à música e à arquitetura, não cessa de ser de fato o modelo do "ideal artístico", que tenho nas profundezas do meu espírito.

Mishima em catálogo da *Exposição Yukio Mishima*, 1970.

Mishima Dramaturgo

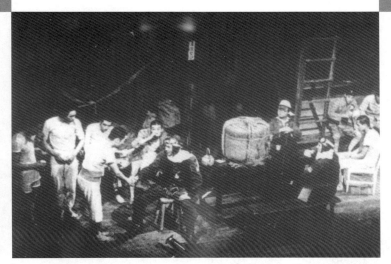

FIGURA 1: Drama de guerra *Jovens, Ressuscitem!*, dirigido por Koreya Senda do Haiyû-za, em 1954.

FIGURA 2 (a, b, c, d): Tragicomédia *Nada é Tão Caro como o Grátis*, dirigido por Teruko Nagaoka do Bungaku-za, em 1956.

(a) Seiko (Michiko Araki), a filha Katsuko (Fukuko Dômyô) e o noivo Haruo no *kotatsu* (mesa com aquecedor debaixo).

(b): Hide (Natsuko Kawara) é contratada para trabalhar de graça como doméstica, na casa do ex-amante.

(c): Não suportando mais as provações, Hide pede aos patrões que a despeçam.

(d): Torakichi (Seiji Miyaguchi) suplica-lhe que permaneça. Ainda a ama. Hide sorri, pois vencera.

FIGURA 3 (a, b, c, d, e, f, g, h, i, j): *Girassol Noturno*, dirigido por Teruko Nagaoka do Bungaku-za, em 1953.

(a): Aniversário de Kimiko Kashiwagui (Mie Minami), com o filho Kazuo (Noboru Nakaya) e a namorada.

(b): Kimiko lê o laudo médico para o seu pai (Ken Mitsuta). Kazuo está tuberculoso.

(c): Kimiko pede a Hanako Sonoi (Makiko Hôjô), que impeça Kazuo de ver a namorada Keiko.

(d): Hanako suborna a enfermeira, para que Keiko e Kazuo se encontrem e sua saúde piore.

(e): Visitas no apartamento de Hanako.

(f): Hanako conta à enfermeira, que Kazuo faleceu.

(g): O casal Kumazaki (Mayumi Kurata e Takeshi Kato) vem prestar condolências.

(h): Keiko (Kyôko Kishida) confessa a Kimiko a sua responsabilidade no agravamento da doença de Kazuo.

(i): Kimilo perdoa a ambos: o dr. Sonoi (Nobuo Nakamura), diretor do sanatório, e a sua ex-mulher Hanako.

(j): Kimiko diz ao pai que se casará com o velhaco Sonoi, mesmo ciente que ele espoliará a sua fortuna.

FIGURA 4: Mishima com o amigo japonês, Toshihiko Tarama, na sua fazenda de Lins (São Paulo), em 1952.

FIGURA 5: *A Toca de Cupins*, ambientada na fazenda de Lins. Dirigida por Taku Sugawara e Kôji Abe do Seinen-za, em 1955. A japonesa Taeko Kariya (Emiko Higashi) e o nissei brasileiro Kenji Momoshima (Toshi Moritsuka) deixam carta, sobre um novo duplo suicídio amoroso.

FIGURA 6 (a, b, c, d, e, f): Melodrama *Palacete das Festas*, dirigido por Takeo Matsuura do Bungaku-za, em 1956.

(a): No pavilhão de chá *Senkuwan* (*Pequeno Riacho Cantante*).

(b): Condessa Asako Kagueyama (Haruko Suguimura) revela a Hisao Kiyohara (Noboru Nakaya), que ele é seu filho.

(c): No Palacete das Festas (*Rokumeikan*). Akiko Daitokuji (Yatsuko Tan'ami) pede a Hisao que não se aparte dela.

(d): Conde (Nobuo Nakamura) e condessa Kagueyama. Asako, pela primeira vez, em traje de noite ocidental.

(e): Embaixador da China e seu séquito cumprimentam o casal Kagueyama no salão de baile.

(f): Einosuke Kiyohara (Kazuo Kitamura), à esquerda, comunica que acidentalmente matara seu filho Hisao. Akiko chora.

FIGURA 7: *Um Grande Obstáculo*, dirigido por Takeo Matsuura do Bungaku-za, em 1957. Ante a confissão amorosa da matrona, Makimura (Michiya Higuchi) apresenta a namorada (Haruko Kato) à sra. Tsugawa (Haruko Suguimura).

FIGURA 8: *A Rosa e o Pirata*, dirigida por Takeo Matsuura do Bungaku-za, em 1958. Os fantasmas Kanji (Ken Mitsuta) e Sadayo (Reiko Niimura) entregam as coroas para Ariko (Haruko Suguimura) e Teiichi (Hiroshi Akutagawa).

FIGURA 9: Tragédia *Árvore Tropical*, dirigida por Takeo Matsuura do Bungaku-za, em 1960. O egoísta Keisaburô (Ken Mitsuta) e sua mulher Ritsuko (Haruko Suguimura), a flor do mal.

FIGURA 10 (a, b, c, d, e): Drama de suspense *Lagarto Negro*, dirigido por Tamasaburô Bando e Suguru Fukuda, em 1990.

(a): O detetive (Masatane Tsukayama) e Lagarto Negro (Keiko Matsuzaka), disfarçada de elegante sra. Midorikawa.

(b): Duelo espirituoso entre a arqui-criminosa Lagarto Negro e o detetive Kogoro Akechi.

(c): Lagarto Negro manda atirar ao mar o sofá, em que o detetive se escondera.

(d): No centro, Sanae (Keiko Oguinome) se dá conta que se juntará ao museu do horror, com belos espécimes humanos empalhados.

(e): Reencontro com o detetive que se salvara, disfarçado de foguista Matsukichi.

FIGURA 11: *Os Crisântemos do Décimo Dia*, dirigido por Takeo Matsuura do Bungaku-za, em 1961. A ex-governanta Kiku (Haruko Suguimura) é o leal povo japonês, que passa pela II Guerra e não muda.

FIGURA 12 (a, b, c, d, e, f): *A Queda da Família Suzaku*, dirigida por Takeo Matsuura do NLT, em 1967.

(a): Tsunehiro Suzaku (Jin Nakayama) e sua noiva Ritsuko Matsunaga (Hideko Muramatsu).

(b): Convocado à guerra, o tenente da Marinha despede-se da noiva.

(c): Tsunehiro despede-se do tio Mitsuyasu Shishido (Fuyuki Murakami) e do pai Tsunetaka Suzaku (Nobuo Nakamura).

(d): A criada Orei (Mie Minami) suplica a Tsunetaka, para transferir o filho a um lugar mais seguro.

(e): Depois das mortes de Tsunehiro e Orei, o encontro dos irmãos no pós-guerra.

(f): Confronto no santuário entre Tsunetaka e Ritsuko, em traje da deusa Benten.

FIGURA 13 (a, b, c, d, e, f, g): Drama *Marquesa de Sade*, dirigido por Takeo Matsuura do NLT, em 1965.

(a): Da esquerda: Madame de Montreuil, Renée, condessa de Saint-Fond e baronesa de Simiane.

(b): Renée (Yatsuko Tan'ami) diz à mãe (Mie Minami), que não pretende se separar de Sade.

(c): Renée, com o documento de libertação de Sade na mão, e sua irmã mais nova, Anne (Hideko Muramatsu).

(d): Renée agradece à mãe. Embaraçada, Montreuil troca olhares com Anne.

(e): Saint-Fond (Miki Masaki) revela a Renée que Sade está preso de novo, por ordem de sua mãe.

(f): Sra. Montreuil: "Renée! Vou lhe dar um tapa!" Renée: "Vamos, à vontade. Mas o que fará, se eu me contorcer de prazer ao ser esbofeteada?"

(g): Renée comunica a Simiane (Natsuko Kawara), em hábito de freira, que entrará para o convento.

FIGURA 14 (a, b, c, d, e): Sucessiva relação dual em *Meu Amigo Hitler*, dirigido por Takeo Matsuura do Roman Guekijô, em 1969.

(a): O velho industrial Gustav Krupp (Nobuo Nakamura) conversa com Ernst Roehm (Hiroyuki Katsube), líder da organização paramilitar SA.

(b): Hitler (Fuyuki Murakami) persuadindo Roehm a não confrontar o exército nacional.

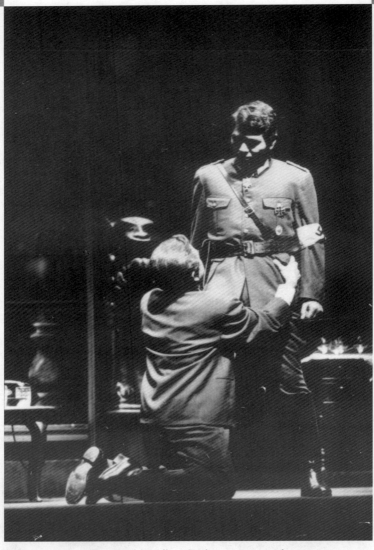

(c): Gregor Strasser (Jun Kondo) suplica a Roehm que se una a ele, para escaparem ao complô de Hitler.

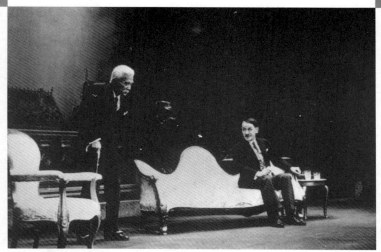

(d): No início, Krupp é o manipulador de bonecos e Hitler, o boneco.

(e): No final, Hitler torna-se o titereiro e Krupp, o boneco.

FIGURA 15: Nô moderno *O Travesseiro dos Sonhos* (*Kantan*), dirigido por Hiroshi Akutagawa do Bungaku-za, em 1950. Secretário levanta o dedo mínimo a Jirô (Hiroo Hisakado), o telefonema é de uma mulher.

FIGURA 16: Nô moderno *O Tamboril de Damasco*, dirigido por Ichirô Inui do Bungaku-za, em 1957. Oposição dos reinos da boa fé, o velho zelador Iwakichi (Yoshikazu Kitami), e da má fé, a butique da madame.

FIGURA 17: Nô moderno *A Centésima Noite* (*Sotoba Komachi*), dirigido por Teruko Nagaoka do Bungaku-za, em 1952. A anciã Komachi (Teruko Nagaoka) e o jovem poeta sem vintém (Michiya Higuchi), num parque de Tóquio.

FIGURA 18 (a, b): Nô moderno *A Dama Aoi*, direção de Hiroshi Akutagawa do Bungaku-za, em 1956.

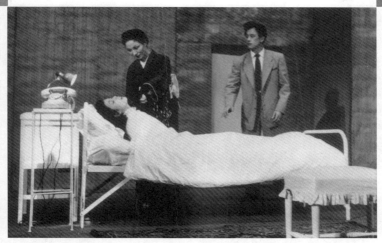

(a): Aoi (Yasuko Inoue), torturada pelo fantasma vivo da sra. Rokujô (Makiko Hôjô), na disputa pelo belo Hikaru.

(b): Hikaru Wakabayashi (Shigueru Kamiyama) e a ex-amante Yasuko Rokujô.

FIGURA 19 (a, b, c, d): Nô moderno *O Jovem Cego* (*Yoroboshi*), dirigido por Yoshihiro Terasaki do NLT, em 1965.

(a): Disputa entre os pais adotivos e os verdadeiros na Vara de Família.

(b): Shinako Sakurama (Yatsuko Tan'ami) contrapõe a realidade à loucura de Toshinori (Homare Katsuro).

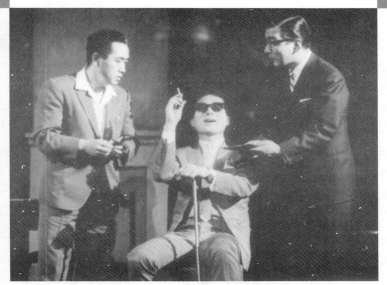

(c): O jovem, assentado na sensação de fim do mundo, vinga-se dos adultos (Tadasu Okuno e Jun Kondo).

(d): O rapaz sensível é salvo pela mulher maternal, numa relação que almeja o absoluto.

FIGURA 20 (a, b): Kabuki *O Biombo do Inferno*, dirigido por Mantarô Kubota em 1953.

(a): O ministro de Horikawa (Kôshirô Matsumoto VIII) ordena ao pintor Yoshihide (Kanzaburô Nakamura XVII) um biombo com as torturas do inferno.

(b): Yoshihide pinta a sua bela filha Tsuyukusa (Utaemon Nakamura VI), agonizante nas chamas da carruagem.

FIGURA 21: Comédia kabuki *A Rede de Amor do Vendedor de Sardinhas*, dirigida por Mantarô Kubota em 1954. Saru Guenji (Kanzaburô Nakamura XVII) cochila no colo da cortesã Hotarubi (Utaemon Nakamura VI).

FIGURA 22 (a, b, c, d): *Azaléias Matutinas*, dirigida por Teruko Nagaoka em 1957.

(a): A viscondessa Ayako Kusakado (Utaemon Nakamura VI) devolve o cheque a Odera (Kan Ishii).

(b): Odera decide partir para o Bornéu. Kanokogui (Takeshi Hanayagui) trabalhará para ele.

(c): A viscondessa Ayako Kusakado transforma-se em heráldica, uma aristocrata autêntica.

FIGURA 23 (a, b, c, d, e, f): *O Terraço do Rei Leproso*, dirigido por Takeo Matsuura para a Tôhô, em 1969.

(a): Rei Jayavarman VII (Kinya Kitaôji) entre a segunda rainha Rajendradevi (Hideko Muramatsu) e a primeira rainha Indradevi (Kyôko Kishida).

(b): Conflito entre as primeira e segunda esposas.

(c): A rainha-mãe Chudamani (Isuzu Yamada) mata o primeiro ministro Suryabhatta (Masayuki Mori). O rei, que estava desfalecido, volta a si.

(d): O alto oficial da China e sra. (Hitoshi Takaki e Yôko Mizuho) despedem-se do rei, levando a rainha-mãe.

(e): Casamento do pedreiro Keo-Fa (Isao Natsuyagui) com Khnum (Kiyo Hasegawa).

(f): No topo da estátua da deusa da misericórdia. Confronto entre o corpo saudável do rei e a sua alma moribunda.

1. O Aspirante a Dramaturgo Kimitake Hiraoka

INSPIRAÇÃO EM TEMAS BÍBLICOS

Aspirante a dramaturgo precoce, Mishima começou a escrever peças ainda na adolescência, quando estudava no Gakushûin de Tóquio, na época, escola freqüentada pela aristocracia e classe alta japonesa. A leitura da *Bíblia*, no início do curso ginasial, deve ter-lhe despertado o interesse pelo cristianismo. Dois anos após o Japão invadir o norte da China (dezembro de 1936), embora começasse a surgir um movimento de repulsa pelo cristianismo e seus companheiros de geração não lessem muito a *Bíblia*, Mishima deve ter-se sentido atraído não tanto pelo cristianismo, mas pelo exotismo do Ocidente.

Em julho de 1938 na revista *Hojinkai* do Gakushûin, Mishima aí publica um longo poema em prosa, *Hino ao Sino da Aurora*, baseado no primeiro capítulo do *Evangelho Segundo São Lucas*. Mas já então, salienta-se a singularidade do jovem escritor, pois na dramatização da luta entre Cristo e o demônio, o seu interesse não estava em Jesus ou no cristianismo, porém se concentrava totalmente no demônio.

No ano de eclosão da segunda guerra mundial, publica na mesma revista *Os Magos do Oriente* (março de 1939), peça em um ato inspirada no segundo capítulo do *Novo Testamento*, o *Evangelho Segundo São Mateus*. Entretanto, como declara o próprio autor na explanação e resumo anexos ao texto, ele não se manteve fiel à *Bíblia* e, afora o apoio de dois ou três documentos, é em grande parte criação sua. Tais como as aparições, as dançarinas e o chefe dos eruditos, um velho

46 YUKIO MISHIMA: O HOMEM DE TEATRO E DE CINEMA

súdito que é morto pelo negro Emos, a pedido de Herodes, por afirmar que a nova estrela significa o aparecimento do Messias, aquele que será o rei dos judeus. Herodes, rei da Galiléia, promete assassinar o jovem salvador que os três magos do Oriente apregoam, nascerá em Belém. Por outro lado, aumenta o medo de Herodes por essa criança, cujo cadáver dizem que ressuscitará da tumba.

Esse tema deve tê-lo interessado muito, pois creio que foi a seguir que compôs um outro drama que dá prosseguimento ao assunto. *The Japan Foundation Newsletter* (janeiro de 2002) informa a descoberta recente de uma nova peça do dramaturgo, escrita aos quatorze anos de idade. Encontrada entre os vários papéis doados em 1996, pela família do escritor ao Museu Yukio Mishima na prefeitura de Yamanashi, o manuscrito original de quarenta páginas é intitulado *Viagem* (*Rotei*) e trata do tema bíblico da Anunciação. Provavelmente o texto discorre sobre a mensagem do anjo Gabriel, que anunciou à Virgem Maria o mistério da Encarnação, isto é, que ela seria a mãe do Messias. Mas como se trata de uma obra do autor quando jovem, deve ter sido abordada de um ângulo inusitado. Aguardo com prazer a sua publicação.

Ambos os textos, *Hino ao Sino da Aurora* e *Os Magos do Oriente*, publicados com o seu nome verdadeiro de Kimitake Hiraoka, bem como a peça inédita *Viagem*, para serem da autoria de um garoto de treze a quatorze anos, são de nível bastante elevado e já testemunham o seu gênio literário. Contudo, é interessante notar que, exceto pela tradução de *O Martírio de São Sebastião* de D'Annunzio e a direção do drama poético *Salomé* de Wilde, Mishima nunca mais abordaria um tema relacionado à *Bíblia* ou ao cristianismo.

Cinco anos mais tarde, na revista *Mahoroba* (*Lugar Exemplar*), de março de 1944, Kimitake publica *Konkuwai Kiku no Ariake*, uma espécie de poesia em prosa, com várias referências a textos japoneses, antigos e clássicos. Em outubro desse ano, para a publicação da sua primeira coletânea de contos, *O Bosque em Flor*, o escritor ganha o pseudônimo artístico do professor Fumio Shimizu, como Mishima, nome de um povoado aos pés do monte Fuji.

Já no caso do drama poético *Íris* (*Ayame*), publicado na revista *Fujin Bunko* (*Biblioteca de Senhoras*) em maio de 1948, para fins de classificação, o autor o coloca entre as suas peças teatrais. Todavia, na prescrição que antecede o texto, ele declara que o redigira como um conto de fadas sob a forma de diálogos e sem nenhuma expectativa de encenação. De fato, por ser de difícil montagem, até hoje nunca foi levado em cena.

Verão de 1160. Noite após noite, o imperador é afligido pelo trinar de um misterioso pássaro. Corre o boato de que a dama Íris estaria fazendo magia, porque o amor do imperador por ela arrefecera. Para dissipar essa falsa acusação, ela convoca o famoso arqueiro Yorimasa, que extermina o melro suspeito e os dois acabam se unindo. Na realidade, Yorimasa e a dama Íris eram as reencarnações do famoso arco *Lua Primaveril* e das flores de íris, que floresciam em abundância no lago, à sombra da árvore que se transformara em arco. A narrativa é relatada por um coro, composto pelos espíritos da natureza: o vagalume, o sapo e a árvore de cuja madeira fora feito o arco. O tratamento do tema desta obra tem relação com as *Peças de Nô Moderno*, que o escritor começaria a criar dois anos mais tarde.

Essas três peças iniciais, *Os Magos do Oriente, Konkuwai Kiku no Ariake* e *Íris*, embora tivessem sido publicadas, jamais foram encenadas. Portanto, podemos considerá-las ensaios experimentais, que possibilitariam o nascimento do futuro dramaturgo. No decorrer do ano de 1948, o escritor ideara vários protos dramáticos e pedira a opinião do seu amigo Seiichi Yashiro. Contudo, dá para se conjeturar como eles seriam: "Tanto eu que explanava, quanto o meu amigo que me escutava, tínhamos os semblantes dúbios."

2. A Decadência da Burguesia no Pós-Guerra e o Emergir da Galeria de Mulheres Fortes: Sob a Égide da *Fedra* de Racine

Observamos em Mishima essa inclinação pelas mulheres dotadas de sagacidade e força.

MARGUERITE YOURCENAR

A ESTRÉIA DO HOMEM DE TEATRO YUKIO MISHIMA COM *CASA EM CHAMAS*

Porém, o desejo de compor para o teatro tornou-se muito forte. E ainda em 1948, quando a revista *Ninguen* (*Ser Humano*) acena-lhe com a oportunidade de publicar uma peça sua em novembro do mesmo ano, Mishima redige *Casa em Chamas*. Ao rememorar isso no ensaio autobiográfico "Meu Período Itinerante",[1] o autor faz um relato franco dos seus sentimentos e aflições durante o ato de criação:

> Ao começar a escrever, o que me surpreendeu foi a vastidão exorbitante do bloco de papel. Ele assemelhava-se a um ginásio de esportes após o término das aulas, estava deserto, parecia vazio e eu não sabia como enchê-lo de palavras. Ao tentar criar uma peça de teatro, conheci pela primeira vez o valor do romance. O quanto a delineação e a descrição facilitam na composição de um romance, ou o quanto é difícil fazer vir à tona e expressar tudo unicamente através dos diálogos. Preencher mesmo uma única página com falas era-me amedrontador e eu não o conseguia. Em primeiro lugar, os diálogos no romance são, por assim dizer, uma parte inútil (é claro que há exceções como em Dostoievski), porém, mesmo que não sejam inúteis, há muitos que servem apenas para

---

1. Yukio Mishima, *Watashi no henreki jidai* (*Meu Período Itinerante*), em *Mishima Yukio zenshû* (*Obras Completas de Yukio Mishima*), vol. 30.

50 YUKIO MISHIMA: O HOMEM DE TEATRO E DE CINEMA

mostrar a técnica realista; enquanto que no teatro os diálogos são tudo. E como eu já aprendera do nô e kabuki, estas falas tinham que ter um estilo. Retorcendo-me em agonia, escrevi um drama curto de trinta e poucas páginas. Por outro lado, somente com as direções de palco no estilo de Torahiko Koori[2], ornamentei a expressão literária do texto com uma prosa elegante e ao publicá-lo na revista *Ninguen*, houve inesperadamente um pedido de encenação por parte da Companhia Haiyû-za (Teatro do Ator). Era para ser montado no Mainichi Hall, onde então funcionava a Associação de Pesquisas Criativas da trupe e eu exultei! Ainda me lembro nitidamente da minha excitação na época da estréia de *Casa em Chamas*, em fevereiro de 1949.

Mas na realidade, fora a pedido de Mishima, que o seu amigo Seiichi Yashiro propusera ao ator Koreya Senda a montagem da peça pelo Haiyû-za.

Em *A Lenda de Yukio Mishima*[3], no tópico "Frequentador de Teatro", Takeo Okuno argumenta que o fato do jovem que escrevia para uma revista literária japonesa, de direita e ultranacionalista, fosse descoberto e apresentado pelo Haiyû-za, de esquerda e reconhecido como a companhia sucessora do teatro proletário no pós-guerra, era uma ironia das histórias literária e teatral nipônicas.

O sucesso de crítica de *Casa em Chamas* e a sua subseqüente encenação proporcionaram a Mishima uma grande alegria. Era a estréia pública do homem de teatro Yukio Mishima, aos vinte e quatro anos de idade. Apesar de adorar teatro, até então, o dramaturgo não tinha relações com o *shingueki* (teatro moderno) japonês, pois só assistia os teatros tradicionais, nô, bunraku e kabuki. O primeiro drama shingueki japonês que vira fora a estréia do hoje clássico, *A Vida de uma Mulher* de Kaoru Morimoto, montado pela Companhia Bungaku-za (Teatro Literário), no fim da segunda guerra mundial. O escritor gostava de ler principalmente *jôruri* (textos de bunraku), seguido de nô, kyôguen, traduções de tragédia grega, teatro clássico francês (Racine e Corneille), Hoffmansthal, Strindberg, Wilde, Yeats, Porto Riche (cognominado o Racine judeu), peças de Torahiko Koori, Ôgai Mori e Junichirô Tanizaki. Porém, não lia nem assistia às peças contemporâneas de shingueki japonês. Portanto, ele começou a criar seus dramas shingueki enquanto uma procura de expressão nesse gênero teatral, mas com o desconhecimento quase que completo dos seus textos e cenas.

Aliás, no pós-guerra isso era uma característica de sua geração, que nutria uma antipatia pelas encenações de *shingueki*, peças traduzidas ou imitadas das ocidentais e interpretadas com perucas loiras ou ruivas. Ao invés disso, julgavam que era melhor ler os roteiros e imaginá-los. Segundo Mishima, os textos teatrais fazem trabalhar a imaginação com muito mais intensidade do que os romances. Toda-

---

2. Torahiko Koori, pioneiro na adaptação de peças do nô clássico para o nô moderno.

3. Takeo Okuno, "Shibaizuki" (Frequentador de Teatro), em *Mishima Yukio no densetsu*.

A DECADÊNCIA DA BURGUESIA NO PÓS-GUERRA...   51

via, tanto no Japão como no exterior, ainda haveria poucos leitores intoxicados por esse fascínio singular, daí não haver muitas peças que se tornassem best-sellers. Em *Anotações de um Romancista que Aspira Escrever Dramas* (1949)[4], Mishima assinala que os três textos teatrais que mais o haviam impressionado, até então, eram em ordem decrescente: *Fedra* de Racine, *O Ancião* de Porto Riche e *Asmodeu* de Mauriac, numa linhagem direta da tradição do teatro clássico francês.

Ao escolher como título da peça as palavras *Casa em Chamas* (*Kataku*), que significam *Este Mundo Corrupto*, próspero em paixões egocêntricas, o autor pretendera descrever os costumes do Japão no pós-guerra, que ainda se mostravam como os ásperos concretos queimados nas cidades. Este drama contemporâneo em um ato, em que todos os personagens são retratados como monstros de egoísmo, enfoca a atmosfera aparentemente cotidiana de um lar burguês, num domingo de verão. A obra começa com o diálogo do casal na sala de estar. O chefe de família, Teijirô Ôzato, de 45 anos, é um ex-professor universitário, especialista em literatura alemã. Mas no pós-guerra, irresponsável e empobrecido, aluga um quarto de sua residência e leva uma existência indolente, lendo jornais o dia todo. Ele julga que no seu lar tudo está firmemente imóvel, não ocorrendo incidente algum. No entanto, a sua esposa Chiyoko confessa-lhe três fatos perigosos: o filho ginasiano Teichi está tendo um caso com a empregada Matsu; o inquilino Moriya e a filha deles, Chikako, saíram para um recital de música, porém, na realidade, pretendem cometer duplo suicídio, pois a filha percebera que sua mãe seduzira o namorado.

A princípio, o marido julga que tudo é fantasia da sua mulher. Mas ao encontrar a carta da filha, fica apreensivo. Nesse momento, há um incêndio na casa e o marido foge. Entretanto, sua esposa não crê que isso esteja acontecendo. Quanto mais uma pessoa não se dá conta da tragédia, tanto mais ela se torna eloqüente. Com um sorriso sarcástico, Chiyoko declara na cena final: "Incêndio é coisa que raramente ocorre". Para Takeo Okuno: "Nesse lar as pessoas apenas vivem juntas, mas na verdade, estão separadas e em decadência. Por isso no final, apesar de envolta em chamas, a esposa não quer acreditar que haja um incêndio. Pois já se arruinou de há muito nas chamas do inferno"[5].

O lar dos Ôzato é uma metáfora microcósmica da sociedade nipônica desordenada no pós-guerra. Nesse seu primeiro drama, Mishima já tece com habilidade uma aguda crítica, em tom caricatural, à falsa

---

4. Yukio Mishima, *Guikyoku o kakitagaru shôsetsukaki no nooto*, em *Mishima Yukio zenshû*, p. 285.
5. Takeo Okuno, "Mishima Yukio to Abe Kobo no guikyoku", *Kokubungaku – Kaishaku to Kanshô*, março de 1949.

52 YUKIO MISHIMA: O HOMEM DE TEATRO E DE CINEMA

paz da democracia no pós-guerra, bem como uma sátira ao cotidiano da família burguesa e decadente.

Para o "Programa do Haiyû-za" na estréia da peça, Mishima redige o artigo "Palavras do Autor: A Propósito de *Casa em Chamas*[6]", no qual explana a gênese da obra:

O título, *Casa em Chamas* (Kataku), refere-se a uma fábula da seita budista Nichiren. Este episódio é denominado metáfora das três carretas na casa incendiada. Havia uma grande morada (símbolo deste mundo) de um homem rico (símbolo de Buda) e nessa residência decrépita, empestada com todas as impurezas, aninhavam-se os demônios das bestas más, personificações das variadas paixões egocêntricas, que estavam a brigar entre si. Na ausência do homem rico, de repente, o fogo alastrou-se por todo o edifício. A morada foi tomada pelas chamas e fumaça, e os demônios das bestas más iniciaram uma luta mortal entre devorarem ou serem devorados. Nesse momento, o homem rico, proprietário da residência, chegou defronte ao portão. Mas ao ser comunicado que os seus filhos haviam entrado nessa casa e, por não saberem de nada, ainda brincavam no meio das chamas, assustado, o homem rico procurou retirar os seus filhos. No entanto, eles estavam tão entretidos em brincar, que não lhe deram atenção. Então, o homem rico arrastou até à frente do portão três belas carretas: do carneiro, do veado e do grande boi (três veículos, em suma, a metáfora de ensinamento do expediente do pequeno veículo). Atraídas pelas carretas, as crianças (humanidade) foram induzidas a deixarem a morada incendiada e finalmente conseguiram escapar do perigo.

Nesta peça a família Ôzato corresponde à casa incendiada e assim como o interior desta família é um gráfico reduzido da sociedade no pós-guerra, esta é simbolizada na residência incendiada. Porém, é claro que eu não a escrevi como um drama religioso.

Originalmente, a minha motivação estava em criar uma peça em que não sucedesse coisa alguma, um drama que não deixasse no espírito dos espectadores a impressão de um incidente. Além do mais, eu queria compor uma obra que deixasse nitidamente a sensação de vazio, como a irritação diante de um palco vazio onde nada ocorre. A maioria das peças aborda um caso qualquer e, com o exterior desse caso, tenta simbolizar toda a existência humana. Entretanto, durante uma vida inteira não acontece, senão raramente, um incidente dramático. Então, ao contrário, eu procurei o símbolo mais extremo da existência vazia, que se encontra no avesso do drama usual. Ao reverter o cenário de um teatro comum, em que os incidentes ocorrem no palco, enquanto na vida real dos espectadores, na maioria dos casos, não está sucedendo episódio algum, eu queria escrever uma peça na qual como nada sobrevém no palco, ao contrário, os espectadores percebessem a ameaça e angústia do verdadeiro incidente, o drama da vida real.[...]

Conforme a intenção original desta obra, todos os acontecimentos em cena são mentiras e o fogo no final é apenas uma ilusão. A fantasia de Chiyoko talvez seja um sintoma de sua falsa histeria. E mesmo Teijirô, que obstinadamente não acreditara nas variadas fantasias de Chiyoko, por ser ameaçado pelo fogo dessa visão, enfim, não passa de um fantasista. Porém, quem pode afirmar que mesmo a platéia não seja um desses fantasistas? Na realidade, nem mesmo o autor tem o direito de decisão sobre a sua verdade ou mentira. Ninguém sabe com certeza se o fogo no final da peça é real ou uma ilusão. A cortina fecha, sem que ninguém saiba se a carta deixada por Chikako era um testamento verdadeiro ou não. A vida não é assim? Por exemplo, uma vez inseridas na memória do passado, será que saberemos distinguir com clareza a natureza da experiência de termos

6. Yukio Mishima, "*Kataku* ni tsuite: sakusha no kotoba", em *Programa do Haiyû-za*, fevereiro de 1949.

A DECADÊNCIA DA BURGUESIA NO PÓS-GUERRA... 53

assistido uma peça, da experiência do que nós próprios realizamos? – Ao mesmo tempo que nasce esta dúvida, "o palco onde nada acontece" começa a movimentar-se no espírito do público e então, inicia-se a representação do verdadeiro incidente. A cortina que cerra no final deste drama não é a cortina da solução, mas a da irresolução.

Redigi a longa confissão de Chiyoko, almejando vê-la interpretada como as longas confissões da tragédia grega ou do teatro clássico francês (especialmente a lamentável confissão amorosa na *Fedra* de Racine). Esta mulher mentirosa precisa, com a sua paixão lendária, criar a "realidade". Ao invés de representante da realidade, ela é uma criadora dela. Porque o fogo do inferno aparece, convidado pela realidade que ela criara e pelo inferno que o seu espírito criara; porque essas chamas, como as reais, queimam os olhos do seu marido, levando-o a acreditar que tudo é real.

Durante os ensaios a que comparecia com assiduidade, o autor passa a perceber as falhas gritantes de sua obra imatura. Confessa que era como se estivesse vivendo um pesadelo, em que os transeuntes riam ao vê-lo caminhando pelo elegante bairro Guinza em Tóquio, de pijamas e descalço, sem que ele se apercebesse disso. A 24 de fevereiro de 1949, dois meses antes do célebre *Pássaro do Poente* (*Yûzuru*) de Junji Kinoshita, dá-se a estréia de *Casa em Chamas*, sob direção de Suguisaku Aoyama, produção de Seiichi Yashiro, cenografia de Kisaku Ito e um elenco renomado, composto pela atriz Sachiko Murase e Koreya Senda, posteriormente famoso diretor da companhia Haiyûza. Aliás, Ito e Senda eram irmãos na vida real, numa família de artistas, que contava também com o dançarino Michio Ito, introdutor do nô no Ocidente. A escolha do diretor e elenco primorosos foi uma sorte inesperada para o dramaturgo debutante, que na estréia estava acompanhado dos pais e irmão mais novo. À crítica do seu pai, de que o drama terminava de maneira esquisita, constrangido, Mishima respondera que de fato era exatamente assim. Entretanto, essa franca opinião paterna já iria assinalar uma característica peculiar de toda a sua criação dramatúrgica posterior.

Durante a temporada de *Casa em Chamas*, Mishima compareceu todos os dias ao teatro. Foi então, no Mainichi Hall de Tóquio, que Yashiro apresentou-lhe o ator Hiroshi Akutagawa, filho do escritor Ryûnosuke Akutagawa (autor do conto *Rashômon*), e o dramaturgo Michio Kato, autor de *Nayotake*, que iria suicidar-se em 1953, aos 35 anos de idade, deixando várias obras inacabadas. Nasceu então, a amizade dos quatro homens de teatro: Mishima, Yashiro, Akutagawa e Kato:

Tanto Akutagawa como Kato haviam anteriormente vivido no meio da guerra. Consequentemente, Akutagawa dirigiu *Antígona* e Kato não poderia deixar de escrever *Episódio*. Comparados a eles, pode-se dizer que Mishima e eu estávamos a gozar a vida num canto da guerra. Portanto, as peças e direções teatrais de estréia de Mishima e as minhas não tratavam diretamente da guerra[7],

7. Seiichi Yashiro, "Kôkotsu no kishutachi: Kato Michio, Mishima Yukio, Akutagawa Hiroshi no seishun", 1984.

54   YUKIO MISHIMA: O HOMEM DE TEATRO E DE CINEMA

afirma Seiichi Yashiro, quanto aos dois dramas de guerra (*Antígona* e *Episódio*) montados em 1949. Mas apesar de *Casa em Chamas* ter conseguido críticas teatrais nos maiores jornais da época (*Mainichi Shimbun*, *Tokyo Shimbun* e *Yomiuri Shimbun*), o potencial de Mishima enquanto dramaturgo ainda não havia aflorado.

A SOMBRIA JUVENTUDE EM *ANSIEDADE AMOROSA*

Após a encenação de *Casa em Chamas*, Mishima completa o romance representativo do início de sua carreira, *Confissões de uma Máscara*, em julho de 1949. Ainda nesse ano, publica sucessivamente quatro peças *shingueki* (*teatro moderno*) em um ato. Em fevereiro já saíra *Ansiedade Amorosa*, em maio *O Farol* e em outubro aparecem *Níobe* e *A Santa*.

Em seguida ao seu drama de estréia, Mishima compõe *Ansiedade Amorosa*, peça sobre um casal de adolescentes. Todavia, ao invés do lirismo e ternura com que os escritores japoneses abordavam o tema, o autor os lança numa estranha situação de pressão e sensualidade. O que resultou numa obra do domínio do fantástico, sombriamente brutal. Pode-se dizer mesmo, desconfortável, grotesca e, num certo sentido, precursora de um drama de ficção científica.

O palco é um depósito ao longo do cais nos arredores de Shibaura, às duas horas da madrugada. O marginal Shigueru, de 17 anos, cometera um assassinato num ímpeto e está a esperar o navio de contrabando em que seu irmão mais velho trabalha como tripulante, a fim de fugir para o exterior. Ele recebe a visita da namorada, a estudante Michiko, que lhe trouxera comida, cigarros e dinheiro, surripiados da loja dos pais, vendedores de frutas no mercado. Aparece um homem, que o luar mostra ter uma fantasmagórica cabeça de um feto de quatro meses. Segue-se um diálogo entre o embrião futuro e os seus futuros progenitores, no qual o feto faz uma premonição. Numa noite quente de verão, o feto de quatro meses será morto pela sua mãe Michiko e lançado ao rio que vai dar ao mar, onde defrontará com o cadáver do seu pai Shigueru, afogado. Os jovens se amam, mas antes da separação, surge de novo o embrião futuro. Ele recusa esse destino de criança infeliz, dá um grito de lamento, tira uma pistola do bolso e mira os dois. A cortina fecha-se e ouve-se apenas os sons de dois tiros. A vingança do embrião futuro gera uma atmosfera estranha e deve ter sido muito eficaz na época, ao tratar da questão do aborto com sentimentos de princípios morais.

Para o dramaturgo Chikao Tanaka, "à parte a direção, canta-se a estética da sensualidade do clímax amoroso, em que os sentimentos chamam a morte, o prazer e então, novamente a morte"[8]. Segundo Takeo Okuno, Mishima encara com profundidade a ansiedade em re-

---

8. Chikao Tanaka, *Guekiteki buntairon josetsu*, Tokyo, Hakusuisha, 1978.

A DECADÊNCIA DA BURGUESIA NO PÓS-GUERRA... 55

lação ao futuro, que se oculta no amor. Para eliminar essa ansiedade e completar o amor, só restaria a morte[9]. *Ansiedade Amorosa* estreou, em março de 1959, no Ateliê do Bungaku-za, sob direção de Haruyasu Mizuta. Porém, Mishima não chegou a ver a montagem.

AS RELAÇÕES PERIGOSAS EM *O FAROL*

O Farol fora inspirado no hotel de Ôshima, onde o autor se hospedava com frequência para escrever. Tudo se passa das onze horas da noite até de madrugada. Após a desmobilização há dois anos, Noboru Kurokawa, de 25 anos, retornara de Taiwan, passara a frequentar a universidade e fatalmente se apaixonara pela sua jovem e bela madrasta Isako, de 30 anos, que também corresponde aos seus sentimentos. Embora ela impeça Noboru de revelar a verdade ao seu marido, empresário de produtos eletrodomésticos de 58 anos, no fundo do seu coração almeja que ele a arrebate do seu esposo, com quem se casara para compensar uma desilusão amorosa. Entretanto, ante o impedimento desesperado de sua irmã mais nova, Masako, Noboru acaba sem poder revelar o seu amor. Mas o empresário Yukichi Kurokawa não é um simples traído. Ao deixar uma foto do seu robusto filho, sempre ausente, sobre a escrivaninha, ele incitara sua esposa a se interessar pelo enteado. Com a decadência do seu corpo, ele vive da excitação do seu espírito e aprecia a aflição dos dois jovens como um remédio para um típico *voyeur*. Na realidade, o pai impõe ao filho um método cruel de cerimônia de entrada na vida adulta. A tese de que os que se odeiam têm que se amar e os que se amam devem se odiar.

Dentro da escuridão desse lar decadente, só Masako possui bom senso e, como a luz do farol que se entrevê através da janela, solitariamente ilumina-os para que não se desviem da rota. O crítico Mahito Arai diz: "No meio das relações familiares no confuso pós-guerra, creio que todos os que queriam viver honestamente, mesmo que um pouco, eram invadidos por tal sensação de solidão"[10], como a de Masako. Todavia, no final da peça, Masako assevera já estar cansada dessa sua eterna função, "aquela que vê e compreende". Como em *Casa em Chamas*, em *O Farol* não ocorre incidente algum, não chega ao amor adúltero, permanecendo numa psicologia pseudo-amorosa.

Portanto, apesar do tema – as relações perigosas entre madrasta e enteado –, *O Farol* tem um certo lirismo e é bastante encenado nos teatros estudantil e operário, por ser considerado um drama de juventude. No artigo "Palavras do Autor", Mishima afirma que não se importaria que a peça se transformasse em melodrama, contanto que

9. Takeo Okuno, *Mishima Yukio no densetsu*, p. 268.
10. Mahito Arai, "Sôsaku gassen", *Gunzô*, julho 1949.

56   YUKIO MISHIMA: O HOMEM DE TEATRO E DE CINEMA

desprendesse em abundância o aroma da juventude. Com *O Farol*, o dramaturgo deve ter tentado criar um sucedâneo da tragédia grega *Fedra*, drama de destino. Mas mesmo ao dirigir a peça, ele nunca revelou a fonte de sua inspiração. *O Farol* estreou de 9 a 21 de novembro de 1949 no Bungaku-za de Osaka, sob direção de Kenji Koyama, numa co-produção de Osaka Hôsô Guekidan e Kansai Jikken Guekijô. Ainda nesse ano, a 4 de dezembro no Hall dos Trabalhadores de Kyoto, houve uma montagem experimental do Teatro Tofun, dirigida por Jun Inoue. Em 1950, foi dirigida pelo próprio Mishima no Haiyû-za de Tóquio.

COMÉDIA *NÍOBE,* INSPIRADA NA MITOLOGIA GREGA

São poucas as peças teatrais inspiradas na mitologia grega que adotam o gênero comédia. Mas com *Níobe* Mishima ousou criar uma comédia, resultado da atualização de um mito grego, a personificação da dor materna. Níobe, filha de Tântalo e mulher de Anfião, rei de Tebas (capital do antigo Egito), teve sete filhos e sete filhas. Orgulhosa de sua numerosa prole e posteridade, ela escarnece de Latona, mãe de apenas dois filhos: Apolo e Diana. Para vingarem-se de sua progenitora, estes matam a flechadas todos os filhos de Níobe, que é metamorfoseada em rochedo.

Ao adaptar este mito grego para o Japão contemporâneo, mais precisamente comparando-o com a mesquinhez de um político, Mishima inclui fortes elementos da comédia clássica kyôguen. Eles lembram os personagens secundários dos seus nô modernos (*O Travesseiro dos Sonhos* [*Kantan*] e *A Centésima Noite* [*Sotoba Komachi*]), em que residiriam as suas críticas. Nesse sentido, *Níobe* seria uma obra precursora das *Peças de Nô Moderno*.

O político Nagao Daitokuji, de 55 anos, e a sua bela esposa Sadako, de 50 anos, tiveram cinco filhos, quatro deles gerados de relações extra-conjugais da mulher. Peça cheia de um humor resoluto, Nagao justificava a atitude de sua esposa como sendo filantrópica e cada vez que ela paria uma criança, ele exclamava: "Ah, desta vez também é uma criança japonesa, que bom!". No entanto, quatro deles faleceram sucessivamente: Kunio, Haruo, Yasuko e Asako. Em suma, Sadako seria uma espécie de deusa-terra, que gera e mata os seus filhos, com sentimentos maternais de amor e ódio. Nagao revela ao seu secretário particular Junichi Kurita, que ficara profundamente abalado com a morte do segundo filho, Kunio, durante a guerra, pois tinha certeza de sua paternidade. Agora a derradeira filha Tomoko, de apenas 16 anos, está à beira da morte, devido a uma enfermidade. Sadako o acusa de ter assassinado espiritualmente cada um dos seus namorados, um deles, o estudante cognominado o "Valentino japonês", que se suicidara. Já Nagao critica o seu quimono vistoso e por andar toda perfumada.

A DECADÊNCIA DA BURGUESIA NO PÓS-GUERRA...

– Por que não posso me vestir assim? Eu tenho uma tristeza maior do que ninguém e também o direito de ser mais bela do que ninguém (retruca-lhe Sadako). Eu era feliz. Bela, com uma genitora de sangue nobre, um marido brilhante como você e mãe de cinco filhos. Não havia mulher mais invejada do que eu. Mesmo agora, não quero me desfazer de nenhuma dessas coisas. E cada vez que um filho morria, eu me apoderava de um tristeza imbatível .

Há um desdobramento em Sadako. Com sua melancolia e tristeza, ela é precursora da protagonista do nô moderno *Yuya* de Mishima e, ao mesmo tempo, de Ritsuko em *Árvore Tropical*, que apesar da filha moribunda, usa quimonos espalhafatosos, maquiagem carregada e perfume forte. Já a precoce Tomoko é precursora de Ikuko, igualmente em *Árvore Tropical*, pois não quer se curar, o que é uma forma de suicídio, pelo pesar de saber que Kurita é amante de sua mãe. Após o falecimento de Tomoko, Sadako lamenta-se.

– Ah, é o meu fim ... É o fim de tudo.

Kurita (balbucia levemente ao pé do ouvido):

– Fique tranquila, estou ao seu lado. Ainda poderá ter pelo menos um filho.

Nagao (que estava para sair, escuta esta fala e, de repente, volta-se com uma expressão de sorriso lacrimoso):

– É deplorável ... É realmente deplorável[11].

No item 11 do *Manual de Composição* (*Bunshô tokuhon*), Mishima discorre sobre as diferenças entre humor e sátira:

Há várias definições eruditas, mas falando de forma bastante simples, o humor não tem veneno e a sátira sim. Portanto, há desde o humor elevado até o vulgar, mas nunca ofende as pessoas. Na sátira também, é claro que há desde o pasquim do Período Edo (1603-1867), as tiras cômicas e as sátiras muito populares de hoje, até o romance satírico elevado como o *Cândido* de Voltaire. A maioria das obras-primas do romance satírico foi escrita no século XVIII. *As Cartas Persas* de Montesquieu, uma ficção que toma por base os olhos de um persa, que por acaso viera a Paris, expõe, através de sua visão fresca e sem preconceitos, o ridículo dos costumes parisienses.

Falando de modo geral, a sátira visa o efeito grotesco, que nasce ao se olhar algo de novo, sem quaisquer pré-concepções. Originalmente a sátira não é usada com a consciência de uma meta deliberada, um objetivo político definido ou um propósito fixo de um partido político. A sátira é uma forma de crítica que retira o véu daquilo que nós, dominados unicamente pelos fenômenos, só vemos com olhos convencionais e nos revela a sua essência. Além disso, a maneira de se tirar esse véu é feita com mais descortesia do que na crítica geral e como resultado, a sátira provoca uma risada grotesca. Assim como *As Viagens de Gulliver* é um romance satírico admirável, na sua maior parte a sátira toma como condição primordial um mundo, que em todos os sentidos não é o mundo que enxergamos e nos revela tudo a partir daí. Portanto, inicialmente Esopo e os demais escritores satíricos da Antiguidade emprestam os olhos de animais e anões, monstros e gigantes, exceto dos humanos, ou os olhos de um estrangeiro como um persa.

Ao contrário disso, o humor é como um óleo lubrificante. Além de desemaranhar os nervos rígidos, que devido à tensão privam a liberdade de ação, encoraja uma atmosfera livre e confortável nas ações existenciais. Conseqüentemente, os ingleses, mesmo

11. Yukio Mishima, *Níobe,* em *Mishima Yukio guikyoku zenshû*, vol. 1, p. 101.

58 YUKIO MISHIMA: O HOMEM DE TEATRO E DE CINEMA

em combate violento nas batalhas, manifestam senso de humor. O humor, a calma e a coragem masculina sempre se combinam, como as duas rodas de um carro. De fato, os alemães são conhecidos como uma nação de espírito militar varonil, mas como lhes falta senso de humor, pode-se dizer que carecem de uma importante característica masculina[12].

A PSICOLOGIA JUVENIL EM RIDICULARIZAR *A SANTA*

Como *Casa em Chamas*, *O Farol* e *Níobe*, *A Santa* é um retrato da decadência de uma família da classe alta nipônica no pós-guerra e o emergir de uma galeria de mulheres fortes. Mesmo nos seus romances, como por exemplo, a Etsuko em *Sede de Amor*, notamos essa característica. No posfácio de *A Santa*[13], o autor declara que adotara de propósito o idealismo e essa filosofia um pouco antiquada seria o seu dandismo. O tema do sacrifício total pelos entes queridos teria no seu reverso a opressão católica.

Com a desmobilização, para administrar a vida egoísta que o seu irmão mais novo Yûichi leva com a namorada Natsuko, Fumiko vende todos os seus pertences e por fim, abre uma hospedaria suspeita onde recebe os seus clientes. Ao tornar-se prostituta, a família cai no extremo da decadência. Para culminar, Yûichi surrupia-lhe o seu último vestido e vende a casa, para começar vida nova com Natsuko. Mas Fumiko não reclama de nada e pretende tornar-se mendiga. Seria uma relação sadomasoquista entre irmãos ou a vitória do espírito sobre a matéria? Por julgar a irmã um estorvo, ele acaba matando-a. No entanto, Natsuko intui que Yûichi a assassinara por gostar demais dela, num amor pervertido. Assim, ela suicida-se tomando veneno. Com seus personagens extremados, Mishima já se revela aqui um verdadeiro Nelson Rodrigues japonês.

Enquanto teatro de costumes, o dramaturgo admite que talvez fosse improvável chegar ao assassinato. Mas se for um teatro de idéias, tal psicologia juvenil, de judiar e ridicularizar ao extremo a *Santa* em prol do seu bem estar, não era novidade no pós-guerra e, nas décadas de 1950 e 1960, esses casos abundavam nos jornais. Um retrato da perplexidade diante do mundo confuso e amoral no pós-guerra, em que, apesar de suas imoralidades, o jovem não se sentia culpado.

Em *Pensamento Contemporâneo Japonês: Seus Cinco Vórtices,* o filósofo e crítico Shunsuke Tsurumi declara que, em qualquer época, o crime reflete o tipo de pensamento de então. Mas no Japão do pós-guerra imediato, mais profundamente do que em outros tempos, o crime era o padrão de pensamento dessa época. O povo também, se não levasse uma vida mais ou menos marginal, não conseguiria sobreviver. Houve um grande aumento de crimes cometidos pela geração pós-guerra, entre

12. Yukio Mishima, *Bunshô tokuhon*, p. 218-220.
13. Yukio Mishima, *Atogaki (Seijo)*, em *Mishima Yukio zenshû*, vol. 25, p. 435.

A DECADÊNCIA DA BURGUESIA NO PÓS-GUERRA...

jovens dos 8 aos 25 anos. *All mistaken!* (*Tudo errado!*), bradou uma garota de 19 anos, filha de um professor universitário, ao ser capturada com o namorado que roubara uma vultuosa quantia e em cinquenta horas dilapidara quase a metade. Após esse incidente, ocorrido em 1950, durante um certo tempo, *All mistaken!* tornaram-se palavras da moda entre os moços, expressando a visão de que o crime é um erro, mas que eles estariam livres da consciência de culpa e que, mesmo diante do fracasso, manteriam um certo otimismo. Em suma, o reinado da irresponsabilidade. A geração do pós-guerra foi a mais influenciada pela derrota do Japão. De repente, todos os valores em que acreditava até então (nação, deuses, imperador, família, amor, cultura e dinheiro) ruíram. O que resultou na alienação do ser, pois os valores legais pareciam tolices, daí a tendência à marginalidade. "Na base do existencialismo japonês no pós-guerra, houve a adoção de uma posição criminal [...] Mas ocorreu também a experiência da bomba atômica"[14], conclui Tsurumi.

Mishima revela:

No modo de vida ideal do jovem demasiadamente arrogante, não deixava de haver minha sátira ao pós-guerra. Porém, como existe o ensinamento de que a sátira que não inclui uma espécie de simpatia não tem força, se esta peça tiver um mínimo de energia, é certo que este mínimo corresponde à minha simpatia[15].

Com *Níobe* e *A Santa*, já começa na dramaturgia de Mishima o processo de criação dos *monstros*, que absolutizam as suas idéias. O título de *A Santa* é irônico. Fumiko parece um ser que superou a condição humana e transformara-se em santa. Mas na realidade, é uma mulher a quem o irmão arrebata-lhe tudo e, no entanto, ela continua a recusar a salvação pela fé.

Criticado de que alguns dos seus contos e romances apresentavam maior realidade do que as peças teatrais, como *Níobe* e *A Santa*, nas quais pessoas excêntricas são colocadas em situações estranhas e tomam atitudes inimagináveis, o escritor alegara que a própria vida é assim.

É o terror do teatro. Ao compor um romance, em algum ponto dá para se acreditar no mundo desse romance e, quanto a mim, em algo clássico. Porém, no caso do teatro, como seres humanos vivos atuam, o universo do teatro torna-se caótico, mais inacreditável e é claro que dá para sentir algo mais vivaz do que no mundo do romance. Então, fica fora de controle e torna-se excêntrico[16].

Aconselhado de que seria melhor montar *A Santa* no teatro de bonecos, Mishima conclui que isso é pertinente, pois tem a sensação

14. Shunsuke Tsurumi & Osamu Kuno, *Guendai nihon no shisô: sono itsutsu no uzu*, cap. V, p. 202-209.
15. Yukio Mishima, *Seijo to Tabako no gai ni tsuite,* em *Mishima Yukio zenshû*, vol. 33, p. 34.
16. Yukio Mishima, "Butai no ninguenzô", *Higueki–kigueki*, mar. 1950, p. 54.

de que vive no boneco um ser humano de fábula. Quando crio um romance, escrevo apoiando-me nos homens. Mas quando tento descrever a atualidade no teatro, tenho a impressão de que eles acabam se transformando em bonecos. Pode ser uma alucinação só minha[17].

Na época da publicação em 1949, este teatro de idéias não foi compreendido. Assim, *A Santa* só veio a estrear em outubro de 1952 pelo Sôguei-za, com cenário ousadamente pop. Posteriormente, com uma única apresentação no Art Theather Ikebukuro em Tóquio, foi dirigida por Masamitsu Koibuchi. De 10 a 23 de julho de 1968 no cine-teatro Sasori-za (Teatro Escorpião) em Tóquio, houve uma encenação dirigida por Masaki Dômoto e protagonizada pela atriz Mie Minami. Como cenário, nas paredes pretas somente o retrato paterno pendia na parte central, sendo completado por um conjunto de mesa e cadeiras de madeira e o corrimão da varanda.

17. Idem, p. 54-55.

3. Dramas de Guerra: "Viver como se Não Houvesse um Amanhã"

> *A guerra produzira uma maturidade estranhamente sentimental em nós. Fez que pensássemos na vida como algo que terminaria abruptamente pelos nossos vinte anos[1].*
>
> PROTAGONISTA de *Confissões de uma Máscara*
>
> *As pessoas tornam-se exatamente aquilo que decidiram ser: Jean Cocteau disse uma coisa interessante: "Victor Hugo foi um louco, que acreditava ser ele próprio Victor Hugo"[2].*
>
> PROFESSOR-ASSISTENTE KOMIYA, em *Jovens, Ressuscitem!*

Logo após completar o romance *Sede de Amor* (1950), Mishima compõe a peça *Culto de Adoração do Demônio*. A dramaturgia de Mishima é fictícia, em suma, ele nunca escreve com base direta em suas experiências pessoais. Excetuando-se alguns dramas realistas como *Culto de Adoração do Demônio* e *Jovens, Ressuscitem!*, ela é extremamente clássica, poder-se-ia mesmo dizer um teatro da fala ortodoxo. Porém, ao contrário da geração anterior, que se sentia culpada e envergonhada pela derrota do Japão na segunda grande guerra, Mishima foi um dos raros intelectuais a ousar expressar através do teatro as suas experiências no final da guerra. Há inclusive vários ensaios seus sobre a derrota na guerra.

---

1. Y. Mishima, *Confissões de uma Máscara.*
2. Idem, *Jovens Ressuscitem!*

62 YUKIO MISHIMA: O HOMEM DE TEATRO E DE CINEMA

Em 1945, Mishima era um jovem de 20 anos, estudante do primeiro ano de direito na Universidade de Tóquio, na qual ingressara no outono do ano anterior. Ao receber a convocação de alistamento militar em fevereiro de 1945, ele prontamente se apresentara. Mas por ter influenza, retornara à universidade. De maio a agosto levou uma vida de estudante mobilizado para trabalhar, inicialmente na Fábrica de Aviões Koizumi em Nakajima, província de Gunma, produzindo aviões de combate usados pelos esquadrões suicidas. Posteriormente serviu no arsenal naval de peças industriais em Kôza, província de Kanagawa. Esse material o inspirou a criar dois dramas históricos.

Comparando-se *Culto de Adoração do Demônio* (março/abril de 1950) e *Jovens, Ressuscitem!* (junho de 1954), em que ocorre uma revolução de 180 graus no enfoque do tema, dá para se conjeturar o que o autor pensava sobre a guerra. Ao visitar o estudante S., que havia perdido o pai empresário num naufrágio de navio e logo a seguir a mãe num bombardeiro aéreo em Kobe, Mishima e seus amigos ouvem suas explanações sobre uma nova seita religiosa. Interessados, eles vão à procura do sacerdote e participam da cerimônia religiosa, em que ao invés do tradicional *sakaki* (*árvore sagrada japonesa*), usava-se o pinheiro. As profecias, que o sacerdote escrevera em transe, pareciam provir da seita Ômoto, sediada em Kameoka, nos arredores de Kyoto. Como essas revelações agiriam sobre os intranquilos estudantes de direito, de quem se espera que sejam racionais e lógicos? Aparentemente ninguém se abalara com elas.

Mas é com base nesse episódio real, que Mishima cria a sua primeira peça em vários atos, *Culto de Adoração do Demônio*, na qual retrata os grupos de estudantes dessa época. Um momento histórico, de julho a 20 de agosto de 1945, com a derrota do Japão a 15 de agosto, que marcou o fim da guerra. Num alojamento de estudantes mobilizados para trabalharem em uma fábrica de armamentos da marinha, todos têm físico frágil e sentem-se inválidos por não terem sido convocados para a guerra. O estudante tuberculoso Kanako perdeu os pais e a irmã mais nova num ataque aéreo, o amigo roubou-lhe a namorada, portanto, está profundamente desesperançado. Ele funda uma religião suspeita de adoração das folhas de pinheiro, metáfora do espiritualismo que tomara conta da atmosfera de então, o de morrer pela honra do país. Ao proferir as suas revelações, Kanako desorienta os que estão ao seu redor, que o escutam meio de brincadeira. Entretanto, como suas profecias realizam-se, cinco elementos juntam-se a ele e o amigo que lhe roubara a namorada morre metralhado, exatamente como ele previra. Progressivamente todo o alojamento é tomado por uma estranha excitação e eles realizam uma cerimônia religiosa. Quando a guerra termina, antes de deixarem o alojamento, os estudantes apressadamente jogam no lixo

DRAMAS DE GUERRA: VIVER COMO SE NÃO HOUVESSE UM AMANHÃ   63

as folhas de pinheiro, o corpo sagrado. Consequentemente essa seita também chega ao fim.

Kanako afirma ter cortado relações com a seita e a vida que levavam no alojamento militar, posto que fora uma existência de fantasmas. Ele que durante a guerra pregara com ardor o abandono dos trabalhos intelectuais, ao saber da derrota do Japão, é o primeiro a retomá-los para assegurar a sua sobrevivência. "Talvez o episódio louco daquela seita tivesse sido a nossa juventude infeliz", conclui. A peça descreve a atração pelo misticismo durante a guerra e com a derrota, a liberação. O contraste entre o irracionalismo e misticismo vigentes na guerra e seu imediato desaparecimento no pós-guerra, como se a possessão desaparecesse como a neblina. E os estudantes voltam a ser realistas.

No posfácio a *Jovens, Ressuscitem!* (revista *Gunzô*), Mishima assevera:

> Embora haja duplicação de uma parte do meu antigo drama, *Culto de Adoração do Demônio*, não é um "remake", pois foi escrito com uma concepção totalmente nova. E mais, neste momento apago *Culto de Adoração do Demônio* do índice das minhas obras[3].

Isto porque o dramaturgo o considerava um texto fracassado, de um demonismo ruim.

Em *Jovens, Ressuscitem!*, o autor cria uma peça histórica e não um romance, por julgar que o ambiente de então era dramático. O tempo concentrado, de muita pressão, não era adequado ao romance. Sob a urgência do destino, a guerra, o grupo de estudantes foi conduzido a um lugar apertado, os barracos militares usados como alojamentos, e cada um contribuiu para a construção da trama, resultando num teatro documentário. Nesse sentido, *Jovens, Ressuscitem!* é uma exceção na dramaturgia de Mishima. Além do realismo como idéia básica, retrata os modos de sentir e pensar de um grupo de jovens simples e no seu frescor.

> De fato na nossa existência desse período, havia adeptos do amor pelo amor, direitistas simplórios, niilistas supersticiosos e comunistas sonhadores. E as paredes sentimentais complexas, características da juventude, foram derrubadas pela pressão desse período tenso e todos pareciam um pouco dementes. Entretanto, com esta obra eu não pretendi em absoluto desenhar uma caricatura.
>
> Na realidade, o que mais me atormentou nesta peça foi a questão do estilo. [...] Como a maior parte dos personagens neste drama são companheiros da mesma idade, todos estudantes do sexo masculino confinados no mesmo ambiente, não havia como colocar mudanças nos diálogos. Para salientar as características de cada personagem, alardear repetidamente a sua excentricidade peculiar é um artifício teatral muito empregado. Mas nesta obra, apesar de saber dessa eficácia que compensaria a falta de mudança nos diálogos, eu a evitei ao máximo. Porque a excentricidade dos de meia-idade ou anciões é cômica e, por vezes, elegante, porém, a excentricidade dos jovens imaturos é feia, com uma tendência a se tornar deliberada.

3. Yukio Mishima, "Atogaki: *Wakôdo yo yomigaere*", revista *Gunzô*, 1954.

E o modo de falar rude, peculiar dos estudantes, é uma espécie de linguagem oficial da sociedade estudantil, mas desde antanho, não é uma linguagem que expresse as emoções. Os sentimentos são exagerados com rudeza e as nuanças psicológicas são envoltas de propósito com uma expressão convencional. Esta é a linguagem dos estudantes. É claro que se dois estudantes ficarem a sós, haverá uma certa troca de confissões íntimas. Mas o teatro, como se vê, é uma existência confusa, escancarada e, num sentido mais preciso, não há aí uma vida privada. [...] Para concluir, se me perguntarem: "Dentre os inúmeros personagens qual é você?", responderei: "Eu não sou nenhum deles e, ao mesmo tempo, todos são eu"[4].

Jovens, Ressuscitem! foi reconcebido de modo bem mais consciente do que *Culto de Adoração do Demônio*. O autor elimina a nova religião, culto de adoração das folhas de pinheiro, metáfora de morrer pela honra do país, abandona o desenvolvimento paralelo da vingança do estudante niilista (Kanako) e centra-se apenas nos estudantes mobilizados para trabalhar no arsenal da marinha e aeronáutica, perto do aeroporto de Atsugui em Kanagawa, e que partilham um alojamento.

Se em *Culto de Adoração do Demônio* não aparece militar algum, já em *Jovens, Ressuscitem!* surgem vários oficiais militares, que estão sempre a discutir planos de fuga. No *Culto de Adoração do Demônio* havia a descrição jocosa de um *harakiri*. Um estudante diz: "Em suma, quando vi aquilo, fiquei com inveja. Pensei, que cara felizardo!" Mas no final de *Jovens, Ressuscitem!*, o capitão Shiro suicida-se, dizendo que deixa o destino do Japão nas mãos dos estudantes. Porém, ninguém aceita essa tarefa.

O enredo de *Jovens, Ressuscitem!* inicia-se a partir da desesperança dos estudantes no final da guerra (primeiro ato), evolui para a aceitação da situação totalmente nova de derrota na guerra, com um futuro intranquilo (segundo ato) e por fim livres do confinamento, a esperança de poderem retornar aos estudos (terceiro ato).

Mas antes do desfecho, Mishima joga água fria logo depois desse coro cheio de esperanças, pois ao mesmo tempo que anuncia o término da guerra, insere uma longa cena do fim de um caso amoroso. Suzuki, estudante adepto do amor pelo amor, diz:

Quando reflito sobre a minha morte, embriago-me com o privilégio da juventude. Apenas a morte de um cara jovem é próspera e luxuosa, porque ele gasta de uma só vez todo o resto da sua existência. Somente a morte de um cara jovem é bela. Bem, ela é uma espécie de arte porque se opõe ao máximo à natureza e, apesar disso, é uma condição da natureza.

Ele que no primeiro ato gostava de receber visitas da sua namorada, simultaneamente ao fim da guerra comunica-lhe o fim do seu amor, justificando-se: "Enfim, desde o início, não nos amávamos de modo algum".

4. Yukio Mishima, *Atogaki: Wakôdo yo yomigaere*, em *Mishima Yukio zenshû*, p. 501-503.

DRAMAS DE GUERRA: VIVER COMO SE NÃO HOUVESSE UM AMANHÃ 65

Seiichi Yashiro afirma que estava cansado de ouvir esse tipo de conversa do dramaturgo. Em 1959, numa noite em que bebiam em um bar de Guinza, Mishima, que pouco antes discorria com exaltação sobre a morte, ao ver que o aguaceiro não cessava, ficou preocupado, pois no dia seguinte seria o lançamento do seu romance *A Casa de Kyôko*. Mesmo se saísse uma grande reportagem na imprensa, devido à chuva forte, o leitor não iria até a livraria comprá-lo. Yashiro morreu de rir e o escritor também sorriu meio sem graça. "Mas justamente essa contradição não seria o privilégio da juventude?", indaga Yashiro.

Se *Culto de Adoração do Demônio* termina com a vingança de Kanako realizando-se e com a sugestão de obtenção do seu amor, portanto, com a guerra não interferindo de modo algum na sua vida pessoal, já em *Jovens, Ressuscitem!* ocorre uma mudança espantosa, pois é justamente a guerra que surge como a condição necessária para concretizar o amor. Porém, o que separa *Culto de Adoração do Demônio* de *Jovens, Ressuscitem!* é a quase total desesperança em relação ao futuro sem perspectivas: a vida de assalariado de um, o suicídio de outro, numa crítica do autor ao pós-guerra.

Em *Yukio Mishima: Suas Últimas Palavras*[5], o dramaturgo revela que o grande tema de *Jovens, Ressuscitem!* é que o amor só desabrocha em situações limites, como na guerra. "Com a morte rondando a cada minuto, tudo era extremado; você despedia-se de alguém e não sabia se ia tornar a vê-lo. Havia intensidade em cada momento". Durante a guerra com a constante exposição ao perigo, os namorados dizem:

"Vamos nos encontrar em tal parque depois de amanhã". Porém, eles não sabem se poderão realmente se encontrar. É exatamente por isso, que eles acham que o seu amor é completo. Mas a guerra termina. Se comprometerem a se encontrarem no cinema de Hibiya depois de amanhã, nesse dia com certeza o filme estará sendo exibido. Desse jeito, não há mais amor.

No drama *Jovens, Ressuscitem!*, o autor fez um esboço real dos seus companheiros de então. Todavia, o seu objetivo primordial não estava em registrar isso, mas sim em "viver como se não houvesse um amanhã". A partir desse momento começa a germinar a tese, tão cara a Mishima em suas obras posteriores, de que não apenas a beleza e o amor, mas também o erotismo supremo só se realizam no anticotidiano. "Na guerra há a morte e então, pela primeira vez, a vida bela", este pensamento, que não se apresentava em *Culto de Adoração do Demônio*, torna-se o tema maior de *Jovens, Ressuscitem!* e será posteriormente desenvolvido em *Patriotismo* e *Os Crisântemos do Décimo Dia*[6], assinala Hiroko Nishimura. Já Takeo Okuno observa:

---

5. Yukio Mishima, *Mishima Yukio: saigo no kotoba.*
6. Hiroko Nishimura, *Shiron: Mishima Yukio no haisen*, p. 79-80.

66 YUKIO MISHIMA: O HOMEM DE TEATRO E DE CINEMA

Assisti a montagem do Haiyû-za de *Jovens, Ressuscitem!* dirigida por Koreya Senda. Embora eu simpatizasse por ser da mesma geração, achei estranho que Mishima fizesse encenar este drama pelo Haiyû-za, uma companhia de shingueki (teatro moderno) da esquerda progressista. Até cheguei a pensar que ele se convertera à esquerda. Mas, com esta peça, o escritor pretendera obter a sua cidadania na sociedade pós-guerra e, simultaneamente, esta foi a época em que mais abominou a morte e o anormal, o seu desejo de viver e a sua vontade de renascer foram mais fortes[7].

7. Takeo Okuno, "*Chiôsai* to *Kagui o kakaru heya* no mujun", em *Mishima Yukio no densetsu*, p. 313-314.

4. Criação de Tragicomédias

No Japão do fim da Segunda Guerra Mundial até 1952, durante a ocupação americana que terminou com o Tratado de Paz de São Francisco, somente um grupo seleto de oficiais do governo, homens de negócio e acadêmicos tinha permissão de viajar ao exterior. Mas graças ao empenho de um velho amigo do seu pai, Ryûichi Kaji, diretor do *Asahi Shimbun*, em 1951 Mishima conseguiu ser enviado para a sua primeira volta ao mundo, como correspondente especial do periódico. Dois ou três anos antes, o escritor tentara ir aos Estados Unidos para participar de um congresso de jovens artistas, porém, não conseguira. Fora reprovado na entrevista em inglês com um americano, que lhe indagara: "A que escola pertencem os seus romances?" Pensando tratar-se do seu curso universitário, ele respondeu: "Bem, eu me formei na Faculdade de Direito da Universidade de Tóquio".

NADA É TÃO CARO COMO O GRÁTIS

Nada é Tão Caro como o Grátis, tragicomédia em três atos, escrita a pedido da revista *Shinchô*, foi concluída um pouco antes do dramaturgo embarcar no navio *President Wilson*, partindo do porto de Yokohama para a sua primeira viagem ao exterior. Devido às atribulações do visto de passaporte e festas de despedida, o trabalho não avançava. Portanto, o autor teve que passar a noite de Natal de 1951 em claro e só conseguiu concluí-la às 11:30 horas da manhã. Durante os cinco meses seguintes, Mishima pôde visitar os Estados Unidos,

Brasil, Suíça, França, Inglaterra, Grécia e Itália. Posteriormente, os relatos das impressões de viagem a cada país seriam reunidos no livro *O Cálice de Apolo*.

Torakichi Kondo, diretor do Ministério de Transportes, tivera um caso com uma mulher chamada Hide, há vinte anos. Ao saber que ela estava empobrecida, sua esposa Seiko decide aceitá-la como empregada doméstica, não lhe pagando nada e assim, vingar-se do passado. Seiko e sua filha Katsuko estão dispostas a atormentar Hide, mas esta não se deixa ferir em absoluto. Ao contrário, Katsuko é que acaba sendo abandonada pelo noivo Haruo. Seiko estava determinada a manter Hide até à morte em sua casa. Todavia, ao julgar que, ao contrário, ela é que está sendo ironizada, decide deixá-la partir. Entretanto, Torakichi toma uma atitude resoluta frente à mulher e à filha ao suplicar a Hide que fique, pois ainda a ama. Ele a vê como a mulher ideal, com quem se sente à vontade.

Criada como uma extensão de *Casa em Chamas*, seu primeiro drama, *Nada é Tão Caro como o Grátis* é uma sátira severa a uma típica família nipônica de classe média no pós-guerra. E como uma tragicomédia, apresenta mudanças repentinas de situação. A súbita introdução de uma mulher no seio de uma família faz com que ela seja gradativamente vista de ângulos diferentes pelos seus membros: a mulher, a filha e o marido ladino. A família acaba completamente azafamada e os seus membros arruinam-se um a um. A peça pode ser lida como um teatro de idéias, que retrata de modo cômico três tipos de mulheres: o contraste entre a mulher e a filha, verdadeiros coágulos espirituais, e a ex-amante realista, coquete e astuta. A mulher e a filha não são derrotadas por uma força exterior, o destino, ao contrário, elas são levadas à catástrofe pela sua própria imbecilidade espiritual. "Além disso, se a causa da catástrofe, 'por ser de graça', for o cálculo de uma mulher mesquinha e ignóbil, o escárnio severo do autor quanto à 'comédia espiritual' é perfeita", assevera Takeo Okuno em *A Lenda de Yukio Mishima*. Na cena final, Hide sorri como se nada tivesse acontecido e diz a Torakichi: "Ora, você parece uma criança". A súbita mudança de linguagem, ao passar de uma empregada submissa para uma amante dominadora, cria um efeito grotesco. Se ela permanecer na casa, a tragicomédia continuará e se repetirá, como na tragicomédia posterior ambientada no Brasil, *A Toca de Cupins*. Mishima tece um comentário:

> *Nada é Tão Caro como o Grátis* parece um drama psicológico, mas não é. Seu tema é o ciúme. É uma tragédia ou comédia sobre a brecha entre a vontade e os sentimentos humanos. Pode-se dizer, uma experiência psicológica: até que ponto o sentimento de ciúme pode ser alimentado pelo desejo de vingança; além disso, com o acréscimo de outras oportunidades reais, o quanto ele é frustrado. A tentativa cruel da esposa desse diretor em relação à vida de outrém escorrega admiravelmente e, graças à inimiga monstruosa (a mulher chamada Hide), chega à derrocada total. Com a mulher monstruosa

CRIAÇÃO DE TRAGICOMÉDIAS 69

chamada Hide, eu pretendi empreender um embelezamento curioso e a heroicização cômica do ser humano satisfeito com o seu ego, o tipo humano que deve ser feio[1].

GIRASSOL NOTURNO, PEÇA ESCRITA EM PARIS

Uma semana após chegar a Paris, a 9 de março de 1952, Mishima é abordado por um vigarista que lhe rouba os cheques de viagem, sob pretexto de comprar dólares. Portanto, ele teve que prolongar a sua estadia na *Cidade Luz* por cerca de um mês, até que os cheques fossem reemitidos. Com dinheiro escasso, aconselhado pelo cineasta Keisuke Kinoshita, o escritor transfere-se do Grand Hôtel para a pensão Botan-ya, administrada por japoneses e onde o próprio cineasta se hospedava, na Avenida Mozart, perto do Bosque de Boulogne. Como Paris já fora amplamente divulgada através de cinema e literatura, não lhe restava um ângulo novo para abordá-la. Daí a escassez de relatos parisienses nos seus escritos de viagem.

Fazia frio em março e o isolamento foi propício à criação de uma peça em quatro atos, coisa que o atarefado Mishima não tinha oportunidade de realizar no Japão. Após passar as noites em claro escrevendo, quando começava a clarear, ele ia tomar o seu café da manhã no restaurante que ficava na entrada do Bosque de Boulogne. Lá aproveitava para reler o que redigira. Às vezes, o compositor de música concreta Toshirô Mayuzumi, o pintor Hanjirô Sano ou o cineasta Kinoshita vinham visitá-lo no seu quarto da pensão. Kinoshita inclusive leu o primeiro ato da peça e fez-lhe uma crítica. Logo, não se pode negar uma certa influência de Kinoshita no texto final. O autor completa a obra dois ou três dias antes de deixar Paris.

Tragicomédia leve e bem escrita sobre uma mulher de meia-idade, um tanto infantil e que tem o destino de interpretar o papel de girassol na escuridão do mundo contemporâneo. Ela possui um talento inegável para descobrir a felicidade, mesmo nas situações mais drásticas. Porém, sempre lhe resta um gosto amargo. A viúva Kimiko Kashiwagui é rica e filha de um homen poderoso. Apelidada de *Girassol*, é gentil com todos e muito querida. Hanako Sonoi, sua amiga dos tempos escolares, lhe roubara o primeiro namorado e se casara com ele. Quando o jovem Kazuo, filho único de Kimiko, fica tuberculoso, é internado no hospital em que Sonoi é diretor. Hanako havia decidido divorciar-se porque o marido era infiel. Todavia, quando descobre que Kimiko se tornara íntima de Sonoi ao visitar o filho no hospital e eles se casariam após a recuperação completa de Kazuo, faz tudo para impedí-lo. Promove encontros secretos de Kazuo com a namorada Keiko Ihara, para que

---

1. Yukio Mishima, *Jôen sareru watashi no sakuhim: Aoi no ue to Tada hodo takaimono wa nai*, em *Mishima Yukio zenshû*, p. 25-26.

70 YUKIO MISHIMA: O HOMEM DE TEATRO E DE CINEMA

a sua saúde se agrave e apresse a sua morte. Por fim, revela a Kimiko que Sonoi está de olho no dinheiro dela. Mas Kimiko perdoa a ambos, Hanako e Sonoi, e comunica ao pai que se casará com Sonoi, mesmo ciente de que este lhe espoliará a sua fortuna.

O crítico Kiyoshi Jinzai assinala que Mishima cometera um erro de cálculo, ao desenvolver vertiginosamente vários fragmentos teatrais.

O dramaturgo pretende fixar a imagem de uma viúva de meia-idade, da "tribo da luz" natural, através dos movimentos vazios dos seguidores da "tribo da sombra". Desdobramentos seguidos de coqueteria ou trama de ciúme e, por fim, a vida do seu único e adorado filho é ceifada. No entanto, o seu otimismo não sofre o mais leve ferimento. É uma inferioridade de caráter, mas de qualquer modo, ela procura descobrir novamente um sol substituto nos braços de um médico velhaco, mas com poder. Em suma, esta obra é um desafio severo e um escárnio à esterilidade da felicidade no mundo atual. Desse ponto de vista, o autor alcançou o seu objetivo. Mas como texto teatral, o progresso é muito plano e as mudanças dramáticas, escassas. Talvez este tema fosse mais adequado a um romance do que a uma peça[2].

A companhia Bungaku-za estreou *Girassol Noturno*, sob direção de Teruko Nagaoka, no Mainichi Kaikan em Osaka, de 25 a 29 de junho de 1953.

DESEJO TRIANGULADO EM *AS TRÊS CORES PRIMÁRIAS*

Em agosto de 1955, Masaki Dômoto ficou doente. Ao receber a visita de um amigo, que lhe trouxera a revista *Chisei* (*Intelecto*) com a nova peça de Mishima, *As Três Cores Primárias*, ficou tão comovido com a leitura, que prometeu dirigi-la um dia sem falta. Mas como os personagens apareciam em sumários trajes de praia e havia uma cena de beijo entre dois homens, as companhias teatrais relutaram um longo tempo em montá-la. Portanto, Dômoto deciciu apresentá-la no seu *Recital de Direção Masaki Dômoto*, em abril de 1963 no Sôguetsu Hall de Tóquio.

Mas Elaine Showalter, no artigo "O Teatro do Desejo", afirma que o livro de Eve Kosofsky Sedgwick, *Entre Homens – Literatura Inglesa e Desejo Homossocial Masculino*, de 1985, marcou o início dos estudos literários homossexuais, e observa:

A ilustração da capa, *Desjejum sobre a Grama*, de Manet, mostra uma mulher nua em um piquenique com dois homens vestidos e de chapéu; e, retomando a clássica idéia de René Girard de "desejo triangulado", de acordo com a qual, rivais desejam mais sobrepujar um ao outro do que ter a coisa para eles mesmos, Sedgwick sugeriu que dois homens que rivalizam por uma mulher na ficção, "às vezes desejam na realidade um ao outro, com a mulher sendo meramente um veículo para a união proibida dos dois"[3].

2. Kiyoshi Jinzai, "Seiki nakaba no ankoku: sakusha no gosan" (A Escuridão no Meio do Século: O Erro de Cálculo do Autor), *Asahi Shimbun*, abril de 1953.
3. Elaine Showalter, "O Teatro do Desejo", *Caderno Mais!, Folha de S. Paulo*, 30 de março 2003.

CRIAÇÃO DE TRAGICOMÉDIAS 71

Mishima alegrou-se como uma criança e, no dia em que veio com a sua esposa, sentou-se na primeira fila. Antes do espetáculo começar, para o delírio da platéia, o autor chegou a transportar um grande espelho para o palco. Peça em um ato, inspirada na explicação inesperada, que o escritor Shôhei Ooka lhe afirmara ser de Steckel: "O impulso para o adultério é devido ao amor homossexual inconsciente do marido, enquanto homem." A princípio, Mishima imaginara uma comédia semelhante às de Marivaux. Mas a obra resultou em drama poético, com leves toques cômicos, ironizando a moralidade tradicional.

O jovem casal Ryoko e Keiichi, respectivamente de 19 e 25 anos, está numa casa de praia, quando surge o amigo de Ryoko, Shunji, de 19 anos, que se junta a eles. Ryoko gosta de ambos e Shunji, quase um símbolo puro, ama-a com ousadia, sem se ater à moralidade. Ao contrário, quem se sente um pouco constrangida na posição de mulher casada, é Ryoko, única personagem real na peça. Mesmo Keiichi não é totalmente real. Por achar que graças à Ryoko, Shunji e Keiichi puderam tornar-se irmãos, eles se beijam. Ryoko surpreende-os e julgando-se intrusa, quer se afastar. Mas estes a impedem, afirmando que eles são como as três cores primarias, se um deles faltar, as cores do universo se reduzirão. Então, os três decidem viver juntos e em harmonia para sempre.

A jovialidade das palavras e a juventude dos corpos semi-nus celebram a nobre imoralidade, privilégio da juventude. "Tanto a moralidade quanto as leis, todas as coisas do mundo giram ao redor de nós. Se acharmos algo belo, isso se tornará a nossa moral", diz Shunji. O próprio título japonês de *As Três Cores Primárias* (*Sanguenshoku*) tem um duplo sentido, uma vez que *san* significa *três, guen* = *primárias* e *shoku* refere-se tanto à *cor* como ao *erotismo*.

Na revista *Chisei*, Mishima acrescentou as "Notas para a Direção de *As Três Cores Primárias*"[4]:

Esta peça deve ser dirigida sem a mais leve emoção, com um enfoque extremamente seco. Senão acabará transformando-se em drama obsceno, sem ajustes. Para tal, em primeiro lugar, é preciso enfatizar o caráter de conto de fadas do Shunji. Na realidade, este jovem não reside no mundo corpóreo. Ele é o espírito que une a vida humana à natureza panteísta. Ele não tem idade, coração, moral e nem pertence à sociedade. Keiichi e, no final, até mesmo Ryoko são esmagados por este jovem formoso e, apesar de entusiasmados com a beleza terrena, acabam por se fundirem no espírito da natureza. O oposto de Shunji é Ryoko. No início ela surge como uma natureza puramente física, representando a sociedade humana. Keiichi fica perdido entre Ryoko e Shunji. Mas no final, o casal acaba atraído para o mundo que o espírito de Shunji mostra: livre, grande e onde todas as existências tornam-se íntimas. [...] No cenário é suficiente sugerir que não se trata de uma praia, mas do jardim de uma casa de verão, que se encontra num nível mais elevado do que a praia e quanto mais simples, melhor. Como o tema das três cores

4. Yukio Mishima, "Enshutsu oboegaki (*Sanguenshoku*)", *Chisei*, agosto de 1955.

primárias está representado no guarda-sol, é melhor que não apareça nos maiôs dos três personagens. Pequenos acessórios, tais como um rádio portátil, duas ou três garrafas de Coca-Cola, copos, livros, esteiras, efeitos sonoros marítimos e o resto deve ser abolido. Antigamente estava em moda um teatro que descrevia a vida pequeno burguesa nas casas de praia ou de campo. Neste também como cenário há a vida burguesa na casa de verão, contudo, não é necessário entrar em deliberação sobre tal fato. É uma peça totalmente abstrata, com o objetivo de pasmar os espectadores, crentes de que se trata de um drama pequeno burguês numa casa de verão. Por conseguinte, é desnecessária qualquer melancolia psicológica supérflua, tudo deve ser seco e fresco sob a luz do sol à beira-mar. Se parecer um drama psicológico, fica impuro; mas se torna ainda mais problemático, caso se transforme em teatro de idéias sério.

Mas na sua direção, Dômoto acrescentou alguns detalhes. Introduziu um longo solo de piano nos intervalos entre as cenas, para os jovens se fundirem no belo. Como quando Ryoko surpreende os dois beijando-se e na cena final, quando ela estende as mãos aos dois parceiros. Na estréia, a cena de beijo dos dois rapazes resolveu-se como uma pose de balé, com Shunji e Keiichi apenas tocando os lábios. Mas na reencenação, visto que o recinto era mais exíguo, os dois se abraçam e beijam.

As Três Cores Primárias relaciona-se no Ocidente ao famoso *trio metafísico* do final do século XIX, formado pelos filósofos Friedrich Nietzsche, Paul Rée e a escritora Lou Andreas-Salomé; bem como aos filmes, *Jules e Jim* (1961) de François Truffaut, baseado no livro autobiográfico de Henri-Pierre Roche, que retrata o triângulo amoroso vivido por Catherine, Oskar Werner e Henri Serre, e *Henry e June* (1990) de Philip Kaufman, sobre Henry Miller, sua mulher June e a escritora Anais Nin. Recentemente em Roma para a reestréia de *Jules e Jim*, que protagonizara há quarenta anos, Jeanne Moreau rememorou:

> Quando Truffaut leu o romance, descobriu que Roche considerava o amor como a soma dos desejos amorosos e sensuais de uma mulher, algo que na literatura estava reservado até então apenas aos desejos dos homens.

A importância do erotismo também está presente em *Os Sonhadores* (2003) de Bernardo Bertolucci, sobre um triângulo amoroso protagonizado pelos jovens da geração de maio de 1968 em Paris.

Miles K. McElrath, no prefácio à sua tradução inglesa de *As Três Cores Primárias*, apresenta a concepção da liberdade amorosa do dramaturgo como ainda do ponto de vista masculino.

> Entretanto, mais do que tudo, Mishima proclama aqui que o amor físico em suas três formas, heterossexual, homossexual e bissexual – todas reconhecidas, mas somente uma sancionada – é que "move o mundo". É claro que esta visão já fora expressa antes, porém, raramente com a qualificação que Mishima acrescenta ao processo, isto é, que todas as formas devem ser satisfeitas, ao menos pelo macho, concorrente e interativamente. Seus três personagens parecem personificar, embora imperfeitamente, esses três padrões de comportamento sexual. [...] Todavia, a dissolução não é completa o suficiente, para nos prevenir de deixar-nos em estado de apreensivo limbo (intelectual, não moral), sobre a questão se Mishima está simplesmente advogando, neste caso, o tipo de "ménage à trois" rotativo que ele descreve, ou se está sugerindo que o único

CRIAÇÃO DE TRAGICOMÉDIAS 73

caminho para a realização completa, em geral, é a bissexualidade para o macho da espécie e poliandria para a fêmea. Em qualquer caso, o campeão da moral conservadora (isto é, tradicional) provavelmente reagirá com uma sensação de ultraje e indignação. Talvez, isto seja precisamente o que Mishima almejara[5].

Em 1955 Mishima publicou dramas polêmicos. Em janeiro, *Os Leques Trocados* (*Hanjo*), que aborda o lesbianismo entre a pintora Jitsuko e a gueixa Hanako, e em agosto, *As Três Cores Primárias*, sobre um triângulo amoroso, com o homossexualismo de Shunji e Keiichi. Mas em *A Jóia da Loucura*, Takeo Matsuura assinala que

na dramaturgia de Mishima, as noções de homossexualismo e heterossexualismo não correspondem às imagens realistas que temos no cotidiano. Pode-se dizer que se trata de um certo brilho, emanado quando um sentimento é sublimado[6].

5. Miles K. McElrath, prefácio à sua tradução de *The Three Primary Colors*.
6. Takeo Matsuura, "Kyôki no hôseki" (A Jóia da Loucura), *Mita bungaku* (*Literatura de Mita*), abril de 1968.

5. Mishima e o Brasil

A primavera de Paris não era como a do Japão, que após vários esboços, finalmente tornava-se verdadeira.

Certa manhã, exatamente como a fama de lorde Byron, ela chegou de uma só vez.

Ao acordar de manhã, me coçava o corpo todo, disse Jirô, fazendo uma careta. Pensei que fosse uma pulga. Pois então, era "a primavera de Paris".

Paris nessa primavera: castanheiros, boinas militares vermelhas, mulheres, pássaros, cadeiras nos terraços, nuvens ... Eles não compunham a primavera da natureza, mas uma primavera construída por uma multidão de pessoas. O exterior de Paris, seja os castanheiros, seja as mulheres, cada um deles simbolizava algo abstrato. As mulheres, antes de serem simplesmente "mulheres", eram "mulheres de Paris". Uma cidade edificada pelo espírito é assim. [...]

Jirô não pôde deixar de se espantar ao ver que essa primavera de Paris, adequada apenas a um casal de idosos que juntara um pouco de dinheiro, encantasse até mesmo jovens de ambos os sexos dos Estados Unidos, um país novo. Os jovens verdadeiros, uma vez que eles próprios são a primavera, não devem dar a mínima para a estação da primavera.

Eu me recordo daquela estranha flor que vi na América do Sul, disse Jirô.

É um arbusto que se enrosca em algo como uma grade de glicínias e quando lá estive em pleno verão, suas florações de um vermelho rubro abriam-se sob o sol que fazia arder a pele. Era realmente no verão. Além do mais, essa flor chamava-se "primavera" ("haru" = a estação do ano "primavera").

A "primavera" (haru), colocada no meio do verão, estava intata. Bem aberta o dia inteiro, ela suportava o sol tropical direto, sem murchar nem fenecer. Eu vi a noite chegar para a primavera. O sol se pôs à distância no cafezal; a colônia onde os lavradores dedilhavam os violões antes do jantar e o teto do estábulo, no qual os cavalos das carroças que haviam retornado após um dia de trabalho e chutavam languidamente as paredes, estavam cobertos pelo dourado melancólico do crepúsculo, que se arrastava um pouco estreitamente. Por fim, mesmo quando a escuridão se fez completa, a primavera manteve-se igualmente bem aberta. À luz das estrelas, as flores assemelhavam-se a gotas de sangue um pouco enegrecidas. Não havia sequer uma brisa. O ar quente noturno começou a subir do chão macio de terra vermelha. Sem se mexer nem um pouco, as florações de primavera deveriam permanecer nessa postura, até que as alvas e gélidas mãos do amanhecer as viessem aliviar.

E como você também deve entender, mais do que a primavera de Paris, eu gosto bem mais dessa primavera colocada em pleno verão da América do Sul ...

> Jirô Kikuta, protagonista do conto *Epitáfio das Viagens*[1], de Yukio Mishima: "Ele é o símbolo da minha sensibilidade", declarava o autor.

RIO DE JANEIRO, A ANSIADA TERRA NATAL

Nas suas "Notas da Viagem à América do Sul: Brasil", que consta em *O Cálice de Apolo* (outubro de 1952), Mishima conta que após deixar San Juan em Porto Rico, sob chuva, o avião *Constellation* aterrissou no Rio à 1:00 hora e pouco da madrugada do dia 27 de janeiro de 1952. As luzes ao longo da costa do Pão de Açúcar evocaram-lhe a metáfora de um colar depositado em volta de uma mesa de mármore negro.

> Esta primeira visão noturna do Rio me comoveu. Bradei o nome do Rio. Quando estávamos para aterrissar e o avião inclinou suas asas, tive a sensação de que não me importaria se ele caísse no meio das luzes do Rio. Não sei por que me sinto tão atraído pelo Rio [...] Há algo que me atraía sem cessar desse outro lado do mundo[2].

Nesse relato com o subtítulo de uma proposição, "Rio, uma Transmigração: o Ressuscitar da Infância", o escritor passa a explicar admiravelmente a razão de sua adoração pela Cidade Maravilhosa. No primeiro domingo no Rio, logo de manhã, sai sozinho para um passeio. Mas ao contrário do Japão, constata que as lojas estavam fechadas. Deixa a Praça Paris e entra num bairro residencial antigo, de ruas arborizadas, banhadas pelo sol do pleno verão, porém, sem sombras de gente. Então, é abençoado por uma experiência epifânica.

---

1. Yukio Mishima, "Tabi no bohimei" (Epitáfio das Viagens), em *Radiguê no shi*, p. 245-246.

2. Idem, "Nambei kikô, Burajiru: Rio, tenshin, yônenjidai no saiguen" (Notas da Viagem à América do Sul: Rio, uma transmigração, o ressuscitar da infância), *Aporo no sakazuki*, em *Mishima Yukio zenshû*, vol. 26.

MISHIMA E O BRASIL 77

Como os psicólogos têm grande interesse em analisar esse fenômeno psicológico, fui assaltado por uma espécie de reminiscência dentro do sonho de que com certeza eu já vira esse lugar [...] Aquela cidade que aparece de repente dentro do sonho, misteriosa, sem habitantes, como uma cidade morta, aquela cidade complicadamente bela e extremamente silenciosa, lembro-me de tê-la visto muitas vezes nos sonhos das noites de verão mal dormidas na minha infância. [...] Duvidei se eu não estaria, agora, a vê-la dormindo. Mas nesse instante, fui assaltado por um pesar agudo, que também se assemelhava ao pesar dentro do sonho.

O que o leva a seguir a uma reflexão proustiana e ao germinar do tema da metempsicose, a transmigração da alma para outro corpo, tão caro em suas obras.

Mesmo que eu visite o Rio mais uma vez, este momento inicial não ressuscitará de novo. Desse ponto de vista, o tempo é o todo da nossa existência, enquanto o espaço não passa da substância imaginária do nosso conceito e a ordem neste mundo não passa da ordem espacial. Por um instante, eu refleti desordenadamente sobre essas coisas e recordei-me da parábola de Sôshi sobre a borboleta e do tema do nô *O Travesseiro dos Sonhos (Kantan)*. A parábola de Sôshi fala sobre a possibilidade de transmigração. Num certo momento, de fato, nós nos tornamos borboletas. Nós nos transformamos em várias coisas. A transmigração da alma ocorre a todo instante. Há transmigrações grandes e longas, como também transmigrações pequenas e momentâneas. A transmigração pequena e a transmigração grande são como imagens simétricas, que estão a refletir uma à outra. Somente a nossa consciência nos protege dos perigos de todas as mudanças na vida e nos faz lembrar da existência do corpo confinado no espaço. Talvez porque, caso contrário, não voltaríamos à condição humana e, a partir desse instante, acabaríamos nos transformando em borboletas[3].

O historiador de arte Jorge Coli faz uma leitura desta parábola chinesa, não do ponto de vista da transmigração, mas da indefinição entre realidade e imaginação.

Metamorfose – Nossos tempos são incertos e desconfiados. Há uma velha história: um sábio chinês sonhou que era borboleta. Quando acordou, não sabia mais se era uma borboleta sonhando que era homem ou um homem sonhando que era borboleta. Essa parábola sublinha a mistura indefinida entre ser e imaginar que, ao se tornarem intercambiáveis, abalam as certezas da "realidade" [...] Cada qual pode despertar amanhã como borboleta. Ou como barata[4].

Em 1950, Mishima escrevera a sua primeira peça de nô moderno, *O Travesseiro dos Sonhos (Kantan)*, montada no final do mesmo ano e na qual tratava de modo irônico e ainda cauteloso a teoria da metempsicose, enfocando o vazio e a efemeridade do sonho de transmutação. Mas pode-se afirmar que o tema central da tetralogia, *O Mar da Fertilidade*, a possibilidade de transmigração da alma, já germinara nessa sua chegada ao Rio.

3. Idem, ibidem.
4. Jorge Coli, "As Paredes do Labirinto", *Caderno Mais!, Folha de S. Paulo*, 24 de fevereiro de 2002.

Retornando ao seu relato, nesse instante aparece uma família portuguesa conversando animadamente, o que o chama de volta à consciência e ele regressa à sua condição humana. O escritor volta à Praça Paris, senta-se num banco e contempla por duas horas a cidade, que na década de 1950 lhe parecia completa: os prédios antigos da era colonial e os ultramodernos, os saudosos bondes elétricos abertos carregando banhistas seminus, o jardim de arbustos podados, as sombras dos coqueiros e das belas árvores. Depois anda entre os canteiros de flores, toma guaraná e entra na fila da matinê. E aqui também reencontra a sua infância. Senta-se no meio das crianças e ri ao assistir um filme de aventuras.

Aprecia as calçadas com belos mosaicos portugueses, com motivos de peixes marinhos, cavalos ou flores, uma das belezas do Rio. Os famosos motivos ondulados das calçadas do Hotel Copacabana Palace, para onde se transferira, harmonizavam-se com as mulheres elegantes e as crianças nuas, que corriam carregando os seus guarda-sóis. O conjunto de arranha-céus, sob o ar quente que tremeluzia, evocou-lhe uma miragem. Mishima descobre porque, no início, um canto dessa cidade parecia-lhe a cena de um sonho. A paisagem entre Botafogo e Copacabana, com seus arranha-céus erguidos entre a orla marítima e os morros, dava-lhe a impressão de que esses edifícios haviam nascido, de repente, nesse instante. Esse efeito fantasioso superaria em muito o prédio do Ministério da Educação e Cultura, marco da arquitetura moderna projetado por Niemeyer. "E como no episódio *Rei da Ilha Negra* nas narrativas das *Mil e Uma Noites*, vejo o súbito ressuscitar de uma grande cidade na planície em que a magia se desfizera"[5].

No outro dia visita o Zoológico e vê a arara azul, ave em extinção atualmente, e só de olhar os coqueiros sob o céu azul, dava-lhe a sensação de ter retornado à tão ansiada terra natal. No seu segundo domingo no Rio, Mishima recusa o convite do correspondente do *Asahi Shimbun*, Mogui, que fora ao Jóquei com Ueno, alegando não apreciar corridas de cavalos. Sobre o seu guia no Rio, o escritor parece ter ficado bastante grato.

> Mogui é realmente uma pessoa excelente. Durante a viagem, quando me encontro com diversos japoneses desinteressantes, a distinção dessa pessoa ressalta claramente. Há japoneses estúpidos em demasia no Japão. No exterior também há estrangeiros estúpidos em demasia[6].

Segundo a entrevista de Mogui a John Nathan, autor de *Mishima, a Biography*,

> Mogui recorda-se de um Mishima muito jovem e pálido, extremamente polido, sem cerimônias com o seu dinheiro e "um gênio ao intuir as pessoas e se acomodar". Também

5. Yukio Mishima, *Rio, tenshin, yônenjidai no saiguen*.
6. Idem, ibidem.

MISHIMA E O BRASIL   79

teve a impressão de que o jovem estava determinado a esconder sua delicadeza atrás de ma-
neirismos robustos; quando Mishima inclinava a cabeça para trás e ria para o céu brasileiro,
Mogui se perguntava como uma risada tão grande poderia brotar de um rosto tão frágil.
Fazia calor e isso incomodava Mishima; ele passava a maior parte do dia dormindo no seu
quarto de hotel. Porém, mesmo à noite, ele aí permanecia e trabalhava. Algumas vezes,
quando ele e Mogui estavam caminhando juntos, de repente, ele se desculpava e retornava
ao hotel para escrever. Pareceu a Mogui que "ele trabalhava constantemente". [...]
      Mas a surpresa maior foi a "homossexualidade descarada" de Mishima. De acordo
com Mogui, ele trazia regularmente ao seu hotel, à tarde, rapazes de aproximadamente
dezessete anos, "os tipos que perambulavam nos parques". Como era aberto em relação
a isso, Mogui perguntou-lhe como conseguia encontrar os garotos e Mishima explicou-
lhe que "nesse mundo" havia um entendimento sem palavras. Contou a Mogui que ele
se interessava pelo processo de cortejo e psicologia feminina, mas não se interessava
em absoluto pelo "ato final". Ele demonstrou a veracidade disto, ao chamar Mogui uma
tarde e pedir-lhe para vir ao hotel resgatá-lo de uma japonesa (a esposa de um imigrante
japonês), determinada, assim disse ele, a seduzi-lo[7].

De fato, o seu conto *Mulheres Insatisfeitas* (revista *Bunguei
Shunshu*, julho de 1953) foi inspirado em duas japonesas, cujos mari-
dos trabalhavam na época em São Paulo. Uma delas faleceu recentemente, em julho de 2005.

Antes de iniciar esta viagem, Mishima freqüentara com assiduidade os bares *gays* de Tóquio, a fim de colher material para o romance
Cores Proibidas, do qual já havia composto a primeira parte. Mas
como afirma Shôichi Saeki em *Biografia Crítica: Yukio Mishima*[8], ao
investigar minuciosamente *O Cálice de Apolo*, é importante notar que
durante a sua estadia no Rio, aflorou a prática escancarada de sua ho-
mossexualidade. Nesse sentido, ao compará-lo a André Gide, o Brasil
teria sido de fato a Algéria para Mishima; embora Gide fosse apolíneo
e Mishima mais dionisíaco.

Porém, quando consideramos o entusiasmo de Mishima ao descrever as suas
experiências no Rio, simultaneamente à sensação de liberdade espiritual repousada,
não posso deixar de admitir que essa cidade estrangeira fora realmente o palco de sua
prática inicial. A experiência epifânica e mística de Mishima parece, mas não deve ter
sido fictícia. Entretanto, a alegria do "momento da descoberta" não estaria, de algum
modo, imiscuída de maneira indistinta na sua primeira experiência de libertação sexual? O assim denominado "ressuscitar da infância" não estaria servindo de forro
para a sua auto-afirmação sexual num país estrangeiro, onde o temor dos outros era
ínfimo?

Talvez Mishima não soubesse que se encontrava em São Sebastião do Rio de Janeiro. Exatamente uma semana antes de sua chegada
ao Rio, a 20 de janeiro, fora celebrado o dia de São Sebastião, padroeiro da cidade e o primeiro a despertar-lhe a excitação sexual na
adolescência, ao vê-lo retratado numa gravura de Guido Reni.

7. John Nathan, *Mishima, a Biography*, p. 111-112.
8. Shôichi Saeki, *Suplemento às Obras Completas de Yukio Mishima*.

A ESTADIA NO ESTADO DE SÃO PAULO

Após nove dias no Rio, Mishima vem a São Paulo, aqui permanecendo de 5 a 10 de fevereiro. Chama-lhe a atenção as ruas com nomes indígenas, rua Aimorés e rua Itaboca no bairro do Bom Retiro, onde na realidade funcionava a zona de meretrício na época; as avenidas de paralelepípedos com poucos carros e cujas calçadas ficavam apinhadas de gente à noite.

No artigo *Em São Paulo: o Conforto Católico*, o autor ressalta o contraste entre as Américas do Norte e do Sul do ponto de vista religioso e a alegre informalidade de um país multiracial. Nos Estados Unidos o escritor visitara São Francisco, Los Angeles e Nova York.

Ao chegar à América do Sul vindo da América do Norte, sinto com pungência o conforto de um país católico. A cultura protestante possui uma hipocrisia, que se pretende sinceridade, difícil de se evitar. A cultura católica com seus muitos preceitos religiosos, ao contrário, parece seguir a natureza humana [...] O prazer da vida brasileira é algo que os japoneses deveriam imitar. Nos bairros residenciais cada casa tem um estilo diferente: uma tem uma arquitetura super-moderna, outras são em estilo português, espanhol ou italiano, o que alegra os olhos dos passantes. Mesmo no centro de São Paulo, os prédios enormes têm um formato de acordo com a sua própria conveniência, os sonhos dos arquitetos ganharam vida assim mesmo na realidade[9].

E conclui com uma observação ainda compatível com o Brasil no início da década de 1950.

Eu amo profundamente os brasileiros. Parece que descrevi de bom grado só a face indulgente do Brasil, porém, sob a luz desse país luminoso, sem sombras de decadência, está sedimentada uma moral católica de estilo gótico pesado. Essa mãe tolerante e de face severa abraça os seus filhos e os protege de dois perigos: o fanatismo e a hipocrisia. E quando os jovens reúnem-se aos domingos na frente da igreja, com semblantes piedosos à procura de mulheres, perdoa-os com um sorriso[10].

Durante sua estadia em São Paulo, Mishima participara a 7 de fevereiro de 1952 de uma mesa redonda patrocinada pelo *São Paulo Shimbun*. O colóquio foi publicado a 9 de fevereiro do mesmo ano.

Segundo o periódico paulistano *Shôwa Shimbun* (*O Pacificador*), 13 de fevereiro de 1952, na tarde do dia 8 de fevereiro de 1952, Mishima visitou a Associação de Escritores, onde manteve uma conversa informal com célebres escritores paulistas. Indagado sobre as diretrizes literárias, ele declarou que:

No Japão do pós-guerra, entrou em moda uma literatura muito física, enfim, uma literatura erótica. Mas atualmente, é uma época reflexiva, de restauração de uma literatura nipônica, que modernizara a tradição japonesa. Na literatura de prática social, há

---

9. Yukio Mishima, *Kyûkyô anraku: zai San Pauro nite* (*Em São Paulo: o Conforto Católico*) em *Mishima Yukio zenshû*, vol. 25, p. 515-516.
10. Idem, ibidem.

escritores que veem esta questão como o cerne da diretiva do partido trabalhista. Mas eu nunca participei dessa linha.

E quanto às suas considerações sobre o partido comunista, enquanto escritor: "Estou com vinte e sete anos e, por ter sido educado em circunstâncias nacionais especiais, durante a guerra, nada sei sobre o comunismo. Além disso, nem tenho interesse em me aproximar disso enquanto literato". Já sobre as suas primeiras impressões do Brasil: Dentre as cidades que visitei, o Rio foi a mais bela do mundo. A harmonia balanceada, da arquitetura clássica e moderna com a paisagem natural, faz com que ela se torne uma das três mais belas cidades portuárias. Já São Paulo é muito agitada, inquieta e, para começar, há muitos samurais.

A 11 de fevereiro, o escritor deixa São Paulo e vai a Lins, onde hospeda-se na fazenda de Toshihiko Tarama, que ficava vizinha à fazenda dos gregos Zarvos, da construção civil. Quando Tarama o conduz de carro à cidade de Lins, a vinte quilômetros da fazenda, Mishima ficara admirado, pois com apenas cinqüenta anos, o Município já possuía uma repartição de transmissão televisiva. As cores das telhas e paredes das casas harmonizavam-se com a terra vermelha nas estradas, que inexiste no Japão, país de terra preta. Após ouvir o relato do anfitrião, o escritor faz uma descrição detalhada da vida do boiadeiro que conduz o gado de Mato Grosso para o mercado de São Paulo, através do rio Paraná; e as queimadas, que deixam as árvores enegrecidas e com formato artificialmente excêntrico.

Na volta, impressiona-se com as nuvens tropicais brasileiras, que vê através da janela do carro. "A invejável dança frenética das nuvens" o fez indagar com curiosidade a Tarama: "Por que as nuvens se movem sempre na mesma direção?" E registrou:

Estas nuvens tropicais correm paralelas, tanto as mais altas como as mais baixas, como se todas tivessem sido regularmente aparadas embaixo. Estas nuvens, formadas pelo vapor do Oceano Atlântico e transportadas através da Cordilheira dos Andes, não carecem de matéria prima especial. Mas parece que, de março a setembro, ficam armazenadas em algum depósito. Durante a época da seca, quando o mato murcha e os bois e cavalos emagrecem, elas não aparecem. Hoje foi um dia de pleno verão e em época de chuvas, além disso, o céu estava claro. Portanto, foi uma oportunidade ideal para ver as nuvens.

Contra o céu azul, elas pareciam de mármore branco, transcendentes e místicas, evocando-lhe os deuses e anjos voadores das aquarelas de William Blake, inspiradas nas nuvens, que ele vira no mês anterior numa exposição no museu de Los Angeles. Sente-se abençoado.

Sempre que me comovo com uma forma da natureza, essa comoção é antes musical do que pictórica, o que dificulta a sua expressão através de palavras. Não tenho talento para criar música; porém, quando me deparo com uma natureza majestosa ou

82 YUKIO MISHIMA: O HOMEM DE TEATRO E DE CINEMA

bela, não consigo deixar de apreciá-la não tanto com os olhos, mas com os ouvidos. Nesse momento, com certeza soa uma música dentro de mim[11].

Posteriormente, Mishima descreveria a sensação visual dessas nuvens brasileiras na peça *A Toca de Cupins*. Num outro dia conhece Vila Sabino, típico vilarejo brasileiro com sua igrejinha, as vendas e poucas casas. Itu e Tietê seriam os poucos remanescentes desses antigos vilarejos. Tarama o conduz também ao rio Tietê.

Alguns meses antes da visita do escritor, Tarama havia viajado de trem a Água Clara em Mato Grosso do Sul. Ele conta-lhe que lá vira dezenas de tocas de cupins, bem mais altas do que ele montado a cavalo, com cerca de três metros de altura e duras como cimento. Num canto do jardim de arbustos da residência dos Tarama em Lins, Mishima descobre uma toca de cupins, de aproximadamente meio metro, altaneira e rija como uma rocha, mas já desabitada como um velho castelo e que se tornaria uma metáfora da decadência, recorrente em *A Toca de Cupins*. Mas pelo seu aspecto inusitado, ainda hoje, muitos japoneses chegam ao Brasil e a primeira coisa que querem ver é uma toca de cupins. Tarde da noite, ele observa um exército de diligentes saúvas vermelhas, transportando folhas de paineira picadas, maiores do que elas. Como diz o popular ditado nacional "Os males do Brasil muitas saúvas são", o escritor comenta: "Diz-se que ou o Brasil acaba com as saúvas ou as saúvas acabam com o Brasil"[12]. E extasia-se ao ver, pela primeira vez, um beija-flor sugando o mel das flores amarelas de alamanda

Na fazenda dos Tarama, composta principalmente de cafezal e pasto, logo à direita do portão via-se um campo de futebol para os colonos, o que o fez declarar: "Não dá para separar este esporte da vida dos brasileiros". Mal imaginaria ele que quatro décadas depois, graças a alguns técnicos e jogadores brasileiros, esse esporte se transformaria na nova febre esportiva em seu próprio país. E que exatamente meio século depois, em 2002, Japão e Coréia sediariam a Copa do Mundo de Futebol. De um lado do campo havia uma fileira de paineiras e do outro, de eucaliptos, cuja altivez o fez lembrar dos álamos de Hokkaido.

E como resta numa foto, Mishima e Tarama, com chapéus de palha para se protegerem do sol a pino, cavalgam na fazenda, montados em cavalos brancos. Ele logo descobre outras tocas de cupins, formigueiros e buracos de tatus. Ao longo das estradas de terra vermelha, por vezes, encontra pequenas capelas, que o escritor associa aos *jizô* (*deidades guardiães de crianças*) nipônicos de pedra. Contempla os

11. Idem, "Rinsu: Burajiru nu kumo" (Lins: As Nuvens Brasileiras), em *Aporo no sakazuki*, op. cit.
12. Idem, "Rinsu: Hakiri ari, hotaru, hachisuzume, dachô" (Lins: Saúvas, Vagalumes, Beija-flores, Avestruzes), em *Aporo no sakazuki*.

MISHIMA E O BRASIL   83

pastos com bois zebu brancos, de corcova grande, raros no Japão de então. Mesmo na fazenda, onde permaneceu até o dia 16 de fevereiro, conversando sobre política e atualidades nipônicas com o anfitrião, Mishima escrevia todas as noites.

De volta a São Paulo, hospeda-se na residência de Mituto Mizumoto, proprietário do periódico *São Paulo Shimbun*, com quem manteve amizade até à morte. A estadia na capital paulistana e sobretudo na fazenda dos Tarama em Lins iriam servir-lhe de material para a gênese de sua peça *A Toca de Cupins*.

CARNAVAL DO RIO

A 20 de fevereiro, Mishima retorna ao Rio de Janeiro, hospeda-se no Hotel Serrador e aprecia os preparativos do carnaval, que começaria no dia 23. A estátua de Chopin defronte ao Teatro Municipal fora coberta com uma enorme coroa real, mas os cariocas diziam que era para poupar os ouvidos do grande músico dos barulhentos sambas carnavalescos; e a avenida Rio Branco ficara toda engalanada com bandeiras multicores. O escritor observa:

Como Goethe declarara anteriormente sobre o carnaval de Roma em 1788, logo todas as ruas "aumentariam a sensação de se estar em casa" e para tal efeito, os adequados mosaicos das ruas pareciam ter sido colocados justamente para esses dias[13].

Vindo do Japão, país de trabalho estressante, o contraste com o Brasil de então, o fez achar a nossa terra um lugar agradável. Ao dar uma esmola de dois cruzeiros com uma nota de cinco, o mendigo prontamente devolvia-lhe o troco certo. "A pobreza neste país é apenas um sinônimo de preguiça, mas felizmente no Brasil a ociosidade não é tida como um vício"[14].

Ao almoçar na Confeitaria Colombo, sente a animação nas ruas e acaba associando os festejos carnavalescos ao prato cheio das refeições dos brasileiros, cuja porção corresponderia para duas pessoas no Japão.

Estes quatro dias fartos, esta diversão incessante, não é fácil de ser suportada pelo estômago dos japoneses. Às 12:00 horas do dia 23 de fevereiro, todos os escritórios e lojas fecham. Na cidade a multidão aflui como uma torrente. Logo as pessoas começam a brincar, lançando confetes e serpentinas nas cabeças, lança-perfumes com éter nos pescoços e seios das mulheres. Porém, como essa excitação inicia quase sobriamente, sem o auxílio de bebidas, deve ser porque corre no sangue dos brasileiros um instinto hedonista muito forte[15].

13. Idem, "Futatabi Rio de Janeiro" (Novamente no Rio de Janeiro), em *Aporo no Sakazuki*.

14. Idem, ibidem.

15. Idem, *Rio no shanikusai, Rio de Janeiro nite* (*No Rio de Janeiro: o Carnaval do Rio*), em *Mishima Yukio zenshû*, vol. 25, p. 518-519.

O lança-perfumes com éter teria sido liberado nesse ano e o confete multicolorido o fez lembrar do artifício da neve empregado no teatro japonês.

Por ser o carnaval uma reminiscência das festas dionisíacas na Grécia antiga, Mishima rememora a tragédia grega *As Bacantes*, que descreve o culto a Dionísio.

É certo que essa crença fanática não se baseava em absoluto num dogma religioso. Não é porque Dionísio estava certo, que as pessoas o seguiram. Não é porque Dionísio estava certo, que as pessoas caíram na loucura e no massacre. Foi porque os gregos concentraram toda a capacidade humana para a glorificação divina, que caíram facilmente na loucura, confiaram facilmente no medo da vida e durante o êxtase, deceparam a sua criança amada em vários pedaços[16].

Aliás, a dialética apolíneo e dionisíaco, descrita por Nietzsche em *A Origem da Tragédia*, iria tornar-se uma das características fundamentais em toda a obra de Mishima. Convicto de que não havia no mundo contemporâneo algo tão dionisíaco quanto o carnaval do Rio, para ele, ainda hoje, Baco só ressuscitaria no carnaval do Rio. O *mardi-gras* de Nova Orleans não lhe chegaria nem aos pés.

Ficara atônito ao ver que mesmo as crianças cantavam em altos brados marchinhas e sambas carnavalescos de sucesso, com teor dubiamente sexual, diante dos pais indiferentes. Enquanto os camponeses nas cercanias de Kyoto economizam durante um ano inteiro, para assistir a abertura da temporada teatral no Minami-za em dezembro, Mishima constatara que não daria para compará-los aos cariocas. Estes labutam como garçom ou empregada doméstica e depois de esbanjarem todo o dinheiro, o suor de um ano de trabalho nos quatro dias de carnaval, saíam à procura de um novo emprego.

Após brincar freneticamente por duas noites no clube High Life e a última no Iate Clube, Mishima revela que se inebriara. "O êxtase do carnaval não tem valor algum aos olhos dos que desejam apenas contemplar. Quero confessar francamente que eu me extasiei"[17]. A alegria contagiante da multidão o fez despir a sua máscara e sorrir de felicidade. O escritor sentia-se atraído pelo êxtase encontrado sobretudo no ato grupal, daí a sua fascinação pelo carnaval do Rio, festa popular e coletiva. Ele achava que nos bailes comuns, como os casais dançam abraçados, é uma coisa fechada, enquanto as marchinhas e os sambas carnavalescos seriam paradas, danças coletivas abertas à comunhão dos seres.

Mishima faz uma associação do baile de carnaval à marcha dos atores principais através do *hanamichi* (passarela) no teatro tradicional japonês, kabuki e shimpa.

16. Idem, "Shanikusai" (Carnaval), em *Aporo no sakazuki*.
17. Idem, ibidem.

MISHIMA E O BRASIL 85

Ao vermos uma parada através do "hanamichi" no teatro japonês, a impressão deixada pelos atores, quando nos deixam vislumbrar os seus perfis e avançam para o seu destino, inclui uma "verdade" teatral indizível e creio que mais do que as suas evoluções no palco principal, nos deixam espreitar mais vivamente os perfis sentimentais dos personagens. Quer dizer, originalmente o palco italiano é uma ficção, em que os personagens agem confinados numa sala, sem saber que estão sendo observados pelos espectadores. No entanto, como o palco está até certo ponto distante da platéia, nós queremos ver os personagens caminharem na passarela defronte aos nossos olhos, sem que eles se apercebam das nossas presenças. Ao mesmo tempo que nos satisfaz esse desejo, após contentar o nosso espírito travesso de que os nossos amigos íntimos passaram fingindo não nos ver, o "hanamichi" também nos satisfaz um desejo oposto a esse, o de que, de repente, eles se voltem e nos sorriam. Pode-se dizer que o samba de carnaval aproxima-se dessa marcha através do "hanamichi".

Ao assistir um desfile de carnaval com o séquito de belos perfis da odalisca, do oficial, do toureiro, de Cleópatra e Ofélia, cada um deles parece apressar-se para o seu destino trágico. Mas como a combinação é mista e também há várias pessoas sem fantasias, tive inesperadamente a sensação de que eu me encontrava nos bastidores de um palco de balé, no meio das dançarinas que se aqueciam enquanto aguardavam o sinal de entrada. A dança frenética que vislumbro é como um acontecimento no palco, porém, como é fácil eu me imiscuir nela e dançar, mais me parece um avançar em direção a uma "cena prevista". Ela não me é visível agora, mas com certeza o que está comprometido a aparecer, essa coisa indizível que despertará o espírito das pessoas, após a passagem do tempo de exaltação desses quatro dias e quatro noites, o despertar depois do prazer, não posso deixar de afirmar que não seja algo semelhante à "morte", cantada por Rubaiyat[18].

Já aparece aqui o tema do prazer e morte, tão recorrente em suas obras.

No baile do Iate Clube, ao ver uma briga entre uma loira e uma ruiva disputando um Pierrot grande e barbudo, pareceu-lhe uma cena de comédia italiana. Na última noite de carnaval, assiste ao desfile das escolas de samba da avenida Presidente Vargas até à avenida Rio Branco, mas lamenta que não houvesse carros alegóricos com temas históricos. O escritor gostou do ambiente tropical, além de sentir um apego muito grande pela cidade e pelo carnaval do Rio, gênese da opereta *Bom Dia, Senhora!* Nos seus artigos posteriores, sempre se refere ao Rio como *aquela bela cidade do estrangeiro*.

Depois de ficar mais de um mês no Brasil, após a celebração do aniversário da cidade de São Sebastião do Rio de Janeiro a 1 de março de 1952, no dia seguinte Mishima parte do Rio para Paris, com escala nas Tulherias. Mas devido ao mau tempo, o avião foi obrigado a pousar em Genebra. Ao caminhar no domingo de manhã pela cidade, o contraste do início da primavera nos Alpes suíços, vindo do pleno verão brasileiro, o fez ter a sensação de que após um longo tempo, "depois de exaurir os desejos sexuais", retornava a um mundo metafísico.

18. Idem, ibidem.

De fato, pode-se dizer que naquele país brilhante do hemisfério sul não residia nenhuma existência abstrata. Mesmo a arquitetura super-moderna de Niemeyer, uma vez colocada no clima da América do Sul, o quanto da essência dessa arquitetura é oculta; parece que só a sua forma, a enorme beleza climática representa as variadas belezas, enormes e monstruosas, que a natureza brasileira possui[19].

Meio ano depois, Mishima envia do Japão um artigo, publicado no *Diário Nippak* de São Paulo, 26 de agosto de 1952, com a manchete "Um Viajante Sagaz". Como diz o título do artigo, "O Brasil dos 'Vitoristas' (kachigumi) e dos 'Derrotistas' (makegumi)", trata-se da disputa em 1946 entre os imigrantes japoneses divididos em dois grandes grupos: os que sustentavam que o Japão havia ganho a guerra (*kachigumi*), os "vitoristas" do Shindo renmei (Liga do Caminho dos Súditos) e os que alegavam que havia perdido (*makegumi*), os "derrotistas", chamados de corações sujos. Aliás, o livro *Corações Sujos* (2000) de Fernando Morais, publicado pela editora Companhia das Letras, colocou a minha terra natal, Oswaldo Cruz, sob as luzes dos holofotes como um dos palcos dos acontecimentos do Shindo renmei. Mas vejamos o que diz Mishima.

Parece que uma das causas do antagonismo dos "vitoristas" (*kachigumi*) e "derrotistas" ou "esclarecidos" (*makegumi*), entre os japoneses residentes no Brasil, foi devido à fraude de um comerciante judeu. Ao ouvir sobre a derrota do Japão na guerra, esse comerciante, que estava em Xangai e tinha bastante yen japonês, pensou em poupar de forma proveitosa os seus yens. Então, ele criou um filme, com a notícia duvidosa de que o exército japonês estava fazendo o exército americano assinar os documentos de rendição, no convés de um navio de guerra japonês (Uma versão diz tratar-se apenas de uma fotografia suspeita). Ele levou a película ao Brasil e projetou-a, explicando que, dessa forma, o Japão vencera e que no mastro do navio de guerra tremulava a bandeira do Sol Nascente. Se o Japão ganhar, com certeza o yen terá chance de subir. Então, uma parte dos japoneses residentes no Brasil trocou o dinheiro brasileiro que possuía "a preço de banana" pelos yens. Apesar disso, os "esclarecidos" (*makegumi*) espalham o rumor de que o Japão fora derrotado. O grupo que comprara um monte de yens, para proteger o seu lucro, não pôde deixar de tornar-se do partido dos "vitoristas" (*kachigumi*). O embate desses interesses continuou, mesmo após os "vitoristas" (*kachigumi*) saberem no mais fundo dos seus corações, que o Japão fora derrotado e procuraram pescar em águas turbulentas,disfarçados de "vitoristas".

Até os desordeiros de direita se juntaram a isso e construíram a sede dos "vitoristas" (*kachigumi*) no subúrbio de São Paulo e publicaram um jornal dos "vitoristas" (Agora, lá funciona um restaurante comum e eu também comi lá.).

Por que o conflito se aprofundou tanto? Há pessoas que dizem que, durante a guerra, o governo brasileiro acabou fazendo os imigrantes japoneses de cegos, surdos e mudos. Em suma, a maioria dos "isseis" (japoneses de primeira geração), que não sabia português nem inglês, foi proibida de falar japonês e ouvir qualquer outra rádio além das rádios nacionais. Então, eles se tornaram cegos e surdos. Pode-se deduzir o quanto o fato de não acreditarem na derrota na guerra foi-se acumulando.

---

19. Idem, "Ôshû kikô: Juneebu ni okeru sûjikan" (Relatos da Viagem à Europa: Algumas Horas em Genebra), em *Aporo no sakazuki*.

Três anos mais tarde, a 18 de julho de 1955 em Tóquio, Mishima assiste o filme *A Paixão do Rio*, do diretor Shunkai Mizuho, produzido pela Companhia Cinematográfica Tôhô. Todas as despesas de locação no Rio ficaram a encargo do periódico paulistano *São Paulo Shimbun*, que contribuiu para completar a obra. Ele constata que a película era uma maravilhosa tolice, mas valera unicamente pelas cenas de locação na cidade brasileira.

O terraço do Hotel Copacabana Palace onde me hospedei, o bonde elétrico citadino sem laterais, a imagem de Cristo no Corcovado e as calçadas de mosaicos permaneciam os mesmos. Não sei por que o cenário do Rio me impressiona tão fortemente. O Rio das minhas lembranças aparece cada vez mais resplendente, porém, mesmo que haja uma oportunidade, não penso em visitar de novo o Rio real[20].

A 13 de novembro de 1958 na Embaixada do Brasil em Tóquio, o seu irmão mais novo, o diplomata Chiyuki Hiraoka, que servira no Consulado Japonês do Rio de Janeiro, é agraciado com a Ordem do Cruzeiro do Sul. O escritor comparece à cerimônia, acompanhado de sua esposa e sua mãe.

A TOCA DE CUPINS, PEÇA INSPIRADA NA FAZENDA DE LINS

O pedido da Companhia *Seinen-za* (*Teatro dos Jovens*) por um drama em três atos, com cenário cheio de acessórios de palco e o mínimo de personagens, foi uma bênção inesperada para Mishima, pois coincidia com o seu ideal de teatro. Assim, inspirado na sua estadia em terras brasileiras, mais precisamente na fazenda dos Tarama em Lins, o escritor cria *A Toca de Cupins* (1955). Em estilo clássico, a peça é recheada de artifícios simbólicos, com o tema primordial do conflito "sangue velho e morto" (Japão) versus "sangue novo e vital" (Brasil), as forças da vida em confronto com as da morte, também frequente nas dramaturgias de Ibsen e Tchekhov, embora de forma mais amadurecida.

Até então, as suas peças em vários atos (*Nada é Tão Caro como o Grátis, Girassol Noturno* e *Jovens, Ressuscitem!*) eram um mero prolongamento de enredo dos seus dramas em um ato. O autor era um contador de estórias, mas não chegava a ser dramático. Entretanto, com *A Toca de Cupins*, a realidade interior jorra pela primeira vez, personagens e cenas movimentam-se num emaranhado com motivos do mosaico psicológico e no final ocorre uma reviravolta. Isso fez com que ela se tornasse dramática, exigindo a estrutura de uma obra mais longa. A partir de então, o dramaturgo estabelece o estilo clássico na maioria de seus textos teatrais.

---

20. Idem, *Shôsetsuka no kyûka* (*As Férias de um Romancista*).

O tema da decadência de uma família em *Casa em Chamas* é ampliado aqui para a degradação de dois casais (Taeko e Kariya, Keiko e Momoshima), através da metáfora das forças destrutivas dos cupins. A inevitabilidade do adultério dá-se com Taeko seduzindo Momoshima e Kariya, Keiko. Não há mudança de lugar em todo o decorrer do drama: a sala da residência dos Kariya decorada em estilo nipo-brasileiro, na fazenda de café. E tudo transcorre em pleno verão, de janeiro a fevereiro, com apenas seis personagens: o casal japonês Taeko e Yoshirô Kariya, o jovem casal de nisseis brasileiros Keiko e Kenji Momoshima, e os empregados nipônicos Kinu e Ôsugui.

O personagem Yoshirô Kariya foi inspirado em dois japoneses, que emigraram para o Brasil ainda muito jovens: Toshihiko Tarama e Takeo Atomiya. Ambos eram sobreviventes do bombardeio aéreo, durante a segunda grande guerra, sobre a Escola Militar que ficava no subúrbio de Tóquio.

Toshihiko Tarama, ex-príncipe Wakanomiya Higashikuni, três anos mais novo do que Mishima, estudara igualmente no Gakushûin, a alma mater do escritor. Segundo um costume usual no Japão, Toshihiko *foi adotado* (*yôshi*) no Brasil em 1950, pelo casal de imigrantes e fazendeiros Kinu e Tetsusuke Tarama. Aliás, Kinu é o nome da criada japonesa na peça de Mishima. Anos mais tarde, Toshihiko Tarama vendeu a fazenda e casou-se com a nissei Alice Hanashiro, irmã do ex-deputado estadual Getúlio Hanashiro, secretário de transportes no governo Mário Covas. Atualmente, o casal vive em São Paulo.

Por sua vez, Takeo Atomiya, que faleceu na década de 1960, era um aristocrata formado pela Universidade Keiô de Tóquio. Seu pai era proprietário de uma das maiores minas de ouro em Formosa (Taiwan). Segundo a tradição japonesa, por não ser o filho mais velho, não iria herdar a maior parte da fortuna. Portanto, ele decide estabelecer-se no Brasil, que conhecera aos quinze anos como turista. E com o dinheiro da partilha, adquire uma extensa fazenda de quatrocentos alqueires em Cornélio Procópio, no Paraná.

Na peça, Yoshirô Kariya e sua esposa Taeko, nobres decadentes, tinham vindo ao Brasil um ano antes, como casal adotivo e herdeiro da família Kariya. A viúva Kariya, anciã e enferma, cujo marido fora um bem sucedido imigrante, tinha como seu último desejo aparentar-se a uma família da nobreza nipônica. Em seu país, Yoshirô sofrera com as constantes infidelidades de sua mulher, mas sempre acabava perdoando-a. "Eu tenho sangue velho e podre. Mesmo que permanecêssemos no Japão, Taeko e eu já éramos existências estagnadas"[21]. Portanto, com a fortuna dilapidada, o esforço para fugir dessa situação os levara a cruzar os mares.

---

21. Yukio Mishima, *Shiroari no su*, em *Mishima Yukio guikyoku zenshû*, vol. I

MISHIMA E O BRASIL
89

Dois ou três meses após a chegada ao Brasil, a viúva Kariya falece. Porém, nem a terra fecunda e extensa, nem o sol abrasador conseguiram fazer o casal reviver. A família Kariya vive na indolência, tédio e solidão profundos. Taeko tem um caso com o jovem motorista Kenji Momoshima e, devido à sua tendência auto-destrutiva, o induz a cometer um duplo suicídio, mas eles fracassam. Como no Japão, o tolerante Yoshirô perdoa-os.

O segundo tema principal da obra é o efeito corruptor do perdão constante, unido à ausência de castigo. Mishima, em forma sutilmente irônica, propõe que a piedade sem justiça resulta realmente mais cruel e mortífera do que a sua antítese tão condenada, a justiça sem piedade,

afirma Valdo H. Viglielmo em *Mishima e Brasil: Um Estudo de A Toca de Cupins*[22]. Todavia, segundo a concepção singular do escritor, e que se tornaria uma constante em suas obras, as pessoas que deixam escapar a hora da morte são feias e tragicômicas, pois não conseguiram perpetrar a tragédia.

Um ano depois, Momoshima casa-se com Keiko, uma nissei saudável. Todos os personagens são sem vida e sem espírito, exceto Keiko, cujos sentimentos vão num crescendo violento no desenrolar da ação. Em oposição aos sentimentos embotados e passivos de Kariya, atormentada pelo passado do seu marido Kenji, Keiko decide reviver mais uma vez esse incidente, para libertar-se definitivamente da situação ambígua, que a sufoca e paralisa. Ela pede a Yoshirô para fazer uma viagem. Na sua ausência, Taeko e Momoshima voltariam a se relacionar e isso destruiria a vida dos dois casais. Então, Keiko poderia partir e começar vida nova com o marido.

"Não cair na armadilha, que ela armou especialmente para nós, seria uma descortesia para Keiko"[23], diz Taeko e abraça Momoshima. Contudo, a bela paixão dos dois não era senão uma fantasia de Keiko, que fracassa no seu plano e, ao contrário, ela é que acaba se tornando amante de Kariya. Mas assim como Kariya os perdoara, Momoshima também perdoa a infidelidade da esposa. "No universo de *A Toca de Cupins* existe o ciúme, mas não o castigo, ou melhor, apenas o auto-castigo"[24], observa o crítico Teiji Yoshimura.

A partir de então, começa uma estranha relação a quatro entre os patrões aristocratas japoneses e os empregados nipo-brasileiros. Embora já sem paixão alguma, Taeko propõe a Momoshima um novo duplo suicídio, sem sentido. Eles deixam uma carta sobre o suicídio

22. Valdo H. Viglielmo, "Mishima y Brasil: Un estudio de *Shiroari no su*", em *Estudios Orientales*, vol. VIII, p. 10
23. Yukio Mishima, *Shiroari no su,* em *Mishima Yukio guikyoku zenshû*, vol. I
24. Teiji Yoshimura, *Mishima*, p. 184 e 185.

90 YUKIO MISHIMA: O HOMEM DE TEATRO E DE CINEMA

e partem de carro, enquanto Kariya pretende refazer a sua vida com Keiko, o seu sol, a sua esperança.

Sem dúvida existe uma diferença importante entre Kariya e Taeko: Taeko deseja que o "sangue novo" de Momoshima a acompanhe à morte, enquanto Kariya quer que o "sangue novo" de Keiko lhe permita revigorar-se ou renascer. Com uma precisão quase geométrica, Mishima desenvolve a atuação do drama por meio das linhas cruzadas destes dois duelos emocionais, [assinala Viglielmo][25].

Porém, mais uma vez os dois não conseguem morrer e regressam, pois ouve-se o barulho do carro aproximando-se. Por ainda ser jovem, Keiko vive a sonhar com uma bela paixão. "Uma felicidade que brilhe tanto quanto a infelicidade, uma vida que brilhe tanto quanto a morte". Mas sempre fora traída e o seu derradeiro sonho de felicidade, quando está ao alcance de suas mãos, se desfaz. "Os mortos levantam as pedras de suas tumbas e regressam à vida. Os cupins regressaram". A partir de então, como esse lar não pôde ser remediado pela morte, inevitavelmente se instalará uma situação grotesca.

Uma toca de cupins vazia, esse monte de terra vermelha nas proximidades da casa ou no meio do pasto, tem um formato inusitado para os japoneses que a vêem pela primeira vez, quase como um velho castelo desabitado. Mas para Keiko, seria o símbolo de Yoshirô, que pela sua magnanimidade ilimitada perdoa as infidelidades da esposa, transformando todos os sentimentos em falsidade. Para Mishima num contexto mais amplo, a toca de cupins representaria o próprio Japão em 1955, dez anos após o término da guerra, expressando a sensação de fadiga e exaustão do homem contemporâneo. Viglielmo conclui: "Resulta profundamente irônico que na trama da obra, Mishima faça o 'Japão velho e corrupto' triunfar sobre o 'Brasil novo e vital', mas enquanto impacto dramático, o Brasil é obviamente o triunfador"[26].

A 25 de junho de 1955, Mishima fez a leitura dramática de *A Toca de Cupins* para a trupe do Seinen-za. O drama estreou no Teatro Haiyû-za em Tóquio, de 29 de outubro a 6 de novembro de 1955, co-dirigido por Kôji Abe e Taku Sugawara, sendo agraciado com o 2º Prêmio Kishida de Dramaturgia em dezembro daquele ano. O prêmio fora instituído em homenagem ao dramaturgo Kunio Kishida (1890-1954). A 21 de julho de 1960, houve uma montagem experimental de *A Toca de Cupins* no Ateliê do Bungaku-za, dirigida por Yumi Nakanishi, com Tsutomu Yamazaki e Hiroyuki Nishimoto no elenco. De 12 a 16 de julho de 1966, foi reencenada pela Companhia Zôkei, sob direção de Jirô Amano, com o ator Jun Honda e a atriz Chikako Isomura.

25. Valdo H. Viglielmo, op. cit., p. 7.
26. Idem, p. 17.

OPERETA *BOM DIA, SRA.!*, INSPIRADA NO CARNAVAL DO RIO

Deliciosa opereta que se passa em pleno verão brasileiro, mais precisamente de janeiro até o final de fevereiro, na época de carnaval. Porém, o ano é opcional. Com muitas peripécias e casais trocados, os personagens de *Bom Dia, Sra.!* lembram os tipos da *Commedia dell'Arte*. O boiadeiro Pedro assemelha-se ao Pierrô/Arlequim; a cigana Noite, à Colombina; a senhorita, à jovem enamorada; o duque Clementino, ao Pantaleão; o rico Adolfo, ao jovem namorado; e a duquesa Clementino, a uma enamorada. A primeira cena é denominada "Copacapana Palace Hotel"; a segunda cena, "Cinelândia"; a terceira cena, "No Interior do Estado de Mato Grosso"; a quarta cena, "O Jacaré e a Moça Negra"; a quinta cena, "A Casa Grande da Fazenda de Café"; a sexta cena, "Prólogo de Carnaval"; e a sétima cena, "Parque do Bosque de Figueiras da Bengala".

Ao descobrir diamantes, um brasileiro fica subitamente milionário e por desejar um título de nobreza, casa-se com a herdeira do duque italiano, Clementino XXV. O novo duque Clementino pede a Adolfo, rico fazendeiro de café, que se case com sua filha. Mas ao invés da filha, Adolfo apaixona-se pela sua refinada mulher, oito anos mais velha do que a enteada. Aí surge Noite, secretária de Adolfo, e os dois partem para adquirir terras no interior de Mato Grosso. Todos prometem se reencontrar no carnaval.

Mas lá chegando, Noite percebe que Adolfo se mostra indiferente. Ela coloca uma poção de amor dentro do seu café e ele volta a amá-la. Quando estão numa canoa, são perseguidos por um jacaré, que é morto pelo boiadeiro Pedro, antigo conhecido de Noite. Convidado à fazenda de café, Pedro desfaz o sortilégio de Adolfo. Crente de que Noite o enfeitiçara para apoderar-se de sua fortuna, desiludido, Adolfo transfere todos os seus bens, exceto uma pequena parcela, para o seu salvador Pedro.

Na última noite de carnaval, fantasiado de índio, Pedro enamora-se da senhorita, filha do duque Clementino, em traje e máscara de chinesa. Sem fortuna, Adolfo mune-se de uma pistola e a duquesa de um punhal, e os dois se encontram nessa mesma noite. Unidos só pelos seus sentimentos, eles decidem enfrentar o duque. Mas por considerar que o objeto do seu desejo é o título de duque e não a mulher, este consente facilmente com o divórcio. Ao voltar para casa, o duque encontra a cigana Noite, caçadora de dotes.

A duquesa e Adolfo, a senhorita e Pedro juntam-se aos demais pares, bebem e dançam ao som da canção *Bom Dia, Sra.! Bom Dia, Srta.!* Eles oferecem uma taça de bebida ao duque, mas logo Noite se aproxima e derrama a poção de amor aí dentro. "Adeus, carnaval!", brinda o duque já embriagado e abraça Noite. Assim, formam-se os três casais.

Mishima escreveu esse roteiro muito bem ideado, tendo em mente o elenco da SKD (Shôchiku Kaguekidan), Companhia de Opereta da Shôchiku, exclusivamente feminina, inserindo aí várias gagues, uma sátira moderada e muito encanto. O diretor Tomoyoshi Murayama gostava de operetas, principalmente as vienenses antigas, mas apreciava também os filmes de opereta produzidos entre a primeira e a segunda guerras mundias pela UFA (Universum Film Aktiengesellschaft), sociedade alemã de produção e distribuição cinematográfica. Ele não conhecia o Brasil, mas ficou grato ao saber que em vez de uma opereta em estilo americano, *Bom Dia, Sra.!* tendia mais ao estilo europeu, sobretudo da Itália, Espanha e França. Murayama gostou do espaço não muito grande do Minami-za de Kyoto, pois a opereta continha muitas cenas e seria bastante difícil encená-la em recinto maior.

6. Os Anos de Filiação à Companhia Bungaku-za (1956-1963)

Como dramaturgo, Mishima estreou pela Companhia Haiyû-za (Teatro do Ator) em 1949, com *Casa em Chamas*. Mas no ano seguinte, o seu nô moderno *O Travesseiro dos Sonhos* (*Kantan*) foi encenado pela trupe rival, no Ateliê da Companhia Bungaku-za (Teatro Literário). Assim, de 1949 a fevereiro de 1956, suas peças foram montadas por vários grupos teatrais, mas sobretudo pelo Haiyû-za e Bungaku-za. Somente na primavera de 1956, o escritor se tornaria um membro efetivo do Bungaku-za. A partir de então, passou a colaborar regularmente como dramaturgo ligado à companhia, ao mesmo tempo em que se misturava aos jovens atores da trupe, interpretando papéis secundários em suas próprias obras.

A primeira dama do Bungaku-za, Haruko Suguimura, a "Fernanda Montenegro japonesa", estrelou vários dramas de Mishima: *Um Grande Obstáculo* (1957), *A Rosa e o Pirata* (1958), *Árvore Tropical* (1960) e *Os Crisântemos do Décimo Dia* (1961). Porém, nada superaria o sucesso de sua atuação em *Palacete das Festas* (1956). Entretanto, Mishima ainda dirigiu a *Salomé* de Wilde e fez a retórica do *Britânico* de Racine.

A CONFISSÃO AMOROSA DA MATRONA
EM *UM GRANDE OBSTÁCULO*

> *Katakura era um tranquilo colega nosso, que morrera de tuberculose. Seus serviços fúnebres haviam terminado dois dias antes. Como eu ouvira um amigo dizer que o rosto dele ficara completamente alterado pela morte e que parecia o rosto de um espírito maligno, esperei para fazer minha visita de pêsames até ter certeza de que o corpo já fora cremado. [...] Eu disse ao meu amigo: "Pediu-me por todos os meios que lhe dissesse para ir vê-la, porque ela vai se sentir muito só agora". Suas faces haviam se tornado carmesins pelo constrangimento, como se ele ainda fosse uma criança [...] "Que mente suja a sua! Você e o seu jeito de rir!" Por um momento não compreendi o que ele queria dizer. [...] Então, entendi: a mãe de Katakura era viúva, ainda jovem e tinha um corpo esguio e bonito[1].*

Drama em um ato dedicado a Haruko Suguimura e publicado em março de 1956, estreou um ano depois no Ateliê do Bungaku-za, sob direção de Takeo Matsuura, que há pouco dirigira com sucesso o *Palacete das Festas*. O tema fora inspirado nas lembranças de Mishima sobre a mãe de um amigo morto, quando ambos eram estudantes no Gakushûin. O autor combinou-as com um incidente à parte, em que um aluno mais novo de sua *alma mater* não conseguira pular um grande obstáculo numa competição eqüestre de Ano Novo, diante do imperador, e acabara perecendo. Aliás, a equitação foi um dos esportes que cedo o escritor passou a apreciar e praticar. Ele utilizou a estranha conversa com a mãe do falecido amigo, para o diálogo sobre o episódio no cemitério.

Makimura visita a mãe de Hisashi Tsugawa, que vive imersa nas recordações do filho morto há três meses. Ao comunicar-lhe que no dia seguinte enfrentará o mesmo desafio que ceifara a vida de Hisashi, a princípio ela tenta dissuadí-lo. Mas logo é tomada por um estranho sentimento. A conversa, que começara com a coincidência dos jazigos familiares de Makimura e Tsugawa no Cemitério Aoyama em Tóquio, evolui inesperadamente para a confissão amorosa da matrona.

Um obstáculo, o instante de se superar um grande obstáculo, certamente deve dar esta sensação. O ar assemelha-se ao fogo, o meu corpo parece transformar-se em gelo. É isso, um choque assustador. O céu azul começa a cambalear e trespassa a minha fronte ... ondas violentas ... uma tontura ... agora eu superei um grande obstáculo. E diante dos meus olhos, você... Makimura...[2]

---

1. Y. Mishima, *Confissões de uma Máscara*, em *Mishima Yukio zenshû*.
2. Idem, *Daishôgai*, em *Mishima Yukio guikyoku zenshû*, vol. I.

OS ANOS DE FILIAÇÃO A COMPANHIA BUNGAKU-ZA: 1956-1963   95

Perplexo, Makimura apresenta-lhe a namorada Saeko, que o aguardava lá fora e destemidos, partem. De tanto repetir *um grande obstáculo*, a matrona que já se dizia acostumada a essas palavras assustadoras, na cena final parece falar sozinha, embora na presença da empregada Tatsu. "Um grande obstáculo... a partir deste momento, esta palavra é tabu nesta casa"[3]. Portanto, quem acabou pulando um grande obstáculo foi a própria sra. Tsugawa. No panfleto de estréia, *Soniloquência do Autor*, o dramaturgo explana.

> Isto é mais um esboço do que o retrato de uma senhora, cujo coração, num certo momento de um certo dia, fora tentado pelo demônio. E termina com a descrição desse amor, que se apagara de imediato. Parece um teatro psicológico, porém, isso não significa que a psicologia amorosa foi delineada com base na inevitabilidade psicológica. O palco deve ser extremamente simples e se for vislumbrado algo semelhante à chama da vida, que cintila dentro dessa estrutura simples, e for percebido o processo em que ela se apaga, ficarei satisfeito[4].

Como trata-se apenas de um esboço e não o retrato definitivo, são poucas as direções de cena e a peça progride suavemente numa atmosfera cotidiana, sem grandes falas de efeito.

Masaki Dômoto considera *Um Grande Obstáculo* uma obra extra das *Peças de Nô Moderno* de Mishima, não tanto pela forma, mas pelo seu impulso criativo. Obedecendo à premissa básica do nô, o verdadeiro protagonista neste drama é alguém que já faleceu e o incidente mais importante da existência já findou com a sua morte. O primeiro ato seria o prelúdio, com a invocação do espírito do falecido Hisashi, feita pela sra. Tsugawa, a sacerdotisa (*miko*). Tanto para a mãe quanto para a empregada Tatsu, Hisashi era tudo.

No segundo ato, ao receber a visita do jovem de 22 anos, o espírito, que já se apossara da sra. Tsugawa, também se reflete como num espelho em Makimura, na cena da conversa sobre os jazigos no Cemitério Aoyama.

> Senhora: – O da nossa família fica no lado esquerdo. (como se sonhasse) Ambos amigos... Que bom que somos vizinhos!
> Makimura (estremecendo): – Como?
> Senhora (sem perceber o significado do que dissera): – Hein?[5]

Na realidade, por meio de sua mãe, o espírito de Hisashi está lhe dizendo: "Se você morrer, será meu vizinho". O caráter fundamental da peça é revelado pela sra. Tsugawa: "Makimura, algo está falando através dos meus lábios. Algo que não é eu o está detendo"[6]. Dômoto julga que talvez, Hisashi achasse que o seu sangue compensaria o fu-

---

3. Idem, ibidem.
4. Idem, "Sakusha no negoto", em *Panfleto do Ateliê do Bungaku-za*, abril de 1957.
5. Idem, *Daishôgai*.
6. Idem, *Daishôgai*.

96   YUKIO MISHIMA: O HOMEM DE TEATRO E DE CINEMA

turo de Makimura e tivesse feito o ressentimento sublimar-se. "Aqui aproxima-se furtivamente uma catarse solitária, como a névoa matutina de outono"[7].

No terceiro ato, a presença da namorada de Makimura, Saeko Ukita, simples e realista, representante da vida, acaba expulsando qualquer espírito e visão metafísica da existência. Ao despedir-se, a sra. Tsugawa dá um tapinha no ombro de Makimura e lhe diz: "Esforce-se!" Com isso, o espírito de Hisashi despede-se do amigo; um *kata (forma de atuação estabelecida)* usado no nô clássico *As Duas Shizuka (Futari Shizuka)* e revitalizado aqui.

PELA RESSURREIÇÃO DA TEATRALIDADE, O MELODRAMA *PALACETE DAS FESTAS*

Em 1956, para comemorar os seus vinte anos de fundação, a Companhia Bungaku-za solicita peças novas a quatro dramaturgos. Assim, encena sucessivamente: *Lusco-fusco* de Tsuneari Fukuda (março e abril), *O Coqueiro e a Mulher* de Tadasu Izawa (junho e julho), *Registro de Hizen* de Chikao Tanaka (setembro e outubro) e *Palacete das Festas* de Yukio Mishima (novembro e dezembro), que acabara de ingressar na companhia. Em *Palavras do Autor*, no panfleto de março do Bungaku-za, Mishima informa que criaria *Palacete das Festas*, com vários personagens e uma heroína fidalga e maquiavélica, que considerava a imitação ocidental por parte dos japoneses uma conveniência totalmente política; no final haveria uma dança de quadrilha. O drama está relacionado a *O Baile* (1920) de Ryûnosuke Akutagawa, que o escritor considerava uma obra-prima do conto e que, por sua vez, fora inspirado em *Baile de Edo*, que consta no livro de Pierre Loti, *O Outono Japonês* (1889).

Desde a infância, Mishima nutrira uma verdadeira adoração pela época do Palacete das Festas (*Rokumeikan*), por encontrar nela correspondências com o período de ocupação americana do Japão no pós-guerra. Mas que na realidade, ele considerava o reinado da hipocrisia da pretensa paz, prosperidade e vida cultural imitativa do Ocidente.

O Palacete das Festas (*Rokumeikan*) era o símbolo do Período Meiji (1867-1912), a era da civilização que queria a todo custo modernizar o Japão e que, em última instância, significava europeizar-se. Ele fora construído em 1883 no distrito de Kôjimachi em Tóquio, nas proximidades do atual Parque Hibiya, em estilo renascentista, como

---

7. Masaki Dômoto, "*Daishôgai, Kindai nôgakushû* bangaikyokuron", em *Guekijin Mishima Yukio*.

OS ANOS DE FILIAÇÃO A COMPANHIA BUNGAKU-ZA: 1956-1963   97

um clube social para entreter os nobres e diplomatas estrangeiros com a classe alta nipônica. Mas essas festas um tanto cômicas, que procuravam emular em tudo os costumes europeus, cessaram em setembro de 1887, com a demissão do ministro das relações exteriores, Kaoru Inoue. "A época do Palacete das Festas, segundo as gravuras multicoloridas (*nishikie*) e os versos satíricos (*senryû*) de então, era realmente grotesca e parece ter sido uma cena do teatro de macacos no processo de civilização"[8], observa Mishima.

Em 1886, o navio inglês Normanton naufragou ao largo de Kiinokuni, na província de Wakayama. Os tripulantes ingleses abaixo do comandante fugiram e todos os passageiros japoneses morreram afogados. No julgamento realizado no Consulado da Inglaterra, o veredicto ao comandante inglês foi leve. A opinião pública nacional reagiu e conscientizou-se da necessidade de abolir os direitos extraterritoriais. Mas o texto de Mishima quase não tem relações com as circunstâncias históricas, políticas ou de costumes do Palacete das Festas, que existira de fato no passado. Em "A Propósito do *Palacete das Festas*", composto para a estréia da peça, o autor apresenta o seu argumento.

Nesta obra eu quis escrever uma "peça teatral". Levei ao extremo as negligências, indiferente às verdades históricas e às investigações sobre a época. No baile do Palacete das Festas, a 3 de novembro de 1886, não houve em absoluto um incidente como o aqui descrito.

E parafraseando Aristóteles na *Poética*, prossegue:

Entretanto, a falha da história está em escrever o que aconteceu, mas não o que não ocorreu. É aí que todas as espécies de romancistas, dramaturgos e poetas, esse bando de falsários encontra a brecha para se aproveitarem disso[9].

O distanciamento temporal provoca um embelezamento das coisas. Segundo Mishima, nesse sentido, Loti e Akutagawa teriam sido os seus precursores ao inovarem a época do Palacete das Festas, reconstruindo-a como algo diferente e acabando por fixá-la.

Em "Tema Histórico e *Palacete das Festas*" (1967), composto para a reencenação pela Companhia NLT (Néo Littérature Théâtre), Mishima acrescenta que não pretendera criar um drama histórico, que é uma contradição de termos, aponta as diferenças entre história e teatro e advoga a tese do dramaturgo onisciente.

Falando de maneira prática, a história pode ser considerada um acúmulo de verdades enquanto fatos. Então, num período histórico delimitado, os inúmeros fios das relações

8. Yukio Mishima, "Utsukushiki *Rokumeikan* jidai" (A Bela Época do *Palacete das Festas*), em *Programa do Shimpa*, Tóquioo, Shimbashi Embujô, 1962.

9. Idem, "*Rokumeikan* ni tsuite" (A Propósito de *Palacete das Festas*), em *Programa do Bungaku-za*, novembro de 1956.

98 YUKIO MISHIMA: O HOMEM DE TEATRO E DE CINEMA

causais tanto iniciam como findam aí; como também podem ter avançado exatamente até a metade e, mesmo num incidente mais conclusivo, não cessam em definitivo todas as verdades. Por conseguinte, a história não começa nem termina decisivamente aí.

Pode-se julgar que tal coisa perigosa seja mais adequada ao romance. Porque o romance, em alguns casos, pode ser algo plano, sem começo nem fim. Com o teatro não sucede o mesmo. No teatro os vários fatores das relações causais devem estar, como os cavalos de corrida que chegaram à linha de partida, com as cabeças alinhadas, de prontidão diante do descerrar da cortina antes do prólogo. A cortina se abre. Qual é o cavalo mais veloz? Qual cavalo cairá e onde? Os espectadores não sabem, mas o dramaturgo sabe perfeitamente. E quando a cortina se fecha no final, a corrida termina, as variadas condições apresentadas são inteiramente satisfeitas, todas as verdades factuais chegam ao fim, as causas e os efeitos devem concluir por completo. Portanto, um drama histórico é originalmente uma contradição de termos. No teatro, as verdades que aparecem como fatos foram desde o início selecionadas para a sua elaboração, enquanto a história é uma mistura de pedras preciosas.

Quanto ao *Palacete das Festas*, é claro que eu não pretendi escrever um drama histórico. O Palacete das Festas que aparece como cenário, não é senão uma gravura multicolorida (*nishikie*) imóvel, recortada da história. Aí a história está paralisada. Para quê? Em suma, para se conceder aos personagens definidos um vestuário adequado, os variados sentimentos de simpatia genuínos, exaltação romântica, ira e ódio, tudo com um sombreado vívido; para se dar à história um gosto de lampiões à gás e um aroma abundante de crisântemos no aniversário do imperador; para empalidecer o palco e os personagens sob os raios do abstracionismo... Enfim, dentro da moldura da história à qual foi imposta uma paralisação, como se ocorresse, por assim dizer, um incidente infeliz no país em que a constituição foi paralisada, libertar os homens das leis do cotidiano e, como pavões, fazê-los esplendidamente bater as asas à vontade[10].

Mishima julgava que a exortação no *Fausto* de Goethe, "Oh, coisa bela, pare um momento!", a saudação ao momento que passa, seria a consciência histórica imprescindível ao artista. Para o escritor japonês, a história é simultaneamente contínua e estática, e o ponto estático seria a consciência histórica.

Creio que o único método para se reter a beleza das origens no mundo mundano é a consciência histórica. Se na obra de arte não houver essa consciência histórica, em suma, a consciência do "Oh, coisa bela, pare um momento", se tão somente se movimentar e fluir, não haverá tempo para ela se cristalizar.[11]

Palacete das Festas adota a estrutura de uma tragédia clássica, nos moldes da poética aristotélica, obedecendo à regra das três unidades. Tempo: 3 de novembro de 1886, aniversário do Imperador; espaço: casa de chá Senkuwan na mansão do conde Kagueyama (atos I e II) e grande salão de baile no Palacete das Festas (atos III e IV); ação: "a idealista Asako, habitante do mundo dos sentimentos, coloca os pés no mundo da mentira e das intrigas políticas, enquanto o astuto e calculista

10. Idem, "Rekishiteki daizai to *Rokumeikan*" (Tema Histórico e *Palacete das Festas*), em *Panfleto da Companhia* NLT, 1967.

11. Idem, "Mishima bungaku no haikei", em *Kokubungaku*, ed. especial maio de 1970, p. 26.

OS ANOS DE FILIAÇÃO A COMPANHIA BUNGAKU-ZA: 1956-1963   99

Kagueyama, ao contrário, entra no mundo dos sentimentos, o que acaba conduzindo-os à catástrofe", observa Yoshihito Harada[12].

Embora nem todos os personagens apareçam com suficiente inevitabilidade dramática, o que os torna plausíveis é porque, como justifica o próprio autor na segunda montagem de *Palacete das Festas*, na realidade, ele é um melodrama. Daí o dramaturgo ter utilizado a estrutura de uma peça clássica, mas desta vez, com os seus usuais epigramas e paradoxos repletos de *pathos*, isto é, ao invés da linguagem cotidiana, uma expressão mais melodiosa e próxima da poesia, que evocasse a atmosfera da Era Meiji. Aliás, todos os personagens freqüentemente se exprimem com palavras poéticas. O sentimentalismo doce que inevitavelmente emana das falas, por vezes, demasiadamente poéticas e belas, encontrou forte resistência por parte dos atores de *shingueki* (teatro moderno). Algumas falas, semelhantes à ária na ópera, seriam melhor desempenhadas por aqueles que se embriagam com a beleza de sua própria elocução, já próxima ao narcisismo. Mas a perspicácia incisiva de Mishima e a interpretação um pouco seca dos atores revelariam o verdadeiro sentido da obra, num nível mais elevado do que um mero drama de suspense. Em "A Bela Época do Palacete das Festas", o autor declara:

Almejo que o enredo de *Palacete das Festas* seja o de um perfeito melodrama e os diálogos, em verdadeira estilização mental. Portanto, como tudo depende especialmente das falas, se a tensão dos diálogos se afrouxar, restará somente um melodrama popular. Por temer que isso aconteça, tenho enfatizado com vigor uma apresentação sem cortes[13].

Esse mundo de intrigas políticas lembra o drama Sturm und Drang do teatro europeu nos séculos XVII e XVIII. Em *O Mundo de Yukio Mishima*, Takeshi Muramatsu[14] afirma que o enredo de *Palacete das Festas* foi inspirado em parte na *Lucrécia Bórgia* de Victor Hugo. Lucrécia cai no dilema da escolha entre o filho, gerado do seu esposo anterior, e o marido atual. Mas no final ela é morta pelo próprio filho, que não sabe da verdade. A condessa Asako Kagueyama, ao contrário, já no primeiro ato revela ao filho que ele fora concebido do seu amante anterior. A partir daí, o texto desenvolve-se como um melodrama em estilo *shimpa* (tendência nova).

O dramaturgo revela que *Palacete das Festas* foi a sua primeira obra escrita para a arte do ator.

É natural que assim seja numa peça de teatro, porém, como surgem vários desejos egoístas do autor, nem sempre é assim. Creio que desta vez, reprimi consideravelmente

12. Yoshihito Harada, *Nihon Dokusho Shimbun* (*Jornal de Leitura Japonesa*), 8 de abril de 1957.
13. Yukio Mishima, "Utsukushiki Rokumeikan jidai".
14. Takeshi Muramatsu, *Mishima Yukio no sekai*, p. 316.

o meu egoísmo. A partir do momento que deponho a minha caneta, o ator, o artista mais abstrato, começa as suas atividades. Eu pretendi idear este drama de forma que a arte do ator, a arte mais abstrata, iniciasse os seus movimentos surpreendemente puros[15].

A individualidade do ator exerce uma ação sobre o melodrama. Isso não se restringe à protagonista Asako Kagueyama, mas estende-se pelo menos a oito papéis primordiais.

É importante lembrar que Mishima criou *Palacete das Festas* para Haruko Suguimura, primeira dama do *shingueki* (teatro moderno) japonês, falecida a 4 de abril de 1997, aos 91 anos de idade. De personalidade marcante, estrelou a personagem Kei Nunobiki em *A Vida de uma Mulher* de Kaoru Morimoto, em 1945 durante a guerra, e com a qual se tornaria célebre. Atuou também em vários filmes, como *Fim de Primavera* e *Estória de Tóquio* de Yasujiro Ozu. Em 1995, Suguimura criou uma verdadeira celeuma ao recusar a Ordem da Cultura, que lhe fora concedida pelo governo nipônico.

Palacete das Festas obteve estrondoso sucesso e transformou-se em marco na dramaturgia de Mishima, sendo a peça mais representada do seu repertório. Desde a estréia em 1956 até 1959, foi montada 105 vezes só pelo Bungaku-za. Em novembro de 1962, foi reencenada em estilo *shimpa* (tendência nova), em celebração à recuperação da atriz Yaeko Mizutani. Anteriormente ela havia planejado a sua montagem, mas devido a uma grave enfermidade, teve que protelar o projeto por um longo tempo. O papel de Asako tornou-se igualmente um grande êxito na carreira de Yaeko Mizutani, primeira dama do *shimpa* (tendência nova), que já atuara em *Lagarto Negro* e no nô moderno *O Tamboril de Damasco* de Mishima.

Ao comparar as apresentações de *Palacete das Festas* pelo *shingueki* (teatro moderno) e *shimpa* (tendência nova), Mishima observou que a primeira era em estilo gravura ocidental e a segunda em estilo *gravura multicolorida (nishikie)* de Utagawa, ambas recortadas da história. Estrelado por atrizes do porte de Haruko Suguimura e Yaeko Mizutani, logo se estabeleceu a idéia de que *Palacete das Festas* era o drama de Asako Kagueyama. Mas surge uma dúvida, pois comparada à tensão dramática da forma clássica, a interpretação do caráter dos personagens é moderna.

O personagem mais fascinante é sem dúvida o conde Kagueyama que, tanto como homem quanto político, tem uma índole consistentemente venenosa. Dizem que o ator Nobuo Nakamura desempenhava o papel com uma frieza quase grotesca. O escritor Shingo Endo afirma:

> Macbeth e Iago (*Otelo*) de Shakespeare, como também Franz (*Bandidos*) de Schiller têm uma ambição ofuscante e a sombra da culpa. O conde Kagueyama além

15. Yukio Mishima, *"Rokumeikan ni tsuite"* (A Propósito de *Palacete das Festas*), em *Mainichi Shimbun*, 4 de dezembro de 1956.

OS ANOS DE FILIAÇÃO A COMPANHIA BUNGAKU-ZA: 1956-1963 101

de cruel é inteligente, mas não abriga a sombra da culpa, ele não tem a consciência do delito. É um tipo novo, nascido inteiramente da análise psicológica moderna[16].

Segundo Endo, outro tipo incomum na galeria de personagens do teatro japonês, embora existente no teatro clássico do estrangeiro, seria o matador Tobita, estranhamente ávido de sangue. Já os personagens Asako e o namorado Kiyohara, embora imprescindíveis ao desenvolvimento psicológico da trama, não seriam tipos novos.

Se na estréia em 1956, Mishima mostrara uma devoção pela heroína, já na montagem *shimpa* (tendência nova) em 1962, enfatizou o triângulo formado pelo casal Kagueyama e Kiyohara, inimigo político e amoroso, ex-namorado de Asako Kagueyama.

O tema de *Palacete das Festas* é a luta entre amor e política, em tom melodramático e estilo de tragédia shimpa. No aniversário do imperador, 3 de novembro de 1886, há um baile no Palacete das Festas, organizado pelo conde Kagueyama. A sua esposa, condessa Asako Kagueyama, sempre de quimono, nunca comparece a tais eventos. Mas nesse dia, abre uma exceção e veste um traje de noite ocidental, para viabilizar o amor de Akiko e Hisao, o filho que tivera com Kiyohara quando era gueixa. Ao descobrir que o seu marido incitara Hisao a matar o próprio pai, Asako pede a Kiyohara, líder da oposição ao governo Meiji, que desista do complô para assassinar Kagueyama no Palacete das Festas. No clímax da peça, a astúcia de Kagueyama supera o plano de Asako, conduzindo rapidamente para a desgraça e é ele quem acaba enterrando pai e filho. Kiyohara é atraído para o baile e acaba matando o filho. No magnífico final, a catástrofe é construída de modo ainda mais dramático. Decidida a divorciar-se, Asako está a dançar com Kagueyama "a valsa mais falsa deste mundo", quando ouve ao longe o tiro de uma pistola. O marido lhe diz ser o som de um fogo de artifício que falhara. Mas Kiyohara fora alvejado por Tobita, o matador contratado por Kagueyama, que consegue transformar o incidente político em familiar.

Como diz o crítico literário Nobuo Kasahara, "o *Palacete das Festas* é mais precisamente uma quadrilha de amor e ódio, dançada por quatro pessoas e que faz brotar flores de sangue"[17]. Em outubro de 1988 no Teatro Nissei em Tóquio, assisti a montagem de *Palacete das Festas* dirigida por Ichirô Inui e estrelados por Ayako Wakao (Asako), Mikijirô Hira (Kagueyama) e Hiroshi Katsuno (Kiyohara), numa produção da Companhia Shôchiku.

16. Shingo Endo, "*Rokumeikan* to *Onna keizu*" (*Palacete das Festas* e *A Genealogia de Uma Mulher*), p. 55.
17. Nobuo Kasahara, *Rokumeikan* (*Palacete das Festas*), em *Kokubungaku*, ed. especial maio de 1970.

102 YUKIO MISHIMA: O HOMEM DE TEATRO E DE CINEMA

O MUNDO É UMA ROSA EM *A ROSA E O PIRATA*

A inspiração para *A Rosa e o Pirata*, ideada por Mishima em Nova York, viera-lhe do divertimento no último ato de *A Bela Adormecida no Bosque*, que assistira numa apresentação do Royal Ballet (antiga Companhia Sadlers Wells), em setembro de 1957. Originalmente a peça intitulava-se *O Jardim Lunar*, mas temendo que fosse confundida com teatro infantil, mais tarde o dramaturgo a rebatizara com o título atual. Ele usou propositalmente ideogramas chineses antigos, que evocam as complexas pétalas das rosas e suas folhas.

Quando o crítico Takeo Okuno leu o texto, achou que o tema era exatamente o que Mishima vinha perseguindo repetidas vezes em suas obras, isto é, a relação entre o belo e o seu criador.

O criador do belo e a inferência da beleza criada, em suma, o criador do belo e do sonho pode se transformar nessa beleza e nesse sonho? Consegue inebriar-se com as suas criações? Provavelmente ao discorrer sobre isso, o desejo simples, mas também o maior de Mishima, aí se encontrava. Porém, tive a impressão de que esse tema, importante para o autor, apresentava-se auto-complacentemente em lugar equivocado. Temi que esse assunto certamente acabaria não sendo entendido pela platéia[18].

O mesmo pode ser dito em relação ao incidente em Ichigaya, no qual o escritor acabou ceifando a sua vida ao cometer *seppuku* e que não foi compreendido pelos japoneses em geral

No artigo "A Propósito de *A Rosa e o Pirata*", composto para o programa de estréia do Bungaku-za, no Daiichi Seimei Hall de Tóquio em julho de 1958, Mishima justifica a criação do seu primeiro drama amoroso. Embora possua uma cena romântica, *A Rosa e o Pirata* seria muito mais realista do que o melodrama *Palacete das Festas* (1956).

A afirmação de que "o mundo é falso" é um ponto de vista e pode ser corrigido para "o mundo é uma rosa". Porém, tal retificação não é compreendida com facilidade. Há uma flor chamada rosa, visível aos olhos, que floresce em qualquer jardim e todos a enxergam muito bem. Entretanto, se alguém disser "O mundo é uma rosa", será considerado louco. Mas se alguém declarar "O mundo é falso", será prontamente aceito e mais, será respeitado como um filósofo. Isso é um absurdo total. A flor denominada falsidade não floresce em lugar algum.

A protagonista desta peça, Ariko Kaede, é uma mulher que vinha suportando essa irracionalidade, com o sacrifício de sua existência. Então, ela recebe a visita inesperada de um jovem um pouco biruta, que não liga para essa irracionalidade e assevera que "O mundo é uma rosa". Seria estranho que o amor não desabrochasse entre eles.

Bem, deixando de lado os argumentos, o que almejei neste drama foi a cena amorosa entre Ariko e Teiichi. É impossível que a peça obtenha sucesso, sem que esta cena seja bem sucedida. Pode-se dizer que as considerações sobre todas as condições possíveis para a materialização da cena amorosa no palco, num contexto contemporâneo, ao contrário, induziram-me ao enredo excêntrico desta obra. Mas o que posso

---

18. Takeo Okuno, "Shingueki hihyô: *Bara to kaizoku*" (Crítica do Shingueki *A Rosa e o Pirata*), *Shingueki*, setembro de 1958.

OS ANOS DE FILIAÇÃO A COMPANHIA BUNGAKU-ZA: 1956-1963   103

afirmar com convicção é que, para inserir uma cena amorosa equivalente à da época romântica num teatro de costumes contemporâneo, eu não tive outra alternativa senão colocar em cena uma escritora de literatura infantil e seu fã, um idiota de trinta anos, e mais, um casal de namorados formado por uma mulher que odeia sexo e um homem que não tem desejos sexuais.

A cena amorosa desta peça assemelha-se à do balé clássico. Esse sentimento é genuíno, portanto, é necessário expulsar por completo daí tanto o cinismo quanto a consciência de si mesmo, a vergonha e a dúvida. Precisa ser uma cena amorosa suave, doce, doce, mais doce do que o melado e o que há de mais doce neste mundo. Nesta comédia, só a cena amorosa deve ser solene. Porque todos os elementos que fazem as pessoas rirem nesta obra teatral, como num tratamento por sangria, ejetam por completo a congestão do impulso de rir dos contemporâneos, posto que eles foram planejados para assegurar a pureza da cena amorosa. Eu evitei de propósito rotular esta peça de "comédia"[19].

Os contrastes entre alma e corpo, amor platônico e desejo sexual, romantismo e realismo, natural e artificial, perpassam todo o texto de *A Rosa e o Pirata*, que é marcado pela oposição primordial, ficção e realidade. Na situação amorosa entre Ariko Kaede, escritora de livros infantis de 37 anos, casada com o seu estuprador e com uma filha, mas que parece viver no mundo que ela inventa, e Teiichi Matsuyama, um idiota de trinta anos, que acredita ser um personagem criado por ela, o autor desenvolve com habilidade o princípio da ação dramática proposto por Monzaemon Chikamatsu[20], "uma tênue margem entre realidade e ficção". Como assinala Masaki Dômoto,

Mishima empresta do kabuki não só a filosofia do mundo de Chikamatsu, mas também a sua dramaturgia, que tem como cerne a busca de um precioso tesouro de família perdido, e até mesmo a técnica artesanal dos acessórios de palco no kabuki, ao utilizar, por exemplo, um ramo de rosa como uma espada curta, que de brinquedo é promovido a punhal milagroso[21].

Nesse sentido, *A Rosa e o Pirata* pode ser considerada uma das peças modernas do *Kabuki de Mishima*. A reflexão ontológica sobre a ilusão e o real, a erosão mútua entre ficção e realidade, é um dos grandes temas do teatro contemporâneo universal, tendo os seus expoentes em Pirandello (*Seis Personagens à Procura de Autor*, 1921) no Ocidente e no teatro do absurdo japonês de Minoru Betsuyaku (*O Elefante*, 1962) no Oriente.

Mas já em *A Rosa e o Pirata* (1958), Mishima cria uma obra em que as existências fictícias tornam-se reais, o universo ilusório vence a realidade. No final, aparece o jardim lunar e entram os personagens

19. Yukio Mishima, *"Bara to kaizoku* ni tsuite" (A Propósito de *A Rosa e o Pira-ta*), em *Programa do Bungaku-za*, julho de 1958, p. 7.

20. Monzaemon Chikamatsu (1653-1724), O mais célebre dramaturgo de bun-raku e kabuki do Período Edo. Famoso por suas peças de duplo suicídio amoroso, envolvendo prostitutas desamparadas e seus jovens protetores.

21. Masaki Dômoto, *Makuguire no shisô*, p. 207.

de um conto infantil. Teiichi agarra a espada curta, torna-se príncipe e casa-se com Ariko, derrotando o marido e o irmão dela.

"O foco de Mishima está no céu azul do coração infantil e puro deste jovem; é uma adoração pelo jardim lunar que aí se estende"[22]. A própria Ariko, que parecia viver no mundo da fantasia, declara na cena final: "Eu nunca sonhei". O dramaturgo separa nitidamente o *sonho* da *força imaginativa* e fortalece o avesso dos valores estabelecidos. "Compreendemos isso também quando o personagem do nô moderno *O Travesseiro dos Sonhos* (*Kantan*) não alcança a iluminação nem mesmo no sonho e faz as flores desabrocharem no jardim da consciência eterna, observa Dômoto"[23].

O autor apostava o sucesso da peça na correta interpretação da bela e pura cena amorosa entre Ariko e Teiichi, impossível na atualidade, posto que não natural. Mas o que não dava para imaginar e assentir só pelo texto, acabou fascinando e comovendo o público na estréia. A beleza do mútuo amor desse homem e dessa mulher, que vivem no universo dos contos de fadas, foi expressa pelos excelentes atores Haruko Suguimura (Ariko) e Hiroshi Akutagawa (Teiichi). Em *Diário: Nudez e Vestuário*, o escritor registra as suas atividades a 8 de julho de 1958. Como na estréia de uma peça nos Estados Unidos o dramaturgo geralmente usa smoking, Mishima também trajou smoking, ofereceu orquídeas à Suguimura e embora as pessoas pudessem achar caricatural, ele estava curtindo sozinho a estréia.

A 11 de dezembro de 1958, *A Rosa e o Pirata* recebeu o prêmio da revista semanal *Yomiuru* como melhor peça *shingueki* (teatro moderno) do ano. Doze anos depois, a pedido do autor, a Companhia Roman Guekijô (Teatro Romântico), a que então pertencia, reencena-a no Kiinokuniya Hall em Tóquio, de 22 de outubro a 2 de novembro de 1970. Dirigida por Takeo Matsuura, cenografia de Kaoru Kanamori, o elenco era composto por Nobuo Nakamura e Hideko Muramatsu. Num ensaio e no dia da estréia, Mishima chorou no final do segundo ato. Decidido a suicidar-se logo mais a 25 de novembro, teria ele se comovido ao constatar que seria a última montagem de uma obra sua que assistiria, ou diante da fala de Teiichi: "Eu disse apenas uma mentira, não existia um reinado"[24]? Após o espetáculo de estréia, o escritor convidou todo o elenco para comemorarem num restaurante do bairro de Roppongui. Finda a temporada em Tóquio, a peça seguiu para Kansai (Kyoto e Osaka), onde estreou a 23 de novembro do mesmo ano.

22. Idem, p. 207.
23. Idem, p. 135.
24. Yukio Mishima, *Bara to kaizoku*, em *Mishima Yukio guikyoku zenshû*, vol. I.

OS ANOS DE FILIAÇÃO A COMPANHIA BUNGAKU-ZA: 1956-1963   105

ÁRVORE TROPICAL, A ELECTRA JAPONESA

Segundo Mishima, *Árvore Tropical* foi escrita para o Bungaku-za em 1959, como uma obra híbrida em que amalgama tragédia grega, as narrativas das *Mil e Uma Noites* e as tragédias de Chikamatsu. Por ser o seu drama mais abstrato, apresenta a sua visão mais intensa do classicismo, seguindo a regra das unidades aristotélicas. Mas ao mesmo tempo, intenta uma versão moderna das peças de duplo suicídio amoroso de Chikamatsu e recria os episódios das 11ª e 12ª noites das *Mil e Uma Noites*, em que o amor entre um irmão e uma irmã se elevara até ao desejo físico e que ele lera emocionado quando criança. "O mais doce sentimento e a comoção, com os dois irmãos que consumaram o seu prazer dentro daquele buraco de cova, ainda não haviam se apagado no meu coração".

A inspiração para a tragédia lhe viera na primavera de 1958 no Japão, ao ouvir de Tomiko Asabuki, estudante de literatura francesa residente em Paris, sobre um incidente terrível que ocorrera recentemente num castelo da França rural e que ela lera num jornal francês.

Uma mulher, que se casara com um velho rico por seu dinheiro, maquinara um plano extremamente audaz e engenhoso para se apossar dos seus bens. Primeiro ela compeliu o seu próprio filho a manter relações incestuosas. Então, quando o tinha reduzido a um joguete em suas mãos, destituído de toda vontade própria, o fez assassinar seu pai, simulando um acidente. Assim, ela obteve a fortuna dele – somente para, mais tarde, ter o seu crime descoberto. O drama impressionou-me pelo arrojo de sua concepção, uma intrepidez rara em nossos dias. Poderia-se interpretar a ocorrência de tal caso como uma manifestação do inconsciente coletivo junguiano que, jorrando como as águas subterrâneas através de uma fenda no solo, dera ao crime em si a qualidade de um mito.

Quebrei a cabeça para descobrir um modo de transferir este banal "mito grego do dinheiro" para um cenário nipônico, a fim de realizar a minha auspiciosa quintessência do Classicismo. Um expediente simples seria situar a estória numa família longamente estabelecida no Japão rural. Infelizmente ninguém vive em castelos no Japão e a cor local, sendo restrita, poderia submergir o próprio drama, privando a qualidade abstrata que eu almejava. Por outro lado, transpor a peça para Tóquio ou qualquer outra cidade grande, onde os necessários sentimentos implacáveis deste gênero estão completamente ausentes, seria igualmente desesperador. E pior, visto que no Japão não há uma aristocracia rica, teria que ser criada uma família burguesa comum, com a renda do ancião provindo da presidência de uma companhia de aço ou qualquer outra tolice do gênero.

A única maneira de manter os motivos dos personagens, sinceros e singulares, eu concluí, seria tornar o cenário quase que anormalmente abstrato e contar com os diálogos para dar prosseguimento aos fatos.

Assim nasceu *Árvore Tropical* em sua forma atual. De acordo com a minha conclusão, ao escrever a obra decidi basear-me exclusivamente nas destilações da minha própria memória: uma cena nos aterros de Shibaura, o doce incentivo à morte nas peças de duplo suicídio amoroso de Chikamatsu, as lembranças da minha falecida irmã, as flores de uma árvore flamboyant vista na República Dominicana e uma enfermeira de nossa família quando eu era criança. Do começo ao fim, concentrei-me em coletar as imagens que me revinham, flutuando como um sonho na minha memória, concentrando-as e impondo-lhes as minhas teorias dramáticas. A flor escarlate da árvore tropical, símbolo do mal, provinha de uma viagem que eu fizera às Américas Central e do Sul;

106 YUKIO MISHIMA: O HOMEM DE TEATRO E DE CINEMA

ela sugeriria, eu esperava, as paixões selvagens e desinibidas do sul, em oposição às emoções mais melancólicas e reprimidas do norte. À medida que a minha "Electra japonesa" tomava forma, os diálogos aproximaram-se cada vez mais da poesia. Minha preocupação era que o palco deveria ser povoado só de paixões, vestidas com palavras. Tudo deveria ser banhado com matizes de pesadelo, mas o drama essencial deveria permanecer claro como o cristal[25].

Em "Composição de *Árvore Tropical*", no panfleto de estréia do Bungaku-za, Mishima corrobora: "No teatro grego, o incidente sucedeu na família de Agaménon, Clitemnestra, Orestes e Electra, que aparecem na trilogia dramática de Ésquilo, *Orestia*"[26]. O dramaturgo transpôs admiravelmente o caso francês com toques de tragédia clássica para o Japão contemporâneo, ao descrever a decadência de uma família da classe média alta nipônica. No pequeno universo dessa família em *Árvore Tropical*, há ódio e lascívia entre os entes mais próximos, bem como planos de assassinato; um mundo mais aterrorizador do que a família dos Átridas. Em suma, o retrato do emaranhado dos sentimentos humanos, através da transparência do mundo clássico.

O diretor Takeo Matsuura, que já encenara algumas peças de Mishima, confessa que sempre sofrera com as suas longas falas, uma vez que no Japão não existia em absoluto a tradição de declamação. Estruturada de forma pura, sem relações de causa e efeito, o problema em *Árvore Tropical* estaria nas suas frases muito líricas, com efeitos musicais que prolongavam um pouco o *ma* (pausa) nas falas, requerendo dos atores uma elocução primorosa. Mas o diretor faz uma admoestação.

Temos de destruir o mau costume japonês de se expressar sempre partindo da psicologia. O ator deve se conscientizar de que o próprio ato de falar cria em si uma esplêndida ação teatral, havendo inclusive casos que possibilitam a transmissão do seu mundo "interior"[27].

O crítico Hirotoshi Fukuda[28] objeta que não é que não haja uma tradição de declamação nipônica, pois correspondendo ao jâmbico do teatro poético europeu, existe a declamação do kabuki em ritmo de 7 e 5 sílabas. Mas o *shingueki* (teatro moderno) japonês se limitara a seguir a realidade prosaica, para parecer verdadeiro. Nesse sentido, *Árvore Tropical* seria uma pedra de toque para que os atores de shingueki passasem a se exprimir em estilo *shimpa* (tendência nova),

25. Yukio Mishima, "Notas do Autor para a tradução de Kenneth Strong", *Tropical Tree*, p. 174-210
26. Idem, "*Nettaiju* no naritachi", em *Programa do Bungaku-za*, janeiro de 1960.
27. Takeo Matsuura, "Kansô" (Impressões), em *Programa do Bungaku-za*, p. 9.
28. Hirotoshi Fukuda, "Bungaku-za kôen: *Nettaiju*" (*Árvore Tropical*: Uma Encenação do Bungaku-za), em *Shingueki*, março de 1960.

uma mistura de kabuki e drama moderno. Na primeira montagem de *Árvore Tropical*, houve falta de intensidade e amplidão, tanto que um diretor criticara: *Desse jeito, fechar os olhos ou escutá-la no rádio, dá no mesmo*. Se a essência do teatro clássico está na construção harmoniosa de declamação e forma, a causa dessa falha estaria na ênfase demasiada dada à declamação, em detrimento da forma.

Em "Notas do Autor"[29], Mishima analisa cada um dos personagens.

Ritsuko é um tipo de prostituta artificialmente conservada, espalhafatosa mas bonita, cujas emoções nunca lhe causam um momento de incerteza. Ainda que no seu âmago possa odiar Ikuko, permanece convencida do seu amor maternal; embora no seu íntimo deseje a morte de Keisaburô, mantém-se confiante em sua própria felicidade, como uma mulher adorável e amada. Não é senão na quinta cena do terceiro ato, que ela aparece em toda a sua glória como a flor do mal, de pé no topo da escada, com a sua robe brilhante, conversando, com os seus seios bem feitos e de pele sedosa como sempre, expostos. Aqui as suas palavras e o seu comportamento devem, num certo sentido, constituir o clímax de toda a peça; ela deve transformar-se na própria encarnação da árvore tropical.

Keisaburô é um monarca egoísta, cada palavra e cada frase que profere deve ressoar como um hino para a sua extraordinária presunção. Seu indubitável amor por Ritsuko não consiste senão em um desejo físico, importuno e aviltante. Apesar de toda a sua exibição de afeição paterna, ele é fundamentalmente incapaz de amar qualquer pessoa.

Ikuko é uma mulher passional e ousada que, apesar do ar de pureza totalmente imaculada, se revela como a filha digna de Ritsuko no poder para o mal, que exerce sobre o seu medroso irmão mais velho. O que ela almeja é uma purificação total do seu mundo e quando isso não sucede, encontra o refúgio na morte, levando o irmão consigo.

Isamu, contradizendo o seu nome (que significa corajoso), é um jovem tímido, suscetível e sensível em excesso. Seu interesse erótico está completamente cindido entre sua mãe e sua irmã mais nova. Ele não pode deixar de pertencer a um ou outro desses mundos, mas qualquer que seja ele, é a morte que o aguarda no final.

Nobuko, à primeira vista uma simples testemunha objetiva do drama, é na verdade a única personalidade real da peça. Ela e mais ninguém será a mensageira do presságio de mau agouro, que trará notícias de ruína iminente. É ela que emergindo de um universo que terminara com a morte do seu marido, mergulha no mundo que restara, para cuidar com devoção dos seus habitantes e acompanhar os seus trabalhos, até que eles chegassem por sua vez à sua conclusão e assim, consumar o drama.

A cena final, antes da cortina se fechar, tem uma importância especial. Ritsuko, na sua última fala sobre a árvore tropical, está em essência declarando a Keisaburô: "Eu o matarei em breve". Não há necessidade de efeitos especiais de iluminação no palco, porém, este aviso de assassinato iminente deverá criar na plateia a ilusão de grandes flores escarlates, enchendo todo o palco com as suas florações triunfantes.

Hitoroshi Fukuda acrescenta:

O papel de Nobuko assemelha-se à de narradora dos épicos na antiga Idade Média. Creio que ela expressa a encarnação do ego coletivo, uma especiaria maravilhosa

---

29. Yukio Mishima, "Notas do Autor", em *Tropical Tree*.

108 YUKIO MISHIMA: O HOMEM DE TEATRO E DE CINEMA

que foi adicionada a este drama simbólico. Mas creio que o autor não desenvolveu suficientemente este papel. Se ele o tivesse tornado mais vivaz, aumentaria a tensão da peça[30].

No final ocorre a cerimônia de purificação de Ikuko e Isamu, que se suicidam, atirando-se ao mar. Em suma, a libertação dos seus desejos incestuosos e das mentiras da mãe, conduzindo-os ao princípio geral da vida, a transcendentalidade.

Com o mínimo de objetos, concisos e pesados, o cenógrafo Ichirô Takada criou um cenário simples e moderno, com escadarias e biombos. Para os críticos, ele evocava as colunas dos templos gregos e para Mishima, um palco de nô. Aliás, o cenário de Takada ia de encontro à concepção de cenografia ideal do autor.

Não importa de que estilo seja o cenário, o taciturno é sempre superior ao que fala demais. Na minha opinião quanto ao cenário, "o silêncio vale ouro". Talvez isso seja o egoísmo de um dramaturgo, que está sempre a escrever peças tagarelas[31].

Creio que o artista plástico e cenógrafo da montagem paulistana, Takashi Fukushima, não conhecia o cenário japonês original, mas coincidentemente acabou também utilizando um biombo. O que prova a intuição artística universal emanada do texto.

Após a estréia pelo Bungaku-za no Daiichi Seimei Hall em Tóquio, de 7 a 23 de janeiro de 1960, *Árvore Tropical* foi encenada de 27 a 29 de junho de 1967, numa co-produção das Companhias Yoyogui-za e Associação de Pesquisas Teatrais Tô, no Sabô Hall, sob direção de Masataka Sato. Em memória dos dez anos do falecimento de Mishima, em 1980 houve uma apresentação do Kani-za (Teatro Caranguejo), dirigida por Kazumi Kushida no Hall Educacional e Cultural de Yokohama. Com uma direção simples que reprimia a expressividade, a encenação francesa de 1985, no pequeno Teatro Rond-Point em Paris, teve tradução de André Pieyre de Mandiargues, por sua vez, bastante influenciado por Mishima, como no romance *O Funeral da Rosa* (1983). Em 1987 foi apresentada em Dusseldorf e depois levada a outras cidades alemãs. Por fim, ocorre a montagem brasileira pelo Grupo Ponkã de São Paulo, para a qual providenciei a tradução e adaptação do texto. Intitulada *Rubro*, foi apresentada no Teatro Paulo Eiró em outubro e novembro de 1996 e posteriormente reencenada no Teatro Sérgio Cardoso, em março e abril de 1997. Direção de Paulinho de Moraes, com o elenco formado por Celina Fujii, Álvaro Barcellos, Reinaldo e Vera.

30. Hirotoshi Fukuda, op. cit., p. 19.
31. Yukio Mishima, *Mudai* (*Takada Ichirô-shi ni tsuite*), (*Sem Título: A Propósito de Ichirô Takada*), em *Mishima Yukio zenshû*, vol. 35, p. 150.

OS ANOS DE FILIAÇÃO A COMPANHIA BUNGAKU-ZA: 1956-1963   109

A BAD GIRL, OU MELHOR, A PIRATA *LAGARTO NEGRO*, EM UM DRAMA DE SUSPENSE

> *Fazer da peça o prazer de uma noite, um prazer sem reservas, este é o nosso desejo. Além do mais, não é um espetáculo para se rir e chorar, fácil de ser compreendido e esquecido. O nosso sonho é a encarnação de um teatro que tenha consistência, um sabor sombrio e verdades que cintilem no reverso de oitocentas mentiras*[32].

YUKIO MISHIMA

O gênero policial é arte ou não? Esta foi uma questão bastante discutida, porém, resolvida há muito tempo e hoje vive sua fase áurea. O interesse do romance de suspense está no sentimento de prazer ao ver um mistério aparentemente insolúvel, completamente desvendado no final. No Brasil ainda não há uma tradição de literatura policial. Mas o veterano Rubem Fonseca e, mais recentemente, Patrícia Melo e Luiz Alfredo Garcia-Roza atestam o *boom* desse gênero literário. A televisão e o cinema possuem um rico repertório de filmes de suspense, como os do mestre Alfred Hitchcock. Todavia no caso do teatro, com as exceções de *A Ratoeira* de Agatha Christie, que estreou em 1952 no Teatro Ambassador de Londres e foi o drama de suspense de mais longa temporada no mundo, e a montagem brasileira de *O Mistério de Irma Vapp*, dirigida por Marília Pera e estrelados por Marco Nanini e Ney Latorraca, ficando onze anos em cartaz até meados da década de 1990, transcorrem-se longos períodos em branco.

E quanto ao Japão? Edogawa Rampo, pronúncia japonesa de Edgar Allan Poe (1809-1849), era o pseudônimo literário adotado por Tarô Hirai (1894-1965), em homenagem ao escritor e poeta americano, expoente do conto policial moderno. Rampo foi o grande mestre pioneiro dos contos e romances de mistério no Japão. Prolífico e muito popular sobretudo na década de 1930, o seu prestígio vigora até hoje através do Prêmio Edogawa Rampo, atribuído anualmente ao melhor romance de suspense nipônico. O público brasileiro pôde assistir na 21ª Mostra de Cinema Internacional em São Paulo, o filme sobre a sua vida e obra, *O Mistério de Rampo* (*Rampo*, 1997), dirigido por Kazuyoshi Okuyama.

Dentre os contos e romances de mistério da literatura universal, a preferência de Rampo era por Gilbert Chesterton e Edgar Allan Poe, gênios ao lidarem com suas tramas. Ele apreciava sobretudo o padre Brown dos contos de Chesterton, religioso católico capaz de elucidar crimes por métodos indutivos. De Chesterton, Rampo aprendeu que a estrutura ilógica de artimanhas e acrobacias deveria ser revestida

---

32. Y. Mishima, "A Propósito de *Lagarto Negro*", em *Mishima Yukio Gohô*, Tóquio, junho de 1968.

110 YUKIO MISHIMA: O HOMEM DE TEATRO E DE CINEMA

com o manto extraordinário do paradoxo, elevando-a a um romance de suspense. Entretanto, confessa que nas suas obras mais antigas, não conseguira tecer o manto do paradoxo, criando apenas um enredo cheio de peripécias; *Lagarto Negro* seria uma delas.

O valor de Rampo residia mais no tratamento do crime como um prazer sexual, do que propriamente numa engenhosa trama policial. A sua intenção era assinalar a pureza do crime cometido. Portanto, ele elogiou abertamente a adaptação dramática de Mishima, por ter tecido uma bela veste de aforismos, diferente de Chesterton, mas igualmente rica em ironia e paradoxos. "Com seu estilo, uma sequência de diálogos compostos de epigramas, Mishima mudou completamente o meu romance juvenil, criando um estranho gosto paródico ou burlesco"[33]. Em *O Teatro de Yukio Mishima*, Masaki Dômoto salienta:

Entretanto, nesta época vulgar, surgiu alguém para suceder a verdadeira intenção de Edogawa Rampo, em suma, o prazer sexual do crime. Ele é Yukio Mishima. O que Edogawa Rampo não conseguiu conceder ao mundo, não teria ressuscitado admiravelmente na peça de Mishima?[34]

Na realidade, a obra resultou numa sátira ao mundo contemporâneo, cheia de ironias violentas e humor espirituoso.

Em *Lagarto Negro*, única obra de Rampo sobre uma ladra, a novidade singular estava na descrição do amor entre dois inimigos, a ladra de codinome Lagarto Negro e o detetive Kogoro Akechi. Suas aventuras foram serializadas de janeiro a dezembro de 1934 na revista *Hinode* (*Sol Nascente*), compondo um longo romance. "O detetive Akechi é uma mistura da vivacidade do padre Brown, com o pedantismo de Sherlock Holmes e a insolência da *Velha do Recanto* de B. Or'czy", observa o famoso escritor de romances policiais, Seichô Matsumoto[35]. Ao ler *Lagarto Negro* de Edogawa Rampo quando criança, Mishima ficara muito impressionado. Já adulto, perdera a oportunidade de transformá-lo em roteiro de balé. Mas em 1961, com a anuência da produtora Fumiko Yoshida e o consentimento do autor no uso do original, Mishima pôde adaptá-lo livremente para o teatro. As sugestões de Yoshida sobre a transferência do lugar da ação, de Osaka para Tóquio, e a época, para a atual, foram todas acatadas pelo dramaturgo.

Embora a princípio fosse uma adaptação para a era contemporânea, Mishima almejou, como no original, criar a atmosfera de uma grande época, como a do jazz na década de 1920. Para isso, tornou as

33. Edogawa Rampo, "Chiesutaton to Mishima Yukio" (Chesterton e Yukio Mishima), em *Programa do Sankei Kaikan*, março de 1962.
34. Masaki Dômoto, *Mishima Yukio no engueki* (*Teatro de Yukio Mishima*), Gueki Shobô, julho de 1977.
35. Seichô Matsumoto, "Kôen ni yosete" (Sobre a Encenação), em *Programa do Sankei Kaikan*; Baronesa Emmuska Barstow Or'czy (1865-1947), escritora inglesa nascida na Hungria, autora de *Pimpinela Escarlate*.

OS ANOS DE FILIAÇÃO A COMPANHIA BUNGAKU-ZA: 1956-1963

falas românticas e adotou várias técnicas kabuki, tais como o diálogo dividido (*wari-zerifu*) entre Kogoro Akechi e Lagarto Negro, artifício semelhante ao usado no teatro grego, narrando suas proezas em duetos, com as linhas divididas frase a frase; a pantomima em câmera lenta (*danmari modoki*) na ponte nas cercanias de Shibaura (segundo ato); uma pessoa com vários disfarces de vestuário, para expressar mudanças de personalidade; as reviravoltas repentinas de situação (*dontengaeshi*); e o teto giratório (*gandôgaeshi*), que sofre uma evolução de noventa graus quando a base se eleva para a frente do palco e que é imprescindível para exprimir o duplo. O dramaturgo lidou a artificialidade da estória com uma ousada estilização kabuki e persistiu em enfatizar o esteticismo do original, com o seu gosto decadentista.

Shihei Iwase, o maior joalheiro do Japão, e a sua bela filha Sanae estão num hotel de Osaka. Em Tóquio, ao receber cartas anônimas ameaçando-o de sequestro da garota, Iwase prontamente contrata o reputado detetive Kogoro Akechi para mantê-la sob vigilância. Mas em vão. A formosa e famosa ladra Lagarto Negro, disfarçada de elegante sra. Midorikawa, hospeda-se no quarto contíguo ao de Sanae e rapta-a. Porém, fazendo jus à sua fama de o mais astuto detetive do Japão, Akechi logo a resgata.

Segue-se um duelo espirituoso entre dois mestres de inúmeros disfarces, o detetive e a arqui-criminosa. Esta sequestra de novo a moça e exige em troca do seu resgate a mais valiosa jóia de Iwase, o diamante Estrela do Egito, de 113 quilates. O joalheiro aquiesce, mas Lagarto Negro foge para a sua ilha particular, levando Sanae e a jóia. De noite no navio a caminho da ilha, ao perceber que Akechi se escondera dentro do sofá em que estava sentada, ela ordena que amarrem o móvel e o atirem ao mar. Na realidade, o detetive colocara o foguista Matsukichi no seu lugar e já se evadira disfarçado de foguista. Porém, antes de lançá-lo ao mar, Lagarto Negro confessa o seu amor a Akechi. Mata-o não por ódio, mas porque o ama e não se perdoa por isso. Beija o sofá, aqui e ali, e diz:

> Akechi, agora é o adeus! No fundo do mar, na primavera gélida, se formará o seu túmulo com o formato de um sofá. Mesmo que o seu corpo se congele no fundo do mar, certamente os meus beijos envolverão o seu corpo como as algas vermelhas[36].

O mar é o altar por excelência, que Mishima cultua para a cerimônia do clímax amoroso. Amor, mar e morte. Em *Ansiedade Amorosa*, segundo a sua profecia, o feto abortado e o pai, que foge de navio e morre afogado, também se reencontram no mar. E em *Árvore Tropical*, os irmãos Isamu e Ikuko cometem duplo suicídio, jogando-se ao mar.

---

36. Yukio Mishima, *Kurotokague* (*Lagarto Negro*), em *Mishima Yukio guikyoku zenshû*, vol. II.

Ao chegar na ilha deserta, quando vê o museu do horror de Lagarto Negro, composto de pedras preciosas e belos espécimes humanos empalhados, Sanae se dá conta de que ela também irá se juntar a essa coleção do horror e tenta fugir. O museu artístico do horror é, em última instância, uma expressão da filosofia estética de Mishima. Neste mundo, as jóias e os seres humanos embalsamados são as duas únicas belezas que não envelhecem. Lagarto Negro assevera que a decadência do corpo não é devido à inevitável passagem do tempo, mas sim, à deterioração gradual da alma. A sua obsessão por pedras preciosas era porque, não possuindo espírito, não estariam sujeitas à mesma lei temporal humana. Portanto, conservariam eternamente a frieza de sua pureza e perfeição.

Ao descobrir que o detetive se salvara, quando o reencontra disfarçado de foguista, ela tenta matá-lo. No entanto, a arma estava descarregada. No final, derrotada, Lagarto Negro ingere veneno. Mas diz que parte feliz, sabendo que Akechi vive. "A jóia verdadeira faleceu!", lamenta o investigador, revelando que também se sentira atraído por ela.

É uma peça na qual a mulher materialista, que considerava as jóias e obras de arte as coisas mais belas deste mundo, percebe que para o amor de Akechi tais coisas não tinham valor algum. Por fim, ela descobre que o coração das pessoas é o que há de mais belo e precioso neste mundo[37],

declara o *onnagata* (ator intérprete de papéis femininos) Akihiro Miwa, que protagonizou Lagarto Negro no teatro e cinema. Portanto, Lagarto Negro não era uma simples *bad girl* moderna, mas uma pirata no seu sentido mais antigo e romântico da palavra.

Enquanto em Rampo, o amor de Lagarto Negro e Akechi é tratado de forma obscura e um tanto antiquada, Mishima transforma-o no cerne de sua peça e desenvolve-o com expressões espirituosas. Como por exemplo, na cena do diálogo final entre os protagonistas.

Lagarto Negro: – Mas no mundo dos sentimentos, você foi o ladrão e eu, a investigadora. Você me roubou o coração há muito tempo. Eu procurei o seu coração, procurei, procurei, procurei até à exaustão. Porém, quando finalmente o capturei, era frio como uma pedra.
Akechi: – E eu compreendi que o seu coração é uma jóia verdadeira, um diamante real[38].

Por conseguinte, o episódio amoroso entre Sanae e Amemiya também sofre uma grande alteração, ressaltando-se mais, enquanto o interesse pelo mistério é empurrado para o segundo plano. Na versão

37. Akihiro Miwa, "Depoimento", em *Hanagata bunka tsûshin* (*Comunicações sobre as Estrelas Culturais*), Kyoto, março de 1994.
38. Yukio Mishima, *Kurotokague,* em *Mishima Yukio guikyoku zenshû.*

OS ANOS DE FILIAÇÃO A COMPANHIA BUNGAKU-ZA: 1956-1963   113

de Mishima, o bonitão Amemiya é o personagem que encarna o masoquismo como o ápice da beleza.

O dramaturgo completa a peça no verão de 1961, o que lhe deu tempo para ponderar com tranquilidade sobre a composição do elenco. Ele acreditava que o papel de Lagarto Negro, uma beleza altiva (tipo uma grande atriz francesa do século XIX), deveria ser forçosamente a de uma grande dama, como Edwige Feuillère na atualidade. Portanto, convida a primeira dama do *shimpa* (tendência nova), a atriz Yaeko Mizutani, então, no auge de sua carreira. Ela desempenha primorosamente o papel, fazendo par com Hiroshi Akutagawa, ator de *shingueki* (teatro moderno). Na cena da confissão amorosa no sofá, com sua sensualidade desinteressada, Yaeko conseguiu transmitir, com a sua bela e peculiar voz, a sensação real e física de sua paixão. Em seguida, o autor convoca Jirô Tamiya (Amemiya) da Companhia Cinematográfica Daiei e por fim, Mayumi Ôzora (Sanae). A estréia deu-se de 3 a 26 de março de 1962, no teatro Sankei Hall em Tóquio, que não mais existe hoje. Quando Edogawa Rampo, apesar de doente, veio assistir o espetáculo, Mishima o arrastou até ao palco e lhe prestou o mais alto e comovido tributo.

A direção deste drama de suspense, sutil e elegante, por Takeo Matsuura, foi por vezes criticada porque os movimentos dos atores pareciam demasiadamente populares. Já a música, a cargo de Akio Yashiro, procurou atender o pedido do dramaturgo por uma famosa composição clássica e dinâmica. Por fim, decidiram por Wagner. Mas a retórica de Mishima, sensível e delicada, acabou conflitando com o vigor musical de Wagner, que chegava a atrapalhar.

Seis anos se passaram até a segunda montagem de *Lagarto Negro*, no Teatro Tôyoko de Tóquio, em abril de 1968, porque Mishima julgava que não havia no Japão outra atriz à altura do papel. Mas em 1967, ao assistir a peça de Shûji Terayama, *Maria do Casaco de Peles*, estrelada por Akihiro Maruyama, ficou boquiaberto com sua força interpretativa. Maruyama usava uma técnica esplendorosa na composição admirável das longas falas, plenas de emoção, mas com aço no seu reverso. Terayama, líder da trupe de vanguarda Tenjô Sajiki (Galeras), redescobrira o talento de Maruyama ao convidá-lo para atuar em *O Corcunda da Província de Aomori*. Akihiro Maruyama, mais tarde Akihiro Miwa, começa sua carreira como cantor de *chansons* (canções francesas), sendo conhecido como *sister-boy* e o mais formoso jovem desde o primeiro imperador no Japão. Em 1965 retoma o sucesso como intérprete de movimentos sociais, com as *Canções dos Operários da Construção Civil*. Ele foi o primeiro cantor e compositor japonês de letras desse tipo de canções e homossexual confesso.

Intrigado, Maruyama indagou a Mishima por que desejava que ele protagonizasse Lagarto Negro. O escritor retrucou: "Mas ela não é você mesmo?" Assim, aos 32 anos, Maruyama se revelou um homem de talento insuspeitado em *Lagarto Negro* e, com a sua estranha beleza sensual, fez o pessoal de teatro exclamar: "O ator Akihiro Maruyama não é senão uma atriz". O próprio dramaturgo chegou a declarar:

> A ladra estrelada por Akihiro Maruyama era o âmago da mais profunda escuridão dessa noite, a mentira da mentira, o cerne da irrealidade.
>
> Era uma mentira em dois níveis. Em suma, não era como um onnagata de kabuki, a figura de uma mulher antiga embelezada pela perspectiva temporal; era uma grande mentira sobre uma criminosa a viver no mundo contemporâneo e a agir em Tóquio, onde fica a Torre de Tóquio. Além do mais, havia aí a noite experimental de um homem travestido de mulher e que se posicionava no final de todas as mentiras. E o espírito de Akihiro Maruyama, que a representava, não conseguiria, como o princípio da alavanca, converter em realidade, de um só golpe, a mentira até então estendida em dez ou vinte camadas?
>
> Nós vivemos numa era política. Como não existe outra coisa pela qual nos tornarmos fanáticos, somos entusiastas da política. [...] A paixão pela política e a paixão pelo teatro, por acaso, não seriam a mesma coisa? Ambas não seriam uma paixão pela fantasia? Negar o que de fato há aqui e crer em algo que não tem razão de existir aqui, mas como se estivesse aqui. Bem, agora, a paixão de se embriagar com isso [...] E Akihiro Maruyama era como uma tequila mexicana com mais de 60% de álcool, uma bebida para uma noite quente[39].

Para contracenar no papel de dândi, intelectual e eterno enamorado, o investigador Kogoro Akechi, foi escolhido o ator de filmes de ação, Shigueru Amachi. O drama alcançou grande êxito e logo teve uma adaptação cinematográfica pela Companhia Shôchiku, igualmente de sucesso, protagonizado pelo mesmo Akihiro e dirigida por Kenji Fukasaku.

Em maio de 1982 no Minami-za de Kyoto, ocorre a terceira montagem de *Lagarto Negro*, dirigida por Mitsumasa Shinozaki e estrelada por Mayumi Ogawa, famosa na representação de mulheres más e que já atuara em *Marquesa de Sade* de Mishima. Em agosto do mesmo ano no Shimbashi Embujô de Tóquio, com o mesmo elenco, a obra foi dirigida por Takeo Matsuura.

Na quarta versão em novembro de 1984 no Shimbashi Embujô, o mais formoso *onnagata* de kabuki da atualidade, Tamasaburo Bando, encarna a mulher fatal Lagarto Negro, com seus quimonos requintados, longos vestidos de noite preto e piteira, contracenando com o ator Kinya Kitaôji. Em 1986 no Teatro Aoyama de Tóquio, tendo Masao Hayakari como parceiro, Tamasaburo reinterpreta o papel. Ambas as apresentações foram dirigidas por Masayoshi Kuriyama.

---

39. Yukio Mishima, *"Kurotokague" ni tsuite* (A Propósito de *Lagarto Negro*), em *Fujin Gahô*, op. cit.

OS ANOS DE FILIAÇÃO A COMPANHIA BUNGAKU-ZA: 1956-1963   115

Desde cedo, Tamasaburo teve a sua formosura e o seu talento reconhecidos por Mishima. Ele conhecia muito bem a estética teatral do dramaturgo, por ter atuado em suas peças (*Os Leques Trocados* [*Hanjo*], *Marquesa de Sade*, *Lagarto Negro* e *Lua Crescente: As Aventuras de Tametomo*). Portanto, acrescido de sua experiência como diretor de *Romeu e Julieta*, *A Máscara de Vidro* e *Nayotake*, aceita o pedido da bela atriz Keiko Matsuzaka em 1990, para dirigí-la na quinta versão de *Lagarto Negro*, em memória dos vinte anos de falecimento do autor.

Tamasaburo já concebera uma imagem geral do cenário. Mas deveria criar algo parecido com o que ele próprio interpretara nas duas encenações anteriores (1984 e 1986), ou totalmente diferente? Não poderia se decidir pelo meio termo. Certa noite, ao voltar de uma apresentação de dança em Chiba, quando dirigia pela auto-estrada ao longo da baía de Tóquio, por acaso, ouviu uma música de Milton Nascimento. Então, imediatamente intuiu que essa música criaria a atmosfera da cena inicial de *Lagarto Negro* e delinearia o perfil da atriz Matsuzaka. Se partisse de detalhes como a fala ou o vestuário, tinha a sensação de que não resultaria num bom trabalho. Portanto, para o diretor Tamasaburo, uma vez captada a linha fundamental da peça, o resto se decide rapidamente. Já o co-diretor Suguru Fukuda, da Companhia Teatral Subaru, estava convicto de que se tratava de um simples drama policial. Mas à medida que foi se aprofundando na leitura do texto, essa impressão se dissipou. Por fim, concluiu que, na realidade, era um belo drama de amor platônico.

No começo de 1990 em Tóquio, pude acompanhar os ensaios de duas peças dirigidas por Tamasaburo: *Nayotake* de Michio Kato e a quinta montagem de *Lagarto Negro*. A elegância de Tamasaburo ao atuar estende-se também ao seu modo de dirigir. Sereno, um verdadeiro *gentleman*, nunca levanta a voz ao advertir os atores. Porém, como a protagonista de *Lagarto Negro* estava fortemente gripada, foi substituída durante os ensaios. De maneira que só pude ver a atriz, Keiko Matsuzaka, contracenando com Masane Tsukayama na estréia no Shimbashi Embujô, em março desse mesmo ano. A genealogia de Lagarto Negro, estrelada por artistas do porte de Yaeko Mizutani, Akihiro Maruyama, Mayumi Ogawa, Tamasaburo Bando e Keiko Matsuzaka, pertence à estirpe de *grandes damas do teatro*, comprovando o que Mishima já preconizara na primeira apresentação da peça.

7. Ruptura com o Bungaku-za, Formação da Companhia NLT

"A ARTE TEM FERRÕES": O INCIDENTE DE *A HARPA DA ALEGRIA*

Em junho de 1963, o Bungaku-za monta a *Tosca* de Victorien Sardou, numa tradução de Shinya Ando e retórica de Yukio Mishima. Depois, ao mesmo tempo que coleta dados em Hikone para o seu novo romance *Seda e Discernimento*, que seria publicado no ano seguinte, Mishima compõe para o Bungaku-za o drama *A Harpa da Alegria*, concluído a 24 de outubro de 1963. Segundo Okano, alterego do autor em *Seda e Discernimento*, ficamos sabendo que nessa época, através do livro de Heidegger, *Interpretações da Poesia de Hoelderlin* (1951), ele se tornaria um amante da obra do poeta alemão. Especialmente o difícil poema *Volta à Pátria* (*Heimkunft*), que louva a alegria trazida pelos sons dos instrumentos de corda ao abrandarem a ansiedade, o teria levado, por analogia, a introduzir os acordes de *koto* (harpa japonesa) no final de sua peça.

A leitura dramática pela trupe inicia-se a 15 de novembro de 1963 e para o programa de estréia, o dramaturgo redige o artigo "Palavras do Autor: A Propósito de *A Harpa da Alegria*". Afirma que a obra é um teatro de massas, o primeiro após *Jovens, Ressuscitem!* (1954) e com elenco exclusivamente masculino, para afugentar a reputação de que os homens do Bungaku-za pareciam castrados, pois os seus dramas escritos para a companhia, até então, centravam-se em heroínas. Após seis leituras em grupo, o Bungaku-za, que planejava montar a

118   YUKIO MISHIMA: O HOMEM DE TEATRO E DE CINEMA

peça em janeiro de 1964, a declinara por razões ideológicas. Isso, sob a alegação de que havia expressões anti-comunistas no texto, com a especificação clara de "partido comunista japonês".

Indignado, Mishima prontamente replicara com a célebre "Carta Aberta aos Senhores e Senhoras do Bungaku-za - A Propósito da Recusa de Montagem de *A Harpa da Alegria* – A Arte Tem Ferrões"[1], publicada no *Asahi Shimbun*, a 27 de novembro de 1963.

Os senhores do Bungaku-za haviam estabelecido o meu drama *A Harpa da Alegria* como a principal apresentação do Ano Novo e os ensaios haviam começado a 15 de novembro passado. No dia 18, Haruko Suguimura retornara ao país e na reunião geral do dia 20, de repente, foi decidido que a encenação seria suspensa. No dia 21, cinco membros da produção vieram à minha residência e me comunicaram esse propósito.

Eu acatei a resolução, mas perguntei o porquê. Alegaram-me que não era por razões artísticas nem empresariais, mas ideológicas. Portanto, para uma referência futura, foi redigida uma nota: "Por motivos ideológicos, o Bungaku-za solicitou a suspensão da montagem desta peça e o sr. Mishima consentiu". Ambas as partes interessadas carimbaram os seus nomes e cada uma conservou uma cópia.

O incidente é só isto, um pequeno caso, muito insignificante.

Mas creio que para os senhores do Bungaku-za não foi em absoluto um pequeno incidente. Quando o representante dos senhores carimbou o seu nome nessa nota, nesse instante, de fato, as idéias artísticas em vigor desde a fundação do Bungaku-za desabaram por completo. O fato de que a companhia teatral, que tinha por lema "a arte pela arte", recusasse uma peça por razões ideológicas, não passa de uma comédia.

Para tal, em primeiro lugar, é necessário explicar o roteiro, que será publicado na edição de fevereiro da revista *Bunguei* (*Artes Literárias*). *A Harpa da Alegria* é um drama em três atos, com vinte e cinco policiais, tendo como palco a sala do encarregado de segurança pública em uma delegacia de polícia.

É a estória de um jovem policial, ardoroso em sua convicção anti-comunista, que cai no mais profundo pesar e desesperança, ao descobrir que o seu superior em quem mais confiava e lhe inspirava essa crença anti-comunista, o chefe de polícia, era na realidade um membro secreto do partido de esquerda. Este não só participara do estratagema dos radicais do seu partido no descarrilhamento de um trem, que se passa num período imaginário no desenrolar deste drama, como também o usara a ele próprio como instrumento. Porém, o jovem que vivera considerando a ideologia absoluta como a sua única autoridade, para suportar a solidão de que toda ideologia se torna relativa, agarra-se apenas aos acordes de *koto* (harpa japonesa).

O tema é óbvio ao primeiro relance e o pensamento político é tratado como coisa e analisado como coisa. Todavia, como na sua aparência externa a obra é desenvolvida mais como um teatro de costumes, é natural que nesse ínterim surgisse em abundância a linguagem anti-comunista, exagerada pelo radicalismo dos policiais jovens ou dos policiais idosos procedentes da Polícia Especial Avançada[2].

Sem levar em conta o tema da peça, com base exclusiva nas falas anti-comunistas usadas como um artifício dramático ou pelo fato de que o trem fora descarrilhado pela esquerda, os senhores se queixaram de que "não poderiam de modo algum interpretar

---

1. Yukio Mishima, "Gueijutsu ni wa hari ga aru: *Yorokobi no koto* no jôen kyohi ni tsuite, Bungaku-za shokun e no kôkaijô" (Carta Aberta aos Senhores do Bungaku-za, A Propósito da Recusa de Montagem de *A Harpa da Alegria*, A Arte Tem Ferrões), em *Mishima Yukio zenshû*, vol. 31, p. 163-165.
2. Tokkô, Abreviação de *tokubetsu kôtô keisatsu*, departamento policial existente até a segunda guerra mundial, que efetuava o controle do pensamento político no Japão.

esses papéis". E após se afligirem muito, chorosos, constrangidos com não sei o quê, fizeram uma proposta histérica de recusa de encenação, que resultou na revelação dos seus verdadeiros caráteres, que não precisavam ser expostos.

Agora ficou bem clara a concepção indulgente e um tanto astuta, que os senhores tinham a respeito da arte como também do artista. De fato, *A Harpa da Alegria* é uma peça de estilo totalmente diferente das minhas obras anteriores e deve ser um drama que conota perigo. Mas se for para se amedrontarem com uma obra deste nível, o que os senhores pensavam a meu respeito, até então? Adulavam-me como um dramatugo pertencente à companhia, ideologicamente inofensivo, que só escreve peças que atraem um bom público? Ao exaltarem unicamente tais coisas inofensivas como arte, embora escondendo no fundo dos seus corações uma inclinação política em viva efervescência, ao louvarem a arte pela arte ou o estabelecimento do teatro contemporâneo, tudo isso não passaria de um comercialismo hipócrita?

Há algo que eu gostaria que os senhores soubessem muito bem. A arte necessariamente possui ferrões e veneno. Não é possível sugar só o seu mel, sem ingerir o seu veneno. Uma arte, que possa ser amada por todos e criada com calor, não existe neste mundo. Eu pretendia arrastá-los para o vento forte do norte e forjá-los. Mas se rastejarem de novo para a estufa, infelizmente só me resta romper com os senhores.

Desde o incidente da cisão em janeiro deste ano, creio que fiz o possível para os senhores, a quem fui grato durante longos anos e, além do mais, nos ajudamos mutuamente. A minha afeição aos senhores, embora agora pareça extinguir-se de súbito, não é algo que possa ser apagado. Porém, quando os senhores estiverem para se afogar na estupidez, já não mais terei forças para salvá-los, agarrando-lhes as mãos. Porque se eu o fizer forçado, só me restará afogar junto nessa estupidez.

1963 foi marcado por duas cisões no Bungaku-za, que chocaram os seus fundadores. A 13 de janeiro, vinte e nove jovens dissidentes, dentre os quais o ator Hiroshi Akutagawa e a atriz Kyôko Kishida, rompem com a companhia e formam a trupe Kumo (Nuvens), chefiada pelo diretor Tsuneari Fukuda, que se afastara em 1956. Mishima, apesar de convidado a juntar-se a eles, ao contrário, reagiu com ardor pela reestruturação do Bungaku-za e apresentou novas propostas, com os artigos: "O Estabelecimento do Teatro", "Reconfirmação da Tradição Teatral na Europa Ocidental" e "Nova Apreciação dos Roteiros Realistas de Kabuki". Quando o tumulto parecia ter-se apaziguado, devido ao caso de *A Harpa da Alegria*, no mesmo dia da carta aberta, vinte membros, dentre os quais os diretores Seiichi Yashiro e Takeo Matsuura, e os atores Nobuo Nakamura, Kitami, Yatsuko Tan'ami e Natsuko Kawara, também desligam-se da companhia. E a 10 de janeiro de 1964, criam o NLT (Néo Littérature Théâtre), significando um novo Bungaku-za (novo Teatro Literário). Mishima e o dramaturgo Toyoo Iwata são designados conselheiros. Na realidade, segundo o ator Kitami, fora atendendo ao pedido insistente do escritor, que eles haviam fundado o NLT.

A briga de Mishima no Bungaku-za provocou um grande alvoroço no meio artístico nipônico. Seguiram-se inúmeros debates abordando se a questão era artística ou ideológica. Mas do ponto de vista lógico, de certo modo, a réplica do autor estava correta. Como explanou o crítico e filósofo Munemutsu Yamada em *Pensadores Perigosos* (1965), o Bungaku-za, companhia teatral que advogava *a arte*

120   YUKIO MISHIMA: O HOMEM DE TEATRO E DE CINEMA

pela arte e tinha como lema a liberdade de pensamento, portanto, que se dizia neutra, ao recusar a peça de Mishima, deveria tê-la feito por razões artísticas e não políticas. Depois do tratado de segurança mútua Japão e Estados Unidos (1960), houve um fortalecimento do comunismo no Japão e o Bungaku-za também passou a apresentar tendências de esquerda. Assim, os seus membros consideraram o desencanto ideológico do jovem policial Kataguiri, ao se descobrir manipulado pelo seu superior comunista, como uma visão de direita. Kataguiri prende um grupo de direita que descarrilhara um trem, cujo alvo era o primeiro ministro, mas que avisado a tempo do complô, não embarcara. Porém, o atentado resultara em algumas vítimas fatais entre os passageiros. Kataguiri é considerado herói pelos seus companheiros. Mas no dia seguinte, os presos foram imediatamente libertados e os jornais alardearam que os criminosos eram, na verdade, da extrema esquerda. Descobre-se que o espião e mentor do ataque era o próprio chefe de segurança da polícia, Matsumura.

Ao publicar *A Harpa da Alegria* na revista *Bunguei* (*Artes Literárias*), o autor acrescenta o prefácio *A Fala do Texugo,* que significa *A Fala do Enganador*, em fevereiro de 1964.

Após a disputa do tratado de segurança mútua Japão e Estados Unidos, a desesperança dos jovens quanto às reformas e oportunidades de reorganização do mundo do pensamento, dentro dessa atmosfera intolerável denominada paz na terra, pretendi ter dito somente uma coisa. Na forma de crítica, ela resultou em *Uma Discussão sobre Fusao Hayashi;* na de romance, em *O Marinheiro que Perdeu as Graças do Mar*; e na de drama, em *A Harpa da Alegria.* Eu mesmo a interpreto assim. Por conseguinte, para os que continuaram a ler as minhas obras, esta peça não é particularmente estranha. É minha firme convicção a de que a ideologia é essencialmente relativa, daí de fato a razão da existência da arte[3].

Nessa época, o escritor adotara uma posição radical de martírio pela estética e pelo contexto se deduz que a sua convicção era a de que a ideologia é relativa e o sentimento é absoluto. O jovem policial que tinha no absoluto da ideologia, o anticomunismo, a autoridade singular, vê a sua crença se desmoronar. Ele que respeitara o seu superior, o veterano Matsumura como a própria encarnação do anticomunismo, descobre que, na realidade, estivera a acreditar não na ideologia anticomunista, mas num simples ser humano que propagava esse pensamento. Uma confusão entre uma ideologia pura, o seu adepto íntegro e a sua identidade. A partir de então, não consegue mais crer em ideologias nem nos homens. "E para suportar a solidão de que todo pensamento é relativo, atém-se aos acordes da harpa ilusória"[4], isto é, a arte que não tem relação com a direita nem com a

---

3. Yukio Mishima, prefácio "Mujina no ben" (A Fala do Texugo) a "Yorokobi no koto", *Bunguei*, fevereiro de 1964.

4. Idem, ibidem

RUPTURA COM O BUNGAKU-ZA, FORMAÇÃO DA COMPANHIA *NLT*   121

esquerda, pois como diz o personagem Kawazoe: "Os sons límpidos da harpa caem diretamente do céu"[5]. Eis aqui o tema do drama.

O clímax ocorre com uma hábil reviravolta, na primeira cena do terceiro ato, no confronto tenso entre Matsumura algemado e Kataguiri, entre o homem e a ideologia, o niilismo de um pensador radical e o Dom Quixote das idéias. À acusação de traição vociferada por Kataguiri, Matsumura replica com uma firmeza mefistotélica:

> Não, eu não pretendo pedir desculpas. Na verdade, você também é culpado. [...] O seu crime foi ter confiado em mim. [...] O crime da pureza e juventude, a culpa que os espíritos belos têm de carregar neste mundo[6].

Ter acreditado não em uma ideologia, mas num homem, eis o erro de Kataguiri. A fala de Matsumura, "O seu crime foi ter confiado em mim", associaria-se, cinco anos mais tarde, ao que Hitler diz a Krupp em *Meu Amigo Hitler* de Mishima.

> Você fala como se Roehm fosse inocente. (*fica furioso*) Roehm era culpado. [...] Bem, de fato, aquele homem sentia amizade por mim, inconsciente de que isso em si já era um crime. Além do mais, ele esperava amizade de mim, sem perceber que esse era seu crime maior ...[7]

Segundo o próprio autor, dentre as suas obras escritas em 1963, o romance *O Marinheiro que Perdeu as Graças do Mar*, o conto *A Espada* e o drama *A Harpa da Alegria* desenvolvem o tema primordial da figura paterna. Daí o diálogo em *A Harpa da Alegria*:

> Kataguiri – Você é o modelo de pessoa em que eu não quero me tornar. O espelho humano que eu mais detesto.
> Matsumura – É verdade, me encare e me odeie assim, de todo o coração. Neste instante, finalmente você se transfomou num tipo humano igual a mim.
> Kataguiri – Como?
> Matsumura – Bem, enquanto você acreditava em mim e fazia tudo o que eu lhe ordenava, não passava de um simples pintinho cambaleante e não podia em absoluto assemelhar-se a mim. Por mais que me imitasse e me respeitasse. Mas agora, por fim, está se parecendo comigo. Este ódio é verdadeiro. Você é idêntico a mim. Idêntico! Veja-se no espelho ... Você também se tornou um magnífico espelho humano. Transformou-se num *monstro entre os homens*[8].

Enquanto o tumulto de uma passeata reverbera lá fora, apenas o policial Kawazoe diz escutar os belos acordes de *koto* (harpa japonesa). Logo é ridicularizado por todos, mas a sua razão de viver está justamente em ouvir esses sons ilusórios. No dia seguinte, ao saber

---

5. Idem, *Yorokobi no koto,* em *Mishima Yukio guikyoku zenshû*, vol. II, p. 345.
6. Idem,, p. 332.
7. Idem, *Wagatomo Hittora,* em *Mishima Yukio guikyoku zenshû*, vol. II.
8. Idem, *Yorokobi no koto*, p. 335.

122 YUKIO MISHIMA: O HOMEM DE TEATRO E DE CINEMA

da verdade dolorosa do complô de Matsumura, como se vivesse um
pesadelo em que perdera toda a sua identidade, Kataguiri confessa
sorrateiramente a Kawazoe que, de repente, ele também passara a escutar os sons límpidos do *koto*, que apaziguam o seu coração. Esta é
a catarse sublime do drama e não tem relação alguma com os ecos do
choque de ideologias da passeata nas ruas: "Derrubem o conselho de
ministros do Miyamoto!", "Contra o controle de opinião pública!"
Segundo a estética de Mishima, a verdadeira beleza só floresce aos que
vivenciam situações demoníacas, tendo que passar pelo inferno do *Asura* (no budismo), onde perdem todas as esperanças e confiança. Mas ao
superá-las, apenas eles serão capazes de ouvir os maravilhosos acordes
de *koto*, símbolos da pureza, beleza e bênção supremas. Assevera o
autor:

> O personagem do jovem policial Kataguiri, de um lado, é uma existência la-
> mentável, mas de outro, é uma pessoa feliz. Por ter um espírito absolutamente puro, é
> amado por todos os seus companheiros e superiores. Porém, ao ser traído pelo superior
> em quem mais confiava, ao sofrer uma experiência cruel e amarga, ainda não percebe
> que é amado para além dessa traição. Este é o amor mais severo e amargo, mas sem se
> dar conta disso (irado e com ódio), ele passa ao largo desse amor. Não só Kataguiri,
> mas nós também não notamos os raios cósmicos que constantemente perpassam os
> nossos corpos, não percebemos este tipo de amor, esta espécie de bênção. Devido a esse
> amor, uma vez Kataguiri fora conduzido ao inferno, no qual perdera todos os objetivos
> e ideais. E quando se arrasta para fora do inferno, graças à força dos acordes de *koto* do
> policial Kawazoe, pela primeira vez, ele se torna um ser humano consciente[9].

Portanto, ao invés de "o único homem que ouve, como numa alucinação, o delicado som da harpa japonesa é também o único de coração
puro"[10], como afirma Marguerite Yourcenar em *Mishima ou a Visão do
Vazio*, na realidade, seriam dois policiais: Kawazoe e Kataguiri.

Recém-construído, o Teatro Nissei de Tóquio tinha em sua di-
retoria Keita Asari e Shintarô Ishihara, irmão do popular ator de cinema Yûjirô Ishihara (1934-1987). Ambos leram a peça e em apoio
ao autor, decidiram montá-la. Em *Ante a Encenação de A Harpa da
Alegria*, debate de Mishima e Keita Asari, promovido pelo *Mainichi
Shimbun* e publicado a 22 de abril de 1964, o dramaturgo revela os
segredos da criação de obra tão polêmica. Na época, frequentador
do ginásio de esportes da Academia de Polícia onde praticava *kendô*
(esgrima japonesa), o escritor sentiu-se atraído por essa atmosfera policial, especialmente pelas atividades do setor de segurança pública. Com
um grande orçamento nacional, os responsáveis pela segurança pública
lutam contra algo invisível e perigoso denominado "ideologia", procurando evitar que ela chegue às atividades destrutivas na sociedade.

9. Idem, *"Yorokobi no koto" ni tsuite"* (A Propósito de *A Harpa da Alegria*), em
Programa do Teatro Nissei, 1964.
10. Marguerite Yourcenar, *Mishima o la visión del vacío*, p. 101.

RUPTURA COM O BUNGAKU-ZA, FORMAÇÃO DA COMPANHIA *NLT*

No Japão, segundo Mishima, a ideologia tem um tratamento especial, como se fosse uma crença religiosa. Logo, abordar a questão ideológica teria se tornado tabu. Mesmo ciente disso, ele ousou compor a peça para destruir esse tabu e porque as atividades do setor de segurança pública, difíceis de serem retratadas, ainda não haviam sido dramatizadas. O autor confessa que teve a afetação de criar uma obra rica em suspense e com alguns traços cômicos. Portanto, mesmo pressionado sobre a sua posição ideológica (seria ele anticomunista, de direita), só poderia dizer que enquanto dramaturgo, utilizara a ideologia meramente como um artifício dramático. Assim como ele provera a peça com reviravoltas típicas de kabuki, os vinte e cinco policiais que pareciam dispersos no início da trama, no final são atados firmemente por um único fio.

> Nesta obra, a ideologia é que é o trem expresso, fácil de descarrilhar. No decorrer da estória, há duas ou três reviravoltas. Mas as pessoas que acreditam que o trem expresso é algo que não tomba, estão iradas. (risos)[11].

Asari assinala que o teatro de idéias com intenções políticas, mais especificamente a situação da esquerda, já fora abordado no Ocidente por Sartre em *Mãos Sujas* (1948) e Camus em *Os Justos* (1949). No caso de *A Harpa da Alegria*, o autor teria utilizado a política apenas como um estratagema no seu drama de suspense, um teatro de situação, que indaga suas possibilidades frente ao teatro realista.

Em outro artigo, "O Momento em que me Azafamo para Dentro do Coração da Platéia: A Responsabilidade que Sinto na Montagem de *A Harpa da Alegria*" (*Yomiuri Shimbun*, 10 de maio de 1964), Mishima relata que só porque dissera ter estranhado que o Bungakuza recusasse sua obra por razões ideológicas, o público concluiu que era uma peça difícil. Para sanar esse mal-entendido, o escritor diz ter "a convicção de que o teatro é irreal e dentro de sua irrealidade descreve a verdade". Exatamente como o dramaturgo de bunraku e kabuki Monzaemon Chikamatsu dissera, "a tênue margem entre ficção e realidade"[12]. Isto é, "a arte reside na estreita margem entre o real e o irreal. [...] O drama não deve ser real e, contudo, nem irreal – ele deve ser real, todavia, irreal. O verdadeiro entretenimento é encontrado somente nessa estreita margem"[13]. *A Harpa da Alegria* não seria uma exceção, prossegue o autor, mas lamenta que tenha sido propagandeada apenas pelo seu lado mais rígido.

11. Yukio Mishima, "*Yorokobi no koto* jôen o maeni", em *Mainichi Shimbun Vespertino*, 22 de abril de 1964.

12. Idem, "Watashiga hassurusuru toki, kankyaku no kokoro no nakae, *Yorokobi no koto* jôen ni kanjiru sekinin" (O Momento em que Eu me Azafamo para Dentro do Coração da Platéia: A Responsabilidade que Sinto na Montagem de *A Harpa da Alegria*), em *Mishima Yukio zenshû*, vol. 31, p. 262.

13. Monzaemon Chikamatsu, citado em *Os Teatros Bunraku e Kabuki: Uma Visada Barroca* de Darci Kusano.

124   YUKIO MISHIMA: O HOMEM DE TEATRO E DE CINEMA

A criação dramatúrgica advogada por Chikamatsu e Mishima coincide com a do autor brasileiro Sílvio de Abreu quanto à dramaturgia televisiva, "A telenovela tem que ser saborosa o bastante para ser ficção e crível o suficiente para ser realidade"[14]; com a excelente leva de filmes iranianos e com o mestre do filme documentário, o dinamarquês Jon Bang Carlsen.

Meu estilo cinematográfico é resultado de uma confusão pessoal quanto aos termos "ficção" e "documentário". [...] A idéia de que a ficção deve tratar da "vida imaginada" e o documentário da "vida existente" sempre me pareceu falsa – mais ou menos como rasgar uma pessoa em duas partes e alegar que isso equivale a criar duas pessoas. [...] Meus filmes não são nem documentários nem ficção no sentido normal desses termos. São a percepção de um ser humano sobre outros, tão real quanto um sonho e nem um pouquinho mais ilusório do que a realidade. Chamo meu método de "documentário encenado"[15].

Voltando à estrutura de *A Harpa da Alegria*, a época estabelecida é janeiro de algum ano num futuro próximo, com constantes manifestações operárias e estudantis. De acordo com a concepção do autor, como o espaço, uma sala de delegacia de polícia levemente suja, era sóbrio e frio, o incidente, ao contrário, deveria ser resolutamente gritante, o que teria levado ao mal-entendido inesperado.

Para o programa de estréia no Teatro Nissei, Mishima compõe o artigo "A Propósito de *A Harpa da Alegria*", no qual declara que, incomum nele, fizera algumas alterações no texto. Elas seriam o acréscimo da fala de Matsumura na primeira cena do primeiro ato e a reescritura de parte considerável do final da peça, que teriam mudado bastante o seu caráter.

Assim, o colorido e significado de cada cena em cada ato se tornaram claros: no primeiro ato, o pensamento anticomunista; no segundo ato, a sua antítese; e na primeira cena do terceiro ato, o niilismo da síntese (devido a isso, o policial Kataguiri é conduzido ao inferno do Asura); e mais, na segunda cena do terceiro ato, a elevação ao tema da salvação. Além disso, Kataguiri, que no final do texto já publicado tinha uma postura passiva e meio inconsciente em relação aos acordes de *koto*, muda para uma atitude consciente e voluntariosa. Quanto ao significado dos sons desse *koto*, eu não acrescento uma nota explicativa de propósito. É bom que o diretor faça a sua leitura enquanto diretor e os espectadores também, enquanto platéia, devem tentar as suas interpretações[16].

O espetáculo termina com Kataguiri escutando os sons de *koto*. Mas esses acordes seriam audíveis ao público? E por que a escolha de um antigo instrumento musical japonês? Seria um desejo de retornar à tradição nipônica? Mishima responde: "Nesse momento,

14. Sílvio de Abreu, "Entrevista sobre a Telenovela *Torre de Babel*" ao *Vídeo Show*, TV Globo, 21 de janeiro de 1998.
15. Jon Bang Carlsen, "Um Rosto na Multidão", em *Caderno Mais!*, *Folha de S. Paulo*, 29 de março de 1998.
16. Yukio Mishima, "*Yorokobi no koto* ni tsuite", em *Programa do Teatro Nissei*.

se os belos e límpidos sons de *A Harpa da Alegria* reverberarem nos corações dos espectadores, este drama terá obtido êxito"[17]. Ao contrário do estilo excessivamente retórico de sua dramaturgia até então, *A Harpa da Alegria* abandona os ornamentos poéticos e adota uma fala mais prosaica. E quanto ao tema também, ao invés da indagação sobre a essência da existência humana, passa a abordar assuntos mais mundanos.

Na revista *Shinbunmei* (*Nova Civilização*), Masaki Dômoto critica que o diretor não compreendera o texto.

Esta obra deve ser apresentada num teatro pequeno. Ela precisa ser encenada com serenidade, contenção e sem incidentes, no espaço delimitado por uma sala real do setor de segurança pública, levemente suja. Essa sala pequena, essa existência pequena e essa juventude pequena expressam a grande sociedade, o amor, a traição e a sensualidade, disfarçados de ideologia. Mas o que ocorreu? O cenário de mau gosto de Kanamori, fabricado para encher todo o extenso palco do Teatro Nissei ... E a direção exagerada de Asari, devotada a arrancar com espalhafato as ações de cada cena ... Onde está a tragédia da juventude, a tragédia sensual do homem que julgando crer na ideologia, na realidade, acabou acreditando num ser humano? O que há é apenas o comportamento cômico de um homem estúpido, alienado do seu tempo e que deve ser escarnecido desde o início. A crença não deve ser expressa por meio daqueles gestos e postura levianos. Mesmo que essa fé seja negada e esse jovem caia na mundaneidade em que a harpa da alegria paira no ar, a própria convicção é uma existência e precisa ter vida [...]

E há de novo a culpa do cenário. Ele não deve pairar sobre a peça. Não se perdoa o *stand-play*. O público vai ao teatro para ver um drama e não o cenário.

O que é a harpa da alegria? Não é o símbolo do mundo absoluto que superou a ideologia, mas o símbolo de uma felicidade tola, daquele que não tem esperança alguma na vida. O jovem Kataguiri perdeu até mesmo a subjetividade denominada ódio e desliza para essa felicidade mundana. Aí está de fato a tragédia. Ouvir a harpa da alegria é a felicidade de quem desconhece o amar e o ser amado. O que é a traição? É o testemunho do amor. O que é a ideologia? É um jogo, uma parábola, uma dependência. Kataguiri é abandonado nesse confronto posterior entre amor e traição. É exatamente essa tragédia, que o drama continua a reivindicar[18].

Alguns dias mais tarde, Mishima lhe telefonou para dizer que gostara muito da sua apreciação. *A Harpa da Alegria* tornou-se famosa, mais pela celeuma que gerou do que enquanto obra teatral.

---

17. Idem, "Watashiga hassurusuru toki, kankyaku no kokoro no nakae, *Yorokobi no koto* jôen ni kanjiru sekinin".

18. Masaki Dômoto, *Mishima Yukio no engueki: makuguire no shisô*, p. 233-234.

8. Teatro Político

Até então, a dramaturgia de Mishima perseguia temas a-políticos, um mundo da estética pura e a maioria centrada em heroínas, como durante o período do Bungaku-za. Mas a partir do incidente em 1963, o escritor passou a declarar que *A Harpa da Alegria* banira a sua época feminina. Apesar do autor insistir que a ideologia fora inserida como um mero recurso dramático, na realidade, já se pode detetar aí a sua forte aversão ao comunismo.

PRELÚDIO PARA O TEATRO POLÍTICO: *AS MULHERES NÃO SE RENDERÃO*

As Mulheres Não se Renderão, dirigido por Teruko Nagaoka numa montagem do Bungaku-za, estreou de 2 a 27 de dezembro de 1959 no Gueijutsu-za em Tóquio. Drama em quatro atos, representando a passagem do teatro a-político para o político na dramaturgia de Mishima, foi escrito para a atriz Fuyuki Koshiji. O autor não conhecera a fase de Koshiji como atriz de Takarazuka, companhia de operetas exclusivamente feminina. Mas a partir de 1951, tornou-se seu fã ardoroso pelo desempenho nos musicais do Teatro Imperial, *Morgan e Oyuki* e *Sada Yakko*, em estilo próximo às operetas do Teatro Châtelet de Paris. Depois ela atuara no cinema, *shimpa* (tendência nova), *shingueki* (teatro moderno), televisão e como cantora de *chansons* (canções francesas).

128 YUKIO MISHIMA: O HOMEM DE TEATRO E DE CINEMA

Mas *As Mulheres Não se Renderão* também pode ser considerado um melodrama, que parece uma peça satírica. Enfocando o tema título, o enredo passa-se logo após o término da segunda guerra mundial, com a ocupação militar americana no Japão. E trata do caso amoroso entre o tenente-coronel americano James Evans, diretor político do Quartel General, e a viúva de um rico empresário, Itsuko Karayama, que se conhecem num baile. Através do relacionamento entre uma dama da alta burguesia nipônica e um alto oficial militar americano, temos o retrato dos costumes no pós-guerra. A estória de três ex-colegas da Universidade Princeton: James Evans, homem mais poderoso do que o primeiro ministro japonês, Hiroshi Tanaka, líder do Partido Reformista, e o ministro Eiichiro Kawase do Partido dos Direitos Civis. Ao tornar-se amante de Evans, vários homens solicitam a Itsuko o papel de intermediária junto ao militar americano, para o cancelamento do seu expurgo ou outros pedidos mais.

Com a proximidade das eleições, Evans está para enviar um relatório ao General MacArthur, de vital importância tanto para o Partido Reformista como para o Partido dos Direitos Civis. Para que o Partido Reformista não ganhe, Kawase e sua irmã Fumiko Sudo convencem Itsuko a pedir a Evans, que relate a necessidade de interferir nas eleições. Por outro lado, Hisae, mulher de Tanaka, do Partido Reformista, ameaça Evans de revelar a Itsuko o seu segredo de juventude, caso ele não escreva que é mais proveitoso aguardar e ver o que acontece. Aos 15 anos, Evans brigara com um colega em cima de um telhado. Acidentalmente este caíra e falecera. Ao ter um pedido seu recusado pela primeira vez, o amor de Itsuko por Evans acaba. Com a súbita ordem dada a Evans de retornar ao seu país, Itsuko despede-se dele como uma lembrança inesquecível para ambos. No Japão da ocupação americana, o poder de Evans era uma ilusão e o orgulho de Itsuko, que resistia apenas através do sexo, era igualmente uma ilusão. Mas durante a ocupação, enquanto os japoneses eram controlados pelo Quartel General Americano, as japonesas se comportavam livremente, portanto, eram mais independentes.

Para protagonizar *As Mulheres Não se Renderão*, Koshiji teve de abrir mão dos seus talentos já consagrados de cantora e dançarina. O maior obstáculo com que deparou foi a elocução. Ao invés de pronunciar as falas com naturalidade, havia nelas um quê de melodia, que tornava a peça pesada. Além disso, havia resquícios das falas demasiado diretas, dos seus antigos tempos de intérprete de papéis masculinos nas operetas.

No programa de estréia, Mishima dedica-lhe o belo artigo *"As Mulheres Não se Renderão*: o Material Denominado Ator", em que tece reflexões sobre as naturezas do ator e do ser humano comum.

Creio que não existe material mais excelente para um dramaturgo do que um ator de talento excepcional e personalidade forte. O ator notável assemelha-se à magnífica madeira de um navio. Devido às influências dos vários papéis interpretados, o que resta depois de ter sido carcomida pelos vermes do navio, transforma-se em paredes de madeira realmente interessantes, adornando uma morada refinada. É claro que as pessoas comuns têm cada qual o interesse da sua individualidade, porém, ao esboçá-las é muito difícil captar o seu todo. Além do mais, elas não possuem as interessantes marcas de varíola, após terem sido carcomidas pelos vermes, como é específico no caso do ator. Não há dúvida de que a experiência de vida vai esculpindo a passagem dos anos no rosto humano, mas a experiência de palco acresce a isso manchas singulares e misteriosas. [...]

Assim como a flor de girassol sempre se volta para o sol, o ator volve a sua face para a platéia e quando o vemos, podemos dizer que captamos a sua figura mais bela e verdadeira. Por outro lado, há a vida pessoal de Koshiji enquanto ser humano e aqui também há uma solene verdade humana. Portanto, o ator possui duas verdades, ele tem uma verdade a mais do que nós[1].

DÉCADA DE 1960: SURGIMENTO DO TEATRO POLÍTICO

Quando se fala em teatro político no Ocidente, logo nos vem à mente Piscator e Brecht, adeptos do marxismo e criadores do teatro épico. Em oposição a eles, com Mishima trata-se de um teatro de direita, uma vez que pró-imperador, mas este enquanto idéia cultural. Nos seus romances, o escritor japonês adotara com frequência uma temática audaz, ao tratar sucessivamente de tabus, como o homossexualismo (*Confissões de Uma Máscara, Cores Proibidas*), a fraude financeira (*Os Anos Verdes)*, o adultério (*As Vacilações da Virtude*) e o incêndio criminoso de um tesouro nacional (*Tempo do Pavilhão Dourado*). Todavia, a partir de 1960, com a *Trilogia sobre o Incidente de 26 de Fevereiro de 1936* e o drama *A Queda da Família Suzaku*, ele ousará abordar o tabu supremo da democracia nipônica no pósguerra, o sistema imperial.

Incidente de 26 de fevereiro de 1936

Zero hora do dia 26 de fevereiro de 1936. Uma forte nevasca, como não se via há trinta anos, assolava Tóquio. Das 3:00 às 5:00 horas da madrugada, uma tropa composta de 1400 soldados, liderada por vinte e dois membros do Movimento dos Jovens Oficiais do Exército, tomou de assalto a região ao redor do Palácio Imperial, onde se concentravam os ministérios e assassinou vários políticos eminentes. Comandados pelos 1º tenente Motoaki Nakahashi e 2º tenente Kanji Nakajima, cento e vinte soldados invadiram a residência do ministro das finanças, Korekiyo Takahashi de 82 anos, no distrito de Akasaka. Aos gritos de "Punição divina!", Nakahashi removeu o edredom e ati-

---

1. Yukio Mishima, "Haiyû to iu sozai: *Onna wa senryô sarenai*" (*As Mulheres Não se Renderão*: o Material Denominado Ator), em *Programa do Gueijutsu-za*, setembro de 1959.

rou em Takahashi, a primeira vítima, que ainda recebeu vários golpes de espada mesmo depois de morto.

Ao mesmo tempo, os tenentes Tadashi Sakai, Masaru Yasuda e Tarô Takahashi marcharam com os seus cento e cinquenta soldados para a casa do chanceler do Selo Privado, visconde Makoto Saito de 78 anos. O corpo de Saito foi perfurado por quarenta e sete balas. Logo depois, conduzindo trinta soldados, Sakai, Yasuda e Takahashi seguiram para o bairro de Oguikubo, morada oficial do superintendente geral da educação, Jotaro Watanabe de 62 anos, que se escondera atrás de um colchão. Yasuda fêz a terceira vítima. Por sua vez, o capitão Teruzo Ando liderou uma tropa de duzentos soldados na invasão da residência oficial do camareiro-mor, barão Kantarô Suzuki, no distrito de Kôjimachi. Quatro balas atingiram Suzuki, ferindo-o com gravidade. Mas posteriormente, ele se recuperou.

Enquanto isso, cinco civis comandados pelo capitão Hisashi Kono chegavam à hospedaria Ito-ya, em Yugawara. No entanto, avisado do ataque por um policial, o conde Nobuaki Makino, ex-ministro do interior, sua neta, uma enfermeira e o policial conseguiram fugir pela porta dos fundos. Seguiu-se um tiroteio em que a enfermeira se feriu e a hospedaria acabou sendo incendiada. No entanto, Makino conseguiu escapar.

Pensando tratar-se do primeiro ministro Keisuke Okada de 74 anos, os trezentos soldados, liderados pelos tenentes Hachiro Hayashi, Yasuhide Kurihara e Katsuo Tsushima, assassinaram na realidade o seu cunhado, coronel Denzo Matsuo que, por acaso, hospedava-se na residência oficial. Incapaz de suportar o frio terrível em seu esconderijo no jardim, ao anoitecer do dia 27, Okada retorna à sua casa, é descoberto pelo seu secretário e demais empregados, que o ocultam num armário e assim pôde escapar milagrosamente do ataque.

Da lista de seis políticos visados, houve três vítimas fatais; as outras três escaparam com vida, sem que os rebeldes se apercebessem disso. Às 5:00 horas da madrugada, o Quartel General da Polícia Metropolitana é ocupado sem resistência por quatrocentos insurretos.

Com as anexações da Ilha de Formosa (Taiwan) em 1895 e a Coréia de 1910 até 1945, na década de 1930 começa decididamente o expansionismo nipônico no Extremo Oriente e sudeste asiático, com a ambição de se formar um império colonial japonês na Ásia Oriental. Em setembro de 1931, ocorre uma explosão na Estrada de Ferro Sul-Manchuriana pertencente ao Japão, o que levou ao incidente da Manchúria. Com a subsequente ocupação japonesa no norte da China em 1933, é criado aí um Estado fantoche, Manchukuo (Nação Manchu), como território nipônico independente e tendo como regente o último imperador da dinastia Ching, Henry Pu Yi. Sua vida foi levada às telas por Bernardo Bertolucci em *O Último Imperador* (1987). Em julho de 1937, dá-se o conflito entre as tropas japonesas e chinesas

TEATRO POLITICO 131

num subúrbio de Beijing. No final de 1938, os militares nipônicos já haviam invadido e ocupado a maior parte do norte e centro da China, todos os centros industriais e principais portos. A China era rica em matérias-primas de que o Japão necessitava. Mas tudo isso provocou uma grande repercussão internacional. A China acusa o Japão à Liga das Nações, que ordena a retirada imediata das forças armadas nipônicas do território chinês e comunica-lhe a ilegitimidade do Estado Manchukuo. Insatisfeito, o Japão deixa a Liga das Nações, entra no caminho do militarismo, o que acabou levando à guerra sino-japonesa e posteriormente, à sua participação na segunda grande guerra.

Por volta de 1935, havia um confronto violento entre duas facções do exército nipônico: Kôdô (Caminho Imperial) e Tôsei (Controle). Quando a primeira divisão de Tóquio é designada a servir na Manchúria, indignados, os jovens oficiais, muitos deles provenientes de famílias camponesas empobrecidas e famintas, tomam isso como um complô da facção Tôsei e decidem fazer um levante, antes disso. Muitos deles lamuriavam, por suas jovens irmãs precisarem ser vendidas como prostitutas. Adornadas com esmero, as jovens meretrizes criaram um mundo artificial, o resplandecente bairro de Yoshiwara em Tóquio. Ironicamente, até mesmo esses oficiais rebeldes fixaram sua base nesse mundo onde elas tinham sido vendidas.

A organização dos jovens oficiais do exército, existente desde meados da década de 1920, planejou em 1936 um golpe de estado que levasse à restauração da honra nacional, a tão sonhada Restauração Shôwa (nome do reinado do imperador Hirohito), para restituir ao imperador e ao povo os poderes político e econômico. Em suma, um mundo onde suas filhas ou irmãs não necessitassem ser vendidas como prostitutas. A Restauração Meiji (1867) havia restituído o poder ao imperador Meiji, usurpado previamente pelo xogunato Kamakura em 1192, e dera ao Japão a estrutura política necessária para a sua modernização. O *slogan* da insurreição de 1936, que os rebeldes tinham inscrito na faixa branca atada em suas cabeças, *Reverência ao Imperador, Destruição dos Traidores*, era uma paráfrase do *slogan* da Restauração Meiji: *Reverência ao Imperador, Destruição do Xogunato*.

Para os jovens oficiais, assim como para os radicais de esquerda, o capitalismo explorava as massas em prol dos ricos. Portanto, a ideologia dos rebeldes de 1936 remontava à tradição dos *shishi* (patriotas), que havia conduzido à Restauração Meiji setenta anos antes, com o acréscimo de conceitos revolucionários ocidentais. As classes privilegiadas e os vilões que cercavam o trono deveriam ser extirpados, a riqueza redistribuída e o Estado, ao invés dos grandes investidores, passaria a controlar a economia.

Influenciados pela escola Ôyomei do confucionismo, com sua ênfase numa ação resoluta acompanhando a iluminação, e sobretudo

132 YUKIO MISHIMA: O HOMEM DE TEATRO E DE CINEMA

pelo Plano Legal de Reconstrução do Japão do social-nacionalista Ikki Kita (1883-1937), os oficiais aguardavam a oportunidade de uma reforma nacional baseada nas forças militares. O carismático Kita preocupava-se com os camponeses e tinha uma crença mística na missão do Japão, com o estabelecimento de um império revolucionário. Na época, tanto os jovens oficiais como o seu líder ideológico Kita não se consideravam de esquerda nem de direita. Mas o plano da Restauração Shôwa não deixava de ser uma espécie de comunismo imperial, um Japão comunista governado pelo imperador. O famoso espião soviético Richard Sorge, que na época trabalhava como correspondente alemão no Japão, contou a um colega que os rebeldes tinham ligações com os comunistas nipônicos.

Além da simpatia de várias camadas do povo, o movimento dos jovens oficiais tinha um forte apoio da facção Kôdô (Caminho Imperial) do exército, que queria recuperar o poder e, ao invés de guerra contra a China, advogava a guerra contra a Rússia; um apoio indireto dos magnatas das companhias Mitsui e Nissan, o que parece uma contradição, mas era só uma relação de conveniência; e o seu mais célebre simpatizante, o príncipe Chichibu, irmão mais novo do imperador Hirohito. A rebelião era vista como uma saída para os oficiais radicais que, caso contrário, se converteriam ao comunismo. A princípio, o levante foi visto favoravelmente pelas autoridades do exército.

Para Kita, instalar o socialismo no Japão não se faria com uma simples importação e tradução direta do socialismo estrangeiro. Como declara em *O Imperador e a Nação*, era preciso uma revolução fundamental no nacionalismo nipônico.

> O imperador enquanto símbolo do governante burocrático, de cima, deve ser reconstruído como símbolo unificador nacional, de baixo. [...] Se não se tomar como base do socialismo um sistema em que imperador e nação possam cooperar publicamente, a independência da nação e o seu desenvolvimento serão impossíveis[2].

Em 1911, Kita parte para a China a fim de participar na revolução de Xangai e dela traz dois ensinamentos ao retornar ao Japão em 1920. Para a realização do seu socialismo nipônico, a força principal deveria vir de uma revolução militar, porém, seria necessário vivificar também o nacionalismo nativo. Mas no final, o seu nacionalismo acabou subjugando totalmente o socialismo.

O levante de 1936 fora ideado por cinco líderes, três oficiais (Mitsugui Nishida, Asaichi Isobe e Kôji Muranaka) e dois militares na ativa (capitão Teruzô Ando e tenente Yasuhide Kurihara). Os rebeldes exigiam a reconstrução do país, com rápidas reformas: um novo ministério, governo imperial direto com todo o poder militar concen-

2. Ikki Kita, citado em Osamu Kuno & Shunsuke Tsurumi, *Guendai nihon no shisô* (*Pensamento Japonês Contemporâneo*), capítulo IV.

TEATRO POLITICO 133

trado nas mãos do imperador, limitação da propriedade privada, rejeição da cultura ocidental e modos de vida mais simples. Confusos, a princípio, governo e exército aquiesceram até certo ponto. Entretanto, a marinha foi violentamente contra e logo a seguir, políticos e empresários também criticaram a revolta. Ao saber da insurreição, o imperador Hirohito ficou possesso e ordenou que ela fosse esmagada. Que trágica ironia! Aquele que os insurgentes haviam escolhido para ser o seu líder, uma vez instaurada a Restauração Shôwa, tornou-se o seu mais ferrenho adversário. O exército também mudou de posição e a rebelião, que não tinha um plano claro para o pós-levante, foi suprimida em quatro dias.

Qualificada de motim e tratada como terrorismo, os revoltosos foram presos e a corte marcial secreta do exército condenou à morte, sem direito de apelação, os líderes e metade dos oficiais. Dois deles se suicidaram: os capitães Shirô Nonaka, com um tiro, e Hisashi Kôno, que cometeu *seppuku* (suicídio cortando-se o abdomen) com uma faca no hospital militar onde se recuperava de um ferimento, ao saber do fracasso ao ataque em Yugawara.

Cinco meses depois da insurreição, a 12 de julho de 1936, treze oficiais e dois civis foram fuzilados, entre eles Ando. Kita e Nishida, embora cúmplices, não tinham relação direta com o incidente, pois Kita não fora informado sobre o plano de levante. Mas por sua influência ideológica, foram igualmente fuzilados com Muranaka e Isobe, a 19 de agosto de 1937, um ano e meio depois de presos. Ao serem dizimados, só Kita não bradou *Vida longa ao imperador!* (Tennô heika banzai!). *Eu não digo gracejos antes de morrer*, declara Kita no filme *Lei Marcial* (1973), do diretor Kiju Yoshida, com roteiro de Minoru Betsuyaku. A maioria dos soldados foi perdoada e enviada à Manchúria. Registra o historiador Ben-Ami Shillony:

> O malogro dos rebeldes em se suicidarem foi um claro abandono do bushidô e como tal, atraiu críticas de vários quartéis. Por outro lado, isso mostra que os jovens oficiais se preocupavam mais com as reformas que pretendiam realizar do que a beleza de suas mortes. O Japão, sua glória e seu bem estar lhes interessavam mais do que o código do samurai[3],

A facção Tôsei (Controle) do exército depurou a facção Kôdô (Caminho Imperial) e tomou posse total do poder, ao mesmo tempo que usou esse incidente para o fortalecimento da política militarista. A partir de então, o controle político das autoridades militares tornou-se cada vez mais forte no Japão.

O dramático levante de 1936, ocorrido entre o incidente da Manchúria (1932) e o ataque a Pearl Harbor (1941), ainda fascina muitos japoneses e estrangeiros, como o professor da Universidade de Je-

---

3. Ben-Ami Shillony, "Myth and Reality in Japan of the 1930's", em *Modern Japan, Aspects of History, Literature & Society*, p. 88.

134 YUKIO MISHIMA: O HOMEM DE TEATRO E DE CINEMA

rusalém, Ben-Ami Shillony, autor do excelente *Revolt in Japan: the young officers and the february 26, 1936*[4], e o diretor japonês Hideo Gosha, que filmou o *Incidente de 26 de Fevereiro de 1936* (1989), retratando com vigor e rigor os quatro dias de intensa neve e sangue.

Na época do sombrio caso de 1936, Mishima tinha apenas onze anos de idade e frequentava a quinta série do Gakushûin. Sem saber de nada, ele fora à escola. Porém, como ela ficava geográfica e espiritualmente próxima às pessoas visadas pelos rebeldes, o diretor os dispensou logo na primeira aula. Mas a insurreição causou uma forte impressão no garoto. Durante a guerra não havia publicações sobre o episódio, porém, logo no pós-guerra, começaram a surgir muitos livros. Mishima leu todo o material disponível e já no romance *Os Anos Verdes* (1950), revela:

> O que o rapazinho aprendeu daquele incidente foi a idéia de fracasso. Deste conceito novo, que não lhe ensinariam na escola nem lhe haviam ensinado em casa, ele facilmente concebeu um heroísmo sentimental.

Assim, desde a sua infância, a essência do herói vai estar no fracasso. Os jovens oficiais que sonhavam com a Restauração Shôwa e abortaram-na com uma tentativa de golpe de Estado, passaram a representar-lhe a imagem mais completa do herói. Diz Mishima em *O Incidente de 26 de Fevereiro e Eu*[5].

> A sua pureza, ousadia, juventude e morte, tudo se adequava ao tipo de herói mitológico, o fracasso e a morte deles os tornavam heróis no verdadeiro sentido da palavra,

A verdadeira causa do fracasso, segundo o escritor, estaria na combinação de Ikki Kita como fórmula e a fé no caráter nacional (*kokutai*) e no imperador, que os rebeldes tinham ideado enquanto militares. Entretanto, como a pureza era a nação em que de fato acreditavam, em nome dessa preciosa pureza, eles próprios haviam se destruído.

Em abril de 1966 no Press Club de Tóquio, Mishima profere uma pequena palestra em inglês em que discorre claramente sobre o incidente.

> Este golpe de estado não foi um golpe de estado no sentido estrito da palavra, ele se baseava numa peculiar idéia nipônica. Os militares que o ocasionaram não almejavam em absoluto tomar o poder político e o governo. Eles acreditavam unicamente em sua própria pureza, na pureza de sua convicção: o amor ao imperador e ao Japão. É exatamente isso que denomino uma moralidade nipônica antiga, uma moralidade extraordinariamente singular. Eu a utilizo como pano de fundo no meu filme *Patriotismo*[6].

4. Idem, *Revolt in Japan: the Young Officers and the February 26, 1936*.

5. Yukio Mishima, *Ni ni roku jiken to watakushi*.

6. Idem, *How I Became a Japanese Writer*, palestra proferida no Press Club de Tóquio, em abril de 1966.

TEATRO POLITICO

O escritor julgava que a maioria dos ocidentais costuma misturar militarismo e espírito dos samurais, o tradicional espírito marcial japonês. O levante de 1936 pretendia ressuscitar a tradição das artes marciais no exército nipônico, que havia desaparecido na Era Meiji (1867-1912), mas fracassou. Então, o exército foi dominado por um novo exército, ocidentalizado, muito próximo ao fascismo e nazismo. Mishima prossegue:

> O golpe de Estado de 1936 fracassou. Entretanto, ele tinha o objetivo correto de socializar o Japão com uma idéia extremamente nipônica. De certo modo, almejava democratizar o Japão de então. Mas esta vertente era sempre expulsa. Havia duas facções no exército: uma era a favor do sistema imperial e a outra, do controle, quer dizer, do fascismo. Após o fracasso do levante, a facção fascista usurpou o poder jovem e logo depois invadiu a China, porque acredito que expelira todo o poder antagônico dentro do exército. Creio que a partir de 1937, começou um controle militar fascista no Japão. Então, depois de 1939, perdeu-se por completo o equilíbrio no interior do poder político e foi dar na guerra. Penso que o levante de 1936 tem um significado importante ainda hoje na história moderna, especialmente na atitude do Japão em relação à segunda guerra mundial. Atualmente, quero escrever sobre tal situação histórica e continuar a dizer que esse golpe de Estado não foi uma rebelião[7].

E de fato, no ano seguinte, ele compõe o drama *A Queda da Família Suzaku* (1967).

Mishima admirava o incidente de 1936 porque não matou crianças nem mulheres. As guerras contemporâneas, como a do Vietnã, seriam sujas porque dizimaram indiscriminadamente todos, inclusive mulheres e crianças. Mas os homens não deveriam se tornar fracos. Ele aprovava inclusive o terrorismo, se fosse em prol de uma bela causa. Através da palestra no Press Club de Tóquio, percebemos que o escritor não era em absoluto um fascista e em sua defesa, levanta-se Marguerite Yourcenar em *Mishima ou a Visão do Vazio*.

> Falar de fascismo, como fazem alguns críticos aficionados ao mesmo tempo a desacreditar e a simplificar, é esquecer que, no Ocidente, um fascista, coisa e tempo essencialmente mediterrâneos a princípio, se define como um membro da grande ou pequena burguesia que passa ao ataque contra o que ele estima que é a agressão da esquerda, tomando como apoio a indústria e as altas finanças, e, ali onde existem entretanto os grandes proprietários; o chauvinismo e o imperialismo entram em seguida em jogo, embora seja somente para unir às multidões e para oferecer um campo de expansão aos grandes negócios, e depois, para sustentar uma ditadura que não está segura de si mesma. O nazismo, fenômeno germânico, sombrio desde o princípio, com seu obsceno elemento de racismo, se afasta por seu aspecto obsessivo do fascismo, mais pragmático, e que sem dúvida lhe serviu de exemplo, embora as duas pinças do tenaz acabem por unir-se. Em Mishima, o eixo está situado de uma maneira bastante diferente.

Em 1966, trinta anos após a revolta, dá-se a publicação póstuma do manuscrito do jovem oficial Asaichi Isobe, que Mishima consi-

7. Idem, ibidem.

136 YUKIO MISHIMA: O HOMEM DE TEATRO E DE CINEMA

derava com potencial para se tornar o personagem mais feroz de um romance moderno. A sua escrita com pincel lhe pareceu como se ele tivesse redigido o texto com o seu próprio sangue. No ensaio *Lógica da Revolução Moral: A Propósito do Manuscrito Póstumo de Isobe, Contabilista do 1º Escalão*, Mishima cita a análise de Bunzô Hashikawa sobre o incidente, do ponto de vista da fé terrorista.

> Num certo sentido, o terrorismo de 26 de fevereiro intensifica a tradição terrorista peculiar do Japão, ao impelir essa "teologia" até ao seu limite, desenvolvendo essa lógica até a uma forma quase próxima ao catecismo e, quanto a isso, pode-se vê-lo como um caso que fracassou no final, devido à decisão do misterioso absoluto denominado "caráter nacional" (kokutai). Ele mostrou a forma limite das possibilidades do terrrorismo nipônico e, falando de modo extremo, em confronto à "teologia" vaga, denominada pensamento do caráter nacional japonês, apresentou, dentro das possibilidades lógicas, a sua formalização mais precisa. Ele é, por assim dizer, um claro exemplo de "heresia" teológica e com isso, pode-se dizer que, ao contrário, esclareceu o verdadeiro caráter da teologia nacional ortodoxa nipônica. [...]
>
> A ideologia e a fé dos jovens oficiais do incidente de 26 de fevereiro são manifestas de um modo pleno de horror, particularmente nas notas póstumas de Asaichi Isobe, Yasuhide Kurihara e Kôji Muranaka, escritas na prisão. Por exemplo, o testamento de Isobe abunda com o "pathos" de maldição e traição, como se fosse do grande demônio Lúcifer [...]; todos os pensamentos que jorram dos seus cérebros abrasadores colidem com uma certa antinomia absoluta e fracassam dentro de chamas negras [...]
>
> Enquanto notas póstumas de japoneses, pode-se considerá-las quase raridades. Eles não admitem, em absoluto, as suas execuções por massacre devido a um complô, nem procuram reconhecê-las de modo algum. A determinação demoníaca, que abunda em suas notas póstumas, baseia-se principalmente nisso.
>
> O memorando de Isobe na prisão roga terríveis imprecações, que faz pensar no *Livro de Job* e não é sem razão que lembra um bicho-papão. Ele registra o momento dramático, em que o advogado do caráter nacional japonês diante de uma situação limite muda, ao contrário, para um negador fatal do caráter nacional. Os que leram o memorando de Isobe, talvez pressintam aí a questão de *O Grande Inquisidor* de Dostoievski ("História Espiritual da Fé Terrorista", em *História e Experiência*)[8].

Mishima elogiou esta análise ímpar, como se o demônio do próprio Hashikawa tivesse se apossado do seu ensaio. Mas tem dúvidas se Isobe mudara a sua posição para a de "um negador do caráter nacional". Além disso, Hashikawa negligenciara a articulação principal da obra póstuma, Mishima conclui:

> o "otimismo incurável", que crê na salvação do "deus da justiça". Assim, Isobe, com o seu otimismo, "esperara" pela salvação do Imperador tido como um tesouro. Essa "espera" e esse "otimismo incurável" uniram a dinâmica do incidente e os sentimentos individuais, aderindo-os até chegar a um estado misterioso. E como as pessoas bem sabem, o otimismo é um dos talentos mais preciosos que todo realizador deve ter[9].

---

8. Bunzô Hashikawa, Citado em *Dôguiteki kakumei no ronri: Isobe ittô shukei no ikô ni tsuite* em *Bunka bôeiron*, p. 66 e 67.

9. Yukio Mishima, *Dôguiteki kakumei no ronri: Isobe ittô shukei no ikô ni tsuite*, p. 74.

TEATRO POLITICO

O levante dos jovens oficiais, o sangue derramado pelos soldados na segunda grande guerra e a influência do grupo literário Românticos Japoneses (Nihon Roman-ha), a que pertencera, levaram Mishima a criar três obras inspiradas na insurreição de 1936: o conto *Patriotismo* (1960), o drama *Os Crisântemos do Décimo Dia* (1961) e o conto *As Vozes dos Espíritos dos Heróis Mortos* (1966). Em junho de 1966, estes trabalhos foram reunidos e publicados pela Kawade Shobô, com o título de *Trilogia sobre o Incidente de 26 de Fevereiro de 1936*. Posteriormente ele ainda criaria o romance *Cavalo Selvagem*, segundo volume da tetralogia *Mar da Fertilidade*, com base nesse fato. Miyoko Nakano observa em "Discussão sobre *Patriotismo* e *As Vozes dos Espíritos dos Heróis Mortos*" (revista *Kokubungaku*, dezembro de 1976), que na estrutura da *Trilogia sobre o Incidente de 26 de Fevereiro de 1936* é simbólica a metamorfose dos três tipos de semblantes. "O rosto de um homem como ele 'deve ser' (*sollen*) em *Patriotismo*, o rosto da desonra em *Os Crisântemos do Décimo Dia* e os rostos dos espíritos vingativos em *As Vozes dos Espíritos dos Heróis Mortos*". *Patriotismo* será abordado nas partes "Mishima Diretor" e "Mishima Ator".

TRILOGIA SOBRE O INCIDENTE DE 26 DE FEVEREIRO DE 1936: OS CRISÂNTEMOS DO DÉCIMO DIA

Planejado há quatro anos, Mishima finalmente completou *Os Crisântemos do Décimo Dia* no final de 1961. O drama altera a história, ao transferir o atentado de 26 de fevereiro de 1936 para 13 de outubro de 1937 e estabelece 1952, ano do Tratado de Paz de São Francisco, para sua ligação direta com o presente, de modo a adequar a estação do ano às idades dos personagens. Composto em estilo de tragédia clássica, a obra obedece a regra das três unidades, com o espaço na mansão de Shigueomi Mori, o tempo transcorrendo da tarde à noite e a ação, a relação entre o homem e a história.

Outubro de 1952. O ex-ministro das finanças Shigueomi Mori, afastado da vida pública, mora numa mansão rodeado por duas irmãs e uma cunhada, viúvas indolentes, seu filho Shiguetaka e sua filha Toyoko. Shiguetaka retornara da Birmânia, escapando de um julgamento ao atribuir seu crime de guerra a um tenente, que foi condenado à morte na forca. Certo dia, Shigueomi recebe a visita inesperada de sua ex-governanta Kiku Okuyama, o que acaba provocando um verdadeiro maremoto nessa família da classe alta nipônica, mas decadente, que vive em segurança no seu esconderijo.

Quinze anos atrás, exatamente nesse mesmo dia, a 13 de outubro de 1937, quando estava para ser assassinado pelos jovens insurretos, Kiku o salvara ao permanecer nua na cama, deixando-o fugir pela passagem secreta. Porém, um dos soldados, Shôichi, filho de Kiku, desiludido com o exército rebelde e envergonhado com a atitude de sua mãe, que ele presenciara, suicida-se no dia seguinte. Shigueomi faz com que Kiku retorne à sua terra natal, as testemunhas da época falecem e a verdade parece ter sido enterrada.

Shigueomi cultiva cactos, alimentado pelas lembranças de glória daquele instante no passado. Kiku conjetura se o salvador e o salvado não vivem em mundos separados, como o príncipe e o mendigo. O sacrifício do seu filho a leva a querer se vingar, matando o que Shigueomi mais ama, para fazê-lo vivenciar a tristeza e o sofrimento iguais ao seus. Assim, ela induz Shiguetaka ao suicídio. Mas com palavras hábeis, Shigueomi confessa-lhe que o ser que ele mais ama é ela. Diante da decadência dessa família, Kiku muda o seu modo de pensar e se conscientiza de que agora sim, é necessária ali. "Se o salvei uma vez, o salvarei sempre, esta é a minha natureza", diz no final e decide permanecer na casa.

Em "A Propósito de *Os Crisântemos do Décimo Dia*" (1961), o autor revela a gênese de sua criação dramatúrgica. Toma exatamente o que criticava no *shingueki* (teatro moderno) japonês e transfigura a sua obra em drama de realismo naturalista. Mas na verdade, Mishima concebe a "mentira do teatro" em dois níveis. Dá-lhe uma roupagem de realismo naturalista, acentuada por cenário e iluminação extremamente realistas, porém, como o seu conteúdo é exatamente o oposto, o interesse aumenta ainda mais. Por ser este o seu procedimento de distorção favorito, ele seria contra o anti-teatro, no sentido de anti-teatralidade. No terceiro ato, o escritor faz uma reflexão irônica sobre a relação homem e história, entre o caráter do ser humano e o seu destino. O que à primeira vista parecia uma vingança da governanta Kiku contra a família Mori, se revela, ao contrário, como um desejo sexual que se escondia sob o disfarce de lealdade ao senhor.

A heroína Kiku parte do ponto em que não sabe até onde vai o seu caráter e onde começa o seu destino. Mas no final do terceiro ato, ao mesmo tempo que, pela primeira vez, reconhece com docilidade o seu caráter, aceita positivamente o seu destino. O caráter e o destino dela tornam-se unos na fala final da peça. Portanto, quer seja vista como comédia ou tragédia, é da inteira liberdade de cada um dos espectadores[10].

Cinco anos mais tarde em *O Incidente de 26 de Fevereiro de 1936 e Eu* (1966), Mishima passa a afirmar que *Os Crisântemos do Décimo Dia* é uma tragicomédia sobre o levante de 1936, enfocado sob o ponto de vista de Shigueomi. O autor descreve a infelicidade dos que foram visados pelos rebeldes, mas sobreviveram. O modelo real foi o conde Nobuaki Makino e a obra é uma crítica à atitude de Makino, homem de confiança do imperador Hirohito, mas de quem o dramaturgo desgostava.

10. Idem, "*Tooka no kiku ni tsuite*", em *Programa do Bungaku-za*, novembro de 1961.

TEATRO POLÍTICO

O drama apresenta três alegorias: os cactos, os crisântemos e o bando de aves migratórias. No primeiro ato ao anoitecer, os cactos surgem como uma pontuação cênica, alegoria não só de Shigueomi, mas do próprio Japão no pós-guerra, que sobrevivera à derrota. Explana o autor:

O Shigueomi que escapara sucessivamente dos perigos e sobrevivera, graças à ajuda da mulher que lhe oferecera o corpo e o sacrifício do seu filho, no entanto, vive como um morto-vivo, alimentando-se das ruínas do seu espírito. [...] Será simplesmente uma visão minha achar que, mesmo num curto instante de não sei que décimo de segundo, o encontro e a simpatia entre o malfeitor e a sua vítima brilharam no momento supremo daquele acontecimento? Aquele incidente fora sonhado pelos jovens militares e, ao mesmo tempo, de forma diferente pelo grupo visado de Shigueomi. Ao subirem correndo cada qual do lado oposto a colina íngreme, eles não teriam se encontrado no cume, no meio do tiroteio de metralhadoras? [...] E devido à lealdade de Kiku Okuyama, Shigueomi Mori deixara escapar esse instante supremo da sua existência[11],

Embora Mishima diga que Shigueomi vive numa desolação cômica, a lamentar a glória que deixara escapar e que aparece reiteradamente em sua memória, na realidade, o ministro nutria sentimentos ambivalentes. Sonhava com esse momento, com uma certa simpatia pelos jovens insurretos que pretendiam assassiná-lo, mas ao mesmo tempo o temia. Portanto, ele já fizera previamente a sua escolha e fugira dessa glória. A peça descreve o contraste entre o salvador e o salvado, pois "o instante de humilhação de Kiku, à luz da história, era um momento de glória para Shigueomi e o nu de Kiku era o símbolo dessa glória", afirma o crítico Haruo Suzuki.

Entretanto, o que o dramaturgo mais queria desenvolver era a figura de Kiku, alegoria do crisântemo *(kiku* em japonês) e que representa a heráldica do imperador nipônico.

É claro que no nome de Kiku há uma alegoria, que simboliza a lealdade geral ao senhor; e a questão do sistema imperial, que mais tarde se tornará pública em *As Vozes dos Espíritos dos Heróis Mortos*, já está sugerida de alguma forma aí. Porém, essa Kiku fiel engana como os "crisântemos do décimo dia", que já passaram do auspicioso dia do "Festival de Crisântemos", a 9 de setembro, e transformaram-se em artigo inútil[12].

Diz o antigo provérbio japonês, *Íris do sexto dia e crisântemos do décimo dia*, atrasados para a oportunidade e, portanto, tardios e inúteis, uma vez que a festa dos íris é celebrada a 5 de maio e a dos crisântemos, a 9 de setembro. Por isso, alguns traduzem o drama como *Tarde Demais!*

---

11. Idem, "Ni ni roku jiken to watakushi", em *Eirei no koe*, Tokyo, Kawade Shobô, junho de 1966.

12. Idem, ibidem.

140 YUKIO MISHIMA: O HOMEM DE TEATRO E DE CINEMA

Ao voluntariamente salvar Shigueomi, Kiku pagara um preço tão alto com o sacrifício do seu filho, que nesses quinze anos deveria estar sedenta de vingança. Todavia, diante do poço de astúcia e desesperança, a estranha declaração amorosa de Shigueomi, na realidade a sua singular ação política, pois que confissão enganosa, ela esquece por completo o seu ódio e desejo de vingança. Uma mulher fácil de ser enganada, o que aumenta ainda mais o desprezo de Shigueomi. Kiku é o leal povo japonês, imerso numa embriaguez masoquista e que não duvida da justiça do seu ser, enquanto Shigueomi é o senhor, o imperador, atualmente, que se vê reduzido a um mero símbolo. Segundo Mishima,

Kiku representa o povo bem intencionado, que apesar de viver uma tragédia, não consegue elevá-la a uma experiência metafísica singular. Kiku é, por assim dizer, o povo bem intencionado que passa pela segunda grande guerra e não muda, repetindo inconscientemente e sem entusiasmo o mesmo ato de boa vontade. Apesar de cheia de rancor, ela não entende em absoluto a essência da tragédia. E no final diz: "Se o salvei uma vez, o salvarei sempre, esta é a minha natureza"[13].

Kiku salva a filha de Shigueomi, Toyoko, embora contra a vontade desta, que preferiria ser levada pelos jovens delinquentes que invadem a propriedade e assim, poder escapar ao destino de sua família decadente. Mas isso não deve ser confundido com um humanismo otimista, e por isso ainda mais amedrontador, que o escritor sempre abominou e é também uma advertência aos japoneses que vivem indolentemente a falsa prosperidade no pós-guerra.

O segundo ato inicia-se com uma revoada de um bando de aves migratórias, que passa como uma lufada, cantando, sobre a família que toma o seu café da manhã no jardim.

As aves migratórias, símbolo de completude das almas dos mortos, contrasta com a descrição da figura grotesca de uma família, que não consegue enterrar o seu passado e expõe a feiúra de sua decrepitude. Shiguetaka atribui o seu crime de guerra a um subordinado, que "surgira como se deus estivesse vestindo um uniforme militar de tenente", e retorna ao Japão. Este segundo tema aborda a idéia do crime e sua vitória, mas o próprio pecado é descrito comicamente, como se ridicularizado[14],

assinala Masaki Dômoto. Shiguetaka afirma na peça: "Viver é, em suma, ser ridicularizado por alguém".

Para Mishima, o clímax no *shingueki* (teatro moderno) deve ser concentrado ao máximo nos diálogos, pois ele nasce do confronto lógico de dois pensamentos contrários. Logo, um acontecimento inesperado ou mesmo a morte não tem relação alguma com o ápice dramático. Daí a sua valorização do diálogo final dos protagonistas.

13. Idem, ibidem.
14. Masaki Dômoto, Crítica de *Tooka no kiku* em *Shingueki*, fevereiro de 1962, p. 28.

TEATRO POLÍTICO

Cinco anos antes quando criara o *Palacete das Festas*, o autor pretendia alongar as falas finais do conde e da condessa Kagueyama. Porém, como o incidente já havia terminado e a platéia desejaria ir embora logo, se absteve. Portanto, desta vez, o confronto entre Shigueomi e Kiku, através da longa e polêmica discussão (*mondô*) sobre a nudez de Kiku e a estranha confissão amorosa de Shigueomi, é desenvolvido na parte anterior do terceiro ato, enquanto os acontecimentos inesperados ocorrem todos na parte posterior.

O dramaturgo gostou particularmente do trecho da crítica de Masaki Dômoto, que aponta os dois jovens mortos como a chave da obra.

Por fim, as mais belas imagens que vinculam esta peça são os dois jovens, que aparecem unicamente através dos diálogos. Em suma, o filho de Kiku, Shôichi, e o tenente que assumiu o crime de Shiguetaka e foi condenado à morte. A chave do drama de Mishima não estaria aí? Enquanto estes dois continuarem a viver de uma maneira bela, como a própria história que eles completaram, diante dessa luz, os seres humanos que sobrevivem apenas fisicamente só poderão tornar-se feios e deformados. E é isto que torna esta peça uma comédia singular[15].

AS VOZES DOS ESPÍRITOS DOS HERÓIS MORTOS

> *A minha mão se pôs a mover por si mesma e a caneta deslizou arbritariamente sobre o papel. Por mais que eu tentasse parar, não conseguia. Durante toda a noite, ouvi vozes sussurrando baixinho nos cantos do quarto. Pareciam ser de várias pessoas. Ao escutar com atenção, percebi que eram as palavras dos soldados mortos no incidente de 26 de fevereiro de 1936[16].*

YUKIO MISHIMA

Até então, Mishima só conseguira ver o incidente de 26 de fevereiro de 1936 de fora, pois o conto *Patriotismo* trata de quem não pôde participar do levante e foi atrás; enquanto que *Os Crisântemos do Décimo Dia* discorre sobre quem não foi envolvido. Mas com *As Vozes dos Espíritos dos Heróis Mortos*, pela primeira vez, o autor precipita-se para o outro lado e narra a rebelião vista de dentro. No ensaio *Como uma Correnteza Violenta[17]*, Shizue Hiraoka, mãe de Mishima, relata que este dissera que redigira o conto como se em transe, possuído pelos espíritos dos heróis. E a 11 de janeiro de 1967, o escritor confessa a Kiyoshi Bandai e Kasuhiko Nakatsuji do *Ronsô Journal* (*Revista Polêmica*), que após compor *As Vozes dos Espíritos dos Heróis Mortos*, obra de densidade elevada, sentia como se o espírito de Asaichi Isobe tivesse se apossado dele. Como tratava-se dos

15. Idem, p. 29.
16. Y. Mishima citado por Shizue Hiraoka, *Como uma Correnteza Violenta*.
17. Shizue Hiraoka, *Bôryû no gotoku* em *Shinchô*, Tokyo, dezembro de 1976.

142 YUKIO MISHIMA: O HOMEM DE TEATRO E DE CINEMA

espíritos de soldados mortos, vozes do além, o autor explica: "Emprestei o estilo das peças guerreiras de nô (*shuramono*) e a estrutura geral tem dois atos com seis cenas"[18], uma vez que o nô é um drama, que começa quando tudo já terminou em vida.

Na carta de 31 de maio de 1966 a Tsukasa Kôno, irmão mais velho de Hisashi Kôno, único militar que cometera *seppuku* na insurreição de 1936, Mishima diz que criara a obra com a intenção de dedicá-la aos espíritos dos jovens oficiais. *As Vozes dos Espíritos dos Heróis Mortos* (*Eirei no Koe*) foi publicada na revista *Bunguei* em junho de 1966, trinta anos após o levante de 1936 e um século depois da Restauração Meiji, quando ocorrera o processo gradual de modernização, enfim, de ocidentalização do Japão. O escritor associa a corrupção e decadência do seu país à ocidentalização, isto é, à modernização progressiva. Por suas implicações políticas e retórica de direita, desde o início o texto foi criticado tanto pelos literatos e partido comunista japonês, como também pela direita, porque censurava severamente o imperador.

Obra semificcional, escrita por Mishima aos 41 anos de idade, é um *close-up* do seu pensamento e ação, quando a sua idéia de imperador se elevara até à fé e cristalizara. Noite de primavera, numa sessão de possessão xintoísta, os espíritos que estavam adormecidos são evocados por meio da flauta tocada pelo professor Kimura. Inicialmente ocorre a possessão no jovem cego Shigueo Kawasaki, protagonista na parte anterior da peça, dos fantasmas dos oficiais de 1936 e em seguida dos *kamikaze* (pilotos suicidas) de 1945, suas figuras reais como protagonistas da parte posterior. Através do medium, eles expressam o ressentimento de terem sido traídos pelo imperador, que não apoiou os oficiais em 1936 e por sua declaração, a 1 de janeiro de 1946, de que "o imperador não era divino, mas humano" (*ninguen senguen*), denunciando a sua divindade como uma "noção imaginária e nociva", menos de um ano após os *kamikaze* terem morrido pelo imperador divino, "fazendo dos seus corpos projéteis, para se tornarem unos com o imperador". Se o imperador fosse divino, no momento da morte os *kamikaze* poderiam tornar-se unos com ele e terem uma história imortal. Embora a declaração de que o imperador era humano tivesse sido imposta pelas forças de ocupação americana, os seus sacrifícios resultaram inúteis, por isso os seus espíritos não podem ter paz e continuam a vagar no espaço. "Mesmo que o imperador não acreditasse ser divino, não deveria ter feito a declaração de que era humano". Assim, conduz ao famoso e lúgubre refrão final: "Por que o imperador se converteu em homem?" (Nadote sumeraguiwa hitoto naritamaishi)[19], vociferado várias vezes com o acompanhamento rítmico das mãos.

18. Yukio Mishima, *Eirei no koe* em *Mishima Yukio zenshû*, vol. 17.
19. Idem, ibidem.

TEATRO POLITICO

Essa conclusão lógica intensifica a crítica ao imperador humanizado e à sua responsabilidade na guerra. Além disso, expressa uma grande cólera ao sistema imperial no pós-guerra e às condições espirituais após a derrota, pregando-se uma volta ao governo imperial direto, em oposição ao sistema imperial apoiado por velhos políticos e uma democracia corrupta.

> Na história da Era Shôwa, o imperador deveria ser divino em duas ocasiões: no levante de fevereiro de 1936 e após a derrota do Japão. Porém, ele foi humano. Assim, na primeira vez perdeu-se o espírito dos militares e na segunda, a alma do país[20],

vocifera Mishima. Mas os espíritos dos jovens oficiais de 1936 e os *kamikaze* da segunda guerra mundial não se satisfazem com um amor não correspondido.

> Não existe um amor não correspondido em relação ao imperador. Não importa quão unilateral for o amor, se no seu entusiasmo e pureza absoluta não houver falsidade, o imperador com certeza compreenderá. Esta é de fato a conduta do imperador enquanto divino. Nós acreditamos nisso[21].

No ensaio *As Vozes dos Espíritos dos Heróis Mortos de Yukio Mishima: A Ritualidade que Lembra o Nô*[22], o dramaturgo e diretor Masakazu Yamazaki faz uma observação perspicaz. Nas peças guerreiras de nô aparece um monge itinerante (ser humano vivo), a quem os fantasmas contam o seu sofrimento e após as orações ou o exorcismo do religioso, sempre ocorre a salvação dos guerreiros. Mas no texto de Mishima, posto que não existe a figura do monge, os espíritos dos heróis mortos não têm como compartilhar o seu sofrimento com os vivos. Portanto, é simbólico que eles acabem matando o medium cego, protagonista da parte anterior. Após transmitir os lamentos dos espíritos, Kawasaki falece. As peças guerreiras de nô são dramas sobre o repouso da alma, enquanto que *As Vozes dos Espíritos dos Heróis Mortos* levanta a questão de que os espíritos dos heróis mortos não têm como serem apaziguados.

Este texto viria a provocar uma grande reviravolta na vida do escritor, pois prefiguraria o seu ativismo político. A partir de então, ele mudou radicalmente o leme de sua vida. Takeo Okuno assinalou:

> *As Vozes dos Espíritos dos Heróis Mortos* é uma obra crua, de um fanatismo até então definitivamente inexistente nos trabalhos de Mishima, como também apartada de sua estética e o seu tom imprecatório surpreendeu a todos. Mostra uma irritação,

---

20. Idem, ibidem.
21. Idem, ibidem.
22. Masakazu Yamazaki, "Nô o omowaseru guishikisei, Mishima Yukio *Eirei no koe*", em *Fukiguen no jidai*, Tokyo, Chûo Kôron, p. 373.

144   YUKIO MISHIMA: O HOMEM DE TEATRO E DE CINEMA

que não parece ser da mesma pessoa, que no ano anterior escrevera uma peça teatral perfeita, rigorosa e hábil, *Marquesa de Sade*[23].

Na cerimônia de entrega de um prêmio literário, uma semana antes do seu suicído em novembro de 1970, Mishima disse ao romancista Junnosuke Yoshiyuki:

Fui salvo por *As Vozes dos Espíritos dos Heróis Mortos*. Naquela época, tudo o que eu fazia me parecia inútil. Mas ao escrever este trabalho, fiquei animado. Não importa o que os outros digam, se eu estiver entusiasmado, tudo bem. Talvez, aquela tenha sido uma pequena revolução pessoal. Foi muito bom. Creio que foi um remédio preparado para mim[24].

A QUESTÃO DO IMPERADOR EM *A QUEDA DA FAMÍLIA SUZAKU*

> *Ritsuko: – Destrua-se. Arruine-se! Acabe de se extinguir agora, aqui mesmo.*
> *Tsunetaka: – Como poderia me extinguir, se há muito já cessei de existir*[25].

Quatro meses antes da estréia de *A Queda da Família Suzaku*, Mishima disse ao ator Nobuo Nakamura, que gostaria que interpretasse Tsunetaka Suzaku em sua nova peça. O ator franzino ficara surpreso ao ser escolhido para protagonizar o Héracles japonês, personificação da força. Mas o dramaturgo lhe confessou que havia estabelecido apenas a cena final.

A jovem com traje cerimonial de dama da corte (jûnihitoe) surge no meio da neve e o pressiona a se extinguir. Então, você lhe retruca: "Como poderia me extinguir, se há muito já cessei de existir [...]". E a cortina se fecha. No momento, é só o que completei[26].

E deu uma sonora gargalhada.

Para adequar o seu texto a este desfecho dramático, o autor não fez uma adaptação literal, mas tomou emprestada a essência da tragédia de Eurípedes, *Héracles* (*Héracles Furioso*), de 424 a.C. E transferiu-a para uma família da nobreza próxima ao imperador do Japão, na década de 1940, intercalando o final da segunda guerra mundial. Anteriormente, aos 23 anos de idade, o escritor criara uma obra-prima do conto,

---

23. Takeo Okuno, *Mishima Yukio to sono jidai* (*Yukio Mishima e sua Época*), em *Guendai nihon bungaku arubamu* (*Literatura Japonesa Contemporânea em Fotos*), vol. XVI, Tokyo, Gakushû Kenkyûsha, 1973, p. 212.

24. Yukio Mishima, citado em *Suupaa sutaa* (*Superstar*) de Junnosuke Yoshiyuki em revista *Gunzô*, maio de 1974.

25. Y. Mishima, *A Queda da Família Suzaku*.

26. Yukio Mishima, citado por Nobuo Nakamura, em *Programa da Companhia* NLT, outubro de 1967.

TEATRO POLÍTICO

Leão (1948), ao adaptar *Medéia* de Eurípedes para a classe média alta de Tóquio, ambientando-a em outubro de 1946. Mas por que quase vinte anos depois, ele retomaria uma tragédia de Eurípedes? Segundo a *Poética* de Aristóteles, a dramaturgia relativa à tragédia grega se completara com Ésquilo e Sófocles. O ápice da tragédia grega teria sido atingido por Sófocles, enquanto que Eurípedes adentrara numa espécie de decadência, mas com seu espírito crítico e ceticismo filosófico, apresentara questões cruciais da condição humana. A tragédia grega é uma tragédia de destino, que nasce do confronto da vontade humana contra o destino estabelecido pelo deus absoluto e sua subsequente derrota. A inclinação para a tragédia pode ser detetada como uma constante na estética de Mishima. Todavia, no Japão do pós-guerra, não havia mais um ser absoluto, a vida individual é que passara a ser valorizada ao máximo. Portanto, não poderia existir uma tragédia nipônica no sentido ocidental, tendo o destino como cerne. Daí o escritor se interessar pelos acontecimentos ocorridos antes e durante a guerra, como o incidente de 26 de fevereiro de 1936 e os *kamikaze* de 1945. Isto porque havia tragicidade em suas mortes, os jovens soldados faleceram por um valor que ultrapassava o mero indivíduo. Em suma, eles deram as suas vidas pela nação e pelo imperador; uma morte varonil, que desapareceria por completo no pós-guerra.

Em "A Propósito de *A Queda da Família Suzaku*", no programa de estréia pela Companhia NLT, Mishima faz uma sinopse do *Héracles Furioso* de Eurípedes.

> Enquanto Héracles estava ausente numa expedição, seu pai, sua esposa e seu filho foram perseguidos por Lykos, o usurpador rei de Tebas. Eles sofriam risco de vida, quando Héracles retorna e imediatamente subjuga o usurpador, salvando toda a sua família. Mas a alegria dos três é momentânea. Devido à maldição da deusa Hera, Héracles enlouquece e, em transe, acaba matando o próprio filho e a esposa. Ao despertar da loucura, Héracles mergulha na mais profunda desesperança. Porém, graças à amizade de Teseu, decide suportar o seu destino[27].

O escritor japonês deve ter nutrido um grande interesse pelo homem que, ao despertar da loucura, vê nascerem suas aflições e desgraças.

Mas como ficaria a estrutura da peça de Mishima em relação à tragédia grega? O dramaturgo prossegue em sua explanação.

> O primeiro ato de *A Queda da Família Suzaku* corresponde ao extermínio do usurpador; o segundo, ao assassinato do filho; o terceiro, ao homicídio da esposa; e o quarto, após a desesperança, um "amor fatal". E no final (embora não exista no original), utiliza-se um artifício no estilo da tragédia grega (deus ex-machina). Entretanto, ele aparece não como o deus da salvação, mas da vingança[28].

---

27. Idem, "*Suzakuke no metsubô* ni tsuite", em *Programa da Companhia* NLT.
28. Idem, ibidem.

146 YUKIO MISHIMA: O HOMEM DE TEATRO E DE CINEMA

O autor estabelece o tempo como uma estória que se passa em um ou dois anos, no final do conflito mundial e no subsequente pós-guerra, mas sem especificar dia, mês e ano. Cada ato transcorre em uma estação do ano: primavera (primeiro ato), outono (segundo ato), verão do ano seguinte (terceiro ato) e inverno (quarto ato), simbolizando o desenrolar da trama. Mas limita-se a dizer *aquela ilha*, evitando de propósito citar o seu nome verdadeiro, Okinawa, que foi massacrada na guerra.

Para mim, as lembranças dessa época tornam-se cada vez mais mitificadas e, quando vou abordar algum sentimento grandioso, não posso deixar de ir dar na psicologia grandiosa de "colapso do mundo", que assaltou os japoneses de então[29],

relata o escritor referindo-se à derrota do país na guerra.

No primeiro ato, Tsunetaka Suzaku, o grande tesoureiro, seria o Héracles nipônico. Pensando em se alinhar ao espírito do imperador, seu ex-colega de escola, ele planeja e ocasiona a queda do déspota político e militar, o primeiro ministro Tabuchi (*extermínio do usurpador*). Já no segundo ato, quando o seu filho Tsunehiro torna-se tenente da marinha, é designado a servir *naquela ilha*, a mais visada pelo inimigo e palco da batalha decisiva entre Japão e Estados Unidos. Mesmo sabendo que o seu filho único faleceria, Tsunetaka recusa-se a atender às súplicas do seu irmão mais novo, Mitsuyasu Shishido, e da criada Orei, na realidade, mãe verdadeira de Tsunehiro, para transferí-lo a um lugar mais seguro. Portanto, não há dúvidas de que assim, ele acabara mandando-o para a morte (*assassinato do filho*). No terceiro ato, o falecimento de Orei num bombardeio aéreo corresponde ao *homicídio da esposa*. Embora Tsunetaka mantivesse um caso com Orei desde a morte de sua esposa, portanto, há longo tempo, recusa-se a casar com ela. Talvez, ao pretender o posto de esposa oficial, Orei tenha atraído a ira da deusa Benten, protetora da família Suzaku, e sido morta.

Três importantes acontecimentos históricos, a mudança de ministério, a queda de *uma certa ilha* e o bombardeio aéreo na capital imperial, foram distribuídos nas quatro estações do ano, tornando-se os temas de cada um dos três primeiros atos. Já o quarto ato transcorre no pós-guerra e é palco do confronto entre Tsunetaka e a deusa Benten. Após as mortes do filho e de Orei, com a casa arruinada, Tsunetaka passa a viver solitário no abrigo anti-aéreo. Mas certo dia, Ritsuko Matsunaga, a noiva do seu filho Tsunehiro, surge do santuário da deusa Benten em traje da nova deusa e o censura com severidade.

29. Idem, ibidem.

TEATRO POLITICO

147

Só para satisfazer a sua lealdade tão sonhada, o senhor deixou tudo se destruir. Quem deveria se aniquilar primeiro era o senhor, mas por que ainda sobrevive? Por que? Extingua-se![30]

A pergunta de Ritsuko justapõe-se à inquirição do próprio Mishima ao imperador. Na época, criticar o imperador era muito perigoso, todavia, o autor ousou desafiar esse tabu. Leia-se nas entrelinhas uma crítica violenta ao imperador, pois apesar de responsável pela derrota do Japão na segunda grande guerra, pelo sacrifício dos habitantes de Okinawa e pela subseqüente destruição do país, ele não se desculpou por não ter feito nada para evitar tudo isso.

Mishima vinha alimentando a idéia desta peça há uns dez meses. Porém, angustiava-se, pois ela não se concatenava de modo algum. Mas na primavera de 1967, o escritor entra sozinho num programa das Forças de Auto Defesa do Japão. Numa folga dos treinamentos militares, por acaso lembra-se da lenda de Benten (a indiana *Sarasvatí*), uma das sete divindades da riqueza e felicidade no Japão e única deusa do grupo. Assim, o proto do seu novo drama se delineou de imediato. Na tragédia de Eurípedes, Héracles, filho do deus Zeus e da mortal Alcmena, num acesso de loucura provocado pelo ciúme da deusa Hera, esposa de Zeus, mata a mulher e o filho. A deusa Benten, protetora da água e música, exímia tocadora de *biwa* (alaúde japonês), corresponderia à Hera, protetora do casamento, e por ser mulher é extremamente ciumenta. Nas trinta e sete gerações dos Suzaku, só houve cinco esposas oficiais e todas elas tiveram morte precoce. Nesse sentido, os varões dos Suzaku foram casados não com um ser humano, mas com a deusa Benten. Portanto, a posteridade da família teria sido assegurada por uma prole oriunda de amantes, como no caso de Tsunehiro, filho da empregada Orei.

O autor revela que continua a usar em *A Queda da Família Suzaku* o tema de uma série de antigas obras suas.

A peça *Marquesa de Sade* e este drama parecem totalmente diferentes, mas têm em comum o fundamento de que lidam com a oposição dos dois sexos. Eu tenho a tendência de tratar até mesmo as idéias políticas em analogia com os dois sexos[31].

Portanto, a estrutura básica nasce da oposição entre Tsunetaka e Orei, o confronto dos valores masculinos e femininos. De um lado, temos o orgulho e a lealdade cega do marquês Tsunetaka Suzaku ao imperador; de outro, Orei, mulher que representa os anseios do povo e só almeja a sobrevivência do filho à guerra, a entrada na faculdade e um emprego tranquilo. Tsunetaka acreditava que mesmo que tivesse ensandecido, "no cerne de sua loucura havia uma lealdade transpa-

---

30. Idem, *Suzakuke no metsubô*, em *Mishima Yukio guikyoku zenshû*, vol. II.
31. Idem, "*Suzakuke no metsubô* ni tsuite", em *Programa da Companhia* NLT.

148 YUKIO MISHIMA: O HOMEM DE TEATRO E DE CINEMA

rente como o cristal"[32], expressando o espírito dos japoneses antes da guerra. Mas o irmão Mitsuyasu Shishido simpatiza com Orei, símbolo do povo no pós-guerra, que coloca a vida humana como o valor primordial da existência. Assim, ele declara: "Haverá um tempo em que sem ligar para as aparências, uma conversa tediosa se tornará a justiça do mundo"[33].

O filho Tsunehiro tem sangue nobre e plebeu. Mas sente vergonha do sangue herdado da empregada Orei e a destrata abertamente. "Haverá no mundo mulher que tenha sido tão difamada pelo próprio filho quanto eu?", ela se lamuria. Porém, Orei pressente que no seu íntimo ele teme partir para a guerra. E no Tsunehiro, que esconde a sua covardia e se alista para um perigoso campo de batalha, há muita tristeza, mas também é admirável.

A diferença crucial entre *Héracles Furioso* e *A Queda da Família Suzaku* está em que Héracles podia despertar de sua loucura, enquanto Mishima cria um personagem discrepante, cuja loucura é um caminho sem volta. Tsunetaka Suzaku não desperta de sua loucura, o que leva ao sacrifício dos seus entes mais próximos, a mulher e o filho. Mas a loucura que leva à destruição da família Suzaku não é motivada pelo ciúme da deusa Benten em relação à noiva. Ela é causada pela obstinação de Tsunetaka em sua lealdade solitária ao imperador.

O tema desta peça pode ser considerado a análise existencial do "espírito de obediência reverenciosa às ordens do imperador". Em suma, o eixo do drama está no fato de que a lealdade sincera, totalmente passiva, transforma-se inconscientemente numa espécie de identificação com a devoção. Enfim, o que corresponde à loucura que assalta Héracles é aqui a lealdade solitária enquanto loucura e mais, é a lealdade como destruição[34],

revela o autor. O espírito de sacrifício em prol de algo gigantesco, a lealdade ao imperador, que se traduz como o amor ao absoluto e ao martírio.

Originalmente o título era *A Noiva da Família Suzaku*, porque o tema da noiva perpassa toda a trama. No primeiro ato, Orei conta que Akiko, a jovem e bela esposa de Tsunetaka, falecera um ano após o casamento, devido ao ciúme da deusa Benten. No segundo ato, a pretendente a esposa Ritsuko Matsunaga procura atrair a si o ciúme da deusa Benten, sacrificando-se para proteger o noivo Tsunehiro. Enquanto no terceiro ato, a pretendente a noiva é a criada Orei, que é dizimada. Já no final do quarto ato, com o vestido de noiva de Akiko e tocando *biwa* (alaúde japonês), Ritsuko transfigura-se na nova deusa Benten, afirmando não sentir mais ciúme e surge assim, como a deusa da vingança, por ter perdido o noivo. Mas atendendo ao pedi-

32. Idem, *Suzakuke no metsubô.*
33. Idem, ibidem.
34. Idem, "*Suzakuke no metsubô* ni tsuite", *Bunguei*, 1967.

TEATRO POLITICO 149

do da Companhia NLT, que achou o título muito banal, o dramaturgo substituiu *noiva* por *queda*. O resultado foi mais eficaz ao expressar a destruição da família Suzaku, que em última instância, pode ser lido como a aniquilação do próprio Japão.

Após derrubar o ministro Tabuchi, Tsunetaka decide viver na inatividade, porque lera nos olhos do imperador uma ordem: "Não faça nada, fique sem fazer nada, apenas destrua-se"[35]. Durante a guerra, sua lealdade passiva ao imperador fez com que, sem mover um dedo, seu filho e sua mulher fossem sacrificados e só ele sobrevivesse. Ele comete não um crime penal, mas do pensamento. Aqui a imagem de Tsunetaka identifica-se com a do imperador. O seu clamor final, "Como poderia me extinguir, se há muito já cessei de existir", significa: desde que o Japão começou a se expandir militarmente, ocupando vários países da Ásia, enfim, desde que o império nipônico começou a adquirir contornos alarmantes. Pela confidência de Mishima ao ator Nobuo Nakamura, "O imperador que eu creio verdadeiro é o da Dinastia do Sul, enquanto o atual é descendente da Dinastia do Norte", infere-se que o escritor acreditava no fantasma de um imperador extinto há muito tempo. E no final de sua vida, sacrificou tudo: família, trabalho e relações pessoais, em prol de sua *loucura*, a devoção ao imperador.

Em *Depoimento sobre a Minha Literatura*, Mishima declara que *A Queda da Família Suzaku* (1967) foi aonde ele melhor abordou a questão do imperador. O mesmo tema que perseguira em *As Vozes dos Espíritos dos Heróis Mortos* (1966), a veemente crítica ao imperador que se declarou humano e não mais divino, perpassaria o trabalho do ano seguinte. Na crítica teatral *Testemunho da Ausência de Tragédia*, Kazuo Nagao assevera que "*A Queda da Família Suzaku* é um excelente tratado sobre a tragédia, um tratado sobre o Japão nunca antes escrito com tanta clareza"[36].

A peça foi publicada na revista *Bunguei* (*Artes Literárias*) em outubro de 1967 e estreou no Kiinokuniya Hall de Tóquio pela Companhia NLT, de 13 a 29 de outubro do mesmo ano. No final do espetáculo, quando a cortina era descerrada para os aplausos aos atores, simultaneamente Mishima abria a porta do santuário da deusa Benten e surgia em uniforme militar, numa identificação com o tenente Tsunehiro morto em combate. Em setembro de 1971, houve uma reencenação da peça em memória do dramaturgo que se suicidara um ano antes.

---

35. Idem, *Suzakuke no metsubô*.
36. Kazuo Nagao, "NLT *Suzakuke no metsubô*, higueki fuzai no shômei", em *Shingueki*, dezembro de 1967, p. 72.

9. O Despertar Existencial em
Os Veleiros do Amor

No primeiro aniversário de fundação do Teatro Nissei em Tóquio, cinco meses após a montagem de *A Harpa da Alegria*, a estréia de *Os Veleiros do Amor* de Mishima ocorreu de 3 a 29 de outubro de 1964, com o mesmo diretor Keita Asari e estreladas por Yaeko Mizutani (Miyuki Maidori) e Chieko Higashiyama (anciã Masumi).

O drama provavelmente teve uma pré-estréia um mês antes no Teatro Tomin, pois na ocasião o autor compôs o artigo "A Propósito de *Os Veleiros do Amor*", em que discorre sobre a gênese e estrutura da obra. O dramaturgo revela que a primeira dificuldade foi abordar o mundo da estética japonesa numa peça contemporânea. Era o ano das Olimpíadas no Japão e como o escritor pretendia ironizar das Olimpíadas e de toda a política turística decorrente, acabou tratando de modo crítico e mesmo satírico o próprio universo da estética japonesa. Então, surgiu-lhe a idéia de uma bela e rica viúva, Miyuki Maidori de 34 anos, que tenciona transformar a sua casa de campo em hotel tipicamente nipônico destinado a estrangeiros.

Ela só veste quimonos, justificando ser para os turistas e para a família também, diz que é para fortalecer os costumes japoneses. Mas esta não é a sua intenção verdadeira. Essa adesão totalmente mentirosa à estética nipônica é para evadir-se de sua profunda ferida no coração[1].

---

1. Yukio Mishima, "*Koi no hokague* ni tsuite", em *Programa do Teatro Tomin*, setembro de 1964.

152 YUKIO MISHIMA: O HOMEM DE TEATRO E DE CINEMA

Desde há muito tempo, Mishima adorava as cenas de navio no kabuki, por vezes, com uso de palco giratório duplo, um inserido no outro (*ja-no-me mawashi*), possibilitando dois barcos moverem-se em sentidos contrários. Desta vez, por surtir um bom efeito cênico e constituir um motivo dramático valioso, ele concebeu a sombra de um veleiro que cruzasse o tablado. O desenvolvimento da peça se daria de acordo com as entradas e saídas do pequeno barco no palco. Como pesquisa de campo, o escritor foi a Itako, vila às margens de um rio. Porém, lá chegando, decepcionou-se com o "jardim em miniatura, excessivamente acanhado e com cheiro de adubo". Portanto, estabeleceu o local da ação como uma bela vila imaginária.

O dramaturgo já utilizara o motivo da vela de um iate no nô moderno *A Dama Aoi*. Ao comparar as duas peças, vemos que a relação do casal sra. Rokujô e Hikaru em *A Dama Aoi* assemelha-se à de Miyuki e Tadashi em *Os Veleiros do Amor*. Ambas a sra. Rokujô e Miyuki são mais velhas do que os seus amantes, e se parecem no rancor que nutrem por seus parceiros e no desejo de aprisioná-los. Mas Miyuki não chega ao ponto de, como a sra. Rokujô, transformar-se em fantasma vivo para atormentar e matar a sua rival. Como assinala o diretor da encenação de 1990 em estilo *shimpa* (tendência nova), Ichirô Inui,

o significado da vela é completamente oposto: a vela para a sra. Rokujô é prova de amor e para Miyuki, de morte. A sra. Rokujô recebe com alegria a chegada do iate, enquanto Miyuki se assusta com o veleiro[2],

que representaria a sombra da verdade.

Miyuki – O veleiro é sempre a verdade. A verdade que eu temia. A sombra do veleiro que nunca visitara esta casa, hoje de manhã, quando por fim o verdadeiro veleiro branco chegou, eu me resignei. Este belo mundo de mentiras foi destruído e a partir de hoje, a verdade será o senhor e aqui se tornará a mansão da verdade[3].

Quando dirigira *A Dama Aoi* de Mishima em 1955, Inui introduzira, através da janela do quarto de hospital, uma vela branca de iate, que se inflava como um grande paraquedas e parava diante da cama da esposa Aoi adoentada. No clímax da peça, na parte dianteira da vela, representava-se a cena amorosa de Hikaru e sua ex-amante sra. Rokujô e na traseira, refletia-se a sombra da morte de Aoi. Mas Inui assevera que em *Os Veleiros do Amor*, o tema é literalmente a sombra. E o clímax transcorre no segundo ato, na cena de tempestade, com uma reviravolta nas condições de cada um dos personagens.

2. Ichirô Inui, *Shiroi ho* (*Vela Branca*), em *Programa do Shimbashi Embujô*, abril de 1990.

3. Yukio Mishima, *Koi no hokague,* em *Mishima Yukio guikyoku zenshû*, vol. II.

O DESPERTAR EXISTENCIAL EM *OS VELEIROS DO AMOR*   153

Para atender às condições cênicas do Teatro Nissei, o dramaturgo decidiu reescrever grande parte do terceiro ato; uma revisão inteiramente técnica, que não alterou o tema. Ele percebeu que o palco extenso requeria suspense nas longas falas da protagonista e no emaranhar dos dois incidentes, que haviam acontecido nos passados recente e distante. O resultado foi elogiado pelos críticos, pois o drama tornou-se compacto, mas os atores coadjuvantes acabaram literalmente roubando a cena. Masaki Dômoto assinala que

como na peça *Um Grande Obstáculo*, se for no sentido de que um incidente do passado move o presente, é uma grande corrente dramatúrgica que começa com *Édipo Rei* de Sófocles, passa pela *Andrômaca* de Racine, *Os Espectros* de Ibsen até chegar a *Os Veleiros do Amor* de Mishima. Ou melhor, deve ser um método comum do Classicismo[4].

Diferentemente das montagens em estilo kabuki ou shimpa, em *Os Veleiros do Amor* como *shingueki* (teatro moderno), os personagens adotam uma atitude crítica diante do cenário colorido, a beleza fictícia e artificial em que vivem, o que provoca um efeito de distanciamento nos espectadores. Estes seriam exatamente os dois elementos em conflito dentro do próprio Mishima.

Em suma, enquanto dramaturgo é claro que desejo escavar a verdade humana, quero expor à luz do dia verdades terríveis que não são percebidas. E ao mesmo tempo, não consigo absolutamente me desfazer dos elementos de beleza estilizada, vestuário e colorido, peculiaridades em que o teatro tradicional japonês ocupa o primeiro lugar no mundo[5].

Para o programa de estréia no Teatro Nissei, o escritor redige o artigo "O Fantasma da Beleza: *Os Veleiros do Amor*", no qual faz uma análise de sua obra.

A protagonista de *Os Veleiros do Amor* assemelha-se à protagonista de uma peça feminina de nô (*shite*); o seu antagonista verdadeiro é o seu "grandioso" marido, já falecido e que não aparece no palco durante todos os três atos. Portanto, este drama não tem o confronto protagonista versus antagonista, usual no teatro ocidental.

Apesar de mostrar uma aparência vistosa e animada, logo os espectadores vêm a saber que esta mulher é uma espécie de fantasma. Ela enterra-se no passado, continua a levar uma vida artificial, tomada de empréstimo ao nome do hotel e ainda é amparada pelo espectro do seu falecido esposo. Ele é o deus protetor da estranha, trágica e forte "pureza" de sua mulher. O marido a fêz vestir uma armadura constituída de belos quimonos, concedeu-lhe um amante inofensivo e a trancou num lindo castelo. Mesmo depois de sua morte, uma vez que está casada com o seu fantasma, ela também é uma bela aparição.

O jovem que antes era um amante inofensivo, após a morte do "poderoso" proprietário, vagamente se dá conta de que está a amar uma visão. Sem conseguir suportar

---

4. Masaki Dômoto, "*Daishôgai to Kindai nôgakushû ban gaikyokuron*", em *Mishima Yukio no engueki: makuguire no Shisô*, p. 97.
5. Yukio Mishima, "*Koi no hokague* ni tsuite", em *Programa do Teatro Tomin*.

154 YUKIO MISHIMA: O HOMEM DE TEATRO E DE CINEMA

mais essa situação, ele atormenta-a, mas uma vez que também compartilha o papel de uma espécie de espectro, não tem forças para pressioná-la.

Por fim, uma tempestade noturna provoca o despertar de cada um dos personagens. Entretanto, o despertar existencial desta protagonista é exatamente oposto ao da protagonista de uma antiga peça minha, *A Rosa e o Pirata*, que se confina firmemente no mundo artificial. Finalmente ela fica sabendo que a concepção de "pureza" que a atava até então, na realidade, era uma fuga da existência verdadeira, uma negação da "condição de ansiedade original" da vida (neste ponto a pureza da protagonista de *Os Veleiros do Amor*, embora pareça completamente diferente da pureza do protagonista de *A Harpa da Alegria*, na verdade se correspondem).

Quando ela despertar, já não mais será uma aparição e talvez, o seu casamento com um espectro termine para sempre. Para impedir isso, no final do terceiro ato (embora invisível à platéia), aquele "grandioso" fantasma por fim se aproxima do palco. O barco com a sombra avizinha-se lentamente, contornando a ponte de verão ... Todavia, precisamente nesse instante, ela mata com um tiro essa visão, o seu verdadeiro antagonista.

Ao chegar até aqui, desejo que os espectadores, que desde o prólogo achavam que essa existência imaginária, artificial e cheia de mentiras, não tinha relação alguma com eles, possam ler na vida da família Maidori em cena, uma metáfora da vida de todos nós. Essa mentira, esse artificialismo, esse fingimento, essa anti-natureza, embora de forma diferente, é na realidade o símile imediato da vida citadina de todos nós. É, por assim dizer, o que julgamos ser a figura "natural" da existência como um todo. Quem sabe disso perfeitamente é apenas a anciã Masumi. E no instante final do cerrar da cortina, desejo que os espectadores também, juntamente com a protagonista, sintam um despertar existencial[6].

---

6. Idem, "Bi no bôrei: *Koi no hokague*", em *Programa do Teatro Nissei*, outubro de 1964.

10. O Experimentalismo Extremo com Marquesa de Sade e Meu Amigo Hitler

SEDA E SANGUE EM *MARQUESA DE SADE*

Segundo o seu prefácio às *Obras Seletas do Marquês de Sade* (1956), traduzidas por Tatsuhiko Shibusawa, primeiro introdutor sistemático de Sade no Japão, o contato inicial de Mishima com o escritor francês foi ao ler a frase de Wilde no começo de *A Balada do Cárcere de Reading* (1898): "A minha posição está entre Gilles de Rais e o marquês de Sade". Mishima relata: "A partir de então, o nome de Sade não mais se apartou do meu coração". Mais tarde, familiariza-se com Sade ao ler livros de crítica, traduções em japonês de extratos de suas obras e durante a ocupação americana, traduções em inglês de edições pornográficas piratas, publicadas no Japão para os americanos. Mas afirma que não deparara com nada tão conciso e categórico quanto a visão de Flaubert a respeito de Sade.

Aquelas são as últimas palavras do catolicismo, eu compreendo isso. Aquilo é o espírito da Inquisição erética, da tortura, da Idade Média (Igreja), o sentimento de medo em relação à natureza [...]. Vocês também devem reconhecer que dentro de Sade não há nenhum animal nem uma única árvore (em *Diário de Goncourt*, 29 de janeiro de 1860)[1].

Em seguida, Mishima desenvolve um pequeno e perspicaz tratado sobre Sade. Assim como Otto Flake em *O Marquês de Sade* (1930)

---

1. Gustave Flaubert, citado por Mishima no seu prefácio a *Maruki do Sado senshû*, traduzido por Tatsuhiko Shibusawa, Murayama Shoten, outubro de 1956.

156 YUKIO MISHIMA: O HOMEM DE TEATRO E DE CINEMA

dissera que a força de Sade residia na lógica e definira o seu impulso como panteísta, o escritor japonês também passou a entender a filosofia de Sade como o reverso ou o suplemento da teologia natural dos iluministas do século XVIII, como Voltaire e Rousseau.

A natureza de Sade é totalmente diferente da visão que os japoneses têm da natureza. Em suma, segundo os iluministas, a revelação divina é sobrenatural; natural é o conhecimento racional humano. Este conhecimento natural luminoso, lógico e transparente, verdadeiramente no estilo do século XVIII, é uma tradição medieval do cristianismo e não chegou a encobrir o ódio e a contrariedade totais à natureza. Sade era um devoto da razão, mas ao mesmo tempo, ele sabia do poder atroz e acossador da razão. Como o autor de romances sombrios, Laclos, ele viu o implacável conhecimento natural da razão desvelar de fato o inferno diante dos seus olhos. Com base nisso, seria fácil traduzir as palavras de Flaubert, "sentimento de medo em relação à natureza", por "sentimento de medo em relação à razão". Desse modo, a razão de Sade abriu caminho através dos principais pontos rudes dos iluministas do século XVIII e compreendeu a ira e vingança da natureza, que desde a Idade Média, havia sido ultrajada durante um longo tempo. É por esse motivo que a crueldade, apreciada por Sade como um impulso da natureza, parece corresponder em todos os seus aspectos à crueldade da tortura e punição, desempenhada pelo dogma anti-natural da Idade Média.

Não se pode acabar falando de modo tão simples como Flaubert, posto que Sade não se limitou a criar e dirigir a "Idade Média sem Deus". Ele foi o experimentalista que nasceu no século XVIII, época de Voltaire, mediu o grau de aprovação da razão antes do que ninguém e suportou ele próprio o teatro da razão. Embora nos romances de Sade estejam expostos com precisão todos os tipos de sintomas hoje denominados demência, o próprio Sade nunca chegou à demência (veja a descrição matemática no final de *Os Cento e Vinte Dias de Sodoma*). Ele não narrou nem uma única vez o mal da perturbação mental. Até mesmo o demônio canibal age estimando a sua teoria, mas talvez para Sade, mal e demência fossem conceitos opostos. A sua sonda, ligada a uma corda de comprimento quase infinito, incluiu todos os tipos de males da natureza e conseguiu completar o sistema do mal. Mas a *Declaração dos Direitos Humanos* de 1789, com os seus dezessete itens, por ter sido erigida sobre o conhecimento do mal humano como o de Sade, é correta. A razão precisou descer uma vez até ao abismo de Sade.

O Renascimento ressuscitou o homem, mas a natureza não renasceu por completo até a chegada de Rousseau e Sade no século XVIII. Porém, como se lembrasse um precursor de Kafka, este escritor que investigou a estrutura decimal infinita do intelecto humano, como resultado de sua procura dentro da natureza do derradeiro ponto de chegada e da base da apologia, inconscientemente descobre a natureza como um conceito inumano, a força da natureza trabalha só para a crueldade. Por fim, ultrapassando o testemunho de Flaubert, este brilhante ateu também se revela um filho da cultura católica européia. É por esta razão, que eu disse que a visão de Sade sobre a natureza é totalmente diferente dos japoneses[2].

Desde a Antiguidade os japoneses sentem-se abençoados pela natureza, com a beleza das mudanças nítidas nas quatro estações do ano, bem como a abundância de frutos montanheses e produtos marinhos. Portanto, eles expressam os seus sentimentos de afeto e gratidão. Às vezes, a natureza apresenta-se sob formas violentas, como tempestades, terremotos e maremotos, mas eles as suportam porque sabem que

2. Yukio Mishima, "Prefácio a *Maruki do Sado senshû*".

O EXPERIMENTALISMO EXTREMO COM *MARQUESA DE SADE...* 157

são fenômenos passageiros. Já na concepção ocidental de natureza, o homem a vê de maneira racional, com o objetivo de conquistá-la, assim, está sempre em confronto com ela. Logo, a religião ocidental também é formada para resistir com todas as forças à natureza. Na sociedade nipônica não ocorreu esse pensamento racional de conquistar a natureza, pois as pessoas sempre procuraram unir-se a ela e descobriram a alegria e tranquilidade de conduzir a vida no seu seio.

No *Manual de Composição*, Mishima observa que

> no romance ocidental puro, há uma descrição da natureza humanizada, mas há poucas descrições em que o ser humano acaba sendo envolto pela natureza. E ao contrário, é natural que se descubra nos escritores russos e da Europa setentrional algo próximo das descrições da natureza dos japoneses.

No romance nipônico não há uma descrição naturalista, mas simbólica da natureza e devido a essa peculiaridade, o romance japonês possui muitos elementos mais próximos da poesia do que propriamente do romance.

Doze anos depois do "Prefácio às *Obras Seletas do Marquês de Sade*", com a revolução de maio de 1968 em Paris repercutindo mundialmente, Mishima volta a refletir sobre Sade no ensaio "Situação da Liberdade e do Poder" (outubro de 1968).

> Quem realizou a investigação mais profunda sobre a natureza humana, na época da Revolução Francesa, foi antes o marquês de Sade do que Voltaire. Sade conhecia muito bem o lado negativo do ser humano, portanto, exatamente como os fiéis do hinduísmo na Índia veneram o deus da destruição, ele apaziguou os corações dos deuses da destruição. Sade discernia muito bem que, como resultado natural da natureza humana, o impulso revolucionário possui um instante de embriaguez pela destruição indiscriminada, que não delibera de modo algum sobre o valor do objeto a ser destruído[3].

E no debate na Universidade Waseda, a 3 de outubro de 1968, o escritor reitera:

> Creio que quem leu o marquês de Sade do século XVIII, compreende muito bem que o ser humano tem a natureza dentro da natureza humana. Em geral nós agimos de acordo com as regras sociais; mas caso a natureza, a selvageria que existe dentro do homem for liberada, não sabemos o que poderá acontecer. Mas Sade sabia muito bem. Portanto, por mais que a Revolução Francesa advogue liberdade e igualdade, Sade conhecia profundamente o reverso da razão humana. Assim, que sociedade se formará se a natureza humana for liberada por completo? É claro que o sistema social atual será destruído. Acho que Sade previa o que há para além dessa destruição. [...] No mundo literário, a natureza humana pode ser liberada irrestritamente. É por isso que um mundo amoral como a literatura de Sade, totalmente fictício, é construído. Porém, na vida real, eu creio que de alguma forma, nós sempre salvamos o ser humano da natureza humana, que inclui a natureza. [...] Se eu pensar no homem como humanidade, distinguo-o da

---

3. Idem, "Jiyû to kenryoku no jôkyô" (Situação da Liberdade e do Poder), em *Bunka bôeiron*, p. 98.

158   YUKIO MISHIMA: O HOMEM DE TEATRO E DE CINEMA

natureza humana ("human nature", em inglês no original). Em suma, para salvar a humanidade do perigo da natureza humana, atua alguma organização política[4].

Ao ler *A Vida do Marquês de Sade* de Tatsuhiko Shibusawa, publicada em setembro de 1964, Mishima imediatamente envia ao autor uma carta a 22 de setembro. E se declara perplexo ao saber que na vida real, Sade só praticara atos que não continham crime algum. Posteriormente na resenha ao livro, *Uma Biografia Assustadoramente Clara*, ele reitera isso.

De fato, ao completar a leitura desta biografia, fica-se surpreso que tudo fosse tão espantosamente normal. [...] Em primeiro lugar, o que chama a atenção é que durante a sua vida Sade só cometera meros crimes infantis, totalmente fora de cogitação. Os pecados praticados por Sade pertenciam à mesma categoria das brincadeiras de crianças e é fácil conjeturar que entre os senhores feudais de então, eram efetuados com tranquilidade crimes muito mais hediondos. Não enquanto artista, um cidadão a partir do século XIX, mas Sade, com o seu poder, posição social e dinheiro, tinha força para transformar em ato os crimes que concebemos só com o espírito. Então, ele poderia ter-se conduzido com mais habilidade, agido muito mais à vontade e se safado. Entretanto, Sade não tinha tato nem coragem para tal.

Este homem, que passou a existência envolto em escândalos, manteve uma relação espiritualmente bela com a sua esposa fiel e esta, por sua vez, também se empenhou pelo marido preso, esta é uma verdade digna de observação. Talvez, só ela tenha compreendido intuitivamente a doçura infantil do coração de Sade. Esta é realmente a habilidade mais importante de uma mulher e a sra. de Sade, além do mais, pelo fato do seu marido estar preso, pôde escapar do seu ciúme mais atroz.

É um relato interessante o de que na vida carcerária de Sade, por ele ser muito aristocrático, era-lhe sempre permitido criar um cão de estimação. Como os monges da Idade Média, que graças à abstinência captaram a imagem da crueldade desumana do inferno; devido à abstinência, a vida carcerária incentivou a força imaginativa de Sade e inevitavelmente o transformou em artista. E assim, ele se protegeu da geração de conduta prática, durante a tempestade da revolução.

Na vida de Sade há um monte de incidentes, porém, não há um drama no sentido estrito da palavra. Há um pensamento intenso, mas não há uma tragédia volitiva. Ao invés de um drama como o de Balzac, descrito por Zweig, aparece à nossa frente uma estranha época denominada século XVIII, no qual gabinete e prisão, investigação e atividade criativa são sinônimos. [...]

O desejo de liberdade humana e a prisão são dois elementos contraditórios, que agem sobre a existência da maioria dos ativistas sociais. Isso não é nenhuma novidade. Entretanto, a razão de porque Sade é o famoso Sade, o princípio que unifica essas duas coisas, provavelmente o impeliu a um estado em que isso não teria existência, exceto através da arte. A ideologia purifica diretamente a prisão e a liberdade. Desse modo, talvez Sade tenha perseguido mais um fator que não se purifica (o desejo sexual) e chegado inevitavelmente à conclusão de que, para totalizar os três paradoxos de sexo, prisão e liberdade, só existe a arte[5].

Enquanto na Europa a sexualidade normal já não é mais estimulante, Mishima acreditava que quanto à sexualidade, os japoneses ain-

4. Idem, "Debate na Universidade Waseda", em *Bunka bôeiron*, p. 175-177.
5. Idem, "Osoroshiihodo meisekina denki: Shibusawa Tatsuhiko-cho *Sado kôshaku no shôgai*", *Nihon Dokusho Shimbun*, 26 de outubro de 1964.

O EXPERIMENTALISMO EXTREMO COM *MARQUESA DE SADE...* 159

da permaneciam juvenis. Portanto, a descrição da sexualidade normal é que se tornaria problemática no Japão. Daí *O Amante de Lady Chatterly* de D. H. Lawrence e *Fanny Hill* de John Cleland, que em certo sentido são romances saudáveis, terem sido considerados obscenos. Sade e Masoch, ao contrário, não exerceriam tanta influência sobre a sociedade nipônica, posto que ela não conseguiria compreender o anormal, que ultrapassaria esta dimensão de normalidade.

No artigo "O Sade Sofredor", Mishima diz:

Diferentemente de Lawrence, Sade é um escritor extremamente paradoxal. A literatura de Sade não possui uma natureza, que possa ser defendida do ponto de vista artístico ou humanístico. Sade posiciona-se no extremo norte de todas as artes deste mundo, ele é a vitória da arte sobre as artes e os seus escritos já ultrapassaram de há muito o território literário. Com o passar do tempo, é regra comum a todas as obras de arte, a perda gradual do seu tóxico. Entretanto, não existirá um escritor como Sade, que não perderá o seu veneno mesmo com o transcorrer de séculos. Ele é o inimigo de todas as formas políticas; o governo que aprovar Sade será um governo que aprovará a humanidade como um todo e, como isso se encontra fora do âmbito político, esse governo não se manterá por um único dia. Em suma, não só quanto à arte, mas também quanto à política, Sade não pode deixar de requerer a sua vitória política em relação à política, a de que a política ultrapasse a política[6].

Em *Lembranças da Marquesa de Sade*, Tatsuhiko Shibusawa salienta que enquanto o seu Sade é um alegre libertino do século XVIII, utopista de espírito geométrico, o de Mishima é o Sade da embriaguez sexual sombria da idade do crepúsculo dos deuses. Na noite de 2 de fevereiro de 1965, ao retornarem de uma visita ao escritor Yasunari Kawabata em Kamakura, Mishima confidenciou a Shibusawa que desde que lera o seu livro, ficara fascinado pela mulher de Sade e planejava escrever uma peça sobre ela. Nos eventos em que se encontravam, ele ia gradativamente lhe relatando a estrutura e o desenvolvimento do drama. Narrou também a estória para Masaki Dômoto, balbuciando-lhe as falas da condessa de Saint-Fond e disse-lhe que estava pensando em empregar um *onnagata* (ator intérprete de papéis femininos) no papel da madame de Montreuil (o ator Kitami). Mas infelizmente isso acabou não se concretizando.

Certo dia, Mishima telefonou à atriz Natsuko Kawara e perguntou-lhe se gostaria de trabalhar numa peça só de mulheres. Se concordasse em pagar as despesas de sua estadia no Hotel Imperial durante uma semana, ele a redigiria. Como de hábito, ao aproximar-se da redação final do texto, o escritor recolheu-se a um quarto do Hotel Imperial. Carregou consigo o livro de Shibusawa, repleto de anotações em vermelho e lhe telefonava com frequência para sanar as suas dúvidas. Por exemplo, o nome da madame de Simiane, amiga de infância de Sade no drama, era na realidade aparentada à sua família

6. Idem, *Junan no Sado*, em *Mishima Yukio zenshû*, vol. 29, p. 513.

160 YUKIO MISHIMA: O HOMEM DE TEATRO E DE CINEMA

e Mishima o retirara da biografia escrita por Shibusawa. Conforme prometera, o dramaturgo completa a obra em uma semana e Kawara vem buscar o manuscrito a 31 de agosto. Logo em seguida, a 5 de setembro de 1965, ele viaja com a sua esposa Yôko para Nova York, Paris, Estocolmo e Bangkok.

Criação de Marquesa de Sade

Ao refletir sobre as peculiaridades do *shingueki* (teatro moderno) japonês, Mishima que não sabia francês, mas tinha uma compreensão precisa da estrutura do teatro clássico francês desde Racine, ousou criar uma peça imitativa francesa. Portanto, uma tradição dramatúrgica totalmente anti-nipônica, porque ele julgou que seria um sacrilégio negligenciar a brilhante tradição de arte interpretativa imitativa do Ocidente, já existente no Japão. Isso não teria sido uma idéia original sua, uma vez que já existia a peça *Educação* de Chikao Tanaka, o maravilhoso ovo de Colombo. No panfleto da estréia de *Marquesa de Sade* pela Companhia NLT, o autor confessa:

Um dramaturgo japonês que escreve uma peça francesa e, além do mais, sobre os costumes do século XVIII, é uma atitude audaciosa que não teme os deuses e eu estou bem consciente disso[7].

Em seguida, Mishima discorre sobre a arte de representação do ator de *shingueki* (teatro moderno).

No Japão existe uma atuação importada infame. No Ocidente não, porque lá não havia necessidade disso. Durante um longo tempo, quando surgia um papel de oriental, puxava-se os cantos dos olhos, abria-se os braços como um bebê, andava-se nas pontas dos pés como uma criancinha e conseguia-se assim, convencer suficientemente a platéia. Porém, o fato de que o shingueki se opôs ao teatro tradicional japonês e surgiu a partir do teatro ocidental é uma verdade bastante conhecida. Isso foi o convite inevitável para o desenvolvimento da "interpretação imitativa do Ocidente". Mas inconscientemente, com a tradição de representação imitativa da comédia kyôguen na Idade Média como pano de fundo, além disso, o shingueki extirpou por completo daí os seus elementos paródicos e críticos, e se empenhou entusiasticamente em imitar com excesso de honestidade, polidez e seriedade, a linguagem e os gestos dos ocidentais (que esforço o dos japoneses!). Essa foi uma ponte realmente sem forma, construída abruptamente; mas de qualquer maneira, foi uma ponte singular a ligar o nosso teatro ao Ocidente.

De certo modo, após uma história de dezenas de anos, essa arte de interpretação mostra um resultado mais ou menos apresentável e atingiu o patamar em que uma peça ocidental, mesmo vista pelos ocidentais, não é tão ridícula. Embora seja japonês, ao vestir um quimono não consegue levantar a barra, quando porta uma espada não adota a postura correta, esse ator de shingueki (ele é de fato o símbolo do japonês contemporâneo) introduziu e herdou somente uma representação estilizada, que é a "atuação do teatro traduzido".

7. Idem, "Panfleto para a Estréia pela Companhia NLT", em *Engueki Nenpyô*, Museu do Teatro da Universidade Waseda, 1966.

O EXPERIMENTALISMO EXTREMO COM *MARQUESA DE SADE*... 161

Eu a denomino estilizada, porque creio que a interpretação do teatro traduzido, por fim, também chegará ao processo peculiar das artes cências nipônicas, que originalmente partem de requisitos realistas e sem se aperceberem, se estabelecem como um estilo. Além disso, devido ao progresso dos meios de transporte, o intercâmbio cultural mundial tornou-se próspero e nos Estados Unidos, não é raro peças com papéis de orientais. Hoje, como já não é mais suficiente o tipo do oriental de outrora, aproximou-se consideravelmente da expressão real. E a atuação no teatro traduzido do Japão, que realizou o requisito de um teatro universal um passo antes de todos, tornou-se um patrimônio cultural singular, ímpar no mundo[8].

No excelente ensaio "A Consciência do Método no Drama de Mishima: A Construção da *Marquesa de Sade*", o dramaturgo de vanguarda Minoru Betsuyaku pondera sobre a questão.

A estranheza de que um japonês crie uma peça francesa torna-se "a estranheza de um japonês que escreve uma peça traduzida". É claro que se um francês compuser um drama japonês, não significa particularmente que crie um texto traduzido. Ele simplesmente incorpora o japonês dentro do teatro tradicional francês. Como por exemplo, tornar francês um personagem de kabuki. Entretanto, no caso do shingueki (teatro moderno) japonês, não pode ser assim, porque não existe o "lado de cá" para incorporá-lo. O fato de que o shingueki tinha expectativas de um teatro criativo, em suma, obras em que aparecessem japoneses, tinha de certo modo as suas razões. Porque se ao menos não tornassem os personagens pessoas do "lado de cá", ele não poderia ser denominado teatro moderno japonês.

O autor escreveu uma peça traduzida e pensou em utilizar a arte de representação do teatro traduzido, porque desejava apagar por completo o que é designado de gancho do "lado de cá". Não há dúvida de que ele achou que seria possível criar um drama com o gancho dos "regulamentos do lado de fora", que o teatro traduzido e a sua arte de interpretação conotam. Baseado nisso, ele fez com que, ao invés da verdade das ações de cada um dos personagens, essa logicidade fosse vista de modo ainda mais saliente, como uma trilha[9].

No ano seguinte, quando *Marquesa de Sade* foi reencenada em Tóquio com as sessões superlotadas, Mishima publicou um artigo no *Mainichi Shimbun*, 1 de julho de 1966, atribuindo o sucesso em parte à escolha do título.

Se fosse *Marquês de Sade*, ficaria um tanto sombrio, assustador e difícil de se aproximar. Já com a sra. de Sade ocorre um contraste interessante com o nome "Sade". Seda e sangue tornam-se unos. De modo geral, o meu alvo também se encontrava aí. De fato, ao interpretar a literatura do pensador Sade, ela parece não conter sequer um vislumbre de elegância. Por outro lado, ao compará-la com os romances da mesma época, *As Ligações Perigosas* de Laclos e *Sofá* de Crebillon Fils, a fragrância da literatura erótica rococó ascende por trás do sangue e da tortura[10].

8. Idem, ibidem.

9. Minoru Betsuyaku, "Mishima guikyoku no hôhôishiki: *Sado kôshaku fujin* no kôzô" em *Kaishaku to Kanshô*, março de 1974.

10. Yukio Mishima, "*Sado kôshaku fujin* no saien", em *Mainichi Shimbun*, 1 de julho de 1966.

162 YUKIO MISHIMA: O HOMEM DE TEATRO E DE CINEMA

Como declara no posfácio à sua peça, quando leu *A Vida do Marquês de Sade* de Tatsuhiko Shibusawa, ao invés de Sade, Mishima detetou o desabrochar de um germe dramático na sra. de Sade. Por que Renée, que amava tanto o seu marido, apoiando-o com devoção nos treze longos anos de prisão, ao ser anunciada a sua liberdade, separa-se imediatamente dele e entra para o convento? Ao colocar o foco na esposa do famoso Sade, o drama caminha ao revés do consenso histórico e, acrescido do número reduzido de personagens, consegue criar um mundo singular e denso. Mas quem seria o verdadeiro protagonista, Renée ou Sade?

Donatien Alphonse Francois, conde de Sade, dito marquês de Sade (1740-1814), viveu durante o Iluminismo na França, freqüentemente denominado época da razão. Foi quando surgiram o pensador Voltaire (1694-1778) e o romancista Choderlos de Laclos (1741-1803), que propuseram a literatura através da lógica. Mas enquanto o romance epistolar de Laclos, *As Ligações Perigosas* (1782), acerca da permissividade erótica entre os cortesãos, parte do princípio de que o mais obsceno é o pensamento, para Mishima o verdadeiro erotismo é abstrato, matemático e ele quis escrever sobre isso. O dramaturgo afirma que *Marquesa de Sade* perseguiu, através das discussões entre as mulheres, somente o choque de idéias, sem mudanças abruptas de cena e sem acessórios de palco, fermentando a tensão dramática unicamente por meio dos diálogos. O que talvez tenha resultado num excesso de abstração na obra. No ensaio "O Verdadeiro Rosto do Marquês de Sade", Tatsuhiko Shibusawa corrobora.

> O processo da metamorfose de Sade, refletido no espelho espiritual dessas mulheres centradas em Renée, enfim, a dialética, que vai da "inocência" à "monstruosidade" até chegar à "santidade", é a linha que perpassa o fundo desta peça lógica[11].

Mas por que em *Marquesa de Sade*, Mishima chega à radicalização extrema da sua tese de que "teatro é igual à fala"?

> Esta é a grande questão que nós teríamos que defrontar um dia, a partir do momento que introduzimos o teatro ocidental. Naturalmente, o fundamento do teatro ocidental encontra-se no conflito entre "logos" e "pathos", que nunca será totalmente expresso a não ser através do duelo incansável dos diálogos e do poder de expressão interpretativa das próprias falas. Até hoje, o shingueki japonês enganou toda essa parte essencial com realismo ou emoção, limitando-se a juntar-lhe uma razão plausível. [...] *Marquesa de Sade* é uma sucessão de bate-bocas, envolta em vestuário elegante. Portanto, em certa medida, talvez o seu autor também tenha sido influenciado pelo palco[12].

Desde *Casa em Chamas* quando começou a criar peças shingueki, Mishima sempre teve em mente as diferenças entre as histórias das dra-

---

11. Tatsuhiko Shibusawa, "Sado kôshaku no makotono kao", em *Mishima Yukio oboegaki*, p. 121.
12. Yukio Mishima, *"Sado kôshaku fujin* no saien".

O EXPERIMENTALISMO EXTREMO COM *MARQUESA DE SADE...* 163

maturgias nipônica e ocidental. Para ele, o teatro de diálogos puro não teria vingado no Japão, fundamentalmente porque a oposição objetivo versus subjetivo dos japoneses não é rigorosa nas suas concepções de homem e natureza. Mas o que provocaria de fato o antagonismo objetivo versus subjetivo seria as palavras.

No artigo "Explanação Suplementar para a Edição de Luxo de *Marquesa de Sade*", o dramaturgo assevera:

Mediado pelo "logos" das palavras, o confronto dos sentimentos transforma-se em oposição de pensamentos teóricos, fazendo ocorrer pela primeira vez a objetividade teatral que, por sua vez, faz nascer a tensão antagônica da subjetividade do espectador. Este é o esboço da tradição teatral ocidental, desde a Grécia. As peças de Racine devem ser a essência desse tipo de tradição latina.

Entretanto, o teatro ocidental introduzido no Japão (o assim denominado shingueki) não herdou necessariamente essa tradição ocidental, quanto à interpretação da obra, ao método de direção e à arte de atuação. Embora exteriormente pareça um confronto severo ao nosso teatro tradicional japonês, na realidade, despreza por completo a literalidade, a lógica, o recitativo e a abstração das falas, valorizando o esboço realista, o trivialismo psicológico e a expressão de caráter. Ou então, prejudicado pela importância demasiada atribuída à ideologia, ao contrário, acabou formando um gênero teatral parcial e peculiar. Não se pode afirmar que seja uma variante excelente. As artes de atuação e direção no teatro tradicional japonês, que aderem não às próprias falas, mas às nuanças entre as falas, aparecem inconscientemente aqui e ali. O exemplo extremo é o modo de recepção de Tchekhov no nosso país[13].

Isto é, os dramas do escritor russo, mestre em revelar o trágico no trivial, são frequentemente montados, porque se harmonizam de modo extraordinário com o modo de expressão vaga dos japoneses.

Voltando ao processo criativo da *Marquesa de Sade*, o autor afirma que após vários planos, de repente, surgiu-lhe a idéia de não deixar o próprio Sade aparecer em cena nem uma vez. A partir de então, a estrutura da peça começou a se delinear.

Se Sade não entra no palco, é claro que outros homens também não devem. Porque num drama em que Sade é o representante masculino por excelência, se outros homens aparecerem, diminui a representatividade de Sade. Mas com elenco exclusivamente feminino, a entonação da voz tende a tornar-se monótona e isso é facilmente entendido se nos lembrarmos de uma encenação de Takarazuka (opereta só de mulheres). Em especial no caso em que a fala é a base da peça, isso se torna preocupante. Durante a composição da obra, criei o papel da velha dama da nobreza e pensei em vê-lo desempenhado por um *onnagata* (ator intérprete de papéis femininos no kabuki). Porém, ao cogitar que não existe uma tradição de atuação do onnagata no shingueki, fiquei receoso e acabei desistindo. Por fim, persisti em personagens exclusivamente femininas[14].

O drama do protagonista ausente, esse método de criação dramatúrgica audacioso de Mishima, o Sade ausente, é raro no teatro

---

13. Idem, "Gôkabanno tameno hobatsu (Sado kôshaku fujin)", *Chûo Kôronsha*, agosto de 1967.
14. Idem, *Panfleto para a Estréia pela Companhia* NLT.

contemporâneo universal e pode ser comparado ao de Garcia Lorca em *A Casa de Bernarda Alba*. Nesta peça, com personagens exclusivamente femininas, o símbolo de masculinidade na sociedade feudal espanhola, Pepe el Romano, também não aparece em cena. Embora nunca tenha se referido à obra de Lorca (1898-1936) nesse contexto, como um grande admirador seu, Mishima por certo teria sido influenciado pelo escritor espanhol, mesmo que inconscientemente.

Aliás em *Diário: Nudez e Vestuário*, um relato dos acontecimentos de 17 de fevereiro de 1958 a 16 de junho de 1959, quando Mishima realizou três grandes empreendimentos, a mudança para sua nova residência em Magome no distrito de Ohta em Tóquio, o nascimento de sua primogênita Noriko e a composição do romance *A Casa de Kyôko*, há uma referência ao teatro de Lorca. Exatamente como ocorrera com Sade, desde que lera *Yerma*, o nome de Lorca não mais se apartou do seu coração. Em seguida leu a fantasia poética, *O Amor de D. Perlimplin e Belissa no seu Jardim*, o teatro de marionetes *O Pequeno Retábulo de D. Cristóbal* e completou com a trilogia dramática, *Bodas de Sangue*, *Yerma* e *A Casa de Bernarda Alba*. Após a estadia nos Estados Unidos em 1957, depois de visitar Espanha e Itália, Mishima volta ao Japão a 10 de janeiro de 1958. Na Espanha, o escritor pôde constatar que a vida primitiva dos camponeses fazia jus à fama de que "a Espanha é a África da Europa"; e quando esteve em Madri, pretendia ver o teatro de Lorca. Mas foi alertado de que enquanto Franco estivesse vivo, não poderia vê-lo na capital. Então, ao retornar ao seu país, registrou no diário:

> Sem dúvida, Garcia Lorca é um poeta e dramaturgo de primeira classe. Todo o teatro de Lorca tem a tendência a se transformar em balada, com acompanhamento musical de guitarra.

Em *Escritores Modernos Japoneses e a Natureza da Literatura*, Makoto Ueda assinala que embora Mishima admirasse Garcia Lorca em sua apresentação hábil da vida campesina espanhola, ficava perturbado com o encorajamento da introspecção e ansiedade, que o seu trabalho frequentemente criava na platéia. Mishima observara:

> Tal inquietação não é exclusiva de Lorca, estamos familiarizados a ela, através das peças simbolistas de Maeterlinck e alguns dramas irlandeses. A única diferença é que as peças de Lorca nos fazem sentir como se uma música de guitarra soasse sem cessar no palco, uma melodia peculiarmente espanhola – inquieta, nervosa, como se leves nuvens sombreassem a lua ao passarem através de sua superfície, uma após a outra em rápida sucessão ... Na minha opinião, produzir tal inquietação na mente do espectador não é uma técnica teatral louvável. Pois esta "inquietação inanalisável", expressa pelos personagens simples no drama, encontra um público pronto nos habitantes das cidades modernas e assim, expande-se em suas mentes de acordo com a sua educação e vida interiores. Ela pode crescer como um pão com fermento em demasia; portanto, deve ser comparada, deduzida, substituída ou usada como uma metáfora de um tipo mais elevado de ansiedade.

O EXPERIMENTALISMO EXTREMO COM *MARQUESA DE SADE*... 165

Como as peças de Lorca davam margem a várias interpretações, Mishima, que não apreciava tal liberdade, teria concluído que embora Lorca fosse indubitavelmente um poeta e dramaturgo de primeira grandeza, possuia também uma mentalidade moderna macilenta. Segundo Mishima, enquanto num drama o personagem ausente até o fim é evocado por meio de diálogos, já nos romances como *Rebeca* e contos como *Vera*, um dos *Contos Cruéis* de l'Isle-Adam e *Lígia* de Edgar Allan Poe, em que as protagonistas são mulheres já falecidas, as descrições diferem das personagens comuns e adquirem um significado psicológico. Em *Marquesa de Sade*, como num caleidoscópio, a imagem de Sade é construída através das lembranças das seis mulheres que o cercavam: a esposa Renée, a sogra sra. Montreuil, a cunhada Anne, a "sra. do bem" baronesa Simiane, a "sra. do mal" condessa de Saint-Fond e a governanta Charlotte. O próprio Sade nunca aparece, até ser anunciado no final, o único momento dramático na peça. Anormalmente gordo, envelhecido e sem se interessar por coisa alguma, ele se transformara em sua própria ruína. Mishima não apresenta uma imagem unificada de Sade. Ao contrário, projeta o marquês em cada uma das personagens e os fragmentos, que compõem a sua figura a partir das visões das seis mulheres, ora se justapõem ora se contradizem. Sade aparece e desaparece através do poder das palavras das mulheres. Como numa verdadeira obra de arte aberta, este drama singular de Mishima cria suspense até o fim e os espectadores é que devem às apalpadelas ir montando nesse quebra-cabeças a imagem total de Sade. Adepto do princípio de que o dramaturgo é demiúrgico, por mais que ele não se interessasse ou não admitisse o princípio da obra de arte aberta, ironicamente com *Marquesa de Sade* acabou criando uma.

Também é certo que o texto foi escrito tendo em mente a regra das três unidades do teatro clássico francês. Embora o tempo mude do outono de 1772 (primeiro ato) para setembro de 1778 (segundo ato) e abril de 1790 (terceiro ato), o local estabelecido do começo ao fim é o sofisticado salão da sra. Montreuil. A obra é um verdadeiro teatro da fala, quase sem ação, com movimentos extremamente parcos. Ao invés dos incidentes chocantes acontecerem no palco, são narrados pelas personagens. Por exemplo, quando a condessa de Saint-Fond é pisoteada pela plebe no tumulto de Marselha, sua morte é relatada por Anne, que funciona como a fala do coro na tragédia grega.

Em maio de 1965, a Companhia NLT encenou dois nô modernos de Mishima, *Os Leques Trocados* (*Hanjo*) e *O Jovem Cego* (*Yoroboshi*). Após assistir *Os Leques Trocados*, o dramaturgo confidenciou à atriz Hideko Muramatsu, intérprete de Hanako, que o final da *Marquesa de Sade* seria igual ao desse nô, composto há dez anos. Como Hanako, a marquesa de Sade esperara por um longo tempo pelo mari-

166   YUKIO MISHIMA: O HOMEM DE TEATRO E DE CINEMA

do e no final, o desprezara para continuar fiel à imagem idealizada que criara dentro de si. Ela opta pela rejeição do Sade real, envelhecido e parecendo um mendigo, afasta-se da vida mundana e entra para o convento. Fora para desvendar este enigma, esta atitude de Renée que se assemelha à de Hanako, que o escritor se sentira impulsionado a criar *Marquesa de Sade*. O verdadeiro ser humano é inefável, daí o dramaturgo Minoru Betsuyaku completar:

> Entretanto, o autor não acha que elucidar o comportamento da marquesa de Sade seja elucidar um enigma. A marquesa tem realidade enquanto ser humano justamente por ser enigmática, ou então, no instante mesmo em que ele sentir a sua realidade enquanto ser humano, este enigma se desfaz. Em suma, o autor deseja explanar logicamente este fato na peça[15].

O mundo de Sade não é independente. Para o sadismo, conjunto de perversões em que a satisfação sexual depende do sofrimento alheio, vigorar, é condição necessária à existência do outro que assegure esses atos. Mas do segundo ao terceiro atos, o transcorrer de doze anos mudou Sade e Renée. Quando escreve o romance *Justine ou as Infelicidades da Virtude* (1791) na prisão, Sade adentra no mundo literário das idéias puras, onde não mais necessita do corpo alheio para realizar-se. Ao conscientizar-se da impossibilidade de concretizar os seus atos de crueldade, que visavam a liberdade e representavam o seu desafio à sociedade e, no seu extremo, a Deus (moralidade cristã da Europa no século XVIII), ele transfere o seu sonho para o papel. Ao ler a obra, Renée se dá conta de que Justine é ela própria e o seu marido acabara por encarcerá-la eternamente *dentro de uma estória*, enquanto Sade realizara uma viagem espiritual, partindo dos vícios para o terrritório livre e santificado da criação.

Na última entrevista concedida em vida, Mishima assevera:

> Quem comete um crime, por mais que não queira, tem que se confrontar com Deus. O erotismo é esse processo de se chegar a Deus seguindo o lado inverso. Este é o tema da minha *Marquesa de Sade*. Mas Sade realizou isso no século XVIII[16].

Chegar a Deus pela escada dos fundos, escura, oculta e distante, isto é, pelo erotismo, significa, como fez Sade, violar as proibições supremas ou os preceitos religiosos unicamente na busca do prazer e assim, ser conduzido a uma espécie de território do absoluto.

O dramaturgo constata que o mais surpreendente é que, mesmo nessa peça que se pretendia a mais ocidental possível, quando completada, ele teve a sensação de *yûguen* (charme sutil) do nô. Portanto, inconscientemente acabara assimilando os fundamentos do teatro

---

15. Minoru Betsuyaku, op. cit.
16. Yukio Mishima, "Mishima Yukio wa kataru: saigo no intabyû", *Shogakukan*, 1990.

O EXPERIMENTALISMO EXTREMO COM *MARQUESA DE SADE*... 167

clássico japonês, uma vez que os três atos atendem respectivamente à progressão rítmica *jo-ha-kyû* (introdução, desenvolvimento e ápice final) do teatro tradicional nipônico. Para alguns críticos, os dois primeiros atos estariam perfeitos, no entanto, o terceiro teria ficado longo demais. Mas de qualquer forma, a tragédia clássica *Marquesa de Sade* acabou se constituindo num grande evento na história do teatro moderno japonês.

Marquesa de Sade estreou pela Companhia NLT, sob direção de Takeo Matsuura no Kiinokuniya Hall em Tóquio, de 14 a 29 de novembro de 1965. Encenada com movimentos concisos e estáticos semelhantes aos de nô, alcançou um sucesso inesperado. O poeta Makoto Ohka louvou. "A peça em si mesma é o tratado de Yukio Mishima sobre o *shingueki* (teatro moderno) japonês, além de sua asserção"[17]. Em janeiro de 1966, ela foi agraciada com o Prêmio do 20º Festival de Artes, categoria Teatro, patrocinado pelo Ministério da Educação e Cultura do Japão. Em junho do ano seguinte, foi reapresentada pela mesma trupe no mesmo local.

Em outubro de 1975, *Marquesa de Sade* foi montada no México. De 13 de setembro a 23 de outubro de 1976, no Jardim Botânico-Rotunda em Bruxelas, o drama foi dirigido por Albert-André Lheureux. No mesmo ano em Paris, houve uma apresentação extremamente clássica da *Marquesa de Sade*, dirigida por Jean-Pierre Granval e com as atrizes da Companhia Renaud-Barrault. Os críticos elogiaram o cenário abstrato de cor única, decorado só com um espelho, o caráter de ritual da peça, com ênfase nos diálogos em estilo de Racine e o extraordinário conhecimento de Mishima sobre o século XVIII francês. A tradução francesa (1975) de André Pieyre de Mandiargues, que conhecera o autor em 1965, também contribuiu para o grande sucesso teatral. Em outubro de 1979, a Companhia Renaud-Barrault exibiu a montagem francesa no Japão. Em maio de 1986, houve uma encenação no Teatro Nacional de Chaillot em Paris, dirigida pela então desconhecida Sophie Loucachevsky, assistente de Antoine Vitez. Ao contrário da apresentação concisa de 1976 em estilo nô, a encenação extremamente teatral de 1986 foi em estilo kabuki, com uso de *hanamichi* (passarela), cenário e vestuários deslumbrantes, e utilização de *onnagata*, isto é, com o elenco exclusivamente masculino interpretando os seis papéis femininos. Parco em ação, com ênfase nos gestos, os atores proferiam suas falas sempre de pé, imóveis, salientando a trajetória lógica do drama. Esta apresentação recebeu o Prêmio Revelação de Teatro de 1986, em Paris.

O Teatro Atheneus de Varsóvia estréia *Marquesa de Sade* em maio de 1988, numa co-tradução de Yukio Goto e Stanislav Yanick.

---

17. Makoto Ohka, "Sôzôryoku o baiyôshita jôken", *Teatoro* (*Teatro*), janeiro de 1966.

168 YUKIO MISHIMA: O HOMEM DE TEATRO E DE CINEMA

A crítica polonesa foi boa. Em 1989, nos duzentos anos da Revolução Francesa, a peça traduzida por Gunilla Lindberg-Wada foi montada no Teatro Imperial da Suécia, sob direção do cineasta Ingmar Bergman. Grande êxito de bilheteria e de vendagem do texto teatral, os jornais, revistas e emissoras de rádio alardearam o alto nível da obra. Os suecos que só conheciam Mishima como o excêntrico japonês suicida, passaram a ter uma imagem mais justa do escritor.

Em memória dos vinte anos da morte de Mishima, *Marquesa de Sade*, com elenco do Teatro Imperial da Suécia e dirigida por Ingmar Bergman, é apresentada no The Globe de Tóquio, de 8 a 13 de janeiro de 1990. Assisti esta montagem regida pelo ritmo de nô, com o prelúdio (*jo*) no primeiro ato, desenvolvimento (*ha*) no segundo ato e clímax final (*kyû*) no terceiro ato, e marcada pela oposição maniqueísta bem e mal. A exibição teatral em solo nipônico vinha precedida de altos elogios dos críticos suecos. "Direção estética brilhante que chega a ofuscar os olhos, as palavras e os movimentos tecem o ritmo e a musicalidade, e o rico método interpretativo reprime as nuanças". Mas vejamos o depoimento do próprio Bergman no panfleto do *The Globe*.

> Quando escrevia *Marquesa de Sade*, Mishima certamente tinha em mente um drama no estilo de Racine. Tanto Mishima como Racine tratam das trevas do espírito humano. Mas a diferença fundamental é que enquanto Racine chega às margens apoiado em versos alexandrinos, Mishima resta, sem salvação, afundado no pântano. É exatamente por isso que hoje, embora respeitemos a perfeição de Racine, nos sentimos atraídos pela figura incompleta de Mishima. Em suma, ambos estão mergulhados na escuridão noturna. [...]
>
> Creio que *Marquesa de Sade* está mais próxima do nô do que de Racine. A peça de Mishima é muito misteriosa, cheia de fascínio e, às vezes, difícil de se trabalhar porque é uma mistura complexa de classicismo francês e teatro nô. Na minha direção, os elementos de nô, a árvore do cenário e a música de *koto* (harpa japonesa) são a minha saudação a Mishima. Os trajes em estilo clássico francês que usamos, também engrenam bem com os elementos extremamente cerimoniosos do vestuário nô. Acho que nesta obra teatral, as vestes se harmonizam de modo extraordinário com os movimentos corporais[18].

A revista *Artes Teatrais* do Centro Japonês da Associação Internacional dos Críticos Teatrais (AICT) realizou, na sua edição inaugural de 1994, uma enquete sobre "Os 50 Anos das Peças Nipônicas no Pós-Guerra", selecionando vinte delas. Dos 54 críticos participantes, 25 deles elegeram em primeiro lugar a *Marquesa de Sade* de Mishima e de sua dramaturgia, as *Peças de Nô Moderno* e o melodrama *Palacete das Festas* também receberam alta cotação.

No Brasil, a minha tradução da peça, montada com o título de *Madame de Sade* e dirigida por Roberto Lage, estreou em outubro

18. Ingmar Bergman, *Depoimento ao Programa do The Globe n° VIII*, primavera de 1990.

de 2005 no Centro Cultural Banco do Brasil em São Paulo. Protagonizada por Bárbara Paz, o elenco se completou com as atrizes Imara Reis, Jerusa Franco, Tânia Castelo, Maria do Carmo Soares e Denise Cecchi.

11. Ruptura com a Companhia NLT; Formação do Roman Guekijô

E a história tornava a se repetir ... Em maio de 1968, ocorre uma cisão na Companhia NLT (Néo Littérature Théâtre).

Arrastado pelo diretor Takeo Matsuura, Mishima e ele fundam a companhia Roman Guekijô (Teatro Romântico), nome sugerido pelo escritor. Eles tornam-se gerentes, agregando Masaki Dômoto e os atores Nobuo Nakamura, Jin Nakayama, Fuyuki Murakami, Mari Hattori, Mie Minami e Hideko Muramatsu, dentre outros. No *press release* no Café Amande em Roppongui, Mishima divertiu os presentes com sua declaração.

Há uma opinião geral de que nunca houve uma cisão tão sem sentido quanto a da Companhia NLT e, para falar a verdade, eu também não entendo muito bem. Dizem que é uma ruptura, porém, quando me encontro com o pessoal do NLT, converso e gosto deles.

Para a primeira montagem do novo grupo teatral, o dramaturgo compõe *Meu Amigo Hitler*.

MEU AMIGO HITLER

> *Mais friamente lúcida é* Meu Amigo Hitler, *que precede em pouco mais de um ano a morte do seu autor, e onde esta frase é ironicamente posta na boca de Roehm, que vai ser aniquilado. Nenhuma dessas obras teatrais (*Os Crisântemos do Décimo Dia, A Harpa da Alegria *e* Meu Amigo Hitler*) é "partidária", do mesmo modo que* Lorenzaccio *não é um ataque contra os Médicis. Trata-se da vida mesma, com suas rotinas e seus extravios, já cobrados e superados*[1].

MARGUERITE YOURCENAR

> *Perguntam-me com frequência: "Qual o significado de se escrever sobre Hitler, hoje?" Na verdade, para se escrever decisivamente sobre Hitler, não se leva a cabo com um romance de um ou dois volumes. De um lado, a questão de Hitler está relacionada à essência da civilização no século xx e de outro, ao abismo tenebroso da natureza humana*[2].

YUKIO MISHIMA

A 3 de fevereiro de 2000, tomou posse o novo governo austríaco do primeiro-ministro Wolfgang Schuessel (Partido Popular), o primeiro no pós-guerra europeu com presença importante da extrema direita (Partido da Liberdade). Com cartazes de "A Áustria de Haider não é a minha Áustria", milhares de pessoas entraram em choque com a polícia, gritando "Haider é um fascista". Referiam-se ao líder do Partido da Liberdade, Joerg Haider, que já fizera declarações simpáticas ao nazismo, prega a política antiimigratória e integra a coalizão que governa a Áustria. Desde então, o país sofreu pressões diplomáticas de Israel e da União Européia, e a indústria de turismo, vital para a economia austríaca, sentiu o impacto da reação ao novo governo. O que obrigou Haider, já em fins de fevereiro, a ceder às pressões e renunciar à liderança do partido.

Atualmente, o crescimento do populismo da extrema direita, nacionalista e xenófoba, nos países mais desenvolvidos da Europa representa um grande perigo para a democracia. Em 2001, o novo primeiro-ministro italiano, Silvio Berlusconi, formou um governo de coalizão que inclui Gianfranco Fini, chefe da neofascista Aliança Nacional, e o xenófobo Umberto Boni, chefe da separatista Aliança do Norte; na Noruega e na Dinamarca os social-democratas foram derrotados pelo Partido Popular, com uma plataforma contra a imigração; na Bélgica o partido de extrema direita, Bloco Flamengo, obteve expressiva votação na Antuérpia; e em 2002, o ultradireitista francês, Jean-Marie Le Pen, líder da neonazista e xenófoba Frente Nacional, derrotou o socialista Lionel

---

1. Marguerite Yourcenar, *Mishima ou a Visão do Vazio*.
2. Yukio Mishima, "Sakuhin no haikei: *Wagatomo Hittora*", *Tokyo Shimbun*, 27 de dezembro de 1968.

RUPTURA COM A COMPANHIA *NLT*, FORMAÇÃO DO *ROMAN GUEKIJÔ*   173

Jospin nas eleições presidenciais. Em maio de 2002, o assassinato de Pim Fortudyn, líder da ultradireita holandesa que combatia a imigração e atacava o islamismo, conseguiu despertar o sentimento de solidariedade dos grupos nazistas, fascistas e racistas em toda a Europa. Portanto, a questão de Hitler hoje, com a ascensão dos partidos neonazistas não só na Áustria, mas em várias nações européias e por que não dizer no mundo inteiro, se revela extremamente atual.

Hitler é considerado a personificação do mal por excelência no século xx. Ao adicionar *amigo* ao seu nome, o dramaturgo cria um título provocante e sensacionalista. À parte o conteúdo da peça, indignados, muitos relacionam automaticamente Mishima a Hitler. Um título irritante, mas ao mesmo tempo, irônico. Hitler, amigo de quem? Fugindo ao seu hábito, o autor não esclarece.

Em "Notas sobre *Meu Amigo Hitler*"[3] no programa de estréia, o dramaturgo zomba.

> Um hino maligno ao perigoso herói Hitler, pelo perigoso pensador Mishima. [...] Inúmeras pessoas me perguntaram: "Você gosta tanto assim de Hitler?". Contudo, não tenho a obrigação de apreciar Hitler só porque escrevi uma peça sobre ele. Para ser sincero, tenho um interesse assustador pela personalidade de Hitler, porém, se me indagarem se gosto dele, só me resta responder que não. Hitler era um gênio político, mas não era um herói. Para ser herói faltavam-lhe por completo frescor e brilho. Hitler era sombrio como o século xx.

Logo após completar *Meu Amigo Hitler*, o autor assiste o filme *Os Deuses Malditos* (1969), de Luchino Visconti. Ele o apreciara como um bom filme, no qual as ss (Esquadrão de Proteção), que garantiam a segurança interna do Reich Alemão, liquidam a organização paramilitar *SA* (Pelotão de Assalto). Mas conclui que só assistindo a película, não dá para saber por que os integrantes da tropa de choque foram mortos. Já o seu drama descreve apenas o pano de fundo do incidente, mas com a verdade oculta no seu verso. É uma grande crítica à ditadura unipartidária, o partido nacional-socialista ou nazista, e ao próprio Hitler, que assassinou cruelmente não só os judeus, como também os seus amigos mais radicais. Portanto, na realidade, não há uma apologia a Hitler, uma vez que Mishima o detestava. O equívoco se deve àqueles que não leram a obra.

Quanto à concepção da peça, o dramaturgo relata em "Notas sobre *Meu Amigo Hitler*", que após *Marquesa de Sade* (1965), criara *Meu Amigo Hitler* (1968) para confrontá-la. "Isto é decorrente do meu gosto pela simetria, não havendo especificamente um significado mais profundo". De fato, o escritor já compusera dois contos sobre

---

3. Idem, *"Wagatomo Hittora* oboegaki", em *Programa da Companhia Roman Guekijô*, janeiro de 1969.

174 YUKIO MISHIMA: O HOMEM DE TEATRO E DE CINEMA

narcisistas contrastantes, *Onnagata* (ator intérprete de papéis femininos no kabuki) e *Kiken* (*O Dignitário*), em 1957.

O cenário em *Marquesa de Sade* é repleto de acessórios de palco em estilo francês e em *Meu Amigo Hitler*, igualmente cheio deles em estilo rococó alemão. Ambos são em três atos; quanto aos personagens, na primeira há seis, todas mulheres e na segunda, quatro, todos homens; os protagonistas são Sade e Hitler, que representam respectivamente os monstros dos séculos XVIII e XX.

Assim como *Marquesa de Sade* tem como pano de fundo a Revolução Francesa e é um drama não sobre Sade, mas baseado na biografia *A Vida do Marquês de Sade* de Tatsuhiko Shibusawa, *Meu Amigo Hitler* também é uma peça baseada no livro *Adolf Hitler* de Alan Bullock e tem como cenário histórico o nazismo.

Meu Amigo Hitler foi inspirado no *Britânico* de Racine, segundo Mishima, "um teatro político que lava sangue com sangue". Como em *Marquesa de Sade*, o dramaturgo quis criar uma peça contemporânea em molde raciniano, expressa em alexandrino elegante, com os quatro personagens proferindo longas e poéticas falas, verdadeiras árias que embriagassem o público. Mas quando estreou, alguns críticos equivocadamente apontaram a semelhança dessa retórica clássica com a do teatro shakespeareano. Para desenvolver esta tragédia política, mundo exclusivamente masculino, o autor evitou técnicas teatrais minuciosas, enfim, as artimanhas cênicas, e optou por uma estrutura simples como a do nô. O que resultou num progresso vigoroso do pensamento, que perpassa toda a obra e cria grande tensão dramática.

O texto obedece quase por completo a regra das três unidades do teatro clássico ocidental, reduzindo ao máximo tempo, espaço e personagens. O enredo trata da "noite dos longos punhais", 30 de junho de 1934, também conhecida como a "noite de São Bartolomeu da Alemanha", quando Hitler eliminou de um só golpe a extrema direita e a extrema esquerda, justificando isso como uma necessidade de Estado. "Num certo momento, para o estabelecimento do sistema totalitário, precisou-se camuflar por um instante os olhos da nação com uma 'visão política de centro', como uma regra política"[4], explana o autor. Ele confessa que, ao invés de Hitler, se interessava sobretudo pelo incidente Roehm.

O Japão, que faz tudo sem planejamento e ao acaso, levou aproximadamente dez anos, desde a opressão da esquerda até a condenação do levante de 26 de fevereiro de 1936, para eliminar tanto a extrema esquerda quanto a extrema direita. Hitler realizou isso numa só noite[5].

O tempo da peça transcorre num dia do final de junho de 1934, no primeiro ato; a manhã seguinte, no segundo ato; até tarde da noite

4. Idem, "Sakuhin no haikei: *Wagatomo Hittora*".
5. Idem, "*Wagatomo Hittora* oboegaki".

RUPTURA COM A COMPANHIA *NLT*, FORMAÇÃO DO *ROMAN GUEKIJÔ*   175

de 30 de junho, no terceiro ato. A ação passa-se na grande sala da residência oficial do primeiro ministro, em Berlim. É certo que antes do expurgo, Hitler se encontrara em separado com Roehm e Strasser. Entretanto, a conexão Roehm-Strasser, o fato de que na manhã seguinte eles aí se reuniram para discutir a derrubada do poder político é pura invenção de Mishima e a obra em si é fictícia.

Quanto aos personagens, reduzidos a quatro, o escritor muda sem hesitação os seus caráteres. Ernst Roehm, insolente e audacioso, amava o uniforme militar e queria ter poder demais, mas foi recriado como um eterno advogado da revolução e com um sentimentalismo que fazia lembrar um guerreiro japonês. O autor chegou a projetar nele a imagem de Takamori Saigô (1827-1877), a quem admirava. Ainda mais honesto, puro e eloquente do que na vida real, Roehm seria tão bondoso, que não teria suspeitado de Hitler até a sua morte. Portanto, não seria Mishima, mas Roehm quem estaria chamando-o de *Meu Amigo Hitler*? Para contrastar com Roehm, o sol, Gregor Strasser, seria a sombra. Ele era grande, forte e beberrão, porém, é descrito como egoísta e cínico, o tipo do intelectual perspicaz, aliado dos trabalhadores e que previra o plano de expurgo. Tanto Roehm como Strasser eram companheiros de Hitler, há mais de dez anos. Mas o velho industrial Gustav Krupp, símbolo do capitalista monopolizador das indústria pesadas de Essen, não era colega de longa data; o *novo amigo* surge como o *mercador da morte*. Sua presença em cena é extremamente simbólica e, comparada à dos outros dois, a mais distante da realidade dos fatos.

Na abertura do espetáculo, quando as luzes da platéia se apagam, ouve-se o reverberar da multidão saudando Hitler, que discursa na sacada ao fundo, com Ernst Roehm de uniforme militar, à direita e Gregor Strasser de terno, à esquerda. Todos estão de costas ao público. Quando o velho Krupp aparece no meio do discurso e entabula uma conversa com Roehm frente aos espectadores, não mais se ouve o discurso de Hitler, só se enxerga ele gesticulando e quando se escuta a voz de Hitler, não mais se ouve a conversa dos dois. Uma excelente e sólida estratégia para a introdução dos personagens.

Em *"Meu Amigo Hitler,* um Teatro das Relações", o dramaturgo Minoru Betsuyaku assevera que os protagonistas de *Marquesa de Sade* e *Meu Amigo Hitler* não seriam Sade e Hitler, como dissera Mishima. Porque "do ponto de vista dramatúrgico, eles são dramas relacionais, que descrevem as pessoas que cercam Sade e Hitler. Sendo uma obra posterior a *Marquesa de Sade*, a dinâmica relacional em *Meu Amigo Hitler* se torna mais concisa e de fácil compreensão"[6].

Hitler recebera um comunicado oficial para reprimir a SA, a tropa de choque de Roehm, ou entregar o poder ao exército. Um grande

---

6. Minoru Betsuyaku, *"Wagatomo Hittora*: kankei no engueki", em *Kokubungaku*, julho de 1986.

176 YUKIO MISHIMA: O HOMEM DE TEATRO E DE CINEMA

dilema, pois ele deveria escolher entre tornar-se aliado dos revolucionários ou dos conservadores. Agora, com o presidente Hindenburg moribundo, tinha que se decidir. Hitler convoca Roehm, Strasser e Krupp para discutir uma solução para a crise política na Alemanha. Entretanto, esse quadrilátero relacional só se dá num curto espaço de tempo no primeiro ato, sendo logo interrompido para se estabelecer numa sucessiva relação dual. Assim, logo após a conversa de Krupp e Roehm, Hitler fica a sós com este. Ele é o que mais considera Hitler um amigo, sonha com uma nova revolução e a completação do nazismo. Após a morte do presidente Hindenburg, Hitler pretende ocupar o seu posto, impossível sem o apoio do exército. "Ernst é um militar e Adolf, um artista", mas Hitler o considera um obstáculo para a sua reconciliação com o exército. No segundo ato, na manhã seguinte, persuadido por Hitler, Roehm promete-lhe que a organização paramilitar SA (Pelotão de Assalto), que comandava e existente desde 1921, entraria em férias até que ele se tornasse presidente, para não entrar em confronto com o exército nacional.

Segue-se o clímax dramático no confronto entre Roehm de direita e Strasser de esquerda, que chegara atrasado ao café da manhã. Este revela que Hitler está armando um complô para assassiná-los e propõe a Roehm que realize a revolução com ele, ao invés de Hitler, para escaparem da catástrofe iminente. Mas Roehm, que acredita cegamente em Hitler, recusa a proposta. Nos dizeres de Strasser, ele próprio é um político amante da bebida, enquanto que Roehm é uma criança que gosta de leite e brincar de soldado. Minoru Betsuyaku acrescenta:

> É claro que Roehm e Strasser, os dois e Hitler estão literalmente numa simetria de "revolucionários" e "político". Estes dois e Krupp também fazem uma simetria de "revolucionários" e "capitalista".
> Em suma, para Roehm, Hitler é um "artista"; para Strasser, um "homem de poder que traiu a revolução"; para Krupp, um "jovem e tímido companheiro". Assim, à medida que se muda a combinação das relações pessoais, Hitler se transforma. Nesse aspecto, com Roehm, Strasser e Krupp também ocorre o mesmo[7].

O terceiro ato transcorre alguns dias depois, quando Roehm e Strasser já foram executados por crime de traição e a *SA* foi fuzilada, tranquilizando o exército e o mundo financeiro. Hitler considera a sua relação com Krupp como a existente entre o *alfaiate e o seu cliente*. Mas o interessante é a reviravolta na posição dos dois. Como observa Mishima,

> no primeiro ato, Krupp é claramente o manipulador de bonecos e Hitler, o boneco. Porém, no terceiro ato ocorre uma inversão, Hitler torna-se o titereiro e Krupp, o boneco. E no entanto, Krupp obviamente não se dá conta dessa reversão e a cortina do final cerra[8].

7. Idem, ibidem.
8. Yukio Mishima, "*Wagatomo Hittora* oboegaki".

RUPTURA COM A COMPANHIA *NLT*, FORMAÇÃO DO *ROMAN GUEKIJÔ*   177

Hitler fala para si mesmo: "Ernst é um soldado, Adolf, um artista? É melhor corrigir para Ernst foi um soldado e Adolf se tornará um artista". Na cena final, Krupp diz a Hitler: "Adolf, você agiu muito bem. Golpeou a esquerda e no movimento de volta da espada, eliminou a direita". Hitler (avança até o meio do palco): "É verdade, a política deve seguir o caminho do centro"[9], isto é, agora ele pode apresentar-se como um liberal de centro. Um final provocador, como o título. A peça começa e termina com uma provocação.

No fim do primeiro ato, Krupp lhe dera o conselho de considerar todos, exceto ele próprio, como loucos. No artigo "Simplificação Baseada na Técnica Clássica", Kenzaburô Shirai corrobora. "E aqui, de fato, nasce o artista Hitler, que procura na loucura o absoluto do seu ser"[10]. Mas o homem que amava Wagner e o conceito de obra de arte total, não conseguiu ingressar na Academia de Artes de Viena nem pôde se tornar um artista. Portanto, ele destila o veneno político e abre o seu caminho para um sistema ditatorial. Na resenha do romance *Festival das Trevas* de Colin Wilson, Mishima observa:

> É um exemplo extremo, mas antigamente, Hitler também era uma pessoa "artística" quieta, que aspirava se tornar um pintor. Porém, ele não era em absoluto um artista verdadeiro. Visto que a pessoa artística não tem todo o seu ser estimulado para a energia da criação, ela destila vagamente a coisa artística no seio da vida, como se despejasse levemente um veneno na água. Por isso, ela não consegue de modo algum ter uma "visão total do universo". Portanto, a sua imagem do mundo desintegra-se sem cessar, ela é acometida por um sintoma de perda ética e artística e, como não tem outra alternativa para realizar isso na sua existência, por fim, comete um crime. Além disso, ao invés de um crime inteiramente pessoal, ela personifica com agudeza a loucura conotada por uma época e acaba se transformando num louco que se rende a isso[11].

O texto, completado a 13 de outubro de 1968, foi publicado na revista *Bungakukai* (*Mundo Literário*) em dezembro do mesmo ano. *Meu Amigo Hitler* estreou a 18 de janeiro de 1969 no Kiinokuniya Hall em Tóquio. Por coincidência, exatamente na noite do primeiro dia em que os estudantes de extrema esquerda se reuniam no Auditório Yasuda da Universidade de Tóquio, em dissensão contra o *Anpo* (Tratado de Segurança Mútua Japão-Estados Unidos), mas que seria estabelecido no ano seguinte. Portanto, *Meu Amigo Hitler* causou um grande impacto como peça premonitória da crise política no Japão de então. No último dia da temporada teatral, a 31 de janeiro de 1969, Masaki Dômoto, sentado na última fila, viu perfilados à sua frente alguns membros uniformizados da Sociedade do Escudo. Quando o

---

9. Idem, *Wagatomo Hittora*, em *Mishima Yukio guikyoku zenshû*, vol. II.

10. Kenzaburô Shirai, "Kotenteki shuhô ni yoru tanjunka: Mishima Yukio *Wagatomo Hittora*", em *Asahi Journal*, 16 de março de 1969.

11. Yukio Mishima, "*Ankoku no matsuri*: Corin Uiruson-cho" em *Mishima Yukio zenshû*, vol. 30, p. 70.

espetáculo terminou, Mishima surgiu no palco em traje militar e fez uma saudação ao público sobre o propósito do seu exército particular. E para o riso geral da platéia, acrescentou: "Na verdade, eu gosto muito mais de brincar de soldado do que das três refeições por dia. E estou sempre a sonhar com o passado ..."

12. Sob a Influência do Teatro Tradicional Japonês

> *Eu tenho uma natureza estranha, pois consigo me confessar com muito mais ousadia e franqueza ao escrever dramas, especialmente as* Peças de Nô Moderno, *do que romances, que é a minha ocupação principal. Talvez seja porque as peças em um ato desta série estejam me substituindo, atualmente, a composição de poemas. Ao completar vinte anos, abandonei a criação de poesia porque percebi que eu era um falso poeta. Mas o que é gratificante na peça teatral é que ela permite ser considerada uma "fausse poésie".*

> YUKIO MISHIMA[1]

PEÇAS DE NÔ MODERNO

Shizue Hiraoka, mãe de Mishima, descendia de uma família de intelectuais de Kanazawa. Portanto, em 1937, quando Natsuko, avó paterna do escritor, o levou ao Kabuki-za pela primeira vez, por competição no mesmo ano, a sua avó materna Tomi Hashi, que praticava canto de nô em estilo Kanze, o convidou para assistir o nô *Miwa*. Assim, o primeiro contato do escritor com o *nôgaku* (nô e kyôguen) deu-se no mesmo ano do kabuki, aos doze anos de idade. Embora as escolhas das peças tivessem sido aleatórias, o fato de que o primeiro kabuki fosse o solene prelúdio de *A Vingança dos Quarenta e Sete Vassalos Leais* (*Chûshingura*) e o primeiro nô, *Miwa*, uma brincadei-

---

1. Yukio Mishima, "Dôjin zakki" (Notas Miscelâneas da Trupe 'Dôjin') *Koe*, julho de 1960.

ra dos deuses no rochedo celeste, o fizeram sentir como se estivesse recebendo favores especiais dos deuses das artes cênicas japonesas.

Atraído pelos dois gêneros, durante a guerra ele vira muitas peças nô e sempre que tinha tempo, costumava mergulhar na leitura das obras completas de nô e dos roteiros de bunraku, fonte de adaptação de vários dramas kabuki. Ao final da guerra, já estava totalmente familiarizado com o nô e Monzaemon Chikamatsu, o maior dramaturgo de bunraku.

Aos treze anos, Mishima é introduzido ao classicismo japonês pelo professor de redação e gramática no Gakushûin, Fumio Shimizu, e ele o absorveu como um rio seco. Como já lera várias traduções de literaturas estrangeiras, procurou ver o classicismo nipônico sob a perspectiva da literatura universal. Por exemplo, o tema da culpa/pecado no *Conto de Guenji* de Shikibu Murasaki pareceu-lhe um artifício de tragédia grega. A comoção, que o assaltou quando Shimizu lhe abriu a caverna dos tesouros clássicos japoneses, foi enorme. "O que aprendi com Shimizu não era senão a crença de que o classicismo nipônico já tinha força para se alojar teimosamente nos espíritos dos japoneses contemporâneos", relata o escritor em *Mestre e Discípulo*. Mais tarde ainda no Gakushûin, liga-se ao grupo literário Românticos Japoneses (Nihon Roman-ha), liderado pelo crítico Yojûrô Yasuda, especialista em literatura clássica nipônica.

Mishima nunca foi forçado a estudar a literatura clássica japonesa. Ele próprio, movido por um grande interesse, abriu seu caminho até ela. Esse neo-classicismo que se desenvolveu nele, de um lado teria sido cultivado pelas elegantes palavras de nô e de outro, pelas obras finais de Junichirô Tanizaki. Em *Meu Classicismo,* Mishima assevera que ao analisar os livretos de nô no contexto da literatura do Período Muromachi (1333-1573), "quem não se embriaga com a maravilha deste estilo arabesco é surdo à sensação de beleza musical da língua japonesa".

Doravante, como registra em *O Classicismo Japonês e Eu*, a profunda desesperança, a concepção de fim do mundo do homem medieval e a sua resistência estética, através do estilo elegante de nô vão estar no cerne do seu trabalho.

Afinal de contas, dentre as obras clássicas com as quais eu me familiarizara na minha juventude durante a guerra, a que posteriormente proporcionou maior influência e, além disso, a que mais tocou a minha essência, creio que foi o nô. O romance que escrevi durante a guerra, *Idade Média*, é um exemplo disso e no pós-guerra, desde as *Peças de Nô Moderno*, passando pelo romance *Templo do Pavilhão Dourado* até *As Vozes dos Espíritos dos Heróis Mortos*, o nô se manteve sem cessar como uma subcorrente da minha literatura. A melancolia e o esplendor do nô, a sua perfeição formal e a economia de sentimentos completavam o meu ideal artístico.

O mesmo se pode dizer do tema fundamental que perpassa a sua última obra, a tetralogia *Mar da Fertilidade*. A reencarnação, a

SOB A INFLUÊNCIA DO TEATRO TRADICIONAL JAPONÊS 181

imortalidade do espírito, é sem dúvida um tema budista, mas também típico de nô.

Mesmo nos anos finais de sua vida, por vezes, Mishima voltava à leitura dos clássicos japoneses. Seus preferidos eram as obras de Saikaku Ihara, o Bocaccio nipônico, os dramas de Monzaemon Chikamatsu, *O Livro da Transmissão da Flor* (*Kadensho*) do filósofo e criador do nô, Zeami, *Hagakure* de Jôchô Yamamoto, o mestre da sua existência, e o romance *Lua Crescente: As Aventuras de Tametomo* de Bakin Takizawa, que ele considerava bem mais interessante do que qualquer romance contemporâneo.

Quando freqüentava o ginásio no Gakushûin, o livro adotado nas aulas de japonês era *Relatos sobre Estilos de Escrita* de Jun Satomi. Como modelo de boa escrita, havia um trecho do conto *No Promontório do Castelo* de Naoya Shiga e de escrita ruim, a citação de uma fala no drama *Kiyohime* (nome da protagonista) de Torahiko Koori. Porém, o escritor sentiu-se fortemente atraído pelo mau estilo e procurou os livros de Koori por um longo tempo. Durante a guerra já no início do colegial, por acaso, deparou com as *Obras Completas de Torahiko Koori* num sebo de Tóquio e as adquiriu de imediato.

Depois de estudar igualmente no Gakushûin, Torahiko Koori (1890-1924) cursa literatura inglesa na Universidade de Tóquio. Ao tornar-se membro do grupo literário Bétula Branca (Shirakaba), compõe romances e dramas, como o nô *A Jovem no Templo Dôjô*, encenado em 1913 pelo ator de kabuki Sadanji Ichikawa no *Jiyû Guekijô* (Teatro Livre) de Tóquio. Mas aos vinte e quatro anos, abandona os estudos e parte para a Inglaterra. Lá escreveria *Kanawa*, que foi publicado naquele país, *Gyokusô Kyoku, Registro de Yoshitomo* e peças ocidentais sobre o Antigo Testamento: *Saul e Davi* e *Absalom*. Ele batalha bravamente para montar os seus dramas na terra de Shakespeare e após obter grande aclamação, falece precocemente aos trinta e quatro anos na Suíça. Deixou vários ensaios sobre pintura ocidental e teatro, como "Anotações sobre Arte" e "Discussões sobre Dramaturgia".

Mishima sempre louvou esse gênio pioneiro e esquecido, esse homem do mundo com quem tinha profundas afinidades, posto que Koori fora seu heróico precursor nas adaptações dos nô clássicos para o teatro moderno e suas encenações no exterior. Os nô de Koori, *Kanawa, Dôjôji* e *Kiyohime*, que ele considerava obras-primas singulares, extremamente avançadas para a época, eram peças de nô moderno em prosa. Influenciado pelo estilo sutil de Hoffmannsthal, uma combinação de esteticismo exuberante e melancolia *fim-de-século*, Koori deixou-se absorver profundamente pelas palavras e tencionou criar um tipo semelhante de drama poético. Mas ficou a meio caminho, como constata Mishima:

182 YUKIO MISHIMA: O HOMEM DE TEATRO E DE CINEMA

As adaptações de Koori são notáveis. Entretanto, a influência de Hoffmannsthal é forte demais, a ênfase no aspecto do nô como arte decadentista é excessiva e não aprecio o fato de que negligenciam o seu lado clássico. No entanto, elas devem ser apreciadas com mais justiça[2].

No seu posfácio à edição japonesa das *Peças de Nô Moderno* de Mishima, Donald Keene observa que *A Jovem no Templo Dôjô* de Koori lembra a *Salomé* de Wilde, pela sua atmosfera *fim-de-século*.

Num café de Tóquio, após elogiar *A Jovem no Templo Dôjô* de Koori, Mishima disse ao ator Hiroshi Akutagawa que também pretendia reescrever algumas peças nô. Porém, como não tinha os textos, Akutagawa acabou emprestando-lhe a sua *Coleção Completa das Peças de Nô*, organizada por Toyoichirô Nogami. Todavia, o interesse e a abordagem de Koori e Mishima são totalmente diferentes. Koori fez adaptações dos nô originais para peças modernas em um ato, conservando apenas as estórias daquela época. Ele visava um tema místico numa atmosfera simbólica indefinida, centrada numa nostalgia romântico-sentimentalista, enfim, transbordante do gosto *fim-de-século*. Eram adaptações com ênfase demasiada no estilo e parcimônia nas idéias, ignorando-se a estrutura e o espaço do nô.

Mishima, ao contrário, era extremamente preciso e tinha nítida consciência do longo distanciamento entre tradição e contemporaneidade, classicismo e século XX. Ele achava que deveria haver uma maneira de recriar as peças nô sem o gosto *fim-de-século* de Hoffmannsthal.

Entretanto, a intenção das minhas *Peças de Nô Moderno* era o contrário disso. Para reviver da mesma maneira na atualidade o tratamento de tempo e espaço do nô, bem como os temas metafísicos evidentes, atualizei as situações[3]. As *Peças de Nô Moderno* não são simplesmente uma modernização dos nô originais. Para tentar na atualidade um amálgama do teatro de idéias com o drama poético, por acaso, emprestei a autoridade do nô clássico. Nas falas, desejo que fluam versos livres; no palco, num nível mais profundo da fermentação poética deve haver um tema metafísico, simples e sólido, que exista firmemente como a estátua no parque, que se vislumbra através da névoa noturna[4].

Ao intentar um drama poético de paradoxos, com o japonês moderno sem ritmo, ao despojar-se dos versos imponentes, Mishima empresta só o proto do nô e revivifica no *shingueki* (teatro moderno) a estrutura poética do nô, isto é, o espaço e a disposição temporal livres, bem como o tema metafísico. Em 1952, o escritor declara: "No seu conjunto, pensei em materializar no palco a dimensão poética, que transcende tempo e espaço"[5]. E dois anos mais tarde: "O que me

2. Idem, "*Sotoba Komachi* oboegaki" (Anotações de *A Centésima Noite*), *Mainichi Monthly*, novembro de 1952.

3. Idem, "Atogaki: guikyoku" em "Mishima Yukio sakuhinshû", *Shinchôsha*, março de 1954.

4. Idem, "*Sotoba Komachi* oboegaki".

5. Idem, ibidem.

SOB A INFLUÊNCIA DO TEATRO TRADICIONAL JAPONÊS   183

atraiu sobretudo no nô foram o salto livre do espaço cênico, o estilo simples e o tema evidentemente metafísico"[6].

Em resumo, Mishima desmembra totalmente o nô clássico, retira daí apenas o tema e almeja um drama poético moderno. Ao restar somente o tema, havia necessidade de inserí-lo no contexto da vida contemporânea. Portanto, ele atualiza as situações e cria um teatro de imagens, seja com rememorações do passado, como na cena do iate em *A Dama Aoi* ou na cena do Palacete das Festas em *A Centésima Noite (Sotoba Komachi)*, seja com antevisões do futuro em *O Travesseiro dos Sonhos (Kantan)*.

Portanto, quem espera o *yûguen* (charme sutil) nas *Peças de Nô Moderno* se decepcionará, pois o autor se recusa terminantemente a recriá-lo.

Contudo, a beleza melancólica e, além do mais, vistosa do nô como arte cênica, por ser de transplante absolutamente impossível, desde o início me resignei a ela. No entanto, quando a arte de atuação no *shingueki* japonês estiver mais desenvolvida e se tornar diferenciada, quando a tentativa de estilização apresentar um resultado considerável, tais roteiros de nô moderno também serão reescritos como algo elevado e ainda mais estilizado[7].

Na época do nô clássico, a filosofia em voga era o pensamento budista. Mas no presente, Mishima assevera que não é preciso seguir a filosofia dessa época; deve-se trocá-la pelo conteúdo metafísico atual. Assim, ele substitui a visão de mundo budista pela sua estética peculiar, a consciência do belo. Não faz corresponder o mundo do nô clássico à atualidade, antes muda as situações dramáticas e ao modernizá-las, empresta apenas a estrutura dos personagens e das estórias. Em suma, ao fazer um uso contrário da temática do nô original, distancia-se dele e para expressar com eficácia a sua estética e metafísica, empresta "o tratamento livre de tempo e espaço do nô". Ao afastar-se dos temas originais, o dramaturgo passa a empregar uma retórica cheia de paradoxos, aforismos, ironias e epigramas espalhados no meio de suas falas elegantes. Isso para desenvolver com liberdade a sua análise e dissecação psicológica do homem moderno e, ao mesmo tempo, como desafio às falas demasiado corriqueiras do teatro realista de então.

Em *Meu Período Itinerante*, Mishima relata o episódio pitoresco que lhe ocorrera durante a guerra, quando o adolescente, que nutria um interesse ardente pelo nô, visitou o crítico literário Yojûrô Yasuda e lhe indagou com avidez: "O que o senhor acha do estilo literário do nô?" Yasuda respondeu: "Bem, como é tediosamente dito desde antigamente, é um brocado. Portanto, deve ser um estilo semelhante ao da enciclopédia na época".

6. Idem, "Atogaki: guikyoku".
7. Idem, ibidem.

184 YUKIO MISHIMA: O HOMEM DE TEATRO E DE CINEMA

Ele ficou muito decepcionado com essa resposta extremamente prática. O escritor declara que o jovem de dezoito anos com aspirações literárias é que estava errado, ao esperar do famoso crítico uma resposta profunda nesse primeiro encontro. Mas segundo Mishima, Yasuda não possuía em absoluto a consciência do estado limite de crise da linguagem, que gerara a linguagem artificial e esplendorosa do nô. Em maio de 1970, meio ano antes do seu suicídio, ele diria a Yukio Miyoshi: "E como no pós-guerra essa crise da linguagem tem avançado cada vez mais, creio que o meu desejo de ação tenha se originado dessa sensação de crise da própria linguagem"[8].

O *shite* (protagonista) é o centro de um nô clássico e o seu monólogo perpassa toda a peça. Na entrevista a Hirotsugu Ozaki, "A Cadeira do Dramaturgo: Yukio Mishima", o escritor constata a presença de dois mundos opostos no palco de nô, mas em que não há confronto.

É verdade, o nô é geometria. Pelo menos o espírito matemático tem que estar desenvolvido, pois a composição dos nô *A Moça no Templo Dôjô* e *O Ancião Okina* é simplesmente geometria perfeita, espírito de abstração, portanto, fora disso não há nada. Comparado ao nô, qualquer outro tipo de teatro está cheio de fendas. No nô não há luta nas relações entre o *shite* (protagonista) e o *waki* (coadjuvante). Isso só ocorreria mais tarde, quando foi criado o "nô da atualidade" (guenzai-nô), que é comparativamente mais novo. Em *Bênkei no Barco* há um pouco de confronto. Porém, se fosse num "nô do mundo dos sonhos" (muguen-nô) verdadeiro, não ocorreria oposição em absoluto, uma vez que entre o observador e o monólogo de um ator, as dimensões são totalmente diferentes. O mundo em que reside o *waki* é diferente do mundo do *shite*. Em suma, de um lado temos um monge budista e de outro, um espírito do Hades; e no final as dimensões conflitantes são elevadas a uma única dimensão budista. Portanto, os mundos opõem-se, mas os personagens não se defrontam. Então, não é possível haver um desenvolvimento de caráter do *waki* (coadjuvante), porque ele já alcançou a iluminação, já é uma pessoa completamente terminada. O outro, por ser um espírito, ainda está perdido. Eles não são parceiros que se entendam através de seus diálogos nem de discussões. E no entanto, os dois estão no palco, não é mesmo? É espantoso!

Estão lado a lado, assim, quando ocorre um leve confronto, como em *A Moça no Templo Dôjô*, tenta-se exorcizar o espírito demoníaco através de orações. Mas na maioria dos casos, não há necessidade de exorcismo, pois o próprio *shite* procura a sua salvação. Portanto, o *shite* torna-se o fiador e o *waki*, o consignado. Porque se a salvação for a resolução da peça, o waki deve realizar o dever que lhe fora consignado[9].

Mishima julgava que o acontecimento não é essencial ao drama poético, pois se houver um encadeamento de imagens, ele se completa. Daí alguns críticos teatrais ocidentais assinalarem a falta de ação nas *Peças de Nô Moderno*. Porém, como afirma Seiichi Yashiro, "Esta série das *Peças de Nô Moderno* afasta-se nitidamente do cotidiano teatral e os sentimentos humanos é que estão se retorcendo num

8. Idem, *Mishima bungaku no haikei*, p. 19.
9. Idem, "Guekisakka no isu: Mishima Yukio" (A Cadeira do Dramaturgo: Yukio Mishima), *Higueki kigueki*, julho de 1970, p. 32.

SOB A INFLUÊNCIA DO TEATRO TRADICIONAL JAPONÊS 185

espaço dramático puro"[10]. Mas como foram escritas como *shingueki* (teatro moderno), elas apresentam uma estrutura baseada no confronto dos personagens. Por exemplos, em *A Centésima Noite (Sotoba Komachi)*, o dramaturgo cria o personagem do poeta para contrapô-lo à anciã, protagonista do nô original; como também inventa a personagem da pintora Jitsuko, que vive a realidade, para cotejar o mundo dos sonhos de Hanako, em *Os Leques Trocados (Hanjo)*; e a mulher de meia-idade Shinako, que nega as alucinações doentias de Yoshinori em *O Jovem Cego (Yoroboshi)*. O confronto dos personagens faz emegir o tema abstrato da peça. O efeito contrastante dos diálogos torna claro o caráter de cada um dos personagens e, ao mesmo tempo, cria um efeito teatral. Esta é a forma de composição do teatro moderno ocidental ou, emprestando as palavras de Mishima, "a construção dramática do teatro de diálogos no Ocidente"[11].

Contudo, o dramaturgo não parou aí. Como ambicionava inserir o belo solilóquio de nô e para ele, a essência da poesia é reconhecimento e confissão, para manifestá-los acumulou metáforas, fazendo jorrar imagens e assim, tentou aproximar-se da expressão original de nô. Desse modo, o estilo literário de nô é transmutado para o peculiar e elegante estilo de Mishima, que nas *Peças de Nô Moderno* está mais próximo do canto falado do que de uma fala narrativa.

Em suma, quando Mishima declara que nas *Peças de Nô Moderno* intentou "um amálgama do teatro de idéias com o drama poético", pode-se dizer que ele almejou a união do teatro de diálogos do Ocidente com o solilóquio do nô medieval. E da parte anterior da peça, em que a lógica da vida é apresentada através de solilóquios, evolui para um teatro de diálogos vigorosos na parte posterior.

A origem das *Peças de Nô Moderno* deve-se ao fato de que Mishima gostava de nô desde a adolescência. O escritor lera com prazer os dramas poéticos de Yeats influenciados pelo nô, *No Poço do Falcão* e *A Morte de Kuflin*, e apesar das ressalvas, admirava as adaptações de Koori: *Kanawa, A Jovem no Templo Dôjô* e *Kiyohime*. Inspirou-se em Yeats e Koori, mas suas criações são completamente diferentes. Yeats escreveu dramas poéticos puramente simbólicos e Koori, embora as falas dos seus personagens fossem em prosa, manteve-se fiel aos enredos dos nô originais.

Sempre que tinha tempo, Mishima lia as cerca de duzentas peças do repertório nô, que tratam de altas personalidades culturais e históricas ou de temas universais como a morte, o amor, o ódio, o ciúme, a espera e a efemeridade da vida. Desde o início, ciente da impossibilidade de transplantar o *yûguen* (charme sutil) do nô, o dra-

---

10. Seiichi Yashiro, *Kôkotsu no kishutachi: Kato Michio, Mishima Yukio, Akutagawa Hiroshi no seishun*, p.78.

11. Yukio Mishima, "*Hanjo* haiken" (Assistindo *Hanjo*), *Kanze*, jul. 1952.

186 YUKIO MISHIMA: O HOMEM DE TEATRO E DE CINEMA

maturgo quis, arrojadamente, adaptá-las e começou com o espírito de descrever com clareza pelo menos os seus temas. Assim, todas as suas adaptações pertencem ao grupo dos temas universais.

O escritor confessa que fora extremamente difícil efetuar a seleção e na primeira edição das *Peças de Nô Moderno* (abril de 1956), publica só cinco, justificando que estes eram os nô adequados a serem modernizados.

Para tal, tive que escolher dentre as peças do nô, dramas com temas nítidos como *O Tamboril de Damasco* e *O Travesseiro dos Sonhos* (*Kantan*), algo como *A Centésima Noite* (*Sotoba Komachi*), que tivesse o interesse polêmico de Kan'Ami, outros com elevada pureza de sentimentos como *A Dama Aoi* e *Os Leques Trocados* (*Hanjo*). Os *waki-nô*, dramas que têm a dança como elemento primordial e as peças da atualidade são difíceis de serem adaptados e mais, não havia sentido no planejamento especial em adaptá-los[12].

As peças da atualidade (*guenzai-nô*) descrevem realisticamente as personalidades históricas, portanto, ele optou pelas que lhe permitissem desenvolver os enredos.

Posteriormente, o dramaturgo escreveu mais quatro peças nô: *A Face no Espelho* (*Dôjôji*), *Yuya* (nome da protagonista), *O Jovem Cego* (*Yoroboshi*) e *Missa para o Príncipe Guenji*, embora admitisse ter-se enganado na escolha de duas delas: *A Face no Espelho* e *Missa para o Príncipe Guenji*. Aliás, esta última ele acabou eliminando da publicação final.

De 1950 a 1962, num lapso de apenas doze anos, Mishima compôs nove peças de nô moderno. Intentou o que nenhum outro escritor japonês, exceto Torahiko Koori, ousara até então; o que atesta a sua auto-confiança ao criá-las. Elas são todas em um ato e tomam por base obras homônimas do repertório de nô clássico: *O Travesseiro dos Sonhos* (*Kantan*), outubro de 1950; *O Tamboril de Damasco* (*Aya no tsuzumi*), janeiro de 1951; *A Centésima Noite* (*Sotoba Komachi*), janeiro de 1952; *A Dama Aoi* (*Aoi no ue*), janeiro de 1954; *Os Leques Trocados* (*Hanjo*), janeiro de 1955; *A Face no Espelho* (*Dôjôji*), janeiro de 1957; *Yuya*, abril de 1959; *O Jovem Cego* (*Yoroboshi*), julho de 1960; e *Missa para o Príncipe Guenji* (*Guenji kuyô*), março de 1962.

O sucesso das *Peças de Nô Moderno* no exterior deve-se à universalidade dos temas e à recriação dos complexos e difíceis dramas nô, por meio de uma estrutura hábil e emprego de palavras claras em diálogos tensos. Traduzidas e publicadas em várias línguas, foram encenadas nos Estados Unidos, Austrália, México, Suécia, Inglaterra, Espanha, Alemanha, Dinamarca e inclusive no Brasil. Nesse sentido, esta obra desempenhou um papel fundamental na internacionalização do teatro japonês.

12. Idem, *Atogaki: guikyoku.*

SOB A INFLUÊNCIA DO TEATRO TRADICIONAL JAPONÊS 187

Mas apesar de sua grande projeção no exterior e de se salientarem como verdadeiras pérolas na dramaturgia nipônica do pós-guerra, elas nunca haviam sido apresentadas sistematicamente no Japão. Foi só em 1977 que se formou o comitê de encenação das *Peças de Nô Moderno*, composto por Donald Keene, Shôichi Saeki, Tadashi Saito e a viúva Yôko Hiraoka. Logo o produtor Kinshirô Katsui designou diretores, há longo tempo interessados no teatro de Mishima, a montarem quatro delas no pequeno auditório do Teatro Nacional do Japão em Tóquio, de 3 a 13 de julho do mesmo ano. *O Tamboril de Damasco* foi dirigido por Shûji Ishizawa; *Os Leques Trocados*, por Tsuneari Fukuda e Tetsuo Arakawa; *A Centésima Noite* e *O Jovem Cego*, por Yukio Ninagawa. Mas os encarregados do cenário, iluminação e vestuário permaneceram os mesmos.

Graças a este primeiro evento, no mesmo local em junho de 1979, foi realizada a segunda montagem em série das *Peças de Nô Moderno*. *O Travesseiro dos Sonhos* foi dirigido por Kazumi Kushida, *A Dama Aoi* por Michitsuna Takahashi e *A Face no Espelho* por Hiroshi Akutagawa. Mas desta feita, os cenógrafos foram respectivamente Tadanori Yokoo, Shinya Fujihara e Setsu Asakura.

A terceira e conclusiva apresentação em série das *Peças de Nô Moderno* aconteceu de 7 a 15 de julho de 1981, no mesmo espaço teatral. A estréia de *Missa para o Príncipe Guenji* deu-se sob a direção de Kijû Yoshida, *Yuya*, pelo diretor de cinema Akio Jissôji e *A Centésima Noite* foi encenada como drama dançante, dirigido pelo coreógrafo Rui Takemura, que se encarregara da coreografia da peça dirigida por Ninagawa em 1977.

Já na França, cinco das *Peças de Nô Moderno* (*A Centésima Noite*, *Os Leques Trocados*, *O Jovem Cego*, *O Tamboril de Damasco* e *A Dama Aoi*), traduzidas em 1984 por Marguerite Yourcenar, são levadas em cena em janeiro de 1985 no Teatro Rond-Point em Paris, coreografadas por Maurice Béjart. O cenário com pinturas de Tadanori Yokoo, o uso de máscaras, a dança extremamente estilizada e a música combinaram para o sucesso desse espetáculo de arte total. Annie Cecchi em *A Recepção da Literatura de Mishima na França*[13], assinala que a direção de Béjart gerou uma certa confusão ao ignorar o texto das *Peças de Nô Moderno* e enfatizar demais o suicídio do escritor. No prelúdio, onze jovens com uniformes da Sociedade do Escudo marchavam no palco, seguia-se um ritual estilizado de *seppuku*, os rapazes gritavam *Banzai!*, despiam os uniformes e se transformavam em atores. Mas as espadas, que permaneciam na frente do tablado durante toda a apresentação, lembravam a Sociedade do Escudo e a morte de Mishima.

---

13. Annie Cecchi, "Furansu no Mishima bungaku juyô" (A Recepção da Literatura de Mishima na França), em *Tokushû Mishima Yukio*, p. 326.

188   YUKIO MISHIMA: O HOMEM DE TEATRO E DE CINEMA

Em "Festival do Corpo: Maurice Béjart e Yukio Mishima"[14], Jô Yoshida observa que, na realidade, Béjart uniu a lenda pessoal de Mishima e a estética tradicional japonesa. Enquanto os estrangeiros veem na tradição nipônica só o *Crisântemo*, símbolo das coisas elegantes, o reflexo da vontade de Mishima era a *Espada*, a força varonil. Assim, os homens em uniforme da Sociedade do Escudo sugeriam também a disposição do coro na tragédia grega. O elenco composto por treze elementos tinha só uma só atriz, portanto, os atores desempenhavam vários papéis femininos. O interessante foi que a anciã de *A Centésima Noite* e a gueixa Hanako de *Os Leques Trocados* foram interpretados por atores sem máscara nem peruca, a dicotomia homem e mulher sendo sugerida através de vestuário e gestos. O único ator japonês, Eiji Mihara, protagonizou *O Jovem Cego*, porque é a peça que reflete mais diretamente a trágica experiência do Japão na guerra.

Resta agora aguardar pela realização no Japão ou no exterior, de um programa completo de montagem das nove *Peças de Nô Moderno*.

A TRANSMIGRAÇÃO DO SER EM *O TRAVESSEIRO DOS SONHOS*

Nô original *Kantan*, a cidade de Cantão na China. Das *Anotações*, de Yukio Mishima:

Autor:
   desconhecido. Drama atribuído a Zeami pelo roteiro de *O Travesseiro de Kantan (Kantan no makura)*.

Classificação:
   nô pertencente à quarta categoria – tema chinês – uso do tambor de baquetas

Personagens:
   Protagonista (*shite*): Rosei
   Coadjuvante (*waki*): emissário
   Ator infantil: menino dançarino
   Acompanhantes do coadjuvante: dois cortesãos
   Acompanhantes do coadjuvante: dois carregadores de liteira
   Ator de kyôguen: proprietária da hospedaria

"Na direção do nô, ao despertar do sonho, há o artifício peculiar de mudança súbita de cena, com o protagonista saltando sobre o es-

---

14. Jô Yoshida, "Festival do Corpo: Maurice Béjart e Yukio Mishima", *Yurüka*, maio de 1986.

SOB A INFLUÊNCIA DO TEATRO TRADICIONAL JAPONÊS   189

trado e dormindo do mesmo modo que no início, com o leque chinês sobre a face"[15].

Ligeiramente modificado, este nô, rico em transformações, baseia-se no *Conto do Travesseiro* do chinês Li Pi (722-789).

No nô moderno de Mishima, *O Travesseiro dos Sonhos* (*Kantan*), o jovem Jirô é o protagonista (*shite*), a ex-governanta Kiku é ao mesmo tempo o espírito da aldeia e a proprietária do quarto (*ai-kyôguen*), o chefe dos médicos é o coadjuvante (*waki*), o secretário, os cavalheiros e os médicos idosos são os acompanhantes do coadjuvante, enquanto o menino dançarino do nô clássico é aqui desdobrado em uma beldade e mais três dançarinas.

Aliás, Mishima sempre escolhe o nome *Jirô* para os personagens que mais se aproximam de uma projeção sua. No conto *A Espada* aparece o íntegro Jirô, que comete *seppuku* no final e nos outros contos, *Epitáfio das Viagens* e *Ilha da Morte*, surge o protagonista Jirô Kikuta, que como no nô moderno *Travesseiro dos Sonhos*, é um viajante. Já Kiku (Crisântemo) assim como Kikuwaka do romance *Idade Média* seriam exemplos precoces de referência ao imperador, uma vez que o crisântemo simboliza a heráldica imperial.

Ambos os nô, clássico e o de Mishima, começam com uma viagem, uma busca interior dos protagonistas. No nô original, desejoso de afastar-se da vida sem sentido que leva, o jovem filósofo Rosei deixa o seu torrão natal em Shoku, a fim de aconselhar-se com um monge sábio, que reside na distante província de So. Mas no meio da peregrinação em Kantan, ao adormecer com o travesseiro recomendado pela dona da hospedaria, ele vive num sonho todo o seu futuro. Bebe o vinho mágico feito do orvalho de crisântemos brancos, símbolo de longevidade, que lhe assegura mil anos de vida, torna-se imperador por cinquenta anos, as florações das quatro estações do ano irrompem de uma só vez, sol e lua brilham em sucessão num piscar de olhos. Quando a dona da hospedaria anuncia-lhe que o jantar está pronto, Rosei desperta e atinge a iluminação budista, como declama o coro no final da peça: "A vida é apenas um sonho", semelhante à peça título de Calderon de la Barca. Ao contemplar a existência a partir do final e conscientizar-se da efemeridade das glórias deste mundo, não havendo mais necessidade de seguir até a base das Montanhas das Ovelhas Voadoras, retorna à sua terra natal para levar uma vida budista e plena.

Aos dezoito anos, Jirô, o protagonista do nô moderno, também sente que a sua vida já acabou. Portanto, ele parte de Tóquio, onde reside, e viaja até a longínqua terra natal de sua ex-governanta Kiku,

15. Yukio Mishima, *Mishima Yukio "oboegaki" yori* (*Das "Anotações" de Yukio Mishima*), em *Mishima Yukio zenshû*.

190 YUKIO MISHIMA: O HOMEM DE TEATRO E DE CINEMA

em busca de um travesseiro misterioso. Se no nô clássico o travesseiro fora deixado por um mágico como forma de pagamento da hospedagem em Kantan, no de Mishima essa estória é contada a Jirô pelo homem-propaganda vestido de Chaplin, que perambula pelo elegante bairro de Guinza em Tóquio. Na realidade, Chaplin era o marido de Kiku e seus dois únicos prazeres na vida são agora o café, estimulante que o mantém desperto e lúcido, e o cinema, a ficção, a ilusão. A sabedoria precoce de Jirô não vem de livros, mas de Chaplin, numa alusão ao criador de Carlitos, o maior símbolo do humor crítico no século xx, na sua sátira aos *Tempos Modernos*. No ensaio autobiográfico *Sol e Aço* (1968), Mishima revelaria:

> A onisciência que eu tinha aos dezessete anos [...] Eu sabia tudo. Um quarto de vida desde então nada acrescentou realmente ao que eu sabia. A única diferença é que aos dezessete anos eu não tinha "realismo".

A própria Kiku tem um comportamento estranho ao congelar tempo e espaço na réplica do quarto de seu jovem amo, como há dez anos, antes dele ser incendiado num bombardeio na segunda guerra mundial. A iconização da vida ideal, a inocência e pureza da infância e o seu trabalho de então como preceptora, é preservado para sempre através de uma maquete idêntica ao quarto de criança de Jirô em Tóquio. E a presentificação do passado se dá por meio da renovação dos *origami*, que ela refaz uma vez por mês. Segundo Masaki Dômoto[16], em oposição à caótica vida real na sociedade do pós-guerra, a casa de Kiku é o torrão natal, o ventre materno incondicionalmente aconchegante e, em última instância, simbolizaria uma volta à tradição nipônica. Em 1949, o general MacArthur sugere a ilegalidade do partido comunista japonês, todos os membros do comitê central são presos e em junho de 1950, eclode a guerra contra a Coréia. Em suma, essa seria a sociedade que Jirô vivencia em seu sonho.

No nô clássico, Rosei bebe o vinho mágico dos imortais e ao ver a performance do menino dançarino, levanta-se e baila em êxtase, reina por cinquenta anos e recebe todas as glórias humanas, que reúne as belezas das quatro estações do ano numa só época. Quando está sonhando Rosei vive docilmente o seu sonho, portanto, ao despertar conscientiza-se com muito mais profundidade sobre a transitoriedade da vida e a resolução se dá através da iluminação budista. "A vida é apenas um sonho". O desejo de prosperidade, longevidade e fama por cinquenta anos é, na verdade, um sonho vão.

Aparentemente, o nô de Mishima é praticamente uma reviravolta do nô original, na medida em que já começa do fim, com o espírito de pós-iluminação. Desde o início Jirô, monarca absoluto de um pequeno

16. Masaki Dômoto, *Guekijin Mishima Yukio*.

SOB A INFLUÊNCIA DO TEATRO TRADICIONAL JAPONÊS 191

universo, sabe do vazio da existência. "A mulher é uma bolha de sabão, o dinheiro também é uma bolha de sabão, a fama é igualmente uma bolha de sabão e o que se reflete nessa bolha é o mundo em que vivemos"[17]. Embora jovem, ele tem uma filosofia precocemente amadurecida e é niilista ao extremo. Mulher, poder e glória não passam de bolhas de sabão, logo, ele não cede à tentação nem alcança a iluminação.

Neste ponto Jirô difere de Rosei, pois desde o início recusa a bebida oferecida pela mulher e estirado na cama, limita-se a contemplar as evoluções das dançarinas semi-nuas. Ele está sempre lúcido, mesmo quando mata o seu bebê, por abominar e negar a repetição de sua vida vulgar: a felicidade doméstica simbolizada pelo círculo feliz de amor, casamento com uma beldade e filhos. Quando sucede ao pai como o novo presidente da companhia, Jirô rompe com a sua amante e doa todos os seus bens ao sindicato e serviço social, desfazendo o elo de geração a geração do protótipo do homem de negócios. Após desfazer-se de sua imensa fortuna, entra para a política. Mas o poder lhe dá um imenso tédio. Ao ser nomeado primeiro ministro, cai num sono contínuo por três anos e torna-se um ditador dorminhoco, que necessita de um sósia nas aparições públicas. Desde o começo, Jirô não quis viver e mesmo no sonho, ironiza e rejeita a existência inteira, por isso é intimado pelo chefe dos médicos a ingerir veneno, ao invés do elixir da vida. Mas ele contesta o saber estabelecido, a erudição arbitrária dos velhos médicos, atira o frasco de veneno ao chão e brada: "Não quero morrer!"

Em momento algum Jirô mergulha no sonho proporcionado pelo travesseiro, que lhe confirma a efemeridade da existência. Sempre se mantém num distanciamento crítico, pois para ele, mulheres, bebida, riqueza, poder, honra e fama representam a morte. No final, a rejeição total dos valores exteriores da sociedade tem absolutamente o mesmo significado em Rosei e Jirô. Acha que a sua vida já acabou, mas mesmo assim Jirô quer viver, o que representaria num certo sentido a sua iluminação, pois quer viver a vida genuína. A existência verdadeira seria viver o espírito de Kiku, confinando-se na casa de Kiku, sua pseudo-mãe ou mesmo sua mãe verdadeira. Em 1954, Mishima dá uma explanação.

Fala-se sumariamente que é uma adaptação, mas em *O Travesseiro dos Sonhos* (*Kantan*), eu dei uma guinada de 180° no tema central do nô original *Kantan* e a resolução se dá ao contrário. Enfim, ao invés de iluminado, insinua-se uma nova partida para a existência[18].

E quatro anos mais tarde, completaria:

Pode-se dizer que *O Travesseiro dos Sonhos* (*Kantan*) é uma modernização da peça homônima de nô. A interpretação está aparentemente invertida, mas é porque os

17. Yukio Mishima, *Kantan*, em *Mishima Yukio guikyoku zenshû*, vol. I.
18. Idem, *Atogaki: guikyoku.*

192 YUKIO MISHIMA: O HOMEM DE TEATRO E DE CINEMA

sentimentos da vida se inverteram e se o autor do nô original estivesse vivo hoje, talvez tivesse escolhido este tipo de desdobramento do enredo. Portanto, pode-se afirmar que esta peça é uma adaptação fiel do nô *Kantan*. [...]

Antes de atingir a iluminação, Rosei pousa a cabeça no travesseiro de Kantan. Entretanto, Jirô reclina-se no travesseiro com o estado mental de pós-iluminado e é claro que está possuído pelo espírito de investigação ou curiosidade, para vivenciar o mistério do travesseiro de Kantan. Desde o início a dúvida atrapalha a crença e ao refletir sobre isso, o estado mental do iluminado também parece ter sido levado a alcançar não a crença, mas a dúvida. O enredo da peça nova trata de averiguar que rota esse jovem percorreu, para chegar a vociferar: "Quero viver!"[19].

No nô original parte-se da vida para a morte, enquanto que no de Mishima, da morte revolve-se para a vida. O Jirô que no início diz, "A minha vida terminou antes de começar" e "O jardim da casa de Kiku está morto, não floresce nem dá frutos", no final lava o rosto e constata que não é sonho, o jardim renasceu. Para Masaki Dômoto, "este jardim é também a expressão do sentimento sexual perdido de Kiku"[20]. Outros críticos corroboram a idéia de que o final é a decisão adotada pelo escritor de viver como artista. Seiichi Yoshida afirma:

As várias fases da natureza e da existência humana aparecem como o símbolo da juventude eterna. Este tema é expresso resolutamente com a ênfase no modo de vida do próprio autor enquanto artista[21].

E Tôru Matsumoto confirma:

Embora viva como um ser morto, continuará fazendo desabrochar as flores. Ele que não conseguira viver o amor real, pois julga com demasiado rigor o seu próprio ser, através do esforço simultâneo para a sua aprovação, abre pela primeira vez o seu caminho enquanto artista[22].

Já Osamu Matsuda[23], em *O Pensamento do Bunbu Ryôdô*, radicaliza ao asseverar que se Jirô quer permanecer para sempre nesse jardim florido é porque aí é a terra do milagre, mas também o mundo da morte. E uma vez que já chegou à morte, não precisa mais perambular a lugar algum.

Com exceção de Jirô e Kiku, todos os demais personagens não têm nomes, visto que são abstrações da mulher (lar), dos negócios,

19. Idem, "Oboegaki, *Aya no tsuzumi, Kantan*" (Anotações de *O Tamboril de Damasco* e *O Travesseiro dos Sonhos*), em *Programa do Sakuhin-za*, fevereiro de 1958.
20. Masaki Dômoto, op. cit., p. 197.
21. Seiichi Yoshida, "Mishima Yukio to chûsei nôgaku" (Yukio Mishima e o Nôgaku Medieval), *Guendai bungakuto koten,* Tóquio, Shibundô, 1971, p. 226.
22. Tôru Matsumoto, *Shittsui o kobanda Ikarosu* (*O Ícaro que Rejeitou a Queda*).
23. Osamu Matsuda, "O Pensamento do Bunbu Ryôdo", *Kokubungaku*, dez. 1976.

SOB A INFLUÊNCIA DO TEATRO TRADICIONAL JAPONÊS   193

da ambição, da política e do falso saber. Em *Biografia Crítica: Yukio Mishima*, Shôichi Saeki assinala:

> O tema da transmigração do ser é tratado com cuidado, de maneira quase totalmente irônica. O foco é centrado no vazio e na efemeridade do sonho de renascimento e o próprio autor sente vergonha desse seu sonho interior. [...] O ponto de partida para o renascimento de Jirô fora justamente desfazer-se dos sonhos[24].

A estória passa da realidade ao sonho e depois, retorna à realidade. Em suma, aborda a questão da realidade e fantasia, com uma forte tendência à inversão, o mundo dos sonhos é mais real e a realidade parece um sonho. Devido à irrealidade do cotidiano em que vivemos, o que acontece nos sonhos parece mais real do que a própria realidade. Construída com movimentos leves e em estilo de musical, na verdade, *O Travesseiro dos Sonhos* lança uma pergunta inquietante aos espectadores: "O que é realmente viver?"

A estréia de *O Travesseiro dos Sonhos* deu-se no Ateliê do Bungaku-za em Tóquio, de 15 a 17 de dezembro de 1950. Foi a primeira peça de Mishima a ser encenada pela companhia. A música esteve a cargo do compositor Ikuma Dan e Hiroshi Akutagawa dirigiu pela primeira vez uma peça japonesa, ao mesmo tempo que interpretava o papel do médico ancião, na realidade, o espírito de Kantan. Para revelar a sua verdadeira identidade, Akutagawa, de pé no centro do palco, usava o artifício de mudar por completo vestuário, maquiagem, gestos e voz, enquanto fazia de costas para o público o percurso da esquerda para a direita do tablado. Todo o elenco, produção, autor e compositor trabalharam de graça nesta montagem, o que dá para se conjeturar sobre o seu orçamento.

Embora tivesse por base o nô, teatro de máscaras, desde a criação desse seu primeiro nô moderno, Mishima revela-se prudente quanto ao emprego de máscaras. Nas notas de direção, observa: "O uso de máscaras pelos personagens ilusórios deve seguir a opção do diretor, quanto à sua necessidade virtual". Talvez, por temer que elas destruíssem a imagem que ele queria passar à platéia. Anos mais tarde, a montagem experimental de *O Tamboril de Damasco*, dirigida por Tetsuji Takechi, combinou máscaras de nô e indumentária ocidental, que, todavia, não se revelou estranha.

Constrangido com a altivez dos atores quando em fevereiro do mesmo ano dirigira *O Farol*, desta vez Mishima compareceu apenas a um único ensaio. Mas posteriormente, ele iria se tornar um frequentador assíduo e fervoroso nos ensaios de suas próprias obras. Porém, não teria sido justamente a desilusão com a direção do quadro real doméstico em *O Farol*, que o teria levado a experimentar a estilização

---

24. Shôichi Saeki, *Hyôden: Mishima Yukio* (*Biografia Crítica: Yukio Mishima*).

194 YUKIO MISHIMA: O HOMEM DE TEATRO E DE CINEMA

e expressão literária anti-realista em *O Travesseiro dos Sonhos*? Em 1958, houve uma montagem da peça em Honolulu.

O TAMBORIL DE DAMASCO QUE NÃO RESSOA

Nas escolas de nô Hôshô e Komparu, esta peça é conhecida como *O Tamboril de Damasco* (*Aya no tsuzumi*), enquanto nas escolas Kanze, Kongo e Kita, é denominada *O Fardo do Amor* (*Koi no omoni*). Aliás, Mishima também criou um conto homônimo, *O Fardo do Amor* (1949). Mas a grande diferença das duas concepções dramáticas encontra-se no final. Se em *O Fardo do Amor*, o ancião transforma-se no deus protetor das plantas e procura amparar a amada, já em *O Tamboril de Damasco*, o velho continua a nutrir um profundo rancor pela dama e se afoga no lago. Na época em que escrevia a obra, em plena guerra contra a Coréia, devido à dificuldade de assistir o nô clássico homônimo, o dramaturgo baseou-se unicamente no livreto de nô da escola Komparu, *Tamboril Grande de Damasco*.

Autor:
Desconhecido

Classificação:
Nô pertencente à quarta categoria, tema de homem loucamente apaixonado, uso do tambor de baquetas.

Personagens:
Protagonista (*shite*) anterior: ancião
Protagonista (*shite*) posterior: espírito do ancião
Acompanhante: dama da nobreza
Coadjuvante (*waki*): cortesão
Ator de kyôguen: criado

O palco é o Palácio de Kinomaru, província de Chikuzen. Ao ver uma dama da nobreza, um velho jardineiro atormenta-se com o seu amor inatingível. Para fazê-lo renunciar a esse amor, um cortesão transmite-lhe a mensagem da dama. Se ele conseguir fazer ressoar o tamboril de seda de damasco (que na realidade não ressoa), pendurado no loureiro ao redor do lago, poderá vê-la de novo. O jardineiro toca sem cessar, mas ao perceber que havia sido escarnecido, enfurecido, atira-se ao lago e morre. O cortesão narra o fato à dama. Logo o fantasma do ancião irado apossa-se da mulher, que começa a falar com selvageria. O ancião aparece com máscara de demônio e cabelos em desalinho, arrasta-a até ao tamboril e ordena-lhe que toque. Nenhum som. Ele amaldiçoa-a e desaparece no lago.

No nô moderno de Mishima, o cenário divide-se em direita e esquerda do palco, compondo-se dos terceiros andares de dois edifícios

SOB A INFLUÊNCIA DO TEATRO TRADICIONAL JAPONÊS   195

que se confrontam, tendo ao meio a rua. Artifício de desenvolvimento paralelo, concentrando-se apenas em uma sala de cada lado, por vez. O ancião Iwakichi, zelador de um escritório de advocacia, apaixona-se à primeira vista pela bela e enigmática Hanako, cliente de uma loja de alta costura no edifício defronte. A partir de então, passa a enviar-lhe diariamente cartas amorosas. Certo dia, em resposta à trigésima missiva que termina com o pedido de um único beijo, Hanako e seus amigos lançam-lhe um tamboril com a mensagem: "Se o som do seu tamboril repercutir até esta janela, realizarei o seu desejo".

O tamboril revestido de seda de damasco era um acessório que o professor de dança trouxera, mas que não ressoa. O ancião golpeia como louco, porém, o tamboril não emite som algum. Ao atinar que fora zombado, desesperado, Iwakichi atira-se da janela e morre. Uma semana depois, madrugada alta, convocada pelo fantasma do ancião, Hanako comparece à loja e confessa que, outrora, fora uma ladra e prostituta de codinome *Lua Crescente*, devido à tatuagem no ventre. Solicitado por Hanako, Iwakichi toca com veemência o tamboril, que soa, como prova do seu amor. Mas Hanako diz não ouví-lo. Ao dar o centésimo golpe, o fantasma desaparece. Hanako declara que se ele tivesse tocado mais uma vez, ela também teria escutado.

O Tamboril de Damasco, composto por Mishima aos 25 anos, foi publicado no ano seguinte em 1951. Sete anos depois, o autor fez uma análise de sua própria obra.

Em *O Tamboril de Damasco* almejei um paralelismo cenográfico semelhante ao da cena nos montes Imo e Se da peça *A Educação Adequada de uma Jovem nos Montes Imo e Se*. Caso fosse no kabuki, poderia-se ocultar a metade desnecessária com um biombo, mas como no *shingueki* (teatro moderno) ambos os lados permanecem escancarados, cada vez que o centro do espetáculo se transferir para a esquerda ou direita, creio que os atores que estiverem longe do centro se afligirão. À direita do palco desenrola-se a indecência da atualidade e à esquerda, uma paixão mitológica, rara no mundo de hoje. Ambos os lados devem resistir com igual força. Há uma propensão de que a indecência da atualidade provoque uma impressão mais forte e assim, o lado direito vença. Ou ao contrário, se a paixão clássica do lado esquerdo do palco vencer, a peça acabará se desmoronando. Se fosse no teatro da Europa ocidental, esta oposição apareceria como um confronto natural dos caráteres dos personagens, todavia, no nô surge como um antagonismo dos mundos de dimensões diferentes, onde cada um dos personagens reside. Ou talvez, esta oposição também apareça como um confronto interior só do protagonista. Eu me interessei por isso[25].

Quanto ao enredo e construção da obra, o nô de Mishima é quase igual ao seu homônimo clássico, perseguindo com demasiada fidelidade o proto do original. O jardineiro ancião é transmutado para o velho zelador Iwakichi, o protagonista (*shite*); a escriturária Kayoko é a coadjuvante (*waki*) contemporânea, mensageira andarilha entre os reinos temporal e atemporal, a catalisadora que força a união ou

25. Yukio Mishima, "Oboegaki – *Aya no tsuzumi, Kantan*".

196 YUKIO MISHIMA: O HOMEM DE TEATRO E DE CINEMA

desunião; enquanto a função de kyôguen é desdobrada em quatro personagens satíricos: o mestre de danças Fujima, protótipo do artista burguês; Toyama, o jovem insensível; o arrogante Kanako, funcionário do governo; e a madame presunçosa, dona de butique, que destrói as cartas de Iwakichi com medo de perder uma boa cliente. A dama da nobreza torna-se aqui uma mulher rica chamada Hanako, literalmente filha das flores, que simbolizaria a ilusão. Se a flor de Zeami representa a suprema realização estética, o refinamento físico e espiritual, já a flor de Mishima, Hanako, revela-se totalmente anti-estética e anti-ética, pois é, na realidade, uma ladra. Em toda a primeira parte, Hanako permanece em silêncio, manifestando-se unicamente por meio de gestos. Mesmo quando recebe a notícia de suicídio do ancião, mantém-se rígida como na pose *iguse* do nô, com o mínimo de movimentos expressando o máximo de emoção.

A dicotomia se dá entre a mulher idealizada por Iwakichi, pura, ideal do amor absoluto, comparada à árvore lunar, que segundo a lenda chinesa é visível mas inatingível, e a mulher vulgar da realidade, ladra e prostituta. Quanto maior for a ênfase na transformação de Hanako da parte anterior, antes do aparecimento do fantasma de Iwakichi, para a posterior, após o seu surgimento, tanto melhor se mostrará a oposição entre Iwakichi e Hanako. Se Iwakichi é a própria verdade, Hanako é uma magnífica mentira. O universo de Iwakichi, o reino do absoluto, do lirismo, um mundo fechado e morto, representa o passado e contrapõe-se à sociedade burguesa contemporânea, o reinado do artifício, materialismo, arrogância e crueldade, enfim, o presente. No seu extremo vigoraria, como declara o próprio dramaturgo, o contraste entre os reinos da boa fé/verdade (escritório de advocacia) e da má fé/mentira (butique da madame).

No final do nô clássico, a dama arrepende-se do sofrimento que impusera ao velho jardineiro. Já no de Mishima, chega-se ao clímax na cena das batidas no tamboril, porque a aristocrática Hanako revela-se ladra e prostituta, o que provoca uma reviravolta nos sentimentos de Iwakichi. Após completar as cem batidas, desiludido, Iwakichi resigna-se e desaparece. A fala mais importante na peça, pronunciada por Hanako no final, também é uma espécie de reviravolta, pois ela astutamente diz não ouvir nada. "Eu também teria escutado, se ele tivesse dado mais uma batida". Porém, ninguém sabe se ela escutava, mas fingia não escutar ou se realmente não ouvia. O autor declara:

Como aqui estão concentrados a arrogância e o sentimento de classe da beldade, ao proferir esta fala, Hanako ansia por algo mais além do que todo o mundo, que o amor promete. Hanako deseja uma coisa, um passo além do que todas as coisas oferecidas pelo amor[26].

26. Idem, "*Aya no tsuzumi* ni tsuite" (A Propósito de *O Tamboril de Damasco*), Programa do Shimpa, maio de 1962.

SOB A INFLUÊNCIA DO TEATRO TRADICIONAL JAPONÊS 197

Não correspondida em suas expectativas amorosas, ela também deseja, ao seu modo, um amor absoluto.

Ironia e niilismo em Mishima, pois a vingança do ancião não se realiza, uma vez que mesmo tendo-se transformado em fantasma, ele é novamente enganado. A ênfase é colocada, ao contrário, na impossibilidade de realização amorosa. O tema do tamboril de damasco foi revivido pela romancista Yaeko Nogami, que transferiu o cenário para Bagdá, como também no kabuki homônimo de Sawako Ariyoshi e na peça shingueki *Zeami*, de Masakazu Yamazaki. Em Ariyoshi e Yamazaki, o tamboril ressoa.

Em 1955, ao fazer uma montagem experimental de *O Tamboril de Damasco* de Mishima, o diretor Tetsuji Takechi convocou atores de nô, kyôguen e shingueki.

Hanako: Shizuo Kanze (ator de nô), o atual Tetsunojô Kanze
Iwakichi: Michio Sakurama (ator de nô)
Kayoko: Kyôko Kishida (atriz de shingueki)
Lojista: Junko Miyauchi (atriz de shingueki)
Madame: Teruko Nagaoka (atriz e diretora de shingueki)
Fujima: Shigome Shigueyama (ator de kyôguen), o atual Sengorô Shigueyama, Tesouro Nacional Humano
Toyama: Sennojô Shigueyama (ator de kyôguen)
Kanako: Mannojô Nomura (ator de kyôguen).

As falas eram proferidas em canto nô ou elocução kyôguen, conforme a especialidade de cada ator. Na primeira parte, Iwakichi surgia em traje com remendos nos joelhos, máscara de ancião, passos deslizantes de nô e canto em estilo Komparu. Já na segunda parte, com um manto, mudava para máscara de ancião que morreu por amor. A aristocrática e enigmática Hanako usava um belo vestido de noite e máscara de deusa ou anjo celeste e na segunda parte, com a possessão de Iwakichi, passava a expressar-se com voz masculina em estilo *kanze*. Já os papéis dos que circundavam Hanako tinham função de interlúdio cômico (*ai-kyôguen*). Portanto, Kanako usava terno e máscara kyôguen de demônio; Toyama, traje vistoso e óculos sobre máscara de aristocrata; o mestre de dança Fujima, quimono e máscara kyôguen de mentiroso; só a madame da butique, embora fosse interpretada por uma atriz de shingueki, portava máscara kyôguen de mulher feia e agia como personagem de kyôguen. O acompanhamento musical era feito por um quarteto e sua disposição no palco assemelhava-se à da orquestra de nô.

Diante desse experimentalismo ousado, a comunidade extremamente tradicional de nô manifestou-se de imediato. De modo que só houve duas apresentações, vespertina e noturna, no teatro de arena do Sankei Hall em Tóquio, a 5 de dezembro de 1955. O ator de nô Kunio Komparu foi totalmente contra a encenação de Takechi. A combina-

198 YUKIO MISHIMA: O HOMEM DE TEATRO E DE CINEMA

ção de máscara nô com vestido de noite seria um desvio demasiado repentino e expressaria a pobreza de vocabulário do diretor. O uso inadequado das máscaras, que são a própria vida do nô, não teriam eficácia quando empregadas em outros contextos. Para Komparu, essa montagem fora uma alucinação rudimentar e se Takechi desejava por em cena um teatro de máscaras, com uso indevido dos atores de nô, deveria ter criado suas próprias máscaras. Já o ator de nô, Michio Sakurama, intérprete de Iwakichi, julgou que a peça se desenvolvera numa atmosfera singular, não como drama moderno, nem comédia e muito menos nô, exatamente graças ao talento do diretor. Na sua opinião, o acompanhamento de música ocidental adequou-se às falas em estilo de canto nô, bem como as máscaras nô e kyôguen às vestes ocidentais, sem contradição alguma, resultando numa beleza inusitada.

Mishima, que confessara uma certa aflição em assistir os ensaios de Takechi, achou tão interessante a estréia, que decidiu ficar para a sessão noturna. O dramaturgo compôs o artigo, "A Propósito de *O Tamboril de Damasco* Dirigido por Takechi – Estréia", para o programa do Sankei Hall.

> Tenho tanto pavor dos ensaios, que não vou assistí-los. Me dá prazer, um enorme prazer, mas confiar a minha obra à direção de Takechi é como levar o meu filho a uma cirurgia plástica. É um ato cruel. [...]
> O que se pode imaginar para este espetáculo é que ele adotará a forma de um "experimento de importação às avessas". Em suma, eu removi todas as condições formais do teatro clássico, conservando só o tema e o transpus para o meio da vida contemporânea. Então, trata-se de um perfeito teatro moderno? Não é bem assim. Eu disse vida contemporânea, porém, ela não passa de cenário para uma parábola; quanto à fala, planejei para que o tema do nô fosse enunciado de forma nua e franca. Portanto, a direção que eu cogito exaure-se na linha do teatro moderno estilizado. No entanto, Takechi introduz na peça técnicas do teatro clássico e sob condições similares às do teatro grego, com uso de máscaras, teatro de arena e acompanhamento de musica ocidental, pretende dirigir um elenco misto, composto de atores de nô, kyôguen e shingueki. Como forma, a princípio, é como uma "importação às avessas".
> Então, não é porque se unifica os ossos uma vez desmembrados, que o ser humano ressuscita. Nem é isso o que ele almeja. [...] O interesse para mim estava na eternidade do tema, enquanto para Takechi estava, ao mesmo tempo, na eternidade do estilo e talvez, estivesse também na investigação da possibilidade dessa eternidade nos bastidores do teatro contemporâneo. Então, ele examinou minuciosamente o meu roteiro e ponderou acerca da modelação do estilo. Uma parte desta modelação requer as máscaras de nô dos tempos antigos e a outra, o acompanhamento de música ocidental. Por conseguinte, ele não pretendeu fazer um estranho coquetel; ao invés de colocar a questão de estilização da confusão contemporânea e a tradição do teatro japonês como duas leis contrárias, tentou totalizá-las, unificando-as[27].

Atualmente no Japão, *O Tamboril de Damasco* dirigido por Takechi é considerado um trabalho revolucionário, do mesmo nível do *Pierrot Lunaire* de Schoenberg no Ocidente.

27. Idem, "Takechiban *Aya no tsuzumi* ni tsuite", em *Programa do Sankei Hall*, 5 de dezembro de 1955.

SOB A INFLUÊNCIA DO TEATRO TRADICIONAL JAPONÊS   199

O poeta inglês James Kirkup redigiu dois libretos de ópera para duas versões de *O Tamboril de Damasco*. A primeira, baseada no nô moderno de Mishima, foi para o compositor islandês Atli Heimir Sveinsson. Inicialmente, um esboço do libreto em islandês foi feito pelo poeta Örnólfur Árnason e a partir daí, Kirkup adaptou-o para o inglês. Em 1983, a ópera foi encenada em Reykjavik e obteve grande aclamação, com a partitura sendo publicada pela Edition William Hansen de Copenhagen. Por sua vez, o compositor Paavo Heininen colaborou com a poeta Eeva-Liisa Manner na versão finlandesa para ópera do nô clássico *O Tamboril de Damasco* e Kirkup a adaptou para um libreto em inglês. A 5 de abril de 1984, *O Tamboril de Damasco* estreou na Ópera Nacional da Finlândia, em Helsinki. Libreto e partitura em edição bilingue (finlandês e inglês) foram publicados pela Edition Pan de Helsinki.

A CENTÉSIMA NOITE EM *KOMACHI SOBRE O STUPA*

Atualmente, no repertório de nô clássico restam cinco peças centradas no tema Komachi Ono: *Komachi Limpa o seu Nome* (*Sôshi arai Komachi*), atribuída a Zeami, em que a jovem defende a sua honra; *A Corte Noturna de Komachi* (*Kayoi Komachi*), revisada por Zeami, na qual a bela e sensível Komachi é a companheira do protagonista, capitão Fukakusa; *O Poema Resposta de Komachi, como um Papagaio* (*Ômu Komachi*), atribuída a Zeami, em que Komachi responde ao poema do imperador, devolvendo-o com a alteração de uma única palavra; *Komachi sobre o Stupa* (*Sotoba Komachi*) de Kan'ami; e *Komachi no Templo de Pedras* (*Sekidera Komachi*), atribuída a Zeami, na qual Komachi dá instruções poéticas a um jovem estudante. Os três últimos dramas retratam a Komachi já anciã.

Komachi Ono foi uma escritora de grande beleza, com data de nascimento e história vagas. Mas ela existiu de fato no século IX, como um dos seis poetas célebres, no início do Período Heian (794-1192), especialistas em poesia de 31 sílabas (*waka*). Restam dezoito poemas amorosos de Komachi na *Coletânea de Poemas Antigos e Modernos* (*Kokinwakashû*), primeira antologia imperial de poesia japonesa, compilada no início do século X. Extremamente coquete, ela impõe ao seu admirador cem noites de visita para atender ao seu desejo. Porém, ele não consegue cumprí-las e morre. A cruel Komachi é condenada ao desespero por cem anos. Há um bom livro, *Ono no Komachi: Poems, Stories, Nô Plays*[28], com traduções de Roy E. Teele e seus filhos, Nicholas J. Teele e H. Rebecca Teele.

---

28. Roy Teele, Nicholas Teele & Rebecca Teele, *Ono no Komachi*, New York/London, Garland, 1993

200 YUKIO MISHIMA: O HOMEM DE TEATRO E DE CINEMA

Para a adaptação ao nô moderno, dentre as cinco obras clássicas, Mishima deve ter escolhido *Komachi sobre o Stupa* (*Sotoba Komachi*), por manter maior tensão dramática durante toda a apresentação.

Autor:
Kan'ami

Classificação:
Nô pertencente à quarta categoria: uso de tamboris grave e agudo

Personagens:
Protagonista (*shite*): Komachi Ono (anciã)
Coadjuvante (*waki*): monge peregrino
Acompanhante do coadjuvante: monge acompanhante

A caminho da capital ao entardecer, monges do monte Kôya deparam com uma anciã mendiga sentada sobre uma lápide de madeira (*sotoba*) apodrecida, à beira da estrada num subúrbio de Kyoto. Eles persuadem-na a descansar em outro lugar, pois o *stupa* é a encarnação do corpo de Buda. Ela replica-lhes com princípios secretos do budismo. Como perdição e iluminação têm um único espírito, se o mundo todo é nada, não há diferenças entre o Buda e as criaturas vivas. Os monges surpreendem-se com essa intérprete erudita do budismo e indagam-lhe a sua identidade. Ela revela ser Komachi Ono e lamenta-se sobre a sua condição. De repente, Komachi é possuída pelo espírito do capitão Fukakusa. Em vida, ele se apaixonara por Komachi e a visitara durante 99 noites. Porém, falecera sem conseguir perpetrar a centésima noite de visita. Possuída pelo espírito ressentido do capitão, a Komachi ensandecida revive as cem noites de visita para os monges. Por fim, desperta de sua loucura e entra no caminho da iluminação.

Komachi sobre o Stupa não é um "nô sobre o mundo dos sonhos" (*muguen-nô*), pois Komachi não quer reviver o passado. Ao contrário, o passado é que a persegue no presente e a enlouquece. Enquanto nos nô *Matsukaze* e *Izutsu*, o sentimento das protagonistas expressa-se por meio do travestimento voluntário, com o vestuário masculino unindo presente e passado, o seu corpo e o do amado, em *Komachi sobre o Stupa* não é a vontade de Komachi, mas o espírito do capitão Fukakusa, que a faz usar o chapéu e traje masculinos para apossar-se do seu corpo.

No nô moderno de Mishima decidi não conservar o título original na tradução, alterando-o para *A Centésima Noite*, para facilitar a compreensão. A estória inicia-se num parque de Tóquio à noite, com todos os bancos ocupados por cinco casais de namorados abraçados. Uma anciã mendiga, de 99 anos, conta as bitucas de cigarro catadas. Ao

SOB A INFLUÊNCIA DO TEATRO TRADICIONAL JAPONÊS 201

sentir-se espreitada, a velha narra ao jovem poeta, que antigamente fora uma mulher muito bonita chamada Komachi. Bastante cortejada, tornara-se o pivô da famosa lenda, em que o capitão Fukakusa do Estado-Maior a visitara por cem noites seguidas para realizar o seu desejo. A anciã e o poeta voam para a época do Palacete das Festas (*Rokumeikan*), oitenta anos atrás (Esta é justamente a centésima noite, desde que o capitão Fukakusa começara a visitar Komachi). A voz dela rejuvenesce e os dois valsam. Embriagado, Komachi parece extremamente formosa aos olhos do jovem poeta. A idosa surpreende-se com a mudança do seu olhar e o adverte: "Oh, não diga. Se você disser que sou bela, morrerá". Pois todos os homens que haviam dito que ela era linda haviam perecido. Exatamente como previra, o poeta falece e a anciã volta a contar as bitucas de cigarro.

A protagonista (*shite*) tanto do nô clássico quanto do de Mishima é a mesma Komachi Ono, uma velha mendiga, feia e ensandecida, mas sábia e espirituosa, na realidade, símbolo da beleza eterna; enquanto o coadjuvante (*waki*) no nô moderno é um jovem poeta sem vintém e que, portanto, não necessita de acompanhante. Personificação simultânea do monge e do fantasma do capitão Fukakusa, o poeta pobre e embriagado representa o romantismo, que almeja a musa da beleza. Se no nô original só há três personagens, no de Mishima multiplica para vinte e um. Tempo, espaço e ação são cíclicos neste nô moderno. A peça começa num parque da Tóquio contemporânea e depois transfere-se para o salão de baile do Palacete das Festas, numa volta ao passado, à juventude de Komachi. A dança é o ápice do nô clássico e do nô de Mishima, Komachi e o poeta valsam. Não satisfeito em ser o poeta na realidade, ele interpreta o papel do capitão Fukakusa e acaba possuído pelo seu fantasma. Fukakusa não é um espírito rancoroso e vingativo como no nô original e assim, unifica-se com o poeta, que não desperta do seu sonho e falece. O reino da fantasia culmina com a catástrofe da morte do poeta. No final Komachi retorna ao parque de Tóquio, à realidade, ao presente; um guarda e dois vagabundos recolhem o cadáver do poeta.

Na obra clássica, nas cercanias de Kyoto, capital da Idade Média, os monges do monte Kôya iniciam uma discussão religiosa (*mondô*) com a anciã mendiga, por estar sentada num *stupa* (*corpo de Buda*). Do texto original Mishima subtrai o universo budista de então. A idosa catadora de bitucas de cigarro senta-se num banco do parque de Tóquio, capital contemporânea, expulsa um casal de namorados e a arguição budista é substituída, inicialmente, por um debate sobre o amor com um jovem poeta, defensor dos direitos especiais dos apaixonados. Para ele, o banco do parque é "uma escada que se eleva aos céus, a torre de observação de fogos mais alta do mundo". Mas a velha ri dessa felicidade ilusória dos enamorados. No nô antigo, a compreensão da doutrina budista da anciã é superior à dos monges e embora o fantasma do capitão Fukakusa não apareça em cena, o seu espírito, personificação do rancor de todos os amantes rejeitados de Komachi, apossa-se dela. Na sua loucura, com gestos e voz transmutados, ela revive a tragédia das cem noites de visita e termina com Komachi redimindo-se do seu orgulho e entrando no caminho da iluminação.

Enquanto no texto clássico Komachi lamenta a perda das glórias passadas, a anciã de Mishima, por vezes, rememora com saudades os bons momentos vividos com o capitão, porém, jamais verte lágrimas ao compará-los com a sua situação atual. Como em *O Travesseiro dos Sonhos (Kantan)*, em *A Centésima Noite* de Mishima o tema é revolvido e a resolução se dá ao contrário, pois começa com Komachi já tendo alcançado a iluminação. O tema da peça é expresso nessa sua longa fala:

> Antigamente quando eu era jovem, se não houvesse algo que me arrebatasse, não tinha a sensação de estar viva. Sentia-me viva só quando me esquecia por completo de mim mesma. Logo me dei conta do meu equívoco. Quando o mundo parecia bom de se viver e uma pequenina rosa parecia tão grande quanto uma cúpula, quando as pombas esvoaçantes pareciam cantarolar com vozes humanas... quando justamente todas as pessoas do mundo se cumprimentavam com alegria, dizendo: "Bom dia!", e as coisas que você procurava, há dez anos, surgiam do fundo do armário e todas as moças por aí assemelhavam-se a uma imperatriz... quando eu pressentia que uma roseira morta floresceria... Então, tolices como essas me sucediam a cada dez dias. Mas agora, quando penso sobre isso, percebo que estava morrendo quando isso acontecia... Quanto pior a bebida, mais rápida a embriaguez. No meio do meu inebriamento, dos meus sentimentos melosos e das minhas lágrimas, eu estava morrendo... Doravante, decidi nunca mais me embriagar. Este é o segredo da minha longevidade[29].

Ela proíbe a si mesma um instante de plenitude, que concentre todas as sensações; repudia o espírito estético, a inspiração, a arte e a paixão, manifestando uma visão cética da existência.

A discussão amorosa inicial evolui para uma discussão filosófica sobre a vida, a questão do conhecimento e do êxtase. A idosa tem gênio forte, quase não deixa o poeta falar e revela-lhe que o segredo de sua longevidade está em ter matado a juventude dentro de si, pois o saber é que é eterno, transcendendo o envelhecimento físico. Se o conhecimento é a essência da vida, o êxtase dividiria esse fluxo de consciência e significaria a morte. Mas no baile do Palacete das Festas, de repente, a sua voz torna-se jovial. Teria ela se inebriado? No nô clássico, como Komachi é interpretada por um ator, a voz continua masculina. Já no nô moderno, o interessante é que muda para uma voz não masculina, mas de uma jovem mulher. Na ópera japonesa baseada nessa obra, a mendiga é uma *mezzo-soprano* (cantora entre as vozes aguda e grave) e, após dar uma volta atrás de uma estátua, surge como uma *coloratura-soprano* (cantora de voz ligeiramente aguda). O poe-

---

29. Yukio Mishima, *Sotoba Komachi*, em *Mishima Yukio guikyoku zenshû*, vol. I.

SOB A INFLUÊNCIA DO TEATRO TRADICIONAL JAPONÊS 203

ta, ao contrário, extasia-se com o belo e o amor, o momento efêmero. "Dentro da embriaguez, depois de confessar o seu amor, o jovem falece, imaginando na sua alucinação, que a velha imunda da realidade é um ideal de beleza"[30], assinala Seiichi Yoshida. Poderia-se completar, beleza eterna, para além do passado, presente e futuro.

A ligação entre os dois clímaxes do nô original, a discussão religiosa entre monges e anciã na parte anterior e a possessão do espírito ressentido que ocasiona a sua loucura, na posterior, dá-se com a revelação da identidade de Komachi. Já no de Mishima, o primeiro clímax encontra-se na discussão filosófica sobre a vida num banco do parque e quando a idosa se revela como Komachi, a volta ao passado se dá na nonagésima nona noite, com a valsa dos casais no Palacete das Festas. Na montagem japonesa, a transformação de Komachi ocorria com a mudança dos trapos de mendiga para o traje de baile. Mas na encenação americana era feita simplesmente valsando com o poeta, como testemunhou o dramaturgo.

O que me recordo então, é que mesmo na produção de Herbert Machiz, quem interpretava a anciã era uma atriz bastante veterana chamada Virginia Chew. Porém, como eu havia presenciado o ensaio de Machiz, cheguei a ver a atuação de Chew sem o vestuário apropriado. [...] O método de Virginia Chew era, sem mudar em absoluto o vestuário nem a maquiagem, enquanto dançava com o poeta, transformar a expressão facial com naturalidade; um modo irônico em que mesmo sendo velha, dava a impressão de uma beldade. Embora estivesse assistindo um ensaio, fiquei impressionado com esta técnica e, apesar dela ser uma mulher já passando da meia-idade, nesse ensaio sem a indumentária adequada, enquanto ela valsava com o ator no papel de poeta, tive a sensação de que diante dos meus olhos, o seu rosto se transfigurava subitamente para o de uma jovem beldade. Tenho a impressão de que quanto à habilidade para este tipo de técnica, os atores americanos ou, de modo geral, os atores estrangeiros são mais talentosos[31].

Mas a transformação maior dá-se na cena de possessão. Se, na obra clássica, o fantasma do capitão Fukakusa apossa-se de Komachi e a enlouquece, no de Mishima, joga-se fora o motivo da loucura e o poeta, que é mais fácil de se embriagar do que Komachi, é possuído pelo espírito. No nô original, devido às torturas do seu coração, Komachi necessita da salvação budista, mas no de Mishima, quem precisa ser salvo é, ao contrário, o poeta/capitão Fukakusa. Portanto, a interpretação budista de que a mulher é um ser cheio de pecados não mais se aplica aqui, uma vez que o próprio autor já a abandonara. E a discussão, que se iniciara num banco de parque, não termina apenas em palavras, como no texto original, mas continua na cena da fantasia.

Isso ocorre porque há um desdobramento, a luta do ser humano com sua alma dividida entre a idosa Komachi, já perto da morte, que

30. Seiichi Yoshida, *Mishima Yukio to chûsei nôgaku*, op. cit, p. 229.
31. Yukio Mishima, "*Kindai nôgakushû* ni tsuite" (A Propósito das *Peças de Nô Moderno*), *Kokubungaku*, março de 1962.

consegue captar o todo da existência – o mundo de quem atingiu o conhecimento que é solitário e desolador como o de Jirô em *O Travesseiro dos Sonhos* – e o jovem poeta que ainda tem tudo pela frente, mas sacrifica a vida por um instante de êxtase, que o conduz à morte. A atração pela ruína e o êxtase alcançado por meio do erotismo e morte. Para o poeta, uma vida sem enlevação equivale à morte. Não lhe resta senão eternizar um instante de alegria, com a morte. Ao ver a anciã rejuvenescida, julga-a bela, diz que é linda e perece de fato, pois para o escritor, o êxtase absoluto só é alcançado com a morte. No entanto, como Jirô, o poeta vocifera: "Mas eu não quero morrer".

O confronto budista do texto original acaba transformando-se em confronto metafísico na obra de Mishima, um instante de êxtase do poeta e o saber eterno de Komachi. O poeta e Komachi são duas ramificações do próprio autor e simbolizam os seus dois extremos. O dramaturgo afirma:

> Komachi é "a vida que transcende a vida", a encarnação da vida metafísica. O poeta é a vida sexual, a corporificação da vida que se desenrola junto à realidade. Komachi carrega a tragédia de jamais perder e o poeta tem um romântico "desejo de tragédia". O contato dos dois fundamenta-se nessa espécie de equívoco e numa ânsia mútua de curiosidade, misturados ao desdém[32].

A ação é cíclica, tanto no nô original, com Komachi condenada ao desespero por cem anos, quanto no nô moderno, com Komachi contando as bitucas de cigarro no início e fim da peça, simbolizando a sua juventude indomável e eterna e o suportar do seu tedioso cotidiano, que se arrasta para todo o sempre. Na dança dos aristocratas no Palacete das Festas, a linguagem muda de vulgar e prosaica para uma conversa elegante, cortês e quando retorna do passado ao presente, volta à expressão direta da velha. "Olhe, eu tenho 99 anos". Isto foi um artifício muito hábil de Mishima, para expor o método de que a beleza/feiúra de Komachi é mostrada inteiramente por meio da subjetividade do poeta. A cena no Palacete das Festas, com a reencenação do amor fatal entre o capitão Fukakusa e Komachi, não tem existência na realidade, é "um teatro de faz de conta" entre o poeta e Komachi, um mundo ilusório que o poeta criara, sugerido pelas palavras da anciã.

O dramaturgo dá algumas indicações de montagem:

> A designação de cortina negra para o cenário, que consta na direção de palco, se as circunstâncias assim o permitirem, pode ser substituída por uma cortina de gaze atualmente em moda. Quando da reaparição do passado, o Palacete das Festas (Rokumeikan), essa época especial, emergirá vagamente à distância, através da cortina de gaze. A beleza de Komachi é totalmente subjetiva, não é objetiva. A anciã deverá parecer bela, assim mesmo como está. Toda a ilusão de sua admirável transformação deverá ser expressa por

---

32. Yukio Mishima, "*Sotoba Komachi* enshutsu oboegaki" (Anotações para a Direção de *A Centésima Noite*), *Shinsen guendai guikyoku 5*.

SOB A INFLUÊNCIA DO TEATRO TRADICIONAL JAPONÊS 205

meio da subjetividade do poeta. A fala da idosa ao lhe ser dito: " Você era linda". "Era, não. Ainda sou linda", corresponde na cena posterior à fala: "Exalava um cheiro azedo". "Exalava? Não percebe que ainda tenho?". A fala mais importante do poeta é: " Se achar algo belo, direi que é belo, mesmo que eu morra por isso". Entretanto, é importante que não resvale, de maneira alguma, para um tom grave. A cadência dos diálogos deve ser inteiramente guiada pela respiração "jo, ha, kyû". A cena anterior em "jo" (prelúdio, lento), a parte anterior da cena ilusória em "ha" (desenvolvimento, moderado) e a cena posterior corresponde ao "kyû" (clímax, rápido). Os diálogos tornam-se rápidos, num crescendo imperceptível e ao atingirem o "kyû" (clímax), há uma colisão violenta[33].

Para Mishima, o verdadeiro artista é aquele que observa a humanidade com olhos serenos, bem abertos e frios, não embelezando a realidade com a embriaguez e os sonhos da juventude. Em maio de 1959, *A Centésima Noite* e *O Travesseiro dos Sonhos* de Mishima foram montados no Teatro Imperial de Estocolmo na Suécia. E no Japão, em julho de 1977, o diretor Yukio Ninagawa encenou *A Centésima Noite* com elenco exclusivamente masculino. O ator Mikijirô Hira protagonizou Komachi e todos os demais papéis femininos foram igualmente interpretados por *onnagata*.

O FANTASMA VIVO EM *A DAMA AOI*

Como os nô *A Mulher-Demônio da Planície de Adachi* (*Kurozuka*) e *A Jovem no Templo Dôjô* (*Dôjôji*), *A Dama Aoi* (*Aoi no ue*) pertence à categoria das peças de *mulher-demônio*.

Autor:
O original de Zenchiku Komparu foi adaptado por Zeami
Classificação:
Nô pertencente à quarta categoria: peça de mulher-demônio – uso do tambor de baquetas
Personagens:
Protagonista (*shite*) anterior: fantasma da princesa Rokujô
Protagonista (*shite*) posterior: fantasma da princesa Rokujô
Acompanhante da protagonista: sacerdotisa Teruhi
Coadjuvante (*waki*): santo de Yokawa
Acompanhante do coadjuvante: cortesão
Ator de kyôguen: mensageiro

Inicialmente, na parte central e dianteira do tablado, o assistente de palco estende um quimono, metáfora da Aoi adoentada. Para curar Aoi, atormentada por um mau espírito, o primeiro ministro ordena à sacerdotisa Teruhi, que faça um benzimento com a catalpa. Atraída pelo som do arco de catalpa, a princesa Rokujô surge na passarela, pára diante

33. Idem, ibidem.

do quimono dobrado (cabeceira de Aoi), amaldiçoa-a manifestando-lhe todo o seu ódio e desaparece. O santo de Yokawa entra e ao iniciar as orações, o espírito vivo da princesa Rokujô reaparece transfigurado em demônio e confronta-o. Porém, no final o demônio é exorcizado, a princesa Rokujô é convertida pela reza e entra no Nirvana.

Além de não ser muito longo, o que contribui bastante para a adaptação, Mishima apreciava o nô clássico *A Dama Aoi* pela sua construção simples e admirável. No nô moderno, tarde da noite, ao visitar a esposa Aoi internada num hospital, o formoso Hikaru Wakabayashi a encontra mergulhada em sono profundo. A enfemeira comunica-lhe que uma visita aparece todas as noites e, nessas ocasiões, Aoi sofre terrivelmente. Quando a misteriosa visita surge, qual não é a surpresa de Hikaru ao descobrir que se trata de Yasuko Rokujô, sua ex-amante. Disposta a recuperá-lo, Yasuko sussurra-lhe palavras de amor e evoca o tempo em que eram felizes. Um barco desliza no mar... A vela do barco avança, como se fosse para esconder a casa de Aoi. Mas Hikaru escuta à distância os gemidos de Aoi, que quebram a ilusão momentânea. O barco e as lembranças desaparecem, restando apenas o quarto de hospital. Imediatamente, Hikaru telefona para a residência da sra. Rokujô e constata que a verdadeira Yasuko estivera todo esse tempo em casa. Como que atraída pela voz de Yasuko ao telefone, Aoi cai da cama e falece. Ao mesmo tempo, a voz do fantasma vivo de Yasuko se faz ouvir do lado de fora da porta.

O nô original tem cinco personagens, mas Hikaru Guenji e sua esposa Aoi jamais aparecem, exceto pelo quimono dobrado que a personifica e tudo transcorre na casa de Aoi. Já no de Mishima surgem quatro personagens: Hikaru, a esposa Aoi, a ex-amante Yasuko Rokujô e a enfermeira. E a estória se passa no quarto de um hospital psiquiátrico, um espaço surrealista, antecâmara da morte, onde o tempo é vivenciado como duração.

No nô clássico, o quimono de magnífico brocado *karaori*, depositado sobre o tablado, funciona ao mesmo tempo como metonímia e metáfora da Aoi adoentada. Certa vez, o diretor Tetsuji Takechi encenou o nô antigo *A Dama Aoi* como drama dançante e utilizou o recurso do quimono. Mas quando foi coreografá-lo, ficou surpreso com o poder magnético do quimono. Onde quer que a princesa Rokujô fosse ou o que quer que fizesse, o quimono a pressionava resolutamente cada vez mais. Por fim, tinha-se a sensação de não mais se saber se a princesa Rokujô estava torturando Aoi ou se ao contrário, a princesa Rokujô é que estava sendo possuída pela forte personalidade de Aoi, recriminando-a por agir de modo tão vergonhoso. Nesse sentido, o quimono dobrado funciona como uma metáfora eficaz ainda hoje. Mishima acreditava que se repetisse esse artifício no nô moderno, substituindo-o por uma camisola, o efeito cênico seria nulo e acabaria

SOB A INFLUÊNCIA DO TEATRO TRADICIONAL JAPONÊS   207

pondo tudo a perder. Assim, ele foi mais realista ao colocar a Aoi deitada numa cama no fundo do palco, à esquerda.

No drama de Mishima, o quimono luxuoso e as luvas pretas simbolizam o fantasma vivo da amante rejeitada, Yasuko Rokujô, a protagonista (*shite*), enquanto que o charmoso mas um tanto irresponsável Hikaru, cujo nome significa aquele que brilha, *ilumina*, é o coadjuvante (*waki*) que chega de viagem trajando um terno bem talhado. Já a sacerdotisa (*miko*) do nô clássico é transformada aqui na enfermeira, que atribui a origem das doenças não mais à possessão demoníaca, mas aos impulsos sexuais. As crises nervosas de Aoi e o rancor da sra. Rokujô são interpretados como causados pela libido. A enfermeira, a médium moderna que assente o aparecimento do fantasma vivo da sra. Rokujô, foi um excelente achado do dramaturgo.

Na obra clássica, atraída pela catalpa, quando o fantasma vivo da sra. Rokujô surgia, o coro limitava-se a repetir como que em transe: "Ouve-se os sons da catalpa, ouve-se os sons da catalpa". Não satisfeito com isso, Mishima retirou toda essa fraseologia e solicitou ao compositor Toshirô Mayuzumi a criação de um artifício, que reproduzisse os sons do arco de catalpa. Assim, para invocar o fantasma vivo da sra. Rokujô, ciumento e destruidor, Mayuzumi empregou a serra musical, instrumento novo na época. A grande janela de cortinas cerradas, à esquerda do palco, separa o mundo real lá fora, do mundo irreal no quarto de hospital, enquanto a porta à direita, por onde entra o fantasma vivo da sra. Rokujô, tem a função da cortina suspensa (*aguemaku*) do nô clássico. Aliás, ela só aparecia de madrugada, quando as coisas perdem as suas arestas, corpo e espírito tornam-se mais livres. E vem dirigindo um grande conversível metálico, numa alusão ao episódio da disputa entre a esposa e a amante, pela colocação de suas carruagens durante um festival e que consta no *Conto de Guenji* (*Guenji monogatari*), em que o nô clássico também se inspirara.

A 17 de maio de 1994 no Kanze Kaikan de Kyoto, entrevistei o ator de kyôguen Sennojô Shigueyama, que dirigira *A Dama Aoi* em 1990. Sennojô fez uma leitura desta peça como um complexo de Édipo, uma vez que é a estória de um rapaz, Hikaru Wakabayashi, que tem uma amante bem mais velha, a sra. Rokujô. A primeira questão que se propôs foi: "Se existisse um fantasma vivo hoje, como se movimentaria?" Então, convidou o *onnagata* de kabuki, Tôjurô Sawamura, e pediu-lhe que protagonizasse a sra. Rokujô como se fosse um espectro de kabuki, mas ao mesmo tempo, uma mulher atual, unindo num só papel as técnicas de interpretação do kabuki e do teatro contemporâneo. Nas suas direções de cena, apesar do dramaturgo ter registrado uma grande janela com cortina, à esquerda do palco, o diretor decidiu transportá-la para o meio do tablado e com a cortina descerrada. Convicto de que o mais importante no teatro é, como em Shakespeare, proferir as falas encarando o público, Sennojô acredita-

208 YUKIO MISHIMA: O HOMEM DE TEATRO E DE CINEMA

va que se o espírito vivo falasse vendo a janela à esquerda, esse efeito de diálogo com a platéia se perderia.

A ação do nô de Mishima resume-se a um triângulo amoroso, centrado na fábula da raposa e da galinha. A Aoi doente, imóvel na cama, mas que se agita terrivelmente em seus sonhos, é a galinha que geme e grita de dor ao ser esganiçada pela raposa matreira, o fantasma vivo da sra. Rokujô, que a tortura com o seu ciúme doentio. O pomo da disputa é o formoso Hikaru, personificação da juventude, beleza e altivez. A navegação simbólica da sra. Rokujô e Hikaru no barco a vela representa um momento de felicidade amorosa, o êxtase.

Mas enquanto o nô clássico termina conciliatoriamente, pois a princesa Rokujô é exorcizada e Aoi se salva, no de Mishima, Aoi acaba falecendo. Neste ponto, Mishima é mais fiel ao original o *Conto de Guenji* e o seu texto é moderno ao declarar que até hoje, o ciúme, especialmente o amoroso, mata. No contexto da época em que foi escrita, a sua obra poderia ainda ser lida como uma sátira elegante, mas severa, à nova religião moderna, a análise freudiana.

Dentre as suas cinco primeiras peças de nô moderno, *A Dama Aoi* era a favorita de Mishima. Embora fosse a de tema filosófico mais tênue, posto que centrado no ciúme da protagonista, ele julgava que seria mais facilmente compreendida e, além disso, apresentava elementos de um drama de suspense.

Particularmente no final, quando as vozes do fantasma vivo e da pessoa real ao telefone se emaranham, pretendo despertar um interesse de suspense teatral. Ficarei satisfeito se esta cena ficar interessante[34].

Enquanto Hikaru está conversando ao telefone com a sra. Rokujô real, o fantasma vivo da própria sra. Rokujô reaparece no quarto de Aoi para apanhar as luvas que esquecera. O fato de que as luvas restaram lá significa que o fantasma vivo não é uma alucinação, mas uma prova de sua existência de fato. O autor sempre advertia que a unidade da sra. Rokujô era de extrema importância, não podendo de modo algum resvalar para um melodrama barato, de rancor e ciúme. Nesse sentido, o escritor compartilhava o sentimento dos atores de que a peça era difícil de ser interpretada.

Para a apresentação de estréia, o dramaturgo indicara um quimono suntuoso e luvas pretas, acessório simbólico para sugerir o fantasma vivo da sra. Rokujô. As luvas aparecem três vezes em cena. Primeiro, a sra. Rokujô passa as mãos enluvadas sobre o rosto de Aoi; em seguida, retira-as e coloca-as junto ao telefone; e no final da

---

34. Idem, "Jôen sareru watashi no sakuhin: *Aoi no ue* to *Tada hodo takai mono wa nai*" (Minhas Peças que Serão Encenadas: *A Dama Aoi* e *Nada é Tão Caro como o Grátis*), *Mainichi Shimbun*, 5 de junho de 1955.

SOB A INFLUÊNCIA DO TEATRO TRADICIONAL JAPONÊS 209

peça, Hikaru as apanha e sai do quarto para devolvê-las à sra. Rokujô. Na realidade, as luvas correponderiam à catalpa do nô original, que convoca o fantasma vivo, e funcionariam como uma espécie de sortilégio. Na montagem de *A Dama Aoi,* no Ateliê 212 de Belgrado, na Iugoslávia, o diretor fez a divisão espacial do palco em real e ilusório, conforme Mishima sugerira em *O Tamboril de Damasco.* Todavia, o recurso das luvas negras não surtiu efeito, uma vez que na Europa elas são comumente usadas nas festas de gala.

A primeira edição japonesa das *Peças de Nô Moderno* é de 1956 e logo no ano seguinte, saiu a publicação americana, traduzida por Donald Keene. Mishima foi convidado pelo editor Knopf para o lançamento do livro em inglês e pela Universidade de Michigan para ministrar uma palestra sobre literatura moderna japonesa. Assim, no final de julho de 1957, o escritor parte para os Estados Unidos. Durante sua segunda estadia em Nova York, que se estendeu até 31 de dezembro, um jovem produtor americano quis montar as *Peças de Nô Moderno* na off-Broadway, isto é, teatros que não seguem a linha comercial da Broadway, porém, não são tão radicais como o grupo off-off-Broadway. Como os americanos privilegiam dramas em vários atos e as *Peças de Nô Moderno*, por serem em um ato e além do mais, japonesas, não sendo muito familiares ao público, o dramaturgo reescreveu três delas como se fossem uma peça em três atos e acrescentou-lhe um kyôguem moderno. Mas não conseguiu patrocínio.

Mishima só veria a montagem americana em novembro de 1960, quando por acaso, ele e sua esposa Yôko encontravam-se em Nova York. A 1 de novembro, o casal partira para uma grande viagem, cobrindo Estados Unidos, Europa, Egito, Hong Kong e só retornaria ao Japão a 20 de janeiro de 1961. Com apoio da ANTA, grupo que patrocinava o teatro experimental, a produtora foi Lucille Lortel, ex-atriz de cinema mudo, riquíssima e proprietária do White Bahn Theatre, um pequeno teatro em Connecticut. Há cinco anos, ela apresentava aí peças experimentais, sempre no verão. Em 1959, foram mostrados *Os Leques Trocados, A Dama Aoi* e *O Tamboril de Damasco.* Mas para o programa nova iorquino no outono de 1960, no seu pequeno Theatre de Lys em Greenwich Village, Lortel selecionou só as duas primeiras, pois o repertório incluía à noite, *A Ópera de Três Vinténs* de Brecht, em cartaz há seis anos, e nas matinês das terças-feiras, peças em um ato de Beckett, Ionesco, do novo dramaturgo Edward Albee e Mishima. Por vezes, o Theatre de Lys contava com um elenco de primeira, que incluía Richard Burton.

Os dramas de Mishima foram apresentados em 15 de novembro de 1960. Sob a alegação de que os americanos não conseguiriam pronunciar *Aoi no ue,* cheio de vogais, Lortel quis mudar o título para *Lady Saito.* Mas por fim, Donald Keene a rebatizara de *Lady Akane.* O dramaturgo fez um relato.

210 YUKIO MISHIMA: O HOMEM DE TEATRO E DE CINEMA

No meu caso, ficou decidido que a atriz Anne Meachan estrelaria como Yasuko Rokujô em *A Dama Aoi*. Ela se elevara à cúpula das estrelas num papel em *De Repente, no Último Verão* de Tennessee Williams e era uma das mais famosas atrizes off-Broadway. Exatamente nessa temporada, ela protagonizara *Hedda Gabler* e conquistara muita popularidade, permanecendo longo tempo em cartaz. Eu já tinha ouvido falar de sua reputação, portanto, fiquei muito feliz com sua escolha.

No dia da estréia, como estava programada uma única apresentação, é claro que o cenário era muito simples e o vestuário também. Mas quando eu fora ao ensaio, havia me queixado que o quimono de Anne, adquirido em não sei qual Chinatown, não se adequava ao papel. Contudo, devido ao orçamento, não deu para mudá-lo.

Como eu estava com o sono atrasado, apesar de *Os Leques Trocados* inicial ser uma peça de aproximadamente apenas vinte minutos, acabei dormindo no meio. Porém, quando a cortina se abriu para *A Dama Aoi*, logo Anne Meachan apareceu no palco e o meu coração foi atingido de tal modo pela sua magnificência, que a minha sonolência voou rapidamente para algum canto. Anne Meachan é uma beldade muito sensível, com algumas feições neuróticas. Seu ar gélido e porte elegante excediam o de qualquer princesa Rokujô vista no Japão. Ou então, quando compus as *Peças de Nô Moderno*, talvez a imagem que eu esboçara da princesa Rokujô fosse a de uma mulher estrangeira de trinta anos, com um quimono japonês como este. Porque o tempo trabalha do mesmo modo que o espaço e a imagem de uma dama nobre da época do *Conto de Guenji* talvez tenha, após centenas de anos, vindo a assemelhar-se à imagem que temos de uma mulher justamente de um país estrangeiro, geograficamente distante de nós, um país longínquo no espaço.

De qualquer forma, posto que a imagem de uma mulher misteriosa, distante da realidade como a princesa Rokujô, atualmente não pode existir como uma mulher japonesa de hoje, por acaso, ela produziu em mim uma alucinação como se fosse de centenas de anos atrás e, por ser uma mulher ocidental, fria, talvez o meu sonho de longos anos tenha se realizado.

Elencos:

Os Leques Trocados (Hanjo)	A Dama Aoi (Aoi no ue)
Jitsuko Honda: Ann Hennessey	Aoi: Dona Marans
Hanako: Carol Hebald	Enfermeira: Rose Arrick
Yoshio: Jess Osuna	Hikaru Wakabayashi: Michael Karlan
	Yasuko Rokujô: Anne Meachan

Eu não apreciei o fato de que Rose Arrick tivesse interpretado a enfermeira de modo um pouco cômico demais, mas ela tinha habilidade; Michael Karlan, que atuara como Hikaru, não estava nem um pouco dândi e saiu-se louvavelmente bem no seu papel; porém, quem foi de se arregalar os olhos foi Anne Meachan. Comparado ao dia anterior, ela vestia com elegância o quimono esquisito de fundo preto e dourado, parecendo chinês, com os cabelos louros levantados e a maquiagem que lhe dava um ar mágico também estava boa, a voz profunda e suave de uma mulher de meia-idade, tudo a aproximava da Yasuko Rokujô com que eu sonhara. Apenas no final, talvez pelo fato do diretor querer ser gentil com a atriz no papel de Aoi, ao invés de cair da cama e morrer, ela dá um grito e falece no leito, o que resulta em fator de quebra da situação[35].

35. Idem, "Kuchikado no awa, *Kindai nôgakushû* Nyû Yôku shien no ki", *Koe*, janeiro de 1961.

SOB A INFLUÊNCIA DO TEATRO TRADICIONAL JAPONÊS   211

Estas montagens serviram de estímulo para as encenações posteriores de *O Tamboril de Damasco* e *A Centésima Noite*, dirigidas por Herbert Machiz. Mas infelizmente Mishima não pôde vê-las, por não coincidir com o período de sua estadia em Nova York. Em janeiro de 1961, estas duas peças foram apresentadas com *O Crime de Han*, adaptação teatral em um ato que Herbert Machiz fizera da obra de Naoya Shiga, sobre o crime de um chinês. A produtora Helen Menken ficara impressionada com esta mostra teatral e decidiu exibi-la já em fevereiro no Player's Theatre na off-Broadway, como *Three Modern Japanese Plays*. Os dramas ficaram em cartaz durante cinquenta dias e tiveram boas críticas no *New York Times*. Mishima registra:

Mais tarde, a produção de Herbert Machiz, com apoio da Fundação Rockfeller, fêz uma turnê ao Brasil e levou as mesmas peças, que parecem ter sido bem recebidas em 1961. Mas enfim, o lugar onde estas encenações lograram maior êxito foi na Alemanha. Em 1958, elas foram representadas em seis, subitamente expandindo-se para doze e vinte e quatro cidades, e assim, continuamente levadas em cena. Como depois da guerra as peças em um ato não faziam sucesso na Alemanha, era arriscado. Porém, com o sucesso artístico e financeiro das *Peças de Nô Moderno*, doravante, as peças em um ato passaram a ser bem recebidas. Pelo que eu ouvi dizer, as *Peças de Nô Moderno* e o teatro de Ionesco originaram a moda das peças em um ato na Alemanha[36].

O dramaturgo compôs o artigo "O Vexame da Mulher", quando Masaki Dômoto adaptou *A Dama Aoi* para dança japonesa.

Na verdade, "mesmo inconscientemente", nós estamos recebendo os favores técnicos da tradição clássica. Portanto, o item "expressão elegante do ciúme sombrio de uma mulher da alta classe", que passou do *Conto de Guenji* ao teatro nô e deste para o drama moderno, deve-se à força imortal da "tradição" peculiar do Japão, sem paralelo nos países estrangeiros. Isto não se limitou à literatura, pois mesmo nas técnicas das artes cênicas, a embriaguez do homem e o ciúme da mulher eram expressões das características representativas de ambos os sexos, que foram sendo refinadas pela tradição contínua.

Em novembro de 1967, Dômoto dirigiu os nô modernos *A Dama Aoi* e *Yuya* de Mishima, utilizando a orquestra invisível de kabuki (*gueza*), ao invés da orquestra de nô (*hayashi*), e movimentos reais, que se estilizavam à medida que os sentimentos cresciam. Ele optou pelo estilo de atuação kabuki, por julgar que, paradoxalmente, esta era a consciência mais profunda das *Peças de Nô Moderno*. Os cenários em branco e preto de *A Dama Aoi* e cor de rosa de *Yuya* tinham um gradil baixo em toda a extensão do palco, que funcionava respectivamente nas peças como a borda do veleiro e o corrimão da varanda. O autor acompanhou os ensaios até de madrugada.

36. Idem, *"Kindai nôgakushû ni tsuite"*, *Kokubungaku*, março de 1962.

OS LEQUES TROCADOS EM *HANJO*

Ao assistir o nô clássico *Hanjo*, estrelado por Mansaburô Umewaka em 1952, Mishima se emociou.

> Contrastando com a voluptuosidade do seu predecessor, ele atuou como uma prostituta graciosa, genuinamente pura, mas cheia de sensualidade. É claro que se pode cogitar também em tal interpretação. [...]
> *Hanjo* narra os movimentos dos sentimentos puros. Tal drama, que descreve a solidão sentimental, é único. Visto do ângulo da solidão, é um excelente tema de dança; ao pensar no amado ausente como objeto, é um tema teatral baseado no solilóquio, que é uma metamorfose do diálogo (*A Voz Humana* de Cocteau é teatro). Mas o nô, por meio da harmonia de ambos os ângulos, realizou um drama poético extraordinário[37].

Nô original *Hanjo*:

Autor:
Zeami

Classificação:
Nô pertencente à quarta categoria – tema da mulher louca – uso de tamboris grave e agudo

Personagens:
Protagonista (*shite*) anterior: Hanako (prostituta)
Protagonista (*shite*) posterior: mulher louca (Hanjo)
Coadjuvante (*waki*) posterior: capitão Yoshida
Acompanhantes do coadjuvante posterior: dois criados
Ator de kyôguen: proprietária da hospedaria de Nogami

A prostituta Hanako da hospedaria de Nogami, província de Mino, apaixona-se perdidamente pelo capitão Yoshida, que aí pernoitara quando viajava para o leste. Obsecada com os leques que haviam trocado como promessa de reencontro, Hanako é expulsa pela dona da hospedaria, pois não mais atendia aos outros clientes. Ela vai à capital à procura do capitão. Na primeira parte, Hanako mergulha na melancolia, porém, ainda não está demente. No caminho de volta à capital, o capitão visita de novo Nogami. Mas o paradeiro de Hanako era desconhecido. Regressando a Kyoto, ao visitar o santuário Shimogamo no bosque Tadasu, o capitão depara-se com uma jovem enlouquecida devido a um amor desesperançado. Com o leque do amado nas mãos, ela rememora a origem do leque da poetisa chinesa Shôyo Han e baila. A mulher desvairada é Hanako. O capitão a chama e ao mostrar-lhe como prova de sua identidade o leque trocado, a loucura de Hanako desaparece e ela pôde assim, regressar aos seus braços.

---

37. Idem, "Hanjo haiken" (Assistindo Hanjo), *Kanze*, julho de 1952.

SOB A INFLUÊNCIA DO TEATRO TRADICIONAL JAPONÊS 213

Mishima apreciava tanto o nô *Hanjo*, que dois anos depois o adaptou para o nô moderno, conservando do original a atitude da dona da hospedaria que atormenta Hanako. Mas em cena, os personagens do original são reduzidos ao essencial: a protagonista (*shite*) Hanako mudada de prostituta para gueixa, a pintora Jitsuko no papel de coadjuvante (*waki*) e o infiel Yoshio como seu acompanhante. O drama moderno aborda o romance da gueixa Hanako que se apaixona por Yoshio, jovem cliente de Tóquio. Os dois trocam os seus leques como prova de reencontro. Mas como o homem tarda a retornar, devido à longa espera, Hanako acaba enlouquecendo. Jitsuko, pintora lésbica que viajara ao local para fazer esboços dos seus quadros, fica sabendo da estória, resgata Hanako e a traz para Tóquio, onde passam a morar juntas. Abraçada ao leque, Hanako vai todos os dias à estação mais próxima, senta-se no banco e aguarda o amado. Desilude-se sempre, mas certo dia, uma notícia a esse respeito sai no jornal. Então, um homem com um leque na mão vem procurá-la. Jitsuko, que não poupara esforços para conservá-la ao seu lado, pressente que o que mais temera está para acontecer. Porém, ao ver o homem, Hanako não o reconhece. O homem retira-se pesarosamente e as duas continuam a viver juntas.

Mas a obra de Mishima (1957) coloca mais ênfase na natureza poética do que na teatral. Como afirma o dramaturgo no ensaio sobre o nô clássico, *A Propósito de* Hanjo – *Estréia*:

> Em suma, a eterna espera pelo amado é um fato poético, porém, não é muito teatral. Se o namorado reaparecer e eles se unirem de novo, a peça termina abruptamente aí; no entanto, até o namorado surgir, como não há um aumento gradual da excitação dramática, não resta senão circular sempre com imponência em torno do monólogo interior. O meu desejo de adaptar foi despertado por isso, mas o que me ocorreu, então, foi o quanto o nô, com sua rica expressão semelhante ao drama poético de Hoffmannsthal, alcançou êxito na criação de um monodrama com diálogos poéticos.
>
> No nô, a peça constrói-se só com a amplitude desse sentimento, a solidão da protagonista (shite). Sem fazer uma dissecação psicológica nem análises, os lamentos da mulher abandonada são conduzidos ao clímax dramático. A definição de Yoshitaka Takahashi de que o nô é "um teatro do inconsciente, do consciente latente", se adequa realmente a este *Hanjo* e aos nôs *Tôboku* e *Teika*[38].

Para Mishima, o nô original *Hanjo* seria perfeito como drama poético, pois as imagens sugeridas pelos trocadilhos e metáforas dão significado aos movimentos dos atores, unindo teatro e poesia, psicologia e sentimentos. Portanto, ao adaptá-lo, ele procurou recuperar esse estilo literário. Por exemplo, quando Hanako diz: "É outono, não é? Um leque de outono, um leque de outono, um leque de outono", e chora, temos um trocadilho clássico, pois outono em japonês se pronuncia *aki*, que também significa cansar-se (*akiru*). Expressa

---

38. Yukio Mishima, "*Hanjo* ni tsuite" (A propósito de *Hanjo*), em programa do *Sankei Kanze Nô*, fevereiro de 1956.

214 YUKIO MISHIMA: O HOMEM DE TEATRO E DE CINEMA

a intranquilidade de se não reencontrá-lo até o outono, nunca mais o reverá e, ao mesmo tempo, os sentimentos de uma mulher abandonada pelo namorado que se cansou dela. A desesperança do amor perdido é reforçada ainda mais pela tríplice repetição, com o outono como símbolo da estação em que as folhas secam e, por conseguinte, os amores fenecem.

O enredo do nô moderno apresenta várias semelhanças com o original. A protagonista é uma gueixa, mas que nutre um amor puro e verdadeiro; toma-se os leques, que no Japão é metáfora da desilusão amorosa, como símbolos dos seus espíritos, além de exercerem a função de desenvolvimento da trama; a infelicidade deixa Hanako louca, mas ela continua a esperar pelo amado e por fim, os dois se reencontram. Do amor até à loucura e o reencontro, o percurso é igual em ambas as obras. A diferença decisiva está no final, na cena de reencontro. Enquanto no original, após a separação da primavera ao outono, a espera chega ao fim e termina em final feliz, no texto de Mishima, Hanako não recupera a razão nem reconhece o Yoshio real, porque continua a almejar pelo Yoshio ausente, que criara em sua mente. Exteriormente parece-se com o Yoshio, todavia, não mais corresponde ao Yoshio idealizado. Hanako o recusa porque pensa no seu íntimo, "O meu Yoshio não é uma existência tão pequena como você". No ensaio *A Jóia da Loucura*, o diretor Takeo Matsuura observa:

Ele está tão imerso no mundo real, que não pode conhecer o belo. Ela não o reconhece. E a partir desse momento, Hanako afasta-se da espera real, da mulher que espera, para transformar-se no sentimento de espera em si mesmo.

É nesse momento que ela fica louca. É semelhante ao instante em que uma pedra sem valor se transforma em jóia. Enfim, ao extinguir o ridículo e a miséria do Yoshio real, o espírito e os sentimentos de Hanako desabrocham na realidade. Da partida de Yoshio até o final, tudo se desenvolve dentro desse sentimento de plenitude. A jóia da loucura brilha multicoloridamente e dentro desse brilho, Jitsuko pela primeira vez afasta-se por completo da realidade e pode assim, entrar no mundo de Hanako[39].

A originalidade do dramaturgo está exatamente na oposição ficção e realidade, com a embriaguez da fantasia sobrepujando o real. Após três anos de separação, com o aprofundamento e purificação da desesperança de Hanako, o reencontro amoroso torna-se eternamente irrealizável e esperar acaba se transformando no objetivo extremo de Hanako, assim como o fora para soror Mariana Alcoforado. Uma estética da espera. Yoshio não é sincero, pois só viera procurá-la após ler a notícia no jornal. Portanto, motivado pela vaidade, uma vez que Hanako fora um passatempo leviano, que não vingaria na capital.

39. Takeo Matsuura, *Kyôki no hôseki* (*A Jóia da Loucura*), p. 42.

SOB A INFLUÊNCIA DO TEATRO TRADICIONAL JAPONÊS   215

Hanako aparece na segunda, quarta e quinta cenas, como um artifício retórico, belo e impressivo, ao expressar a dor da mulher abandonada. Tendo a moldura do amor deseperançado da Hanako do nô original, pode-se dizer que Mishima pretendera ressuscitar soror Mariana Alcoforado (1640-1723), por quem nutria grande interesse desde jovem, enquanto admirador do poeta Rilke e do romancista Tatsuo Hori, a quem visitara em sua residência de Tóquio. Influenciado pelas *Cartas Portuguesas* de Mariana Alcoforado, Hori recriara *O Diário de Kaguerô* (1937), autobiografia de uma mulher do século X no Japão, e *O Cuco* (1939). Atualmente restam cinco cartas, nas quais a religiosa portuguesa, enclausurada num convento da Beja, denuncia a frieza do capitão do exército francês Noel Bouton (1636-1715), mais tarde marquês de Chamilly, pela sua traição e abandono. Mas ela é diferente das outras mulheres traídas, pois não espera respostas do amado, apenas continua a declarar o seu amor. Embora hoje a autoria das *Cartas Portuguesas* seja atribuída ao seu suposto tradutor para o francês, conde Gabriel de Labergne de Guilleragues. Não é claro quando foi que Mishima entrara em contato com as *Cartas Portuguesas*. Mas com certeza ele lera a *Edição Príncipe das Cartas Portuguesas* (*Teihon: Porutogaru bumi*)[40], de 1934, uma vez que consta no acervo de sua biblioteca.

Rilke afirma em *Os Cadernos de Malte Laurids Brigge* (1910), que soror Mariana ao clamar pelo seu homem, por continuar a declarar o seu amor com um espírito implacável, acabou por ultrapassá-lo. "Ao amar ela se desviou até mesmo do homem, objeto do seu amor, e caminhou para a vasta planície do grande amor". Portanto, Mishima dá algumas indicações.

Na protagonista do meu nô *Os Leques Trocados* (*Hanjo*), deve haver vestígios da soror Mariana Alcoforado de Portugal, descrita em *Os Cadernos de Malte Laurids Brigge*, romance de Rilke, e de outras "mulheres apaixonadas". Além disso, havia em mim, autor, a imagem de Sapho evocada por Rilke.

Segundo Rilke, Sapho "detestava que numa relação entre dois seres humanos, um se transformasse na pessoa que ama ao extremo e o outro, na pessoa amada. Nesse clímax amoroso, Sapho não lamenta a pessoa que está recusando o seu abraço. Ela lamenta o ser que julga não mais ser possível existir neste mundo, uma pessoa que poderia suportar o seu amor violento".

Na verdade, é possível que o amor demasiadamente intenso transcenda o amado real. Não é porque Hanako é demente, mas é porque, como afirma Jitsuko, agora, a sua insanidade foi refinada e polida até transformar-se na jóia da loucura, acabando por assentar-se no âmago da existência humana, que as pessoas sãs desconhecem. Aí Yoshio também não parece senão um esqueleto[41]. É uma comparação excêntrica (desculpem-me), porém, como correspondente da heroína ensandecida de paixão há a

---

40. Mariana Alcoforado, *Teihon Porutogaru bumi* (*Edição Príncipe das Cartas Portuguesas*) trad. Haruo Sato. Baseada na edição inglesa *The Letters of a Portuguese Nun*, trad. Edgar Prestage.

41. Yukio Mishima, *"Hanjo* ni tsuite" (A Propósito de *Os Leques Trocados* [*Hanjo*]), *Panfleto do Dôjinkai*, trupe do Estúdio Haiyû-za, junho de 1957.

216   YUKIO MISHIMA: O HOMEM DE TEATRO E DE CINEMA

Blanche de *Um Bonde Chamado Desejo*. Que diferença na dignidade de uma americana alucinada de paixão e uma mulher da Idade Média japonesa, louca de paixão (mas isto é uma brincadeira). Entretanto, nas desvairadas das peças modernas, essa insanidade é analisada, todos os artifícios são concedidos para apelar à compreensão intelectual dos espectadores e, nesse sentido, a demente e os demais personagens perdem inevitavelmente o confronto na mesma dimensão. No entanto, a heroína de *Hanjo*, graças à sua loucura, elevou-se bem acima do mundo onde habitam os demais personagens. Ou então, talvez seja um tipo de deusa que se afundou profundamente[42].

Na montagem brasileira das *Cartas Portuguesas* na década de 1990, a diretora Bia Lessa desdobrou Mariana Alcoforado, dividida entre a paixão, interpretada pela atriz e diretora de cinema Carla Camurati, nua; e a razão/moralidade, desempenhada por Luciana Braga em hábito de freira e uma floresta tropical como cenário. Por meio do ensaio de Sussumu Sakita, *Discussão sobre Os Leques Trocados: Acerca da Receptividade das Cartas Portuguesas em Yukio Mishima*, ficamos sabendo que três décadas e meia antes, o dramaturgo japonês fazia uma leitura semelhante da religiosa. Mas ele a desdobrava em duas personagens opostas: a gueixa Hanako, representante do universo dos sonhos e sentimentos, e a pintora Jitsuko, do mundo real e da razão. Mesmo abandonada e louca, Hanako continua a amar Yoshio e passa a viver num mundo atemporal de eterna espera e adoração, enquanto que a intelectual e crítica Jitsuko, que nada espera, vive no mundo real e temporal, que incorpora a ansiedade e angústia. Seu único temor é a perda de Hanako, portanto, ela vai lentamente minando a relação entre Yoshio e Hanako. A personagem Jitsuko é uma criação de Mishima e desempenha um papel importante no desenvolvimento da trama.

"Não me mande mais cartas", dizia Mariana Alcoforado, ao passo que Jitsuko expõe a Yoshio sua doutrina amorosa repleta de paradoxos.

Você não pode compreender a minha felicidade. Sou uma mulher que nunca foi amada por ninguém, desde criança. Por isso, nunca esperei por coisa alguma. Sempre fui só, até hoje. Não é apenas isto. Cheguei até a pensar que, se por uma remota casualidade alguém me amasse, eu provavelmente odiaria essa pessoa. Não posso permitir que nenhum homem me ame... Portanto, comecei a vida dos meus sonhos: tornar prisioneiro alguém que estivesse profundamente apaixonado, mas não por mim. O que lhe parece? Alguém que vivesse no meu lugar, da maneira mais bela possível, o meu amor desesperançado. Enquanto o amor dessa pessoa não for correspondido, o seu coração me pertencerá[43].

Jitsuko leva uma existência de defunta, desiste da felicidade mundana, sob o pretexto de viver o amor puro e ideal de Hanako, que ela continua a alimentar, mas sem se ferir. E prossegue: "Eu gosto de acender todos os dias a chama da esperança nos seus desejos exíguos, no seu pavio propenso a se apagar". "Mas não espere que eu tenha

---

42. .Idem, "*Hanjo* ni tsuite", em *Programa do Sankei Kanze Nô*, fevereiro de 1956.

43. Idem, *Hanjo*, em *Mishima Yukio guikyoku zenshû*, vol. I.

SOB A INFLUÊNCIA DO TEATRO TRADICIONAL JAPONÊS   217

as minhas próprias esperanças". Sustentada pelos pais, Jitsuko não tem uma relação direta com a realidade, ela não possui a base para entender os valores dos habitantes do mundo real. Se o amor de Hanako se concretizar, nesse mesmo instante, desaparecerão a beleza de sua loucura e o amor puríssimo que ela continua a nutrir por Yoshio. Porém, a súbita aparição de Yoshio representa para Jitsuko não só um rival amoroso, pois ele expõe o seu medo do amor físico. Daí Yoshio lhe retrucar: "Comparado a você, qualquer louco deve ser são".

Contudo, mais do que lesbianismo, o que se verifica entre Jitsuko e Hanako é a relação da artista com a sua obra, a encarnação do seu ideal estético. Hanako é uma obra de arte viva, uma vez que por meio de sua loucura, consegue viver um amor desesperançado e puro. Os quadros de Hanako pintados por Jitsuko são o próprio espírito da artista, a sua consciência estética. Para Jitsuko, o nu de Hanako é belo, puro e rico, objeto do seu amor erótico, violento e puro. No fundo, deseja apenas submergir no mundo de Hanako, assim, ao lado da jóia da loucura, ela também brilhará. Em Hanako temos a imagem da "ilhota adormecida". A adoração pela imagem idealizada de Yoshio superou a realidade e fixou-se por completo, daí a imobilidade do seu coração, a parada no tempo, só aguardando "um dos veleiros ao largo" (Yoshio), pois não há mais necessidade de ação. Mas de tanto esperar, o seu espírito cansou-se e tornou-se sonolento.

> Então, terei o aspecto de uma ilhota adormecida. Uma ilhota sonolenta que aguarda, dia após dia, com o seu porto voltado para o amplo mar, se perguntando se um dos veleiros ao largo, transparente ao escarlate do entardecer, não se dirigirá para cá. Nesta ilha não há mais necessidade de relógios, pois a lua aparece mesmo de dia e o sol brilha mesmo à noite. Hoje, jogarei fora o meu relógio[44].

Depois da partida de Yoshio, tudo se desenvolve dentro desse sentimento de plenitude:

> Hanako (brincando novamente com o leque): Devo esperar. Esperar, esperar... e assim, o dia se vai.
> Jitsuko: Você espera... Eu não espero por nada.
> Hanako: Eu espero.
> Jitsuko: Eu não espero por nada.
> Hanako: Eu espero... E assim, hoje também escurecerá[45].

As oposições contidas nos nomes *Hanako* (*hana* = flor; *ko* = filha) e *Jitsuko* (*jitsu* = realidade), Hanako, flor de elevadas alturas que desabrocha no mundo ilusório, e Jitsuko que sente ciúme desses sonhos, a mulher que espera e a que jamais espera, a que aspira ao amor e a que o recusa, a que é vista e a que vê, todas estas divergências completamse no fim com a exclamação de Jitsuko: "Oh, que vida maravilhosa!"

44. Idem, ibidem.
45. Idem, ibidem.

218   YUKIO MISHIMA: O HOMEM DE TEATRO E DE CINEMA

Que expressa os princípios fundamentais da existência, pois segundo Seiichi Yoshida, "a vida em comum das duas, enfim, a fusão de sonho e realidade é o modelo de vida ideal; satisteita com a realidade, porém, alimentando esperanças e aspirações"[46]. A Hanako de Mishima afasta-se da atmosfera do nô original, recusa violentamente o mundo real e sob a camuflagem da loucura, afunda-se no universo da fantasia, que não tem começo nem fim, onde o tempo não existe, a verdade deixa de ser verdade e a mentira deixa de ser mentira. Portanto, essa completude sob o nome de uma bela fantasia é perigosa, pois encerra em si a decadência, formando um microcosmo fechado.

Há várias interpretações para esse final enigmático. Para o crítico Ken Seikai[47], com a retomada da vida em comum das duas lésbicas, ao invés de um final feliz há uma ênfase na tragédia, na qual Hanako recusa Yoshio. Assim, a última fala de Jitsuko, "Oh, que vida maravilhosa!", seria uma ironia a um final feliz. Neste caso, o verdadeiro protagonista seria o Yoshio ausente, pois Hanako continua a esperar por ele. O Yoshio como idéia é que seria a vida maravilhosa. Já Masaki Dômoto esclarece que,

desde os tempos antigos, no mundo da poesia, o "leque de Hanjo" é uma metáfora da "mulher abandonada". Porém, como ela foi abandonada na realidade, agora, ele se transformou, ao contrário, no leque do orgulho da mulher que conseguiu abandonar a realidade. Daí, a vida maravilhosa...[48]

Os Leques Trocados (*Hanjo*) teve boa repercussão no exterior. Mas enquanto o autor ainda era vivo, não encontrou muita aceitação no seu país.

O drama original *Hanjo* é um nô que aprecio muito. É bom porque não é pertinaz nem espalhafatoso. Julguei que para modernizá-lo, não deveria recorrer a estratagemas desnecessários, portanto, talvez haja antipatia por eu ter-me empenhado demais em simplificá-lo. Então, comparando-o com as demais obras das *Peças de Nô Moderno*, eu também reconheço que o efeito cênico é tênue[49].

No Japão já houve montagens paralelas do nô clássico *Hanjo*, estrelado por Hisao Kanze, e do nô moderno de Mishima, encenado por uma companhia de shingueki. Em julho de 1976 no Teatro Nacional do Japão em Tóquio, o diretor Tsuneari Fukuda representou-o com elenco duplo. O papel da louca Hanako, a flor que vive o sonho, foi interpretado na parte anterior pelo *onnagata* Tamasaburo Bando e na posterior, pela atriz Hideko Muramatsu, contrastando a abstração e sensualidade do *onnagata* de kabuki com a atuação mais realista, em estilo ocidental,

46. Seiichi Yoshida, *Mishima Yukio to chûsei nôgaku*, op. cit., p. 231
47. Ken Seikai, "Sado kôshaku to Mishima Yukio: *Sado kôshaku fujin*-ron".
48. Masaki Dômoto, *Makuguire no shisô*.
49. Yukio Mishima, "*Hanjo* ni tsuite", *Panfleto do Dôjinkai*, 1957.

SOB A INFLUÊNCIA DO TEATRO TRADICIONAL JAPONÊS   219

da atriz de teatro moderno. O cenário era composto por litografias de Miró e um painel com folhas de pinheiro, por onde entravam e saíam os personagens. Esse ateliê da pintora Jitsuko evocava o palco de nô, com sua tradicional cortina suspensa (*aguemaku*).

Em 1992, instigados por um filme japonês exibido na TV Cultura de São Paulo, um grupo de atores procurou-me com o interesse de montar uma peça nipônica. Após lerem algumas de minhas traduções das *Peças de Nô Moderno* de Yukio Mishima, decidiram por *Os Leques Trocados* (*Hanjo*). Sempre que possível, acompanhei prazerosamente os ensaios da trupe, que por vezes contava com a presença do poeta de vanguarda japonês Gôzô Yoshimasu, que na época lecionava na Universidade de São Paulo. *Hanjo: Os Leques Trocados* estreou em junho de 1993 no Teatro Ruth Escobar de São Paulo, dirigido pelo argentino Ricardo Holcer, cenografia dos artistas plásticos Marco Giannoti e Herman Tacasey, com o elenco formado por Flávia Pucci, Jairo Mattos e Ana Lúcia Guimarães.

A FACE NO ESPELHO EM *DÔJOJI*

Nô original *A Jovem no Templo Dôjô* (*Dôjôji*):

Autor:
   Desconhecido

Classificação:
   Nô pertencente à quarta categoria: tema da mulher-demônio – uso do tambor de baquetas

Personagens:
   Protagonista (*shite*) anterior: dançarina
   Protagonista (*shite*) posterior: mulher-demônio
   Coadjuvante (*waki*): abade do Templo Dôjô
   Acompanhantes do coadjuvante: dois monges
   Atores de kyôguen: dois servos

O enredo aborda a lenda do monge Anchin e Kiyohime. No dia da restauração do grande sino do Templo Dôjô, na província de Kii, o abade comunica aos servos a proibição da entrada de mulheres. Este sino tem uma história terrível. Outrora, perplexo com a paixão que despertara na filha única de um ricaço, ao dizer-lhe brincando que quando ela crescesse a desposaria, um monge asceta montanhês (*yamabushi*) refugiara-se nesse templo e escondera-se dentro do enorme sino de bronze. Como o rio Hitaka estava cheio, devido à sua paixão excessiva, a moça metamorfoseara-se em gigantesca serpente e continuara em sua perseguição. Por fim, enrolara-se ao redor do sino e o derretera, queimando vivo o monge. Nesse dia da restauração do sino, surge uma dançarina e

220 YUKIO MISHIMA: O HOMEM DE TEATRO E DE CINEMA

sob pretexto de apresentar o seu bailado como oferenda religiosa, penetra no templo. Inicia uma dança hipnótica e na primeira oportunidade, aproxima-se do sino, que imediatamente cai sobre ela. Devido às preces dos religiosos, quando o sino sobe de novo, a dançarina reaparece transfigurada em serpente, uma mulher-demônio, e desafia-os. Mas por fim, é subjugada pelas orações do abade e seus auxiliares, o seu corpo arde no seu próprio fogo e ela atira-se no rio Hitaka.

Ao assistir o nô clássico *A Jovem no Templo Dôjô* (*Dôjôji*), estrelado por Michio Sakurama, Mishima compõe o artigo "Meu Parecer sobre *Dôjôji*".

Numa peça teatral, a apresentação e o desenvolvimento do tema no prelúdio determinam o seu sucesso ou fracasso. Porém, em *Dôjoji*, para começar, o tema gigantesco e claramente visível está suspenso com imponência no teto do palco. Em suma, ele é o sino. Sem dúvida o tema deste nô é o sino; tudo está concentrado neste tema simples e vigoroso, além disso, o sino simboliza ambas, as paixões mundanas e a salvação. No início, de bom ou mau grado, o tema é martelado na cabeça dos espectadores, preparando-os para a concentração psicológica.

Então, a formalidade do nô é quebrada. A parte posterior da estória é narrada resumidamente pelo coadjuvante (waki) e as falas do comediante (ai-kyôguen) também são dramatizadas. Enfim, até a platéia conhecer todo o conteúdo do drama, a maior e mais importante parte dele já progrediu, restando depois só a aparição do demônio rancoroso. O ponto de atração em *Dôjôji* é a passagem até a misteriosa e desconhecida dançarina saltar sobre o sino. Esta passagem, que descreve a protagonista (shite) até esse momento, é consistente em não ter nenhuma conotação psicológica. As expressões literárias são reduzidas ao máximo (de fato, é raro um nô em que o protagonista da parte anterior é narrado de modo tão sucinto); as frases, que isoladamente não têm um sentido especial, manifestam um efeito incantatório poderoso. Não, a direção é que é planejada para que se mostrem assim. [...] Estas descrições da natureza, que parecem tratar propositalmente de assuntos que não lhe dizem respeito, na realidade, produzem a sensação de medo, concentrando tudo em um único ponto: o sino pesado e opressor. [...]

Quanto mais belo o "ranbyôshi" (bailado com ritmo marcado unicamente pelo tamboril grave), mais eu o aprecio. O "ranbyôshi" reduzido sempre me dá a impressão de ter sido traído. O "ranbyôshi" é a expressão genuína de suspense no drama e este é a manifestação artística no seu auge. A flauta toca ocasionalmente o "ashirai" (canto da protagonista expressando os seus sentimentos) e o "ranbyôshi" com acompanhamento de tamboril grave cria no palco uma estranha atmosfera de tensão. Os movimentos das mãos do instrumentista do tamboril grave e as pontas dos dedos dos "tabi" (meias bifurcadas) brancos da protagonista parecem estar unidos por um fio invisível, o corpo dança com o acompanhamento musical, dando ares de ser perpassado por uma luz mística. O próprio "ranbyôshi", com duração aproximada de trinta minutos, é um drama e toda vez que assisto *Dôjôji* interpretado por um ator talentoso, sou torturado pelo desejo de que esta passagem, plena de angústia, se prolongue eternamente. Esta é a estranha posição psicológica do espectador, na qual a alma, que deseja a continuação da ansiedade extrema e o espírito, que almeja a continuidade da alegria extrema, se tornaram unos. Nesse momento, talvez nós tenhamos transferido por completo os nossos sentimentos para o rancor da beldade, que está contra o sino[50].

---

50. Idem, "*Dôjôji* shiken (Meu Parecer sobre *A Jovem no Templo Dôjô*), em *Programa da Associação Michio Sakurama*.

SOB A INFLUÊNCIA DO TEATRO TRADICIONAL JAPONÊS   221

Na cultura clássica japonesa, Mishima assinalava sobretudo a clareza das peças nô. Por exemplo, ao ouvir apenas o canto do nô original *Dôjôji*, não daria para entender do que se trata. Porém, ao assistí-lo numa apresentação completa, a correção na maneira de conduzí-lo ao clímax seria um empilhamento lógico, insuperável por qualquer diretor ocidental. Portanto, as possibilidades cênicas do nô estariam totalmente na sua direção.

Como já havia o drama homônimo de Torahiko Koori, que Mishima apreciava, ele hesitou durante longo tempo em adaptar *Dôjôji*. Mas finalmente a semente vingou. O seu nô moderno, cujo título em português optei para *A Face no Espelho*, começa na sala de um antiquário, onde um enorme guarda-roupa com um sino budista entalhado na porta está sendo leiloado. Quando o lance eleva-se para três milhões e dez mil yens, aparece a dançarina Kiyoko, dizendo que o valor do guarda-roupa é de apenas três mil yens. Pertencente à família Sakurayama, o imenso móvel servia, na realidade, como quarto de encontros da sra. Sakurayama com seu amante Yasushi, dez anos mais novo. Ao descobrir a infidelidade da esposa, possesso de ciúme, o marido atira no guarda-roupa e mata Yasushi, ex-namorado de Kiyoko. Porém, ao ver recusada a sua oferta de três mil yens, Kiyoko evade-se dentro do guarda-roupa e tranca-se por dentro. O zelador aparece e comunica que Kiyoko roubara um vidrinho de ácido sulfúrico. Temendo que ela reapareça com o belo rosto desfigurado (como Kiyohime no original, que se transformara em serpente), o proprietário do antiquário aquiesce em cedê-lo pelo preço ofertado. Ouve-se um grito medonho no guarda-roupa. Mas Kiyoko surge como dantes, dizendo que se assustara com a imagem terrível de si mesma (uma mulher-demônio), que vira refletida nos inúmeros espelhos. Entretanto, ela não quer mais o guarda-roupa.

A Kiyohime do texto original, que se transforma em dançarina *shirabyôshi* na cerimônia de inauguração do novo sino, aparece aqui como a bela dançarina Kiyoko, que invade a sala de leilão, com a função de narrar todo o passado; enquanto que o monge Anchin vira o jovem e formoso Yasushi. A protagonista (*shite*) em ambos os nô continua a ser uma dançarina, porém, o coadjuvante (*waki*) muda de abade para o proprietário de um antiquário. Já os clientes reunidos para o leilão, com seu espírito de concorrência e tiradas cômicas, são memoráveis caricaturas de ricaços e exercem a função cômica de kyôguen; enquanto que o zelador do prédio de apartamentos é o acompanhante da protagonista Kiyoko.

Na sua inocência infantil, Kiyohime acreditou nas brincadeiras de que se casaria com o monge Anchin. Adulta, ao se ver rejeitada, persegue-o com um rancor ainda maior. No clímax da peça, ela executa a dança frenética do *ranbyôshi* e em seguida, pula dentro do sino imenso, que cai sobre ela, o que exige do ator o máximo de habilidade, pois é um salto perigoso. O enorme sino, acessório de palco exclusivo do nô *Dôjôji*, transforma-se na obra de Mishima em guarda-roupa gigantesco, com um sino barroco entalhado na porta e o seu interior, capaz de comportar uma cama de casal, é totalmente espelhado. No clímax do nô moderno, ao se sentir traída pelo namorado Yasushi, Kiyoko também entra no guarda-roupa. E assim como o ressentimento metamorfoseara Kiyohime em serpente, fazendo-a reaparecer com a demoníaca máscara *hannya* de mulher possuída pelo ciúme, Kiyoko tranca-se dentro do guarda-roupa, disposta a desfigurar o seu lindo rosto com ácido sulfúrico.

O monge Anchin fugira do amor de Kiyohime e no final, foi morto pelo seu ódio. Todavia no nô de Mishima, Kiyoko, ao imaginar o seu rosto desfigurado espelhado nos quatro cantos do guarda-roupa, se dá conta de que na verdade a sua rival não era a sra. Sakurayama, mas a natureza. Yasushi fugira da natureza representada pela sua juventude, beleza, o seu amor franco e puro, e se tornara amante da sra. Sakurayama, atraído pelo perigo de sua sensualidade. Mas ocorre um crime. Juventude, beleza e morte. Portanto, fôra para vingar-se da natureza que Kiyoko entra no guarda-roupa, decidida a desfigurar o seu rosto. Porém, isso permanece só na intenção.

No final, enquanto no nô clássico a serpente defronta-se com as orações dos religiosos e por fim, exausta, lança-se no rio Hitaka, Mishima, com o seu gosto pela ironia, dá ao contrário uma conclusão conciliatória e a tempera com uma atmosfera cômica. Kiyoko reconcilia-se com a natureza/realidade e, de livre e espontânea vontade, vai ao encontro do homem de meia-idade. Não é que a natureza/realidade a derrotara, porém, ao se conscientizar de que é impossível mudar a natureza enquanto natureza, ela passa a subjugá-la e por conseguinte, a modificá-la. Doravante, uma vez que nada poderá ferí-la, Kiyoko se convence de que nada poderá alterar o seu rosto. Ferida nos seus mais profundos sentimentos, o seu espírito é que muda. Ao abandonar o seu amor puro pelo namorado infiel, ocorre a transformação da moça inocente em uma *vamp* forte e rija, uma serpente. Ela se rebelara contra a crença cega na ordem estabelecida, de que o velho guarda-roupa valia três milhões e dez mil yens, e vencera.

Com o acréscimo de várias alegorias, o nô de Mishima resultou bem diferente do original. Mas o tema principal do texto clássico, a grande desilusão diante de um amor não correspondido, foi vivamente recriado. Apesar de já ter sido levado em cena em dois ou três países estrangeiros, *A Face no Espelho* ainda não havia estreado no Japão. O dramaturgo havia sugerido o uso da orquestra de nô (*hayashi*) com os *kakegoe*, sons guturais emitidos pelos instrumentistas de tamboris. Portanto, quando o diretor Tetsuji Takechi fez uma montagem utilizando *ranbyôshi*, a dança hipnótica com acompanhamento musical de tamboril grave e *kakegoe*, o autor ficou encantado. Esta apresentação teve transmissão radiofônica, com Kiyoko interpretada por Yaeko Mi-

SOB A INFLUÊNCIA DO TEATRO TRADICIONAL JAPONÊS   223

zutani e só de ouvir a fita cassete, Donald Keene se comovera com a elocução de Mizutani.

No verão de 1977, o ator Hiroshi Akutagawa dirigiu *A Face no Espelho*, com cenografia de Setsu Asakura, que debutara cedo como pintora em estilo japonês e, na década de 1960, assinara os cenários dos nô modernos *Travesseiro dos Sonhos* e *A Dama Aoi*. Após várias conversas com o diretor, Asakura decidira por um espaço que expressasse o contraste do frio no interior e o auge da primavera no exterior. Ficou estabelecido que tudo seria construído com fibras sintéticas, material até então nunca utilizado, para dar a impressão de espaço morto do antiquário. Asakura confessara que criar o cenário para peças de Mishima era uma tarefa difícil.

> No caso dos dramas de Mishima, se procuro expressar visualmente os significados das palavras, ao contrário, tenho a impressão de que fracasso. Sempre que penso num cenário, procuro captar algo da forma nas suas entrelinhas. Entretanto, quando tropeço no fascínio das palavras dos textos de Mishima, esse espaço aberto se torna invisível. Este é o ponto complicado[51].

A CONTEMPLAÇÃO DAS FLORAÇÕES DE CEREJEIRAS EM *YUYA*

> *A " verdade" é feia, só a "mentira" é bela. Se isso não for a flor artística, o que será?[52]*
>
> MIYOKO TANAKA

Nô original *Yuya*:

Autor:
    Zeami

Classificação:
    Nô pertencente à terceira categoria: peça feminina – uso de tamboris grave e agudo

Personagens:
    Protagonista (*shite*): Yuya
    Acompanhante da protagonista: Asagao
    Coadjuvante (*waki*): Munêmori Taira
    Acompanhantes do coadjuvante: criados

Yuya, da hospedaria de Ikeda na província de Tôtomi, tornara-se concubina de Munêmori Taira e desde então, reside no seu palácio em

---

51. Setsu Asakura, citado em "Sannin no butai bijutsuka" (Três Cenógrafos) de Akihiko Senda, em *Mishima Yukio 'Kindai nôgakushû' Parte II*, 5 a 13 de junho de 1979.
52. Miyoko Tanaka, "Majutsuteki engeki kûkan" (Espaço Teatral Mágico), *Mishima Yukio 'Kindai nôgakushû' Parte III*, 7 a 15 de julho de 1981.

224 YUKIO MISHIMA: O HOMEM DE TEATRO E DE CINEMA

Kyoto. Certo dia, a criada Asagao chega de sua terra natal e traz-lhe uma correspondência de sua mãe gravemente enferma. Ao mostrar a Munêmori a carta de sua progenitora, Yuya solicita-lhe uma licença para visitá-la. Mas por egoísmo, Munêmori não a concede e ordena-lhe que o acompanhe à contemplação das florações de cerejeiras. Ao olhar através da janela da carruagem que se dirige para a cadeia de montanhas Higashiyama, todos os passantes em vestes primaveris parecem entusiasmados. Porém, Yuya está com o coração oprimido. O banquete sob as flores no Templo Kiyomizu começa e Yuya, a pedido de Munêmori, levanta-se e inicia o bailado. Logo cai uma chuva repentina, que dispersa as flores. Com lágrimas nos olhos, Yuya tira da manga do seu quimono um papel para escrever poesia e cria um poema compadecendo-se da sorte de sua mãe idosa. Munêmori o lê e, comovido, finalmente permite que ela regresse à sua terra natal. Yuya apressa-se para a província do leste.

Esse enredo baseia-se num episódio dos *Contos de Heike* e *Yuya* é um drama essencialmente lírico. Em 1970, no debate com Donald Keene e Jin'ichi Konishi sobre *O Mundo Construído por Zeami*, Mishima relata o que apreendera do nô *Yuya*.

> Os nô como *Matsukaze* e *Yuya*, peças femininas, afastam-se indefinidamente do conceito de teatro no sentido ocidental. Eles são uma espécie de teatro das sensações, aproximando-se apenas dos sentimentos. E quanto à ambientação cênica, no fundo da atmosfera criada pelos atores e suas falas, mesmo em *Yuya*, há uma impressão muito forte do que Zeami pensava sobre o auge da existência e o ápice dos prazeres humanos, como a sombra que o pássaro lança sobre a mesa do persa Omar Khayyam e se apaga de imediato. Acho que não há drama que o supere quanto à relação teatro e poesia[53].

Inspirado no clássico *Yuya*, Mishima cria duas variações em sua dramaturgia. A primeira, de 1955, trata-se do drama dançante kabuki *Yuya*, que discorre sobre a beleza dentro da melancolia. Do começo ao fim, o autor toma a *flor* como tema, a visão do *pathos* de uma beldade sob o esplendor das cerejeiras em flor. Quatro anos depois, o dramaturgo o reescreve como o nô moderno *Yuya*, mas com temática diferente. Munêmori, importante homem de negócios de aproximadamente cinqüenta anos, convida sua bela amante Yuya, de 22 a 23 anos, para a contemplação das flores no jardim das cerejeiras em sua propriedade. Mas ela recusa, alegando ter de visitar a mãe gravemente enferma e, com lágrimas nos olhos, lê-lhe a correspondência enviada de Hokkaido no norte do Japão. Munêmori afirma que as flores não esperam. Ambos não cedem em seus propósitos. Logo o céu começa a ficar nublado. Alguém bate à porta do luxuoso quarto de Yuya e a verdade é revelada. Conduzida pelo secretário particular de Munêmori, chega Masa, a mãe que fora forçada pela filha a escrever uma carta contando a mentira de que estava doente, para que pudesse se encontrar com o namorado

---

53. Yukio Mishima, debate com Donald Keene e Jin'ichi Konishi: "Zeami no kizuita sekai" (O Mundo Construído por Zeami), em *Mishima Yukio zenshû*, anexo 1, p. 608.

SOB A INFLUÊNCIA DO TEATRO TRADICIONAL JAPONÊS   225

secreto. Mas ao invés de se enfurecer, Munêmori diz a Yuya que, este ano, realmente fizera uma bela contemplação das flores.

No texto de Mishima, Yuya continua sendo a protagonista, enquanto que a acompanhante Asako não é mais uma criada-mensageira como a Asagao do original, mas uma amiga nas mesmas condições que ela, isto é, uma concubina teúda e manteúda num suntuoso apartamento. O coadjuvante Munêmori é aqui um grande empresário, que tem como acompanhantes o secretário particular Yamada e Masa, a mãe adotiva de Yuya, que trabalham a seu favor. Yamada e Masa exercem simultaneamente a função de comediantes (*ai-kyôguen*).

O sentimento contido no nô clássico, cantado pela criada Asagao e repetido pelo coro: "Oh, eis aqui a primavera, no tempo que se rouba ao sonho!/ Procurarei ver as flores/ No momento exato de suas florações", continua a ser a idéia básica do nô moderno. Ao atribuir a Yuya falas poéticas para estabelecer o seu caráter, ao empregar a famosa metáfora do *rouxinol idoso* na carta de sua progenitora e ao recriar a frase feita da obra antiga, "As borboletas dançam entre as flores,/Como flocos de neve", na fala que Yuya profere na sacada do apartamento, Mishima segue a tradição do nô original, unindo paisagem e lirismo. Porém, comparadas às expressões poéticas dos sentimentos desvairados de Hanako em *Os Leques Trocados*, Yuya é aqui bem mais prosaica. Mas mesmo assim, o autor conseguiu criar um drama poético.

Durante grande parte do texto, a Yuya de Mishima parece idêntica à sua homônima do nô original. No entanto, ela possui uma duplicidade, pois na cena dentro do quarto, representa uma falsa tristeza. A grave doença da sua mãe não passa de uma grande mentira, um pretexto para se encontrar com o namorado militar, que serve na força de defesa na base de Chitose em Hokkaido. Mesmo na sacada, embora com palavras ela se equipare às menininhas, inconscientemente compara-se aos pobres casais de namorados, que estão sentados nos bancos sob as minguadas cerejeiras em flor do pequeno parque. Neste embelezamento da realidade, ocorre o clímax da primeira parte. Na peça de Mishima, a heroína Yuya é a flor do palco, criadora da atmosfera cênica e do seu charme, portanto, a cena de contemplação das florações de cerejeira torna-se desnecessária. Só há o interior desse quarto de apartamento, luxuoso e artificial.

Até aqui, seria um drama de sentimentos. Porém, a verdade é desmascarada com a chegada do secretário Yamada e da roliça e realista Masa. Quando esta revela que o namorado de Yuya confidenciava aos amigos que a sua garota se tornara amante de um ricaço em Tóquio, para faturar a grana necessária para as despesas de casamento, acaba transformando o drama em farsa. "Em vez de nô moderno, a peça de Mishima se aproxima mais de um kyôguen moderno", observa Donald Keene no seu posfácio à edição japonesa das *Peças de Nô Moderno*. Mishima justifica:

226 YUKIO MISHIMA: O HOMEM DE TEATRO E DE CINEMA

A criação em que, procedente de Hokkaido, a mãe chega saudável à capital e Yuya tem um namorado no Exército de Defesa em Chitose, é uma prática que vem da tradição oral da escola de nô Kita. Para que o sentimento de melancolia não deprima mais do que o necessário, no livro *Conversas Artísticas de Roppeita* há o ensinamento de que não é só por causa da gravidade da doença materna, mas também pela vontade de se encontrar com o namorado[54].

No final, a *Yuya* de Mishima transforma-se em paródia do nô original e fica a impressão de que o verdadeiro antagonismo entre os dois personagens principais só começará depois que a peça terminar, exatamente como no kyôguen. Além do mais, como não poderia largar esta vida fácil, após encontrar-se com o amado, certamente Yuya retornaria aos braços do amante Munêmori.

Quando Munêmori lhe comunica: "Você não precisa partir", Yuya esboça gradualmente um sorriso e então, a peça atinge o seu clímax, pois a partir daqui nasce uma personalidade mudada. Ela não está mais preocupada nem triste, porque tomou uma decisão e tudo se arranjou a seu contento. A Yuya do nô clássico tornara-se lendária pelo talento poético, contudo, a Yuya moderna pede a Munêmori que lhe deixe dizer só uma coisa: "Você acreditou mais em mim do que nas mentiras daquela velha, não é mesmo?" Yuya pensa que o mundo de mentiras construído pelas suas palavras transformara-se no mundo de verdade e acabara sendo aceito pelo amante. Entretanto, este lhe retruca: "Não diga tal tolice". Para o homem que sabe de toda a verdade, não há contemplação de flores mais soberba do que a visão desta bela e infiel moça que, em nome do seu amor secreto, interpreta desesperada e realisticamente diante do amante, com falsas lágrimas nos olhos, o papel da filha devota. Torna-se claro que ele estava a se deleitar com essa falsidade, ao ver a reação de Yuya. Satisfazer Munêmori e os espectadores com a beleza da invenção/ficção/falsidade, eis o papel de Yuya. Enfim, viver nada mais é do que representar, diria ela.

O alvo primordial está na fala final de Munêmori, que encerra este nô moderno: "Eu fiz de fato uma bela contemplação das fores". O homem contemporâneo não mais se contenta com uma simples contemplação da beleza natural, ele procura antes se satisfazer com a verdade fundamental nas relações homem e mulher.

O JOVEM CEGO

Nô original *Monge Budista Cambaleante* (*Yoroboshi*):

Autor:
Motomasa Kanze

54. Idem, *Fukken 'Yuya' haru (Reabilitação de 'Yuya', Primavera)*, em *Programa do Kabuki-za*, abril de 1957.

SOB A INFLUÊNCIA DO TEATRO TRADICIONAL JAPONÊS 227

Classificação:
   Nô pertencente à quarta categoria: tema especial – uso de tambo-
   ris grave e agudo
Personagens:
   Protagonista (*shite*): Shuntokumaru
   Coadjuvante (*waki*): Takayasu
   Ator de kyôguen: homem dos arredores do templo

   Residente em Kawauchi, por dar ouvidos aos mexericos de estranhos, Takayasu deserdou e expulsou o seu próprio filho Shuntokumaru. Devido ao pesar e penúria em suas andanças, este fica cego.
Profundamente arrependido, Takayasu faz donativos durante sete dias
ao Tennôji, primeiro templo budista japonês, nos arredores de Osaka.
No dia de equinócio, aparece um cego cognominado *Yoroboshi* (monge budista cambaleante). Apesar de mendigo, Yoroboshi possui um
coração puro, capaz de se emocionar até com o aroma das flores de
ameixeira, que coloca nas mangas do seu quimono e lhe dá novas
esperanças. Ele canta maravilhosamente uma composição que narra
a história do Tennôji. Ao entardecer, todos oram pelo sol poente e
Yoroboshi também ora na direção oeste, onde fica o Gokurakujôshi.
Quando capta nos olhos do espírito as formosas paisagens da baía
de Namba, ele parece chegar a uma compreensão dos fatos. Mas por
vezes, a tristeza do cego transparece de maneira quase insana. Ao descobrir que Yoroboshi é o seu filho Shuntokumaru, Takayasu revela-se
como o seu pai e o leva para casa.

   O nô de Mishima, que traduzirei como *O Jovem Cego* (*Yoroboshi*), é mais trágico. A ação passa-se numa sala da Vara de Família.
Aos cinco anos, durante um bombardeio aéreo, ao desgarrar-se dos
pais, Toshinori tivera os olhos queimados pelas chamas. Desde então,
vive como uma criança mendiga, orfã e cega. Mas logo é adotado
pela família Kawashima. Hoje, quinze anos depois, comparece com
eles ao forum, para responder ao processo movido por seus pais verdadeiros, que procuram reavê-lo. Há uma disputa entre os seus pais,
adotivos e verdadeiros. Quem media o julgamento é a atraente Shinako Sakurama, que solicita a ambos os casais que se retirem da sala,
pois Toshinori, que vira a paisagem de fim do mundo, trata os seus pais
adotivos e verdadeiros, com a arrogância de quem vivenciara os gritos
agonizantes da humanidade. No final ele diz: "Eu não sei por que sou
amado por todos". Quando na realidade, fora abandonado por todos.
   Na obra de Mishima, Toshinori é o protagonista, mas o coadjuvante do original, o pai verdadeiro Takayasu, é desdobrado em dois
casais: os Kawashima, pais adotivos, e os Takayasu, pais verdadeiros; enquanto a função do ator de kyôguen passa a ser exercida por
uma mulher, Shinako Sakurama, membro da Vara de Família. Desde

228 YUKIO MISHIMA: O HOMEM DE TEATRO E DE CINEMA

o início do nô moderno, ao dar-lhe uma conotação negativa, há uma reviravolta completa das peças tradicionais sobre *O Jovem Cego* (*yoroboshi*), que discorrem sobre o perdão e o milagre. Mesmo depois de deserdado e cego, o protagonista do nô clássico, Shuntokumaru, continua uma alma boa. Entretanto, após perder a visão, Toshinori desenvolve uma estranha personalidade e torna-se extremamente cruel.

No ensaio "Assistindo Com Atenção *O Jovem Cego* de Yukio Mishima"[55], Masaki Dômoto informa que há uma obra de Zeami, *Yorohoshi*, na qual o coadjuvante é um monge do Tennôji e o protagonista cego tem uma acompanhante (seria a esposa?). Sobre os três nô sobre cegos: *Yoroboshi*, *Semimaru* e *Kaguekiyo*, com máscaras específicas de cegos, em *Semimaru* (nome do personagem principal) aparece a louca Miya de cabelos eriçados e em *Kaguekiyo* (nome do protagonista) surge a filha Hitomaru, uma cortesã. Estas personagens femininas têm a função de ouvir e transmitir as narrativas dos cegos, habilidade peculiar desenvolvida por esses deficientes visuais. Desde o século X, havia uma longa tradição dos *biwa-hôshi*, monges itinerantes cegos que percorriam todo o Japão entoando narrativas de lendas antigas, com acompanhamento de *biwa* (*alaúde nipônico*). Por volta do século XII, desenvolveu-se o *Heikyoku*, narrativas do épico *Contos de Heike*, com acompanhamento rítmico de um leque dobrado.

Já no Ocidente, não devemos esquecer as lendas de que Homero era cego e que o rei Édipo ficara cego, mas ao final de suas andanças, chegara a se igualar a um deus. Tanto no Oriente como no Ocidente, os antigos acreditavam no poder de comunicação dos cegos com os deuses. Por não conseguirem ver com os olhos físicos, abrem-se-lhes os olhos do coração, que lhes possibilitam enxergar e captar o quadro real da existência. Portanto, podemos considerar a narração de Toshinori em transe, como se estivesse possuído, como um ressuscitar dessa tradição. Toshinori narra a uma mulher, Shinako, a causa de sua cegueira: a visão de fim do mundo nos incêndios durante a guerra. Mas como cego, ele é de uma crueldade assustadora; não tem emoções, nega o que os olhos comuns vêem, vive o que a sua imaginação enxerga e não perdoa quem se oponha a isso, seus pais adotivos ou verdadeiros, levando ambos os casais a concordarem com os seus paradoxos.

Por medo de não conseguirem escapar, seus pais verdadeiros o abandonaram durante o bombardeio aéreo e por humanismo, seus pais adotivos o recolheram ao encontrá-lo no parque Ueno, como um menino de rua, cego e explorado por um adulto. Na Vara de Família, enquanto a disputa sórdida dos pais pela posse do filho dá-se em prosa realista, o relato de Toshinori para Shinako, clímax sublime da peça,

---

55. Masaki Dômoto, "Mishima Yukio *Yoroboshi* o shiza to shite" (Assistindo com Atenção *O Jovem Cego* de Yukio Mishima), *Kokubungaku*, setembro de 1972.

SOB A INFLUÊNCIA DO TEATRO TRADICIONAL JAPONÊS

é uma longa ária em estilo poético elevado. O bombardeio, o inferno das chamas, tudo é descrito com metáforas.

Estou certo de que vi o fim deste mundo. Aos cinco anos, no último ano da guerra, vi até mesmo a chama final que queimou os meus olhos. Desde então, as labaredas do fim deste mundo estão sempre chamejando furiosamente, frente aos meus olhos. Algumas vezes, eu também tentei, como você, me convencer de que isso era tão somente uma calma paisagem de por do sol. Mas foi inútil. Porque o que eu vi, com certeza, foi a figura deste mundo envolta pelo fogo.

Olhe, labaredas incontáveis chovem do céu. Todas as casas se incendeiam. Todas as janelas dos edifícios expelem chamas. Posso ver isso claramente. O céu está repleto de centelhas. As nuvens baixas, tingidas de roxo venenoso, espelham-se no rio colorido de vermelho flamejante. O vívido diagrama de sombras de uma grande ponte de ferro. A trágica visão de uma grande árvore abrangida pelas chamas, balançando-se ao vento, com o seu topo completamente coberto pelas centelhas. As árvores pequenas e as moitas de bambu delgado, todas portavam os emblemas de fogo. Em todos os cantos, os emblemas e as decorações de orla do fogo movimentavam-se com vigor. O mundo estava estranhamente quieto. Estava calmo. Todavia, como no interior do sino de um templo, um único gemido ressoava e ecoava de todas as direções. Uma voz semelhante ao estranho gemido do vento, como se todos estivessem recitando um sutra budista; o que você pensa que era aquilo? O que acha? Srta. Sakurama, aquilo não era uma fala nem um canto, era o grito agonizante da humanidade.

Eu nunca ouvi uma voz tão saudosa. Nunca ouvi uma voz tão simples. A humanidade nunca nos fará ouvir uma voz tão sincera, a não ser no fim deste mundo[56].

Esses horrores da guerra cabem na descrição tanto do bombardeio aéreo em Tóquio como, num contexto mais amplo, nas explosões das bombas atômicas em Hiroshima e Nagasaki. Desde então, diante dos olhos de Toshinori, as chamas do fim deste mundo estão a arder. Se quem viu o inferno vive traumatizado com as imagens terrificantes, o amor dos outros poderá salvá-lo. Mas no caso de Toshinori, por ter vivido em função desse instante do passado, a experiência da guerra e as lembranças da fome, ao contrário, por ter-se transmutado em arrogância, por ter sido a testemunha singular do mundo em ruínas, não pode levá-lo senão a cair num inferno ainda mais profundo e sem salvação. E Toshinori compele maldosamente os seus pais, adotivos e verdadeiros, a aderirem à sua imaginação tenebrosa.

No panfleto de estréia pela Companhia NLT, o dramaturgo explica que

em *O Jovem Cego* está simbolizado o quanto um jovem, que está assentado na sensação de fim do mundo, vinga-se do mundo dos adultos. Todos os adultos são descritos como tolos, exceto a maternal Shinako. Ao ver-se em apuros, só lhe resta confrontá-la por meio de uma espécie de narcisismo e coqueteria. A sua fala final, "Eu, não sei por que sou amado por todos...", significaria a sua derrota diante de todas as coisas reais,

isto é, o sentimento de fim do mundo é derrotado pela realidade.

---

56. Idem, *Yoroboshi,* em *Mishima Yukio guikyoku zenshû,* vol. II.

230 YUKIO MISHIMA: O HOMEM DE TEATRO E DE CINEMA

A sensação de fim do mundo era um pensamento que amedrontava os medievos. Acreditava-se que após mil anos em vigor das leis budistas, em suma, dos deuses, e mil anos de governo das leis humanas, o mundo se arruinaria. Em 1052, o Japão entrou no período Mappô (os últimos dias do mundo)[57].

Anteriormente, Mishima já abordara a decadência do mundo em seus romances *O Templo do Pavilhão Dourado* (1956) e *A Casa de Kyôko* (1959). Porém, o mais assustador é constatar que o mundo não acaba e esse medo é, ao contrário, exatamente o testemunho da brevidade da existência, da efemeridade do ser humano.

Ambos os protagonistas de *O Travesseiro dos Sonhos* e *O Jovem Cego*, embora muito jovens, são profundamente niilistas. Jirô e Toshinori têm uma visão resignada da vida e fazem declarações de pós-iluminados, que talvez expressassem o niilismo do próprio dramaturgo diante da derrota do Japão na guerra, determinante em sua estética da decadência. A constatação do fim da vida e o testemunho da paisagem de fim do mundo são temas caros a Mishima, ainda mais quando transmitidos por jovens ao denunciarem a falsidade da sociedade nipônica no pós-guerra.

Toshinori é a própria visão de fim do mundo. Desde o início, Shinako Sakurama, encarnação moderna da deusa da justiça, é a única que ousa contrariá-lo, contrapondo a realidade à sua alucinação. Quando ele lhe indaga: "As chamas estão fazendo a dança da ronda, não é, srta. Sakurama?" Ela responde sorrindo: "Não, é porque agora é verão". Após Toshinori relatar em transe os horrores da guerra, quando Shinako nega com frieza o fim deste mundo ao afirmar que avistara tão somente o por do sol, ele fica abalado, pois ela destrói a sua loucura. Mas nesse instante, estabelece-se entre os dois uma relação que almeja o absoluto, semelhante às de Jirô e Kiku em *O Travesseiro dos Sonhos* e Hanako e Jitsuko em *Os Leques Trocados*.

Mas por que Mishima valoriza tanto essa relação absoluta entre um rapaz e uma matrona, uma garota e um homem maduro ou mesmo uma jovem e uma mulher de meia-idade? O jovem representaria a sensibilidade do autor e a mulher ou homem maduro teria a função de compreender e proteger o jovem de uma posição livre, independente das idéias niilistas do próprio escritor. Assim, os jovens seriam salvos por mulheres maternais, como Kiku ou Shinako e, através da morte das lembranças do passado, renasce-

---

57. Mappô: de acordo com a doutrina budista, depois da morte do Buda histórico, o mundo passaria por três fases progressivamente decadentes. A última delas, chamada Mappô, o fim da Lei, deveria durar dez mil anos e nesse período os ensinamentos do Buda deixariam de ser ouvidos, em *O Hagakure, A Ética dos Samurais e o Japão Moderno de Yukio Mishima*, nota p. 73.

SOB A INFLUÊNCIA DO TEATRO TRADICIONAL JAPONÊS   231

riam para a vida verdadeira. No próprio nô original *Yoroboshi*, o protagonista Shuntokumaru ora ao deus da salvação, que na realidade parece ter sido uma deusa. Daí a constatação de milagre no final de *O Travesseiro dos Sonhos*: "É misterioso... é misterioso... O jardim renasceu..." E as palavras finais de Toshinori, "Eu não sei por que, sou amado por todos...", sugerem que apesar de ter sido abandonado pelos seus pais adotivos e verdadeiros, ele detetara uma certa cumplicidade em Shinako.

Esta estrutura padrão de renascimento através da morte do ser passado também estaria presente, como explana Hitoshi Ishizaki em *O Niilismo nas 'Peças de Nô Moderno'*, em outros nô de Mishima. Em *A Centésima Noite*, o jovem poeta falece ao declarar que a anciã Komachi era bela e assim, ocasiona uma ruptura na relação absoluta entre os dois, acreditando que se reencontrariam daqui a cem anos. Após a descoberta de sua mentira e de ter sido abandonada pelo antigo namorado, Yuya tenta continuar a viver com o seu amante de meia-idade Munêmori. A dançarina Kiyoko de *A Face no Espelho*, ao descobrir que o inimigo do amor é a natureza, decide apressadamente encontrar-se com o cavalheiro maduro. "Embora acometido pelo niilismo, o fato de perseverar na existência como artista é, em suma, não poder escolher outro caminho senão o de *O Travesseiro dos Sonhos* ou *O Jovem Cego*"[58], conclui Ishizaki.

O nô clássico *Monge Budista Cambaleante* (*Yoroboshi*) parece terminar em final feliz. Mas enquanto o pai demonstra alegria pelo reencontro com o filho, por meio da dança com o leque, nas costas de Shuntokumaru que se retira pela passarela, vislumbra-se uma tristeza pungente. Na cena derradeira do nô moderno, Toshinori também parece afundar-se na solidão das trevas. Porém, Masaki Dômoto salienta que "*O Jovem Cego* de Mishima diferencia-se do original, pois o homem Toshinori é iluminado pela mulher Shinako e passa através do inferno (asura) das chamas"[59]. O encontro dos dois ocasiona o confronto entre a vida cotidiana da mulher e o mundo dos sonhos do homem. A realidade da mulher Shinako vence o instante de verdade, na realidade, ilusório de Toshinori, pois ela nega o que ele vê. Quando ele brada "Você está tentando roubar de mim a paisagem de fim do mundo, não é?", ela responde-lhe gentil, mas cruelmente: "Correto. Este é o meu dever." Com isso, afirma Dômoto, enquanto mulher ela usurpa a arte do homem, invertendo o papel tradicional feminino de mera receptora e transmissora.

---

58. Hitoshi Ishizaki, "*Kindai nôgakushû*: sono nihirizumu" em *Kaishaku to Kanshô*, fevereiro de 1976.
59. Masaki Dômoto, *Mishima Yukio no engueki: Makuguire no shisô*, p. 237.

MISSA PARA O PRÍNCIPE GENJI

A nona e última peça de nô moderno de Mishima, baseada na obra homônima de Zeami, tem como sub-título *Parte das Peças de Nô Moderno*. Mas em vida, Mishima nunca a incluiu numa edição das *Peças de Nô Moderno*, por julgar que havia se enganado na escolha do assunto para adaptação.

A lápide literária de Nozoe Murasaki, autora do romance *Lago de Primavera*, fica num bosque de pinheiros, que dá para o mar. O promontório de Kamata é onde o personagem do seu romance, Hikaru Fujikura, suicidara-se, depois de ter sido amado sucessivamente por cinquenta e quatro mulheres. O fantasma de Nozoe Murasaki, mulher de meia-idade que falecera de uma doença no útero, aparece com os cabelos em desalinho diante de dois jovens que visitam a lápide. Ao reviver a cena do suicídio de Hikaru, ela conta-lhes que a sua alma continua a penar no espaço. As mulheres estavam imersas na alucinação de que, se fossem amadas por Hikaru, alcançariam a salvação. A autora não utilizara essa alucinação para obter um socorro fácil de Hikaru. Mas por causa disso provocara a inveja divina e fora transformada em fantasma. Ao chegar um ônibus de turistas, o espírito desaparece. Os turistas vêm, um após o outro, contemplar a lápide e os dois jovens, que haviam visto a aparição, dizem que haviam sido enfeitiçados pelos truques literários baratos de Murasaki.

Embora *Missa para o Príncipe Guenji* tivesse sido publicada na revista *Bunguei* em 1962, só após a morte do escritor foi coletada no volume 23 das *Obras Completas de Yukio Mishima*, editada pela Shinchôsha. A sua estréia cênica no Japão também foi tardia, em 1981, no pequeno auditório do Teatro Nacional do Japão em Tóquio, sob direção de Kijû Yoshida. Embora não estivesse indicado no roteiro, a atriz Shikibu Maho, especialista em interpretar papéis masculinos no Takarazuka (*Companhia de Opereta Feminina da Tôhô*), desempenhou dois papéis: o da protagonista Nozoe Murasaki e o do guia turístico.

13. Peças Escritas em Nova York: Long After Love **e o** Kyôguen Moderno Busu

Em agosto de 1957, quando houve a proposta de montagem das *Peças de Nô Moderno* em Nova York, Mishima compõe *Long After Love*, ligando três peças (*A Centésima Noite, A Dama Aoi* e *Os Leques Trocado*), para serem encenadas como um único drama. A primeira cena é de *A Centésima Noite* e na segunda, os mendigos transportam o cadáver do poeta. A terceira cena é de *A Dama Aoi*. O guarda interroga Hikaru por sua presença suspeita no parque. Ele estava em viagem de negócios, quando fora notificado da grave doença de sua esposa. Portanto, está se dirigindo ao hospital, visível do parque. Segue-se um intervalo, para a apresentação do kyôguen *Busu*. A quarta cena transcorre no mesmo parque da primeira cena, logo após a morte de Aoi. Hikaru conta à enfermeira, agora sua namorada, que outrora conhecera uma bela jovem, mas os dois haviam se separado. A quinta cena é de *Os Leques Trocados* e após um breve intervalo, o espetáculo termina com a anciã de *A Centésima Noite*.

Hikaru, de *A Dama Aoi*, pensa ser o poeta de *A Centésima Noite*, que falecera por amar uma mulher de cem anos e, como Yoshio em *Os Leques Trocados*, abandonara uma mulher, embora com a promessa de reencontro. Em suma, ele é a personificação do amor que transcende tempo e espaço. Tomoko Etsuji assinala que "é uma tarefa forçada ligar obras, que possuem cada qual um tema independente. Mas creio que não havia outro método senão o desdobramento das lembranças amorosas de Hikaru"[1].

---

1. Tomoko Etsuji, citado em "Mishima Yukio hikkei" (Yukio Mishima Indispensável), *Kokubungaku*, vol. especial n. 19.

234   YUKIO MISHIMA: O HOMEM DE TEATRO E DE CINEMA

BUSU, UM KYÔGUEN MODERNO

> *Desde as suas origens, os homens não se salvam na comédia. Por meio do método de que o autor não salva os personagens, o elemento cômico seria sempre expresso através de uma espécie de desilusão engraçada*[2].
>
> YUKIO MISHIMA

A simpatia dos japoneses de hoje pelo teatro e cultura medievais estaria no fato de que os medievos superaram com facilidade o humanismo. A sátira, por exemplo, era intensa e não se deixava restringir pelo humanismo; era algo religioso, mas amedrontador. O riso dos medievos era o riso do inferno. O kyôguen parecia a Mishima um indescritível desdém humano, porém, não chegava a ser uma sátira irracional. Comparado aos personagens de kyôguen, o Fígaro, que derrota o dominador conde Almaviva, seria muito mais humano. Portanto, o dramaturgo acreditava que se poderia modernizar bem mais os kyôguen.

Busu, seu único kyôguen moderno, foi escrito de improviso no apartamento do produtor americano Keith Botsford, que ficava sobre uma loja de antiguidades na Terceira Avenida e é uma adaptação do kyôguen medieval homônimo para a Nova York contemporânea. Duque Laspootinov, proprietário do antiquário de mesmo nome na Terceira Avenida, era um solteirão de meia-idade, avaro e excêntrico. Busu era um pote em estilo oriental, onde ele armazenava caviar fresco. Solitário, mas grande hedonista, certa tarde ao sair para um coquetel, Laspootinov pede aos funcionários para tomarem conta da loja. Os dois descobrem o caviar e vinho que o dono escondera e festejam. Ao retornar, o patrão os persegue. Bêbados, ao fugirem, eles atiram-lhe suas preciosas porcelanas antigas. O proprietário apressa-se em receptá-las com ambas as mãos e fica imobilizado. Os dois aproveitam para fugir.

Enquanto aguardava a montagem das peças, o escritor viaja pelo mar do Caribe, visitando Porto Rico, Haiti, República Dominicana e México. De volta a Nova York no começo de outubro, como os produtores precisavam de mais tempo, o autor transfere-se do Gladston Hotel na Park Avenue para um hotel em Greenwich Village e passa a levar uma vida frugal. No entanto, em dezembro, como o financiamento não saísse e não conseguiam uma atriz para o papel principal, irritado, Mishima briga com um dos produtores. A 31 de dezembro, depois de meio ano de estadia solitária e quase inútil em terras americanas, ele parte para a Europa.

---

2. Yukio Mishima, "Kisei guekisakka o kataru" (Depoimentos de Dramaturgos Consagrados), *Guekisaku*, janeiro de 1950.

14. Kabuki de Mishima

> *Durante a minha estadia nos Estados Unidos, não era tanto as saudades do Japão, eu apenas sentia uma vontade irresistível de assistir kabuki. Ao ouvir falar sobre as apresentações do inicio da temporada teatral (kaomise) no fim do ano, pensava em retornar só por um dia e poder vê-las[1].*

> *Provavelmente haja poucos espectadores que assistam kabuki compreendendo a estória do começo ao fim. Aquele enredo complicado, difícil de se entender, constitui uma parte da estética de kabuki e, diferentemente do nô, é um item do kabuki em que transborda um gosto barroco[2].*

> YUKIO MISHIMA

KABUKI, A FLOR DO MAL

Na tarde do dia 3 de julho de 1970, Yukio Mishima, desde abril de 1967 diretor do Teatro Nacional do Japão em Tóquio, proferiu aí uma palestra para os dez alunos da primeira turma do Curso de Formação de Atores de Kabuki. Durante uma hora e meia, sem notas à sua frente, discorreu sobre os pontos fundamentais e a sua visão singular do kabuki, ilustrando com imitações de voz, gestos e movimentos. Posteriormente com a anuência do Teatro Nacional, a

---

1. Yukio Mishima, "Kabuki, Shingueki e Teatro Americano", *Asahi Shimbun*, 7 de março de 1958.

2. Idem, "Sobre o Filme *A Águia de Duas Cabeças*" (1953).

236 YUKIO MISHIMA: O HOMEM DE TEATRO E DE CINEMA

conferência gravada foi publicada na revista *Shinchô*, em janeiro de 1988, com o título baudelaireano bastante sugestivo de *Kabuki, a Flor do Mal*, atribuído pelo departamento editorial da revista. Se considerarmos que nessa época o escritor já tomara a decisão de suicidar-se, poder-se-ia considerar o pronunciamento como o seu testamento derradeiro de kabuki.

Ao relatar sobre sua iniciação teatral, Mishima sempre dizia que a sua casa era um lar estranho, onde as crianças tinham permissão de ir ao cinema, mas o teatro lhes era interditado. A avó paterna do dramaturgo, Natsuko, adorava kabuki e ia com freqüência assistir as peças acompanhado de sua nora Shizue, mãe do escritor. Ao retornarem do Kabuki-za, elas sempre lhe mostravam os panfletos. Porém, como os seus avós e pais consideravam o kabuki imoral, com cenas lascivas, não se devia mostrá-lo às crianças. O kabuki era proibido, todavia, não se sabia bem por que não se importavam com o cinema, que tinha a reputação de saudável. Na década de 1930, havia no Japão uma verdadeira veneração pelo Ocidente. Logo, embora houvesse várias cenas de beijo nas películas de Hollywood, muito mais explícitas do que as "cenas eróticas de kabuki" (*nureba*), não eram consideradas imorais, pois isso era tido como coisa dos ocidentais. Por não ter outra alternativa, a partir do segundo e terceiro anos do curso primário, ele assistiu principalmente filmes de Hollywood.

Levado por sua avó Natsuko, Mishima assistiu kabuki pela primeira vez só aos doze anos de idade, quando cursava a primeira série ginasial no Gakushûin. Era o drama histórico *A Vingança dos Quarenta e Sete Vassalos Leais* (*Chûshingura*), apresentado no Kabuki-za de Tóquio, em outubro de 1937. Em seguida, viu *A Lista de Donativos* (*Kanjinchô*). Na palestra *Kabuki, a Flor do Mal*, o escritor narra as suas impressões sobre essa primeira incursão no universo do kabuki.

Nesse dia, eu estava assistindo do camarote defronte ao "hanamichi" (passarela) do Kabuki-za, portanto, tinha a passarela bem à minha vista [...], saboreava o lanche e, além disso, como havia várias outras guloseimas, não me cabia de contentamento. Por fim, a peça começou e uma pessoa misteriosa surgiu na passarela. Era a dama Kaoyo. Segundo o estilo formal, ela deve aparecer descalça, não podendo usar *tabi* (meias bifurcadas). Não sei por que, desde antigamente, ela se apresentava descalça. E essa dama Kaoyo, que caminhava descalça, passou bem diante dos meus olhos. Era toda enrugada. Eu não tinha a menor idéia de que ela seria a beldade suprema, que provocaria o grande incidente desse *Chûshingura*. Então, de repente, ela começou a falar e levei um susto enorme. À medida que ia sendo tomado pelo estupor, ao me indagar como ela conseguia emitir tal voz sendo um homem, no meu espírito juvenil tive a sensação de que essa coisa chamada kabuki possuía um indescritível sabor misterioso, como o picles de uma casa de conservas, que cheira mal, mas tem um gosto estranho e delicioso.

O ator visto por Mishima representando a dama Kaoyo, que lhe lembrara o delicioso picles malcheiroso, evocando-lhe simultaneamente o sabor da vida e o fedor do mundo humano, era Nizaemon Kataoka

KABUKI DE MISHIMA 237

XII, aos cinquenta e oito anos de idade. Ele ficou tão maravilhado com o espetáculo e a primeira visão de um *onnagata* (ator intérprete de papéis femininos), que foi como se tivesse sido atingido por um raio. A partir de então, com o consentimento materno, começou a assistir kabuki com fervor, ao mesmo tempo que lia poemas de Wilde e Cocteau, bem como romances de Thomas Mann e Ôgai Mori. Até aproximadamente 1950, viu kabuki com paixão e abundante espírito de pesquisa. Com o avançar da guerra, não se publicavam livros bons e devido ao controle militar, as obras escassearam e muitas livrarias fecharam. Mishima passou a freqüentar os sebos de Tóquio, comprou sobretudo os clássicos japoneses e se pôs a ler os roteiros de *bunraku* (*jôruri*), teatro de bonecos. Inicialmente, as obras completas de Monzaemon Chikamatsu, cognominado o Shakespeare japonês, seguidas das de Izumo Takeda e Hanji Chikamatsu; depois os dramas de Kaion Ki e Kigai Fukuuchi. Leu quase todos os roteiros de bunraku, que lhe facilitaram na apreciação de kabuki, uma vez que não há muitas peças de elevado valor literário no kabuki e as existentes são adaptações do bunraku. Aos dezenove anos, durante os bombardeios aéreos, lê os textos completos de Mokuami Kawatake e no ano seguinte, as obras completas de nô. Virou um fanático de kabuki e chegou a conhecer os roteiros melhor do que os próprios atores, a ponto de perceber quando estes cometiam erros durante as encenações. Na época da faculdade, passou a imitar o timbre de voz dos atores de kabuki, para o divertimento de sua família.

Mobilizado a trabalhar no arsenal da marinha em Kôza, província de Kanagawa, Mishima passou os anos sombrios da guerra como que encerrado numa caverna. Ele construiu o seu próprio castelo, feito de leituras das obras completas de Akinari Ueda, os romances de Nerval, Kyôka Izumi e Yasunari Kawabata, os poemas de Tagore, a literatura psicologista francesa como os romances de Raymond Radiguet, compôs um ensaio sobre Proust, críticas de Valéry e ainda achava tempo para tentar traduzir a peça de W. B. Yeats em estilo nô, *At the Hawk's Well* (*No Poço do Falcão*). Mas não a concluíra. Foi isso que o tornou uma exceção entre os escritores japoneses de sua geração, que não se interessavam pela literatura clássica nipônica.

Um Mundo das Sensações e do Erotismo

Enquanto interpretação literária de roteiros, Mishima assevera que se pode pensar no kabuki como um teatro do Período Edo (1603-1867), com descrições de tragédias, nas quais o único caminho de resistência à moralidade cruel do feudalismo era a morte. Mas, ao contrário do teatro ocidental baseado na fala, que procura fazer o público compreender e se comover com a cabeça, através do conteúdo ou conflito nos diálogos, o kabuki é um teatro inteiramente baseado

238   YUKIO MISHIMA: O HOMEM DE TEATRO E DE CINEMA

nas sensações. Por exemplo, em *A Lista de Donativos*, para despistar o fiscal Tonase, quando Bênkei discute com o monge asceta montanhês (*yamabushi*), a platéia não entende os diálogos repletos de terminologia budista. Porém, se regozija e se comove, quando Bênkei e o monge estão se defrontando acaloradamente não só através de palavras ou dos seus caráteres, mas sobretudo por meio dos *kata* (formas de atuação estabelecida), posto que para cada movimento no kabuki há um *kata* específico. Sem esse fascínio das sensações, o kabuki não teria sido transmitido até hoje.

Antigamente não havia cinema, televisão nem shows de *striptease*. Mas pelo menos no kabuki, onde o erotismo é um elemento fundamental, Mishima afirma que as pessoas recebiam o máximo de estímulo sexual. Atualmente o erotismo do kabuki pode parecer "água com açúcar", aos olhos do público acostumado a ver cenas tórridas na televisão. Entretanto, outrora, diz ele:

> É um relato estranho, mas conta-se que depois das cenas eróticas desempenhadas por Baikô Onoe e Uzaemon xv, encontravam-se montes de papéis higiênicos espalhados sob os assentos das espectadoras. Elas se excitavam a tal ponto, porque o público era sensível a isso. Embora o kabuki não adotasse atitudes explícitas, criava uma atmosfera inexprimível[3].

Hoje há um excesso de apelo sexual em toda a mídia. Porém, o escritor julga que nem por isso diminuiu o erotismo do kabuki que, por ter-se originado no período feudal, "não é sem rodeios, mas oculta-se sob inúmeras camadas e, após passar por caminhos muito engenhosos e tortuosos, por fim aparece diante dos nossos olhos"[4].

Assim como a cultura na Idade Média florescera sob a influência do budismo, Mishima acreditava que o kabuki era uma espécie de religião, que formara a ordem cultural do Período Edo. Enquanto arte popular, o kabuki surgia como uma novidade extraordinária, que não passava pelo crivo do refinamento aristocrático, até então, gerador de novidades culturais. Porém, o escritor sentia a sombra da Idade Média pairando sobre o kabuki.

> A influência do misterioso taoísmo do continente, a nostalgia da fé simplória que pode ser vista numa série de dramas de milagres, a linhagem dos contos sobre as relações entre homens e animais, o desenvolvimento estilizado do pensamento opressivo latente nas peças guerreiras, todos eles são visões, que as lembranças fragmentadas da Idade Média conseguiram nutrir[5].

3. Yukio Mishima, "Aku no hana: kabuki" (Kabuki, a Flor do Mal), *Shinchô*, janeiro de 1988, p. 275.

4. Idem, ibidem, p. 275.

5. Idem, "Sawamura Sôjurô ni tsuite" (A Propósito de Sôjurô Sawamura), em "Sôjurô no koto nado, haiyûron", *Nihon Engueki*, abril de 1947.

KABUKI DE MISHIMA

Com o decorrer dos séculos, o conteúdo na maioria das peças kabuki, com sua moral feudalista e confuciana, tornou-se antiquado. Mas para Mishima, o que está vivo no kabuki hoje não é o conteúdo, mas o seu estilo, forjado pelos homens de teatro diante do opressivo xogunato Tokugawa. Assim como há romances que têm vida longa exclusivamente pelo estilo, embora os seus temas tenham se desgastado, ele acreditava que talvez só o estilo do kabuki fosse imortal.

O que vemos diante de nós e aprovamos é uma vulgaridade e indecência antiquadas, mas possuidoras de um estilo magnífico. A malícia é um elemento importante no kabuki, porém, uma malícia sem estilo já não pertence mais ao kabuki, atualmente é um show de *strip-tease*[6].

Hoje, ao assistir kabuki no Teatro Nacional de Tóquio, com vestuário novo, cenários magníficos, equipamentos de iluminação modernos e uma complexa maquinaria de palco, curiosamente o ator não se sobressai. No passado remoto, quando a iluminação era deficiente, os cenários pobres e o vestuário sujo e desgastado, havia algo que prendia a atenção do público. Segundo Mishima, o aperfeiçoamento da maquinaria de palco foi proporcional à decadência da arte de interpretação dos atores de kabuki.

No cinema, o escritor constata que mesmo um rosto um pouco esquisito, graças à manipulação hábil da luz, isto é, sob a maquiagem da iluminação, acaba parecendo bonito. Por vezes, de acordo com o ângulo, a câmera consegue captar um instante de beleza fulgurante do ator. Mas no caso do kabuki, isso não funciona. Por mais que se coloque uma luz *spot* sobre o ator, não emerge daí uma beleza surpreendente. Porque no kabuki, ao contrário do cinema, se não houver um acúmulo de experiências interiores e de palco, esse instante misterioso jamais se manifestará.

Kabuki e Cinema

No debate com o ator de kabuki Kanzaburô Nakamura XVI (1954)[7] e na palestra *Kabuki, a Flor do Mal* (1970), Mishima aborda a questão kabuki e cinema. O dramaturgo julgava o kabuki muito mais cinematográfico do que o *shimpa* (tendência nova) ou o *shingueki* (teatro moderno). No kabuki quando há uma atuação no *hanamichi* (passarela), o palco principal fica completamente imóvel e em silêncio, logo o público pode concentrar toda a sua atenção no *hanamichi*. Enquanto no shimpa e shingueki, do começo ao fim, o espectador precisa ficar atento

---

6. Idem, "Geijutsu jihyô" (Críticas Correntes sobre as Artes) *Chisei*, setembro de 1954.

7. Idem, "Mishima Yukio no kibô taidan: Nakamura Kanzaburô to kabuki o kataru", *Shufu no Tomo*, novembro de 1954.

240 YUKIO MISHIMA: O HOMEM DE TEATRO E DE CINEMA

à movimentação no palco inteiro, uma vez que não se sabe quão importante é a cena que está sendo representada num canto qualquer. O kabuki é um *star system*. Os atores em papéis secundários, mesmo que esteja ocorrendo um grave incidente à sua frente, não podem alterar as suas fisionomias, até que surjam as suas deixas e isto representa as suas ausências no palco. Tanto no shingueki como no teatro realista em geral, os outros atores naturalmente também deveriam se surpreender e se encararem. Mas no kabuki, devem permanecer impassíveis, para não atrapalhar o desempenho do ator principal. A revelação da identidade do ladrão Benten Kozô em *Os Cinco Ladrões Notáveis*, de Mokuami Kawatake, é um exemplo notável desse procedimento. Benten Kozô travestira-se de mulher para extorquir dinheiro na loja de tecidos Hamamatsu-ya. Entretanto, quando a fraude é descoberta, ele despe-se subitamente e mostra o seu corpo tatuado. Só então, o chefe dos vendedores exclama: "Ah, você se disfarçava de mulher?" Mas nesse momento, o protagonista já havia exibido a sua tatuagem por completo. Depois disso é que finalmente os outros dois vendedores se mostram surpresos.

Esse método do kabuki de dividir a representação cena a cena e que flui como um todo, Mishima considerava muito parecido com o procedimento do *corte* no cinema, isto é, decupar a ação em planos separados. Quando Benten Kozô transforma-se de mulher em homem, a platéia presencia o fato boquiaberta. Portanto, ao fazer um *close-up* só do ator principal, enquadra uma tomada, na qual os rostos do chefe e dos vendedores subordinados não são enfocados. No caso do kabuki eles estão no palco, porém, adota-se a convenção de que são inexistentes. Em seguida, realiza-se um corte rápido para a parte superior do chefe dos vendedores surpreso e, por fim, muda-se o corte para as faces dos outros dois jovens empregados. Caso o chefe e seus subordinados demonstrarem espanto antes de suas respectivas deixas, o kabuki desaparece nesse mesmo instante.

Mishima não cita Eisenstein, mas é o mesmo raciocínio de representação mediante *cortes*, a que chegara o cineasta russo no ensaio "O Princípio Cinematográfico e o Ideograma" (1929), ao comparar o método de ensino de desenho dos ocidentais e japoneses. Enquanto no Ocidente ocorre a

organização espacial artificial de um acontecimento diante das lentes, na abordagem dos japoneses, a câmera é que vai "selecionando" as unidades de composição. O corte de um fragmento da realidade com o machado da lente[8].

Na cena em que há um rio no teatro realista, o som das águas deve estar presente ininterruptamente, senão soaria estranho. Já no

8. Sergei Eisenstein, "O Princípio Cinematográfico e o Ideograma", em Haroldo de Campos (org.), *Ideograma*, São Paulo, Cultrix-Edusp, 1977.

KABUKI DE MISHIMA

kabuki, Mishima constata que o emprego da música e dos efeitos sonoros é mais sábio. Por exemplo, em *A Educação Adequada de uma Jovem nos Montes Imo e Se*, quando a cortina se abre, o público escuta o som das águas, que se interrompe quando a peça inicia. Mas quando os personagens saem de suas residências nas margens opostas e se aproximam do rio, o barulho das águas retorna ainda mais forte. Mesmo do ponto de vista da psicologia dos atores, ao se acercarem do rio, é natural que aí haja o ruído das águas.

O som é empregado tendo em vista as subjetividades dos espectadores e atores. Do ponto de vista da platéia, se surge um rio no tablado, como seria estranho se ela não escutasse o barulho, o som aparece. E uma vez tranquilizado o auditório, depois quando os personagens se afastam do rio para as suas casas, o público já não quer mais ouvir ruídos que atrapalhem. Portanto, nesse momento, cessa o som do rio[9].

Daí a declaração de Eisenstein.

A afinidade mais interessante, patente no teatro japonês, é, evidentemente, a que se pode estabelecer com o cinema sonoro. Este pode e deve aprender seus princípios fundamentais com os japoneses – a redução das sensações visuais e auditivas a um denominador fisiológico comum[10].

Além dessas características, Mishima assegura que, por vezes, uma peça kabuki é estagnada por uma ênfase psicológica, olhares religadores, ao empregar difíceis artifícios de atuação como *mie*, *kudoki*, *omoiire* e *tachimawari*, que possibilitam à platéia captar o fluir da trama. No *mie*, por alguns instantes, o ator congela gradativamente os seus movimentos numa pose estática e com olhar fixo. Segundo o escritor, o *mie* corresponderia ao *close-up* no cinema, sendo transmitido de acordo com os *kata* (formas de atuação estabelecida) de atores famosos: no estilo de Kikugorô, que se mostrava por um instante e se apagava, ou no de Kichiemon, que era como se um quadro fosse se enrijecendo.

Já para Eisenstein, o *mie* corresponderia ao princípio de representação *desintegrada*, a fragmentação em tomadas.

Shocho, que desempenhava os principais papéis femininos no teatro kabuki e visitou Moscou, ao representar a filha agonizante em *O Fabricante de Máscaras* (Yashao), desempenhou seu papel fracionando a ação em segmentos inteiramente desconexos entre si. Representando apenas com o braço direito, com uma perna, apenas com o pescoço e a cabeça (todo o processo de agonia da morte desintegrou-se em solos de cada uma das partes do corpo, fazendo o seu próprio papel: o papel da perna, o papel dos braços e o da cabeça.); com um encurtamento gradativo desses sucessivos segmentos isolados de representação, à medida que se aproxima o trágico final[11].

9. Yukio Mishima, *Aku no hana: kabuki*, p. 275-276.
10. Sergei Eisenstein, op. cit., p. 185.
11. Idem, ibidem, p. 183.

242   YUKIO MISHIMA: O HOMEM DE TEATRO E DE CINEMA

No teatro shakespeareano utiliza-se o solilóquio, no qual o ator fala encarando o público e o seu companheiro de cena ouve tudo o que lhe diz respeito, porém, com o compromisso de que não escuta coisa alguma. Para Mishima, esse artifício corresponderia ao *omoiire* (ar de meditação) do kabuki. Isto é, a expressão dos sentimentos do personagem exclusivamente por meio de movimentos corporais, quando é embarçoso que o companheiro de cena saiba o que se passa no seu íntimo, mas é necessário que o público saiba. Uma técnica verbal e a outra corporal, ambas originadas num período bastante próximo, Shakespeare (1564-1616) e kabuki (1603-1867), portanto, existentes nos teatros tradicionais tanto do Ocidente como do Oriente.

Num filme musical, quando os sentimentos dos amantes atinge o clímax, eles se põem a cantar. No entanto, os japoneses antigos não costumavam expressar os seus sentimentos através de palavras, mas de gestos. Nesse sentido, o *kudoki* (confissão amorosa do personagem principal) do kabuki seria, para Mishima, a expressão dançante do amor e corresponderia à ária na ópera. Já o *tachimawari* (cenas de lutas grupais) também é um tipo de dança e corresponderia ao balé no Ocidente. O escritor chega à conclusão de que tanto do ponto de vista do espaço cênico, quanto da música e atuação, o kabuki é extremamente atual, pois diferenciando-se do teatro realista ocidental em geral, num certo sentido, já empregava procedimentos muito semelhantes às das modernas técnicas de cinema e televisão.

O Fascínio da Beleza e do Mal

Os teatros japoneses, que haviam se incendiado nos bombardeios da segunda grande guerra, foram reconstruídos no pós-guerra. Mas a ocupação americana estabeleceu várias restrições ao kabuki, por considerá-lo propaganda do sistema feudal. Foram proibidos dramas com temas de vingança cruel (*Chûshingura: A Vingança dos Quarenta e Sete Vassalos Leais*), estupro (*Shichinosuke, o Ladrão Apelidado de Macaco*) e cabeças decepadas ao sacrificar pessoas substitutas (*A Batalha de Ichinotani*). O empenho do militar americano Faubion Bowers, amigo de Mishima, do ator Kichiemon Nakamura e posteriormente autor do *Japanese Theatre*, foi decisivo ao ressuscitar o repertório kabuki. Bowers esclareceu que, por trás do que parecia cruel à primeira vista, ocultava-se uma profunda tristeza e as contradições próprias dos seres humanos.

O fascínio que sentia pelo kabuki, Mishima confessava difícil de se expressar com palavras. Mas enfim, derivava de elementos trágicos, que fazem o público chorar, e cômicos, que fazem rir, acrescidos do estímulo erótico-sensual. Tudo num amálgama mostrado pelos *kata*, com música, luz e colorido peculiares. Porém, após dez anos como fã ardoroso de kabuki, o escritor começou pouco a pouco a despertar

KABUKI DE MISHIMA   243

desse fascínio. Inicia aqui a sua concepção de kabuki relacionado ao belo e ao mal. A idéia de beleza que o mal possui e o mal da beleza.

O kabuki é uma flor bela, mas com um quê de peçonhento. Se fosse estranha mas linda, como a tulipa ou a rosa, tudo bem. No entanto, eu a sentia como uma flor misteriosa, semelhante a uma peônia, uma sinistra planta carnívora de insetos ou uma flor fantástica, como as existentes na bacia amazônica da América do Sul.

Então, para cultivar essa flor é necessário um fertilizante. O fertilizante do kabuki é o camarim[12].

A visão que Mishima tem dos bastidores não é nada luminosa. "Por mais moderno que seja o ambiente de trabalho, como se trata da sociedade humana, sempre há coisas feias. Portanto, não é que o kabuki seja particularmente feio"[13]. A vida nos camarins de kabuki pode parecer inconcebível para as mentes modernas, pois que repleta de estranhas convenções, contradições e montanhas de fatos incompreensíveis. Por mais de doze horas, as pessoas estão constantemente se defrontando ao se vestirem e despirem, competindo uma com a outra e, além disso, vigora o antigo sistema de classes. Embora feudal e cheio de paradoxos, o dramaturgo julgava que o sistema de classes no kabuki fora favorável à transmissão das técnicas de interpretação. Por isso é que se mantém o sistema de linhagem dos atores de kabuki, até hoje, no ultra-moderno Japão.

Por conseguinte, o Mishima que no início de sua carreira já dizia que não gostava de visitar os atores nos camarins, neste seu último pronunciamento, assevera aderir com ainda mais força a essa decisão de jamais ir aos bastidores. Porque ele foi sentindo cada vez mais as dificuldades de relacionamento humano com o kabuki e indo aos camarins, seria fatalmente envolto pelas relações humanas. Apesar da consciência de que tomava uma atitude egoísta, o escritor confessava que gostaria de amar a flor do kabuki só como espectador ou diretor, deixando todo o lodo escuro como um precisoso fertilizante.

Ao discorrer sobre a natureza do kabuki, Mishima não hesitava em expor com franqueza as suas idéias.

Falando com clareza, o kabuki em si mesmo é um mal. Há aí vários tipos de males: o mal do poder, o mal das convenções, o mal sensual, o mal de se contar mentiras e o mal da lisonja. Esse amontoado de males humanos fez florescer esta bela flor chamada kabuki. [...] Em suma, o kabuki é um ninho de corrupção[14].

O dramaturgo chegava a ironizar, pois não compreendia porque o governo construíra o magnífico Teatro Nacional de Tóquio para o kabuki, continuando a patrociná-lo como importante acervo cultural

12. Yukio Mishima, *Aku no hana: kabuki*, p. 277-278.
13. Idem, ibidem.
14. Idem, ibidem.

244 YUKIO MISHIMA: O HOMEM DE TEATRO E DE CINEMA

e ele próprio, que aí trabalhava como diretor, recebia mensalmente o seu salário.

Desde as suas origens no início do Período Edo (1603-1867) até antes da segunda guerra mundial, os teatros kabuki e os prostíbulos localizavam-se em área segregada das cidades, denominada "lugar de corrupção". Mas para Mishima, mesmo no seu repertório, o kabuki tem um quê de diabólico.

A atmosfera misteriosa de peças como *Templo do Pavilhão Dourado* e *Palácio Dourado* não é senão uma espécie de missa negra. O belo é sujo; o sujo é belo... Enquanto ocorre aquela devoção a valores semelhantes aos das bruxas em *Macbeth*, como sempre a obstinada filosofia de lealdade e piedade filial ou o encorajamento do bem e a punição do mal aí andam a passos largos. Mas o conceito de lealdade também não passa de uma estética; no método usual de que o malfeitor será inevitavelmente destruído pelo benfeitor, pode-se perceber também a bela promessa de uma certa conspiração. Por mais que o dramaturgo procure adular o governante da época, as forças fundamentais que sustentam o kabuki são a estupidez, o mal e o desastre, enfim, um não sei quê de diabólico[15].

Fato que levou o crítico literário Yukio Rizawa a considerar que Mishima possuía sentimentos genuinamente nipônicos.

Pois o que sustentava a ética do povo japonês no passado não era uma visão moral, mas a consciência estética. Ora, o ponto de vista de que o que sustentava a visão moral era a consciência estética é exatamente oposta à visão ética da sociedade cristã ocidental[16].

Esse misterioso fascínio do kabuki, que está para além da moralidade, viria, segundo Mishima, da longa tradição dos *kawaramono* (mendigos das margens do rio), termo pejorativo com que eram designados os atores de kabuki. No início eles foram estigmatizados pela sociedade feudal, que os considerava marginais, párias sociais, tendo permissão de atuar somente nas margens áridas do rio Kamo em Kyoto. Aliás, como também o foram os manipuladores de bonecos do bunraku.

O fundamento do kabuki é o mal, mas não exclusivamente o mal. Mishima achava o kabuki interessante porque não tinha preconceitos. De um lado, enquanto aliado dos ladrões fazia as massas rirem e, de outro, como aliado do guerreiro leal, ao fazer propaganda do xogunato Tokugawa, fazia chorar tanto o povo como os samurais, pois a plebe gosta tanto de gatunos como de guerreiros leais. Um mundo não maniqueísta, que se baseava na premissa de que "mesmo no ser mais renegado pela sociedade, há um minuto de verdade". Mas considerava o kabuki diferente do teatro *underground* de Jûrô Kara, líder da trupe Tenda Vermelha nas décadas de 1960 e 1970. Kara fazia apresentações itinerantes numa tenda vermelha, de cunho nitidamente anti-sistema e

15. Yukio Mishima, "Nakamura Shikan-ron" (Comentários sobre Shikan Nakamura), *Guekijô*, fevereiro de 1949.

16. Yukio Rizawa, "Mishima Yukio ni okeru shôsetsu to guikyoku", *Kaishaku to Kanshô*, março de 1974.

cujos membros se auto-denominavam *kawaramono*. Se o kabuki fosse só anti-sistema, não teria chegado até aqui, com o governo patrocinando-o e construindo o Teatro Nacional em Tóquio, argumenta o escritor. Talvez fosse um exagero falar num "amontoado de males", admite, mas no instante em que procurarem transformar o kabuki em algo belo e puro, moralista e respeitável, extirpando-lhe as sensações, o erotismo, o sistema de classes e o mal, o kabuki se extinguirá.

Geralmente considera-se saudosista, quem fica dizendo que antigamente as coisas eram melhores. Mas no caso do kabuki, Mishima conjeturava que, em variadas épocas, o kabuki de outrora era de fato sempre melhor e é por isso que essa estranha existência denominada kabuki continua até hoje. Se não se pensar que o kabuki de agora é pior, não haverá mais forças para apoiá-lo. É um grande erro supor, ao contrário, que o kabuki, originalmente tão primitivo, vai progredindo e se tornando melhor. O escritor acreditava que em qualquer época, se o ator se esforçar para se aproximar do ideal do antigo kabuki, a ponto da alma do ator do passado se apossar dele, o kabuki ressuscitará.

Assim como os ocidentais vão à Ópera, Mishima considerava o Kabuki-za de Tóquio a Ópera japonesa, testemunho indispensável da tradição teatral viva. Ele não ia muito a exposições de pintura nem freqüentava concertos musicais, mas assistia kabuki com assiduidade, por sentir que nesse ambiente popular não havia pedantismo. No outono de 1961, na abertura da temporada de óperas em São Francisco na Califórnia, o escritor vira muitos homens de smoking e mulheres em traje de gala. Porém, constatava que em Tóquio, essa tradição de vestir-se com esmero para ir ao teatro restara apenas na programação de kabuki no Ano Novo. Na sua origem o kabuki era o símbolo da extravagância, portanto, seria preciso trazer de volta ao Kabuki-za a dignidade dessa extravagância. Como os atores exibem em cena todo o seu esplendor aos espectadores, estes, por sua vez, deveriam exibir o seu requinte para o palco. Sem esse intercâmbio palco e platéia, não nasceria a verdadeira e harmoniosa beleza do kabuki.

O Futuro do Kabuki

> *Creio que o artista em mais segurança é o das artes tradicionais. Mesmo que ocorra uma revolução comunista, o artista de kabuki provavelmente sobreviverá. Assim como a Companhia de Balé de Leningrado sobreviveu, mesmo depois da Revolução Russa[17].*

Em artigos como "Críticas Correntes sobre as Artes"; "Primeira Peça Teatral do Ano"; "O Ressuscitar do Espírito Teatral: O que Acon-

---

17. Y. Mishima, *Para o Jovem Samurai.*

246   YUKIO MISHIMA: O HOMEM DE TEATRO E DE CINEMA

tecerá ao Kabuki?"[18] e na palestra em discussão, *Kabuki, a Flor do Mal*, Mishima aborda a questão do futuro do kabuki, levantada inúmeras vezes desde a Restauração Meiji (1867), agourando a sua decadência e extinção. O dramaturgo defende com veemência a tese de que a missão do kabuki, após a segunda grande guerra, deve corresponder aproximadamente ao do teatro clássico europeu, isto é, a preservação de uma tradição teatral viva e ortodoxa ao extremo na cultura japonesa.

Uma vez que o kabuki não se desenvolveu em recinto enorme como a Ópera de Paris, mas num edifício de proporção semelhante à Comédie Française, não deverá ter tantas dificuldades na mobilização de espectadores. Na sua opinião, deve-se deixar a abolição das sessões em dois turnos (matutino e vespertino), e outras medidas práticas, a cargo de especialistas; e para o ressuscitar do kabuki é necessário concentrar-se no renascimento do verdadeiro espírito teatral. Mishima exortava os atores de kabuki a despertarem para o valor da estilização, que ele tanto prezava, e extirparem da atuação a análise, o pseudo-modernismo e psicologismo, em vigor desde a Era Meiji (1867-1912), pois estas seriam as causas de sua decadência. Apesar de em 1967 ter sido inaugurado o imponente Teatro Nacional do Japão em Tóquio, isso não quer dizer coisa alguma, asseverava Mishima, pois o kabuki está preparado para perecer a qualquer momento.

Kabuki, a Flor do Mal termina com uma advertência do conferencista aos aspirantes a ator de kabuki. No Japão moderno, onde já apontavam as necessidades de trabalho nas áreas de vídeo e informática, ao decidirem de livre e espontânea vontade entrar no mundo do kabuki, embora muito jovens, eles precisariam ser determinados, pois teriam que admitir o mal e o ilógico, jurar lealdade a pessoas e a algo que estão fadados a decaírem, além de ouvir sem cessar que o kabuki de antigamente era bem melhor e o de hoje é ruim. Sem a consciência dessas premissas, não haveria sentido em atuar no kabuki, cujo mistério está na ligação do que há de pior com o que há de melhor, do que há de mais ilógico com o que há de mais belo na vida.

Diário Teatral

A partir dos 17 anos, Mishima começou a transcrever num caderno os *kata* (*formas de atuação estabelecida*) dos atores e suas elaboradas críticas, as quais anotava nos roteiros que levava ao teatro. Nos espaços vazios, colava as críticas relevantes de jornais da época, propagandas teatrais e até mesmo os ingressos, o que testemunha o seu ardor pelo

---

18. Yukio Mishima, "Gueijutsu jihyô" (Críticas Correntes sobre as Artes); "Hatsushibai" (Primeira Peça Teatral do Ano), em *Programa do Kabuki-za*, janeiro de 1962. "Kabuki wa dô naruka: engueki seishin no fukkatsu o" (O Ressuscitar do Espírito Teatral: O que Acontecerá ao Kabuki?), *Asahi Shimbun*, 7 de fevereiro de 1962.

KABUKI DE MISHIMA   247

teatro. Esse hábito vai dos 17 aos 22 anos e dele resultaram dois cadernos. O primeiro, de oitenta páginas, tem o título de *Coletânea das Críticas Teatrais de Kimitake Hiraoka – 1*, cobrindo de janeiro de 1942 a 12 de novembro de 1944. O segundo, igualmente de oitenta páginas, tem como título *Coletânea das Críticas Teatrais de Kimitake Hiraoka – 2*, abrangendo de 18 de fevereiro de 1945 a 23 de novembro de 1947. Ambos aparecem com o nome verdadeiro do autor.

Esses dois cadernos foram exibidos postumamente na *Exposição Yukio Mishima*, realizada na loja de departamentos Isetan de Shinjuku em Tóquio, janeiro de 1979, sob patrocínio de Mainichi Shimbunsha, percorrendo depois outras cidades. Posteriormente em 1987, voltaram a ser apresentados na *Mostra sobre 'Lua Crescente: As Aventuras de Tametomo'* no Teatro Nacional do Japão em Tóquio. Em 1991, esses dois cadernos e as anotações da *Coletânea dos Romances Inacabados de Yukio Mishima* foram reunidos e publicados num único volume pela Chûo Kôronsha, com o título de *Diário Teatral de Yukio Mishima*, pois *diário teatral* são as palavras iniciais do seu primeiro caderno de críticas teatrais.

Como trata-se de publicação póstuma, é necessário ressaltar que Mishima fazia essas anotações só para si mesmo. Mas o assombroso é que o seu campo de interesse sobre as artes cênicas já era bastante amplo, incluindo anotações sobre nô, bunraku, shimpa, shingueki, ópera e balé. No entanto, pode-se inferir que o jovem Kimitake Hiraoka sentia-se atraído sobretudo pelo kabuki, que abrange cerca de 90% de suas críticas. Ele via kabuki com freqüência, por vezes, dias seguidos, chegando a assistir a mesma peça duas vezes ou a compará-la com o drama homônimo de bunraku.

PEÇAS DO KABUKI DE MISHIMA

Ao contrário de muitos dramaturgos que entraram em contato com as artes cênicas, partindo inicialmente da leitura de textos teatrais para só mais tarde verem as suas montagens, a paixão de Mishima pelo kabuki nasceu da sua freqüência ao teatro. Ele viu antes essa misteriosa concretização do charme no palco. Após a segunda grande guerra, escreveu oito peças kabuki, em que ora se insere na realidade ora se confronta com ela, porém, nunca adota uma atitude indiferente. Repertório do *Kabuki de Mishima*:

- *Hade kurabe Chikamatsu musume*, 1951
- *Muromachi hangonkô*, 1953
- *O Biombo do Inferno (Jigokuhen)*, 1953
- *A Rede de Amor do Vendedor de Sardinhas (Iwashiuri koi no hikiami)*, 1954
- *Yuya*, 1955

248   YUKIO MISHIMA: O HOMEM DE TEATRO E DE CINEMA

- *O Orvalho no Lótus: Contos de Ouchi* (*Fuyô no tsuyu Ouchi dikki*), 1955
- *Capturação da Faixa de Cintura, o Lago Favorito da Moça* (*Musume gonomi obitori no ike*), 1958
- *Lua Crescente: As Aventuras de Tametomo* (*Chinsetsu yumiharizuki*), 1969

Hade kurabe Chikamatsu musume

Ao tomar emprestada uma parcela das expressões literárias de Monzaemon Chikamatsu, o maior dramaturgo de bunraku no Período Edo (1603-1867), Mishima conseguiu captar o mundo dos citadinos de Edo (antiga Tóquio) e o espírito de um festival na aldeia, com seus rapazes e moças. Além disso, emprega com habilidade as palavras encadeadas (*engo*) e os trocadilhos (*kakekotoba*), que tornam a peça bastante viva.

A viúva da loja Sangui-ya, no bairro popular de Nihonbashi em Edo, diz à sua filha Ochika que a leitura de livros sobre educação doméstica é muito importante a uma mulher. Entretanto, Ochika está tão imersa nas narrativas *jôruri* de Chikamatsu para o teatro de bonecos, que aparições dos personagens de duplo suicídio amoroso surgem diante dela. O namorado Shôjirô é vendedor de livros de estórias, mas a viúva se opõe ao namoro, pois se o futuro companheiro da filha for um vendedor de estórias, a reputação da loja decairá. Influenciados pelos contos de Chikamatsu, os dois decidem suicidar-se. Porém, quando estão para se sacrificarem, a viúva, que descobrira a carta de despedida deixada por Ochika, surge correndo aloucadamente e acaba aprovando a união do casal. Todos se regozijam e misturam-se aos rapazes e garotas da aldeia, que participam do festival de outono e bailam a dança do leão. No final, conduzidos pelos personagens das narrativas *jôruri*, todos retiram-se.

Este drama dançante estreou no *5º Programa de Apresentações da Associação Midori Yanaguibashi*, no Meiji-za em Tóquio, de 27 a 31 de outubro de 1951, sob supervisão de Eiryô Ashihara e coreografia de Kikunojô Onoe.

Muromachi hangonkô

Originalmente Mishima criara *Muromachi hangonkô* como dança de gueixa para a *Associação Midori Yanaguibashi*, com estréia no Meiji-za de Tóquio em outubro de 1953. O autor registra: "O roteiro deste drama dançante foi escrito tomando emprestada a essência de um antigo romance meu, *Idade Média*"[19]. Em estilo clássico, lingua-

---

19. Idem, "*Muromachi hangonkô ni tsuite*" (A Propósito de *Muromachi hangonkô*), em *Programa da Associação Midori Yanaguibashi*, outubro de 1953.

KABUKI DE MISHIMA 249

gem densa e elegante do nô, e com influências de Radiguet e L'Isle-Adam, esse romance fora concebido no final da guerra enquanto expressão da escatologia, doutrina das coisas que deverão acontecer no fim do mundo. O jovem escritor de vinte anos pretendia deixar este último trabalho acerca da morte de Yoshihisa Ashikaga, aos 25 anos, com quem se identificava, como a sua obra derradeira antes de falecer na guerra. Mas a partir de fevereiro de 1945, o texto foi serializado na revista *Bunguei Seiki* (*Século das Artes Literárias*) e o autor sobreviveu à guerra.

Idade Média relata o sofrimento do xogum Yoshimasa Ashikaga, ao perder seu filho Yoshihisa na batalha. Mishima prossegue:

Ao combinar a protagonista de *Idade Média*, Ayaori, com um personagem masculino adolescente de nô, Kikuwaka, surgiu a personagem deste roteiro, Ayako.

O romance *Idade Média* é produto de uma concepção livre, sem aderir, em absoluto, à investigação histórica e *Muromachi hangonkô* também é assim. Apenas tentei pintar à vontade na tela, a fantasia do Período Muromachi (1333-1573), era melancólica e apesar disso, estranhamente brilhante. Por exemplo, a dançarina "shirabyôshi" já havia sido quase abolida nessa época, sendo substituída pelo "sarugaku" (farsa medieval) e pelas danças "kôwaka". Mas ao ousar estabelecer a personagem feminina como dançarina shirabyôshi, foi porque não consegui encontrar a dança feminina nas artes cênicas do Período Muromachi. [...]

Com exceção de uma parte, emprestei quase tudo das expressões literárias contidas em canções de festivais, pequenas cantigas do Período Muromachi e canções de *koto* (harpa japonesa) de então. Como tratava-se de algo muito antigo, julguei que as palavras das canções dessa época transmitiriam melhor a atmosfera desse período do que as ações das pessoas que viriam a seguir[20].

Em junho de 1971, em memória de Mishima, o Teatro Nacional do Japão em Tóquio reencenou *Muromachi hangonkô* como drama dançante kabuki, pela Companhia Teatral Kikugorô. Com elenco formado por Baikô Onoe (Ayako), Shôroku Onoe (Yoshimasa), Tatsunojô Onoe (Yoshihisa) e o atual Kikugorô Onoe, a apresentação empregava músicas de estilos Kiyomoto e Yamato, bem como artifícios de palco do kabuki. Portanto, além de ter sido o primeiro kabuki de Mishima a ser montado após a sua morte, esta obra só passa a fazer parte do repertório do *Kabuki de Mishima*, depois do seu falecimento.

Todavia, no ensaio "Minha Opinião a Respeito do Kabuki de Mishima: O Enigma de Homens Indescritíveis[21]", Masaki Dômoto afirma que foi muita insensibilidade confiarem essa tarefa justamente à Companhia Teatral Kikugorô, com a qual o *Kabuki de Mishima* não tivera relação alguma enquanto o autor era vivo. E além do mais, com a protagonista interpretada por Baikô Onoe, que o escritor detestava. Como o roteiro original fora destinado a dança de gueixa, talvez ti-

---

20. Idem, romance "Chûsei" (Idade Média), *Bunguei Seiki*, fevereiro de 1945.

21. Masaki Dômoto, "Shisetsu Mishima kabuki: egakarenu otokotachi no nazo", em *Mishima Yukio no engueki: makuguire no shisô*, p. 30.

250   YUKIO MISHIMA: O HOMEM DE TEATRO E DE CINEMA

vesse havido um certo preconceito por parte dos atores de kabuki, o
que resultara numa leitura demasiado superficial do texto.

Nesse drama dançante, Mishima planejou de propósito uma mis-
celânea de estilos, pois é no interagir deles que estão os seus desejos
de expressão, que não podiam ser satisfeitos por um único estilo.

A primeira cena tem feitio kabuki e como no início de um kabuki antigo, a peça
começa diante de um santuário; ao progredir para a segunda e terceira cenas, vai-se
acrescentando um sabor novo; já a fala em solilóquio no final da terceira cena requer
uma criação técnica que não caia no maneirismo do intérprete. Tais mudanças não representam em especial uma confusão de estilos. Eu gostaria que soubessem que para se
conduzir ao resultado por mim almejado, fui modificando gradualmente os estilos[22].

Mas será que a Companhia Teatral Kikugorô, que não tinha intimidade nem afinidade com o *Kabuki de Mishima* conseguira fazer
essa leitura?

O drama narra a tragédia da dançarina Ayako, amada por duas
gerações do clã Ashikaga, pai e filho, em 1489 no Período Muromachi. O xogum Yoshimasa Ashikaga, saudoso do seu filho Yoshihisa,
dirige-se ao Templo do Pavilhão Dourado em Kyoto e pede às três
médiuns que invoquem o seu espírito. Mas que ironia! Nelas bai-
xam apenas espíritos de animais: sapo, gato e boi. Irado, o xogum
as fustiga e ordena que se retirem. Eis quando surge a namorada de
Yoshihisa, que envergonhada por não ter cumprido a promessa de que
o seguiria caso ele morresse em combate, pede que ao menos sirva de
intermediária para a sua aparição.

As três médiuns oram com fervor e o espírito de Yoshihisa apossa-se de Ayako. Conforme técnica das artes cênicas tradicionais nipônicas, com a possessão do amado, o *onnagata* (ator intérprete de
papéis femininos) que representa Ayako passa a movimentar-se como
tachiyaku (personagem masculina varonil) e a expressar-se também
com voz masculina, na montagem do Teatro Nacional, embora não
houvesse indicações no roteiro. Sem saber se sonho ou realidade, o
pai Yoshimasa e o filho Yoshihisa, na realidade Ayako, se afagam.
Mas de repente, Ayako desfalece, o espírito se esvai e o xogum se dá
conta de estar abraçando uma bela mulher. Quando volta a si, para fugir desse constrangimento, Ayako simula que o espírito de Yoshihisa
reaparecera e pede ao pai que não roube a sua namorada, mas agora já
com a voz feminina de *onnagata*.

Nesse instante, o drama torna-se tenso, com a dubiedade masculino e feminino encarnada numa mulher e com o pai a desejar a
ambos; um incesto de pai e filho, refratado pelo amor a uma mesma mulher; a inversão sexual múltipla de Yoshimasa: vida e morte,
homem e mulher, pai, filho e nora emaranhados num amontoado de

22. Yukio Mishima, "*Muromachi hangonkô* ni tsuite".

KABUKI DE MISHIMA 251

corpos. Aliás, no romance original *Idade Média*, o xogum Yoshima-sa Ashikaga e depois seu filho Yoshihisa desejaram o belo ator adolescente de nô, Kikuwaka. Esta peça deveria ser encenada como um caso de necrofilia, porém, ao empregar a voz feminina de *onnagata*, a tensão dramática, ao contrário, dissipou-se. O xogum retruca que não é a voz do seu filho, mas a de uma linda mulher e ordena-lhe que o sirva doravante, sob risco de sua vida. Disfarçada, Ayako foge num navio rumo à China. Contudo, em alto mar, ela volta à sua figura de dançarina e lança-se nas águas. A estética de Mishima manifesta-se aqui na doutrina escatológica de fim do mundo e nas mortes precoces de Yoshihisa, seu alter-ego no drama, e da bela heroína.

O Biombo do Inferno

Neste seu primeiro drama especificamente kabuki, Mishima diz não apreciar o uso de palavras contemporâneas em obras novas. Portanto, pensava em criar uma peça com estrutura e diálogos baseados inteiramente no kabuki tradicional. O pedido de dramatização de *O Biombo do Inferno*, feito pelo então gerente do Kabuki-za, Tetsuo Saito, mediado pelo atual presidente da Companhia Shôchiku, Takeomi Nagayama, foi o barco para essa travessia.

Em 1954, no artigo "O Kabuki e Eu: Minhas Peças e Meus Atores Favoritos"[23] e no debate com o ator Kanzaburô Nakamura XVII, Mishima diz que pode parecer uma atitude de diletante, mas para preservar a imagem do palco, não pensa em visitar os artistas nos bastidores, em especial os de que gosta.

> Creio que amar de verdade a encenação de uma peça é completamente diferente de se interessar por esse ator no camarim. Demonstrar mais interesse pelo ator no camarim do que pela sua arte de interpretação não é saudável[24].

Várias pessoas o haviam convidado a conhecer Utaemon Nakamura VI. Mas como ele queria continuar considerando as beldades que o *onnagata* representava como as fadas do kabuki, belezas que não são deste mundo, temia que essa visão se quebrasse no confronto com o ator real, portanto, sempre se recusara. Todavia, como na reunião patrocinada pela revista *Bunguei* (*Artes Literárias*), Utaemon o receberia, a seu pedido, em trajes de kabuki no papel da jovem Okaru, por fim, ele tomou coragem. Assim, o primeiro encontro do jovem e promissor escritor Yukio Mishima com o *onnagata* Utaemon deu-se no camarim do Kabuki-za, em novembro de 1951, antes

---

23. Idem, *Sukina shibai, sukina yakusha: kabuki to watakushi*, crítica teatral de janeiro de 1954.

24. Idem, *Mishima Yukio-shi no kibô taidan: Nakamura Kanzaburô-jô to kabuki o kataru*. op. cit.

252   YUKIO MISHIMA: O HOMEM DE TEATRO E DE CINEMA

da apresentação de *A Vingança dos Quarenta e Sete Vassalos Leais* (*Chûshingura*).

O dramaturgo revela que habitualmente era "cara de pau", desinibido, mas talvez por ser um grande fã do ator, já tendo escrito o ensaio elogioso "Comentários sobre Shikan" na hoje extinta revista *Guekijô* (*Recinto Teatral*), fevereiro de 1949, o seu corpo se enrijeceu e as palavras pareciam lhe faltar. Porém, ao conhecê-lo, a visão não se desmoronou. Cinco dias depois, ao contrário, ela se tornou concreta e justa. No artigo "A Propósito de Utaemon" (janeiro de 1952), o autor relata:

> Naquele breve encontro, é descortês dizer, mas o que imaginei dentro dele foram inúmeros sentimentos imponentes, hoje decadentes, tais como a imoralidade, o ciúme, o sacrifício, as paixões mundanas, o rancor, várias paixões trágicas e esplêndidas, que não mais podem ser vistas atualmente[25].

Por sua vez, a primeira e forte impressão que o *onnagata* teve de Mishima foi a de que se deparava com uma pessoa muito sagaz, que certamente quisera se encontrar com a personagem cênica ao invés da pessoa real. A partir de então, estabeleceu-se uma amizade e confiança mútuas, que se prolongaram por quase vinte anos, até a participação final do escritor como convidado de Utaemon no programa televisivo *Há História em Uma Pessoa,* em 1970. O dramaturgo acabou criando cinco peças kabuki e uma *shimpa* (tendência nova) para o *onnagata.* A ponto do pesquisador Kiyohiko Ôchiai[26] dizer que não seria errado afirmar que, se não houvesse esse interesse mútuo, o *Kabuki de Mishima* não teria nascido. Estabeleceu-se entre os dois uma relação semelhante à do diretor austríaco de cinema Josef von Sternberg com a atriz alemã Marlene Dietrich (1901-1992), em filmes como *Marrocos, x27, Expresso para Xangai, A Vênus Loura, A Imperatriz Galante, A Mulher e o Fantoche* e no célebre *O Anjo Azul,* a ponto de Dietrich ser considerada uma invenção de Sternberg. Mishima apontava os pontos fracos de Utaemon e este, por sua vez, também não aceitava tudo o que o escritor lhe dizia. Quanto ao dramaturgo, acatava até certo ponto as opiniões do *onnagata.*

Em *O Biombo do Inferno*, considerada a mais perfeita do ponto de vista dramatúrgico de suas peças kabuki, Mishima dramatizou o conto homônimo de 1918 de Ryûnosuke Akutagawa, autor do célebre *Rashômon,* filmado por Kurosawa. Fortemente atraído pelos dramas históricos sobre a nobreza nos Períodos Nara (710-794) e Heian (794-1192), o seu interesse na adaptação teatral de *O Biombo do Inferno* estava na sensação de que lhe seria relativamente fácil introduzir os seus sentimentos nos três personagens principais: o ministro, o pintor Yoshihide e sua filha.

25. Idem, "Utaemon-jô no koto", *Bunguei,* janeiro de 1952.
26. Kiyohiko Ôchiai, "Mishima kabuki no scrifu to kikô", em edição especial *Mishima Yukio no kabuki,* revista *Kabuki,* abr. 1971.

KABUKI DE MISHIMA 253

Transformar-me no personagem brutal desse ministro é um desejo meu, longamente acalentado. Daizen Matsunaga da peça *Templo do Pavilhão Dourado*[27] é o meu
personagem ideal. Yoshihide é eu mesmo e, como sou romancista, me é particularmente
fácil introduzir os meus sentimentos. Quanto à filha, ao colocar tal beldade extraordinária na carruagem e atear-lhe fogo, senti o gosto malévolo do período decadente do
Império Romano e em êxtase, comecei a escrever o texto[28].

Além disso, o dramaturgo acreditava que a expressão mais adequada para sentimentos tão violentos quanto uma tempestade seria
necessariamente o kabuki adaptado do bunraku (*Guidayû-gueki*), uma
vez que considerava as técnicas do teatro moderno muito mornas.

O ministro de Horikawa ordena ao pintor Yoshihide um biombo, no qual descreva as torturas a que são submetidos os que caem
no inferno. Entretanto, irrita-se com sua demora excessiva e ainda
mais, por não conseguir conquistar a filha do artista, a bela Tsuyukusa.
Semelhante ao pintor Ekin, Yoshihide dá a vida pela pintura. Mas
só produz obras-primas com o sacrifício do modelo vivo diante de
si, como por exemplo, quando maltrata os seus discípulos para poder retratar o medo. Portanto, faz um pedido ao ministro. Se ele
colocar uma beldade dentro de uma carruagem feita de folhas de
palmeira e atear fogo nela, só então, conseguirá completar a obra.
Arbitrário e malévolo, o ministro escolhe a graciosa Tsuyukusa e a
incendeia dentro da carruagem. Yoshihide fica transtornado. Porém,
ao contemplar a estranha beleza de Tsuyukusa agonizando no meio
das chamas, esquece-se do seu amor paterno, pinta absortamente o
biombo e depois suicida-se.

No entanto, a abordagem dos dois escritores quanto a este tema
demoníaco é bastante diferente. Em Akutagawa o protagonista é,
como diz o próprio título, o biombo do inferno. O autor persegue o
processo criativo no qual a obra de arte, que originara da imaginação
do artista, ao adquirir uma forma, acaba transcendendo-o. Quando
Yoshihide certifica-se de que sua filha incendeia-se dentro da carruagem, ele mostra que mais do que pai, é antes de tudo um esteta, que
vive segundo o princípio da arte pela arte. Quando termina de pintar
o biombo, suicida-se, não porque matara a própria filha, mas porque
completara seu trabalho e todas as suas forças haviam se exaurido.
Um mundo estranho, contudo, de alguma forma descreve o esforço
do homem no ato de criação.

Já no artigo *"O Biombo do Inferno* como Peça Kabuki Adaptada
do Bunraku"*, Mishima relata o seu processo de adaptação da obra de
Akutagawa para o kabuki.

27. "Kinkakuji" (Templo do Pavilhão Dourado), ato da peça *Guion sairei shinkôki*,
originalmente um bunraku que foi adaptado para o kabuki.
28. Yukio Mishima, "Takemoto-gueki *Jigokuhen*", em *Programa do Kabuki-za*,
dezembro de 1953.

254 YUKIO MISHIMA: O HOMEM DE TEATRO E DE CINEMA

A propósito da dramatização do conto de Ryûnosuke Akutagawa, *O Biombo do Inferno*, pensei inicialmente em omitir a cena do ateliê de pintura. À primeira vista, o ateliê parece adequado a uma cena teatral, porém, há pequenos acessórios de palco em demasia e achei que haveria o perigo de assemelhar-se às peças de Namboku Tsuruya. Então, a cena do ateliê foi simplesmente transformada em um episódio, a progressão temporal da obra original foi reduzida para vinte e quatro horas, o espaço também foi limitado ao palácio do ministro de Horikawa e jardim interior. Decidi assim, seguir aproximadamente a regra das três unidades.

Em seguida, entre as coisas suprimidas há um macaco apelidado Yoshihide, judiado por todos, mas muito apegado à filha do pintor e que no final lança-se nas chamas e falece com a moça. Eu o aboli simplesmente para evitar a dificuldade de efeito cênico.

Dentre os personagens que acrescentei, há a esposa do ministro e dois vassalos. A primeira, em oposição ao ciúme que sentia do ministro, serviria para enfatizar paralelamente a paixão que o ministro nutria pela filha de Yoshihide. Os dois vassalos eram necessários para narrar as circunstâncias em que o ministro fora recusado pela moça e também, ao fazê-los pedirem publicamente a moça em casamento, marcando o contraste com a paixão reprimida do ministro e, por fim, enquanto personagens do quadro do inferno, eram necessários para efervescer o interesse artístico de Yoshihide.

A obra original foi escrita de forma que o narrador protege o ministro, descrevendo-o como se ele fosse um homem de caráter, como contraprova aos boatos maldosos da sociedade. Creio que isso foi para dar ao conto uma atmosfera antiga de *Grande Espelho* de um livro de história do Período Heian (794-1192) e por meio desta técnica, ao contrário, acentuar a exatidão dos boatos fortemente arraigados no povo.

Acatando esta sugestão, eu também retratei o ministro como bastante hipócrita. Ao ver a carruagem em chamas, pela primeira vez, ele torna público o seu verdadeiro caráter e no final, descrevi-o dando gargalhadas devido à sua excitação anormal. Pode-se pensar que a essência do ministro é o marquês de Sade, o César Bórgia e o causador do massacre de crianças, Gilles de Rais japoneses[29].

No entanto, Masaki Dômoto conclui que:

Não é porque fora rejeitado por Tsuyukusa ou para punir o orgulho do pintor Yoshihide, que o ministro queima a jovem; mas justamente por gostar dela é que a incendeia, transformando-a em objeto de sua lascívia. Além do mais, Tsuyukusa (há várias contradições a esse respeito, mas pelo menos na interpretação da fala de Aoi) ao sentir um prazer profundo em morrer voluntariamente queimada viva, torna-se possuidora do complexo de Joana D'Arc (desejo de ser queimada viva). O amor de pai e filha era só de fachada, superficial, a sua verdadeira essência estava numa intenção insolente de desejar incendiar-se no meio do fogo como a beleza suprema[30].

A questão central do conto de Akutagawa é o elemento demoníaco da obra de arte. A vida é breve, mas a arte é eterna. Yoshihide e sua filha faleceram, no entanto, restou o biombo do inferno, ou melhor, este nasceu justamente das mortes de pai e filha. Contudo, na peça de Mishima, não se dá muita importância à criação artística, uma vez que o próprio autor não apreciava muito obras de arte estáticas, pois para

29. Idem, ibidem.
30. Masaki Dômoto, "Shisetsu Mishima kabuki", em *Mishima Yukio no engueki: makuguire no shisô*.

KABUKI DE MISHIMA 255

ele, belo é o que está em movimento. O que é colocado em questão é o elemento demoníaco que existe dentro do próprio homem. Ao idear o ministro de Horikawa como uma mistura do marquês de Sade, César Bórgia e Gilles de Rais japoneses, o dramaturgo procura mostrar um arquétipo de ser humano, que "ri sacudindo os ombros e sem mesmo levantar a voz" ao ver a desgraça alheia, a dor de Yoshihide diante da filha agonizante. No conto de Akutagawa, ao contrário, ao presenciar essa cena terrível, a situação dos dois está invertida, enquanto Yoshihide pinta absortamente, o ministro, como que tresloucado, fica verde e sua boca começa a espumar.

Se o personagem de Akutagawa é um criador do belo, o de Mishima é um matador do belo, pois segundo sua estética, no instante mesmo em que a beleza existente está para se arruinar por completo, é que se torna mais radiante. As labaredas simplesmente não são bonitas. Colocar uma beldade ímpar na carruagem e atear fogo nela, destruir algo belo é que fez o dramaturgo escrever em êxtase. As chamas associadas à imagem de destruição têm um sentido simbólico. Em *Meu Período Itinerante*, Mishima relata a sua experiência durante a guerra.

Cada vez que o alarme soava, eu me refugiava no úmido abrigo antiaéreo [...] E contemplava tudo desse buraco, com o pescoço esticado. O bombardeio aéreo na metrópole distante era lindo. As chamas refletiam diversas cores, ao longe da planície noturna do distrito de Kôza. Era uma grande e luxuosa festa de destruição e morte, como se vislumbrasse a luz de uma fogueira distante.

A imagem de chamas e destruição reaparece em seu romance *Templo do Pavilhão Dourado*, no incêndio provocado pelo acólito que, como Yoshihide, torna-se um matador da beleza perfeita, o Templo do Pavilhão Dourado em Kyoto, para fazê-lo ter uma existência ainda mais perfeita e consumada.

Pintar não com a imaginação, mas tendo o sacrifício do modelo vivo diante de si, um ente próximo, não é uma idéia original de Akutagawa nem de Mishima, pois era um tema em voga na era Taishô (1912-1926) e já presente na peça de kabuki moderno *Conto do Templo Shûzen* (1909), de Kidô Okamoto. O xogum Yoriie ordena a confecção de uma máscara, tendo como modelo o seu rosto. O artesão reesculpe-a inúmeras vezes, mas ao completá-la recusa-se a entregá-la, sob alegação de que acabara se assemelhando a uma máscara mortuária. No entanto, é forçado a ceder. Sua filha casa-se com Yoriie e usa essa máscara para enganar os inimigos quando estes atacam o seu marido. Mas ela falece. O artesão de máscaras pega um bloco de papel e faz um esboço de sua filha moribunda. Em *Teatro: Leste & Oeste*, Leonard C. Pronko[31] cita este drama.

31. Leonard C. Pronko, *Teatro: Leste & Oeste*, trad. de J. Guinsburg, São Paulo, Perspectiva, 1986, p. 116.

256 YUKIO MISHIMA: O HOMEM DE TEATRO E DE CINEMA

Esse conceito de "arte pela arte", o sacrifício das demais pessoas para a realização de sua arte individual, encontra eco no romance *O Amor de Tojurô* (1919), de Kan Kikuchi, reescrito como drama em 1921. Para poder interpretar com perfeição o papel de amante, o célebre ator de kabuki Tojurô Sakata seduz uma mulher. Ao descobrir que fora usada, ela se suicida. O conflito vida e arte reencontra-se na peça de Seika Mayama, *Tôchûken Kumoemon* (1927), sobre o mais popular narrador (1873-1916) do Japão moderno. No início de sua carreira, Kumoemon tem um caso com a mulher do seu professor, uma instrumentista de *shamisen* com quem vem a se casar. Mais tarde, ele arranja uma amante gueixa e a esposa falece de desgosto. A consciência estética como algo tirânico, diabólico, que causa sofrimento, destruição e morte nos entes mais próximos ou no próprio artista, apresenta-se também nos romances de Izumi Kyôka, Junichirô Tanizaki e Yasunari Kawabata.

Pouco antes, o Kabuki-za havia obtido grande sucesso com o drama *Cabeças de Criminosos Decepadas e Expostas Diante do Portal da Prisão* (*Gokumonchô*), em que um enorme presídio desabava sob as chamas. As leis de prevenção contra o incêndio ainda não eram muito rígidas então. Na encenação de *O Biombo do Inferno*, fazia-se uma pequena fogueira com folhas de estanho e ao abaná-la sem parar, as fagulhas de fogo jorravam por todo o tablado. Os espectadores ficavam muito apreensivos, achando que Utaemon se queimaria ou sufocaria; outros, mais afoitos, advertiam diretamente o diretor Kubota sobre tal perigo. Mas ao invés de sentir calor, talvez o *onnagata* sentisse frio, com o enorme ventilador ao seu lado ligado ao máximo. Numa noite de ensaio, houve um incêndio no bairro de Guinza. Ao ouvir que havia um incêndio nas proximidades e como também havia um no palco, Mishima conjeturou que o espetáculo teria um êxito seguro. No artigo "O Meu *Biombo do Inferno*", o dramaturgo relata:

> O esforço e sucesso do grande acessório de palco é notável, a carruagem no final queima-se de forma admirável e tanto, a ponto de dar medo em quem está por perto e, graças a isso, os diálogos da conclusão tornaram-se inúteis[32].

Mishima reduziu com habilidade o conto original com vinte cenas de Akutagawa, para um só ato em duas cenas: *O Palácio de Horikawa* em Kyoto e *O Jardim Interior*. Mesmo resgatando a modernidade do demonismo, esteticismo, a arte pela arte do original de Akutagawa, ele o faz tão livremente, que se pode dizer quase uma criação sua. Por exemplo, o que define como "sentimentos tão violentos quanto uma tempestade" não está em Akutagawa, posto que é a tempestade sensual ideada pelo dramaturgo. Todavia, os seus colegas não imaginavam

---

32. Yukio Mishima, "Boku no *Jigokuhen*", *Mainichi Shimbun*, 10 de setembro de 1954.

KABUKI DE MISHIMA 257

que ele adotaria o estilo "kabuki adaptado do bunraku". Mas o autor introduziu de fato a música da "orquestra oculta" (*gueza*), a "narração e o acompanhamento musical de shamisen" (*chobo*) e as falas em rítmo de sete e cinco sílabas do kabuki tradicional.

Antigamente, o autor de kabuki fazia a primeira leitura da peça. Utaemon recorda-se de Mishima na leitura dramática, colocando tamanho ardor ao interpretar cada papel em tom afetado, como se fosse deveras um dramaturgo à moda antiga. O autor de 28 anos confessa as enormes dificuldades na criação de um kabuki em estilo *jôruri*, isto é, adapatado do bunraku, a estranheza fisiológica de se escrever atualmente em estilo neo-clássico.

> Mas ao redigí-la, não se tratava apenas do emprego de palavras clássicas. A ressurreição do estilo de mau gosto excessivo, que elogiava aquele humor simples e grotesco do *jôruri*, era realmente difícil de se expressar. O que é divertido da posição do espectador ou do leitor, ao encará-lo da posição do criador, era uma agitação nada engraçada. No passado, a mente de um autor de *jôruri* estava geralmente cheia de erudição ouvida a respeito da antiguidade japonesa ou chinesa, porém, não havia cultura alguma que atrapalhasse ao se compor *jôruri*. Mas nós, com os ouvidos que escutam bunraku, ouvimos Heifetz[33] e na volta, discutimos sobre Sartre num bar e assim, levamos uma vida imoderada. Agora, pretender escrever *jôruri* é pedir demais. Não quero me vangloriar, mas finalmente terminei e durante a leitura dramática no Kabuki-za, faltou-me a respiração e estive a ponto de ter uma anemia cerebral[34]. Creio que o acúmulo de palavras obsoletas estagnou nas minhas veias e obstruiu a circulação sanguínea[35].

Não deve ter sido um exagero, pois confesso que do ponto de vista da pesquisadora também foi uma tarefa árdua. Por três vezes, pensei que fosse adoecer ao longo do trabalho sobre o Kabuki de Mishima, porque o excesso de palavras antigas bloqueava o raciocínio.

O Biombo do Inferno estreou no Kabuki-za em Tóquio, de 5 a 26 de dezembro de 1953. A direção de Mantarô Kubota foi bastante criticada, por ele ser do *shingueki* (teatro moderno). Temia-se que as técnicas tradicionais de kabuki adaptado do bunraku se desencontrassem com o tempo mais lento do diretor moderno. Mas felizmente isso não ocorreu e quando iniciou a segunda cena, Tsuyukusa já se encontrava dentro da carruagem, o que contribuiu para o clímax final. Com coreografia de Kanjurô Fujima, cenografia de Atsuhiro Takane, o elenco era da Companhia Teatral Kichiemon: Kôshiro Matsumoto VIII (ministro de Horikawa), Utaemon Nakamura VI (Tsuyukusa), Kanzaburô Nakamura XVII (Yoshihide) e Sôjurô Sawamura VIII (Aoi). Masaki Dômoto assinala que Kôshiro Matsumoto VIII não se adequava ao papel de ministro sádico e a sua risada no fim da peça, que deve-

---

33. Jascha Heifetz, (1901-1987), iniciador da linhagem judaica de virtuoses do violino: Heifetz, Milstein, Oistrakh, Menuhin, Perlman e Isaac Stern. Russo naturalizado americano com recitais no Japão em 1923, 1931 e 1954.

34. Yukio Mishima, "Boku no *Jigokuhen*".

35. Idem, *Shibai to watakushi*.

258 YUKIO MISHIMA: O HOMEM DE TEATRO E DE CINEMA

ria expressar o seu êxtase sexual, ficou bem aquém do almejado pelo autor. Quanto à Tsuyukusa, foi uma pena que resultasse num simples papel de *onnagata* jovem e Utaemon poderia ter desempenhado essa rica personagem com uma psicologia mais vasta e profunda. Porém, alguns dias mais tarde, o dramaturgo lhe confidenciara que usara de tal política conciliatória, para evitar que o tema da peça produzisse uma mistura indigesta com a direção cheia de rodeios de Kubota.

Neste drama histórico de kabuki, visto que de um lado havia o original de Akutagawa e de outro, o enorme peso do kabuki tradicional, embora o dramaturgo tivesse conseguido harmonizar ambas as partes, ainda há muito pouco do kabuki de Mishima. Mas não se pode negar-lhe o mérito de ter sido a primeira tentativa no pósguerra de uma peça nova de kabuki, considerada a precursora de um estilo clássico sem precedentes até então, ou melhor, um kabuki neo-clássico.

No ano seguinte, o drama foi reencenado no Shin Kabuki-za de Osaka, pelo diretor Makoto Gôda, com elenco composto por Nizaemon Kataoka, Mitsugorô Bando e Tomijurô Nakamura. Vinte e quatro anos mais tarde, em 1978, foi montado no Shimbashi Embujô de Tóquio, dirigido por Ichirô Inui, com os atores Kichiemon Nakamura, Takao Kataoka e o *onnagata* Tamasaburô Bando. Na década de 1960, houve uma adaptação para ópera de *O Biombo do Inferno* de Mishima, dirigida pelo ator de kyôguen Sennojô Shigueyama. Ela foi apresentada pela Ópera de Kansai no Osaka Festival Hall, em comemoração pela Exposição Internacional de Osaka.

A partir de *O Biombo do Inferno*, com exceção do último drama histórico *Lua Crescente: As Aventuras de Tametomo*, apresentado no Teatro Nacional do Japão em Tóquio, todas as outras cinco peças kabuki de Mishima foram compostas para o *onnagata* Utaemon Nakamura vi e encenadas no Kabuki-za de Tóquio.

Comédia A Rede de Amor do Vendedor de Sardinhas

Após o drama *O Biombo do Inferno*, Mishima planejava criar uma comédia. Na primavera de 1954, ao assistir, por acaso, Utaemon protagonizando uma fantasma em *A Cortesã Asamagoku*, apresentado pela *Associação Tsubomi*, ele teve uma convicção.

Há também no kabuki um teatro da fala tão franco e generosamente alegre como este. O Deus Trovão também é assim. Embora além do meu alcance, eu também gostaria de compor uma farsa desse tipo. [...] O tema é do Período Muromachi (1333-1573), mas penso em expressá-lo no estilo cênico da era Guenroku (1688-1704), com todo o seu esplendor e alegria. Porém, o mais importante é que seja visto sem se restringir à época[36].

36. Idem, *"Iwashiuri koi no hikiami" ni tsuite"*, *Programa do Kabuki-za*, novembro de 1954.

KABUKI DE MISHIMA   259

Para criar este drama dançante cômico em um ato, o escritor baseou-se nos contos de fada do Período Muromachi, que apreciava desde a infância: *Livro do Conto de Saru Guenji* (paródia do *Conto de Guenji*, pertencente à série *O Tarô Indolente*) e *Contos de Heike, Versão Peixes e Pássaros* (paródia dos *Contos de Heike*), sobre a batalha entre animais marinhos e espíritos montanhezes. Mas que o dramaturgo alterara para uma luta só entre peixes, posto que a presença de espíritos montanhezes não era necessária.

O vendedor de sardinhas Saru Guenji apaixona-se pela cortesã Hotarubi, ao vê-la próximo à Ponte Gojô em Kyoto. Aconselhado por seu pai Namidabutsu Ebina, Saru Guenji disfarça-se de senhor feudal Danshô Utsunomiya e dirige-se com seu falso séquito para a casa de tolerância. As elegantes meretrizes pedem-lhe para contar histórias militares. Ele narra engraçadíssimas cenas de batalha da paródia dos *Contos de Heike*. Mas acaba se embriagando e ao cochilar no colo da amada, brada pregões de quando está vendendo sardinhas. Hotarubi fica feliz ao descobrir quem ele é. Porém, este continua a afirmar que é um senhor feudal. Hotarubi se põe a chorar e revela sua verdadeira identidade de princesa do Palácio Tanzuru. Atraída pela voz do vendedor de sardinhas, saíra do palácio, sendo raptada e vendida a um prostíbulo. Ao reencontrá-lo, decide que Saru Guenji é o seu benfeitor. Surge um vassalo do palácio, que paga o seu resgate e a liberta. Por fim, a princesa e Saru Guenji tornam-se um casal de vendedores de sardinhas.

O interesse cômico reside no jogo humorístico de desvendamento do mistério. A cortesã Hotarubi faz perguntas a Saru Guenji e este lhe responde de maneira pedante, com poemas de trinta e uma sílabas (*waka*), transformando-se em brincadeira extravagante. Yasuji Toita afirma que com sua atmosfera alegre, cheia de humor, *nonsenses* simples, sem argumentos lógicos nem epigramas, a peça nos "entretém com esse espírito gaulês do nosso país, provocando sonoras gargalhadas"[37].

Diferentemente de *O Biombo do Inferno*, o dramaturgo criou *A Rede de Amor do Vendedor de Sardinhas* não como kabuki adaptado do bunraku, isto é, do teatro de bonecos, mas como kabuki nos seus primórdios, incluindo elementos da comédia kyôguen. Já se delineia aqui um colorido peculiar de Mishima, que traz um vento novo, pois embora mantenha a atmosfera do kabuki tradicional, já possui claramente a sua marca registrada. Enquanto no conto original a prostituta continua prostituta até o fim, a cortesã Hotarubi mesmo sendo meretriz é diferente, pois na realidade é uma princesa. Portanto, quando no final muda de posição social e retorna à sua condição de princesa, isso flui com muita naturalidade, embora o *onnagata* tenha o grande desafio da transformação de cortesã em princesa. O autor pretendia reviver a

---

37. Yasuji Toita, revista *Enguekikai*, p. 42.

260 YUKIO MISHIMA: O HOMEM DE TEATRO E DE CINEMA

tradição dos contos de nobres andarilhos e, desde antigamente, o povo japonês julgava que o mais humilde e mal vestido tem razão.

Mas o vendedor de sardinhas permanece um simples vendedor de sardinhas, o peixe menos nobre e mais barato, porque a princesa o desejava assim mesmo. Exatamente como o protagonista em *Confissões de uma Máscara* que sentira uma atração violenta pelo jovem desconhecido limpador de bueiros. A atração dos opostos quebrando os tabus sociais já está presente no kabuki, *A Princesa Sakura de Edo* de Namboku Tsuruya, com a princesa Sakura e o monge decaído Seiguen; em *O Amante de Lady Chatterly* de D. H. Lawrence; no nô de Mishima *O Tamboril de Damasco* e no par Etsuko e o jardineiro Saburô no seu romance *Sede de Amor*.

Mishima achava que o kabuki possuía uma velocidade amedrontadora.

Ficarei feliz se conseguirem apreciar em *A Rede de Amor do Vendedor de Sardinhas* uma rapidez semelhante aos dramas kabuki *A Dança da Morte em Ise*, *O Assassinato de uma Mulher no Inferno de Óleo*, bem como a velocidade de cada cena em *Conto do Festival de Verão em Osaka*.

É admirável como o jovem dramaturgo imbuiu-se a tal ponto do kabuki da era Guenroku (1688-1704), cheio de fantástico como nas histórias em quadrinhos, na criação dessa obra-prima cômico-amorosa, com seu humor alegre e saudável. O próprio autor declara que ela fora bem mais fácil de ser escrita do que *O Biombo do Inferno* e, ao contrário do imaginado, recebera inesperadamente várias críticas elogiosas. Ao brincar com seus amigos, dizendo que iria mudar de profissão, de romancista para dramaturgo de kabuki, eles o impediram.

Na ocasião, paralelamente Mishima realizou ensaios experimentais com a trupe do Bungaku-za. Embora muitos desses atores de *shingueki* (teatro moderno) nunca tivessem assistido kabuki, ao lerem o roteiro surpreendentemente acabaram pronunciando falas em estilo kabuki, em ritmo de cinco e sete sílabas. Portanto, tomando o mesmo tema, o dramaturgo procurou, ao contrário, montá-lo de modo deliberadamente realista, nos moldes do teatro moderno.

A Rede de Amor do Vendedor de Sardinhas estreou no Kabuki-za de Tóquio em novembro de 1954, sob direção de Mantarô Kubota, que aderiu intimamente ao temperamento da peça. A cenografia esteve a cargo de Atsuhiro Takane, coreografia de Kanjurô Fujima e no elenco, Utaemon Nakamura VI (cortesã Hotarubi) e Kanzaburô Nakamura XVII (vendedor de sardinhas). A seguir, foi apresentada no Meijiza de Tóquio em março de 1957; no Guion-za de Nagoya em outubro de 1958; no Kabuki-za de Tóquio em abril de 1962, sempre com os dois atores principais da estréia; e no Kabuki-za em abril de 1973. Por fim, em março de 1990, em memória do 20º Ano do Falecimento de Mishima, foi exibida no Kabuki-za de Tóquio.

KABUKI DE MISHIMA   261

A Primavera de Yuya

Utaemon Nakamura VI sabia que Mishima era um profundo co-
nhecedor não só de kabuki, mas também de nô. Logo, no início da
primavera de 1954, pede-lhe para adaptar o nô *Yuya* como drama dançante kabuki. O dramaturgo aquiesceu de imediato e releu *A Lista de
Donativos* (*Kanjinchô*), como modelo de kabuki adaptado do nô. Mas
ao comparar o nô clássico *Ataka* com a sua adaptação para o kabuki
de *A Lista de Donativos*, verificou que esta permanecera quase igual
ao nô original. Concluiu que tal tarefa seria relativamente fácil para
um escritor de roteiros, mas não valeria a pena. Portanto, sob a imagem da *Yuya* de Utaemon, Mishima decidiu recriá-lo inteiramente.

Abandonei a fala em "estilo epistolar" (*sôrôshiki*) e tornei-a algo que não é linguagem moderna nem narração *jôruri*. Mesmo na composição em três partes do nô,
cortei deliberadamente a cena "a caminho de uma viagem" (*michiyuki*) e do trecho
que toma como centro a mansão de Munêmori, decidi pular de imediato para o Templo
Kiyomizu. Essa parte anterior é quase idêntica ao nô, mas enfatizei o Munêmori mundano e generoso. Tornei claro o seu pensamento (talvez seja exagero dizer isto), quando
ele arrasta, à força, Yuya para a contemplação das flores. Ao contrário do nô, decidi não
conduzir Asagao (a mensageira) para a contemplação das florações. Na parte posterior
no Templo Kiyomizu, introduzi várias idéias minhas. Coloquei o arcebispo de Kiyomizu à direita do palco, simbolizando a iluminação do outro mundo, através do universo
cinzento, e o prazer terreno, através do mundo das flores de cerejeira, à esquerda do
palco. E planejei para que à medida que a alma de sua mãe na terra natal, no presente
gravemente enferma, vagasse entre este mundo e o futuro, o espírito de Yuya, que se
preocupava com sua mãe, também oscilasse entre o prazer deste mundo e a iluminação
do outro. Quanto a este aspecto, graças aos esforços do compositor Eizô Kineya e do
coreógrafo Kanjurô Fujima, a idéia levemente forçada do roteiro ganha vida e é o que
aguardo com mais prazer, para averiguar se terá um efeito cênico harmonioso.
E diferentemente do final feliz do nô, ao mesmo tempo que Yuya se retira, a
música cessa por completo. Estou meditando para que de alguma forma, eu obtenha
êxito em expressar a infelicidade de Yuya, por meio dos sons do sino que repica solitariamente à medida que a cortina cai. Quanto aos papéis, penso em aproximá-los
o máximo possível do natural: Yuya interpretada em estilo nô; Munêmori, em estilo
kabuki; e o arcebispo, em estilo shingueki[38].

A *Yuya* de Mishima é um drama dançante kabuki com um ato e
duas cenas: "A Mansão de Munêmori" e "O Templo Kiyomizu". Yuya
é concubina do guerreiro Munêmori Taira, que a mantém egoística-
mente ao seu lado, mesmo quando está ansiosa para retornar à sua casa
em Tôtomi, a fim de cuidar da sua mãe gravemente doente. Munêmori
retruca à mensageira Asagao, que tanto a vida da anciã quanto a sua são
efêmeras como o orvalho e as florações de cerejeira não duram mais
que um dia. Ele não pode renunciar às flores deste mundo. Sem replicar,
Yuya acompanha-o à festa no Templo Kiyomizu em Kyoto, onde reza

---

38. Yukio Mishima, "*Yuya ni tsuite*", *Programa da Segunda Apresentação da
Associação Tsubomi*, 1955.

à deusa da misericórdia, Kannon. Munêmori dança e expressa o desejo de que Yuya também participe. O ponto de atração do espetáculo é a tristeza sem redenção de Yuya e a sua figura que abraça essa melancolia e baila, rodeada pelo esplendor das cerejeiras em flor. A sua dança é de uma beleza pungente. Ao ver as flores se dispersarem com a chuva primaveril, ela lê um poema. Munêmori gradualmente se dá conta de sua infelicidade e consente que ela volte ao lar. Yuya parte, crente que fora uma graça da deusa Kannon. Mas sua mãe expira antes dela lá chegar.

Trata-se portanto, de um kabuki adaptado do nô. Todavia, a resolução não se deu em tradicional cenário nô, com desenhos de pinheiros e bambus (*matsubame*), porque o dramaturgo não apreciava; ele próprio fez um esboço no espaço em branco do roteiro. No palco em que o tema principal é a flor, decidiu não colocar nenhuma, exceto as flores dispersas. A primeira cena na mansão de Munêmori é vistosa, enfatizando o caráter de amante dos prazeres, arrojado e varonil do proprietário. Já na segunda cena no Templo Kiyomizu, para tornar viva a idéia original de Mishima, temos o contraste entre a escadaria de pedras, a eternidade do budismo à direita, e o colorido das florações de cerejeira, a fugacidade dos prazeres deste mundo à esquerda. Isto corresponde à oposição dos estados mentais brilhante de Munêmori e sombrio de Yuya, que é marcada também pela diferenciação das iluminações obscura e clara, bem como a divisão da orquestra *nagauta* à direita e à esquerda do tablado, manifestando tristeza e alegria.

Enquanto no nô original Munêmori é o deuteragonista (*waki*), Mishima fez sua adaptação kabuki como se houvesse dois protagonistas (*shite*), Yuya e Munêmori. Além disso, há a introdução de um personagem inexistente no nô, o arcebispo Tanshin do Templo Kiyomizu, oponente de Munêmori, que se compadece profundamente de Yuya e faz uma premonição sobre a morte de sua mãe. Na impressiva cena final, quando os protagonistas já se retiraram, os sinos repicam anunciando o fim do dia, ao mesmo tempo que as flores de cerejeira começam a cair e o arcebispo diz: "A vida da mãe de Yuya se extinguirá, antes que ela ali chegue". O que sugere a infelicidade de Yuya, possuindo uma força e um apelo maiores do que no nô, pois Mishima a ideara como uma mulher cujo destino não ganha a redenção budista.

No artigo "O Retornar da Primavera de *Yuya*", escrito para a reencenação em 1967, o autor declara:

> Todavia, a estória do nô *Yuya* é impertinente. Na psicologia de Munêmori, que arrasta à força para a contemplação das florações a Yuya, tão preocupada com sua mãe gravemente enferma, há uma espécie de sadismo varonil, rijo, um hedonismo semelhante ao dos imperadores do Renascimento. Na psicologia de Yuya, que o obedece e acompanha, não há mero ressentimento amargo ou triste submissão, há também algo que é atraído pelas flores. Aí o prazer terreno denominado contemplação das florações e a doença de sua mãe, o destino humano de morte por senilidade, estão contrastados com clareza. O meu interesse foi devido a esse embate. Não é uma simples oposição de

KABUKI DE MISHIMA

caráter dos personagens na peça, mas oposição dramática, característica do nô. Então, para marcar esse contraste, fiz o destino humano de morte por senilidade (Munêmori também não poderá em absoluto escapar disso) ser relatado através da aparição do arcebispo[39].

Antes da estréia, os famosos irmãos Hisao, Hideo e Shizuo Kanze, atores da Escola Kanze de nô, colaboraram, interpretando as passagens mais importantes do nô *Yuya* diante de Utaemon e do coreógrafo Fujima. Assim, vários aspectos da coreografia kabuki foram assimilados do nô. Porém, todos os outros elementos acima apontados acabaram diferenciando o drama dançante kabuki, tornando-o uma criação de Mishima, não dando a impressão de obra adaptada do nô, muito embora tenha se originado do nô.

Yuya começou a ser composta no início de novembro de 1954 e foi completada dois meses depois. Estreou no Kabuki-za de Tóquio, de 24 a 27 de fevereiro de 1955, no Segundo Programa de Apresentações da Associação Tsubomi. Criado em 1954, este grupo de Utaemon visava o intercâmbio entre atores de kabuki, na época, divididos entre as trupes de Kichiemon e Kikugorô. A peça teve uma bela cenografia de Kisaku Ito, composição musical de Eizo Kineya, coreografia de Kanjurô Fujima, com elenco composto por Utaemon Nakamura VI (Yuya), Kôshiro Matsumoto VIII (Munêmori), Senjaku Nakamura (Asagao) e Danzô Ichikawa VII (Tanshin).

Anteriormente o nô *Yuya* fora adaptado para a ópera, estrelada pela célebre soprano Tamaki Miura, mas não lograra êxito. Por conseguinte, temia-se que sua apresentação como drama dançante kabuki seria difícil. Porém, desde sua estréia, a *Yuya* de Mishima, com a união harmoniosa de nô, kabuki e shingueki, embora com elenco só de atores de kabuki, e os estilos de atuação não resultassem tão nitidamente diferenciados, foi louvada pelo seu nível elevado. E a Yuya criada por Utaemon foi muito elogiada, por ser uma interpretação que combinava a beleza vistosa à transitoriedade melancólica. Todavia, o desempenho de Kôshiro como Munêmori ficou a desejar, pois ao invés de hedonista parecia mais um bêbado.

Parte do repertório exclusivo do *onnagata* Utaemon Nakamura VI, a segunda montagem do kabuki *Yuya* ocorreu em abril de 1957, a seguir em junho de 1965, depois em novembro de 1967; todas vistas pelo dramaturgo. Essas apresentações, inclusive a de abril de 1973, foram no Kabuki-za de Tóquio. Na encenação de 1989 no Teatro Nacional do Japão em Tóquio, Utaemon teve como parceiro Kôshiro Matsumoto IX, filho do Kôshiro Matsumoto VIII da estréia.

---

39. Idem, "Mata kaeru *Yuya* no haru", em sinopse para o *Programa do Kabuki-za*, abril de 1957.

FEDRA, EM ESTILO KABUKI, *ORVALHO NO LÓTUS: CONTOS DE OUCHI*

No *Manual de Composição* (1959), Mishima ressalta que a psicologia humana é constante, eterna e comum a todos os países, embora seja inegável que haja diferenças de conceito em relação a ela. As escritoras japonesas do Período Heian (794-1192) já faziam descrições psicológicas primorosas, como no *Conto de Guenji*. Mas enquanto o autor nipônico tende a ver a psicologia, os sentimentos, as emoções, a atmosfera e a natureza com o seu clima, como uma série, já para o escritor clássico francês, a psicologia torna-se independente, segundo a arbitrariedade do autor e segue uma inevitabilidade lógica. "A descrição psicológica é uma espécie de paradoxo, uma vitória lógica sobre a natureza humana, eternamente inefável". Mas isso se resumiria apenas a uma diferença de método, uma vez que quanto às profundezas da psicologia humana, a literatura clássica japonesa teria atingido o mesmo patamar que as peças de Racine. O que seria essa psicologia humana descoberta em Racine? Mishima conclui:

> Pode-se dizer que a dissecação psicológica nas tragédias de Racine foi construída com base na fé duma seita melancólica do cristianismo, o jansenismo, que está convicto do mal natural nos seres humanos.

Os romances psicológicos de François Mauriac, como *Thérèse Desqueyroux* (1927), seriam resultados do aprendizado com Racine. Por sua vez, o romance de Mishima, *Sede de Amor* (1950), pode ser lido como uma adaptação desse romance de Mauriac e a sua dramaturgia teria sofrido influência decisiva do teatro de Racine.

Como o kabuki *Gappo e sua Filha Tsuji* assemelha-se à *Fedra*, de Racine, durante quatro a cinco anos, Mishima planejara adaptar *Fedra* para o kabuki.

> Já há muito tempo, quando explanei esta idéia a uma certa pessoa, ela me disse: "A estrutura lógica do teatro de Racine e a do kabuki não são como a água e o óleo? Qual o sentido em se fazer isso?" Mas eu não penso necessariamente assim. O *jôruri* (narrativa do bunraku) era construído de modo racional. Para a lógica dos japoneses de então, era feito com o máximo de racionalidade. O meu cálculo era de que se fosse para transplantar *Fedra*, teria que ser imprescindivelmente para o "kabuki adaptado do bunraku".

Quanto à adaptação, eliminei o papel da princesa Arícia. Desde o início este papel inexiste na tragédia original e se fosse apresentado, o caráter de Hipólito (Harumochi Ouchi) se tornaria inevitavelmente convencional. Como no teatro grego, transformá-lo em Hipólito, criança enviada dos céus por Diana, deusa da caça e virtude, resultaria num enredo lógico e era mais interessante. De qualquer modo, Hipólito deveria ser inimigo de Vênus.

KABUKI DE MISHIMA

265

Acima de tudo, na base do meu planejamento para a adaptação de *Fedra* para o kabuki, havia a imagem de Utaemon, ator que é considerado a Fedra singular do Japão. Se por acaso a peça *Fedra* traduzida do francês fosse encenada no Japão, ela pareceria simplesmente cômica e para começar, reles e desprezível. Para expressar a grandeza clássica e dignidade do teatro de Racine, creio que seria impossível através do *shingueki* (teatro moderno) japonês. Não se poderia ficar profundamente impressionado, como quando os franceses assistem a uma peça clássica do seu país. Ao se cogitar numa *Fedra* como a que os ginasianos franceses, conduzidos por suas mães, vão à Comédie Française assistir, no Japão ela vai dar necessariamente no kabuki e indispensavelmente em Utaemon[40].

Orvalho no Lótus: Contos de Ouchi, drama histórico em um ato, tem a estrutura de kabuki adaptado do bunraku. Mas na realidade é uma adaptação kabuki da tragédia em cinco atos, *Fedra* (1677) de Jean Racine, consultando o original de Eurípedes, *Hipólito*, e inspirada também em *Gappo e sua Filha Tsuji*, que já fora protagonizado por Utaemon. Tsuji casa-se com um nobre que tem dois filhos, sendo que o mais velho trama assassinar o irmão mais novo, herdeiro legal do pai. Mas seu ardil é descoberto e frustrado por Tsuji, que na peça é designada pelo nome de casada, Tamate. Ela arquiteta um plano desesperado. Escandaliza a sociedade ao dizer-se apaixonada pelo seu enteado mais jovem e com ciúme de sua noiva, o faz beber um veneno que desfigura a sua face. Acometido de lepra, o jovem recebe os cuidados de Gappo, pai de Tamate, ex-guerreiro que passara a dedicar-se à religião na velhice. Porém, como sua filha continua a demonstrar afeto ao jovem, horrorizado, Gappo a golpeia com a espada. Antes de falecer, Tamate desfaz o equívoco do seu estranho comportamento e consegue fazer com que o jovem se recupere.

Na peça de Mishima, a trama de *Fedra* é transposta para agosto de 1543, turbulenta época de guerra no Japão. O rei Teseu de Atenas torna-se Yoshitaka Ouchi, que se dirige para Izumo a fim de combater o clã Amako. Seu filho único, Harumochi (Hipólito), deseja acompanhá-lo, porém, é atrapalhado pela sua jovem e bela madrasta, Fuyô (a cretense Fedra). Impedido de partir, Harumochi resta tristonho e sai todos os dias para caçar, enquanto Fuyô fica doente devido à sua crescente paixão proibida. Após a derrota de Yoshitaka, a bandeira negra é vista sendo carregada pelos retirantes. Tanto Fuyô como a dama de companhia Karafuji equivocam-se ao crerem que Yoshitaka havia falecido. Ao supor-se viúva, Fuyô confessa o seu amor ardente, mas Harumochi a rejeita, dizendo que ela manchara a honra do seu pai. Yoshitaka regressa carregando a bandeira do luto, como uma forma de pedir desculpas aos seus antepassados pela derrota, mas são e salvo. Por temer que o amo venha a descobrir tudo, Karafuji denuncia-lhe, ao contrário, que durante a sua ausência, Harumochi quisera

---

40. Idem, "*Fuyô no tsuyu Ouchi dikki ni tsuite*", *Programa do Kabuki-za*, novembro de 1955.

se aproveitar de sua madrasta e acaba precipitando os acontecimentos. Para provar a sua integridade, Harumochi comete *seppuku* (suicídio cortando o abdômen). Arrependida, Karafuji ingere veneno e face ao horror do seu crime, Fuyô confessa tudo ao marido, suicida-se e Yoshitaka dá-lhe o golpe de misericórdia.

A excelência de Mishima manifesta-se ao colocar em relevo os pontos comuns da narrativa kabuki, com seu arabesco de sentimentos, e da composição lógica do drama clássico francês, baseado na tragédia grega, com sua obediência à regra das três unidades. O autor utilizou também recursos do bunraku, tais como a rica retórica poética, o comunicado da dama de companhia, a batalha de flores das criadas e o artifício da chuva de flores de lótus.

Comparação entre a Fedra, de Racine e Hippolytos, de Eurípedes

O ensaio *As Férias de um Romancista* foi composto por Mishima aos trinta anos, no auge de sua força criativa, sob a forma livre de um diário, de 24 de junho a 4 de agosto de 1955. Nele o autor discorre sobre vários tópicos relativos à arte e ao artista.

20 de julho (quarta-feira). Tempo bom. Vou a Zushi, hospedo-me no Hotel Naguisa e nado no mar.

Comparação entre *Fedra* de Racine e *Hippolytos* de Eurípedes. Como afirma o próprio Racine, a introdução da princesa Arícia constitui a diferença fundamental. Este fato acabou alterando completamente o caráter de Hipólito (Hippolytos), levando-o a trocar o título de *Hippolytos* para *Fedra* e o ponto central também mudou. Na obra de Eurípedes, inicialmente ocorre a profecia de Afrodite. O jovem e rude *Hippolytos* menospreza Afrodite, deusa do amor, e cultua Ártemis, deusa virginal da caça. [...] Portanto, como ele devia receber um castigo divino, de acordo com a vontade celeste foi enraizado no coração de Phaedra um amor misterioso, como uma forma de estorvo.

Creio que há dois defeitos na adaptação de Racine. No texto de Eurípedes, como Hippolytos é um jovem rude, ao saber do amor de Phaedra, insulta-a asperamente. Diante dessa ira vulgar e desse sentimento de justiça simplório, antecipando o mexerico que ele faria ao seu pai, o rei, Phaedra teve que tomar certas medidas. Se não adotasse aqui essa forma enfática, a parte posterior da tragédia não se realçaria. Entretanto, o Hipólito de Racine, com uma atitude cheia de elegância, mas vaga, ouve a confissão amorosa de Fedra, fica evasivo enquanto a escuta e, ao terminar de ouvi-la, acaba fugindo de fato. Não se trata da fala de Enone, mas é "aquele ingrato, que logo quer evadir-se quando digo algo". Diante de um Hipólito tão polido assim, mesmo que Fedra tema que ele informe secretamente ao seu pai, o rei, não consigo descobrir outra razão senão a de que ele leva em conta a honra do seu pai. Toda vez que leio *Fedra*, esta importante transposição me parece artificial e sem vigor. Este é o primeiro defeito.

Em seguida, na obra de Eurípedes, há o fato de que Phaedra não é a protagonista, mas acaba suicidando-se no meio da peça. Como essa difamação com risco de morte resta apenas como uma nota póstuma, não parece nem um pouco anormal que o rei Teseu, sem ter tempo de interrogar os outros, aceite sem questionar essa nota póstuma, acreditando por completo nessa calúnia. Todavia, no texto de Racine, uma vez que Fedra é a protagonista, tem que estar viva até o fim. Portanto, o modo como o rei Teseu acredita na calúnia fica extremamete simples e frívolo, e parece-me que tal forma de perder a razão não é adequada a um rei. Por mais que Teseu estivesse cego de amor por sua esposa,

KABUKI DE MISHIMA 267

o fato de não ouvir uma palavra sequer da justificativa do filho, parece tão somente a de um espírito estreito e estúpido. Este é o segundo defeito.

A peça grega tem uma estrutura simples e o delineamento dos personagens também é descuidado; entretanto, com os seus sentimentos naturais (apesar do caso progredir exatamente conforme aquela premonição tão estranha) é superior a de Racine. Embora a peça de Racine possua uma estrutura geométrica bem ordenada e versos belos, por ter desenvolvido as relações dinâmicas dos personagens numa mesma dimensão, deixou defeitos como os acima referidos.

Na psicologia criativa de Racine ao introduzir a princesa Arícia, intervém o jansenismo, que acredita no mal original do ser humano. Portanto, não teria havido aí a consideração de não elevar a pureza de Hipólito até à pureza completamente divina, como a de Hippolytos? Em *Fedra*, a pureza de Hipólito é usada só como instrumento. Em suma, sem conseguir detetar a razão da impossibilidade do seu amor senão no ódio fatal que ele nutre "pelas mulheres em geral, sem discriminação desta ou daquela", Fedra declara: "Então, eu não serei derrotada por uma rival amorosa". Porém, ao descobrir o amor dele por Arícia, Fedra é tomada por um ciúme desesperador. Essa lenda da pureza foi empregada meramente para esta reviravolta psicológica. Assim, aos olhos dos espectadores, desde a cena inicial, Hipólito aparece privado dessa transcendência. Contudo, o Hippolytos de Eurípedes é uma existência transcendental e absoluta, o semi-deus da juventude e pureza, que nada pode conspurcar[41].

O centro da *Fedra* de Mishima é justamente esse Hipólito, o semideus da juventude e pureza, que nada pode conspurcar. Embora o roteiro enviado ao ator Enjirô, residente em Osaka, estivesse repleto de notas minuciosas a respeito do caráter e direção do personagem, o Harumochi (Hipólito) de *Orvalho no Lótus: Contos de Ouchi* não passa de um rapaz simples que desconhece o amor.

Já o papel de Fedra é pesado, difícil e considerado pelas atrizes de teatro clássico francês como a maior honra ser escolhida para desempenhá-la, como Marie Bell, que se notabilizou como intérprete por excelência de Fedra. Para um *onnagata* de kabuki esse nível de complexidade corresponderia ao papel de Masaoka, que precisa permanecer impassível diante do sacrifício mortal do seu próprio filho. Na adaptação kabuki da *Fedra* de Racine, Mishima quis colocar uma mulher moderna, a dama Fuyô, dentro dos moldes da antiga narrativa *jôruri* do teatro de bonecos. Mas não foi bem sucedido, pois a peça não chega a fermentar, a dar a sensação de uma tragédia moderna. A obra foi criticada por não saber reviver suficientemente a exuberante retórica *jôruri*. Por exemplo, a cena dramática em que Fuyô confessa a sua paixão proibida pelo enteado não chega a nos comover. Sugeriu-se que o autor deveria escrever primeiro para o bunraku e só então, adaptá-lo ao kabuki.

Por esta razão, este drama histórico teve apenas uma montagem até hoje, no Kabuki-za em Tóquio, de 3 a 27 de novembro de 1955, com cenografia de Atsuhiro Takane e elenco composto por Utaemon Nakamura VI (Fuyô), Ennosuke Ichikawa II (Yoshitaka), Enjirô (Harumochi) e Shikaku Nakamura II (Karafuji). Em "O Mundo do Kabuki

41. Yukio Mishima, *Shôsetsuka no kyûka*.

268 YUKIO MISHIMA: O HOMEM DE TEATRO E DE CINEMA

de Mishima"[42], Utaemon relata que o ritmo dramático da peça não fluía e houve interrupções nos ensaios, pois o ator Ennosuke reclamou que a obra se concentrava em demasia na dama Fuyô. Imediatamente o escritor recolhera-se à sala de dramaturgia e reescrevera o papel de Yoshitaka representado por Ennosuke, acrescentando-lhe várias "cenas para atrair o público" (*miseba*). Mesmo assim, faltava algo e a composição musical era banal. Portanto, para se poder cogitar em uma reencenação, Utaemon assevera que, em primeiro lugar, talvez fosse necessário melhorar a música.

Capturação da Faixa de Cintura, o Lago Favorito da Moça

Capturação da Faixa de Cintura, o Lago Favorito da Moça baseia-se num extrato do romance *Sakurahime Zenden Akebono Zôshi* (1805), de Kyôden Santo. A lenda do mongue Seiguen e a princesa Sakura inspirou vários bunraku e kabuki, como *A Princesa Sakura de Edo* (1817) de Namboku Tsuruya IV, que Mishima chegou a supervisionar. *A Lenda de Gamamaru: Descrição do Lago de Capturação da Faixa de Cintura* é um episódio desse longo livro. Mas o dramaturgo introduz algumas alterações.

A construção do ladrão como arrogante e vazio, além de dominado pela mulher, é uma criação minha; o caráter de Nowaki também é totalmente diferente do original; a princesa Kiku e Sabanosuke são inteiramente minhas invenções. Eu só quis emprestar do original o efeito cênico de pantomima em câmera lenta (*danmari*) no prelúdio[43].

Residente nas montanhas de Kita Saga em Kyoto, Gamamaru é um ladrão com um método de roubo curioso. Como chamariz, deixa uma belíssima faixa de cintura de brocado a flutuar no lago, bailando como uma grande serpente e quando o ganancioso está para apanhá-la, arrasta-o para dentro da água e furta-lhe a carteira. Certo dia, ele está para guardar a faixa de cintura, mas ao perceber que alguém se aproxima, desenrola-a, passa cera nos ouvidos, no nariz e mergulha no lago. Ao notar que a faixa de cintura pertencia à sua mãe desaparecida, a princesa Kiku, que estava à sua procura e se desgarrara do vassalo Sabanosuke, é capturada por Gamamaru e conduzida à sua morada. Embriagado, ele dorme no seu colo e ela tenta matá-lo. Eis quando vê surgir a sua progenitora, a dama Nowaki, agora transformada em Owaki, mulher de Gamamaru. A princesa repreende a mãe. No entanto, logo se convence de que ela é mais feliz agora. Owaki

42. Utaemon Nakamura VI, "Mishima kabuki no sekai", *Shibai nikki* de Yukio Mishima, p. 194-195.

43. Yukio Mishima, "Mudai *Musume gonomi obitori no ike* chûki" (Sem Título *Capturação da Faixa de Cintura: O Lago Favorito da Moça*: Notas), *Nihon*, dezembro de 1958.

KABUKI DE MISHIMA 269

pretende casar a filha com um partidário deles. Porém, ao saber que a princesa Kiku está apaixonada por Sabanosuke, Gamamaru os faz se encontrarem e concede ao genro o título de Gamamaru II. Mas fiel ao clã Washio, Sabanosuke recusa o título e Nowaki incita-os a continuarem achando que ela fora assassinada. Assim, a princesa Kiku e Sabanosuke partem para uma viagem alegre por todo o país, à procura do suposto criminoso.

No artigo "Palavras do Autor", para o programa de estréia no Kabuki-za, Mishima faz uma explanação.

Como eu pretendia compor tudo em estilo exagerado e grotesco, transformei-o num grande drama histórico, com o espírito de um livro ilustrado do Período Edo (1603-1867). E com a colaboração de Kampei Hasegawa, realizei a primeira tentativa de um "teto giratório" (*gandôgaeshi*) desde a fundação do Kabuki-za. As surpreendentes mudanças de cena, à vista do público, dão um grande prazer ao autor também.

Creio que dentre as minhas peças kabuki, esta pertença à mesma série de *A Rede de Amor do Vendedor de Sardinhas*. Porém, enquanto aquela pretendia captar o humor alegre do kabuki da era Guenroku, esta também trata-se de uma comédia, mas como baseia-se em romance do Período Edo, acrescentei-lhe um tom pesado, sombrio, grotesco; portanto, a natureza das risadas é completamente diferente. Há também a sátira contemporânea de que a mãe está para além da moral, enquanto a filha, ao contrário, atém-se a uma moralidade antiga. Neste enredo há momentos em que empreguei, ao reverso, preceitos propositalmente dúbios, próprios dos livros ilustrados do Período Edo. Eu adoro a beleza exagerada, formada pelo padrão de metáforas deliberadamente tolas e creio que há também elementos que certamente atrairão a geração louca pelo rockabilly, que nunca leu tais livros ilustrados[44].

O artifício de *teto giratório* muda a cena do lago para a casa de Gamamaru. O humor de quando mãe e filha começam a chorar juntas lembra uma cena kyôguen e a princesa Kiku incita sua mãe a retornar à posição social anterior. Mas Owaki é mais moderna do que a filha. Com um caráter semelhante ao das personagens más dos kabuki de Namboku Tsuruya, ela abandona sua elevada posição social e surge com uma nova moral feminina. Assegura que é mais feliz como mulher de bandido, por conhecer os sentimentos desse homem selvagem, do que como madame de um ricaço na capital. E recomenda à filha que faça o mesmo.

Owaki é mais atual do que Nowaki. Ao trocar a vida na capital pelo campo, tem uma existência mais à vontade. Os cucos no verão, a migração das aves no outono e as variadas flores silvestres lhe são mais surpreendentes do que os tecidos de brocado. Ao tornar-se mulher de bandido, ela conheceu, pela primeira vez, o gosto pela vida simples. Em suma, é o emprego do artifício da diferença de nível social que incita o amor, como em *A Rede de Amor do Vendedor de Sardinhas*. No entanto, Sabanosuke rejeita a proposta da princesa Kiku de viverem nas montanhas. Como assinala o crítico teatral Kiyohiko Ôchiai:

44. Idem, "Sakusha no kotoba" ("Palavras do Autor"), *Kabuki-za*, novembro de 1958.

270   YUKIO MISHIMA: O HOMEM DE TEATRO E DE CINEMA

Em suma, Sabanosuke a ama exatamente porque ela está enfeitada com "o traje formal e o pente florido", ele não tem nada a ver com a mulher que se desfaz desses acessórios (é uma espécie de esnobismo e fetichismo).

Todavia, em Sabanosuke, esse pensamento é pouco jovem. Pois veja o original do grande Namboku, *A Princesa Sakura de Edo*, na cena no eremitério do monge Seiguen. A princesa Sakura aparece em trajes de aldeã, porém, é quando está mais sedutora em todo o decorrer da peça. É o erotismo maior. Se a vestíssemos com esmero, esse erotismo se apagaria de imediato.

Mishima, sempre tão sensível aos tendões da nudez no caso do erotismo masculino (*Confissões de uma Máscara*, *Mar Inquieto*, *Sede de Amor* e o personagem Mutoda, nu, na cena de tortura no meio da neve em *Lua Crescente: As Aventuras de Tametomo*), no que diz respeito à mulher, procede de maneira oposta. Talvez esse fosse o seu calcanhar de Aquiles[45].

Este drama histórico estreou no Kabuki-za de Tóquio em novembro de 1958, sob a direção displicente de Mantarô Kubota, que chegava no final dos ensaios e logo se retirava; cenografia de Atsuhiro Takane, coreografia de Kanjurô Fujima e elenco composto por Ennosuke Ichikawa II (Gamamaru), Jizô Nakamura IV (Owaki), Enjirô (Sabanosuke) e Utaemon Nakamura VI (princesa Kiku). A peça foi reencenada em abril de 1973 no mesmo local, com os atores Ganjirô Nakamura II (Gamamaru), Shikan Nakamura VII (princesa Kiku), Enjaku (Owaki) e Fukusuke Nakamura VIII (Sabanosuke).

O HERÓI INACABADO EM *LUA CRESCENTE: AS AVENTURAS DE TAMETOMO*

A 20 de julho de 1969, transportado pelo foguete americano *Apolo 11*, o homem pisava pela primeira vez na lua, fazendo a humanidade experienciar um espantoso desenvolvimento científico-tecnológico. Nessa época, com intuito de insuflar vida nova no kabuki, o Teatro Nacional do Japão, em Tóquio, trabalhava na concepção e montagem de peças novas. A primeira delas, *As Três Irmãs* de Jirô Osaragui, fora apresentada em novembro de 1968. No início de abril de 1969, o Teatro Nacional solicitou a Yukio Mishima uma obra nova. Ele acatou o pedido e justificou a escolha do tema.

Não é que eu não tenha a ambição de avançar ao extremo tal experimentalismo, o de transformar um tema contemporâneo (por exemplo, o suicídio coletivo da Federação Nacional das Associações de Autogestão dos Estudantes) em kabuki. Todavia, como um método mais seguro é tomar emprestado dos originais de um romance, essa respiração que confina os sentimentos de vida de toda uma época, pensei em adaptar para o kabuki o romance de Bakin, *Lua Crescente: As Aventuras de Tametomo (Chinsetsu yumiharizuki)*[46].

45. Kiyohiko Ôchiai, *Mishima kabuki no serifu to kikô*.
46. Yukio Mishima, "*Chinsetsu yumiharizuki* no guekika to enshutsu", *Programa do Teatro Nacional do Japão*, Tóquio, novembro de 1969.

KABUKI DE MISHIMA 271

Literalmente, o título é *A Estranha Estória da Lua Crescente*, que não traduz o conteúdo do drama homônimo de Mishima, portanto, decidi alterá-lo para facilitar sua compreensão.

Na reunião do dia 29 do mesmo mês, ficara decidido que o dramaturgo daria sugestões sobre a formação do elenco e se encarregaria da direção da peça. No primeiro encontro da produção a 12 de maio, o escritor explanou o conteúdo dos três atos com oito cenas e por transcorrer no mar, com as andanças do herói, pretendia transformá-lo na *Odisséia* japonesa.

Fonte da Peça

Lua Crescente: As Aventuras de Tametomo é a adaptação teatral de Mishima do romance homônimo de Bakin Takizawa (1767-1848). De origem samurai, Bakin logo abandona a classe guerreira para tornar-se discípulo do dramaturgo Kyôden Santo e sagrar-se um dos maiores escritores do Período Edo (1603-1867). Autor de best-sellers, suas obras mais representativas são *Lua Crescente: As Aventuras de Tametomo; A Lenda de Satomi* e *Os Oito Cães*, que fora encenada como kabuki no Teatro Nacional de Tóquio, em março de 1969. Mas no Período Meiji (1867-1912), Bakin foi criticado como criador de literatura moralista antiquada, inadequada para a era da civilização. Já nos tempos modernos, surgiram alguns fãs de Bakin, dentre eles, Mishima.

O longo romance épico *Lua Crescente: As Aventuras de Tametomo* (1807-1811) de Bakin, serializado em 29 volumes, narra as aventuras do herói guerreiro do século XII, Tametomo do clã Guenji. A história registra só até sua captura em agosto de 1156 e subseqüente exílio na Ilha de Ôshima, em Izu. Mas lendas abundantes, baseadas no *Conto de Hôguen*, afirmam que Tametomo suicidara-se em abril de 1170, aos 33 anos no exílio, ao ser atacado por uma frota enviada para aniquilá-lo. Ele entra em sua casa, apóia as costas num pilar e faz um *harakiri* de pé. Alguns historiadores citam a morte heróica de Tametomo, que consta no *Conto de Hôguen*, como o início da prática de *seppuku* no Japão. A partir de então, para demonstrar coragem, o samurai passa a cortar o seu ventre. Porém, não é muito evidente qual foi o primeiro *seppuku* nipônico.

Mas ao invés do personagem histórico, para satisfazer a ânsia imaginativa do povo, Bakin descreve um personagem idealizado e dá-lhe mais vinte anos de vida aventurosa. Como se constata pelas suas próprias palavras, Tametomo era irrefreável, turbulento e provocou uma rebelião.

Na juventude, eu não seguia os conselhos dos meus preceptores. Ao invés disso, passava o tempo todo com uma águia no punho e um chicote na mão, galopando para

272 YUKIO MISHIMA: O HOMEM DE TEATRO E DE CINEMA

cima e para baixo pelos campos e colinas. Arrisquei a minha vida, todavia, fui protegido pelos deuses e Buda[47].

Tametomo pertence à linhagem de Ulisses e Rama, pois é exilado numa ilha.

Composição da Obra

Confinado no Hotel New Otani de Tóquio, Mishima começa a redigir a parte inicial a 28 de maio de 1969 e termina um mês depois. Para compor o final que transcorre em Ryûkyû, faz uma viagem de pesquisa a Okinawa, de 10 a 12 de julho, registrada no caderno de notas *Okinawa – July, 1969*. De retorno a Tóquio, escreve a parte central em fins de julho e completa a parte final a 1 de setembro do mesmo ano.

A imensa popularidade do romance de Bakin já havia suscitado algumas dramatizações, mas a maioria centrada em trechos famosos da extensa obra. Já a peça de Mishima, em três atos e oito cenas, é numa escala sem precedentes, pois começa justamente antes da fuga de Tametomo de Ôshima, passando por suas andanças em Shikoku, Kyûshû e indo parar em Ryûkyû (Okinawa), onde um dos seus filhos torna-se rei. O autor explana o seu processo de adaptação dramática.

Cortei todo o episódio até Tametomo ser exilado em Ôshima e comecei a história a partir do seu exílio. Dei à cena de Ôshima a forma de fim do segundo ato de um drama histórico e a compus em estilo solene de "kabuki adaptado do bunraku"; inseri aí a história anterior (por exemplo, a substituição de Tametomo e a rainha por Tsuru e Tama). Incluí neste primeiro ato todo o desenvolvimento subseqüente, fazendo-o contrastar com a cena do epílogo e assemelhar-se ao festival do dia da morte do imperador Shutoku. Iniciei o segundo ato concentrando-o no tema da "lealdade antiga de Tametomo".

Como o primeiro ato foi composto de forma muito comprimida, ele é, por assim dizer, "uma tragédia enlatada". Em oposição, o ato central adquire a cada cena um "acontecimento para atrair o público" (*miseba*). Quando o fantasma aparece em *Shiramine*, utilizei de propósito um artifício primitivo; ou ainda, na cena do esconderijo nas montanhas de Kihara, transferi para cá o episódio da pena de morte do Mutoda, anterior ao exílio em Ôshima, com abundante gosto pelo grotesco, típico de Bakin; e mais, durante a tempestade, construí uma cena espetacular relacionada à "narração à vista do público" (*degatari*) no bunraku. No ato final, na hospedaria do casal, aprofundei-me de novo ao descrever uma cena em que, apesar do comportamento mal, o personagem volta ao seu verdadeiro caráter de homem bom, propositalmente de forma antiga, intoleravelmente pegajosa; e redigi as expressões da narração *jôruri* deliberadamente com as direções de palco. Para uma mudança completa no final, tentei ressaltar o caráter puro de Tametomo.

47. Tametomo, compilado no *Panfleto do Teatro Nacional do Japão*, Tóquio, novembro de 1987.

KABUKI DE MISHIMA

Em todo o trabalho, há sempre o mar como pano de fundo (eu adoro as cenas marítimas de kabuki); o herói Tametomo é sempre frustrado, sempre deixa escapar a oportunidade da batalha decisiva e o seu espírito é sempre atraído pela morte, "o revolver à lealdade antiga". A oportunidade da batalha gloriosa de conquista dos Heike, que ele tanto almejara, por fim não se lhe apresenta mais.

É uma opinião cara a mim, a de que todas as peças teatrais conotam uma confissão. No entanto, quanto ao próprio autor, os fracassos de Tametomo, a alienação desse destino brilhante, a imagem desse "herói inacabado" e o seu caráter lúcido e altivo constituem a minha figura ideal. Por outro lado, como escrevi com empenho, para mim, aí também se ocultam a degeneração e o desejo do mal, e esse sonho é encarnado por Mutoda, que é assassinado pelas mãos das beldades no meio da neve que cai sem cessar. A princesa Shiranui veste um casaco de pele porque é uma bandida, porém, ao mesmo tempo, ela é também a imagem japonesa da *Venus in Pelz* (Venus com Casaco de Pele)[48],

Pode-se inferir que o dramaturgo empregou várias técnicas tradicionais de kabuki. A parte inicial foi escrita como um drama histórico em estilo kabuki adaptado do bunraku; já a central muda radicalmente para o espetacular e um gosto pelo fantástico e grotesco; e no final há exotismo e uma cena *modori*, que é característica de kabuki adaptado do bunraku. Sem se atrelar à época e aos costumes, o autor tencionara voltar ao kabuki arrojado e selvagem, semelhante aos dramas de Namboku Tsuruya. Como não apreciava a linguagem contemporânea em peça nova de kabuki, mesmo sabendo que seria criticado de diletantismo, ele compôs todo o texto em linguagem arcaica, em ritmo de sete e cinco sílabas. Por ter sido escrita em linguagem clássica e estilo elegante, peculiar de Mishima, a obra adquire um ritmo e tradicionalismo especiais. Às vezes, Mishima afasta-se do original de Bakin e, então, podemos vislumbrar a sua grande força imaginativa. Há dramaturgos contemporâneos de kabuki, como Nobuo Uno, que criam peças de época (*sewamono*). Mas os dramas históricos (*jidaimono*) requerem maior tradicionalismo e formalismo. Se for adicionada uma única palavra moderna, toda a obra desmorona. Após a morte de Mishima, não mais surgiu um dramaturgo capaz de compor um drama histórico de kabuki nos moldes tradicionais.

Sumário da Peça (Panfleto do Teatro Nacional do Japão, Tóquio, novembro de 1987)

Ato I

Cena 1 – Ilha de Ôshima

Tametomo era um dos generais Guenji que lutou pelo imperador Shutoku na revolta de Hôguen. Mas a batalha foi contra eles. O imperador falece e é conservado como relíquia em Shiramine,

---

48. Yukio Mishima, "*Chinsetsu yumiharizuki* no guekika to enshutsu", 1969. *Venus in Pelz* (*Venus com o Casaco de Pele*), obra representativa do romancista austríaco L. S. Masoch, que deu origem à palavra masoquista.

274   YUKIO MISHIMA: O HOMEM DE TEATRO E DE CINEMA

Shikoku. Traído por Mutoda, um de seus vassalos, Tametomo é derrotado pelos Heike e exilado em Ôshima (Ilha Grande), Izu. A partir de então, cultua com lealdade o espírito do imperador. Ao chegar a Ôshima com o guerreiro Kiheiji, Tametomo encontra seu filhoTameyori moribundo. Embora jovem, como filho de militar, ele cometera *seppuku*. Em Ôshima, Tametomo toma como mulher Sasarae, filha de Tadashigue, que vem a lutar contra ele, ocasionando o tormento desta, dividida entre a devoção filial e o amor ao marido. Um vassalo fiel de Tametomo, Tarô Takama e sua mulher Isohagui deixam a ilha num pequeno barco à procura da princesa Shiranui, esposa de Tametomo. Num outro barco, Tametomo, Kiheiji e alguns vassalos também fogem da ilha.

Ato II

Cena 1 – Shiramine em Sanuki, região de Shikoku
Ao chegar a Shiramine, Tametomo dirige-se ao mausoleu do imperador Shutoku, para orar e realizar o seu desejo de longos anos, suicidar-se e juntar-se ao imperador. No entanto, quando está para cometer *seppuku*, sua mão entorpece e a espada cai. Estranhas criaturas com cara de corvo (*karasu-tengu*) aparecem com um séquito, que acompanha um palanquim imperial cavalgando uma nuvem. O fantasma do imperador Shutoku desce do palanquim e comunica que há dez anos espera pelo dia da vingança; breve o clã inimigo Heike se afogará nas águas do mar de Yashima.

Cena 2 – Montanhas de Kihara, em Higo
Encorajado pela mensagem do espírito do imperador, Tametomo parte para Kyushu, onde milagrosamente reencontra sua esposa Shiranui e seu filho Sutemaru, bem como o casal Tarô Takama e Isohagui, que reuniram soldados para a segunda investida.

Cena 3 – Esconderijo nas Montanhas
Cena 4 – No Mar Satsunan
Tametomo e seus seguidores, inclusive Shiranui, embarcam em navios que os levam de Kyushu para a capital, a fim de atacar o inimigo Kiyomori. Porém, devido a uma tempestade violenta, a nau dirige-se para o sul, na direção oposta. Ao lembrar-se da lenda da princesa Tachibana, esposa do príncipe Takeru Yamato[49], que se jogara nas águas revoltas para apaziguar o deus do mar, Shiranui sacrifica-se de modo semelhante. O seu espírito transfigura-se em enorme borboleta negra, que paira sobre o navio, resgata-o e desaparece. Mas

49. Takeru Yamato, herói da história do Japão antigo, antes de ser unificado como nação.

as ondas não se acalmam e a embarcação continua a afundar. O casal Takama suicida-se, Sutemaru e Kiheiji são salvos pela borboleta e carregados para as costas de um enorme tubarão, possuído pelos espíritos dos vassalos da família. Desesperado, Tametomo também está para se lançar ao mar, quando o bando de estranhas criaturas com cara de corvo reaparece. Elas direcionam as ondas para o navio que se debate, drenam a água e movem a embarcação para a posição correta, fazendo-a flutuar em segurança de novo.

Ato III

Cena 1 – Local do Ritual em Kitadani, Ryûkyû
O navio aporta em Ryûkyû, onde Tametomo reencontra o filho Sutemaru e o vassalo Kiheiji. Logo ele põe fim à rebelião interna e recomenda a nomeação de Sutemaru como imperador.

Cena 2 – Estalagem Myoto em Kitadani, Ryûkyû.

Cena 3 – Praia de Unten em Ryûkyû
Tametomo salva Neiwanjo, transmigração da alma de Shiranui, que age como mãe para o imperador; acaba com a intriga da sacerdotisa Kumaguimi e Ryûkyû volta à paz. Kiheiji é o comandante do exército, tendo como vassalos leais, Toshoju e os irmãos Tsuru e Kame. Convicto de que o cavalo branco que surgira fora enviado pelo imperador Shutoku, Tametomo declara que o seu dever em Ryûkyû já terminou. É chegada a hora de efetuar a protelada volta ao imperador, em Shiramine. Tametomo cavalga o corcel branco, admoestando as pessoas a contemplarem o céu noturno e lembrarem-se dele quando vislumbrarem a lua crescente, curvada como o seu famoso arco.

Uma Composição Musical Surpreendente

Decidido a criar um kabuki adaptado do bunraku, Mishima solicitou a composição musical da narrativa a Enzo Tsuruzawa, que seria designado *Tesouro Nacional Humano* em 1985. Na abertura da *Mostra 'Lua Crescente: As Aventuras de Tametomo'* (1987), no Teatro Nacional do Japão em Tóquio, Tsuruzawa deu um depoimento.

A 1 de julho de 1969, encontrei-me com o mestre Mishima no Hotel Royal de Osaka, para realizar a composição musical da parte anterior. Foi após o término do espetáculo no Shin Kabuki-za, já perto das onze horas da noite e lá fora chovia torrencialmente. Como o quarto do hotel era em estilo ocidental, quando sentei-me no assoalho para começar a tocar e narrar, o mestre pediu-me que sentasse em sua cama. Recusei inúmeras vezes, mas como ele insistisse muito, por fim, acabei tocando e narrando sentado no seu leito. Foi uma experiência singular. Após um certo tempo, de repente, o mestre Mishima levantou-se e começou a fazer muitos gestos

276 YUKIO MISHIMA: O HOMEM DE TEATRO E DE CINEMA

acompanhando a melodia, portanto, levei um susto enorme. O mestre estava, ele próprio, testando para ver se a minha composição melódica se harmonizaria ou não com os movimentos dos atores. "Que pessoa entusiasta!", eu me admirei. Quando tudo terminou, já passava das duas horas da madrugada. O mestre Mishima carregou o meu "shamisen" e acompanhou-me até o ponto de taxi do hotel. Ainda hoje, não me esqueço dessa imagem.

Mas quando a peça foi encenada, os jovens narradores foram elogiados mais pelas vozes cheias de energia e volume, do que propriamente pela técnica.

Um Cartaz de Teatro Sensacional

Certo dia, Mishima apareceu no estúdio do artista plástico Yokoo Tadanori, criador do estilo psicodélico e pop-art japoneses, e solicitou-lhe a confecção do poster. Entretanto, como as idéias decisivas não surgissem a Yokoo, impaciente, o próprio dramaturgo acabou desenhando um esboço na capa do roteiro. Era um forte desejo seu que uma borboleta negra fosse inserida e esse símbolo tinha um significado importante. O desenho das ondas revoltas deveria ser baseado na gravura *ukiyoe* de Hokusai, que ilustra o romance de Bakin e o escritor o trouxera consigo ao estúdio.

A idéia de se expressar cada cena através de um desenho, colocando-se o número da cena correspondente e uma borboleta negra encimando o título, foram todas de Mishima. Quando terminei o trabalho, ele se alegrou como uma criança e escreveu no jornal: "É a obra-prima suprema dentre os cartazes japoneses após a Era Meiji"[50].

O poster causou um enorme furor a ponto de vários deles, expostos em estações de trem e metrô, terem sido furtados. Atualmente, o cartaz faz parte do acervo do Museu de Arte Moderna de Nova York e do Museu de Arte de Amsterdan. Em 1987, para a reencenação de *Lua Crescente: As Aventuras de Tametomo*, Yokoo mudou uma parte das cores do poster nas impressões em *silk-screen*. E para a montagem da peça em versão bunraku, criou um cartaz baseado no de kabuki, porém, com ênfase no mundo espiritual.

Cenografia de um Grande Espetáculo

Surge aqui um colorido diferente, antes inexistente no kabuki de Mishima, não enquanto dramaturgia, mas o ato de *mostrar* torna-se singular, ao reviver a força do kabuki nos seus primórdios. Talvez pela energia nova do Teatro Nacional, ao invés da Companhia Shôchiku, produtora de todas as suas peças anteriores no Kabuki-za, acrescida de

50. Yokoo Tadanori, depoimento "Posuta no koto" (A Respeito do Poster), *Programa do Teatro Nacional*, Tóquio, novembro de 1987.

KABUKI DE MISHIMA 277

sua irreprimível vontade de ação, proveniente do contato com os jovens da Sociedade do Escudo.

Para essa produção colossal, foram mobilizados todos os recursos cenográficos e de maquinaria do Teatro Nacional. No início, à direita do palco, há um vulcão com a técnica olhar ao longe (*toomi*), para sugestão do efeito de perspectiva ocidental. Já em "Ilha de Ôshima", o mar é uma cópia da gravura *ukiyoe* de Hokusai, com sua bidimensionalidade e belo colorido. Mas as rugas em demasia nas rochas fazem com que os personagens se percam no meio delas. Em especial "No Mar Satsunan", temos um espetáculo grandioso, mesmo após a fundação do kabuki no século XVII. A ilha é construída em três níveis, com um mecanismo que a vai tornando cada vez menor. Um gigantesco navio de quase duas toneladas emerge no palco principal, por meio do grande ascensor, e ressalta a figura de Tametomo com o leque militar japonês do sol. Quando as duas imensas embarcações chocam-se devido ao vendaval e afundam, a iluminação não se altera. A visão fantástica do peixe-monstro, um tubarão de cinco metros de comprimento, mais parece saído das histórias em quadrinhos. Movimentado por duas pessoas no seu interior, ele debate-se na arrebentação das ondas violentas, que se estendem horizontalmente por todo o palco.

Fez-se uso dos antigos artifícios de kabuki, como o tecido de ondas (*nami-nuno*), o grande ascensor (*ôzeri*) e o palco giratório (*mawaributai*). Em toda a peça há o mar como pano de fundo, tema constante em suas obras. O mar com o duplo sentido de adoração e temor, aceitação e rejeição. Ao puxar determinadas partes dos tecidos de ondas, que cobrem o palco principal e a passarela, eles acabam simulando as ondas do mar revolto que envolvem a ilha e recuperam a tridimensionalidade. Através do *grande ascensor*, presenciamos o desaparecimento das aparições noturnas ao ouvirem o canto do galo, ou o emergir de um grande navio com toda a tripulação.

Estréia

Onze anos após *Capturação da Faixa de Cintura, o Lago Favorito da Moça*, Mishima estréia seu novo kabuki *Lua Crescente: As Aventuras de Tametomo*, a 5 de novembro de 1969, no terceiro aniversário de fundação do Teatro Nacional em Tóquio. No começo, no centro e alto do palco está Tametomo, à sua direita, Kiheiji e à esquerda, Tarô Takama. Imóveis, eles lembram os bonecos do Festival de Meninas (*Hinamatsuri*). Mas ao seguirem a narração com acompanhamento musical de shamisen, cada qual faz uma pose *mie* com olhar fixo e estático. E assim, revivem o prelúdio de *A Vingança dos Quarenta e Sete Vassalos Leais (Chûshingura)*, em que todos os personagens estão de olhos fechados e cabeças pendidas, como se fossem bonecos. Porém, à medida que os seus nomes são chamados, cada qual levanta a cabeça e adquire vida, numa referência a vários kabuki adaptados do bunraku.

Mas o que o autor queria denunciar com esse longo drama lírico-histórico, de cinco horas de duração? Tametomo, herói derrotado na revolta de Hôguen, exilado em Ôshima e que parte em suas andanças por Sanuki, Higo e Ryûkyû, almejava defrontar-se de novo com o inimigo. Porém, com a decadência do clã Heike, essa oportunidade não se lhe apresenta mais. É óbvio que esse herói inacabado e sem salvação, a figura ideal de Tametomo, justapõe-se ao próprio Mishima, que formou um exército particular, aguardou o momento de luta e morreu bradando o nome do imperador. O escritor fêz conscientemente esta justaposição, mas é certo que ele não poderia acreditar que o imperador como idéia cultural pudesse existir na atualidade. E é ao fantasma desse imperador, que Tametomo/Mishima jurou lealdade a vida inteira, um imperador que não tinha razão de existir na realidade.

O tema de *Lua Crescente: As Aventuras de Tametomo* é a lealdade antiga, todavia, como o objeto dessa lealdade é alguém irreal, passa a ser ainda mais purificado e embelezado. Mishima justapõe a sua própria figura em relação ao sistema imperial. O sol é o imperador; a lua crescente, o legado de Tametomo, a luz que brilha à luz solar. O professor e crítico de teatro Masakatsu Gunji argumenta:

> Uma linha perpassa toda a obra, o herói que se imola. A lealdade ao falecido imperador Shutoku, que conduz à morte, surge dessa moral confuciana, típica de Bakin. [...] Na cena em Shiramine, todos os espíritos aparecem de branco, com alvos rostos meio-azulados, criando uma atmosfera estranha, fantasmagórica. Mas para maior efeito cênico, só o imperador deveria vestir-se de preto. [...] A loucura do "herói incompleto" não conseguiu ser expressada pelo velho Kôshiro Matsumoto VIII, pai do atual Kôshiro Matsumoto IX. Deveria-se escolher um ator mais jovem e impetuoso nesse papel principal, porque esse personagem, sem sombra de dúvida, é o próprio Mishima[51].

Após a última apresentação, enquanto sua esposa Yôko fora ao estacionamento retirar o carro para irem comemorar no bairro de Roppongui, o dramaturgo fez uma confidência a Takeshi Muramatsu. "Creio que você entenderá: o que pretendi retratar nesta peça foi o grupo dos *kamikaze* (pilotos suicidas)". O tema seria a imolação dos *kamikaze* em nome do imperador durante a segunda grande guerra, isto é, uma versão atualizada de Tametomo e seus pares.

Mas ao mesmo tempo, Mishima sentia-se atraído pelo traidor Mutoda, que é assassinado por Shiranui numa cena que se tornou famosa. Enquanto no romance de Bakin, Mutoda é executado por Shiranui em Higo, antes dela confinar-se nas montanhas, o dramaturgo transfere essa cena para as montanhas. No original de Bakin, Shiranui toca *koto*

---

51. Masakatsu Gunji, "Mishima gonomi furyû danjiri kabuki", *Enguekikai*, dezembro de 1969.

KABUKI DE MISHIMA 279

(harpa japonesa) durante as orações no santuário. Como Bakin tinha um gosto acentuado pelo grotesco, na tortura infligida a Mutoda, ela decepa-lhe os dedos, um a um, fazendo jorrrar sangue em abundância, enquanto as beldades batem agulhas de bambu por todo o seu corpo e Shiranui dá-lhe a punhalada fatal. Mishima une estas duas cenas, resultando numa combinação de tortura através da neve e tortura por meio dos sons de *koto*. Pois enquanto Shiranui toca serenamente, as damas de companhia inserem agulhas de bambu no corpo nu de Mutoda, exposto aos rigores da neve que cai sem cessar. Entretanto, quem dá-lhe o golpe no coração é uma dama de companhia e não Shiranui, que se limita a dizer: "Que o cadáver sirva de repasto aos lobos". Uma cena sadista, mas essa morte grotesca é embelezada em Mishima.

O protagonista do drama é um homem, Tametomo, mas as mulheres não lhe são inferiores e aparecem na dianteira da trama. Shiranui, por exemplo, veste-se como uma princesa vermelha (*akahime*), porém, com casaco de pele de veado no ombro esquerdo e tem dupla personalidade. Muito fiel a Tametomo e, talvez como extensão dessa fidelidade, é extremamente cruel ao torturar Mutoda. Devotada ao marido e filho, a ponto de sacrificar-se por eles, todavia, cruel com o inimigo. Enfim, um retrato do mal e decadência que se ocultam no amor familiar e na fidelidade doméstica.

Há várias cenas teatrais relacionadas à morte no decorrer da peça. Em Ôshima, Tadashigue e sua filha Sasarae se afogam, Tameyori comete *seppuku*, Mutoda é torturado no esconderijo das montanhas, Shiranui joga-se nas águas do mar Satsunan, Takama e sua mulher Isohagui cometem *seppuku* e Kumaguimi é assassinada pelo neto em Ryukyu. Já o casal Takama lembraria os esquadrões suicidas, flores que caíam.

ESTÉTICA DRAMATÚRGICA DE KABUKI

Nos ensaios sobre *O Biombo do Inferno* e *A Rede de Amor do Vendedor de Sardinhas*, Mishima declara que ao criar uma obra nova de kabuki, cogitara em dois itens.

1. Até agora, as peças novas não empregaram em sua plenitude a herança técnica do kabuki. Ao contrário, só a ignoraram ou tentaram distorcê-la. Embora o autor seja contemporâneo, a herança técnica do kabuki, em especial a sua genial beleza estilizada, deve ser usada e aplicada 100% na prática, talvez mais do que 100%. 2. Para nós, contemporâneos, há inúmeras partes da temática kabuki com que não podemos simpatizar: a moral feudalista, a maneira teatral de abusar das lágrimas ao abordar com insistência a desolação, o método de encerrar tudo no conflito sem solução de *guiri* (dever, obrigação moral) e *ninjô* (sentimentos humanos naturais). Devemos construir tudo unicamente a partir da motivação humana, excluindo a moral feudalista, o conflito "guiri" e "ninjô" da tragédia, e a vulgaridade da comédia, a fim de criarmos tragédias e comédias humanas[52].

52. Yukio Mishima, *Programa do Kabuki-za*, novembro de 1954.

280   YUKIO MISHIMA: O HOMEM DE TEATRO E DE CINEMA

Quanto à questão da linguagem, o dramaturgo sempre se manifestou contra o emprego de palavras contemporâneas em obras novas, por julgar que resultariam em kabuki pela metade.

Eu sou contra o assim denominado kabuki de palavras contemporâneas. Num roteiro de kabuki, mesmo sendo novo, creio que as falas, a beleza formal, os artifícios de palco e os variados arranjos do kabuki original precisam ser utilizados assim mesmo e deve-se inserir aí tema e humor modernos, sendo que a forma do roteiro deve aderir ao máximo à tradição, compondo-se de palavras clássicas[53].

Este manifesto em prol da preservação do kabuki tradicional caiu como uma bomba na época, quando vigorava a posição de enfraquecimento da forma do kabuki.

Para quem era adepto de Sôjurô Sawamura VII, ator à moda antiga, é natural que ao invés de aventurar-se em novas possibilidades formais, Mishima preservasse o estilo antigo.

Criar uma peça kabuki em estilo kabuki e ser considerada algo "experimental" é um estranho fenômeno da modernidade japonesa. O kabuki é um drama musicado. A musicalidade é requerida no acompanhamento musical, é claro, como também nas falas e particularmente nas cenas em que a narração *jôruri* é introduzida, tanto as descrições das cenas como os estados mentais dos personagens são construídos com o auxílio da música. A propósito, esta música é constituída por instrumentos tradicionais nipônicos, cuja formação é totalmente diferente da música ocidental. A própria melodia em escrita antiga, um estilo especial, é composta de modo a tornar-se completamente harmoniosa. Se uma única palavra contemporânea crua for inserida, a música desmorona-se e a harmonia no palco desaparece. "Osoroshikarikeru" é até o fim "osoroshikarikeru" (é uma coisa assustadora) e o reverberar desse "karikeru" (é uma coisa, é um fato) é que é importante. Antigamente os autores de bunraku e kabuki sabiam disso por intuição. Embora usassem gíria, os artesãos sabiam até que ponto a gíria se familiarizaria com o estilo. O mesmo não ocorre conosco, contemporâneos. O próprio fato de se escrever literatura neoclássica é diletantismo, produto de uma cultura intelectual estabelecida. Até que ponto posso tornar meu o produto dessa cultura, a respiração viva da época de formação do kabuki? Isso transforma-se num experimentalismo temerário, próximo ao impossível[54].

Ao criar suas peças kabuki, Mishima sempre adotava o método do kabuki tradicional, embora elas também fossem vistas como experimentais. O escritor acreditava que por termos uma educação moderna, por mais que se tente compor algo neo-clássico, imiscue-se aí algo novo. E para sua grande desilusão, os atores, que poderiam ocultar isso, pensavam o contrário. Em suma, eles haviam perdido a noção de volta à terra natal.

Mas dá-lhe a réplica o filósofo e historiador Takeshi Umehara, ex-diretor do International Research Center for Japanese Studies em Kyoto, nascido em 1925, no mesmo ano que Mishima. O ator e dire-

---

53. Idem, "Mudai *Musume gonomi obitori no ike* chûki".
54. Idem, "*Chinsetsu yumiharizuki* no guekika to enshutsu".

KABUKI DE MISHIMA 281

tor Ennosuke Ichikawa III, fundador do *Super Kabuki* do século XXI, e o professor Umehara decidiram criar um novo kabuki, que correspondesse à época atual. Como o kabuki compõe-se de canto, dança e atuação, eles sustentam a tese de que o espetáculo deve atrair as pessoas de hoje, portanto, as palavras devem ser necessariamente contemporâneas. Após o estrondoso sucesso do drama histórico *Yamato Takeru*, Umehara escreveu mais três peças kabuki e, como Beethoven que compôs nove sinfonias, pretende criar mais cinco, sempre com uso de palavras contemporâneas.

ARTE DO ATOR DE KABUKI

O kabuki, com sua história de quatro séculos, chega até nós, graças à transmissão dos diversos *tipos* interpretados pelos atores. Mishima, que sempre atribuíra grande importância aos *kata* (formas de atuação estabelecida) nas artes cênicas japonesas, faz uma reflexão perspicaz a respeito da formação dos tipos no kabuki.

Ao pensar em como teria sido o kabuki nos tempos antigos, vem-me à mente aquela cena de *kaomisebanzuke* (cartaz de teatro afixado anualmente em novembro, com o anúncio do elenco de atores, narradores, orquestra, coreógrafos e autor da peça que participarão do novo ano teatral) como um símbolo. Nenhuma face olha de frente. Os inúmeros rostos que se encaram de perfil, à esquerda e à direita, lembram-me uma visão que irrompesse em profusão ilimitada[55].

De fato, nas gravuras *ukiyoe*, a maioria dos retratos de atores (*yakushae*) está desenhada de perfil, uma vez que o kabuki descreve uma ironia oblíqua, atendendo à estética de que tudo é expresso de modo indireto. Os tipos do kabuki opõem-se, assim, aos tipos da *Commedia dell'Arte*, Arlequim, Colombina, Pantaleão e Matamoros, cuja ironia é sempre direta.

Mishima prossegue:

Pode-se dizer que o que eles pretendiam com a designação de ator célebre, na verdade, era transformarem-se eles próprios em tipos. Como se constata em várias proposições dos Analectos dos Atores, eles não tinham a intenção de realidade, mas a do tipo. Por esta razão, a vida particular do *onnagata* (ator intérprete de papéis femininos) também deveria ser a do tipo feminino; todas estas restrições, que eram adicionadas até mesmo às suas vidas privadas, ultrapassavam as necessidades reais.

Para conceder à fantasia da sociedade um *kata* e uma direção, seja para o guerreiro mau, amante ou *onnagata*, os atores eram educados para descrever em cada um desses simples esforços a melhor postura esperada. Porém, na verdade, o fundamento da fantasia da massa, ao invés de ter sido criado por ela mesma, ao contrário, talvez tenha sido cultivado pelos atores. Quem lançou uma corda na realidade, capturou esse desejo secreto, que nem o próprio povo que aí habitava tinha consciência, e o tipificou admiravelmente, foram os atores[56].

55. Idem, "Sawamura Sôjurô ni tsuite".

56. Idem, ibidem.

282 YUKIO MISHIMA: O HOMEM DE TEATRO E DE CINEMA

O ator especializado em peças de época (*sewamono*) deveria ser hábil na elocução e recepção das falas, já o especialista em dramas históricos (*jidaimono*) teria que mostrar o seu talento não só nos diálogos, como também nos balbucios antigos e sem significado dos monólogos.

Até há pouco tempo, o kabuki estava fortemente ligado à vida cotidiana, daí o *onnagata* levar uma existência de mulher mesmo fora do palco. Ao compará-lo com uma atriz francesa que dirige carro, vai a um desfile de moda e interpreta Agripina na Comédie Française, Mishima ficava intrigado com essa transmutação, pois no instante em que pisa no tablado, consegue transformar-se numa pessoa abstrata, a bela e sensual Agripina, mãe de Nero. Mas um ator de kabuki que também dirige carro, joga golfe e atua como *onnagata* no papel da dama Onoe em *A Vingança da Criada* (*Kagamiyama*), segundo os ensinamentos secretos do kabuki, deve permanecer mudo durante todo o percurso que faz do corredor até o palco principal. Isso porque o kabuki é totalmente distinto da concepção de que o ator é uma pessoa abstrata. Logo, no caso japonês, a arte do ator tradicional não se tornou independente da vida real.

O primeiro ator de kabuki por quem Mishima teve uma grande devoção, foi Sôjurô Sawamura VII (1875-1949). Último intérprete clássico de kabuki, ou melhor, de estilo antigo com elocução pegajosa, ele adicionou à tradição de atuação tenaz e encorpada de Edo (antiga Tóquio), a tendência suave de Kansai (área de Kyoto e Osaka). No ensaio sobre ator já idoso, *A Propósito de Sôjurô Sawamura* (1947), o escritor registra:

> Ele ergue as mãos e pinça no ar uma letra complexa em forma de flor; por vezes, seus gestos parecem misteriosos, outras vezes, proporcionam uma estranha sensação de opressão. Seu modo de andar com grande reverência lembra o antigo e desusado estilo de escrita "kanteiryû"[57] do kabuki e é clássico[58].

Sôjurô era líder dos *onnagata* de então. Mas na sua postura cênica de não chamar a atenção, o público descobria o "ar de meditação" (*omoiire*), artifício de expressar sentimentos e emoções só através de gestos, sem usar a fala. O interesse de Sôjurô poderia ser resumido em sua habilidade no "ar de meditação", prossegue Mishima.

> A técnica denominada "ar de meditação", por ser uma estilização exterior da psicologia que supre o defeito do boneco inexpressivo, parece ir contra a "arte do espírito interior" (*haraguei*), que depende do fato de que o ator é um ser humano. Mas como o fundamento espiritual da "arte do espírito interior" já passara por um polimento e refinamento mais profundos com o nô e ao se pensar no sucesso incomparável – especialmente da máscara inexpressiva de nô colocada sobre um corpo vivo – que, ao usar alterações sutis de inclinação e luz, produz inúmeras mudanças de expres-

57. Kanteiryû, estilo de escrita do kabuki, com letras grossas e sinuosas.
58. Yukio Mishima, "Sawamura Sôjurô ni tsuite".

KABUKI DE MISHIMA   283

sões psicológicas, ao sair do kabuki primitivo, que utilizava expressões magníficas
e exageradas, a "arte do espírito interior" tenta com sua inexpressividade expressar
o máximo, enquanto o "ar de meditação" procura no modelo de atuação dos bonecos
a sua estilização psicológica. Em suma, eles devem harmonizar-se e seguir juntos a
distância na qual a realidade tenta adentrar-se no símbolo. Se considerarmos a "arte do
espírito interior" uma arte intelectual, o "ar de meditação" é uma arte dos sentimentos.
O importante no "ar de meditação" é a união entre os sentimentos do coração e os
sentimentos estilizados[59].

Na época em que o ator Kikugorô Onoe VI imperava no kabuki
como o expoente do realismo moderno, Mishima preconizava num tipo
que se encontrava no extremo oposto, no arquétipo anti-moderno de
Sôjurô, a atualidade do seu expressionismo. Portanto, a 2 de março de
1949, quando Sôjurô falece no palco do Sanyô-za na cidade de Himeji,
é natural que a devoção do dramaturgo se transferisse para o *onnagata*
Shikan Nakamura. Em homenagem ao novo nome Utaemon Nakamura VI, conquistado por Shikan em abril de 1951, Mishima compõe o
ensaio *Sobre o Novo Utaemon*. O mérito de introdução da modernidade
no kabuki fora de Kikugorô Onoe VI. No entanto, doravante a missão
de Utaemon em cena, com função de antítese à de Kikugorô, seria a de
conferir a verdadeira sensação de modernidade ao kabuki.

A modernidade de Kikugorô VI, na verdade, era uma modernidade de estilo de
observações gerais, não muito firmes sobre realismo, racionalismo e naturalismo. [...] E a
sua grandeza fora a de ter sistematizado as técnicas tradicionais de kabuki. A novidade de
Kikugorô era persistentemente a novidade do método, não era uma novidade essencial.
A modernidade de Shikan, o novo Utaemon, é o contrário disso. Ele ousou adotar
o método antigo e dentro dessa adesão ao convencionalismo, com técnica antiga, capta
num relance uma novidade que não pode ser oculta, exatamente como a ameixeira
vermelha que floresce ao desafiar o frio extremo. Nós, romancistas, temos uma visão
demasiado literária, mas eu sempre senti no palco de Shikan o odor da literatura decadentista dos descendentes do século XIX, o ar dos dramas poéticos de Hoffmannsthal e a
arte da Escola *The Yellow Book*. Aí a sensualidade fria, que se congela até transformar-
se em jóia simbólica, era o cerne de sua beleza cênica[60].

Para Mishima, enquanto Sôjurô era o último ator clássico de kabuki, a beleza do ocaso do kabuki representada por Shikan talvez estivesse numa espécie de sensação de crise, pois ele era meio clássico,
com sua simetria, e meio moderno, com sua melancolia; em suma,
uma força trágica e assustadora num corpo frágil. Ao ver Shikan em
cena, o escritor sempre se impressionava com seu olhar, seus ombros
e suas mãos alvas e elegantes.

Na beleza de Shikan há algo em comum com as máscaras de nô *koomote* (mulher
jovem) e *magojirô* (mulher jovem e charmosa). Elas nos conduzem ao arquétipo do que
denominamos kabuki. [...]

59. Idem, ibidem.
60. Idem, "Shin-Utaemon no koto", *Programa do Kabuki-za*, abril de 1951.

284   YUKIO MISHIMA: O HOMEM DE TEATRO E DE CINEMA

Nas personagens O-Miwa, Sumizome e Takiyasha, interpretadas por Shikan, confina-se uma graciosa intenção malévola, que sustenta vigorosamente esse corpo vacilante. As pessoas chamam isso de melancolia. Entretanto, numa simples melancolia não há tal força. Creio que o âmago de sua atuação encontra-se numa vingança sentimental, vigorosa e obstinada, que parece paralisar a razão humana. Lembro-me daquelas palavras de Hoffmannsthal a respeito da célebre atriz Eleonora Duse, palavras de elogio perspicazes, que ele proferira com confiança: "Há muitas pessoas que a veneram como uma deusa, porém, são muito raras as que pressentem nela algo de assustador"[61].

ARTE DO *ONNAGATA*

O Japão é um arquipélago no globo terrestre, o kabuki é um pequeno mundo dentro dessa ilha e a arte do *onnagata* (ator intérprete de papéis femininos) é um mundo ainda menor no interior do kabuki. Portanto, não é fácil devotar toda uma vida a ela,

costumava dizer Mishima. Daí a sua concepção de arte do *onnagata* como uma verdadeira missão, em que ter consciência de sua incumbência é conhecer os seus próprios limites e o escritor não conseguia se interessar pelos *onnagata* que não tivessem essa consciência. Utaemon Nakamura VI, antigo Shikan, seria o exemplo supremo de quem teria essa consciência magnífica de sua missão como *onnagata*. Dentro dos seus limites, ele manifestava-se ao máximo e essa força reverberava no palco. Apesar de delgado, conseguia transmitir uma sensação muito mais enérgica do que os atores mais rijos.

O modelo para o *onnagata* estaria, segundo Mishima, no protagonista das peças femininas de nô. Através da máscara de uma beldade, ecoa a voz sombria e misteriosa de um homem, que mostra as suas grosseiras mãos masculinas sob as mangas de uma bela veste de brocado. "Portanto, o verdadeiro valor do '*onnagata*' está no teatro de máscaras e embora se diga '*onnagata*' de kabuki, não se deve perder a sensação de mistério do transformista masculino"[62]. Não se pode esquecer que o *onnagata* possui uma beleza própria, estranha mas extraordinária. Nesse sentido, aquele que se limita simplesmente a imitar as mulheres estaria cavando o seu próprio túmulo. O correspondente do *onnagata* no Ocidente seria o *boy-actor* dos teatros elizabetano e shakespeariano.

No início, mesmo o *wakashû kabuki* era composto só de adolescentes masculinos até 15 anos. Mas quando se instaura o *yarô kabuki*, formado só de homens adultos, é inevitável que surgisse no *onnagata* uma beleza grotesca e decadente. Entretanto, para Mishima, isso é um fenômeno derivado da época em que a arte do *onnagata* se libertara

61. Idem, "Nakamura Shikan-ron" (Comentários sobre Shikan Nakamura), *Guekijô*, fevereiro de 1949.

62. Idem, "Sutekirenu ijô no bi: onnagata wa horobiru ka dôka", *Bunguei Asahi*, agosto de 1963.

KABUKI DE MISHIMA   285

das boas aparências e se aperfeiçoara. Por conseguinte, não se pode dizer que a arte do *onnagata* em si mesma seja grotesca e decadente. No mundo atual, as mulheres tornaram-se mais fortes e há uma tendência à masculinização. No entanto, Mishima constata que curiosamente em comparação aos tempos antigos, os rostos femininos estão perdendo cada vez mais o lado masculino e ficando menores. Hoje a beleza feminina ideal estaria se aproximando das faces de uma doninha, um gato ou um rapazinho. Assim, a mulher apropriada para atuar numa imponente tragédia kabuki tem que ser forçosamente representada por um homem com uma peruca. "Pois não seria engraçado uma princesa Yaegaki com um rosto semelhante ao da Brigitte Bardot?", ironiza o escritor.

Após a Era Meiji (1867-1912), os *onnagata* tentaram aproximar-se cada vez mais da beleza feminina, perdendo-se o ritmo sombrio e amargo nas falas que existia na narrativa do teatro bunraku. Mas o verdadeiro significado do *onnagata* estaria numa beleza feminina restrita, que as mulheres não podem mostrar.

> Em suma, algo masculino, diferente da expressão passional de uma mulher. Reprime-se ao máximo o lado masculino, só a sua força enquanto homem transmuta-se em arte e consegue, desse modo, expressar uma beleza feminina superior à beleza feminina real[63],

assevera Mishima. No ensaio *Uma Beleza Extraordinária a que Não Podemos Renunciar: O Onnagata Decairá ou Não?* o escritor admoesta que

> se os espectadores se conscientizarem mais da premissa de mentira no teatro, na qual um homem está travestido de mulher, o futuro do *onnagata* não precisará ser renunciado. Além disso, o próprio *onnagata*, ao invés de construir a moldura meticulosa de que no palco é uma mulher e na vida cotidiana um homem, e se empenhar em ser masculino, os olhos da sociedade com certeza também mudarão[64].

Além desse fascínio da beleza, Mishima era categórico ao afirmar que a força fundamental do *onnagata* tem que ser o mal. Em especial os *onnagata* jovens e atraentes devem desprender um êxtase sombrio em sua meiguice e uma melancolia na sua elegância. Anteriormente, o dramaturgo já nutrira um profundo interesse pelo processo de criação narcisista do ator. Mas chega à conclusão de que no *onnagata* é ainda mais instigante e extremado. Pois a ironia do *onnagata*, esse homem que é uma beldade incomparável, está em ser

> o narcisismo de alguém que não é ele mesmo, a imagem dele no espelho e ele próprio não têm a mesma figura, como acontece com o formoso jovem Narciso. [...] Ele não dá

---

63. Idem, *Mishima Yukio no kibô taidan: Nakamura Kanzaburô to kabuki o kataru.*
64. Idem, *Sutekirenu ijô no bi: onnagata wa horobiru ka dôka.*

286 YUKIO MISHIMA: O HOMEM DE TEATRO E DE CINEMA

a mínima para a negação da sociedade contemporânea, porque ele próprio (no camarim) precede toda a sociedade e é o negador[65].

Essa natureza negadora do *onnagata* teria, na realidade, a sua fonte na trágica época contemporânea e corresponderia à missão mesma do artista, compelido pelas adversidades vigentes.

Para fazer a seleção do *Álbum Fotográfico de Utaemon Nakamura VI* (1959), publicado pela Kodansha, durante um certo período Mishima visitou diariamente a residência do *onnagata*. Seu prefácio, "Introdução a Utaemon Nakamura VI", não é um comentário crítico, mas um elogio, que atesta a sua paixão pelo teatro e a convicção de que Utaemon possuía todas as qualificações para representar a sua época. Além disso, o texto é um excelente tratado sobre o ator de kabuki.

Quando nós espectadores o vemos no palco, testemunhamos a maturidade da Idade de Ouro de Utaemon VI e esta sim é uma felicidade que os nossos antepassados desconheceram e os nossos descendentes não conhecerão. [...] Uma época precisa de um ator que a represente. Quando se diz a época de Duse[66] ou de Dankiku[67], surge na mente das pessoas que viveram nesse mesmo período, um aspecto total desse tempo, que não está ao alcance de quaisquer revisões político-econômicas. [...] Exatamente como o mar adere os seus mariscos e conchas das ostras aos destroços de um navio no fundo do mar, a vida de um ator fixa-se no fundo de suas memórias. Assim, as recordações do ator que representou uma época restam ainda mais firmes do que as outras, ou do que as lembranças de suas próprias experiências vivenciais, que vão se apagando à deriva [...] Entre Duse e Utaemon há a diferença entre o dinâmico e o estático. Ao comparar a posição de Utaemon com a de Duse ou Danjurô e Kikugorô, julgo-o alguém que representa a atualidade de uma dimensão completamente distinta. O modo como Utaemon representa a atualidade é totalmente antiépoca.
Ele quase não se alinha diretamente com a sociedade contemporânea. Por esta razão, aos olhos de alguém que, de repente, adentra no teatro vindo das ruas diurnas, no momento em que a apresentação de Utaemon passa a lhe refletir vivamente como um misterioso sonho diurno, essa pessoa não pode deixar de se perguntar perplexa: "Afinal, quem é a visão, a figura deste dançarino no palco ou então, os hábitos contemporâneos desordenados, que estão a se acotovelar lá fora?" À primeira vista, parece uma antinomia e a pessoa escolhe um deles, sendo tomada pela irritação de que precisa decidir-se por um deles. Entretanto, estes dois talvez não sejam uma antinomia, mas sim, algo semelhante às linhas verticais e horizontais de uma tecelagem ou o positivo e o negativo de uma fotografia. [...]
Não por acaso, a aparência do ator que representa a atualidade está travestida da forma feminina, porque ela simboliza magnificamente a natureza negadora e, ao mesmo tempo, negada da beleza. Pensando bem, a decisão dele ser *onnagata*, a atitude dele em relação à atualidade, não podia deixar de ser o de viver como um negador, que é continuamente negado.

---

65. Idem, "Rokusei Nakamura Utaemon josetsu", prefácio ao *Álbum Fotográfico de Utaemon Nakamura VI*, Tokyo, Kodansha, 1959.
66. Eleonora Duse (1859-1924), atriz italiana de renome mundial.
67. Dankiku, Danjurô Ichikawa IV e Kikugorô Onoe V, atores criadores da Idade de Ouro do kabuki na Era Meiji.

KABUKI DE MISHIMA   287

Todavia, a vontade criativa de alguém colocado nessa situação, no verdadeiro sentido da palavra, é solitária; por mais que esteja cercado de bajuladores, ele reside essencialmente num mundo sem repercussão. É um brilhante florescimento do seu ser, mas é um amor sem salvação, um amor que por mais que ele brade não encontra resposta.

Desde antigamente em *Ayamegusa* (manual do século XVIII, considerado a bíblia dos *onnagata*), era observada a regra do *onnagata* andar um pouco atrás do "tachiyaku" (papel masculino principal). Contudo, em relação a Utaemon, nós sentimos realmente o brilhar do seu amor mais íntimo, mais nos casos em que o seu parceiro amoroso está ausente do que quando se encontra no palco. No incendiar desse amor solitário há algo fundamental de sua arte.

O quanto a beleza, o narcisismo e o mal se unem e se relacionam dentro de um ator, estas são provavelmente as condições fundamentais para se determinar o seu talento e valor.

Mishima assevera que a beleza é a força da existência, o mal é a força do fascínio e o narcisismo, a energia que combina à força a beleza e o mal. Ele via em Utaemon um composto perfeito destes três elementos. O escritor apontava a paixão gélida de Utaemon, que parecia jorrar, como a característica singular do *onnagata*. No ensaio *A Propósito do Novo Utaemon* (1951), o autor dá o seu parecer.

Ao ver Shikan (o novo Utaemon) em cena, transborda não uma frieza serena, intelectual, calculada, mas a frieza que a própria paixão possui. Na peça *A Moça no Templo Dôjô*, dá para sentir vivamente a gelidez das escamas de sua figura metamorfoseada em serpente; é como se tivéssemos uma grande visão de um incêndio congelado. Quando Shikan se movimenta, as chamas se incendeiam por toda a parte e fazem crer que queimam as mãos como o gelo.

No ensaio em discussão, *Introdução a Utaemon Nakamura VI* (1959), o dramaturgo retoma essa idéia.

Comparado a uma jovem viva, que tagarela e canta com animação, a figura de Utaemon assemelha-se ao cadáver de uma moça que tivesse sido encerrada numa geleira e após muitos anos, fosse encontrada sem apresentar o menor sinal de deterioração.

Exatamente como a múmia de quinhentos anos da índia Juanita, sacrificada como oferenda religiosa aos quinze anos, descoberta nas geleiras do Peru e exposta nos Estados Unidos em 1996. Cada vez que Mishima assistia o drama dançante *A Moça Garça* estrelado por Utaemon, uma espécie de versão kabuki do balé *A Morte do Cisne*, ficava intrigado, porque sempre lhe suscitava a imagem da violação de um cadáver feminino no branco imaculado da neve. O seu conto *Onnagata* (1956), que o autor considera uma análise do ator e cujo protagonista Manguiku Sanokawa é um Dionísio feminino, foi seguramente inspirado em Utaemon VI e como modelo do coadjuvante Masuyama temos o ator de cinema Keiji Sada.

288   YUKIO MISHIMA: O HOMEM DE TEATRO E DE CINEMA

Já naquele tempo, Masuyama percebia as chamas geladas que emanavam da beleza altiva do ator [...], aquela estranha qualidade de Manguiku, aquelas centelhas de chamas, visíveis através da neve[68].

O obituário de Utaemon, em *The Japan Foundation Newsletter* (outubro de 2001), diz:

Utaemon Nakamura VI (nascido Fujio Kawamura), ator de kabuki, faleceu a 31 de março de 2001, aos 84 anos de idade. Segundo filho de Utaemon Nakamura V, estreou no palco em 1922, com o nome de Kotarô Nakamura III e sucedeu ao nome do seu pai em 1951. Abençoado com uma graça natural e boa aparência, ele eclipsou os outros atores pelo brilho de sua habilidade de representação. Foi nomeado Tesouro Nacional Humano em 1968 e recebeu a Ordem da Cultura em 1979.

Há alguns anos, o Museu do Teatro da Universidade Waseda em Tóquio criou a Sala Utaemon Nakamura VI, repleta de flagrantes testemunhos de sua gloriosa carreira.

68. Yukio Mishima, *Onnagata* em *Morte em Pleno Verão e Outras Histórias*.

15. O Bunraku Lua Crescente: As Aventuras de Tametomo

Por considerar que o conteúdo e as expressões do kabuki *Lua Crescente: As Aventuras de Tametomo* de Mishima adequavam-se ao teatro de bonecos, o Teatro Nacional de Tóquio solicitou ao autor uma adaptação para o bunraku. Mas logo após completar o primeiro ato, o escritor suicidou-se a 25 de novembro de 1970. Aproximadamente uma semana depois, o material chegou às mãos do compositor Nozawa e mais tarde, de Shoichi Yamada, especialista em bunraku do Teatro Nacional.

Yamada colaborara ativamente na montagem kabuki de *Lua Crescente*. No início, apenas na parte musical e depois como assistente de direção em todo o espetáculo. Por exemplo, no segundo ensaio, como Mishima tivesse outros compromissos com o seu exército particular, a Sociedade do Escudo, Yamada teve que se encarregar de toda a direção. Desde o princípio, Yamada julgara o tema de *Lua Crescente* mais apropriado ao bunraku do que ao kabuki. Portanto, quando foi decidida a versão bunraku, ele se reuniu com o dramaturgo, que não tinha conhecimento suficiente nem havia escrito para o bunraku até então. Eles discutiram as diferenças entre bonecos e atores e esboçaram uma estrutura geral do drama. Com o falecimento do autor, Yamada foi incumbido de redigir os segundo e terceiro atos em estilo Namboku Tsuruya, considerado um dramaturgo maldito. O trabalho de Yamada consistiu em refazer o kabuki para a narrativa bunraku, inserindo o que Mishima já havia decidido. Por exemplo, o escritor refletira sobre a cena da morte de Mutoda. Ao invés de infligir agulhas de bambu no corpo da vítima, que não surtiria efeito num boneco, ele resolvera cortar o seu pescoço com uma serra de bambu.

O colóquio entre Mishima e o diretor Tetsuji Takechi, promovido pela revista *Gueijutsu Seikatsu* (*Vida Artística*), a 9 de julho de 1970 em Tóquio, recebeu o título de *Declaração de Ruptura com o Kabuki Contemporâneo*. O escritor se confessava totalmente desiludido com o kabuki e com grandes expectativas quanto ao bunraku, sobre o qual discorrera com paixão. No kabuki *Lua Crescente*, o autor almejara elocuções em estilo de declamação assombrosa, como ao efetuar a leitura dramática no primeiro dia de ensaio, mas teve a impressão de que em todo o espetáculo não emergira nenhum tom forte e rijo. Porém, como no momento estava a adaptá-lo para o bunraku, julgava que agora iria dar certo.

No livro *Yukio Mishima, sua Morte e Visão do Kabuki*, Tetsuji Takechi observa:

> É indiscutível que no final de sua vida, Mishima apresentara uma inclinação ao bunraku. Mas se de um lado é uma tendência para a narrativa enquanto arte masculina e seu estilo de narração vigorosa, ao mesmo tempo, é preciso pensar no interesse do autor pela arte literária do *jôruri*, que sustenta fundamentalmente a arte do narrador de bunraku.

Mas na realidade, o escritor continuou a assistir kabuki até um pouco antes de sua morte.

Critica-se comumente que as peças de Mishima têm um forte teor de dramas para serem lidos, inadequados à encenação. Logo, a sua propensão para o bunraku expressaria esse aspecto narrativo. A versão bunraku de *Lua Crescente: As Aventuras de Tametomo* com aproximadamente cinco horas, a primeira após a Era Meiji (1867-1912) com tal duração, pôde ser apresentada com sucesso em novembro de 1971, exatamente um ano após o falecimento do escritor.

16. Combinação de Kabuki e Shimpa em Azaléias Matutinas

Mishima criara *Azaléias Matutinas* para adequar à produção conjunta de dois estilos diferentes, embora aparentados do teatro tradicional nipônico: kabuki e *shimpa* (tendência nova), que é uma mistura de kabuki e drama moderno. Em viagem aos Estados Unidos desde 9 de julho de 1957, o autor não pôde comparecer à estréia, que ocorreu de 3 a 27 de agosto do mesmo ano, no Shimbashi Embujô em Tóquio. Mas redigiu uma nota, "A Propósito de *Azaléias Matutinas*", para ser inserida no programa.

Escrevo-lhes de um hotel na distante costa leste dos Estados Unidos. Ao chegar à América, constatei que nos hotéis e residências dos ricos há de fato muitas construções em estilo vitoriano. Os contemporâneos não dizem simplesmente estilo vitoriano, eles acrescentam-lhe "feio" e chamam-no de estilo vitoriano "feio". Mas aos olhos de um japonês, esse estilo é o símbolo do Ocidente antigo, a sua mais querida lembrança e não lhe parece de forma alguma feio. *Azaléias Matutinas* é um drama nesse estilo vitoriano, criado para fazer transbordar o gosto do século XIX. Se Utaemon tornar viva a atmosfera que o cerca, com certeza o objetivo desta obra aparecerá naturalmente. Tendo Kan Ishii no papel do seu parceiro e Teruko Nagaoka como diretora, eu desejo daqui de Nova York, que esse bom grupo obtenha sucesso[1].

A ação de *Azaléias Matutinas* passa-se na sala de estar, escritório e jardim da mansão dos Kusakado, das 2:00 horas da madrugada ao amanhecer e nela transita a fauna da nobreza nipônica. Na madrugada

---

1. Yukio Mishima, *"Asa no tsutsuji" ni tsuite*, *Programa do Shimbashi Embujô*, agosto de 1957.

do dia 21 de abril de 1927, o baile na mansão do visconde Kusakado é interrompido com a notícia de que o Banco, onde os presentes depositavam o seu dinheiro, havia falido. A bela viscondessa Ayako Kusakado, que protegia o luxo do seu marido desmiolado, fica abalada ao saber que haviam ficado sem um centavo. Katsuzô Odera é o único intruso do grupo, pois que filho de porteiro que se tornara um rico e bem-sucedido empresário. Casado, mas apaixonado por Ayako, Odera oferece-lhe um cheque para suprir as despesas mais prementes e se propõe a recuperar as finanças da família. Em troca, quer possuí-la de imediato, uma única vez. Contudo, ele não almeja o seu coração. Para assegurar a vida mundana do marido, Ayako aquiesce. Tarde demais, o visconde suicidarase, deixando uma nota em que revelava a existência de uma amante, que o arruinara. Masataka Kanokogui, irmão mais novo de Ayako, fica possesso ao descobrir o que se passara com Odera. Todavia, Ayako devolve-lhe o cheque e diz-lhe que nunca mais o reverá. No entanto, ao fazê-lo, confessa que se entregara não pelo dinheiro, mas por amor. Odera parte para o Bornéu, onde é proprietário de uma companhia de borracha, acompanhado de Kanokogui, que trabalhará para ele.

O drama tem como eixo a falência de um Banco e o que isto ocasiona num círculo da aristocracia. Através das oposições de classes sociais, uma viscondessa e o filho de um porteiro, e de caráteres, a frieza da nobre idealista e a natureza selvagem e realista do homem de negócios, ele descreve a atração natural dos opostos. Odera sentese fascinado pela pele alva e perfumada de Ayako, sua beleza gélida como a seda, enfim, a beleza da recusa e da morte. O autor descreve a altivez e força de uma aristocrata e, através dela, investiga a essência da elegância e do refinamento.

Odera propõe casar-se com Ayako e partirem para o Bornéu a fim de reconstruirem suas vidas. Mas ela recusa tanto o cheque como a proposta de matrimônio e lhe diz:

> Eu nunca mais o reverei. [...] Procure me compreender. O que houve entre nós não foi uma questão de dinheiro. [...] O sol nascente está brilhando sobre as azaléias brancas, que recobrem toda a superfície. As flores brancas das azaléias ficaram rubras, como se tingissem as suas faces. Creio que nunca mais me esquecerei desta manhã. A manhã da morte do visconde e, Odera, a manhã em que você me abraçou; morte e vida ficaram tão próximas e, além do mais, a manhã em que fui abraçada pela vida ... Eu, que até agora, estava no lado da morte ... Mesmo que se queira esquecer tal manhã, não é algo que se possa olvidar. Lembre-se dela também para sempre. As azaléias brancas receberam o sol nascente, mesmo que por um momento, e tingiram esta manhã de carmesim claro. Tal manhã é rara durante toda a existência de uma pessoa. [...] Eu gostaria de viver só para as coisas belas[2].

Ayako decide viver apenas das recordações desta manhã, em que a morte, o suicídio do seu marido, e a vida, que ela conhecera através

---

2. Idem, *Asa no tsutsuji*, em *Mishima Yukio guikyoku zenshû*, vol I.

COMBINAÇÃO DE KABUKI E SHIMPA EM *AZALÉIAS MATUTINAS*   293

de Odera, tornaram-se frente e verso de uma só medalha. "Eu nunca mais o reverei" é o que diz também Hanako a Yoshio em *Os Leques Trocados* e Renée ao marquês de Sade no final da *Marquesa de Sade*. É uma recusa completa do Odera real, para continuar protegendo o mundo de sonhos da antiga sociedade nobiliárquica, a vida das coisas belas. Mesmo ferida ao saber da traição do marido, Ayako torna ainda mais inquebrantável a sua visão. Doravante, viverá só para a preservação desse momento em que ela ousou ser e saltou para a vida, com a emoção da mulher cuja frigidez foi banhada pela luz matutina por um único instante.

A energia motriz que revolve os personagens de *Azaléias Matutinas* é, como em *Marquesa de Sade*, um personagem ausente durante toda a peça, o visconde Kusakado. Para Masaki Dômoto, a chave do drama está claramente no visconde Kusakado, covarde, improdutivo e incompetente.

> O seu suicídio é uma estupidez, um capricho, que não dá absolutamente margem à simpatia. Mas quanto mais ele é um caráter negativo e ineficaz, tanto mais Ayako o absolutiza e serve a ele, ela o cultua e sua existência "divina" torna-se mais firme. Esta metodologia baseia-se no princípio da relatividade vida e arte. [...] A "aristocracia" em que Ayako crê é a transformação da arte em vida e da vida em arte. E esse ideal, ela o usa como um pretexto inteiramente sobre o seu marido[3].

Mas o visconde Kusakado não poderia se tornar um artista como propusera a condessa Sakauchi, pois como retrucara Ayako, "ele próprio é uma pequena e graciosa obra de arte sutil". Ela o define como um peixe tropical criado num aquário luxuoso, uma orquídea fascinante do estrangeiro, alguém a quem vale a pena servir. A partir do momento em que a "obra de arte sutil", o seu esposo, se arruinara, ela própria se transforma em obra de arte, assim como Hanako em *Os Leques Trocados* se tornara a jóia da loucura.

Masaki Dômoto prossegue:

> Ayako desperta de um sonho e mais uma vez, cai num sonho consciente e ainda mais profundo, como se a aurora "australis" dançasse sobre o mar enregelado. [...] E mais, a personagem que se encarregará desse "sonho desperto" será a escritora de livros infantis de *A Rosa e o Pirata*, fazendo desabrochar uma flor ainda maior. [...] A manhã se vai e a mulher fossilizada transforma-se numa verdadeira heráldica, numa autêntica aristocrata[4].

Chorando silenciosamente, Ayako ordena ao criado, que ainda não sabe de nada, que sirva o café da manhã na mesma hora de sempre. "Depois o patrão deve descansar. [...] Sim, como de costume ... Vamos continuar assim, para sempre".

---

3. Masaki Dômoto, *"Asa no tsutsuji" no kazui* em *Mishima Yukio no engueki: makuguire no shisô*, p. 126-127.
4. Idem, ibidem, p. 132-133.

Azaléias Matutinas estreou numa apresentação de shimpa, com a particiapação especial do *onnagata* de kabuki Utaemon Nakamura VI. Mas a crítica foi muito severa, afirmando que o texto não tinha nada de shimpa, posto que o dramaturgo o escrevera com o mesmo espírito das montagens do Bungaku-za, sendo portanto, mais adequado a uma encenação de *shingueki* (teatro moderno). Utaemon, que seria a personificação da paixão gélida na visão do escritor, não conseguira, com as suas falas não muito claras, mostrar a frigidez da viscondessa Kusakado e a sua emoção reprimida ao sentir-se amada. Além disso, o seu parceiro também não transmitira a sensação física necessária ao papel. Mishima, que sempre se sentira atraído pela nobreza, não poderia deixar de compor *Azaléias Matutinas*. Mas como o shingueki, pela sua própria natureza, não conseguiria expressar o luxo, a classe e animação da sociedade aristocrática, ele deve ter-se valido das técnicas interpretativas dos atores de kabuki e shimpa.

17. Sob a Influência dos Musicais Americanos

> *Antigamente no Japão, quando o teatro era considerado uma diversão vulgar e de baixa classe, o kabuki jogou fora o literário e mostrou um desenvolvimento genial, inteiramente voltado para o efeito cênico. Creio que o fato dos musicais americanos, enquanto uma nova forma teatral, terem-se aproximado da perfeição e poderem se tornar de fato o kabuki dos Estados Unidos, é devido a uma situação semelhante a esta[1].*
>
> YUKIO MISHIMA

No verão de 1957, durante a estadia de Mishima em Nova York, como era fora de temporada, não deu para ver ópera ou balé. Assim, sua principal diversão consistiu em assistir musicais que estavam em cartaz há longo tempo. O escritor acabou vendo cinco deles: *Happy Hunting, My Fair Lady, Most Happy Fellow, Li'l Abner* e *New Girl in Town*. Como na primeira vez em Nova York gostara do musical *Call me, Madam* de Essel Mallman, agora também o primeiro que viu foi *Happy Hunting* de Mallman e Fernando Lamas. Entretanto, decepcionou-se com o *one-man show* de Mallman. Mas achou interessante a coreografia e o vestuário elegante em estilo vitoriano, do inglês Cecil Beaton em *My Fair Lady*; a coreografia assombrosamente vigorosa de Michael Kidd em *Li'l Abner* (da história em quadrinhos de Al Capp,

---

1. Yukio Mishima, "Kakubi, Shingueki e Teatro Americano", *Asahi Shimbun*, 7 de março de 1958)

296 YUKIO MISHIMA: O HOMEM DE TEATRO E DE CINEMA

conhecida no Brasil como *Ferdinando*); Robert Widd como o homem de meia-idade em *Most Happy Fellow*, do compositor Frank Lessa (baseado na peça *They Knew What They Wanted* de Sidney Howard), mais próximo da tragicomédia italiana, com harmonia de canto, dança e teatro; e *New Girl in Town* do original de Eugene O'Neill.

Mas comparados aos musicais de sucesso em 1952, *Ao Sul do Pacífico* e *O Rei e Eu*, quando gestos e formas de atuação eram considerados a vida dos musicais, deu para perceber que essa fase experimental já passara. Como os cinco musicais de 1957 apresentavam estrutura semelhante, Mishima teve a impressão de que estava se consolidando uma estrutura em dois atos e pouco mais de dez cenas, com um baile ou festival no fim do primeiro ato, a desavença do herói e da heroína no meio do segundo ato e um final feliz.

As diferenças entre musicais americano e japonês estavam principalmente no roteiro firme do primeiro, mesmo os atores secundários americanos tinham habilidade em canto e dança e na única sessão para mil espectadores, os artistas cantavam com todo o corpo e sem microfones. Portanto, o escritor acreditava que para o musical nipônico chegar ao nível do americano seria necessário pelo menos uma década. Mas isso não queria dizer que os musicais americanos tivessem atingido o seu ápice. "Em poucas palavras, se eu tivesse nascido dramaturgo nos Estados Unidos, com certeza lamentaria extremamente a situação atual, em que 80% dos teatros na Broadway estão encenando musicais"[2].

Após a primeira estadia em Nova York (1952), Mishima cria três musicais: *A Deusa que se Dissipou,* publicado em julho de 1954, *Bom Dia, Sra.!*, em setembro do mesmo ano, e algumas cenas de *Há Sete Chaves para o Amor*, em março de 1955; e depois da segunda estadia (1957), *Arabian Nights*, em março de 1967.

A DEUSA QUE SE DISSIPOU

Este musical, escrito a pedido da atriz Fuyuki Koshiji, jamais chegou a ser encenado. Já a cena de drama dançante no segundo ato, publicado originalmente na revista *Shingueki*, difere bastante da versão que consta no *Teatro Completo de Yukio Mishima*. Na realidade, a obra se compõe de vários estilos. O prólogo é em forma de ópera, com três pessoas que estão num bar de uma cidade portuária. Ao ouvirem uma canção misteriosa – *De onde veio, para onde vai?/ Eu não sei, ninguém sabe./ Mesmo no meio de um beijo ardente,/ Nos braços da pessoa amada,/O espírito voa como uma estrela cadente* – cada qual diz lembrar-se de algo que ocorrera há seis anos.

---

2. Yukio Mishima, "Ao Assistir os Musicais de Nova York", *Tokyo Shimbun*, 29 e 30 de agosto de 1957.

No primeiro ato em estilo comédia, o estudante de filosofia Narukichi Kaneno apaixona-se pela jovem, que viera à sua casa entregar o anel de diamante perdido por sua mãe. Porém, ela logo desaparece. Desiludido, ele abandona os estudos e o lar. Já o segundo ato, em estilo balé, transcorre num navio cargueiro que singra as águas do estreito de Málaca. O tripulante Saeki descobre uma contrabandista e a oculta na embarcação. Durante uma tempestade aparece o fantasma de um jovem marinheiro, que se suicidara jogando-se ao mar e ele atrai a tripulação para uma morte semelhante. A mulher impede Saeki de saltar porque o ama e em seguida foge de barco. Mas ele decide permanecer no navio por um sentimento de dever. Em forma de opereta, o terceiro ato passa-se na morada de uma fabricante de flores artificiais, irmã mais velha do impressor Matsuo Asada. Despedido pelo patrão por ter-se tornado amante de sua bela mulher, ele recusara o pacto de duplo suicídio com a amada. Então, ela parte. Mas felizmente Matsuo consegue um novo emprego.

A cena final é no mesmo local do prólogo, o pequeno bar da cidade portuária. Todos os três personagens reconhecem na amante de um velho e rico judeu, a mulher de suas lembranças: para Kaneno, a jovem misteriosa; para Saeki, a mulher que surgira na noite de tempestade; e para Asada, a mulher casada. Quando saem do bar, os três encontram uma jovem vendedora de flores, idêntica à mulher de suas recordações. Assim, decidem acompanhá-la à sua casa, por julgar que ela dividira com eles a felicidade. Cada um deles alimentava a sensação de que tinham encontrado uma mulher singular e que o amor deles era especial. Mas ao perceberem que se tratava da mesma mulher, chegam à conclusão de que o amor é universal.

GRAND NU FOLLIES, O AMOR POSSUI SETE CHAVES

Mishima se encarregara só de três cenas (segunda, terceira e quarta), inseridas num contexto maior de dezenove cenas em *O Amor Possui Sete Chaves*. Portanto, infelizmente não dá para se ter uma idéia geral do musical. As segunda e terceira cenas passam-se nas ruínas da Grécia. Apolo e Baco encontram alvos braços e pernas femininos entre as pedras. Como não se movem, não têm pulsação e ao serem golpeados fazem um barulho de mármore, eles concluem que as mulheres estão mortas. Apolo sugere despejar vinho nelas para ressuscitá-las. Baco assim procede. "Realmente, o que incita o amor é o meu vinho e o amor é a vida das mulheres. Se eu incitar o amor, talvez as mulheres ressuscitem". Logo as estátuas sem braços nem pernas, sem cabeça ou com o torso nu, levantam-se e começam a dançar. Mas os dois lamentam que não haja uma única mulher perfeita.

Aparece uma mulher só com os seios, que lhes indica a cova onde se encontram as mulheres perfeitas. Apolo e Baco cavam e surge a estátua de Venus dentro de uma concha, circundada pelas estátuas de suas acompanhantes. Baco oferece-lhes vinho. O palco fica rubro, a dança torna-se frenética e as mulheres avançam sobre os dois, abraçando-os. Apolo pede a Baco que lhes dê o remédio da ressaca e as mulheres voltam a ser estátuas.

A quarta cena passa-se em Paris, com a estátua de Venus no centro e Apolo reclinado sobre ela. Baco distribui vinho aos turistas que estão a fotografá-los. Logo as mulheres começam a se desnudar e perseguem Apolo. De repente, Venus começa a se mover e transforma-se em fonte, afugentando as mulheres com água. Depois oferece o leite dos seus seios para Apolo, que anuncia a última moda masculina de 1955, um babador substituindo o colete.

ARABIAN NIGHTS

> *"Prazer" foi a primeira palavra que descobri quando criança, ao ler a versão infantil das* Mil e Uma Noites. *Eu não conseguia deixar de me inquietar com essa palavra "prazer". Havia uma grande festa, com banquete, mulheres e bebidas, tudo proibido para crianças. Além disso, por vezes, os personagens não se importavam em morrer por um prazer. Assim, a primeira impressão do significado da palavra "prazer" foi a de algo vagamente proibido. Eu não entendia por que, mas havia aí o âmago de algo. Embora criança, pude pressentir levemente que isso se relacionava ao sexo. Por que sexo significa prazer? O mistério da ligação sexo e prazer foi o meu enigma, durante um longo tempo[3].*

> YUKIO MISHIMA

Arabian Nights (1966), com o título em inglês no original, acabaria por se tornar o único e último musical criado por Mishima, após sua segunda estadia em Nova York, capital dos musicais. A idéia germinara um ano antes no outono de 1965, como montagem de uma obra-prima mundial que sucedesse a apresentação da Ópera de Berlim, programada para então. A 26 de dezembro de 1965, houve uma reunião na residência do escritor para escolher a estória. A 8 de fevereiro de 1966, o cenógrafo Kaoru Kanamori e o encarregado dos truques de mágica, Hakufû Hiraiwa, investigaram as possibilidades do Teatro Nissei em Tóquio para a produção do espetáculo. Em julho, o dramaturgo reuniu-se com o diretor Takeo Matsuura e o ator Kinya Kitaôji, que protagonizaria Simbad.

A concepção do musical já estava bastante amadurecida, mas como de hábito, após a conversa final com o diretor, Mishima recolheu-se ao Hotel Imperial a 28 de julho, para a redação do texto. Aos

---

3. Yukio Mishima, "Acerca do Prazer" em *Para o Jovem Samurai*, (*Wakaki samurai no tame ni*).

SOB A INFLUÊNCIA DOS MUSICAIS AMERICANOS   299

nove anos, o escritor lera as *Mil e Uma Noites* e se encantara com as ilustrações de gosto decadentista. No artigo *Arabian Nights* para a *Fujin Gahô* (*Revista Feminina Ilustrada*), o autor revela o processo de sua adaptação musical:

> Quando criança, li *Arabian Nights* numa tradução de Kotou Nakajima e fiquei profundamente impressionado. Mas episódios tão surpreendentes (como por exemplos, o adultério da rainha no prólogo e a estória do príncipe da Ilha Negra), que me indaguei se poderiam ser lidos por crianças, aí estavam incluídos com dignidade. No meu *Um Conto no Promontório* narrei o quanto tais fatos, que se deleitam com o gosto decadentista, cultivaram a minha força imaginativa literária.
>
> O episódio do adultério da rainha, já bastante conhecido graças ao balé *Sherazade*, foi comparativamente reduzido e vinculado a um monodrama independente de aproximadamente cinco minutos, *A Estória do Príncipe da Ilha Negra*. Kinya Kitaôji interpreta esta fala de modo admirável. Mas o passatempo literário foi efetuado só aqui. Com todo o resto pensei em tecer uma tapeçaria, com ações sem frouxidão alguma, aventuras infindáveis e prazeres inesgotáveis de um destino inexorável. Juntei cenas estáticas e dinâmicas, tecendo alternadamente prazeres e o sentimento de efemeridade que se oculta no seu reverso, e tencionei conduzi-las até o hino a Alá na cena final. *A Cidade de Bronze* é um dos episódios que eu mais aprecio, mas até hoje não foi dramatizado nem filmado. Porém, é a estória mais eficaz, por sugerir a ruína que vem após o prazer. A imagem da cidade de bronze, brilhantemente dourada, que de repente foi devastada no ápice da prosperidade deste mundo, está intimamente ligada à palavra "ruína" no meu espírito[4].

Para a estréia, Mishima compõe o artigo "A Propósito da Peça *Arabian Nights*", no qual relata que lera um ensaio de Hofmannsthal sobre as *Mil e Uma Noites*. A estória de um jovem que ansiara longamente por uma beldade, que por fim ouve o seu desejo e assim, ele vem ao seu primeiro encontro secreto. De madrugada, uma escada de corda lhe permitirá o acesso ao quarto da amada. Mas misteriosamente tomado por uma súbita e estranha sonolência, ele deixa escapar a oportunidade única de sua vida. Segundo Hofmannsthal, este é o verdadeiro espírito das *Mil e Uma Noites*, a não-intencionalidade que se oculta na essência mesma do ser humano, isto é, o eterno enigma da natureza humana.

Segundo Mishima, o ponto fraco na sua adaptação foi exatamente essa questão. Graças a Proust, o sono ou o esquecimento transformou-se em tema de romances profundos, todavia, é o espírito mais antidramático, pois se Otelo se esquecesse do seu ciúme, não ocorreria a tragédia. Portanto, o Simbad do escritor japonês não atende ao requisito mais valioso das *Mil e Uma Noites*, o de se esquecer de algo importante. Ao contrário, correspondendo à ganância contemporânea, originalmente a mais distante do espírito das *Mil e Uma Noites*, o Simbad de Mishima não se esquece das coisas importantes que viven-

---

4. Yukio Mishima, *Arabian naito* (*Arabian Nights*), *Fujin Gahô*, fevereiro de 1967.

300 YUKIO MISHIMA: O HOMEM DE TEATRO E DE CINEMA

ciou e "leva consigo tudo o que obteve: o remédio do renascimento, os tesouros, o tapete voador e sem perdê-los de modo algum no meio do caminho, usa-os quando necessário, sendo assim, bem sucedido"[5].

Tendo como eixo o amor de Simbad e Shemsa, o dramaturgo escolhe alguns episódios das *Mil e Uma Noites* (*O Ancião do Mar*, *A Cidade de Bronze* e *Conto do Príncipe da Ilha Negra*) e os desenvolve fantasiosamente. Simbad, o carregador do mercado, apaixona-se por Shemsa, que é a amante querida do rei. Este atrai Simbad com um sonho de navegação e o transforma em marinheiro. Após várias aventuras e conseguir coletar jóias na cidade de bronze despovoada, Simbad regressa à capital, exatamente no dia do enterro de Shemsa. Ele dirige-se à tumba da jovem, a faz beber o remédio do ancião do mar e ressuscita-a. Depois Simbad recebe o consentimento do rei e os dois se casam.

Exatamente conforme o prometido, a 31 de julho de 1966, o escritor entrega o roteiro completo. Após discussões acaloradas para conciliar ambições artísticas e orçamento, *Arabian Nights* estréia a 19 de novembro de 1966 no Teatro Nissei de Tóquio. O crítico Kiyohiko Ôchiai[6] assinalou que o musical de Mishima assemelhava-se muito mais a um teatro de revista internacional. Mas enquanto este tem mais substância, sendo que em cada cena, canto, dança e atuação estão em harmonia, no de Mishima estavam misturados sem planejamento. O talentoso autor deveria ter-se lembrado do kabuki, onde estes três elementos estão fundidos harmoniosamente, correspondendo à dinâmica do arabesco em *Mil e Uma Noites*, que é um mundo completamente oposto à regra das três unidades do teatro clássico ocidental. Além disso, os grandes acessórios de palco não se conciliavam organicamente com os atores, de modo que os artifícios pareciam esmagar os atores.

Na apresentação do dia 7 de dezembro de 1966, Mishima fez uma participação especial na cena final, quando o rei ordena que lhe tragam o escravo que criara essa estória tão interessante. Escoltado por dois jovens escravos, o dramaturgo apareceu com o torso nu. Indagado sobre o espírito da narrativa, após discorrer sobre a metáfora do pássaro entre as nuvens e a sua sombra refletida nas ondas do mar, ele entoou uma canção. Ao exibir os seus músculos avantajados enquanto interpretava o interlúdio, o escritor foi bastante aplaudido.

---

5. Idem, "Guikyoku *Arabian naito* ni tsuite" (A Propósito da Peça *Arabian Nights*), *Programa do Teatro Nissei*, novembro de 1966.

6. Kiyohiko Ôchiai, "Shiseru buttai ikeru ninguen o hashirasu", *Enguekikai*, janeiro de 1967.

18. O Monstro Chamado Ópera

> *De modo geral, eu acho a ópera uma arte tola. As montagens operísticas, mesmo as vistas no estrangeiro, são como um ato de loucura. Mas possuem um fascínio indizível e, falando à maneira de Hakuchô Shôzô, têm um tremendo fascínio enquanto uma espécie de arte demente. Quanto mais moderna e intelectual for uma pessoa, não estará mais propensa a se deixar levar por tal encantamento?[1]*
>
> YUKIO MISHIMA

A primeira incursão de Mishima no mundo da ópera foi numa apresentação da *Carmen*, de Bizet, no Kabuki-za de Tóquio. O elenco era composto por Akemi Yuri e pelo tenor Yoshie Fujiwara, criador em 1934 da Companhia de Ópera Fujiwara, a primeira companhia operística nipônica importante e que sobrevive até hoje. Ele achara muito interessante os diálogos cotidianos em japonês serem cantados e ficava imitando o recitativo de Fujiwara em casa. O escritor gostava de ópera e toda vez que ia ao exterior assistia muitas. Mas ao invés de *ouvir* ópera, sempre escrevia *ver* ópera. Em 1952 durante sua primeira volta ao mundo, impressionou-se com *Salomé* de Richard Strauss, apresentada no Metropolitan de Nova York, e *Billy Budd* de Benjamin Britten em Londres. Na primavera desse mesmo ano, surpreendeu-se com a má qualidade das produções na Ópera de Paris, sobretudo as de Wagner.

---

1. Yukio Mishima, "A Propósito de *A Centésima Noite*".

302 YUKIO MISHIMA: O HOMEM DE TEATRO E DE CINEMA

A ópera *A Centésima Noite (Sotoba Komachi)*, sob direção de Tetsuji Takechi, foi produzida pela Companhia de Ópera de Kansai no Sankei Hall de Osaka, em março de 1956. Para que a adaptação resultasse em trabalho inteiramente desvinculado do seu texto teatral, Mishima confiou libreto e composição musical a Mareo Ishiketa, regência a Tadashi Asahina e atuação a Shirô Kimura. O artigo "A Propósito de A Centésima Noite" foi redigido para o programa de estréia.

É a primeira vez que uma obra minha será adaptada para a ópera, portanto, aguardo com grande prazer esta encenação. Anteriormente quando assisti em Tóquio a adaptação do *Conto de Shûzenji*, tive realmente uma sensação muito opressiva, devido à obstinação pelo recitativo em toda a obra. Mas quando vi *Salomé* de Richard Strauss em Nova York, não me deu muito essa impressão. Todavia em japonês, uma vez que se entenda negligentemente o significado, talvez o incômodo proveniente da repetição de palavras e música se torne mais denso[2].

Em *A Origem da Tragédia*, Nietzsche adverte que, na realidade, o perigo se encontra em ambos os lados, tanto na ênfase no recitativo quanto na música.

Para deliciar o espectador que deseja ter a percepção nítida das palavras, o artista é mais obrigado a falar do que a cantar e assim, no seu meio canto, acentua a expressão patética das palavras. Graças a esse reforçar do "pathos", facilita a compreensão do discurso, mas violenta a outra metade da música. O verdadeiro perigo que o ameaça então, é o de conceder por vezes à música uma preponderância que não vem a propósito, de maneira que fatalmente caem ao mesmo tempo o patético do discurso e a distinção das palavras. Mas por outro lado, sente a voz atraída para a modulação musical e para a exibição da virtuosidade[3].

Ao ver nos Estados Unidos *Tristão e Isolda* pela Ópera de Sttutgart em 1957, Mishima confessa ter tido a sensação de que se encontrava, pela primeira vez, com o verdadeiro Wagner. E como essa música não mais o abandonasse, adquiriu o disco da Orquestra Filarmônica de Berlim, regida pelo legendário maestro Wilhelm Furtwängler (1886-1954). O escritor deleitara-se entusiasticamente com a essência do Romantismo, sobretudo a parte posterior do terceiro ato, *A Adoração de Tristão*. Talvez influenciado por *A Origem da Tragédia*, em que Nietzsche faz uma análise inflamada da obra. Assim, em outubro de 1963, quando a Ópera de Berlim anunciou a sua presença no Japão com *Tristão e Isolda*, Mishima compôs o ensaio *O Monstro Chamado Ópera* e passou a aguardá-la com ansiedade.

A ópera é essencialmente um produto do pensamento romântico. A alegria de misturar e totalizar os variados gêneros artísticos, essa insensatez e insensibilidade

---

2. Yukio Mishima, "*Sotoba Komachi* ni tsuite" (A Propósito de *A Centésima Noite*), *Programa da Companhia de Ópera de Kansai*, março de 1956.

3. Friedrich Nietzsche, *A Origem da Tragédia*, p. 140.

O MONSTRO CHAMADO ÓPERA 303

atingem o ápice na Escola Romântica. Depois cada um desses gêneros seguiu o caminho do individualismo e depuração. Por exemplo, após a realização da união suprema de literatura e pintura nos quadros românticos, a pintura despede-se da literatura e avança para a pintura pura.

Mas se tomarmos o partido da Escola Romântica, a mistura confusa ou totalização é decididamente diferente do ecletismo. No fim do Renascimento também surgiu uma escola eclética, entretanto, o ecletismo é sem dúvida um fenômeno dos anos derradeiros de um movimento. A Escola Romântica difere disso. Ela conduz à força, para uma totalidade metafísica, os elementos que se opoem e contradizem. Deste ponto de vista, ela atinge o seu ápice na ópera de Wagner.

Pensando bem, a melodia encerra uma contradição, o conteúdo significativo das palavras de uma canção e a sensação produzida pela música, ao invés de se complementarem, acabam por se repetirem. As palavras são a profanação da música e a música é a profanação das palavras; o "logos" contido nas palavras já está incluso nos princípios construtivos da música e o "pathos" contido nas palavras deve estar suficientemente representado nos elementos sentimentais da música.

Quem ousou efetuar essa repetição e contradição, unindo à força a cultura musical com a arte do ator e além disso, introduziu em abundância o gosto pelo "colossal", peculiar à Escola Romântica, criando uma espécie de monstro das artes cênicas, foi a ópera. E quem desenvolveu com impudência as vantagens e os defeitos da ópera, numa escala cósmica, não foi outro senão Wagner, especialmente em sua obra-prima suprema *Tristão e Isolda*. É uma obra que só pode ser denominada de monstro. É uma metáfora estranha, porém, como na fábula de Esopo, em que um sapo incha a barriga ao máximo e por fim acaba estourando, é uma obra que parece ter sido concluída exatamente antes desse estouro. Ela é uma compilação tipo pesadelo de todas as espécies de sentimentos humanos e consciências de mistura desde a pré-história, uma totalização musical de todos os tipos de monumentos colossais e de mau gosto no mundo inteiro ... É uma orgia de eros e morte, incrivelmente doce e sombria, extremamente vigorosa e doentia.

Pode-se dizer que a vinda da ópera alemã que encenará *Tristão*, um produto genuíno, aplacará a sede de longos anos dos fãs de ópera no Japão. Embora seja uma digressão, foi inevitável que a ópera, produto romântico do século XIX, tivesse se tornado antiquada por um momento. Porém, a arte do século XX, que se tornara subdividida e depurada em demasia, atualmente segue de novo o caminho da aproximação e totalização. Portanto, a ópera talvez renasça como a "arte do amanhã". Aí também se oculta a monstruosidade da ópera[4].

Essa música de Wagner, *Tristão e Isolda*, iria servir posteriormente de trilha sonora para o filme *Patriotismo* (1965) de Mishima. E em 1970, essa mesma música o acompanharia em sua derradeira cerimônia fúnebre.

MINOKO, A ÓPERA ABORTADA

Em 1963, Mishima e o compositor Toshirô Mayuzumi foram contratados para criar uma ópera, sob direção de Keita Asari, a ser apresentada no ano seguinte no Teatro Nissei de Tóquio. Na noite de 4 de julho, o escritor recebe Mayuzumi e Asari num quarto do Hotel Imperial, onde costumava recolher-se para escrever. Depois do

4. Yukio Mishima, "Opera to iu kaibutsu" (O Monstro Chamado Ópera), *Programa da Ópera de Berlim*, Tóquio, outubro de 1963.

banho, só com uma toalha em volta do corpo, começa a trabalhar no manuscrito. Ao amanhecer do dia seguinte, concluídos os primeiro e segundo atos, o autor entrega-os com a promessa de terminar em breve o terceiro ato. E de fato, ele completa o libreto a 17 de julho.

A ópera *Minoko* é uma adaptação do *Kojiki* (*Registro das Coisas Antigas*, de 712) para os tempos modernos e, segundo o autor, foi inspirada no filme *Amor, Sublime Amor* (*West Side Story*). Em suma, uma combinação de mitologia japonesa e musical americano. O responsável por um santuário histórico pretende vender o bosque ao redor para Kuwano, membro influente do vilarejo, que almeja construir um hotel e um cabaré. Yutaka, filho de Kuwano, arruaceiro como Susanoo da mitologia japonesa, surge como o líder de uma gangue de motoqueiros, disposto a acabar com o festival do vilarejo. Mas ao vislumbrar a beleza angelical da sacerdotisa Minoko, apaixonado, redime-se.

Como Minoko não se dispõe a perdoá-lo, Yutaka esfola vivo o cavalo sagrado e lança sua pele no quarto em que as sacerdotisas estavam a tricotar. No bosque, Minoko recolhe-se ao claustro por três dias. Quando sai, Kuwano a toma como a reencarnação de Saeko Taga, uma bela mulher a quem violentara três anos antes e que, na realidade, era mãe de Minoko. Ao ser surpreendido por seu filho Yutaka, transtornado, este comete o parricídio. Apesar de tudo, Minoko ainda o ama. Mas atingidos por um raio que cai sobre uma árvore próxima, os dois falecem. O povo comenta que assim, o raio separara os deuses dos homens. Yutaka seria o deus da turbulência e sua namorada Minoko, a deusa da paz.

Quando Mishima rompe com o Bungaku-za em novembro de 1963, solidário, o Teatro Nissei decide montar *A Harpa da Alegria* no ano seguinte. Entretanto, como julgavam que uma peça com elenco só de policiais masculinos não se sustentaria comercialmente por um mês, resolvem encenar a ópera *Minoko* na primeira metade de maio e na segunda, *A Harpa da Alegria*.

Para a composição musical do primeiro ato de *Minoko*, que transcorre no festival de outono, Mayuzumi utilizou como referência um antigo *kagura* (dança e música sagradas em santuário xintoísta). Mas no final de janeiro de 1964, ainda estava na metade do segundo ato. Ao entrar em fevereiro, percebendo que o compositor não completaria a música e seriam necessários pelo menos dois meses para os ensaios até a estréia em maio, o escritor desiste da montagem. Pela negligência do compromisso assumido, Mishima rompe definitivamente a amizade de doze anos com Mayuzumi, desabafando: "É a pessoa que eu mais detesto!"

A versão operística do seu romance *Templo do Pavilhão Dourado* foi montada em junho de 1976 em Berlim. Já a 5 de maio de 1990, a ópera *O Mar Traído* do compositor alemão Hans Werner Hen'ze, baseada em sua obra *O Marinheiro que Perdeu as Graças do Mar*,

O MONSTRO CHAMADO ÓPERA

estreou na Ópera de Berlim, numa co-produção com o Teatro Scala de Milão. No ano seguinte, a 6 de março de 1991, a ópera *Templo do Pavilhão Dourado*, composta por Toshirô Mayuzumi foi apresentada no Orchard Hall de Tóquio, dirigida por Bauernfeind e regida por Hiroyuki Iwashiro. A versão em inglês, com direção e elenco totalmente americanos, foi encenada no Lincoln Center em 1995 pela New York City Opera, empregando-se alta tecnologia no cenário e iluminação, bem como uma dança de vanguarda.

19. Boxe, Radionovela Inspirada na Música Concreta

Mishima deixara de escutar a música concreta de Toshirô Mayuzumi, transmitida em 1953. Porém, a pedido do compositor, ouviu a gravação e acabou achando-a muito interessante. No artigo "A Propósito de *Boxe*", o escritor diz:

> Em suma, música concreta é uma música que não tem notas musicais. Parece que significa música composta pelos sons em si mesmos, sem passar pelas notas musicais, não deixando margem à sua interpretação. De fato, ao ouví-la, os sons frescos, que não dão margem à interpretação, chegam arbitrariamente e deixam o coração palpitante, mesmo em alguém como eu, insensível aos sons. O século xx, denominado "século da verdade", talvez sinta uma necessidade inevitável de produzir tais coisas. Quando o som chega desse jeito, não dá para ficar alheio, dizendo-se insensível aos sons[1].

Na época, os escassos trabalhos para os autores de *shingueki* (teatro moderno) concentravam-se em roteiros de cinema e radionovela. Mas até então, Mishima não se sentira atraído por ela. Portanto, quando Mayuzumi solicitou-lhe um roteiro de radionovela, ele decidiu criar um texto em que este estilo e os sons falassem naturalmente.

> Na verdade, eu não queria empregar nem mesmo a fala, porém, não pude deixar de usá-la. Então, evitei o diálogo comum e tornei-o suficiente só com monólogos, com um parceiro calado ou diálogos em que ambas as pessoas, bem informadas sobre esporte, não incluíssem coisa alguma de psicológico. Não utilizei a narração em parte

---

1. Yukio Mishima, "*Boxingu* ni tsuite" (A Propósito de *Boxe*), em *Panfleto da NHK*, novembro de 1954.

308 YUKIO MISHIMA: O HOMEM DE TEATRO E DE CINEMA

alguma, nem deixei que os personagens masculino e feminino proferissem falas, confiei apenas na expressão sonora. Os personagens são narrados indiretamente: a heroína, através do tema da heroína, e o herói, pela transmissão da luta. Por outro lado, o locutor de rádio transmite a disputa e com as mudanças de *switch* do rádio, dá-se as mudanças de cena. Nos trinta minutos que me foram concedidos, distribuí o roteiro num tempo aproximado de um *round* real, sendo que no nono *round*, o personagem é nocauteado[2].

O autor acabou criando uma estória simples e esquemática, resumida por Masaki Dômoto.

Centrado num ginásio de boxe para a luta ao título de campeão de peso leve, vemos o destino de Takemura, que possui uma namorada ingênua e uma amante com o apelido de "deusa da morte", cuja presença no ginásio de esportes significa inevitavelmente a derrota do lutador. O protetor de meia-idade da estranha mulher insinua-lhe a existência da namorada pura e assim, a induz a comparecer ao ginásio. Por fim, a misteriosa mulher vai à competição e Takemura perde a luta[3].

A radionovela, que participou do Festival de Artes, foi transmitida pela NHK (Associação de Radiodifusão Japonesa) a 21 de novembro de 1954, interpretada por Hiroshi Akutagawa e composição musical de Toshirô Mayuzumi.

2. Idem, ibidem.
3. Idem, ibidem.

20. A Morte Desejável no Monólogo A Saudação do Barco

> *Havia um rumor de que o inimigo provavelmente logo desembarcaria na baía S e que a região na qual se erguia o arsenal seria subjugada. E novamente, mais ainda do que antes, descobri-me profundamente imerso num desejo de morte. Era na morte que eu havia encontrado meu real "objetivo na vida"[1].*
>
> PROTAGONISTA de *Confissões de uma Máscara*

A Saudação do Barco, monólogo em um ato dirigido por Mishima, estreou no Ateliê do Bungaku-za, de 15 a 19 e 27 de junho de 1955. Um farol localizado ao longo da montanha em uma pequena ilha e abaixo, uma cabana de observação sobre um penhasco. Numa tarde de um dia claro de maio, Ichirô Masuda, jovem funcionário do farol de mais de vinte anos de idade, espreita através do telescópio. Ele anota o nome do navio, país de procedência, suas cores, hora de passagem e transmite essas informações por telefone ao escritório telegráfico em uma outra ilha. Masuda passa todos os dias solitário a contemplar o mar, com as entradas e saídas das embarcações.

Porém, certo dia, começa a se indagar, "Afinal de contas, quem sou eu?" Seria apenas um pequeno ponto a ligar o porto e o navio? Ele alegra-se com as saudações por meio das bandeiras de sinalização dos navios. Mas isto não lhe basta. O faroleiro anseia por algo mais, uma embarcação que expresse os seus sentimentos, não importa se bons ou

---

1. Yukio Mishima, *Confissões de uma Máscara.*

maus. Assim, ele se sentiria menos só e ligado ao mundo, amigo de pessoas procedentes de vários países.

Nesse momento, aparece um estranho navio, negro como um corvo, sem nome nem bandeiras de sinalização. Seis marinheiros surgem no convés e um deles atira em Masuda de camisa branca. Torna-se flagrante aqui a metáfora do moço puro, o farol que ilumina as demais pessoas, mas que se encontra sozinho numa ilha, totalmente isolado do mundo. Ele falece agradecendo. "A saudação quente do navio, como o fogo... o que eu estava aguardando, por fim chegou..."[2]. A ânsia e atração pela morte enquanto jovem, em pleno vigor, como um mártir, esta cena remete à imagem de São Sebastião crivado de flechas, que o autor tanto cultuava. Projetando-se no rapaz do farol, que não conseguia encontrar o seu espaço na realidade, Mishima aguardava romanticamente por uma bela morte como a de São Sebastião.

O escritor estava convencido de que graças à providência divina, faleceria aos vinte anos. No entanto, isso não ocorreu. A partir dos trinta, adquiriu um corpo rijo e saudável, que o fez se afastar do pensamento de morte. Mas em *As Férias de um Romancista*, composto na mesma época de *A Saudação do Barco*, o autor declara:

> Ainda hoje, quando tenho tempo, às vezes, penso na morte desejável. E para mim, isso é o mesmo que pensar na vida desejável. [...] A morte por uma bala perdida, essa situação de assassinato puro é uma coisa por mim imaginada, uma morte que aprova totalmente a ociosidade do espírito feliz. [...] A arma dispara. A bala penetra nas minhas costas e totalmente ao acaso, atinge o meu coração. Eu acabo falecendo de imediato, sem ao menos saber que morria.

---

2. Yukio Mishima, *Fune no aisatsu* em *Yukio Mishima guikyoku zenshû*, vol. I.

21. A Pantomima Cavalheiro

> *A dança parte da música e a mímica, do silêncio. Portanto, ela deve ir além das palavras e procurar a essência da imagem[1].*
>
> MARCEL MARCEAU

Alguns consideram a pantomima, arte baseada na linguagem gestual, fisionômica e corporal, cuja cláusula imperativa é o silêncio, como sinônimo mesmo de mímica. Já o *danmari* no kabuki, espécie de pantomima em câmera lenta, é uma cena de luta entre várias pessoas no escuro, sempre acompanhada pela música da orquestra oculta (*gueza*) ou simplesmente pelos sons das matracas (*hyôshigui*).

Precisamente por haver introduzido o silêncio no mimo nipônico, praticado há séculos, porém, com as achegas dos que comentavam ao mesmo tempo as ações e cantavam em seguida, o francês M. Marceau foi declarado nos anos de 1960 "Tesouro Nacional Vivo do Japão"[2].

Assim, teria Marceau, com a sua "música do silêncio", regra primordial de sua sintaxe mimodramática, já aportado em terras nipônicas e influenciado inclusive a montagem da pantomima de Mishima, em janeiro de 1952?

---

1. Marcel Marceau no programa *Roda Viva*, da TV Cultura de São Paulo, 15 de setembro de 1997

2. Napoleão Sabóia, "Marceau solta o verbo em defesa do silêncio" em *O Estado de São Paulo*, 21 de maio de 2000.

312 YUKIO MISHIMA: O HOMEM DE TEATRO E DE CINEMA

Cavalheiro, único roteiro de pantomima do dramaturgo, é um texto curto que se resume a uma única página. Inverno. Um cavalheiro de meia-idade chega ao apartamento de sua jovem amante, mas ela não está. Ao ver a mão esquerda de uma luva masculina caída perto do sapateiro, ele, pensativo, reluta em devolvê-la e acaba atirando-a pela janela. Todavia, um transeunte atencioso a coloca de volta na caixa de correspondência. Percebe-se isso através dos sons dos sapatos. Ao retirá-la, surpreso, ele encontra a mão direita do par de luvas. Ao olhar pela janela, vê o seu jovem rival com a mão esquerda enluvada, caminhando de braços dados com a sua amada. Apesar da amargura, como um verdadeiro cavalheiro, atira-lhes também a mão direita da luva e exclama: "Ora, coloque a luva e vá passear no bosque com a minha mulher, nesse dia claro de inverno". A infidelidade e as luvas fariam pensar em um duelo, mas a ironia está em mandá-los passear. Desta performance pantomímica só restam as fotos do ator Ken Mitsuta na revista *Engueki* (*Teatro*), janeiro de 1952.

22. Reflexões Sobre a Criação do Drama Poético, Drama Dançante e Balé

No ensaio "Assistindo o Nô *Hanjo*", de 1952, escrito aos 27 anos, quando Mishima já havia publicado e encenado três peças de nô moderno, o autor tece reflexões sobre a criação do drama poético e as origens do drama dançante, dança e balé. O que o levaria nos anos subseqüentes a prosseguir em sua série de nô modernos, bem como a conceber o drama dançante *Orfeu* e o balé *Miranda*. O texto é pertinente ao diálogo Oriente e Ocidente em relação às artes cênicas.

No Ocidente a tradição do drama em versos é antiga, mas a tradição do drama poético é surpreendentemente recente. É preciso refletir sobre estes dois gêneros em separado. O que o drama em versos soluciona é a questão do estilo e não a de sua poesia. Quanto mais pura se torna a poesia, mais ela cai nas profundezas da solidão. No Ocidente desde a Grécia, essa tendência foi reprimida pela tradição do teatro de diálogos.

Bem, não dá para saber o quanto o gosto pela discussão dos atenienses foi útil na formação da tragédia de Ática. Enquanto espectadores que se entusiasmavam com os debates, eles construíram o fundamento do teatro ocidental. Os espartanos, que valorizavam a circunspecção, não foram em absoluto bons criadores de teatro. O teatro grego é uma fusão harmoniosa de "logos" e "pathos", e ao mesmo tempo, uma colisão frontal destes; com base em cada linha dos diálogos, o drama invade o fundo do coração do parceiro e comove os espectadores. Duas pessoas já é o plural. Eles são o modelo dos espectadores que se agrupam, sendo-lhes concedida a liberdade de escolha de transporte emocional para qualquer um deles. O teatro desenvolveu-se desse modo. De um lado, o teatro grego sofreu um refinamento lógico e foi dar em Racine, de outro, expandiu-se teatralmente, ficou complexo e transformou-se em teatro shakespeareano. A tradição do teatro de diálogos, do confronto dramático um a um é mantida até hoje.

314 YUKIO MISHIMA: O HOMEM DE TEATRO E DE CINEMA

E como ficou a questão poética? Maeterlinck, os poetas do renascimento das artes literárias irlandesas e Hofmannsthal tinham dúvidas quanto a esta tradição de diálogos no teatro. A poesia e o teatro seriam realmente duas leis antagônicas? No lugar do parceiro do diálogo, o teatro de Maeterlinck estabelece uma existência mística muda. A maioria dos diálogos dos personagens não combina, não engrena. Seus diálogos são muito paralelos, arranjos de monólogos que parecem semelhantes, voltados para a "morte". A construção lógica dos diálogos nas peças é quase que ignorada. No entanto, a tendência desta escola não chega a destruir a tradição geral do teatro ocidental.

Cogitou-se então, em mais um ponto de acordo entre teatro e poesia, que é o drama dançante. É claro que no teatro grego, drama de diálogos, havia também o coro, grupo de canto e dança. A dança encontrou um grande desenvolvimento na Grécia (é natural, uma vez que a escultura, que expressa a beleza do corpo humano, aí se desenvolvera tanto), mas em Roma saiu de moda e só a pantomima vulgar prevaleceu. Com o advento do Renascimento, houve um ressuscitar da beleza da dança, uma grande evolução do "intermezzo", mais tarde herdado pela França, e na época de Luís XIV formou-se, pela primeira vez, a arte do balé tal como a conhecemos hoje.

O balé não necessita de palavras nem de diálogos. Sem dúvida, ele estabelece os diálogos simples por meio de movimentos corporais e das mãos, mas é claro que a peça não vai se construindo logicamente através de diálogos. A essência da dança é de fato a expressão poética corporal; a solidão do dançarino fala aos espectadores unicamente através da "beleza da forma", que é muito mais pura do que o monólogo. Em suma, o monólogo ainda é uma metamorfose do diálogo. Então, o espectador deve imaginar o parceiro ausente no palco ou sentir-se como o parceiro. Em qualquer dos casos, não resta ao espectador a liberdade de escolha do transporte emocional para os dois dialogantes. O solilóquio ordena e oprime a psicologia do espectador, que perde a sua liberdade.

Em oposição a isso, a dança amadurece poeticamente a expressão da solidão. Em suma, ela não fala, expressa-se passiva e não ativamente. Quanto mais pura for a expressão poética, tanto mais é investida de passividade absoluta; toda essa dificuldade se estabelece quando se exclui a persuasão do leitor.

Todavia, o balé, devido à assimilação simples e em certo sentido impura de elementos teatrais, desenvolveu-se e tornou-se íntimo de numerosas pessoas como algo distante de tal dificuldade. Por isso o balé transformou-se em uma estranha mistura, impuro como teatro e impuro como dança, aí os elementos teatrais é que foram profanados. Assim, foi natural que a maioria dos dançarinos modernos levantasse a bandeira da revolta contra o balé.

De fato, a poesia é extremamente fácil de ser expressa através da dança. O balé moderno e a dança moderna perseguiram com pureza essa expressão poética e, finalmente, transformaram-na em algo que pôs fim a essa dificuldade. Aí já não mais restara senão muito pouco dos elementos teatrais.

Ao refletir dessa maneira, parece que desejo evitar a contradição fundamental entre teatro e poesia. Mas a cada vez que assisto uma peça de nô, não posso deixar de negar com veemência: "Não é bem assim". [...]

A peculiaridade das artes como também das artes cênicas japonesas é a não separação. A música nipônica desenvolveu-se da música de acompanhamento das narrativas e, mesmo depois de tornar-se independente como música, não escapou do controle das expressões literárias. A dança também não se tornou independente do teatro; como movimento estético corporal totalmente puro, afastado das expressões literárias, há apenas o exemplo raro do nô *Tôboku*. Quanto ao teatro japonês, também não se vê um puro teatro da fala até o advento do teatro moderno, que é uma importação do Ocidente. Pode-se ver um germe de teatro da fala no teatro de costumes de um certo período do kabuki, como em *O Vagabundo Danshichi com um Guarda-Chuva no Aguaceiro*, porém, mesmo este não é algo literariamente elevado. O fato de que o romance tornou-se independente do que o aproximava do teatro enquanto uma ficção leve, também é muito recente; tal como o conto na literatura do Período Heian (794-1192), que enquanto gênero, é uma mistura de elementos que se desenvolveram da parte escrita de canções, diários e textos genuinamente romanescos. Ao

REFLEXÕES SOBRE A CRIAÇÃO DO DRAMA POÉTICO... 315

visualizar desta forma, pode-se conjeturar que os japoneses são um povo que não aprecia a divisão em gêneros artísticos. O fantasma resultante da mistura de prosa e verso pode ser visto com frequência, ainda hoje, nos escritos de pessoas antiquadas. Mas isto não é necessariamente um infortúnio. Os artistas europeus estão sofrendo uma vingança, devido a este espírito de separação, enfim, de sistematização. A sistematização da cultura em geral, que começou no período romano ou helenista, não é necessariamente um fenômeno moderno. Portanto, por outro lado, não se pode dizer que a não separação em gêneros artísticos no Japão seja um fenômeno de não civilização.

Assisti em Paris a *Joana d'Arc na Fogueira*, de Claudel. Onega juntou ao poema dramático de Claudel uma composição em forma de cantata e mais, encenou-a como algo que não chega a ser ópera nem balé. Enquanto forma, está mais próximo do mistério medieval. Os diálogos, cantos e danças do coro estão unificados. Como Claudel é católico, pode-se conjeturar que elevou para a contemporaneidade o teatro popular da Idade Média e tentou a totalização dos gêneros separados. E até certo ponto, ele conseguiu isso de modo brlhante, mas não está à altura do nô.

Por que o nô, por exemplo o *Hanjo* que vi esses dias, é assim, perfeito como drama poético? Aí age a natureza cultural feliz de vários japoneses.

Em primeiro lugar, uma vez que a dança nipônica depende da literatura, é teatral e além disso, como não depende inteiramente dos diálogos, é ainda mais dançante; a partir de ambas estas facetas, solucionou-se a difícil questão de expressão teatral na poesia. O que é poesia? É uma questão difícil, mas pode-se dizer que é algo o mais puro e passivo possível, no limite extremo entre o pensamento e a ação, mais próximo da ação. É possível "um ato puro e passivo"? A palavra é algo misterioso, ativo e possui a contradição de que quanto mais se torna de uso comum, mais se afasta da ação. O destino do romance moderno contrói-se sobre esta contradição, no entanto, a poesia é a coisa que mais aproxima as palavras das ações. Por conseguinte, a função expressiva das palavras não pode deixar de se tornar extremamente passiva. Este tipo de manifestação teatral da poesia, visto que exprime a ação de modo extremamente passivo, ao contrário, pode aproximar-se da expressão da poesia através de palavras. Falando de forma simplificada, a poesia não pode ser mostrada através do diálogo. Ela só pode ser expressa através do ato solitário. Além do mais, este ato, assim como as palavras de um poema, deve ser extremamente econômico. À proporção que as palavras se aproximam do ato puro, elas devem estar investidas com o máximo de passividade, que de fato aumenta. Os movimentos do nô realizam admiravelmente este requisito.

Em segundo lugar, temos a questão da expressão literária, e o exemplo do nô *Hanjo* de Zeami, enquanto drama poético é quase perfeito. As idéias dos trocadilhos (*kakekotoba*) e epítetos convencionais (*makura-kotoba*), que à primeira vista parecem sem sentido, na realidade, possuem um significado importante. Tal salto das imagens significa as ações do ator. Caso a expressão literária for unicamente através de diálogos, o ator perde a ação (o teatro clássico francês quase não possui ação que se pareça com ação). Caso a expressão literária for apenas uma confissão psicológica, a ação do intérprete é enterrada infinitamente no pântano da psicologia. A mulher que foi abandonada e sofre como uma mulher casada com o marido ausente, essa psicologia banal e tão anti-teatral pode ser transmutada de acordo com o estilo da literatura medieval, para uma imagem incessantemente exterior e sensual.

Ao enumerar tais méritos, eu me ponho a refletir de novo sobre as dificuldades de nós, contemporâneos, criarmos um drama poético. É uma dificuldade imensurável, mas não necessariamente impossível. Talvez, não mais consigamos a união feliz da época em que foi criado o nô. Entretanto, mesmo na França, com a cooperação de excelentes artistas, não obtiveram um resultado consideravelmente admirável como a *Joana d'Arc na Fogueira*?[1]

1. Yukio Mishima, "*Hanjo* haiken" (Assistindo o Nô *Hanjo*), *Kanze*, julho de 1952.

DANÇA É ALEGRIA

Há uma tradição no Japão, mantida até hoje, de assistir kabuki no Ano Novo, feriado prolongado de uma semana. Ao relembrar os memoráveis dramas dançantes kabuki, mais apropriados à época do que as tragédias, especialmente os estrelados por Mitsugorô Bando VII, Mishima registrou suas impressões sobre a natureza da dança em geral no artigo *Dança*, publicado no periódico *Mainichi Shimbun*, a 4 de janeiro de 1963.

Toda vez que vejo uma dança de forma correta e além do mais, livre, ponho-me a refletir sobre a misteriosa natureza da dança. Não é que não haja dança sem sons, mas geralmente a dança completa-se restringida pela música e coreografia. Por mais que uma dança pareça livre, cada fragmento obedece rigorosamente às molduras temporal, da música e espacial, da coreografia. Quanto a este aspecto, a pessoa que parece viver, movimentar-se e conversar livremente, na realidade, é como nas outras artes cênicas, em que tudo obedece ao roteiro e às indicações do diretor. Entretanto, a dependência da dança em relação à música é especialmente severa e mais, a sensação de liberdade e desvelamento dos movimentos corporais na dança é particualrmente essencial.

A profunda impressão causada por uma boa dança está no fato de dar a sensação de que os nossos corpos, sentados na platéia meramente contemplando em silêncio, boquiabertos e admirados, se indagam se na origem eles também não teriam sido assim. Quando o dançarino mostra, de instante a instante, a beleza e liberdade das formas e dos movimentos do corpo humano, e nos faz pensar se originalmente todos os homens não as teriam possuído e as acabaram perdendo, essa dança obtém sucesso, concedendo aos espectadores a nostalgia da fonte da vida e veneração pela figura nua da existência humana.

Por que será que as formas e os movimentos dos nossos corpos, comparados aos de um dançarino, perderam a beleza, liberdade, suavidade e expressão dos sentimentos ou até mesmo toda capacidade de manifestação do nosso ser? Por que será que comparados à beleza e agilidade mostradas pelos dançarinos, nós somos tão feiosamente lentos?

Ao invés de dizer talvez, evidentemente é devido à intenção livre na qual acreditamos. A intenção livre destruiu os movimentos rítmicos, que os nossos corpos possuíam na origem e nos fez esquecê-los.

A razão é que os dançarinos se dirigem à direita ou à esquerda, seguindo as indicações de música e coreografia. Porém, nós nos dirigimos à direita ou à esquerda, de acordo com a intenção livre. Como resultado é igual, no entanto, as intervenções da intenção e da consciência do objetivo destroem nesse mesmo instante os movimentos rítmicos originais do corpo, acabando por transformar os nossos movimentos em algo rígido. Além do mais, onde não existe o mínimo de restrição, é destino do homem não conseguir tornar vívida a energia inconsciente. A intenção livre, irrestrita, satisfaz o homem com a consciência e ironicamente acaba usurpando-lhe a liberdade de sua própria existência.

A dança existe desde os primórdios da história humana, enquanto uma arte que discerniu bem tais segredos do corpo e espírito. Originalmente as artes marciais também, a fim de fazer compreender as técnicas de combate, para começar outorgam ao corpo uma restrição severa, tornando vivaz a energia inconsciente e graças à repetição incessante de treinamentos, penetra no território do inconsciente com as técnicas relativas a essa restrição. E em caso de emergência, possuem uma metodologia capaz de fazer trabalhar a força inconsciente, em liberdade e no seu mais alto grau. Mas comparadas à dança, essa consciência do objetivo obstrói a alegria da vida pura.

REFLEXÕES SOBRE A CRIAÇÃO DO DRAMA POÉTICO...

Dança é alegria. Mesmo enquanto expressão de tristeza, essa manifestação em si mesma é alegria. A dança outorga ao corpo humano a restrição severa da música. Antes de mais nada, ela mata a intenção livre e pode-se dizer que restaura ao homem o "ritmo da existência" original. Estranhamente, o corpo humano subdivide metódica e detalhadamente o tempo e só quando se apóia na força dessa música, uma descoberta anti-natural que outorga uma lei e uma ordem diferentes, baseadas apenas nos sons, ele se torna livre e vivaz. Deve ser porque as próprias regras musicais, embora pareçam anti-naturais à primeira vista, na realidade, cooperam mútua e longinquamente com as leis da matéria e do universo. A correspondência que aí se estabelece talvez seja a essência da dança; pode-se dizer que quando não colocamos o nosso corpo no interior dessa correspondência, não somos livres no sentido verdadeiro e mais, não conhecemos a alegria da vida verdadeira. [...]

Sem pensar no futuro, é preciso dançar. Seja ela uma dança no topo de um vulcão em erupção, é necessário se salvar dançando. Se não dançarmos agora, a dança escapará imediatamente das nossas mãos e talvez, percamos para sempre a chance de conhecermos a alegria.

O drama dançante *Orfeu* será abordado em "Mishima Diretor".

23. Os Balés Patriotismo e Miranda

Em 1968, Mishima viu-se às voltas com dois balés, *Patriotismo* e *Miranda*. Há cerca de um ano, o dançarino Kinshirô Ozawa havia-lhe solicitado autorização de adaptação para balé do seu conto *Patriotismo*. Embora até então, desconhecesse o trabalho de Ozawa, ele aquiesceu de imediato porque sendo a estória parca em movimentos, o desafio estava justamente na aposta na criatividade do diretor.

Mishima já havia feito uma adaptação cinematográfica de *Patriotismo* em 1965. Ele acreditava igualmente na possibilidade de sua adaptação para o kabuki, uma vez que o *seppuku* (popular *harakiri*) é uma cena peculiar de kabuki, todavia, a cena amorosa precedente se tornaria problemática. Mas no caso do balé, ocorreria exatamente o contrário, isto é, a cena amorosa seria resolvida com facilidade, enquanto que a de *seppuku* se tornaria um marco como a primeira no balé mundial. Em 1986, Maurice Béjart apresentou *The Kabuki* com a Companhia de Balé de Tóquio, baseado em *A Vingança dos Quarenta e Sete Vassalos Leais* (*Chûshingura*), com o *seppuku* de quarenta e sete guerreiros.

O balé *Patriotismo*, em um ato, com composição e direção de Kinshirô Ozawa, cenografia e vestuário de Tetsuhiko Maeda, foi apresentado no *Recital de Kinshirô Ozawa* a 5 e 6 de julho de 1968, com Fumiko Hashimoto e Kinshirô Ozawa no elenco. No artigo "A Propósito do Balé *Patriotismo*", o escritor assinala que ao ler o *Kojiki* (*Registro das Coisas Antigas*, de 712), dá para se perceber que originalmente o erotismo era a essência da vida, ligando livremente o

320 YUKIO MISHIMA: O HOMEM DE TEATRO E DE CINEMA

mais sagrado ao mais humilde. Mas a moralidade confuciana sobre a vida no além fizera os japoneses se esquecerem do erotismo sagrado, transmitindo-lhes apenas o erotismo humilde. Portanto, ele ensejou:

> O balé inclui elementos de ritual, que nos faz lembrar da santidade do corpo, como se entrássemos em território de semi-deuses. Espero que o balé Patriotismo, de Ozawa, expresse da forma mais bela possível o erotismo sagrado visado na obra original[2].

Ainda em 1968, centenário da Restauração Meiji, Mishima foi incumbido pelo Ministério da Cultura do Japão de criar um roteiro de balé, que exprimisse a fusão dos movimentos opostos, o genuinamente nipônico e a ocidentalização. Acostumado a redigir textos com falas, a princípio ele sentiu-se como os personagens do kyôguen *Atados a uma Vara*, literalmente como se tivesse as mãos e os pés amarrados, pois era a sua primeira incursão no gênero.

Certa vez no exterior, o escritor assistira uma adaptação para balé da ópera *Mikado*. Ele achou que a cintura alta do samurai estava perfeita, no entanto, se aborreceu ao ver a bailarina com o quimono até os quadris e de mangas longas, sobre o colante branco. Portanto, quando concebeu o balé *Miranda* em dois atos, sentiu que a questão do vestuário era a mais difícil e primordial num balé em estilo japonês. Mas no balé moderno *The Kabuki*, o diretor belga Béjart sobrepôs quimono ao colante, não causando estranheza alguma, ao contrário, acabou dando um frescor ao traje nipônico.

O enredo de *Miranda* foi inspirado no circo italiano, que viera ao Japão em 1886 e apresentara os *Feitos Eqüestres de Chiarini* na planície naval de Tóquio. O diretor do circo pede uma vultuosa soma ao político japonês, que se apaixonara à primeira vista por Miranda e a quer como amante. A bela moça italiana veste um colante e o seu jovem namorado, Kiyokichi, ultra-nacionalista, camisa aberta no peito sobre calça arregaçada. Ele compadece-se da amada, resgata-a pela janela do camarim e os dois fogem. Depois, temos a expressão da psicologia amorosa e o desenvolvimento do proto para a concretização do tema proposto. A estória desenrola-se com a luta entre os circenses italianos, símbolos do grupo ocidental, e Kiyokichi e os mercadores de peixe, representantes do grupo nipônico. A turma de Kiyokichi acaba vencendo. Mas o político vem de novo no seu percalço e o seduz com livros ocidentais, bem como a proposta de estudos no exterior, caso ele desista de Miranda. No meio do confronto entre o político moderno, ocidentalizado, e o povo genuinamente japonês, Miranda fica isolada. No entanto, ela é a única a tentar a união das duas facções e acaba falecendo ao escorregar da corda em que se equilibrava. Comovidos com sua nobre intenção, por fim, as

2. Idem, "Barec *Yûkoku* ni tsuite" (Sobre o Balé *Patriotismo*), *Programa do Recital Kinshirô Ozawa*, julho de 1968.

OS BALÉS *PATRIOTISMO E MIRANDA* 321

duas alas puderam se reconciliar. Apesar disso, o fato de que o bando de Kiyokichi vencera a batalha é coerente com a posição adotada por Mishima durante toda a sua vida, de que o Japão tradicional deveria sobrepujar o Japão moderno, enfim, ocidentalizado. Aliás, o escritor deu a sua vida ao sacrificar-se por esse ideal.

O balé *Miranda* foi encenado no Festival Artístico em Comemoração ao Centenário da Era Meiji, a 26 e 27 de outubro de 1968 no Teatro Nissei de Tóquio, sob direção de Akiko Tachibana. O cenário de Jirô Ariga ficou interessante, mas a coreografia antiquada de Yasuo Komori, Taneo Ishida e Asami Maki foi criticada por não ter conseguido expressar a época passada. Em seguida, o espetáculo foi apresentado em Kagoshima, Kyoto e Yamanashi.

24. Butô, o Pesadelo Contemporâneo

Tatsumi Hijikata, o criador do *ankoku butô* (dança das trevas), debutou oficialmente com o hoje célebre *Cores Proibidas (Kinjiki)*, a 24 de maio de 1959 no Daiichi Seimei Hall de Tóquio. Com o título emprestado do romance homônimo de Yukio Mishima e o tema do homossexualismo nas obras de Jean Genet, o espetáculo causou um grande impacto na época. A palavra *cor* em japonês também conota *erotismo*, portanto, o título deve ser subentendido como *Paixões Proibidas*, uma vez que tanto o romance como a dança retratam o mundo homossexual. A dança foi coreografada por Hijikata, com estrutura concisa e uma galinha branca que era trucidada no palco, simbolizando um ritual de imolação do corpo. O próprio Hijikata estrelou em parceria com Yoshito Ohno, filho de Kazuo Ohno, que já estiveram várias vezes no Brasil com apresentações de butô. A partir de então, galinhas brancas passaram a ser frequentemente sacrificadas nos butô dessa época.

Apesar de Mishima não ter assistido essa performance de Hijikata, logo eles se tornaram bons amigos. Tanto assim que as obras iniciais de Hijikata foram fortemente influenciadas pelo escritor e este, por sua vez, tornou-se o mais ardoroso fã e divulgador do butô desde as suas origens. Durante a minha estadia no International Research Center for Japanese Studies em Kyoto, viajei a Tóquio especialmente para poder participar do *Tatsumi Hijikata Butoh Film Festival'93* (17 a 19 de dezembro), no Asbestos-kan do bairro de Meguro, antro onde germinara o butô. Antes das projeções dos filmes, a dançarina Akiko Motofuji, viúva de Hijikata, costumava dar uma palestra, na qual

324 YUKIO MISHIMA: O HOMEM DE TEATRO E DE CINEMA

mencionava que Mishima aí comparecia com freqüência para assistir os ensaios. Em maio de 1959, o escritor mudara-se para a sua nova residência em Magome, distrito de Ohta, nas cercanias, e surgia em traje *mompe*, confortável calça de trabalho, franzida nos tornozelos e originalmente usada pelas lavradoras.

O primeiro artigo de Mishima sobre o butô, *Um Pesadelo Contemporâneo: O Grupo de Dança de Vanguarda que Representa 'Cores Proibidas'* na revista *Gueijutsu Shinchô*, em setembro de 1959, é um relato do seu contato inicial com a trupe e o seu processo criativo.

Ouvi dizer que Tatsumi Hijikata, da Escola Particular de Dança Tsuda, apresentara uma dança contemporânea com o título do meu romance *Cores Proibidas* (*Kinjiki*). No entanto, perdi a oportunidade de assistir esse espetáculo. Na verdade, eu fizera pouco caso, pensando tratar-se de uma dança excessivamente conceitual de um jovem literato. Mas certa noite, visitei a Escola Particular de Dança Tsuda e a partir do momento que confrontei com os meus próprios olhos os ensaios de *Cores Proibidas*, *Mancha Negra* (que dizem abordar o tema da impotência), coreografada por Miki Wakamatsu, e as lições baseadas em alguns temas, senti despertar em mim um profundo interesse por essa tentativa de vanguarda extrema.

Quando Tsuda solicitou-me alguns temas para improviso, sugeri os títulos *O Relógio que Derrete* de Dali e *Marquês de Sade*. Todavia, creio que foi um erro indicar este último. Dentre as pouco mais de dez pessoas do grupo, homens e mulheres, deveria haver gente que havia lido Sade, como também quem não havia, pessoas que o conheciam só de nome e outras que provavelmente relacionariam o nome de Sade apenas às idéias vulgares. Mesmo que essas pessoas enquanto grupo desenvolvessem uma dança de improviso, é fácil conjeturar que a profundidade da experiência cultural tornaria impossível a captação da imagem unificada. É claro que para tais lições de improviso, não é necessário que cada membro conceba exatamente o mesmo tipo de imagem. Por exemplo, em *O Relógio que Derrete*, mesmo que não se conheça Dali nem se saiba o significado do símbolo de análise espiritual que Dali confiou a *O Relógio que Derrete*, não tem a menor importância. É suficiente que haja alguma "distorção" da imaginação, nascida da união das palavras "relógio" e "derrete". E como o que eles criarão a partir disto não são palavras, mas os mais variados movimentos corporais, basta que o estímulo de uma idéia desperte a imagem unificada de vários movimentos corporais, que não sejam os do cotidiano.

Ao conceder uma idéia, vários elementos dos movimentos corporais são abstraídos e compostos a partir dela. Pude apreciar muito bem o interesse desse processo criativo nos ensaios baseados num tema dado. É claro que todas as danças são criadas dessa maneira, mas uma de minhas mais profundas impressões foi a de que não há como esta, por assim dizer, "dança contemporânea", para transmitir este processo de modo nu e puro. Porém, as idéias geram ações, que produzem no corpo uma certa energia sem objetivo e essa energia reflui de novo para as idéias, enriquecendo-as, ramificando-as e desenvolvendo-as. Esse instante do mais profundo interesse é de fato musical e pude apreciá-lo bem nas danças criativas comparativamente longas, como *Cores Proibidas* e *Manchas Negras*. Atualmente, creio que não exista manifestação cênica mais interessante do que esta na Grande Tóquio.

Ao vermos um espetáculo circense, competições de atletismo ou os mais variados tipos de esporte, temos um conhecimento das possibilidades quase limite dos movimentos do corpo humano; até que ponto ele pode se vergar e até onde consegue se refratar. O que se pode deduzir desse resultado é que as palavras do corpo humano, comparadas às palavras das letras, são em número bem mais limitado. Seja aos assistirmos uma dança contemporânea ou os ensaios baseados em determinados temas, os

BUTÔ, O PESADELO CONTEMPORÂNEO

movimentos ou as formas em si mesmos não nos surpreendem tanto assim. O que nos espanta é quando um movimento súbito do corpo ou um grito repentino, sem quase responder às nossas expectativas cotidianas, rebela-se de modo sutil e incessante contra a nossa consciência objetiva. Nesse sentido, a natureza da emoção que nos proporcionam é totalmente diferente do esporte, onde a força é concentrada obedecendo-se à consciência objetiva. A impressão de ruptura quando uma regra psicológica fixa se quebra de vez, devido ao misterioso movimento impulsivo do corpo, nunca poderá ser vista na dança com resquícios de técnica clássica. Essa impressão de ruptura geralmente proporciona uma sensação boa. Além do mais, no decurso de um tempo determinado, a dança interrompe-se e por fim, termina. Certamente os espectadores se afligirão para compreender por que diante dos seus olhos, a dança se interrompe e por que tem de acabar. Entretanto, não há dúvida de que esta densidade estranha provém dessa irritante sensação de descontinuidade. O fato de que do começo ao fim da dança, quem assegura essa intermitência temporal não é a música, mas só alguns corpos encharcados de suor, meio-despertos e meio-sonhadores, é a expressão de que a dança é o próprio sentido de pureza que ela impõe ao corpo.

A galinha preta, imolada no ritual vodu em várias ilhas da Índia Ocidental, é transfigurada em *Cores Proibidas* em galinha branca, que é abraçada por um jovem de pele alva; as figuras do sacerdote e da sacerdotisa de vodu, que se sobrepõem no chão, reaparecem no estranho emaranhado masoquista do jovem e da mulher em *Manchas Negras*. O que tocou tão forte o meu espírito, talvez tivesse sido o incomum aroma de festival que estas obras lançaram nas artes contemporâneas. A sucessão de descontinuidades é característica de todas as cerimônias divinas e pareceu-me que eles estavam a deificar, com seriedade, o terrível pesadelo denominado era contemporânea[1].

DANÇA EM CRISE

As reflexões sobre o corpo em crise do homem contemporâneo, visto nas performances do grupo de Hijikata, levou Mishima a comparar o balé clássico e o butô no artigo *Dança em Crise*. Redigido para o panfleto da Associação DANCE EXPERIENCE de Tatsumi Hijikata, o recital foi apresentado a 23 e 24 de julho de 1960 no Daiichi Seimei Hall de Tóquio.

Tive uma informação secreta de que Tatsumi Hijikata realizaria de novo um ritual herege. Desde agora, estou aguardando com prazer essa noitada e para comparecer ao espetáculo, preciso preparar uma máscara negra, um perfume suspeito e uma cruz com a figura de um Cristo obsceno e sorridente.

Quando o encontrei outro dia, Hijikata discorreu sem cessar sobre a "crise". É preciso captar na dança a postura em crise do ser humano, tal como ela é. Um exemplo dessa postura em crise, que ele deu, era excêntrica e correspondia à "figura de um homem urinando de pé, vista de costas". De fato é exatamente como ele disse.

Em geral, não há dúvidas de que qualquer arte tem a consciência de crise no seu fundamento. Na arte primitiva, essa crise aparece de maneira nítida, sob forma de assombro em relação à natureza ou então, ao contrário, de estilização extrema para enfeitiçar a natureza. Todavia, nas artes dos períodos posteriores, a "crise" é antes requisitada. É o caso do balé clássico. Talvez aquele calçado não natural e forçado, denominado sapatilhas, faça o ser humano perder o equilíbrio, dando-lhe a sensação de crise, perigo, pois ele mal pode manter-se em pé. Tal sensação de crise torna-se uma premissa e então, nasce a beleza de

---

1. Idem, "Guendai no muma: *Kinjiki* o odoru zen'ei buyôdan", *Gueijutsu Shin-chô*, setembro de 1959.

326 YUKIO MISHIMA: O HOMEM DE TEATRO E DE CINEMA

cada tipo de equilíbrio, brilhantemente colorido, das variadas técnicas do balé clássico. Porém, se não existisse a grande premissa da "crise das sapatilhas", essa integração clássica e a beleza equilibrada provavelmente pareceriam coisas frias e sem força vital.

A dança de vanguarda não usa sapatilhas. De maneira que o seu propósito é o oposto do balé clássico. Se o ponto principal do balé clássico é a realização do "equilíbrio construído sobre a crise", pode-se pensar que o objetivo da dança de vanguarda seja a expressão da própria crise. Portanto, ela não necessita de uma premissa artificial da crise, como as sapatilhas. A crise e ansiedade da existência humana devem manifestar-se na realidade, unicamente através da expressão pura do corpo humano, se possível, na condição de poucas ou mesmo nenhuma premissa artificial. Devido ao requisito de realidade na dança, à primeira vista, não dá para se evitar as formas simbólicas e difíceis. Porque não há nada que esteja tão coberto de intenções práticas e costumeiras quanto o corpo humano (mais do que as palavras), que usa esse meio de expressão. Diferentemente do balé clássico, que utiliza tal propósito para mostrar aos espectadores um sonho lindo, feito de mentiras e engodo, a dança de vanguarda precisa desde o início abandonar esses conceitos, senão a realidade não emergirá. O que parece difícil não passa de uma dissonância ao se descamar a tinta velha [...]. A performance é simples, singela e bastante compreensível[2].

Mishima apreciava tanto o balé como o butô, respectivamente arte clássica e arte de vanguarda, porque eles expressavam os dois extremos de sua concepção cênica. Como ele já havia declarado no artigo "A Tentação do Drama", de 1955: "Gosto da catástrofe tanto quanto do equilíbrio"; o balé como a dança do corpo em equilíbrio por excelência e o butô, a dança do corpo em crise, que passa por uma catástrofe.

Butô e Poliomelite

Mas o mais instigante artigo de Mishima sobre a natureza do butô é "Dança de Vanguarda e sua Relação com as Coisas", composto para o programa *da Associação Dance Experience de Tatsumi Hijikata*, em março de 1961. Através da sugestão de Hijikata, o autor desenvolve um paralelo entre os movimentos do paciente de poliomelite e os dos dançarinos de butô.

Certo dia, conversando com o Tatsumi Hijikata, ele me disse algo interessante. Em geral as suas conversas são uma sucessão de fantásticos, mas a estória a seguir me tocou particularmente. "Outro dia, eu vi um paciente de poliomelite tentando pegar uma coisa. Entretanto, as suas mãos não se dirigiam diretamente ao objeto. Após algumas tentativas e erros, ele moveu as mãos para o lado oposto, fez uma longa volta e no jeito com que finalmente apanhou o objeto, eu descobri que eram os mesmos movimentos essenciais das mãos, que eu correntemente ensinava às pessoas. Então, me enconrajei". Ele me relatou isso e me mostrou esses gestos. No entanto, a sua postura com os ombros encolhidos, movendo as mãos assimetricamente, era algo que já se tornara familiar aos nossos olhos durante os ensaios no seu estúdio.

É uma reflexão que fiz posteriormente, mas no balé clássico não há nem um pouco de estranhamento na relação pessoas e coisas (ou melhor, aparecem muito poucas

2. Idem, "Kiki no buyô" (Dança em Crise), *Panfleto do Hijikata Tatsumi DANCE EXPERIENCE no kai*, julho de 1960.

BUTÔ, O PESADELO CONTEMPORÂNEO 327

"coisas" em cena), a graça da postura é uma espécie de adorno e exagero, usando-se uma palavra conveniente, não passa de "estilização". Contudo, na dança de vanguarda, mesmo que a assustadora "coisa em si" não esteja materializada no palco, ela existe solenemente em algum lugar. A relação homens e coisas fica repleta de contradições trágicas, os movimentos humanos ao tentarem chegar às coisas, deslizam inutilmente no ar ou ficam sob o controle total dos objetos. Eles são eficazes para expor a falsidade dos movimentos cotidianos, a mentira dos nossos "movimentos naturais", treinados pelos costumes sociais. Nós estendemos as mãos e sem problema algum, pegamos o cigarro ou a xícara de café sobre a mesa, concebemos ("begreifen", em alemão no original) isso, enfim, porque vivemos com tranquilidade no mundo dos conceitos ("Begriff") de cigarro ou xícara de café. Porque o que consideramos movimentos naturais, na realidade, enganam inicialmente a severa e assustadora relação dos homens com os objetos e após colocarem o véu do conluio, realizam uma espécie de cerimônia conspiratória. Aqui oculta-se uma curiosa inversão ou então, os nossos movimentos cotidianos é que são cerimoniosos e os movimentos do tipo da dança de vanguarda e do paralítico talvez sejam os "movimentos naturais", no verdadeiro sentido da palavra.

Nesta nova obra de Hijikata, *Doces de Açúcar*, parece que o palco vai estar repleto de objetos semelhantes a brinquedos frágeis e sonoros. Mas os brinquedos são "objetos de adulação", por assim dizer, os fantasmas das coisas, em que o mundo amedrontador das coisas veste-se com encanto e aproxima-se das crianças. Além disso, com um material mais perigoso e fácil de ser quebrado do que a solidez e eternidade das coisas, eles enganam as crianças e brincando de crianças mostram o "mundo das coisas" de um modo doce e ao fazê-las lamber, inicia-se o treinamento social dos adultos. Aguardo com prazer o resultado dessa criação cênica, isto é, como os personagens de Hijikata farão para chegar a esse tal mundo das "coisas" tipo brinquedo e como lutarão com elas[3].

Quando Mishima morreu, Hijikata e o escritor Tatsuhiko Shibusawa compareceram juntos à residência do amigo, a fim de apresentar condolências à família Hiraoka e queimar incensos para o repouso de sua alma.

---

3. Idem, "Zen'ei buyô to mono tono kankei", *Programa do Hijikata Tatsumi Dance Experience no kai*, março de 1961.

25. Corpo a Corpo com o Demônio Chamado Tradução

Mishima traduziu poucas peças teatrais. Começou com um trabalho de retórica do *Britânico* de Racine, publicado em abril de 1957; em seguida traduziu *Prosérpina* de Goethe, em março de 1960. E por fim, realizou um trabalho de fôlego, numa co-tradução com Kotarô Ikeda de *O Martírio de São Sebastião* de D'Annunzio, serializado de abril a novembro de 1965.

A ELOQÜÊNCIA DA RETÓRICA NO *BRITÂNICO* DE JEAN RACINE

A rara oportunidade de assistir *Britânico* de Racine, dirigido e protagonizado por Jean Marais, surgira a Mishima em 1952 na sua estadia em Paris. No artigo "A Propósito de *Britânico*" (1962), o escritor rememora que, afora uma grande estátua à direita do palco, o cenário era extremamente despojado e o esplendor do colorido se concentrava no vestuário variegado da Roma antiga; já a iluminação eficiente fazia com que os atores parecessem tão belos quanto os deuses e Marais estava soberbo como Nero. Mas para compensar a voz ruim de Marais, a Agripina de Marie Bell apresentava nobreza, rancor e uma recitação dos alexandrinos inesquecível.

Com essa boa impressão da montagem francesa, Mishima criou uma versão kabuki da *Fedra* de Racine, *Orvalho no Lótus: Contos de Ouchi* (1955). Já o diretor Seiichi Yashiro, desejoso de encenar Racine, pediu a Shinya Ando uma tradução literal de *Britânico* e solicitou a Mishima uma transcrição para o seu estilo literário. Mas quando o roteiro ficou pronto, Yashiro ficou incomodado com o resultado desigual, pois a língua estrangeira que o escritor dominava era o alemão e ele não sabia nada de francês. Toyoo Iwata do Bungaku-za sugeriu que se realizasse um trabalho de retórica em cima da tradução de Ando, com as falas fluindo bem em japonês e procurando o máximo possível não prejudicar o sentido original. Mas como já havia uma tradução famosa de Arou Naito, o dramaturgo confessou que, por vezes, se beneficiara dela. Por fim, quando conseguiu concluir o trabalho no Ano Novo de 1957, Mishima declarou que precisara se esforçar quase o tanto quanto para se compor uma peça nova de teatro. No posfácio à tradução, ele relata que acrescentara um colorido especial às falas para caracterizar cada personagem.

Até então, o *shingueki* (teatro moderno) japonês já havia apresentado algumas obras do teatro contemporâneo francês. Porém, o drama em versos com a Antiguidade como tema, parco em ações dramáticas, descrição do ambiente e caráter dos personagens, era julgado quase impossível de ser levado em cena. Montar um clássico de Racine só com jovens (o tradutor Ando, o diretor Yashiro e Mishima) poderia parecer temerário. Mas como na época em que Racine criara a tragédia era um moço de vinte e nove anos, portanto, dois anos mais novo do que o próprio escritor japonês, ele afirma que conseguira empreender a tarefa com tranquilidade.

A tragédia *Britânico* (1669) de Racine, inspirada na obra do historiador latino Tácito, trata dos conflitos políticos e psicológicos que envolveram Nero, seu irmão Britânico e sua mãe Agripina. O imperador romano Nero, ao invés de sentir-se grato por sua mãe Agripina ter afastado o enteado Britânico, filho do imperador Cláudio com Messalina, e ter-lhe imposto a sua adoção, vivia a discutir com ela. Apaixonado por Junia, namorada de Britânico, Nero planeja aniquilá-lo. Porém, Agripina o convence a se reconciliarem. No entanto, incitado por Narciso, escravo forro do imperador Cláudio, que Racine torna preceptor de Britânico na peça, Nero acaba mandando envená-lo. Ao perseguir Junia, que se escondera no templo das vestais, Narciso é morto pelo povo.

Em "Rápidas Anotações de um Jovem Diretor: Até a Encenação de *Britânico*", Yashiro dá um depoimento, cobrindo de 3 de janeiro a 14 de fevereiro de 1957. Por tratar-se de uma tragédia clássica, a regra das três unidades foi obedecida. A iluminação projetava corretamente os acontecimentos de um dia, do amanhecer à noite; não no sentido naturalista, mas clássico, de ênfase no claro-escuro e evitando-se a suavidade das cores. Como cenário, uma sala do palácio de Nero com cortinas e duas cadeiras. A ação deveria embriagar a platéia, através de sentimentos manifestos de forma crua e mudanças nos tons de voz, uma vez que exatamente como para o poeta, as palavras são a vida para o ator clássico.

CORPO A CORPO COM O DEMÔNIO CHAMADO TRADUÇÃO   331

A abertura era em estilo francês, batendo-se uma bengala no solo. No fim do primeiro ato, a música fluía como uma ventania rápida e curta. Simultaneamente a cena escurecia, preconizando o início da tragédia e o aparecimento de Nero. Quando aclarava, Nero já se encontrava de pé, sozinho no centro do tablado. O personagem por quem Yashiro sentia maior atração era Nero, um marginal de nascença. O homem que posteriormente manda envenenar Britânico, assassinar sua mãe Agripina, sua esposa Otávia, seu preceptor Burro e mata ele próprio sua segunda mulher, Popéia, além de incendiar Roma para reconstruí-la com esplendor, no final suicida-se. Assevera o diretor:

> Os fatos devem ser estes. Mas na realidade, o personagem Nero, segundo Racine, opõe-se a essa dimensão. Ao ser sustentado pela poesia e verdade, esse personagem teatral vive num microcosmo mais firme do que na vida real. Este microcosmo é uma projeção da vida real, mas está apartado dela. [...] Uma peça de teatro não tem relações, como é comumente dito, com a moral e os acontecimentos; ela tem relações com a poesia e a verdade[1].

Na primeira reunião com o elenco a 21 de janeiro de 1957, foram ouvidos os discos em francês, *Britânico* de Racine, *Jogos do Amor e do Acaso* de Marivaux e *Knock* de Jules Romain, para se diferenciar a elocução. Mesmo não sabendo francês, os atores acabaram notando as diferenças nos ritmos. Depois Mishima fez uma leitura dramática de *Britânico*. Na manhã seguinte, somente os atores assistiram *Quo Vadis*, filme americano que enfoca o período final de Nero, apenas para se tomar conhecimento dos costumes romanos, embora não servisse muito de referência para a essência de *Britânico*. Das 12:00 às 16:30 horas, houve uma leitura dramática dos atores em prosa tonal. Quando os sentimentos se elevavam, eles cantavam e os tons forte e fraco, alto e baixo, deveriam se harmonizar como numa sinfonia. Nos longos diálogos do quarto ato, quando Agripina, o general romano Burro e Narciso tentam persuadir Nero a não envenenar Britânico ou aconselhar a fazê-lo, é quando esta eloqüência mostra o máximo de sua eficácia, pois os sentimentos de Nero passam a oscilar fortemente. A saída de Nero no final do quinto ato é acompanhada por uma música, que continua a tocar solenemente mesmo depois de todos se retirarem, sugerindo a nova tragédia do tirano Nero que se inicia. Em sua direção experimental, Yashiro enfatizou a beleza estilizada das cenas e solicitou aos atores muita força na elocução dos diálogos.

Embora a apresentação de *Britânico* pelo Bungaku-za no Daiichi Seimei Hall em Tóquio, de 5 a 23 de março de 1957, não tivesse obti-

---

1. Seiichi Yashiro, "Wakai enshutsuka no hashirigaki: *Buritanikyusu* no jôen made" (Rápidas Anotações de um Jovem Diretor: Até a Encenação de *Britânico*), *Shingueki*, abril de 1957.

332 YUKIO MISHIMA: O HOMEM DE TEATRO E DE CINEMA

do muito êxito, marcou época como uma montagem de teatro clássico francês em solo nipônico. Cinco anos depois, a Comédie Française encena *Britannicus* de Racine no Japão. Na ocasião, Mishima compôs o artigo "A Propósito de *Britânico*", publicado no *Asahi Shimbun*, a 30 de abril de 1962.

> Dentre as companhias teatrais estrangeiras que vieram ao Japão até hoje, fico particularmente feliz com a turnê vindoura da Comédie Française. Quer dizer, o teatro clássico francês se encontra de fato o mais distante da idéia cênica do teatro tradicional japonês. Comparado a ele, o teatro shakespeareano é bem mais fácil de ser assimilado pelo clima e tradição nipônicos e o teatro de Tchekhov, ainda muito mais.
>
> Numa tragédia clássica como *Britânico*, tudo é fala, fala, fala; aí fluem continuamente as tradições da discussão, do confronto teatral, da simplificação extrema das situações dramáticas, da abstração, do anti-realismo e da rigidez da lógica dramática, que são a fonte do teatro ocidental. Além do mais, quanto à eloqüência e nobreza de estilo e expressões literárias, encontra-se numa corrente totalmente oposta aos teatros nô e kyôguen do Japão, mas apresenta uma realização de igual estatura. Pode-se dizer que uma tradição como a acima citada faltava por completo no Japão. Portanto, o movimento do *shingueki* (teatro moderno) japonês, antes de se perder numa ideologia política, deveria em primeiro lugar dirigir sua atenção para a essência de tal "antimundo" teatral do Ocidente. Ainda não é tarde. Espero que o público nipônico supere os obstáculos da língua, entre em contato com uma estética teatral realmente elevada e oposta à nossa tradição cultural e consiga captar algo daí[2].

Pode-se inferir por este artigo, que Mishima sofrera uma grande influência do teatro clássico francês, sobretudo Racine, na criação das peças shingueki. Aliás, ele assimilara essa estética do teatro da fala muito cedo, desde a sua peça de estréia *Casa em Chamas* (1949) até o seu exemplo mais patente com *Marquesa de Sade* (1965).

O PEQUENO PARAÍSO PERDIDO NA *PROSÉRPINA* DE GOETHE

Este monodrama de Goethe aborda o rapto de Prosérpina por Plutão, rei do inferno e deus dos mortos, e incorpora o mito do nascimento das quatro estações do ano. Ceres, deusa da agricultura e das colheitas, mãe de Prosérpina, ao procurar sua filha, perde-se na vasta planície e não consegue chegar ao inferno. Prosérpina declara que o seu pai Júpiter, deus do céu e da terra, conhece o seu paradeiro, portanto, suplica-lhe que a traga de volta ao Olimpo. Mas por ter comido o fruto proibido, a romã, as Parcas (três divindades do inferno, senhoras da vida dos homens, cuja trama fiam), criaturas invisíveis, dizem que Prosérpina se transformara na rainha do inferno e mãe das Fúrias. Ela odeia-os e ainda mais a Plutão, a quem brada aflita:

---

2. Yukio Mishima, "*Buritanikyusu no koto*" (A Propósito de *Britânico*), *Asahi Shimbun*.

CORPO A CORPO COM O DEMÔNIO CHAMADO TRADUÇÃO   333

"Conceda-me um destino igual ao dos criminosos! Mas não chame isso de amor!" Sua temporada no Hades corresponde ao inverno, a volta simboliza a primavera e a estadia com a mãe, o outono.

Mishima acrescentou uma "Explanação de *Prosérpina*" à sua tradução nas *Obras Completas de Goethe*, publicadas pela Jinbun Shoin (*Biblioteca de Humanidades*) em 1960.

Este é um famoso livro de Goethe, que pode ser denominado pequeno paraíso perdido. Uma obra que reúne simultaneamente vivacidade graciosa, simplicidade, classe e vigor. Originalmente é um fragmento inserido no quarto ato do teatro social *Canto Triunfal dos Sentimentos*, escrito em 1777.

À primeira vista, esta obra possui uma aparência de frieza neo-clássica e tédio, que é uma faceta de Goethe. Além disso, não se pode dizer que a estória de Plutão, rei do inferno, que se apaixonara à primeira vista pela filha de Júpiter, Prosérpina, a raptara e a transformara na rainha do inferno, seja um assunto familiar aos japoneses. No início, eu também a li sem muito interesse. Mas à medida que prosseguia, ia sendo arrastado pelos seus versos eficazes, peculiares de Goethe (especialmente logo após Prosérpina ter comido o fruto proibido, a descrição do cenário do inferno é o ponto alto), tornando-se cada vez mais interessante e o meu espírito, sem que eu me apercebesse, evadiu do mundo metafórico da mitologia rígida e tive a sensação de que descobrira algo, que se conectava diretamente à psicologia dos contemporâneos.

Como não é uma descrição objetiva, mas subjetiva do inferno, Prosérpina idolatra de corpo e alma as lembranças de sua juventude no mundo celestial, que ela perdera. Porém, esta psicologia em si mesma é tipicamente uma "psicologia do inferno". Ela passa a odiar e amaldiçoar o inferno com todas as suas forças, mas posto que só tem aí para residir, isso nada mais é senão a expressão singular do seu amor e intimidade com o inferno. Os contemporâneos certamente lerão nesta poesia dramática, à primeira vista antiquada, uma manifestação típica do "amor ao inferno", que se propaga no mundo atual[3].

A tradução de Mishima deste monodrama de Goethe, que aborda a demência de uma mulher ao cair no inferno, resultou em musicalidade semelhante ao nô, que apresenta fortes elementos de drama em forma de monólogo. O escritor japonês deve ter aflorado no trabalho, resquícios da sua época de estudante, durante a guerra, quando traduzia a peça de Yeats, *No Poço do Falcão*, em estilo nô. Ao lê-la, Masaki Dômoto, sem querer, começou a cantá-la em ritmo nô. Assim, a montagem bastante original de *Prosérpina* como drama poético em estilo nô, composição e direção de Masaki Dômoto, ocorreu a 13 de novembro de 1962 no Isetan Hall de Tóquio. Por tratar-se da estréia mundial de *Prosérpina* em estilo nô, conseguiram inclusive um artigo do diretor cultural da Embaixada Alemã, o que contribuiu ainda mais para o seu sucesso.

Protagonista (*shite*):
Prosérpina, com máscara *Magojirô* e vestuário de mulher jovem, com a cor vermelha

3. Idem, "Kaisetsu *Purozerupiina*" (Explanação de *Prosérpina*), em *Guete zenshû 4* (*Obras Completas de Goethe, volume 4*).

334 YUKIO MISHIMA: O HOMEM DE TEATRO E DE CINEMA

Acompanhantes (*tsure*):
Plutão, com máscara de deus jovem e cabeleira dourada; três a cinco Danaides com máscaras de acompanhantes e vestuário de mulheres de meia-idade, sem a cor vermelha

Personagens de kyôguen (interlúdio *ai*):
as Parcas, com máscaras de mulheres-fantasmas e cabeleiras negras; as Fúrias, com máscaras *Hashihime* de mulheres-demônios e cabeleiras vermelhas

Vozes de Júpiter e Ceres

Dômoto utilizou máscaras, vestuário e acessórios autênticos de nô, como a coroa de Plutão, emprestada da família Kanze. Mas ao invés de elenco composto por atores de nô, convocou dançarinos, que possuem movimentos mais livres. A primeira parte, com máscaras, foi desempenhada em estilo nô e a segunda, sem máscaras, com movimentos de dança japonesa. As combinações do canto falado de nô e das falas em estilo shingueki (teatro moderno), das formas de atuação do nô e de elementos de dança japonesa, seguiram a tradição de trabalho experimental do diretor Tetsuji Takechi. Portanto, para dar a sua interpretação pessoal, Dômoto acrescentou na cena final o abraço de Prosérpina e Plutão, que não consta no original. E acabou sendo muito elogiado por Tatsuhiko Shibusawa e Mishima, que o cumprimentou com entusiasmo: Você é um diretor de talento![4]

A IMPRESSÃO CARNAL VIOLENTA EM *O MARTÍRIO DE SÃO SEBASTIÃO* DE D'ANNUNZIO

> *Comecei virando uma página no fim de um volume. De repente, num canto da página seguinte, topei com uma figura que eu tinha que acreditar estivera ali à minha espera, por minha causa. Era uma reprodução do São Sebastião de Guido Reni, que faz parte do acervo do Palazzo Rosso, em Gênova.*
>
> PROTAGONISTA de *Confissões de Uma Máscara*

> *Escrever este livro era uma fatalidade. Todos devem colher o que semearam e o quanto possível no seu esplendor[5].*
>
> YUKIO MISHIMA

---

4. Dômoto Masaki, "*Sanguenshoku no umi to muchi*", em *Mishima Yukio no engueki: makuguire no shisô*, p. 139.

5. Yukio Mishima, "*Honzukuri no tanoshimi, Sei Sebasuchian no junkyô no honyaku*" (O Prazer na Manufatura de um Livro: A Tradução de *O Martírio de São Sebastião*), *Asahi Shimbun,* 27 de outubro de 1966.

CORPO A CORPO COM O DEMÔNIO CHAMADO TRADUÇÃO 335

Segundo o seu romance que se pode considerar autobiográfico, *Confissões de Uma Máscara*, uma espécie de *vita sexualis*, quando garoto, ao deparar com a gravura do *São Sebastião* de Guido Reni na coleção de livros de arte do seu pai, o protagonista ficara tão excitado, que se masturbara e tivera a sua primeira ejaculação. Em comemoração a esse encontro com o mártir romano, a publicação da tradução de *O Martírio de São Sebastião*, trinta anos depois, era a sua deificação pessoal do santo, nascido em Narbona e morto em Roma em 288.

Quando soube da existência do teatro de milagre *O Martírio de São Sebastião* (1911) de Gabrielle D'Annunzio, Mishima procurou por uma tradução em inglês ou alemão durante longos anos, porém, não a encontrou. Enfim, só havia em francês e como ele não dominava a língua, não poderia traduzí-la. Mas aí já se tornara uma obsessão. Segundo Takeshi Muramatsu, a tradução preliminar em japonês que o escritor solicitara a alguém era muito ruim, pondo a perder todo o brilhante texto de D'Annunzio. Portanto, incumbido de procurar outro tradutor, ele lhe apresentara Kôtarô Ikeda, pós-graduando de francês na Universidade de Tóquio e fã do incidente de 26 de fevereiro de 1936.

Mishima e Ikeda iniciaram uma co-tradução que se estendeu por mais de um ano, às vezes, varando a madrugada pelo menos uma vez por semana. O escritor pôde compreender as dificuldades de verter para o japonês as imagens peculiares de D'Annunzio, cheias de um lirismo refinado, ricas em sensualidade e, por vezes, de um misticismo exaltado. Relata ele no debate com Kôtarô Ikeda e Shigueo Kawamoto,

Toquei pela primeira vez no demônio chamado trabalho de tradução. Uma vez que se mergulha na emoção de D'Annunzio, dá a impressão que o japonês também sai sob a emoção de D'Annunzio. Ocorre uma possessão como na inspiração divina[6].

Ao refletir sobre o ritmo, Mishima concluiu que mesmo que não combinasse com o de D'Annunzio, se estivesse adequado ao seu ritmo estaria bem. À medida que a tradução ia-se completando, era publicada na revista *Hihyô* (*Crítica*), da primavera ao outono de 1965.

Assim como D'Annunzio, Mishima advogava o culto da beleza. Desde aquele primeiro incidente quando garoto, São Sebastião passara a representar o seu ideal de tipo físico masculino e mesmo com o passar dos anos, isso não mudara. Como São Sebastião é ocidental, não haveria alguém semelhante a ele na cultura nipônica, embora existisse Shirô Amakusa (1621-1638), célebre por sua formosura. Em 1637, ele foi o chefe da rebelião de trinta e sete mil cristãos em Shi-

---

6. Yukio Mishima, Kotarô Ikeda & Shigueo Kawamoto, "Zadankai, Imikûkan no tanken: *Sei Sebasuchian no junkyô* no honyaku o megutte" (Debate Exploração do Espaço Significativo: A Respeito da Tradução de *O Martírio de São Sebastião*), *Kotoba no Uchû*, março de 1967.

336   YUKIO MISHIMA: O HOMEM DE TEATRO E DE CINEMA

mabara, Kyushu, contra o xogunato Tokugawa. Mas no ano seguinte, foi preso e decapitado.

Essa impressão carnal violenta da juventude fundiu-se gradualmente com o meu ideal de beleza física. Enfim, se eu disser que se transformara numa filosofia, estarei exagerando. Porém, tornou-se uma idéia fixa dentro de mim. Portanto, passei gradativamente a pensar nas palavras também em conexão com o corpo e visto que possuo um corpo, crio as palavras com o corpo. Enfim, o que suplementa o corpo são as palavras. Este é o meu impulso original das palavras. Logo, não só as palavras como também as ações, sinto-me inclinado a querer concentrar tudo na idéia de corpo. Parece um tanto desvairado, mas julgo-o extremamente lógico e creio que um artista pensa assim. Em suma, o zênite do meu culto ao corpo é São Sebastião.

Além do mais, São Sebastião não é apenas um corpo, nele há também os temas do martírio, da auto-destruição e o grande tema da morte. Vários temas se imiscuem e se misturam com o pensamento do corpo, surgindo com recorrência na minha obra literária, por conseguinte, é como se ele fosse o ventre materno[7].

Ao imitar D'Annunzio, do qual diziam ter coletado duzentas gravuras sobre o martírio do santo para poder criar o seu drama, sempre que viajava ao exterior, Mishima procurava quadros referentes ao assunto. Inclusive o *São Sebastião* de Guido Reni, visto em Roma na sua primeira viagem à Europa em 1952. Todavia, ao tentar escrever sobre o santo, fracassava. Anteriormente em *Confissões de Uma Máscara*, o autor o descrevera fragmentariamente como *Sebastião – poema em prosa*, mas julgava que não fora bem sucedido. Isto porque há o tema do cristianismo, difícil de ser abordado por um japonês.

A imagem do São Sebastião de D'Annunzio é claramente andrógina, enquanto em cerca de 80% das pinturas renascentistas ele é representado como hermafrodita. Após discutir a questão com Ikeda, o escritor decidiu não fazer alusão ao fato, através da fala no seu drama. Ao contrário, transformou o santo do século III em soldado que se expressa com fala rude e palavras varonis. Mishima acrescentou um longo posfácio à tradução de *O Martírio de São Sebastião*, no qual analisa a obra de D'Annunzio e argumenta que não se trata de um simples teatro de milagre de um mártir.

Por que dentre os inúmeros mártires do cristianismo, apenas Sebastião deveria ser um jovem e formoso soldado? Por que só ele tinha que morrer com o seu belo corpo trespassado por várias flechas? Além do mais, há sombras vagas sobre a sua existência histórica, indecifráveis para sempre [...] Para quem ler o capítulo sobre o deus dos cereais da Antiguidade no *Ramo Dourado*, de Frazer, talvez essa origem seja evidente por si mesma. E Jung em *O Símbolo das Transfigurações* também escreveu que o fato de Sebastião ter sido dizimado com o seu corpo jovem e casto, semelhante ao caso de Adônis, resta como um sacrifício humano ao ritual da colheita na Antiguidade. [...] O martírio de Sebastião parece ter um significado duplo. Em suma, este jovem oficial, enquanto cristão, foi assassinado pelo exército romano e como miltar romano, foi morto pelo cristianismo. [...]

7. Idem, Ibidem.

CORPO A CORPO COM O DEMÔNIO CHAMADO TRADUÇÃO   337

O Sebastião que aparece no drama de D'Annunzio é ambos, mártir do cristianismo e representante de todos os jovens formosos do mundo pagão: Apolo, Orfeu, Adônis e Antínoo. Entretanto, tal beleza física é absolutamente sem significado e supérflua para o mundo espiritual do cristianismo; ele é formoso demais para ser um mártir. E é exatamente nessa beleza excessiva, que surge com clareza o paradoxo desta obra. Ela tem a forma de um milagre, drama medieval, mas o seu conteúdo, ou melhor, a peça parece dedicada à glorificação do corpo de São Sebastião. [...]

Enfim, ao lermos este drama ou assistirmos a sua encenação, nós presenciamos de fato a cena da mitificação e forma original de Sebastião como pessoa histórica. Porém, não se trata de Sebastião enquanto indivíduo. O violento desejo de evasão e a esperança de renascimento de toda uma época, denominada século III, são confiados à morte de Sebastião, como na quarta cena, em que a ressurreição cristã e o renascimento adoniano coincidem admiravelmente.

Mishima se pergunta até que ponto D'Annunzio teria perseguido o rastro do martírio de São Sebastião.

Na primeira cena, no pátio dos lírios até a metade do longo primeiro ato, Sebastião apoia-se numa lança e sob a figura de militar romano, observa em silêncio a tortura dos cristãos. De repente, ele se esquece de todas as desvantagens da confissão, revela que é cristão e incentiva os fiéis sofredores. E nesta cena realiza os três milagres: o sangue que escorre de suas mãos atingidas pelas flechas, as flechas que foram lançadas ao céu e não mais retornam e os pés que atravessam a fogueira sem se queimarem.

Na segunda cena na sala de magia, ao invés do confessor Sebastião da primeira cena, surge o Sebastião ativo, destruidor de ídolos. [...] Na terceira cena no encontro dos falsos deuses, por fim, este longo drama chega ao confronto dramático, a oposição entre o imperador, que representa o antigo mundo pagão, e Sebastião, o novo mundo cristão. Todavia, com este antagonismo, pode-se dizer que o tema desta peça aparece na perseguição obstinada, que D'Annunzio faz do apego do imperador à beleza pagã de Sebastião.

Na quarta cena no laurel que o fere, o autor reproduz o martírio dos quadros renascentistas. Mas à relação desse martírio com a morte de Adônis, é acrescentado um novo elemento dramático, que não consta na lenda. É o amor entre Sebastião e os arqueiros. Para os arqueiros, Sebastião é o ídolo da beleza e a forma física do amor supremo, portanto, por mais que seja uma ordem do imperador, eles não têm coragem de destruir esse ídolo. No entanto, o próprio Sebastião brada "Aqueles que me ferem o mais profundamente são de fato os que mais me amam" e insiste na sua punição. O destruidor de ídolos da segunda cena torna-se aqui o destruidor de si próprio como ídolo e, inesperadamente, isso ultrapassa a tristeza de separação dos arqueiros e coincide profundamente com a ordem do imperador.

Aqui o conflito Eros e Ágape, esses dois tipos de amor, é descrito sob a forma de um impasse. Paradoxalmente, embora Eros em especial tenha adotado uma forma gentil, Sebastião solicita aos seus subordinados a forma cruel adotada pelo Ágape[8].

Em *Introdução ao Hagakure* (*Hagakure nyûmon*), de 1967, traduzido no Brasil como *Hagakure: a Ética dos Samurais e o Japão Moderno*, Mishima declara que o *Hagakure*, código de conduta do samurai no século XVIII, tem três filosofias: da ação, do amor e da vida. Ao abordar a segunda característica, filosofia do amor, o autor assinala a novidade do conceito de romance (*ren'ai*), que só foi intro-

8. Yukio Mishima, "Atogaki *Sei Sebasuchian no junkyô*" (Posfácio a *O Martírio de São Sebastião*), Tóquio, Bijutsu Shuppansha, setembro de 1966, p. 431-433.

338 YUKIO MISHIMA: O HOMEM DE TEATRO E DE CINEMA

duzido no Japão na Era Meiji (1867-1912), com a abertura da nação ao Ocidente e a conseqüente modernização do país.

Os japoneses têm uma tradição particular relativa ao amor romântico e desenvolveram um conceito especial de romance (*ren'ai*). No velho Japão havia uma espécie de paixão com conotações sexuais (*koi*), mas não amor (*ai*). No Ocidente, desde a época dos gregos, estabeleceu-se uma distinção entre eros (amor) e ágape (o amor de Deus pela humanidade). Eros começou como um conceito de desejo carnal, mas gradualmente, transcendendo esse significado, entrou na esfera da "idéia" (o mais alto conceito alcançável pela razão), o qual foi aperfeiçoado na filosofia de Platão. Ágape é um amor espiritual totalmente divorciado do desejo carnal, tendo sido introduzido mais tarde como amor cristão.

Assim sendo, no ideal europeu do amor, ágape e eros foram sempre tratados como conceitos opostos. O culto da mulher na cavalaria medieval tinha como base o culto da Virgem Maria (eros), mas é também verdade que o mais alto ideal da cavalaria era o amor como ágape, totalmente divorciado do eros[9].

Na peça de D'Annunzio, como os arqueiros estão entregues unicamente ao eros, não atinam por que Sebastião, enquanto oficial superior, ordena-lhes que atirem nele. Segundo Mishima, é justamente para que ele pudesse realizar a sua paixão pela morte e ressurreição. Daí Sebastião afirmar: "Aqueles que me ferem o mais profundamente são de fato os que mais me amam". Isto é, o ágape, amor cristão, precisa ser travestido dessa forma cruel para que ele alcance o martírio tão desejado.

E o corpo alvo e clássico de Sebastião é trespassado por inúmeras flechas. Por fim, junto com a destruição desse corpo ocorre a ruína do mundo mediterrâneo da Antigüidade. Depois só resta a alma dos cristãos e na quinta cena, o espírito de Sebastião apenas canta a canção da vitória[10].

E São Sebastião torna-se o padroeiro dos arqueiros.

O trecho que Mishima mais gostava encontra-se no início da quarta cena, na fala do arqueiro.

> SANAE: Eles estão longe, já estão longe!
> Não se percebe mais os cavalos
> da turma. Uma retranca branca
> desaparece, por trás
> dos Túmulos: o decurião.
> Ele jamais voltou a cabeça.
> Senhor, agora nós iremos
> te desatar.

No final do posfácio, o escritor japonês indica o drama precursor da obra de D'Annunzio: *Sobre o Martírio de São Sebastião (Sur le*

9. Idem, *O Hagakure: a Ética dos Samurais e o Japão Moderno*, p. 45.
10. Idem, "Atogaki *Sei Sebasuchian no junkyô*", p. 435.

CORPO A CORPO COM O DEMÔNIO CHAMADO TRADUÇÃO   339

Martire de S. Sebastien), 1660?, de Joseph de Jésus Maria (1596-1665);
e os posteriores: *A Paixão de S. Sebastião* (*La Passione de S. Sebastiano*), 1932, de Guido Borsara e *São Sebastião* (*Der heilige Sebastian*), 1952, lenda dramática de Edmond Oswald.
Ao publicar a tradução de *O Martírio de São Sebastião*, Mishima decidiu inserir cinquenta gravuras coloridas. Enfatizou as pós-renascentistas e descartou, embora de elevado valor artístico, a maioria das que retratavam um Sebastião feio. Adequava-se assim, à estética do belo e sensualidade violenta e mórbida de D'Annunzio, que coincidia com a sua própria estética.
A chave para se desvendar o "complexo de São Sebastião", peculiar à vida e obra de Mishima, estaria, segundo Tatsuhiko Shibusawa, na sua busca por um ser absoluto. A razão disso residiria em seu niilismo ativo e mais, no seu masoquismo moral. No ensaio "O Absoluto Enquanto um Vislumbre", Shibusawa observa:

> Não seria necessário citar a definição de Freud. Como o masoquista moral não tem um objeto especial para infligir a dor, ele se alegra com a situação em que é atormentado por algo como o destino ou, melhor dizendo, pela providência. No meio da tortura, certificando-se de sua lealdade ao ser absoluto, ele se flagela por esse absoluto e quando se conscientiza de que se santifica graças a esse absoluto, talvez a alegria do masoquista moral se torne perfeita[11].

E o escritor teria se imolado pelo imperador enquanto idéia cultural, o seu absoluto.
Em 1970, Mishima serviu de modelo ao fotógrafo Kishin Shinoyama, na célebre pose encarnando o São Sebastião seminu de Guido Reni. Agonia e êxtase foram retratados com três flechas solitárias, uma na axila esquerda e as outras nos seus flancos direito e esquerdo, mas não há muito sangue. Sebastião é o seu amante e, ao mesmo tempo, o próprio Mishima. O martírio de São Sebastião é um quadro sadomasoquista sangrento, cultuado pelos homossexuais. Mas no Japão, ocorreria a transposição das flechas pela espada japonesa e que, portanto, seria premonitória do próprio *seppuku* do escritor em novembro desse mesmo ano.

---

11. Tatsuhiko Shibusawa, "Zettai o kaimamin to shite" em *Mishima Yukio oboegaki*.

26. Pela Restauração da Teatralidade e do Teatro Romântico

> *Um teatro deve ser como um animal gigantesco com a armadura de um bom condutor, que estremeça de nervosismo contagiante, suspire profundamente, tremule de excitação como num terremoto, seja iluminado pelos raios de um azul carregado e se incendeie devido à queda de um raio retumbante*[1].
>
> YUKIO MISHIMA

Ao assistir na Alemanha *Srta. Júlia* (1888) de Strindberg numa encenação naturalista rígida, Mishima sentiu um curioso estranhamento ao ver água escorrendo da torneira. A busca de realidade em cena é uma questão difícil, pois traz, ao contrário, este tipo de estranhamento. Comparado ao cinema, o teatro não difere no Ocidente ou Oriente quanto à prerrogativa da mentira no palco. Mas enquanto na Alemanha ainda restava um entusiasmo pelo teatro, o escritor confessava que não suportava mais a atmosfera de velório do público de *shingueki* (teatro moderno) japonês no pós-guerra. A letargia teria sido causada pela ênfase no antiteatro. Não no sentido empregado atualmente de estética da recusa, que rejeita a progressão dramática e desintegra a linguagem, mas de antiteatralidade, a ênfase no tema em detrimento dos artifícios de palco, da estilização e emoção, enfim, do espetáculo.

No artigo "Restauração do Teatro Romântico", Mishima declara:

---

1. Yukio Mishima, "Romantikku engueki no fukkô" ("Restauração do Teatro Romântico"), *Fujin Kôron*, julho de 1963.

342 YUKIO MISHIMA: O HOMEM DE TEATRO E DE CINEMA

Creio que o shingueki japonês perseguiu, não apenas atualmente, só o antiteatro. Isso deve-se ao fato de que a formação do shingueki começou como reação a um teatro magnífico como o kabuki. Sem se aprofundar na questão "O que é teatro?", correu para o antiteatro de então, como o de Tchekhov e, por conseguinte, gerou os preconceitos de um realismo psicológico tanto na direção como na interpretação. Comparado a Tchekhov, é preferível Ibsen (veja *Casa de Bonecas*), que embora seja naturalista é muito mais teatral[2].

Na opinião de Mishima, o conceito de "teatralidade" não difere muito no Ocidente e no Japão. Se a estréia de *La Tosca* foi um espetáculo com quinhentos atores, o kabuki, por sua vez, com emprego de grandes artifícios de palco, cria um momento teatral deslumbrante. Todavia, ele constatava no shingueki um estranhamento entre "drama" ("tema") e "teatro" ("teatralidade").

A harmonia e oposição entre "drama" e "teatro" foram desprezadas em demasia no shingueki japonês. Como resta um estoicismo confuciano no meio do pessoal de shingueki, o movimento de suportar privações e a resistência à opressão foram colocados como uma espécie de purismo no âmago espiritual do shingueki e, como ponto de chegada, acabou na discussão escolástica sobre a definição de drama e o teatro foi deixado bem para trás. É necessário reconhecer repetidas vezes que eles não tinham recursos financeiros e, mesmo atualmente, só a Companhia Haiyû-za (Teatro do Ator) possui o seu próprio recinto teatral.

E a arte de interpretação do ator foi ilimitadamente arrastada em direção ao drama, sendo infinitamente afastada do teatro. A arte de atuação, essa coisa vaga, incerta, verdadeiramente de difícil definição, na realidade, está entre o drama e o teatro. É ideal que ela brilhe sem pender para nenhum dos dois lados e creio que isto é ser um grande ator. Entretanto no Japão, um célebre ator de kabuki acabou por se tornar um grande ator de teatro e um talentoso ator de shingueki, um grande ator de drama. O teatro freqüentemente possui luxo, diversão e prazer, em suma, voluptuosidades teatrais, elementos estes que têm sido desviados pelo estoicismo do shingueki[3].

O teatro romântico é o clímax desse "teatro teatral". Mishima acreditava que a restauração da teatralidade e do teatro romântico francês dissolveria a alienação "drama" e "teatro", bem como os preconceitos existentes no *shingueki*. Muitas peças do repertório do próprio dramaturgo já eram um ressuscitar consciente do teatro romântico ocidental do século XIX, tendo como fundamento a técnica melodramática. Um exemplo típico é *Palacete das Festas* (1956).

Em "Restauração do Teatro Romântico", Mishima diz ter a ilusão de que as freqüentes encenações nipônicas de teatro romântico francês, talvez pudessem tornar-se um bom remédio para a letargia reinante e suprir a fenda entre o shingueki e o teatro tradicional japonês. Respeitadas as diferenças de palavras e o valor literário dos roteiros, os teatros romântico francês e tradicional nipônico teriam em comum o conceito de "teatro", isto é, não haveria muita diferença entre Ocidente

2. Idem, ibidem.
3. Idem, ibidem

PELA RESTAURAÇÃO DA TEATRALIDADE E DO TEATRO ROMÂNTICO   343

e Japão quanto à questão da "teatralidade". Por exemplo, o kabuki *A Educação Adequada de uma Jovem nos Montes Imo e Se* (1771), originalmente um bunraku de Hanji Chikamatsu, e *La Tosca* (1887) de Victorien Sardou, embora com 116 anos de diferença, quase não se diferenciariam quanto ao tratamento de tema e personagens, desempenho dos atores (ou bonecos) e artifícios de palco. Assim como *La Tosca* transcorre em cenário político turbulento na época de Napoleão, nos dramas históricos de bunraku e kabuki há sempre uma grande luta política, causa de tragédias na vida pessoal. Como os personagens do teatro ocidental antigo, manipulados pelo destino, os de bunraku e kabuki são controlados pela política e no final resistem através da morte. Além da teatralidade, *La Tosca* é também uma tragédia romântica moderna, que vai contra a sua época.

De qualquer modo, a redescoberta de que os teatros ocidental e japonês se assemelham tanto não deve ser inútil. Assim como a voz, ao invés do rosto, está colocada como a primeira condição do kabuki, pode-se crer que em *La Tosca* também, a "voz de ouro" de Sarah Bernhardt liberou a sua vivacidade. A voz é a expressão mais pura do corpo. E essa ressurreição teatral é, por assim dizer, a ressurreição do corpo no palco de shingueki e assim, pela primeira vez, os atores conseguirão pronunciar as longas falas de Hugo[4].

ADORÁVEL *TOSCA*, DE VICTORIEN SARDOU

Mas como não poderia começar abruptamente, montando peças difíceis como *A Batalha de Hernani* ou *Ruy Blas* de Victor Hugo, Mishima cogitara em *A Torre de Nesle* de Alexandre Dumas (pai) ou *A Dama das Camélias* de Dumas Filho. Entretanto, se fosse introduzir no Japão o que havia de mais teatral na Europa do século XIX, seria melhor *La Tosca* de Victorien Sardou, com romance, suspense e que já era conhecida do público nipônico como libreto da ópera homônima de Puccini. Enfim, a ênfase na *peça bem-feita*, que dominou a segunda metade do século XIX na França e que tinha em Sardou um de seus expoentes. Além disso, *La Tosca* já havia sido apresentada como um drama dançante kabuki. Como na Era Meiji (1867-1912) muitas peças ocidentais foram adaptadas ao universo nipônico, o escritor chega a assinalar a íntima relação entre o kabuki da Era Meiji e o teatro romântico europeu.

Porém, ao invés da mulher de grandeza sublime na ópera, em sua retórica do roteiro japonês, Mishima passou a ver a Tosca como uma adorável ignorante, que pela sua força selvagem, de que não tinha consciência, aniquila as pessoas ao seu redor e ela também se auto-destrói. No artigo "Adorável Tosca" (*Programa do Bungaku-za*, 1963), o escritor confessa que se sentia atraído sobretudo pela Tosca do final, pouco antes do seu suicídio. Até então, como uma *Carmen*

4. Idem, ibidem.

344   YUKIO MISHIMA: O HOMEM DE TEATRO E DE CINEMA

fiel, ela agira com selvageria em nome do seu amor. Mas com o amante morto, desesperançada, ela coloca o mundo inteiro como o seu inimigo e a adorável Tosca acaba se transformando na grande Tosca, heroína de uma tragédia política.

Aos olhos da Tosca prestes a se suicidar, já não mais reflete o cadáver do amante, ela confronta o mundo com a sua rejeição absoluta. Provavelmente o autor Sardou não escrevera tanto, mas como retórico, eu não posso deixar de pensar assim. E essa mulher, Tosca, talvez tivesse sido a médium da força que surgira no povo italiano, que pretendeu revolver com o seu amor franco e puro este mundo de luta pelo poder sujo[5].

A leitura que Mishima faz de *La Tosca* está de acordo com a sua estética teatral, a de que a política acaba destruindo os sentimentos, sobretudo o amor, como em *Palacete das Festas*. Mas nem por isso deixa de haver luta, resistência, muitas vezes culminando na morte. O crítico e diretor de teatro Shûji Ishizawa, corrobora a ligação do teatro de Mishima com o melodrama e o teatro romântico.

A técnica dramatúrgica melodramática de Mishima está apoiada na natureza do romantismo. Além disso, a sua arte dramatúrgica e o seu romantismo comunicam-se com o mundo estético, que pode ser visto no kabuki de Mokuami Kawatake e, ao mesmo tempo, também se relacionam ao romantismo moderno da Europa ocidental[6].

La Tosca, peça em cinco atos do dramaturgo francês Victorien Sardou (1831-1908), foi composta especialmente para a atriz Sarah Bernhardt. O roteiro japonês passou pelo mesmo processo da tragédia *Britânico* de Racine, antes da estréia pela Companhia Bungaku-za, no pequeno Teatro do Plano de Previdência dos Trabalhadores em Tóquio, de 7 a 25 de junho de 1963. Inicialmente o professor de literatura francesa na Universidade Waseda, Shinya Ando, fez uma tradução literal do original e em seguida, Mishima realizou um trabalho retórico. Ele recriou a obra com belos diálogos e empregou palavras japonesas muito naturais.

Além de Sardou ser o escritor favorito de Sarah Bernhardt, *La Tosca* foi uma das peças que a consagraram. Portanto, Mishima escolheu a primeira dama do shingueki, a atriz Haruko Suguimura, para protagonizá-la, por julgar que seria um papel ideal para a arte do virtuose. O diretor Ichirô Inui empregou várias técnicas kabuki na montagem desse teatro popular francês. Depois o espetáculo seguiu para

---

5. Idem, "Kareinaru Tosuka" (Adorável Tosca), *Programa do Bungaku-za*, junho de 1963.

6. Shûji Ishizawa, "Mishima guikyoku no shudai to hôhô: Mishima Yukio no yôshiki to buntai, kyokô o ikiru ishi" (Método e Tema das Peças de Mishima: Estilo Literário e Forma), em *Yukio Mishima, a Vontade que Vive a Ficção, Kaishaku to Kanshô*, março de 1974.

PELA RESTAURAÇÃO DA TEATRALIDADE E DO TEATRO ROMÂNTICO   345

Nagoya, Kobe e Osaka. Mas devido à ruptura do dramaturgo com o Bungaku-za em novembro desse mesmo ano, o roteiro em japonês de *La Tosca* infelizmente nunca foi publicado.

RUY BLAS, DE VICTOR HUGO

Encenar *Ruy Blas* (1838), drama em versos e cinco atos de Victor Hugo (1802-1885), foi um sonho acalentado por Mishima durante longos anos. Esse texto de grandes amores e intrigas, aventuras e humor, é uma obra representativa do teatro romântico. Adaptado para três atos na montagem nipônica, o escritor solicitou a tradução a Kôtarô Ikeda e o seu trabalho consistiu na supervisão da versão japonesa. Previamente em *La Tosca*, ele já advogara a tese de que uma peça deve ter teatralidade. Portanto, agora que tinha em mãos um roteiro de alto valor literário, quis sintetizar em cena literatura e teatralidade, que à primeira vista parecem se opor.

Em dezembro de 1960 durante sua estadia em Paris, Mishima assistira *Ruy Blas* dirigido por Raymond Rouleau na Comédie Française. Ficara tão extasiado a ponto de declarar dois anos mais tarde, que do ponto de vista da beleza cenográfica, o drama disputava o primeiro ou segundo lugar dentre as incontáveis peças que vira até então. No entanto, transplantar a comoção sentida por esse espetáculo de um esplendor melancólico, com vários atores e cujos cenário e vestuário evocavam um quadro de Velasquez em movimento, para um pequeno teatro no Japão, com cenário simples e poucos atores, apresentou várias dificuldades, tanto ao escritor como ao diretor Takeo Matsuura. Entretanto, como no ano anterior, ambos já haviam tido a experiência de empregar cenário de um luxo simples em *Marquesa de Sade*, pretendiam repetir essa fórmula em *Ruy Blas*.

No final do drama, o primeiro ministro Ruy Blas mata o seu senhor, D. Salústio, por ter a sua verdadeira identidade de lacaio revelada à rainha que o ama. Ele envenena-se, mas antes de falecer obtém o beijo de perdão da amada. Ao asssistir o ensaio, Mishima sussurrou emocionado: "É bonito, não? Eu queria mostrar isto!" E assim, *Ruy Blas* foi encenado de 18 a 31 de outubro de 1966 no Kiinokuniya Hall de Tóquio, pela Companhia NLT (Néo Littérature Théâtre).

27. A Doença do Absoluto em
O Terraço do Rei Leproso

Nos seus últimos cinco anos de vida, Mishima inclinou-se fortemente à filosofia indiana, às questões nacionalistas e veneração ao imperador. Em entrevista jornalística sobre a tetralogia *Mar da Fertilidade*, o autor declarou:

> Vim a saber que para compor um longo romance, não dá para escrever sem uma grande essência metafísica. Em suma, o romance não é formado por algo relativo, é necessário alguma coisa que dê consistência ao todo. No meu caso, interessei-me pelo budismo. A filosofia indiana é o ápice do conhecimento humano.

O drama *O Terraço do Rei Leproso* é uma manifestação dessa primeira tendência.

De acordo com o posfácio à peça e o artigo "A Propósito de *O Terraço do Rei Leproso*", a idéia lhe surgira durante uma viagem ao Camboja em outubro de 1965, ao visitar as ruínas desoladas do complexo de Angkor, um dos maiores sítios arqueológicos do mundo em Siem Reap. No momento em que vira a bela estátua do jovem rei leproso, Jayavarman VII, nu e saudável sob o sol tropical, com o fundo das árvores verdejantes no famoso Terraço do Elefante, o enredo se formara de imediato.

> A coisa mais abominável liga-se, por vezes, ao sagrado. *Marquês de Portland* do conde Villiers L'Isle-Adam é uma obra-prima, que liga uma estória extraordinariamente nobre e luxuosa à lepra. Mas de qualquer modo, a união de tal escrito de um lúgubre excessivo ao extremo do esplendor é um gosto comum ao pós-romantismo.

348   YUKIO MISHIMA: O HOMEM DE TEATRO E DE CINEMA

A lenda de que o rei Jayavarman VII, que construíra o Templo Bayon, havia contraído lepra, tocou o meu coração. Junto com a deterioração do corpo, o grande templo ia-se completando. Podia-se pensar nesse contraste assustador como uma alegoria da vida do artista, que transfere toda a sua existência para a obra de arte e vai-se definhando.

Ao visitar Angkhor Thom, onde, após a vida ter-se extinguido totalmente, uma obra-prima suprema como Bayon mantém-se em silêncio sob o sol abrasador, não se pode deixar de pensar com desagrado sobre a eternidade sobre-humana da obra de arte. Era luxuoso e além do mais, sinistro e extremamente sublime; porém, ao mesmo tempo, havia aí algo que dava náuseas. Dentro do meu espírito irrompeu de imediato uma música de estilo pós-romântico e a estrutura da peça se completou nessa mesma noite, num quarto do hotel Albergue de Tampur, defronte ao portal de Angkor Wat[1].

Este é um templo khmer consagrado ao deus Vishnu, segundo termo da trindade bramânica, conservador do mundo, e fora construído por Suryavarman II como o seu mausoléu. No século XII, o rei do Khmer dominava o resto da Ásia.

Mas para realizar o seu sonho de uma montagem perfeita, Mishima teve de aguardar mais quatro anos. A primeira condição irredutível que impunha aos produtores era a de que no final, o imenso templo emergisse com esplendor. Para isso seria imprescindível um grande recinto teatral, provido de enorme maquinaria de palco e, por ser uma produção cara, não poderia evitar um certo compromisso popular. Duas leis contrárias e difíceis de chegarem a uma solução, mas felizmente o Teatro Imperial, com o seu extenso palco e excelentes recursos sonoros, cooperou para a concretização desse ideal. Um teatro de entretenimento popular, como ele já realizara com *Lagarto Negro* e *Arabian Nights*, porém, desta vez resultou em alto entretimento, de elevado sentido filosófico.

Nesse ínterim, a convite do governo indiano, Mishima e sua esposa Yôko visitam as ruínas de Ajanta, Elora e a 3 de outubro de 1967, encontram-se com a primeira ministra Indira Gandhi em Nova Délhi. No dia seguinte, sua mulher retorna ao Japão e o escritor vai sozinho a Benares, antes de prosseguir ao Laos para visitar seu irmão Chiyuki Hiraoka, que servia na Embaixada do Japão, e depois para a Tailândia, a fim de colher material para o romance *Templo da Aurora*. A sua estadia no sudeste asiático prolongou-se por cerca de um mês. Mas a Índia, sobretudo o grande centro religioso Benares, surpreendeu-o e provocou-lhe um grande choque. Em *Comunicado da Índia*, o escritor relata: "Na Índia, tudo é sem rodeios. A vida, a morte e aquela famosa pobreza. [...] Ali, a verdade rubra da natureza humana está a espreitar".

Ao chegar à Índia, Mishima sentiu que não era sonho o que sempre acreditara, o de que na origem os seres humanos possuíam uma

1. Yukio Mishima, *"Raiô no terasu" ni tsuite* (A Propósito de *O Terraço do Rei Leproso*), *Mainichi Shimbun*, 10 de julho de 1969.

A DOENÇA DO ABSOLUTO EM *O TERRAÇO DO REI LEPROSO*　　349

capacidade genuína de ver, de enxergar bem mais longe, de ler o coração das pessoas. A sociedade contemporânea, com sua política de progresso constante, impede a volta à origem da vida. A civilização fez com que os homens perdessem a habilidade de ver de fato. Na entrevista "O Background da Literatura de Mishima", ele assevera:

> Quando se pratica o "kendô" (esgrima japonesa), não tenho tanta qualificação para afirmar isso, mas se diz "os olhos da deusa da misericórdia Kannon". É preciso ver o todo. Se você fixar nos olhos do seu adversário e mais, se enxergar o ponto fraco de sua esgrima, acabará perdendo. Ao invés disso, "os olhos da deusa Kannon" são olhos que acabam vendo tudo, de alto a baixo do adversário. Diz-se que o segredo do kendô está em treinar e desenvolver esses olhos e eu creio que isso é retornar às origens.

Os indianos conseguem enxergar de verdade porque ainda estariam mais próximos do "absoluto", cotidianamente confrontando o "absoluto". O escritor prossegue: "O ensaísta Jean Grunier disse, 'A coisa mais assustadora na Índia é que os indianos estão sempre face a face com o absoluto'"[2]. Ali não dá para se evitar o confronto imediato da vida e logo em seguida, da morte. Os outros povos civilizados vivem num mundo totalmente relativizado, em que política, economia e até mesmo a arte são relativas. Portanto, como nesse contexto não podem confrontar o absoluto, não o compreendem de modo algum. Foi na Índia que Mishima reforçou a teoria da metempsicose, transmigração da alma de um corpo ao outro. As suas experiências em Benares e na Tailândia vão reaparecer em *Templo da Aurora*, terceiro volume de *Mar da Fertilidade*.

Mas para assegurar-se do seu projeto teatral, no verão de 1969, o escritor telefona ao especialista em cultura cambojana, Shinji Sôya[3], e lhe indaga: "Se for para dramatizar a vida de um rei que não cessava de almejar o absoluto, devo tomar como modelo Yasovarman I ou Jayavarman VII?" Yasovarman I (889 – c. 900) foi o soberano do Camboja, que fundou Yasodharapura, a primeira Angkor, antiga capital de quase todos os reis khmers. Imediatamente Sôya opinara que deveria escolher Jayavarman VII, pois fora um monarca trágico, que ao erigir uma civilização elegante, trazia dentro de si a precipitação da decadência. Mesmo do ponto de vista religioso, embora não conseguisse abandonar o hinduismo tradicional, convertera-se profundamente ao budismo reformado ou *Mahayana* (Grande Veículo), que influenciou os budismos chinês, tibetano e japonês. E construíra o templo Bayon, um conjunto budista de simbolismo cósmico complexo, de formato dionisíaco, expressando o espírito de eterno verão nos países meridionais. Suas 52 torres são ornadas por quatro rostos colossais talhados em pedra, cada

2. Idem, "Mishima bungaku no haikei", *Kokubungaku*, maio de 1970, p. 25.

3. Sôya, Shinji, *"Hôjô no umi o yonde:* Mishima Yukio no Bayon" ("Lendo o *Mar da Fertilidade*, o Bayon de Yukio Mishima"), *Shinchô*, ed. especial fevereiro de 1971, p. 182.

350   YUKIO MISHIMA: O HOMEM DE TEATRO E DE CINEMA

um olhando para um lado. O rosto de Avalokitésvara, deidade da misericórdia, o mais popular bodhisattva do budismo Mahayana, com um
sorriso misterioso, denominado "o sorriso do Khmer".

Por fim, Mishima empenhou-se em escrever a sua obra. O dramaturgo já realizara experimentações com a totalidade do microcosmo
teatral em *Marquesa de Sade* e *Meu Amigo Hitler*. Isto é, ao criar uma
peça com diálogos tensos para um teatro pequeno, por vezes, recu-
sava até mesmo os efeitos sonoros e a música de acompanhamento,
para não atrapalhar a densidade dramática almejada. Mas desta feita,
cogitou em experimentar a totalidade do seu macrocosmo num teatro
grande, concentrando tudo nos mecanismos de palco em grande escala e na introdução de fragmentos visuais e sonoros.

> Enquanto eu escrevia este drama, os variados sons que atravessavam o silêncio
> do calor abrasante em Angkor Thom, iam e vinham nos meus ouvidos: o bater das asas
> dos insetos que escutei no Terraço de Naja; o farfalhar das folhas que caíam do cume
> da selva, através dos ramos, como uma chuva passageira; os guinchos dos macacos
> selvagens que pulavam nos galhos; as palrices rudes e indiscretas dos papagaios e
> pássaros tropicais de cores esplêndidas; os sons dos guizos de madeira nos pescoços
> dos bois d'água, que ecoavam aqui e ali na mata. E mais, aos meus olhos, as borboletas
> amarelas que flutuavam na entrada das ruínas, as cores de um azul antigo das pedras
> abandonadas no Bayon, as cores das raízes visíveis das estranhas e gigantescas árvores
> *suboan*, brancas como uma fresca pele humana, que abraçam as pedras e as quebram,
> ou as vestes deslumbrantes nas danças da corte antiga, desempenhadas exclusivamente
> por belas jovens à luz das tochas, se arrastavam sem cessar no terraço de Angkor Wat à
> noite. Introduzi tudo isto nesta peça[4].

Ao adotar regras visuais e sonoras, como também várias técnicas
kabuki nos arranjos, Mishima acabou criando uma obra que pode ser
denominada um kabuki moderno e no qual desenvolve o tema primordial da busca do absoluto. A tragédia do rei Jayavarman VII não seria a
de um leproso, mas sim a ânsia do absoluto. O drama não seria sobre
a lepra, mas sobre a doença do absoluto.

> Foi antes a lepra que revelou a tragédia do monarca ou a essência de sua doença;
> a lepra como "doença absoluta" personificou por completo o espírito do rei, violentado
> pela "doença do absoluto". Por conseguinte, o fato dele ficar doente não foi de maneira
> alguma uma morbidez do acaso, mas o destino do rei. O remédio para a cura não existe
> na face da terra. Porque aquilo que o curaria não é possível, senão através da restaura-
> ção do corpo enquanto beleza eterna[5].

Todas as coisas terrenas lhe eram existências relativas.

> A fé e o amor absolutos, cedo ou tarde, frutificarão como Bayon, beleza absoluta.
> O espírito do rei, apossado por esses dois, nesse mesmo dia é visitado pelo primeiro

---

4. Yukio Mishima, *Raiô no terasu* ni tsuite.

5. Idem, "*Raiô no terasu*: atogaki" (Posfácio: *O Terraço do Rei Leproso*), *Programa do Teatro Imperial*, julho de 1969.

A DOENÇA DO ABSOLUTO EM *O TERRAÇO DO REI LEPROSO*   351

preságio de lepra. Além disso, ambos os planos são frustrados neste mundo. As esmolas para o povo só provocam lamentos rancorosos do povo; o amor de Naja, filha da deusa serpente, visível em "Não conhece a compaixão nem o ciúme, apenas o amor, me cure somente com o amor gratuito do mar suave", é atrapalhado pela mulher terrena (primeira esposa); a construção de Bayon é obstruída pela política e economia ...

Nesse ínterim, a lepra foi carcomendo ininterruptamente o corpo do soberano e por fim, quando Bayon foi completada, o monarca que perdera a visão e estava à beira da morte, podia vislumbrá-la apenas como uma visão.

Entretanto, a beleza começou a ter uma existência sem relações com tal espírito do rei e iniciou com brilho uma eternidade sobre-humana e além do mais, inumana. Então, é preciso que o próprio Bayon apresente a sua figura diante dos espectadores como uma existência objetiva, sem precisar passar pela subjetividade dos personagens. Nesse final utilizei a crença no culto ao "devaraja", criado por um soberano do Camboja antigo, no qual o monarca era divinizado. Enfim, o impulso fundamental da construção de Angkor Wat também fora esse, a crença de que o soberano construíra o grande templo para tornar-se uno com a deidade aí consagrada. No palco, esta figura unificada é transformada na ressurreição do corpo do rei Jayavarman VII quando jovem, formoso e em todo o seu frescor[6].

Portanto, o belo corpo do monarca declara: "Bayon sou eu".
Mishima redigiu uma sinopse para o programa do Teatro Imperial.

No início do século XIII existiu no Camboja um rei, Jayavarman VII, que era não só um budista fiel, mas também um guerreiro corajoso e um dos homens mais formosos de sua época. O monarca que derrotara o seu velho inimigo Champa e vencera a guerra contra os chames, mesmo no meio da alegria do triunfo, estava determinado a reconstruir a cidade que havia sido bastante danificada.

Sua nação o apoiava integralmente e ele, em retorno, contribuía com toneladas de arroz para o povo e distribuía ouro. O soberano mobilizou carpinteiros, escultores e planejou edificar a capital que, mais tarde, tornou-se conhecida como Angkor Thom. A ação vigorosa e a alegria de sua juventude assemelhavam-se às do sol nascente.

Contudo, havia algumas pessoas que observavam com apreensão o grande projeto do rei, que julgavam muito arrojado e extravagante. Uma delas era o primeiro ministro, a outra, a rainha-mãe e a terceira, a primeira esposa do monarca. Somente a sua segunda esposa lhe era fiel, o amava e o entendia.

Após o jantar real seguido de dança da corte no Terraço do Elefante, houve um preságio de mau agouro, aparecera uma pequena mancha vermelha no braço do soberano. Entretanto, o enérgico e indiferente rei não deu muita importância a isso e cada vez que visitava Angkor Wat, erigida por Suryavarman II, sentia inveja dele que jazia na eternidade como a encarnação do deus Vishnu e ele jurou a si mesmo, que se tornaria um monarca da construção, comparável a Suryavarman II.

Como os escravos do seu reino eram insuficientes, recrutou até mesmo trabalhadores civis e assim procedendo, conseguiu terminar um edifício após o outro. Mas por outro lado, a situação financeira da nação começou a debilitar e tornara-se tão ruim, que ele teve de capturar pássaros orientais que outrora protegiam o país e vendeu suas penas verdes para as chinesas, por intermédio de mercadores chineses. Esta renda o ajudou a dar prosseguimento ao trabalho de construção. À medida que o progresso se fazia de maneira resoluta com a reedificação da cidade, o corpo do rei se deteriorava gradativamente devido à lepra e para ocultar o corpo que apodrecia lentamente, ele usava trajes muito brilhantes.

A lepra propagou-se em certos segmentos do povo e as vilas foram devastadas, uma após outra. O primeiro ministro tramava assassinar o rei, com a ajuda da primeira

6. Idem, ibidem.

352 YUKIO MISHIMA: O HOMEM DE TEATRO E DE CINEMA

esposa. Ele não mais suportava ver só a sombra do antigo soberano que contraíra lepra, portanto, instigou a segunda esposa a forçá-lo a envenenar-se. No entanto, ela recusou-se a cooperar e foi quase morta pela rainha-mãe.

Nessa época, a primeira esposa, muito ciumenta, percebeu que ela própria fora contaminada pela lepra. Então, jogou-se no fogo do altar no palácio do rei e transformou-se no espírito de uma serpente. Ao saber disso, o monarca perde a consciência e nesse momento, aparecem a rainha-mãe e o primeiro ministro. Julgando que era uma boa oportunidade, o primeiro ministro tentou liquidar o soberano, mas ao contrário, ele é que foi morto pela rainha-mãe.

Por outro lado, discípulos jovens que respeitavam o rei, não mais suportando ver os velhos carpinteiros preguiçosos no trabalho e só enchendo os seus bolsos com dinheiro, decidiram sacrificar-se e ajudar na construção do Templo Bayon, que era o que o soberano mais desejava. Originalmente ele fora planejado para que o rosto jovem, formoso e venerável do monarca fosse gravado em todo o templo. Mas infelizmente nessa época, a sua aparência já se tornara tão ruim, que ele não queria mais aparecer na frente de ninguém.

Quando o Templo Bayon foi completado, não havia uma única alma na corte e mesmo os trabalhadores tinham todos fugido. Assim, não havia ninguém para viver lá. Suas novas estruturas estavam sendo bastante deterioradas pelo capim e raízes de arbustos.

O rei ordenou que colocassem o seu trono no terraço do palácio, de onde poderia ter uma boa visão de todo o Templo Bayon, mas então, ele já havia perdido a visão. A morte estava gradualmente usurpando-o. Ao ouvir a descrição de sua segunda esposa acerca da elegância do Templo Bayon, ele podia visualizá-lo só na sua imaginação. O edifício ficava no meio da selva com muitos belos bustos enfileirados, tornando-o um dos mais estranhos e imensos templos do mundo.

No último e crítico momento de sua vida, o soberano pediu à segunda esposa que o deixasse sozinho contemplando o templo. Com lágrimas nos olhos, ela aquiesceu. No instante de sua morte, no trono real no meio das ruínas do seu novo reino, ele ouviu uma voz jovial chamando-o no topo do Templo Bayon contra o céu azul. Certamente era a sua própria voz alegre de quando estava fisicamente bem.

Logo apareceu no topo do templo o corpo nu, jovem, belo e saudável do próprio monarca, que começou a conversar com a alma do monarca moribundo no chão. Assim, a conversa entre a alma e o corpo continuou, com interrupções momentâneas de cantos dos pássaros no calmo ar tropical diurno. O corpo insiste na vitória de sua eternidade, por sua vez, a alma também insiste no seu triunfo eterno. Mas por fim, a voz definha gradualmente e o rei falece. O corpo jovem e formoso no topo do templo glorifica a sua própria vitória, declarando: "O corpo é que é eterno e a juventude, imortal"[7].

Quanto à estrutura da peça em três atos, no primeiro ato, que pode ser denominado "Fragrância", a adolescência do rei Jayavarman VII é evocada através de canções de louvor e exuberantes danças grupais. Logo a cena escurece e o soberano retorna triunfalmente da guerra, com armadura dourada, montado em elefante branco e acompanhado de grande séquito. O ápice da glória e o sintoma de lepra é o tema que perpassa toda esta primeira parte. A primeira rainha Indradevi descobre no punho esquerdo do monarca uma mancha vermelha como uma pétala de rosa chinesa e conclui: "Certamente deve ser o vestígio do beijo daquela rainha Naja. E tentando me enganar, dizendo-me que fora na batalha. Que ódio!" O rei sorri.

7. Idem, Sinopse no *Programa do Teatro Imperial*.

A DOENÇA DO ABSOLUTO EM *O TERRAÇO DO REI LEPROSO*   353

Um ano depois, no segundo ato, destinado a ser a "Ação", há uma conspiração na dinastia, centrada numa oposição clássica tão ao gosto de Mishima, com o conflito entre a primeira rainha Indradevi, que advoga o amor absoluto, e a segunda rainha Rajendradevi, jovem e adorável, adepta da fidelidade conjugal em todos os seus aspectos. Já no terceiro ato, um ano mais tarde, os cabelos caíram e com o corpo inteiramente devastado pela lepra, o soberano aparece todo envolto em vestes brilhantes, exceto pelo formoso rosto. Embora qualificado de "Tranquilidade", este ato recupera a densidade dramática através do diálogo entre o corpo e a alma. Na primeira cena, o monarca está num palanquim colocado no terraço. Só com os olhos descobertos, ele contempla a estátua da deusa da misericórdia Kannon no meio da platéia. Porém, um pouco antes da partida da rainha-mãe Chudamani para a China, a lepra finalmente atinge a sua visão, pois ele não consegue mais enxergar a deusa. Na segunda cena, ao contrário da primeira, o enorme Templo Bayon emerge lentamente por meio do grande ascensor. O palanquim dourado encontra-se à esquerda do tablado, de costas para o público e ouve-se apenas a voz rouca do rei, através do microfone.

Após afastar a segunda esposa, o soberano está prestes a morrer, quando no topo da estátua da deusa surge o *corpo* do próprio soberano, só com uma tanga dourada. Dá-se então, o confronto entre o corpo saudável e a alma do monarca moribundo, a luta entre o físico e o espiritual, existente desde os primórdios da humanidade e que, ainda hoje, é um dos embates centrais do homem contemporâneo. O monarca agonizante não pode mais ver o templo imponente, porém, ele orgulha-se de que Bayon já esteja resplandecente dentro do seu espírito. No final e clímax surpreendente do drama, o belo e irônico corpo brada: "Espírito, você era leproso de nascença. Você morreu. A juventude é indestrutível, o corpo é imortal [...]. Eu venci porque sou de fato o Bayon". O espírito do seu corpo contaminado pela lepra/ doença do absoluto falece, todavia, com o término da edificação de Bayon, o seu formoso corpo renasce. Uma estética do paradoxo, pois ao invés do lugar comum "O corpo perece, mas a alma é imortal", Mishima provoca uma revolução copernicana sensacional ao asseverar: "O espírito pode morrer, mas o corpo é eterno". Deixa-se o espírito falecer, para ressuscitar o corpo.

O rei Jayavarman VII arquitetou e edificou o templo-montanha de Bayon, impulsionado pela sua fé, juventude e físico absolutos. Ao completar Bayon, o soberano conseguiu fazer o seu corpo renascer como uma beleza imortal. O rei é Bayon e Bayon é o próprio rei. Em *O Terraço do Rei Leproso*, o dramaturgo conseguiu cristalizar esplendidamente a sua estética dramática, baseada em fragrância, ação e tranquilidade. Mas enquanto o Jayavarman VII real, embora isolado, gostava de viver no meio do luxo e beleza, falecendo com mais de

354 YUKIO MISHIMA: O HOMEM DE TEATRO E DE CINEMA

noventa anos, o de Mishima morreu jovem (1181-1215), logo após terminar a construção de Bayon, fulminado pela lepra. Na raiz da concepção da peça está a singular filosofia do corpo do dramaturgo. No segmento *Rio do Corpo* da *Exposição Yukio Mishima* (1970), o escritor declara categoricamente: "Eu não admito o destino de envelhecimento do corpo".

Cerca de um mês antes de se suicidar, o dramaturgo enviara uma carta ao seu venerado mestre Fumio Shimizu, em que dizia: "Anteriormente, escrevi sobre o Templo Bayon do Camboja no meu drama *O Terraço do Rei Leproso*. Mas este romance (*Mar da Fertilidade*) é de fato, para mim, o meu Bayon". Era também o seu corpo. O rei leproso construiu um templo imenso, o mais grandioso de Angkor Wat, e Takeshi Muramatsu conclui:

> Mishima também edificou o seu Bayon (a tetralogia *Mar da Fertilidade*), sacrificando tudo o mais. Num sentido mais amplo, toda a obra do escritor é o seu Bayon. Ele não acreditava em deuses xintoístas nem budistas e em nada mais. Entretanto, com uma enorme força de vontade, construiu o seu Bayon na atualidade e completou-o com a sua morte[8].

Para Jayavarman VII, o dia do término do Templo Bayon é o mesmo do fim de sua existência. Também para Mishima, o dia em que completou *Mar da Fertilidade* coincidiu com o de sua morte, restando portanto, como um testamento simbólico.

Quando encenara *Arabian Nights*, o dramaturgo convidara o ator Kinya Kitaôji para estrelá-lo, como um teste cênico para ser o protagonista em *O Terraço do Rei Leproso*. O que acabou de fato se concretizando. O elenco principal foi formado por: Jayavarman VII – Kinya Kitaôji; rainha-mãe Chudamani – Isuzu Yamada; primeira rainha Indradevi – Kyôko Kishida; segunda rainha Rajendradevi – Hideko Muramatsu e primeiro-ministro Suryabhatta – Masayuki Mori; composição musical de Kan Ishii e Alan Hovhaness; regência de Kanefuji Nakamura; cenografia de Otoya Oda; vestuário de Kôtarô Maki e coreografia de Yukio Sekiya. A montagem dirigida por Takeo Matsuura no Teatro Imperial de Tóquio, de 4 a 30 de julho de 1969, enfatizou a maquinaria de palco e o figurino vistoso. No dia da estréia, ao lado de Mishima havia um lugar reservado ao dramaturgo americano Tennessee Williams, em viagem pelo Japão. Já a sua reencenação pelo diretor de cinema Akio Jissôji no Teatro Nissei de Tóquio, em 1974, produzido pela Companhia Shôchiku, adotou um estilo completamente diferente. Com o objetivo de apresentar o tema de forma nua, uma profunda melancolia e escuridão dominavam o universo dramático.

8. Takeshi Muramatsu, debate com Taijun Takeda, "Mishima Yukio no jiketsu" (O Suicídio de Yukio Mishima), *Shinchô*, janeiro de 1971, p. 163.

A DOENÇA DO ABSOLUTO EM *O TERRAÇO DO REI LEPROSO* 355

Em 1991, Angkor tornou-se área de proteção nacional, sob patrocínio da Unesco. Apesar disso, surpreendeu-me a fotografia estampada na *Folha de São Paulo* (28 de julho de 1997), com as gigantescas raízes das árvores seculares da floresta tropical engolindo um templo perto de Angkor Wat. A natureza estaria corroendo o templo abandonado, até então, um convite à eternidade na terra?

Mishima Diretor

FIGURA 24: *Fedra* em versão kabuki, *O Orvalho no Lótus: Contos de Ouchi*, dirigido por Mishima em 1955. Karafuji (Shikaku Nakamura II) envenena-se. Desesperada, Fuyô (Utaemon Nakamura VI) confessa tudo ao marido Yoshitaka (Ennosuke Ichikawa II).

FIGURA 25: Monólogo *A Saudação do Barco*, dirigido por Mishima em 1955. Faroleiro Ichirô Masuda (Shôzô Inagaki): "Serei apenas um pequeno ponto, a ligar o porto e o navio?"

FIGURA 26: Misticismos oriental e ocidental na *Salomé* de Wilde, dirigida por Mishima para o Bungaku-za, em 1960. Herodíades (Tomoko Fumino), Herodes (Nobuo Nakamura) e Salomé (Kyôko Kishida).

28. A Viagem Diretiva Inaugural em O Farol

Em junho de 1949, "ao assistir *Antígona* de Jean Anouilh dirigida por Hiroshi Akutagawa, Mishima deve ter tido a alucinação de que ele também seria capaz de fazê-lo", ironiza seu amigo Seiichi Yashiro. Era a primeira vez que o Bungaku-za montava peças de Sartre (*Entre Quatro Paredes*) e Anouilh. Quando jovem, Hiroko Seki, viúva do ator de nô Hisao Kanze, interpretara o papel de Masako na peça *O Farol*. Ela rememora que Yashiro comparecia amiúde aos ensaios e Mishima, apesar de diretor, contemplava absortamente o seu roteiro sem se importar com os atores. Yashiro o advertira que, dirigir é prestar atenção aos movimentos dos atores; se ele admirava tanto assim o seu texto, deveria lê-lo em casa.

Mas posto que era a sua estréia como diretor, portanto, um amador, era natural que se sentisse inseguro. Logo, ele procurou o apoio de um profissional experiente.

Esta é a minha viagem inaugural na direção e o título da peça é *O Farol*. Mesmo se o farol for firme, caso o navio estiver em escombros, a segurança será difícil de ser mantida. Se for um navio de luxo e o farol estiver avariado, a segurança será dificultada da mesma maneira. No entanto, este navio diretivo está oscilando sem orientação e o farol também, parece que devido à sua má construção, está a oscilar. [...] Nesta viagem esteve presente, enquanto conselheiro, um capitão veterano, Suguisaku Aoyama[1].

1. Yukio Mishima, "*Tôdai no enshutsu ni tsuite*" (A Propósito da Direção de *O Farol*), *Programa do Haiyû-za*, fevereiro de 1950.

Assim, é certo que Mishima se inspirara na primeira encenação de uma peça de Anouilh no Japão. Entretanto, o trabalho de um diretor é diferente de um romancista ou dramaturgo, pois lida com atores, seres humanos vivos, que não se movimentam integralmente de acordo com a vontade do diretor. Ele deve ter intuído que não tinha muito talento como diretor. A partir de então, dirigiu apenas algumas peças.

29. Orvalho no Lótus: Contos de Ouchi

Segundo Mishima, diretor da peça em 1955, o ponto forte deste kabuki estava na narração em estilo *jôruri* do bunraku. Portanto, ele enfatizou a narração *jôruri* tanto quanto a originalidade do ator, a ponto de realizar um rigoroso arranjo prévio da narração, antes de entrar no ensaio real. E declarou:

A direção de um kabuki adaptado do bunraku é uma direção total. Mesmo numa única narração há fatores importantes; se houver erros no início, não importa o que se faça depois, já não há mais conserto. Mas uma característica primordial do kabuki é a importância do ator, portanto, como diretor não quero ignorar isso. Quero trabalhar tornando vivas as diferenças de cada ator, os seus talentos naturais. Creio que novos dramas clássicos são imprescindíveis para se estimular a originalidade dos atores.[1]

1. Idem, citado em Eiki Honchi, "Kabuki ni tsuite no Mishima goroku" (Coleta dos Aforismos de Mishima quanto ao Kabuki), em *Mishima Yukio no Kabuki*, ed. especial *Kabuki*, abr. 1971, p. 54.

30. Orfeu da Era Guenroku

Em 1956, a dançarina Hôzui Kitamura solicitou a Mishima a adaptação do filme *Orfeu* (1950) de Jean Cocteau, para um drama dançante japonês. Ele retrucou que considerava a peça teatral homônima (1926) do autor francês bem melhor. Mas "fisgado pelo gentil modo de sucção artística" da Kitamura, o escritor redigiu um roteiro esquemático e foi-se envolvendo cada vez mais no projeto. Tanto assim, que o drama dançante acabou sendo co-dirigido por ele e Toshikiyo Masumi.

Adepto do princípio de que a dança japonesa (*buyô*) foi criada para tornar vivas as linhas do quimono, Mishima advoga que nunca se deve usar vestuário ocidental em suas apresentações. Para expressar a atmosfera de liberdade poética, um tanto insana e supermoderna do filme, como na cena em que os mensageiros da morte surgem de motocicleta, ele ideou o papel do garoto de programa (*wakashû*) que toca flauta, solicitou ao cenógrafo Kôtarô Maki as ruas de uma Paris estilizada, jogou aí os personagens em trajes da Era Guenroku (1688-1704) e empregou música ocidental.

Primeiro, porque era necessário incutir na cabeça da platéia a importante premissa, de que esta estória lunática transcende tempo e espaço. O fato de Orfeu parecer ou não um poeta seria irrelevante. Como no Japão do Período Guenroku já havia um poeta dramático do porte de Monzaemon Chikamatsu, não havia razão na existência de um poeta no sentido ocidental. Além disso, o Orfeu interpretado por Jean Marais no cinema também não parecia em absoluto um poeta.

366 YUKIO MISHIMA: O HOMEM DE TEATRO E DE CINEMA

Orfeu pode ser qualquer um. Ele precisa tão somente amar a poesia. Em japonês curiosamente, as palavras "poesia" (shi) e "morte" (shi) são homófonas. Orfeu ama a poesia, a deusa da morte é a poesia dos deuses e a mulher de Orfeu sente ciúme dessa poesia. Kitamura é a própria poesia, a musa e também a morte. Ela personifica tais personagens, mas creio que em toda a sua vida, não mais deparará com um papel tão difícil quanto este[1].

Porém, enquanto no filme de Cocteau o papel da morte era interpretado por Maria Casares, no drama dançante de Mishima, a figura da morte foi transmutada para uma cortesã.

A versão *Orfeu* de Mishima foi apresentada a 1 de dezembro de 1956, no Tôyoko Hall em Tóquio. No Brasil coincidentemente nesse mesmo ano, *Orfeu da Conceição* de Vinícius de Moraes, inspirado no mito grego e transposto para uma favela carioca, estreou no Teatro Municipal do Rio de Janeiro, dirigido por Leo Jusi. Adaptado para o cinema francês como *Orfeu Negro*, dirigido por Marcel Camus, ganhou o Oscar de melhor filme estrangeiro em 1959.

A ÁGUIA DE DUAS CABEÇAS

Havia algo na obra de Cocteau, esse transmutador do filme em poesia cinematográfica e do desenho em poesia gráfica, que fascinava Mishima. Quando assistira o filme *A Águia de Duas Cabeças*, ele redigiu uma crítica de um só fôlego e ao ver *Pais Terríveis*, comentou sobre a película.

Após o sucesso de Akihiro Maruyama como *onnagata* em *Lagarto Negro*, houve divergências quanto à sua próxima atuação. Quando a produção decidiu pela tragédia amorosa em estilo clássico, *A Águia de Duas Cabeças* (1946) de Cocteau, Mishima, supervisor da tradução, congratulou a escolha e apontou as razões. Em primeiro lugar, Maruyama deveria correr o risco de se expor a uma experiência artística muito mais difícil e elevada do que a anterior. A obra de Cocteau, por ser um drama poético com diálogos de nível elevado e muito sutil, adequava-se a esse propósito. A estrutura dramática é a romântica estória de amor entre a rainha e um jovem poeta anarquista, em confronto com o insensível mundo político. A rainha oculta no seu castelo o formoso poeta anarquista, Stanilas, devido à incrível semelhança com o falecido rei Frederico e acaba se apaixonando por ele. Enfim, o dilema existencialista contemporâneo, vindo da tradição romântica do século XIX, a luta entre o poder político e o individualismo.

Em segundo lugar, o original fora estrelado tanto no teatro como no cinema (1948) pela célebre atriz Edwige Feuillère, que atuara em estilo clássico da *Fedra* de Racine. No Ocidente, segundo Mishima,

---

1. Idem, "Guenrokuban *Orufue* ni tsuite" (A Propósito da Versão Guenroku de *Orfeu*), *Programa de Apresentação da Nova Dança de Hôzui Kitamura*, dezembro de 1956.

uma talentosa atriz de teatro sempre possui um imponente caráter de virago. Portanto,

o papel para condizer a tal "monstro sagrado", ao ser desempenhado por uma pessoa japonesa, é insuficiente com a estrutura de uma atriz. É forçosamente necessário que um *onnagata* de estilo ocidental o represente. [...] Do começo ao fim, o papel da rainha se posiciona como o de uma líder, uma soberana que também possui elementos de uma guerreira, ao usar até mesmo um uniforme[2].

Posição esta, por vezes, criticada com veemência pelo seu parceiro Stanilas. O papel era talhado ao Maruyama, por ter em comum com Lagarto Negro o amor de uma dominadora. Mas enquanto no final de *Lagarto Negro*, encurralada pela polícia, a ladra suicida-se ingerindo veneno e confessa o seu amor ao detetive Akechi, em *A Águia de Duas Cabeças*, Stanilas é quem ingere veneno ao se ver cercado pela polícia, apunhala a rainha pelas costas e ambos acabam falecendo após a mútua confissão amorosa.

As traduções nipônicas de *A Águia de Duas Cabeças*, existentes até então, eram insuficientes para serem levadas em cena. Felizmente Kôtarô Ikeda fizera uma tradução funcional e muito boa, à qual Mishima colaborara como supervisor. Mas se revelara uma tarefa difícil, pois

ao transpor em japonês o francês falado com a rapidez de uma metralhadora, o tempo cai inevitavelmente e a peça se alonga. Então, eu tive que encurtar a ação e fazer um registro do texto, que proporcionasse o tempo requisitado pelo original[3].

Cocteau teria escrito a peça para o ator Jean Marais, que lhe solicitara três dificuldades: com ele em silêncio no primeiro ato, loquaz no segundo e caindo abruptamente escada abaixo no terceiro. Crítico severo da voz de Marais, Mishima dizia que o ator francês tinha um rosto esplêndido quando estava calado, mas ao falar, tornava-se vulgar. Por conseguinte, tanto em *Orfeu* como em *Amor Trágico*, apresentava a sua melhor face quando já morto.

O tema e o desenvolvimento da tragédia *A Águia de Duas Cabeças* assemelham-se muito ao *Ruy Blas* de Victor Hugo, em suma, é um *Ruy Blas* reduzido e refinado. Portanto, Mishima concedeu o papel de Stanilas ao ator Jin Nakayama, que protagonizara *Ruy Blas*. Assisti este filme de Cocteau pela primeira vez na Cinemateca de Paris, não me recordo se em 1976 ou 1977 e duas décadas depois, pude revê-lo na *Mostra de Cinema Jean Cocteau* (1997), que acompanhava a exposição *Le Monde de Jean Cocteau* na Fundação Armando Álvares

---

2. Yukio Mishima, "*Sôtô no washi* ni tsuite" ("A Propósito de *A Águia de Duas Cabeças*"), *Programa do Teatro Tôyoko*, outubro de 1968.

3. Idem, ibidem.

Penteado de São Paulo. Fica-me a impressão de que não se trata de uma simples tragédia amorosa, pois além da morte dos dois protagonistas, há o sacrifício de Edite e quem triunfa no final é o político. Afinal de contas, um tema bem ao gosto de Mishima, o confronto amor e política, com o poder destruindo o mundo dos sentimentos.

31. O Filme Patriotismo

Originalmente o que eu almejei ao extremo, enquanto obra cinematográfica, não foi um drama. Foi antes um estágio anterior ao drama, um "dromenon" religioso, algo semelhante a um ritual de sacrifício nas cerimônias agriculturais, o destino vegetal do ser humano na natureza, um ritual mágico de elevação, ruína e renascimento. Portanto, sem a mediação das palavras ou da literatura, tinha que ser algo que despertasse a emoção humana mais primitiva, semelhante à alegria da caça; deveria ser uma reaparição anticivilizatória ou dual, em que diante do medo e choque de se fazer cobrir os olhos, os espectadores também renascessem junto com os protagonistas. Ao invés de palavras, ao contrário, paradoxalmente as expressões imagéticas da câmera, invenções técnicas da maquinaria moderna, ressuscitarão as imagens selvagens, vigorosas, anteriores às palavras e provavelmente serão úteis para varrer todos os elementos modernos das obras de arte. Eu apostei nesta obra esse meu sonho exorbitante... [...]

Apesar de ser um conto de menos de cinquenta páginas, uma vez que aí estão concentrados vários elementos meus, caso uma pessoa queira ler somente uma obra minha, eu recomendaria Patriotismo. *Assim, ela poderá compreender tanto os meus aspectos positivos como os negativos enquanto escritor[1].*

---

1. Yukio Mishima, "Versão Cinematográfica de *Patriotismo*: O Propósito da Produção e seu Desenvolvimento".

A essência do cinema é eros e violência. Captar isso numa certa dimensão é que determina a natureza da obra. Patriotismo também é um filme sobre eros e violência. Posto que um diretor cinematográfico é em grande parte um capataz, não é adequado para mim[2].

YUKIO MISHIMA

"Assistir um filme não é um entretenimento, é entrar em transe", costumava dizer Mishima.

O cinema é algo que proporciona a embriaguez e possui uma magia sensual, que faz o corpo levitar. O fascínio do cinema supera o do romance e teatro, é algo que arrasta à força como uma enchente.

Daí ele elogiar o diretor Luchino Visconti, mas desgostava de René Clair, por ser muito intelectual. Não conseguia apreciar Chaplin, pois via nele a manipulação intelectual em demasia e pela mesma razão detestava Antonioni. Gostava tanto de filmes, que sempre que tinha tempo ia assistí-los, acabando por se tornar um especialista em cinema. Em 1959, ao mudar-se para sua nova residência no bairro de Magome, passou a promover sessões de cinema experimental, como o filme de 16 milímetros de Donald Richie, *Atami Blues*. Pela entrevista concedida por Richie a Carlos Adriano na *Folha de São Paulo* (23 de julho de 2000), o escritor continuou a acompanhar as novidades cinematográficas até pouco tempo antes de sua morte.

Ele adorava a terceira das *Fábulas Filosóficas*, o piquenique canibal da família. Mishima escreveu um longo ensaio sobre isso: "Um Escândalo Verdadeiramente Elegante", publicado no livreto de programação do cine-teatro Sasori-za, em 1967 (*Escândalo Elegante – Os Filmes de Donald Richie*). Ele apreciava demais a idéia transgressiva, mostrar a família japonesa em seu máximo ímpeto destrutivo.

Em *Meu Período Itinerante*, Mishima conta que começara a freqüentar cinema no curso primário, quando vira *Dom Quixote* protagonizado pelo grande ator russo Chaliapin, *Um Carnê de Baile* do diretor francês Julien Duvivier e assistira todas as operetas da companhia cinematográfica alemã UFA (*Universum Film Aktiengesellschaft*). Portanto, ele começou a ver filmes ocidentais antes dos dez anos, em suma, antes do *King Kong* (1933). Há poucos registros sobre esses anos iniciais. Os mais abrangentes talvez sejam *Uma História de Meus Filmes Estrangeiros* (setembro de 1953) e *A Propósito de Yukio Mishima e o Cinema* (revista *Art Theater*, abril de 1966) de Hisashirô Kusakabe. A sua primeira lembrança é do ano em que entrou no curso primário, quando assistiu uma película americana sobre um garoto.

---

2. Yukio Mishima citado por Hiroshi Sato, *O Ator Yukio Mishima: Progresso na sua Atuação*.

O FILME *PATRIOTISMO* 371

No entanto, a primeira comoção profunda foi com *A Quermesse He-róica* de Jacques Feyder, que causou uma impressão violenta no seu espírito infantil e isso durou um longo tempo. Ele gostava de musicais, sobretudo a Idade de Ouro das operetas da UFA. Começando com *O Congresso Dança*, dirigido por Eric Charel e considerado a obra-prima das operetas, não deixou de ver nada. A partir dessa época, um de seus grandes prazeres tornou-se apreciar a beleza da Europa no século XIX, através desses filmes.

Durante a guerra diminuíra a importação de películas ocidentais. Portanto, Mishima começou a ver cinema japonês com o qual não tivera contato até então, como *Atire Naquela Bandeira*. E admirou-se que os filmes de guerra vistos durante a guerra fossem suficientemente bons. Mas depois que a guerra terminou, restaurou-se a importação de filmes ocidentais e ele passou a assisti-los de novo. Desta época, restam no seu espírito *Ninotchka* de Ernst Lubitsch e *Os Melhores Anos de Nossas Vidas* de William Wyler.

Para Mishima que no pós-guerra raramente via filmes japoneses, também há exceções. São as películas finais da Companhia Shin-Tôhô. Ele nutria um grande favoritismo pelo diretor Nobuo Nakagawa, pois reputou *Inferno* e *Conto dos Fantasmas de Yotsuya* como obras-primas. "O desespero que o kabuki possui, é necessário que o cinema japonês também o possua. Se afastar-se disso, o filme se debilita", declarou o escritor.

Numa entrevista à televisão estatal francesa:

– O que o senhor acha do cinema contemporâneo japonês?
– Se varrermos totalmente o sentimentalismo, se tornará algo esplêndido.
– O que acha do filme como um instrumento de expressão do ser?
– É claro que prefiro o "poder da caneta", mas ela não ganha do imediatismo em sensualidade do cinema, que é uma arte diabólica, porque apresenta a realidade sem ao menos passar pelo processo de abstração.

E foi exatamente o que ele havia acabado de realizar no seu filme *Patriotismo*, exibido na Cinemateca de Paris, onde se encontrava para a sua divulgação.

PREMIÈRE MUNDIAL FRANCESA DE *O RITO DE AMOR E MORTE*

Em Tóquio existe o Film Library, ligado ao Museu Nacional de Arte Moderna, portanto, um orgão oficial do governo. Mas não há algo como a Cinemateca de Paris, um dos maiores acervos cinematográficos do mundo. Embora com o apoio do governo francês, é uma entidade livre, fundada e dirigida por Henri Langlois (1914-1977), devido à sua paixão pelo cinema. Quando o seu filme ficou pronto, Mishima quis a todo custo apresentá-lo inicialmente no exterior, onde era desconhecido e a sua obra não seria prejulgada como o passatempo de um escritor. Assim, a *première* mundial de *O Rito de Amor e Morte*, título inglês, francês e alemão da película, atribuído por ele mesmo, deu-se na Cinemateca de Paris em outubro de 1965, graças à Kashiko Kawakita, na época, vice-presidente da Companhia Cinematográfica Tôwa e introdutora do cinema francês no Japão.

Depois da exibição da película, vista em silêncio pelo público e com aplausos no final, Mishima foi comemorar com o sr. Navone e alguns jovens franceses e japoneses. Surpreendeu-se sobretudo com a declaração de um estudante, filho de um produtor francês.

"A esposa que olha com uma expressão de pesar indescritível o marido que comete o *seppuku*, a sua figura esmagada pela tristeza de não poder compartilhar da agonia violenta do esposo, foi o que mais me comoveu".

O escritor ficara feliz ao verificar que apesar dele não ter lido o roteiro, captara a essência da estória.

A 22 de janeiro de 1966, o filme participou do Festival Cinematográfico de Curta Metragem de Tours, quando uma pessoa desmaiou na cena de *seppuku*. Das cinco películas japonesas inscritas, a dele fora a única selecionada. Pierre Balmain, que participava do juri, apreciara bastante o filme e apesar dos jornais franceses estamparem suas fotos, não foi agraciado com o grande prêmio. Mas Mishima ficou satisfeito com as avaliações, sobretudo o acompanhamento musical *Tristão e Isolda* de Wagner foi muito elogiado. *Nouvelle République* registrou: "O ritmo sensual e, ao mesmo tempo, religioso dessas imagens japonesas adere-se intimamente à composição melódica de uma das mais belas canções de bênção suprema, criadas até agora no Ocidente".

ESTRÉIA JAPONESA DE *PATRIOTISMO*

Patriotismo estreou no Art Theater de Shinjuku em Tóquio, a 12 de abril de 1966. Na noite anterior, ansiosos, Mishima e o presidente do Art Theater tiveram insônia. Como chovia ao amanhecer e no mundo dos espetáculos, estréia com chuva significa "manter-se em recinto coberto e daí a afluência" e às 11:00 horas começou a clarear, concluíram que estava ficando cada vez melhor. Ao meio-dia quando o escritor dirigiu-se ao cinema, ainda não havia fila para a sessão das 12:30 horas, portanto, ele achou que seria um fracasso de público. Mas às 12:15 horas as pessoas começaram a chegar e tanto, que os cinco homens que estavam no escritório, de pé e nervosos, subitamente se encararam e deram suspiros de alívio e alegria. Em maio, a sala ainda continuava superlotada.

Normalmente Mishima não interferia nas adaptações cinematográficas de suas obras, por julgá-las trabalhos independentes. Mas em relação a *Patriotismo*, não se sentiu assim. O conto original, um relato enxuto,

O FILME *PATRIOTISMO* 373

rigoroso e vibrante de um suicídio ritual, fora cogitado por algumas companhias para ser filmado, chegando a haver uns três projetos. Porém, eles foram sucessivamente descartados, sob alegação de que a estória era simples demais e embora a cena amorosa fosse boa, a de *seppuku* era muito lúgubre. Em 1965 o escritor decidiu ele próprio produzí-lo, acumulando as cinco funções: original, roteiro, produção, direção e papel principal.

No debate com Kashiko Kawakita, "Amor e Morte no Filme *Patriotismo*", Mishima dá o seu depoimento.

Nesta obra não há em absoluto a idéia de se filmar algo escrito, porque fui eu quem escreveu. Bastava passar para as imagens o que havia dentro de mim. Em suma, há três itens: "o meu interior", "as palavras" e "as imagens". O filme comum passa por dois itens deste triângulo, das palavras para as imagens. No meu caso posso ir diretamente para as imagens, sem passar pelas palavras. Creio que aí se econcontra a vantagem do autor. Todavia, o que se torna problemático é a objetividade, pois ao transformar o que há no meu íntimo em imagens, a subjetividade realiza um acompanhamento considerável. Mas tal excitação é interessante[3].

Os ensaios de *Patriotismo* foram feitos num palco de nô do sr. Hashioka, a 12 de abril de 1965. No dia seguinte, efetuaram os testes de câmera. Como o aluguel do pequeno estúdio cinematográfico de Ôkura era elevado, o contrato foi por somente dois dias, 15 e 16 de abril, o que redundou numa verdadeira maratona. No primeiro dia, o trabalho prolongou-se das 9:00 às 23:00 horas e no segundo, das 9:00 às 4:00 horas da madrugada seguinte. Portanto, na realidade, a película foi filmada praticamente em três dias e resultou em 180 cortes, arranjados em 28 minutos e 37 segundos. Na época, a filmagem ficou mais barata do que rodar uma obra pornô.

O filme terminava com os dois personagens imersos em sangue e rapidamente esse sangue deveria ser limpo, com o cenário transformando-se numa outra dimensão, simbólica, como um monumento. Mishima decidiu começar a rodar por esta última cena. Aliás, procedimento já adotado na criação de seus romances, contos e peças teatrais. O caminhão com a grua necessária para filmar esta cena atrasou e na manhã do primeiro dia, só conseguiram rodar duas ou três tomadas. Com tempo escasso, eles ficaram apavorados com a lentidão do trabalho. Então, até antes da cena de *seppuku* do tenente, resolveram filmar tudo de uma só vez, sem cortes nem relação com o desenvolvimento da estória. Porque a direção de posicionamento da câmera, o ângulo dos refletores, a distância dos personagens e o cenário sendo os mesmos, não haveria trabalho em movimentar refletores, câmera e personagens. Poderia-se filmar seguidamente as tomadas cinco, oito e dez, com uma economia maior de tempo. Mishima tomara conheci-

---

3. Yukio Mishima e Kashiko Kawakita, "Taidan: ciga *Yûkoku* no ai to shi" (Conversa: Amor e Morte no Filme *Patriotismo*), *Fujin Kôron*, maio de 1966.

374 YUKIO MISHIMA: O HOMEM DE TEATRO E DE CINEMA

mento deste processo, graças à sua atuação no filme *Um Cara Valentão* (1960). Mas tivera uma experiência amarga durante a produção. Por ser um escritor famoso, fora atazanado pela imprensa. "Daquele jeito era como fazer sexo no meio das pessoas, uma confusão total. Portanto, neste filme (*Patriotismo*), promulguei a todos a lei do silêncio", conta ele a Kashiko Kawakita.

Nô, Jardim Zen e Wagner

O duplo suicídio verídico do tenente Kenkichi Aoshima e sua jovem esposa na noite de 28 de fevereiro de 1936, durante a rebelião em Tóquio, inspirou Mishima a compor o conto *Patriotismo* (1960). Pertencente à corporação de transportes da Divisão da Guarda Imperial e amigo dos insurretos, por não suportar vê-los tratados como traidores, Aoshima suicidara-se. Já o enredo de *Patriotismo* trata do tenente Shinji Takeyama, de 31 anos, que por ser recém-casado, não participara do incidente de 26 de fevereiro de 1936. Mas quando seus companheiros são acusados de insurreição, ele se vê diante do impasse de ter de subjugá-los. O dilema enquanto militar, entre a lealdade ao imperador, tendo que fuzilar os seus colegas e a amizade aos companheiros, que o tornará um traidor. Dois dias depois do levante, ele decide suicidar-se com sua esposa Reiko, de 23 anos. Um retrato do caráter heróico monumental dos personagens, em que Takeyama comete *seppuku* e Reiko apunhala a própria garganta.

Mais tarde o escritor constatou que houvera casos semelhantes, logo após a derrota do Japão na segunda grande guerra, com casais de militares sem filhos. No *Registro do Fim da Guerra na Grande Ásia Oriental*, está escrito que quando o militar enfiou a espada no abdômen, os sentimentos do casal atingiram o clímax. Para Mishima, erotismo e morte, prazer e dor intensa estão intimamente ligados. Conforme a situação, o eros se eleva e seria isso que diferenciaria os homens dos animais. Ele quis recriar isso no filme, cujo tema principal é o amor do casal, uma descrição de sexo e morte, com profundos sentimentos de patriotismo. E disse à Kashiko Kawakita:

> É um erro absurdo o que os suplementos das revistas femininas ensinam atualmente. Que um casal se tornará feliz, quando as técnicas sexuais evoluírem. O êxtase sexual é algo mais espiritual. Não é só para os dois se amarem. Eles devem estar ligados a algo maior: condições políticas, morais, sociais e dentro desse limite, evoluírem para o último estágio da tragédia. Então, creio que se além disso, dormirem juntos, quando chegarem a uma situação em que não resta senão morrer, o eros se eleva ao máximo.

O entrelaçamento de amor, sexualidade, heroísmo e morte. Ponto de vista reiterado pelo crítico de cinema Tadao Sato em *Cinema Contemporâneo Japonês*, no tópico "*Patriotismo* de Yukio Mishima".

O FILME *PATRIOTISMO* 375

"Sexo e morte é um tema perigoso, que não pode faltar quando se pensa sobre o que são os japoneses. Provavelmente ainda continuará a ser um tema importante no cinema nipônico"[4]. Que o diga a filmografia de Nagisa Oshima, com os seus polêmicos *O Império dos Sentidos* (1975) e *O Império da Paixão* (1978).

A cena de *seppuku*, grande espetáculo de um só homem, é a catarse do filme. O público afluía só para ver isso. Quanto a películas com cenas famosas de *seppuku*, já havia *Harakiri* (título português de *Seppuku*), 1962, de Masaki Kobayashi, prêmio especial do Festival de Cannes em 1965 e *Filho Rebelde* de Daisuke Ito. Estas obras cantam a beleza da inumanidade ao revelar a crueldade dos samurais, pois em *Harakiri*, o jovem samurai Motome é obrigado a cometer *seppuku* com uma espada de bambu, método dolorosíssimo. Já *Patriotismo* descreve com precisão os sentimentos estéticos dos japoneses em relação ao suicídio.

Desde o início do trabalho, Mishima convidara o seu amigo e pesquisador de nô Masaki Dômoto, para colaborar na direção. Narrado em forma de cerimônia ritual, cenário e direção adotam o formalismo clássico de nô, porque além de ser simples e intenso, era o mais econômico. Assim, as idéias de se colocar dois tatamis para simular um palco de nô nas cenas amorosas e quando a mulher se maquia para a morte, e na cena final, para simbolizar que os cadáveres do casal foram purificados, depositá-los sobre ondas formadas de areia branca, semelhantes ao do jardim zen do Ryôanji em Kyoto, foram todas de Dômoto. Como no seu papel Mishima falece no meio do filme, ele deixou toda a parte final, os movimentos em estilo nô da mulher ao se maquiar e caminhar no mar de sangue, a encargo de Dômoto. Já o maquiador Sadao Goto salientou o efeito artístico de dimensões totalmente diferentes, da mulher no cotidiano para o momento antes de sua morte. Em substiuição ao cenário imutável de nô, o escritor ideou um enorme rolo de papel pendente (*kakemono*) com os ideogramas "Sinceridade Absoluta" (*Shisei*), que deveria controlar o destino dos personagens e que ele próprio acabou confeccionando com a sua caligrafia.

No nô clássico, o protagonista (*shite*) usa máscara, enquanto o coadjuvante (*waki*) permanece de rosto descoberto e narra onde transcorre a estória. Ao utilizar um chapéu militar que cobre os olhos e abole as expressões faciais, semelhante a uma máscara, Mishima conseguiu um efeito espetacular. Ele explana:

No caso do nô é possível diálogos de existências em dimensões diferentes: deuses e homens ou fantasmas e seres humanos. Aqui o militar, personagem que usa máscara,

---

4. Tadao Sato, "MishimaYukio: *Yûkoku*" (*Patriotismo* de Yukio Mishima), em *Guendai Nihon Eiga* (*Cinema Japonês Contemporâneo*), p. 100.

376 YUKIO MISHIMA: O HOMEM DE TEATRO E DE CINEMA

já é um super-homem, em suma, pode-se dizer que basta o seu espírito militar. A mulher ainda é uma pessoa com o rosto desnudo. Mas no final, esta mulher ao maquiar-se com esmero, em termos folclóricos, também se torna uma deusa. Pois originalmente a maquiagem servia para a possessão divina. [...] E o sorriso depois que a mulher se maquia quer dizer: "Agora vou ao seu lado"[5].

Neste filme há dois protagonistas, o militar e sua esposa. Mas o tenente não está sempre de chapéu e uniforme. Quando tem relações sexuais com a esposa, atua com a face descoberta e completamente nu, o que talvez demonstre o retorno do militar a um simples homem. Fardado, ele comete *seppuku* com a espada. Depois que falece, a mulher levanta-se para se maquiar para a morte e a barra do seu quimono de seda branca, equivalente à veste virginal de uma noiva, esbarra no chapéu militar que rolara e ele cai, criando uma cena impressiva. Esta fora igualmente uma sugestão de Dômoto.

Nas peças de duplo suicídio amoroso de Monzaemon Chikamatsu, o amante assassinava a amada e depois se matava. No caso dos militares nipônicos, regra geral, o homem se suicida e a mulher o segue, para que não ocorra a vergonha do militar fracassar na tentativa de se matar, assevera Mishima. A esposa deve-se certificar de sua morte e só então, ela se suicida.

Esta é a forma do amor de um casal. Se o homem, que tem certeza absoluta de que sua mulher o seguirá, é feliz e a mulher o acompanha na morte por amá-lo tanto, eu gosto de tal forma de amor por ser muito comovente[6].

Mishima amava o drama musical de Wagner e tinha a convicção de que o cinema está mais próximo da música do que a literatura. A 20 de janeiro de 1965, convocou Masaki Dômoto e o produtor Hiroaki Fujii dos Estúdios Daiei à sua residência e eles leram o roteiro de *Patriotismo*, com o acompanhamento do velho disco de 78 rotações. Em março do mesmo ano durante sua estadia em Londres, a convite do governo inglês para dar uma palestra, o escritor finalmente encontrou a coleção de pequenos animais em porcelana, que a esposa do tenente colecionava. No entanto, a nova edição de *Tristão e Isolda* estava completamente esgotada. À noite, ele revia os apontamentos para o filme, de modo que quando retornou ao Japão a 28 de março, passando pela França, já tinha todo o projeto na sua cabeça.

A Morte de Amor, cena ao final de *Tristão e Isolda* de Wagner, é uma música luminosa e com uma embriaguez rítmica, dionisíaca, que a tornava mais adequada à película do que a música solene da orquestra de nô. Essa música de Wagner, sobre o êxtase amoroso que se consuma com a morte, toca durante todo o filme e unifica as emo-

5. Yukio Mishima e Kashiko Kawakita, "Taidan: ciga *Yûkoku* no ai to shi", p. 196.
6. Idem, ibidem, p. 198.

O FILME *PATRIOTISMO*

ções. Por outro lado, a completa ausência de fala, com as situações sendo explanadas através de letreiros, aumenta o efeito de realismo e enfatiza o tema. No diálogo com Shôichi Ôya, *Making of* do Filme *Patriotismo* que eu Fiz, Mishima revela:

> *Patriotismo* foi realizado com mensagens educacionais e argumentos políticos imperiais. O tema da primeira metade é a harmonia conjugal e confiança mútua dos companheiros; o da parte final é "conscientize-se de que a vida é mais leve do que uma pluma"[7].

Provavelmente esse tema fora inspirado no código do jovem disposto a ser um *kamikaze*.

> A honra do soldado é mais pesada do que uma montanha, enquanto que a sua morte é tão leve quanto uma pluma[8].

Obedecendo à estética da cena *michiyuki* (a caminho da morte) nos dramas de duplo suicídio amoroso do bunraku e kabuki, as cenas de sexo no filme são estilizadas e as de morte, realistas. Porém, tudo se transforma em belas imagens como num quadro. Ao contrário de Choderlos de Laclos, que escrevera *As Ligações Perigosa* com base no princípio de que o pensamento é o mais obsceno, para o escritor japonês, o enfoque de travesseiros ou edredons é mais obsceno do que o nu humano. Portanto, ele despojou o cenário de todos esses objetos de uso cotidiano, que pudessem dar a idéia de obscenidade. O amor é mostrado simbolicamente com Takeyama e Reiko nus, enquanto que as cenas de morte, com o ritual de *seppuku* do tenente e o golpe de punhal que a esposa desfere na própria garganta, são extremamente fisiológicas, diretas. Mas os protagonistas jamais perdem a dignidade humana, o que garante a beleza e inquestionabilidade do martírio.

O cameraman e diretor de cinema Kimio Watanabe fora-lhe apresentado pelo produtor Hiroaki Fujii. Por ser um filme em preto e branco, Mishima julgava que o efeito em branco seria mais importante. Apesar de ser um palco de nô, tudo deveria ser envolto em branco, com o preto representando apenas o sangue. Watanabe mostrara bem as nuanças nas cenas todas em branco. No final quando a esposa se suicida, a tela se altera e no lugar em preto jorra o sangue branco, mudando para a cena da morte visionária. Watanabe fez o sangue jorrar em branco e providenciou também o negativo, que o redator de filme acabou incluindo na montagem. Entusiasmado com o resultado, o escritor declarou que numa filmagem tudo é trabalho coletivo, arte

---

7. Idem, "Bokuga tukutta *Yûkoku* eiga no uchimaku" (*Making of* do Filme *Patriotismo* que eu Fiz), *Shûkan Bunshun*, 9 de maio de 1966.

8. *Edital Imperial aos Soldados e Marinheiros*, do Imperador Meiji, 1882, citado em Juan Antonio Vallejo-Nágera, *Mishima, o el Placer de Morir*.

378   YUKIO MISHIMA: O HOMEM DE TEATRO E DE CINEMA

total, em que ocorrem coisas inimagináveis, que vão além do que está registrado no papel.

Concluída a filmagem, no dia 27 de abril toda a produção reuniu-se no Estúdio Aoi para colocar o som. Tomaram o velho disco de Wagner a partir do final e calcularam o tempo necessário para que correspondesse exatamente à duração da película. Gravaram só esta parte do disco e sobrepuseram ao filme, já montado e editado. Normalmente Mishima não admitia a interferência do acaso em sua criação artística, mas abriu uma exceção nesta obra, só para o som. Isto é, calculou em detalhes todo o resto da produção, porém, quanto ao som almejou um tipo de *happening*, algo totalmente inusitado nele. Ao juntarem, ao acaso, a música a cada cena, todos se surpreenderam com o resultado inesperado, pois imagens e sons acabaram se harmonizando de forma extraordinária.

> Dentre os sons cinematográficos, eu não aprecio os gemidos e os sons fisiológicos dos seres humanos. Mesmo nas cenas amorosas e de *seppuku*, eu temia o quanto tais sons poderiam atrapalhar o efeito puro e unificador da estória. A música de Wagner solucionou tudo isso. E mesmo a agonia do *seppuku* foi envolvida pelo êxtase erótico da música misteriosa e graças à música, a cena amorosa foi purificada ao máximo[9].

Ao completar o trabalho, Mishima confessou que a experiência de filmar fora tão interessante, que tivera medo de transformar em vício. A seguir gostaria de realizar um longa metragem, porém, como nos anos seguintes estaria empenhado na criação de um extenso romance (tetralogia *Mar da Fertilidade*), achava que não teria tempo. Mas caso o fizesse, para tornar a película uma obra realmente sua, teria de acumular novamente todas as funções: original, roteiro, produção, direção e atuação principal.

Patriotismo, sob as formas de conto e filme, tinha um grande significado para o escritor. Com o passar dos anos, foi-se acrescentando um sentido pesado, que o próprio autor nem havia cogitado e que o levaria ao próprio suicídio. Após o *seppuku* de Mishima em 1970, a viúva Yôko Hiraoka interditou a projeção do filme.

---

9. Yukio Mishima, *Seisaku ito oyobi keika: 'Yûkoku' eigaban* (*Versão Cinematográfica de 'Patriotismo': Propósito e Desenvolvimento da Produção*). Ver "Bibliografia de Yukio Mishima".

32. Um Trabalho a Toque de Caixa na Direção de *Lua Crescente: As Aventuras de Tametomo*

Após dez reuniões acaloradas da produção, a última a 22 de outubro de 1969 prolongou-se até de madrugada, sempre com a participação do diretor Mishima. Como ele sabia que o elenco só se congregaria uma semana antes da estréia, dedicou-se com afinco aos outros preparativos. No início de outubro, a composição musical e o cartaz já estavam quase prontos; em meados do mesmo mês, o vestuário e o cenário.

Por fim, a 28 de outubro, com a presença do elenco, ao invés de fazerem a leitura do roteiro, todos ouviram uma gravação do próprio Mishima, com as falas de todos os personagens, inclusive os papéis infantis e de *onnagata*. Um verdadeiro *one man show*, posto que a orquestra oculta, o narrador e o instrumentista de *shamisen* o acompanhavam como se estivessem de fato em cena. Isso causou um grande impacto, pois o escritor ressuscitara o *hon'yomi*, que vem da tradição do bunraku e foi transmitido ao kabuki. Isto é, a leitura do roteiro pelo autor de uma obra nova de kabuki a todos os membros da companhia: elenco, orquestra, narradores, acompanhantes musicais e encarregados da produção. O *hon'yomi* não é simplesmente uma leitura dramática coletiva do texto como se faz hoje, uma vez que o dramaturgo de kabuki lia toda a peça, com o propósito de transmitir com clareza a intenção real de sua obra. Tarefa muito importante, pois pela primeira vez compreendia-se o conteúdo do drama e o caráter de cada um dos personagens. Como o *hon'yomi* fora negligenciado no mundo do kabuki, por vezes, o ator de cinema e kabuki Ganjirô Nakamura II encarava Mishima com um sorriso maroto, como se a dizer: "Ora veja, o senhor conseguiu, não é mesmo?" A partir de então, o autor e diretor compareceu com assiduidade aos ensaios. A gravação dessa leitura dramática pelo dramaturgo no Hall Público de Suguinami em Tóquio, de 26 a 27 de agosto de 1969, foi posteriormente transformada em disco (CLS5112) pela Colúmbia do Japão.

Lua Crescente: As Aventuras de Tametomo é uma obra experimental de kabuki. Como os músicos de bunraku tinham nível social e cultural mais elevado do que os *chobo* (narrador e instrumentista de shamisen), músicos que desempenham a mesma função no kabuki, tradicionalmente nunca compartilhavam o mesmo palco dos atores de kabuki. O próprio Mishima considerava o nível artístico dos *chobo* muito ruim. Mas com seu prestígio, conseguiu que Enzo Tsuruzawa, célebre instrumentista de *shamisen* do bunraku, atuasse com os atores de kabuki. Um acontecimento até então inédito nas histórias dos teatros bunraku e kabuki. Ao prosseguir no processo de refinamento, o diretor convocou o coreógrafo de bunraku, Uneme. Todavia, acostumados ao estilo de atuação de Tóquio, os atores ofereceram uma certa resistência, pois não conseguiam em absoluto interpretar o estilo de Osaka.

Por vezes, Mishima subia com vigor ao palco e travava uma luta sobre-humana e solitária, para transmitir o que realmente desejava. Porém, o seu fervor esfriava rapidamente ao constatar que os atores não correspondiam às suas expectativas. Havia incompreensão do texto, faltava-lhes vitalidade na atuação e eles não conseguiam enunciar uma declamação assombrosa. Um limite que o diretor já denunciara antes e uma falha da própria tradição kabuki, pois em uma semana de ensaios é impossível chegar a um resultado satisfatório. Os seus consolos parecem ter sido o ator Ganjirô Nakamura II em dois papéis, o fantasma do imperador Shutoku e a malévola Kumaguimi, bem como o jovem *onnagata* Tamasaburô Bando, intérprete da princesa Shiranui. Mesmo assim, só depois de umas vinte tentativas, este por fim conseguiu representar o *tsura o kiru*, isto é, quando os acordes de *koto* (harpa japonesa) soam de modo seco e agudo, deve-se mover e parar abruptamente a cabeça de lado. Para poder parar de modo brusco, é necessário antes prender a respiração, acumulando a energia na barriga. No kabuki atual perdeu-se a técnica de carregar a respiração e existe o preconceito de que as mulheres se tornaram brandas, portanto, a arte do *onnagata* também acabou por se codificar dessa forma. Mas quem corrigiu isso foi o *onnagata* Utaemon Nakamura VI, que apesar de frágil, transmitia uma sensação enérgica.

Num debate com o escritor e dramaturgo Shûji Terayama, Mishima declarou que não tinha a intenção de fazer jorrar tanto sangue durante o espetáculo. Por exemplo, quando Takama corta o abdômen e cai do lado oposto ao de sua mulher, que falecera um pouco antes, ele pretendia encenar como uma "gravura multicolorida" (*nishikie*) de Hokusai. O sangue abundante fora um artifício ideado pelo ator

UM TRABALHO A TOQUE DE CAIXA NA DIREÇÃO DE *LUA CRESCENTE...* 381

Ennosuke Ichikawa, que interpretara Takama na estréia, mas não se adequava à sua sensibilidade estética.

A 3 de novembro de 1969, Dia da Cultura e feriado nacional no Japão, dois dias antes da estréia, a imprensa fez novo alarde com as atividades do diretor. Ao mesmo tempo que os ensaios prosseguiam, na cobertura do mesmo edifício do Teatro Nacional frente aos fossos que circundam o Palácio Imperial, ele efetuava uma parada militar em comemoração ao primeiro aniversário do seu exército particular, a Sociedade do Escudo, composta de 85 jovens. Uma cerimônia séria, em que o dramaturgo fez dois breves pronunciamentos, um em japonês e outro em inglês. No entanto, ele lamentara que o escritor Yasunari Kawabata, avesso às ideologias e à política, tivesse se recusado a proferir as congratulações no evento. Após a morte de Mishima em 1970, foi a vez de Kawabata se lamentar que apesar de não simpatizar com o seu exército particular, ele deveria ter-se aproximado mais e tentado compreendê-lo. Dois anos mais tarde, Kawabata igualmente se suicidaria.

Para a estréia desse seu último kabuki, Mishima escreveu dois artigos, nos quais relata o seu processo diretivo.Um fragmento do primeiro, "Dramatização e Direção de *Lua Crescente: As Aventuras de Tametomo*", incluído no programa do Teatro Nacional do Japão em Tóquio, diz:

A flecha que atinge a rocha próxima e a que perpassa o navio militar ao largo são do mesmo tamanho, ignorando-se deliberadamente a perspectiva; as gaivotas são suspensas de propósito com fios invisíveis e assim, a mentira é exposta abertamente. O maior propósito do meu plano de direção era a "imponente mentira". Evitei ao máximo o kabuki baseado em fatos reais *katsureki*, usei de modo prático o anacronismo do kabuki e empreguei na medida do possível os cenários estabelecidos. A cena de esconderijo nas montanhas é uma paródia de um palácio; ondas enormes em estilo Hokusai tomam de assalto na cena de tempestade; por outro lado, ao transferir a cena para Ryûkyû (Okinawa), joguei fora com ousadia o "bairrismo" barato, atualmente em voga pelos abusos do turismo e compus todo o vestuário como um kabuki japonês, usando apenas os tecidos tingidos de Ryûkyû e compus tudo como um drama kabuki persistentemente ignorante[1].

O segundo artigo, "Direção de *Lua Crescente: As Aventuras de Tametomo*", foi publicado no *Mainichi Shimbun*, a 7 de novembro de 1969.

Há razões adequadas para que eu, que nunca havia dirigido minhas próprias peças shingueki, aceitasse de imediato a direção do meu drama kabuki, que será encenado no Teatro Nacional em novembro.

Na época do kabuki vivo, havia autores na sala dos dramaturgos a escreverem roteiros sucessivos, que se tornariam clássicos e é claro que eles tinham um profundo conhecimento de todas as técnicas kabuki. E mais, havia um líder dos atores, que combinava à sua arte de representação o seu talento de diretor. Desde as suas origens

---

1. Idem, *"Chinsetsu yumiharizuki no guekika to enshutsu"* (Dramatização e Direção de *Lua Crescente: As Aventuras de Tametomo*), *Programa do Teatro Nacional do Japão*, Tóquio, novembro de 1969.

382 YUKIO MISHIMA: O HOMEM DE TEATRO E DE CINEMA

o kabuki adotara um peculiar "star system", em que não havia inconveniente algum no acúmulo das funções de ator principal e diretor. Entretanto, uma forma semelhante a esta (o autor nem mesmo pertencia à sala dos dramaturgos) terminou, com a derradeira colaboração do escritor Nobuo Uno e o ator Kikugorô Onoe VI. O que se concebe hoje como direção de kabuki é, por assim dizer, uma co-direção, em que se deixa a direção das técnicas de transmissão a cargo dos atores, enquanto o que se denomina "diretor" se encarrega das explanações de enredo, caráter e descrição psicológica.

Não tenho a presunção de poder realizar mais do que isto. Contudo, as dificuldades estão a seguir. Apesar de ser o Teatro Nacional, uma vez que não possui uma trupe exclusiva, os atores vão se reunir só por uma semana no fim do mês, após a última apresentação do mês anterior nos outros teatros. Mas como a estréia no Teatro Nacional se dá mais tarde, há um pouco de tempo de reserva. Na verdade, em uma semana não dá para se fazer coisa alguma. Então, até uma semana antes da estréia, até a primeira reunião do elenco, planejei executar tudo o que a produção pudesse fazer e eu preferiria que chamassem a isso de minha "direção".

Completei a minha peça a 1 de setembro: o primeiro ato no final de junho e o segundo em fins de julho. Além do mais, a primeira reunião da produção foi a 12 de maio, antes de eu começar a escrever.

Paras as pessoas em geral tais datas não possuem significado algum; porém, toda a produção vinha trabalhando continuamente meio ano antes da estréia. Nesta obra nova emprega-se muito a narrativa *jôruri*. Por julgar que a qualidade dessa composição governaria a direção, após obter a colaboração ardorosa de Enzo Tsuruzawa do Bungaku-za, a cada ato eu tinha uma reunião detalhada com ele. Solicitei-lhe uma composição que inserisse o plano de direção inteiro (desde as expressões emotivas até o espaço da ação) e escutei com cuidado cada ato completo, revisando os lugares que deveriam ser modificados. Mesmo no interlúdio que descreve as atividades dos *karasu-tengu* (estranhas criaturas com cara de corvo) no resgate do navio de Tametomo, atingido por uma tempestade, está incluso o árduo trabalho de quatro dias de Enzo. E mais, na madrugada de 1 de julho, confinado num hotel de Osaka devido à chuva de verão, não consigo me esquecer da excitação artística de quando me concentrei nos artifícios de direção, fazendo movimentos corporais e gestos com as mãos, enquanto ouvia a narrativa e o acompanhamento musical de Enzo.

Por outro lado, eu já havia iniciado com o gerente de palco, Yasushi Oki, freqüentes discussões acaloradas sobre o cenário e demais assuntos. Eu mesmo amassei a argila e construí a maquete dos rochedos no prelúdio, explicando com palitos de fósforo os movimentos dos personagens e me empenhei de antemão na manufatura completa dos projetos de cenário e direção. O fogo atrai o fogo, lança labaredas e se incendeia. Sem nos apercebermos, Oki e eu tínhamos sido tomados por uma excitação selvagem. E os desafios dos difíceis artifícios de palco ("Agora partam o gigantesco navio em dois"; "Agora mostrem o cavalo atrás do *suppon*, pequeno ascensor na passarela [...]") estimulavam o espírito de luta dos desafiados, de modo que até meados de outubro, os grandes acessórios de palco estavam quase prontos.

A partir de julho, fazíamos reuniões com a produção todas as semanas e fomos gradativamente concentrando nos detalhes de palco. Os encontros eram sempre acalorados. Por que será que o teatro, que não passa de uma irrealidade semelhante a fogos de artifício no céu noturno, leva um grande número de marmanjos a tal loucura comum? Fiquei comovido ao saber que secretamente de manhã, os jovens provenientes do shingueki e responsáveis pela produção do palco treinavam a maneira de bater as matracas de kabuki. É por isto que a cultura nipônica vem sendo transmitida e inovada.

Todavia, ainda não havíamos nos defrontado com os atores, a existência mais importante no kabuki ... Todo o trabalho humano terminou, todos os preparativos do festival já estão prontos, mas ainda não há sacerdotes que façam os deuses descerem à terra. Só há a nossa metodologia, baseada no reconhecimento inevitável desta condição real, triste e absurda. Mas quando os ensaios estavam prestes a iniciar, a nossa ansiedade tornou-se muito grande.

UM TRABALHO A TOQUE DE CAIXA NA DIREÇÃO DE *LUA CRESCENTE*... 383

A 28 de outubro, finalmente nos reunimos com o elenco e todos batemos palmas exclamando: "Que viva mil anos com a casa lotada!" E aconteceu um fato inimaginável para o primeiro dia de ensaio num kabuki usual. O ator Kôshirô, no papel de Tametomo, já havia decorado quase todas as suas falas, logo, ele largou o roteiro e ensaiou com fervor. Senti que havia algo no nosso método, que era simpático ao espírito dos atores, portanto, fiquei mais feliz do que nunca. E mais, o ator no papel de Kiheiji, ao conferir os resultados dos nossos preparativos, nos disse: "A direção de kabuki tem que ser assim. Congratulações, por terem chegado até a este estágio. Quando se vem até aqui, fica realmente mais fácil para nós". Estas palavras dos atores nos proporcionaram a maior alegria, como um presente de despedida para a nossa metodologia. Eu me tranquilizei e senti que os atores embarcariam com alegria no barco da nossa responsabilidade conjunta.

Agora, só espero que este barco não se torne como o navio na cena "No Mar Satsunan", que naufraga devido à turbulência dos ventos, mas que chegue calmamente ao porto almejado, singrando um mar de ondas calmas[2].

YUKIO MISHIMA NOS ENSAIOS

Antes do seu último trabalho como diretor, vejamos o outro lado da questão, isto é, mesmo autorizando que suas obras fossem montadas por outros diretores, o que almejava nelas. O ator Hiroshi Akutagawa que dirigiu *O Travesseiro dos Sonhos* (*Kantan*) em 1950, no artigo "Yukio Mishima nos Ensaios", dá um depoimento claro.

Quanto à encenação de suas obras, Mishima não era um autor difícil, mas nem por isso confiava tudo ao diretor ou à trupe. Em certos aspectos era reservado e tolerante, em outros, persistia com força nas suas idéias. Era nítido os pontos em que cedia ou não. Quanto ao elenco também, a princípio como autor manifestava o seu desejo, porém, não era intransigente. [...]

Por outro lado, mesmo em algo do âmbito do diretor ou ator, quando definia um alvo a ser atingido, mantinha a sua opinião até o fim, realizando o seu propósito. Por exemplos, o cenário tinha de ser incondicionalmente realista; a música de determinada peça deveria ser absolutamente de Wagner; o casaco (*haori*) vestido pela mulher de um certo homem de meia-idade precisava ter mangas e comprimento suficientemente longos, ser de determinado estilo e cor; um jovem num determinado papel deveria aparecer totalmente nu no palco. Em 1962, esse jovem que surgia na última cena de *Lagarto Negro*, ficava nu e ornamentava um museu de arte. Porém, o teatro ficou tão preocupado, que Mishima o fez ficar num canto escuro de costas para a platéia, mas o nu persistiu até o fim. Na época isso era sem precedentes, mas apesar disso não foi muito comentado, o que mortificou o escritor. Como o corpo desse jovem "body-builder" era por demais esplêndido e desempenhara de modo tão perfeito a imobilidade do nu, a maioria das pessoas se enganara ao tomá-lo por um manequim.

Mas esta é uma das poucas exceções, em geral as metas de Mishima eram assustadoramente corretas e surtiam efeitos maravilhosos. As suas numerosas concepções quanto à direção não eram triviais, elas provavelmente haviam nascido quando ele estava escrevendo a peça e a maioria deveria ter conexão direta e profunda com o tema principal[3].

2. Idem, "*Chinsetsu yumiharizuki* no enshutsu" (Direção de *Lua Crescente: As Aventuras de Tametomo*), *Mainichi Shimbun*, 7 de novembro de 1969.

3. Hiroshi Akutagawa, *Keikoba no Mishima Yukio* (*Yukio Mishima nos Ensaios*), em *Yukio Mishima zenshû*, suplemento nº 1.

33. Salomé, Obra que Abre e Fecha o seu Ciclo de Vida Adulta

A primeira obra literária que adquiri foi Salomé. *Este foi o primeiro livro que selecionei com os meus olhos e tornei-o um pertence meu. Essa preferência fora direcionada pelas ilustrações de Beardsley. Mas originalmente, que distância haveria entre escolher Beardsley e escolher* Salomé? *Eu não teria optado sem hesitação pela atmosfera de uma época, que aí se apresentava com clareza? O frescor do tato inicial de um homem, o gosto de um fruto colhido na escuridão, quanto mais o tempo passava, tanto mais resultava em me fazer reconhecer a exatidão dessa intuição inicial. Em suma, o homem se escolhe de antemão[1].*

YUKIO MISHIMA

Todos os homens matam aquilo que amam[2].

OSCAR WILDE

O primeiro livro de adultos que Mishima comprou, aos quinze anos, foi o drama poético *Salomé* (1893) de Oscar Wilde, traduzido por Naojirô Sasaki e publicado em 1936. Desde criança ele gostava de ler os contos de Wilde e aos treze anos adorava recitar o seu poema *O Túmulo de Keats*. Mas ficou tão fascinado por *Salomé* ilustrado por Aubrey Beardsley (1872-1898), que foi como se tivesse sido atingido por um raio. Em 1960 aos trinta e cinco anos, o escritor japonês final-

---

1. Yukio Mishima, Uma Discussão sobre Oscar Wilde, *Mishima Yukio zenshû*.
2. Oscar Wilde, *A Balada do Cárcere de Reading*.

YUKIO MISHIMA: O HOMEM DE TEATRO E DE CINEMA

mente realizou o seu sonho de montá-lo. Não por acaso um mês antes de se suicidar, a peça que escolheria para reencenar e que acabaria sendo apresentada em sua memória, três meses após a sua morte, também seria *Salomé*, obra-chave que abre e fecha o seu ciclo de vida adulta.

Entrementes, Mishima redigira um artigo sobre a mais longa carta escrita por Oscar Wilde (1854-1900) na prisão de Reading, endereçada ao lorde Alfred Douglas, relatando a sua conversão ao catolicismo e que seria publicada postumamente como *De Profundis* (1905). E aos vinte e cinco anos compôs um longo ensaio, *Uma Discussão sobre Oscar Wilde* (1950). Fatos estes que atestam o seu grande interesse e afinidade pela vida e obra do escritor irlandês.

Há elementos de paralelismo entre Mishima e Wilde, mártir e primeiro ícone do homossexualismo no século xx. Após uma brilhante carreira, Wilde tornou-se conhecido pela vida pessoal extravagante, com um escandaloso processo no tribunal inglês e o seu fim patético passando dois anos na prisão de Reading, onde teve de realizar trabalhos forçados. Veio a falecer logo depois em Paris, aos 46 anos, de meningite encefálica, empobrecido, anônimo e solitário. E o final igualmente trágico de Mishima, aos 45 anos, no auge de sua fama artística, através do *seppuku*. Ambos eram críticos sagazes de suas épocas, a Inglaterra vitoriana e o Japão do pós-guerra; acreditavam que a natureza imita a arte (*O Retrato de Dorian Gray* de Wilde e *Os Pavões* de Mishima) e que uma das funções primordiais da obra de arte é provocar e até mesmo chocar o receptor, para despertá-lo de seu marasmo e complacência; cultuavam a gravura *O Martírio de São Sebastião* de Guido Reni e acima de tudo, eram excelentes dramaturgos, artistas que continuam a incomodar mesmo depois de mortos. Michiko N. Wilson redigiu um ensaio comparando os dois escritores, "The Artist as Critic as Mishima: Wilde and Mishima Yukio's *The Peacocks*", publicado na revista *Literature East and West* (1977).

No outono de 1891, Wilde parte para Paris, onde conhece Stéphane Mallarmé, Jean Móreas, Pierre Louys, Marcel Schwob e André Gide. Certo dia, após almoçar com uns amigos, relata-lhes minuciosamente a estória de Salomé. O escritor regressa ao seu hotel no bulevar dos Capuchinhos e registra o enredo num caderno. De outubro a novembro do mesmo ano completa *Salomé*, originalmente composto em francês. O texto é corrigido por seus colegas franceses e revisado por Pierre Louys, a quem é dedicado o livro. A primeira edição de seiscentos exemplares foi publicada pela Librairie de l'Art Indépendant de Paris, em fevereiro de 1893.

Já a publicação inglesa de 1894, editada por Elkin Mathews e John Lane em Londres, foi dedicada ao lorde Alfred Douglas, na época, estudante de Oxford que a vertera para o inglês e com quem o dramaturgo mantinha um caso rumoroso. O poeta e ilustrador Aubrey Beardsley também traduzira a peça para o inglês, mas ela fora

SALOMÉ: OBRA QUE ABRE E FECHA O SEU CICLO DE VIDA ADULTA   387

preterida. Ao constatar que havia inúmeras correções de Wilde na tradução de Douglas, Beardsley envia uma carta ao editor, protestando que era inadequado que a tradução aparecesse com os créditos de Douglas. Portanto, nas edições posteriores, não mais consta o nome do tradutor.

As duas primeiras publicações em francês e inglês foram edições independentes de Wilde. "A obra que atualmente é considerada representativa do final do século XIX, por duas vezes, em Paris e Londres, não tivesse sido aceita pelas editoras da época e tivesse se tornado um livro publicado às custas do autor, pode ser considerada uma ironia do destino", assevera Kimie Imura[3].

Além de Beardsley, pintores como Gustave Moreau e Gustav Klimt também retrataram Salomé. Mas ao criar a sua *Salomé*, Wilde devia ter em mente os quadros *Aparição* e *A Dança de Salomé Diante de Herodes*. Quando esteve em Paris, Mishima tomou um taxi e rodou durante um longo tempo pela cidade à procura do Museu Gustave Moreau. Mas infelizmente o motorista não conseguiu localizá-lo. Quando eu freqüentava a Alliance Française de Paris em 1976, recordo-me que o nosso mestre de artes, professor Noel, nos conduzira ao museu Moreau. Lá nos maravilhamos com o orientalismo dos seus quadros e aquarelas com temas mitológicos e bíblicos, que iriam seduzir os surrealistas.

Na realidade, as ilustrações de Beardsley não agradaram de imediato a Wilde.

Elas são todas muito japonesas, embora a minha peça seja bizantina. O meu rei Herodes aproxima-se do rei Herodes de Gustave Moreau, ele está envolto em pedras preciosas e pesar. A minha Salomé é mística, irmã mais nova de Salambô e de Santa Teresa que venera a lua,

declara o escritor, numa citação em *Aubrey Beardsley* (1909) de Robert Ross. Como Beardsley colecionava gravuras *ukiyoe* (cenas do mundo flutuante), as poses e curvas de Salomé, bem como o motivo de penas de pavão na barra de sua longa veste lembram os retratos de beldades dos *ukiyoe* de Utamaro. Mas em outras ilustrações, com suas poucas linhas equilibradas e de efeito nítido, percebe-se também influências dos desenhos em vasos gregos, que Beardsley costumava apreciar no British Museum de Londres.

Sarah Bernhardt iria protagonizar *Salomé* no Palace Theater de Londres, portanto, os preparativos e ensaios já estavam bem avançados. Todavia, sob alegação de que não se poderia colocar em cena uma personagem bíblica, foi subitamente proibida pelo primeiro ministro inglês. Após o ruidoso processo movido pelo marquês de Queensber-

---

3. Kimie Imura, *'Sarome' no henyô: honyaku, butai* (*As Metamorfoses de 'Salomé': Traduções e Encenações*).

YUKIO MISHIMA: O HOMEM DE TEATRO E DE CINEMA

ry, pai de lorde Alfred Douglas, Wilde é condenado. Sem recursos para pagar o advogado, ele pede ao seu amigo Robert S., então em Paris, que indagasse Sarah Bernhardt se ela não estaria interessada em comprar os direitos de montagem da peça por trezentas ou quatrocentas libras. Apesar de ter-se comovido até às lágrimas com a situação do escritor, a atriz não mais o atendeu. Portanto, ela nunca chegou a interpretar Salomé. Depois houve dois pedidos de encenação, por parte do Théâtre Libre de Antoine e do Théâtre de l'Oeuvre. Assim, só em fevereiro de 1896, quando Wilde ainda se encontrava na prisão de Reading, *Salomé* estreou no Théâtre de l'Oeuvre. Em 1902, a peça em um ato é apresentada com grande sucesso na Alemanha por Max Reinhardt, que a divide em cinco cenas para torná-la mais compreensível. Esta montagem inspiraria a ópera *Salomé* de Richard Strauss, com estréia em Dresden, dezembro de 1905, regida pelo próprio Strauss.

Salomé de Wilde sempre teve grande receptividade no Japão e, até hoje, é freqüentemente encenada. Já havia várias traduções em japonês, como a do escritor Ôgai Mori. Mas a do poeta especialista em literatura inglesa, Kônosuke Hinatsu, além de tom mais elevado salientando a beleza das palavras e o estilo de Wilde, era funcional e perfeitamente adequada a uma representação. Mishima decidiu utilizá-la porque "sendo bela, era mais difícil, mas ao lê-la, tinha força, ritmo e tocava diretamente ao coração", justifica-se em "A Propósito da Direção *de Salomé*"[4]. Acresce-se a isso o fato de que "em geral, pela própria natureza da língua japonesa, as palavras simples não são muito belas, enquanto que no francês, ao contrário, as palavras simples é que são belas", acrescenta o escritor em *Salomé* e sua Encenação[5]. As palavras difíceis, quando proferidas nos ensaios, surpreendentemente tornavam-se suaves de serem ouvidas. Mas na estréia, os críticos assinalaram a elocução um pouco rápida demais dos atores, que não conseguiam expressar com suficiente clareza as belas mas longas falas poéticas, com metáforas espalhadas em todo o texto. O diretor defendeu-se, alegando que a elocução da voz no *shingueki* (teatro moderno) japonês tinha se tornado cada vez mais veloz, devido à influência do recente teatro francês, em que ocorria o mesmo fenômeno.

As ilustrações em branco e preto de Beardsley, sensuais e eróticas, traduziam perfeitamente a atmosfera decadentista do final do século XIX, com influências do Art Nouveau e da gravura *ukiyoe*. Mas sem levar em consideração as evidências históricas, pois o ilustrador colocara lado a lado no vestiário de Salomé, *Nana* de Zola, uma obra

---

4. Yukio Mishima, *"Sarome no enshutsu ni tsuite"* (A Propósito da Direção de *Salomé*), *Programa do Bungaku-za para 'Árvore Tropical'*, inverno de 1960.

5. Idem, debate Hôjin Yano, Yukio Mishima, Kyôko Kishida, Osa Tsubaishi, Sakio Sekigawa e Hiroshi Ohta, *"Sarome to sono butai"* (*Salomé* e sua Encenação), revista *Koshu*, 31 de maio de 1960.

SALOMÉ: OBRA QUE ABRE E FECHA O SEU CICLO DE VIDA ADULTA 389

de Sade, *Manon Lescaut* do abade Prévost, *As Flores do Mal* de Baudelaire, *A Terra* de Zola e dramas de Ibsen. Impressionado, Mishima decidiu que ao invés da *Salomé* de Wilde, a sua direção seria um trabalho conjunto de Hinatsu, Beardsley e ele. Devido à sua estética do decadentismo, talvez ele tivesse se sentido atraído, ao descobrir que as ilustrações de Beardsley em *Salomé* não eram as de uma mulher, mas as de um belo efebo.

O escritor japonês nunca assistira uma encenação teatral da *Salomé* de Wilde. Mas em janeiro de 1952, vira a ópera de Strauss no Metropolitan Opera House de Nova York e se comovera. Strauss enfatiza o desejo de Herodes pela sua enteada Salomé. Portanto, na sua montagem, as cenas em que os judeus desfalecem ao ver a cabeça decepada de João Batista e quando os escravos flertam com a rainha acariciando sensualmente os seus pés, que não existem em Wilde, foram acréscimos de Mishima, influenciados pelo Metropolitan. Ele pedira à atriz Tomoko Fumino (Herodíades) que interpretasse isso sem reservas, enquanto que na versão do Metropolitan era quase que troçando. Aliás, a rainha Herodíades foi o papel em que ele mais se empenhou na sua direção.

Mishima julgava que o conteúdo e a estrutura de *Salomé* eram adequados a uma representação estilizada, empregando-se técnicas de nô e kyôguen. Por julgar o drama muito longo para ser em um ato, mas muito breve para o espetáculo de uma noite, decidiu inserir um intervalo antes da dança de Salomé. Na terminologia de nô, acabou dividindo a peça em duas partes: a da protagonista anterior (*maejite*), desempenhada de modo mais estático e a da protagonista posterior (*nochijite*), mais dinâmico. Ao ler os artigos publicados na ocasião da estréia, de 5 a 16 de abril de 1960 no Tôyoko Hall de Tóquio, Masaki Dômoto protestou, afirmando que parece ter sido idéia do diretor colocar um intervalo, mas ele é que lhe sugerira isso.

A princípio Mishima arquitetara um plano de direção, que logo reconheceu impossível de ser concretizado. Seria como num palco de nô e sua redução ao essencial: ênfase na fala e extrema economia de movimentos, os personagens imóveis como bonecos e ouvindo-se só as suas falas, os judeus e os integrantes do coro sentados no tablado, firmes como rochas. Mas durante os ensaios, esse ideal ruiu devido à necessidade premente de se mover tudo. Portanto, do plano inicial ele conservou apenas os personagens imóveis na abertura, o que mesmo assim, resultou bastante impressivo. A música imitava a orquestra de nô, sendo composta de tambor e flauta, com o acréscimo de guitarra na dança dos sete véus, executada em estilo *ranbyôshi* (dança frenética) do nô *A Moça no Templo Dôjô*. Não por acaso, o diretor teria associado a dança de Salomé à da protagonista Kiyohime, correspondente nipônica de Salomé. Ao ser rejeitada pelo monge Anchin, a paixão obsessiva de Kiyohime, mocinha ingênua e mimada, se transforma em ódio e vingança. Transmutada em serpente, Kiyohime enrosca-se no grande sino onde o seu amado se ocultara e derrete-o com a força de sua ira. Assim como Salomé vai despindo as suas vestes, uma a uma, na dança dos sete véus, no kabuki, Kiyohime também muda de quimono sete vezes no palco ao executar a sua dança.

O cenário em branco e preto com motivos em arabesco de Kazutomo Fujino, bem como a maquiagem de Herodíades, semelhantes às ilustrações de Beardsley, e o figurino de Kohaku Minami, que a pedido do diretor fizera uma mistura de épocas, com Salomé de salto alto não da Antiguidade, mas do século XIX, receberam elogios unânimes da crítica especializada. Na montagem brasileira, o diretor José Possi Neto também inspirou-se em Beardsley para os seus trabalhos cenográfico e coreográfico.

No texto de Wilde há indicações de que vista da platéia, a entrada fica à esquerda do palco, com um poço ao fundo e à direita há uma escadaria. Mas na montagem de Mishima ocorreu uma inversão. O diretor justificou-se dizendo que pensara que à direita significasse do ponto de vista do palco, correspondendo ao lado esquerdo do tablado visto pelo público, e *à esquerda*, ao lado direito. Como no kabuki vigora a convenção de que o mundo místico ou divino fica à direita do palco e o secular ou mundano, à esquerda, ele colocou o poço à direita e a escadaria, à esquerda.

Os japoneses sempre haviam mostrado o profeta João Batista, alto e de pele escura, e uma Salomé bastante madura. Porém, a estética de Wilde, de apologia da juventude e morte que se dão as mãos através do sangue, coincidia com a de Mishima. Assim, ele decidiu por um João Batista bastante jovem e de pele alva, enquanto que Salomé seria representada pela atriz Kyôko Kishida, que posteriormente protagonizaria o filme *A Mulher das Dunas*, mas na época, ainda mantinha resquícios infantis. Mesmo o rei Herodes, sem barba nem bigode, parecia bem mais moço do que o tradicionalmente imaginado, como o ator Luís Melo na montagem brasileira.

Em outras versões, como na obra de Flaubert, Salomé teria treze ou quatorze anos e instigada pela mãe, obtém a cabeça do profeta. Todavia, Wilde não se ateve a essa tradição do *Evangelho Segundo São Mateus*, segundo a qual Salomé age como uma marionete coagida pela sua progenitora. Portanto, o escritor irlandês teria sido o primeiro a mostrar a própria Salomé como responsável pela decapitação. Para Mário Praz e para o diretor José Possi Neto, que escolheu a atriz Christiane Torloni para estrelá-la em 1997 no teatro da Fundação Armando Álvares Penteado de São Paulo, Salomé seria o arquétipo da mulher fatal, que conduz inevitavelmente à destruição. Uma mulher que une grotesco e erotismo, deseja uma cabeça decepada e executa a dança dos sete véus, para suprir a sua fantasia de uma sensualidade mórbida e no final desnuda por completo a parte superior do seu corpo.

Mas antes, Mishima quis construí-la como uma figura totalmente oposta. A princípio, uma criança mimada e egoísta, o terror dos

SALOMÉ: OBRA QUE ABRE E FECHA O SEU CICLO DE VIDA ADULTA   391

criados, sempre pedindo coisas absurdas. Aliás, originalmente em hebraico, *Salomé* significaria paz. A cena em que Salomé é comparada à lua prateada, o mistério feminino, ao invés de sensualidade, deveria ser desempenhada de modo infantil, subindo e descendo a escadaria. Porém, a partir do momento que depara com João Batista, sente uma grande atração física e vai-se tornando cada vez mais mulher. E o que essa mocinha mimada e casta, transfigurada pela paixão e sede de vingança ao ser rejeitada, pede ao padrasto Herodes como recompensa à sua dança sensual é justamente a cabeça do profeta. Não importa se ao preço de sua própria vida, pois Herodes acaba ordenando a morte de Salomé, que é um esmagamento em câmera lenta pelos escudos dos soldados. Durante os ensaios, quando Salomé começou a dançar, as crianças entediadas começaram a imitar a sua sombra refletida na parede esquerda do palco. A criação dessa atmosfera fantasmagórica foi tão eficaz, que o diretor decidiu inserí-la na sua montagem.

Após o longo monólogo em que Salomé declara que "o amor é mais nobre do que a morte", o drama atinge o clímax quando ela finalmente realiza o seu desejo de beijar a cabeça decepada. Observa Mishima:

> O que percebi durante a leitura dramática e fiquei impressionado com a tradução do mestre Hinatsu é que até João Batista morrer, ele registra "roçar os lábios" e depois que ela obtém a cabeça decepada, transforma-se em "beijo". De fato, o texto diferencia isso com nitidez. "Roçar os lábios" simboliza que espiritualmente Salomé ainda é virgem. Enquanto que no "beijo", ela é na realidade virgem, mas a partir do momento que abraça a cabeça, não é mais uma virgem verdadeira e é por isso que se transformou em "beijo". Isso está bem expresso[6].

Ao contrário do diretor teatral e também tradutor de *Salomé*, Tsuneari Fukuda, que interpretou toda a obra como sendo dominada pelo destino, para Mishima, Herodes é capturado pelo destino, mas Salomé, dona de uma violenta individualidade, escolhe o seu destino. Ela é a única que não tem medo de presságios nem de nada. Portanto, não haveria significado na oposição de caráteres, uma vez que não há uma relação causal. Salomé abre o seu caminho por sua própria vontade e acaba concretizando o seu destino a todo custo. No artigo "A Salomé dos Meus Sonhos", o escritor assinala que isso seria o cerne do seu trabalho.

> Sob a minha direção, penso em reger o palco com um tédio e uma melancolia insuportáveis, num crepúsculo de verão no Oriente próximo. E na inquietação dos últimos tempos que paira no terraço da corte, está inserido o modelo da ansiedade mundial. Herodes é escravo do destino, portanto, teme-o. Contudo, Salomé é o próprio destino, ela age sem nada temer e procura o seu destino [...] Nesta encenação de *Salomé*, cogitei em visualizar o orientalismo do século XIX, a partir do reverso do Extremo Oriente.

6. Idem, ibidem, p. 76-77.

No meio do cenário e vestuário em preto e branco, devem estar presentes uma pele de ambar e cabelos negros como o azeviche. E no centro deles, como uma boneca de terracota, quero que os membros plenos de uma beleza singularmente rústica, uma mistura dos misticismos oriental e ocidental, retorçam-se em agonia.

O diretor Possi Neto montou um espetáculo de uma hora e quinze minutos do texto literal de Wilde, com pequenos cortes. Entretanto, Mishima julgou que o significado estava em manter-se fiel ao drama original. Portanto, mesmo ciente de que seria penoso ao público suportar o longo intervalo, entre o pedido do rei para que Salomé dançasse e até que ela finalmente se dispusesse a fazê-lo, apresentou-o assim mesmo, sem cortes. Isso seria um defeito do próprio original, comentava rindo.

O rei Herodes Antipas teria a melhor delineação de caráter, pois estaria sempre a se esquecer das coisas e por ser muito nervoso e profundamente supersticioso, seria o personagem mais moderno da obra. Segundo o escritor japonês, a influência da teoria do clímax do hedonismo momentâneo de Walter Horatio Pater (1839-1894) sobre Wilde apareceria de modo concreto sobretudo em *Salomé*. Mas enquanto Pater prega uma espécie de hedonismo tranquilo, próximo da corrente do esteticismo inglês, Wilde vai até o fim no seu epicurismo e não se satisfaz até se autodestruir. Pater pára antes. "Tenho a impressão de que a vida de Wilde está simbolizada nesta peça. Salomé é o próprio Wilde. Ele termina a sua existência de modo lamentável, como se ele próprio se destruísse", diz Mishima. Em *Oscar Wilde* (1988) de Richard Ellmann, há uma foto do escritor irlandês em traje de Salomé, ajoelhado diante da cabeça decepada de João Batista. Salomé não é só o próprio Wilde, mas por justaposição, o próprio Mishima. Substitua-se Wilde por Mishima e a asserção continua válida.

Os filetes de sangue, que escorriam da bandeja com a cabeça decapitada e colocada na borda do poço, e posteriormente, quando Salomé recebe a bandeja e beija a cabeça do profeta, continuaram a escorrer, resultando em cenas bastante eficazes. Contudo, o diretor criticara que o poço deveria ter sido construído com mais inclinação. Quando a bandeja ensanguentada com a cabeça decapitada emerge do velho poço e é abraçada por Salomé, alguém na platéia deu um grito e em seguida todos caíram na risada. Mas isso ocorreu apenas nesse dia. A 15 de abril de 1960, o drama foi gravado pela Rádio NHK. A apresentação após a morte do escritor pela Companhia Roman Guekijô no Kiinokuniya Hall em Tóquio, de 15 a 24 de fevereiro de 1971, deu-se exatamente dez anos e dez meses depois da estréia. Com direção e cenografia de Mishima, estrelada por Akiko Mori, o palco envolto pelo aroma de incensos evocava a paz de sua alma e o mistério do Oriente. Kimie Imura relata:

SALOMÉ: OBRA QUE ABRE E FECHA O SEU CICLO DE VIDA ADULTA

Dez anos depois durante a montagem em sua memória, não houve uma única risada nesta mesma cena, embora se ouvissem suspiros. Talvez, a trágica cena do fim de sua vida tivesse se justaposto nas mentes dos espectadores[7].

A 16 de fevereiro de 1971, a manchete do *Mainichi Shimbun* alardeava: *Mishima Dirige mesmo após a sua Morte*, com os sub-títulos, "'O Funeral' no Teatro e O Susto diante da Cabeça Decepada". Nele o assistente de direção Masao Wakuta relata o que o escritor lhe solicitara.

Desejo que: 1) a dança de Salomé seja oriental; 2) os cenários sejam ampliações dos desenhos de Beardsley, todos unificados em preto e branco; 3) não consta no roteiro, mas quero que incensórios sejam instalados em ambos os lados do palco e que incensos sejam queimados; 4) sangue em abundância escorra da cabeça de João Batista.

A princípio, Wakuta julgara tratar-se de todo um projeto para expressar o mistério oriental. Mas na realidade, era um funeral no teatro, arquitetado detalhadamente de antemão.

7. Kimie Imura, op. cit.

Rio do Corpo

Este foi um rio novo, que abriu o seu curso d'água a meio caminho da minha existência. Eu estava insatisfeito com o fato de que o espírito, invisível aos olhos, continuasse a criar uma beleza visível. Por que eu também não posso me transformar em algo visível aos olhos? Mas para tal, a condição necessária é o corpo. Por fim, quando o adquiri, como uma criança que ganhasse um brinquedo, orgulhoso, o exibi a todos e desejei ardentemente movimentá-lo na frente dos outros. O meu corpo era, por assim dizer, o meu carro. Este rio me convidou para vários passeios com o meu carro e as paisagens que me eram desconhecidas até então, enriqueceram as minhas experiências. Mas o corpo, assim como a máquina, tem o destino de se arruinar. Eu não admito este destino. Isto equivale a não aceitar a natureza e o meu corpo está a caminhar na estrada mais perigosa.

MISHIMA
em catálogo da *Exposição Yukio Mishima*, 1970

FIGURA 27: Mishima como soldado na tragédia *Britânico*, de Racine. Dirigida por Seiichi Yashiro do Bungaku-za, em 1957.

Figura 28: O líder *yakuza* (Mishima) com a namorada (Ayako Wakao), no filme *Um Cara na Borrasca* (1960), de Yasuzô Masumura.

FIGURA 29: Mishima como escravo no musical *Arabian Nights*, dirigido por Takeo Matsuura em 1966.

FIGURA 30: Mishima e Akihiro Miwa (ex-Maruyama) no filme *Lagarto Negro* (*Kurotokague*), 1968, de Kinji Fukasaku. Ingresso do Cine Yayoi-za de Kyoto.

1. Estética do Corpo

O *SENHOR TESTE* DO CORPO

O ensaio *Sol e Aço* foi serializado na revista trimestral *Hihyô* (*Crítica*), do outono de 1965 ao verão de 1968. Mas o "Epílogo: F104" só foi adicionado quando os textos foram publicados em forma de livro em 1968, portanto, meio ano após Mishima ter voado no caça supersônico.

O autor costumava dizer: "*Sol e Aço* é o meu segundo *Confissões de uma Máscara* ou o meu *Senhor Teste*". Isso porque Valéry empregara o mesmo processo em *Senhor Teste*. O protagonista da obra de Valéry, ideado sobre três personalidades: Leonardo da Vinci, Descartes e Mallarmé, é um homem na idade da razão, assim como o protagonista de *Os Caminhos da Liberdade* de Sartre. O crítico Aromu Mushiake assinala em "A Estética do Corpo em Yukio Mishima" (revista *Kokubungaku*, maio de 1970), que assim como Valéry em *Senhor Teste* intentou um romance puro, o escritor perseguiu em *Sol e Aço* a pureza da linguagem. Após eliminar todos os elementos que constituem um romance, Valéry chegou à essência do romance puro, para que o leitor tivesse o prazer de montar, de acordo com a sua conveniência, o seu próprio romance. Mishima, por sua vez, expurgou de sua obra toda realidade e corpo que deveriam ser depurados. Mas para realizar tal tarefa por completo, criou o seu próprio corpo e construiu à força a realidade que julgava dever existir.

Embora a princípio o *Senhor Teste* (*Monsieur Teste*) de Valéry tivesse sido apresentado como romance, na realidade, não chegava

402 YUKIO MISHIMA: O HOMEM DE TEATRO E DE CINEMA

a ser romance nem crítica, mas uma ética intelectual composta de 1896 a 1926, que o levou a se apaixonar pela política e pelos problemas econômicos. No início de *Sol e Aço*, Mishima também diz que chegara

a uma espécie de intermediário entre a confissão e o pensamento crítico, um modo sutilmente ambíguo que a gente poderia chamar de "confidência crítica". Encaro-o como um gênero crepuscular entre a noite da confissão e a luz solar da crítica.

De imediato surge a associação de que *Confissões de uma Máscara* foi escrito como uma ficção confessional.

Todavia, as semelhanças entre *Sol e Aço* e *Senhor Teste* não se limitaram à questão de estilo. Pois se o *Senhor Teste* de Valéry resultou na cristalização de uma figura extrema do espírito, por sua vez, *Sol e Aço* é o melhor tratado de Mishima sobre o corpo, em última análise, o seu *Senhor Teste* do corpo.

Sol e Aço, autobiografia derradeira de Mishima, é uma continuação direta de sua obra-prima *Confissões de uma Máscara* e uma grande chave para se entender sua vida e obra.

NO PRINCÍPIO ERA O VERBO...

O texto de *Sol e Aço* começa com a história pessoal do autor sobre a relação entre palavras e corpo.

Quando repasso atentamente minha infância, me dou conta que minha memória das palavras começa muito antes da minha memória da carne. Na pessoa comum, imagino, o corpo vem antes da linguagem. No meu caso, antes vieram palavras; então – pé ante pé, com toda a aparência de extrema relutância, e já vestida de conceitos – veio a carne. Já estava, nem é preciso dizer, estragada pelas palavras.

Primeiro vem o pilar de madeira pura, depois os cupins que o comem. No meu caso, os cupins já estavam lá desde o começo, e o pilar de madeira pura só emergiu mais tarde, já meio carcomido.

É evidente que os cupins são a metáfora para as palavras e o pilar de madeira pura, para o corpo.

Na criança Mishima, muito perspicaz porém fisicamente frágil, que sofria de auto-intoxicação e fora criada pela avó doentia e possessiva, só havia palavras, não existia o corpo. Entretanto, esta inversão em que as palavras surgem antes do corpo, como na obra autobiográfica *As Palavras* de Jean-Paul Sartre, é uma situação atestada por vários escritores. O contato com o mundo dos livros precede o conhecimento do mundo real. As palavras, como sinônimo de mente ou intelecto e abarcando conceitos de razão e ordem, vêm antes do reconhecimento do corpo, todo o lado físico da existência humana com seus atributos de instinto, paixão, coragem e ação. Em Mishima, justamente devido à sua ausência, o corpo predominava sobre as pa-

ESTÉTICA DO CORPO 403

lavras, o corpo inexistente mesmo antes do seu surgimento superava as palavras existentes.

Além de comparar a arte literária aos cupins que corroem um pilar de madeira, em *Sol e Aço* o autor estende a sua ação ao poder corrosivo do ácido nítrico sobre uma chapa de cobre numa gravura. Melhor ainda, a relação palavras e realidade é comparada ao excesso de suco gástrico, que digere e, pouco a pouco, acaba por carcomer o próprio estômago; e em outro ensaio, ao radiologista que consegue ver através dos outros homens, mas termina ele próprio contaminado pela radiação. A função primordial da linguagem seria a de digerir a vida crua (o alimento) e torná-la uma parte do sistema humano. Porém, nos tempos modernos, ela começara a erodir o seu mundo interior (a mucosa gástrica).

Esse processo de corrupção da linguagem, desde os primeiros anos, lançou as bases para as suas duas tendências contraditórias.

Uma, a gana de levar em frente, com lealdade, a função corrosiva das palavras, e disso fazer a obra da minha vida. A outra, o desejo de me encontrar com a realidade em algum ponto onde as palavras não tivessem nenhum papel a desempenhar. (*Sol e Aço*, p. 9)

Num primeiro estágio, Mishima identifica-se com as palavras e vê-se destituído de realidade, carne e ação. Se por um lado, eleva o fetichismo pelas palavras, por outro, realidade e corpo tornaram-se sinônimos e objetos igualmente de uma espécie de fetichismo. Ele começa a escrever contos, romances e aprofunda cada vez mais a sua sede de corpo e realidade. Mas através do contato com a civilização grega, acabará colocando no mesmo plano o seu fetichismo pelo corpo e o seu fetichismo pelas palavras.

MISHIMA E A GRÉCIA

Após deixar Londres, o escritor chega ao aeroporto de Atenas na noite de 24 de abril de 1952. Até então, a maioria dos japoneses que havia visitado a Grécia não passava de turistas com suas máquinas fotográficas. Ninguém fizera uma declaração de amor à Grécia como Mishima. O texto "Atenas e Delfos", que consta em *O Cálice de Apolo*, foi redigido passionalmente.

A Grécia é a terra do meu amor insuportável. Quando o avião vindo do mar Jônio sobrevoou o canal de Corinto, o crepúsculo refletia nas montanhas gregas e eu vi as nuvens noturnas, que brilhavam no dourado do céu ocidental como se fossem o capacete da Grécia. Bradei o nome da Grécia. Esse nome anteriormente conduzira ao seu *front* lorde Byron, que se encontrava num impasse com as mulheres; fomentou a imaginação poética de Hoelderlin, o misantropo na Grécia; incitou coragem ao moribundo Octave, personagem do romance *Armance* de Stendhal. [...] Agora estou na Grécia, embriagado de suprema felicidade.

404 YUKIO MISHIMA: O HOMEM DE TEATRO E DE CINEMA

Beleza das Ruínas

Porém, Mishima não demonstrou o menor interesse pelas pessoas. Só queria apreciar a natureza, mas uma natureza enquanto ruína. No dia seguinte, registrou: "Vou deixar a minha caneta dançar por onde ela quiser. Hoje, finalmente eu vi a Acrópole! Vi o Partenon! Vi o templo de Zeus!". Na Acrópole, encanta-se com "as papoulas vermelhas que florescem entre os mármores, com os trigos e os capins silvestres inclinados pelo vento". Na encosta sul da Acrópole, senta-se nas ruínas do teatro de Dionísio, completamente vazio, contempla o palco em que foram encenadas as tragédias de Sófocles, Eurípedes e esquece-se do tempo. "O mesmo céu azul contemplava em silêncio essas lutas de aniquilamento das tragédias". Ele ficou convicto de que o azul mais admirável dos céus é necessário às ruínas.

Há resquícios dessa Grécia nas passagens sobre o céu de verão no conto *Morte em Pleno Verão*, sua primeira obra composta após o retorno ao Japão e que tem como cenário uma praia no extremo sul da península de Izu. E como na cena do andor em *Confissões de uma Máscara*, o azul do céu está aqui associado a um colorido trágico.

Mas diante das ruínas do templo Partenon, Mishima evoca a beleza assimétrica do jardim zen de pedras e areia do templo Ryôanji em Kyoto, do fim do século XV. Através do confronto da estética clássica grega com a Idade Média japonesa, ele chega à confirmação do que seria a estética nipônica, marcada então pela filosofia do zen budismo. Enquanto o artista grego utilizara um método construtivo, o artista japonês baseara-se em sua intuição obstinada na procura de uma beleza não universal, mas única. Reflete o autor em *O Cálice de Apolo*[1].

Quando visualizamos a forma original, completa do Partenon ou do Erectéion a partir de suas ruínas, o fazemos através do raciocínio, não por intuição. A alegria de visualizá-los reside não tanto na poesia do poder imaginativo quanto no êxtase do exercício intelectual. A emoção que sentimos é de olhar o esqueleto do universal. [...] A beleza das ruínas em Olímpia reside no fato de que toda a construção baseia-se inteiramente no método de simetria em ambos os lados. [...] Além disso, ao imaginar a emoção de vê-los em sua forma original, creio que a comoção causada pelas ruínas as supera. [...] Os gregos acreditavam na imortalidade da beleza. Eles esculpiram na pedra toda a beleza do corpo humano. Mas é duvidoso que os japoneses acreditassem na imortalidade da beleza. Ponderando sobre o dia em que a beleza material decairia como o corpo, sempre imitaram a forma vazia da morte. Parece que a beleza assimétrica do jardim de pedras está sugerindo a imortalidade da própria morte. [...] O método cogitado pelos gregos é o de reorganizar a vida, reconstituir a natureza. Paul Valéry disse: "A ordem é um grande planejamento anti-natural". As ruínas, por acaso, libertaram a beleza imortal concebida pelos gregos, desses laços sagrados dos próprios gregos,

---

1. Yukio Mishima, *Cálice de Apolo*, outubro de 1952, em *Mishima Yukio zenshÚ*, vol. 26.

ESTÉTICA DO CORPO

Entretanto, o escritor japonês que se impressionara com o método de simetria na construção de Olímpia, confessa que se cansara da simetria exagerada em Paris, devido ao excesso de moderação na arquitetura, política, literatura e música. "E o mestre desse método da cultura francesa fora a Grécia", conclui.

De volta ao Japão, no colóquio com o crítico e amigo Mitsuo Nakamura (revista *Gunzô*, julho de 1952), Mishima declara:

> No caso de vermos a cultura européia como nosso alimento, o que mais quero é uma vitamina. As ruínas gregas são para mim uma vitamina e, diferentemente do sentido atribuído pelos europeus, creio que as absorvi ao meu modo enquanto japonês.

Logo depois, ele inscreve-se num curso de grego na Universidade de Tóquio.

Equilíbrio Corpo e Mente

Mens sana in corpore sano (mente sã em corpo são) diz o lema de Juvenal. Talvez não haja um povo que tenha encarado tão diretamente a decadência do corpo quanto o grego. Daí a valorização do corpo juvenil tanto no homem como na mulher. Os concursos de *Miss Brasil ou Universo* e *Mister Universo* são pagãos e descendem dessa tradição grega de veneração ao corpo jovem. Como a alma é imortal, os gregos antigos tentaram unir corpo e alma nas esculturas de pedra, criando uma estética da imortalidade. Mishima explana:

> A mente, por sua própria natureza, tenta com persistência viver para sempre, resistindo à idade e procura dar uma forma a si mesma. É por esta propensão que a mente serviu como "uma substituta para a vida" durante toda a história da humanidade. Quando uma pessoa passa do seu ápice e sua vida começa a perder o vigor e encanto verdadeiros, sua mente começa a funcionar como se fosse uma outra forma de existência; ela imita o que a vida faz e eventualmente realiza o que a vida não pode fazer. Os gregos, cientes desse fato, acharam que era possível simbolizar e portanto, perpetuar todos os aspectos da mente humana, através de estátuas representando corpos de homens jovens; e eles tiveram êxito em provar que isso era de fato possível.

Entretanto, com a introdução das influências hebraicas, a clássica correlação corpo e mente começou a desmoronar. Em *O Cálice de Apolo*, Mishima argumenta:

> Os gregos acreditavam no exterior. Isso é um grande pensamento. Os homens viviam com orgulho sem sentirem necessidade do espírito, até que o cristianismo inventou-o. O interior cogitado pelos gregos preservava sempre a simetria em ambos os lados com o exterior. No teatro grego, não há uma única coisa espiritual como as consideradas pelo cristianismo. Ele se exaure, por assim dizer, na reiteração do preceito moral de que a interioridade excessiva recebe inevitavelmente um castigo. Não devemos pensar separadamente as encenações do teatro grego e as competições olímpicas. Sob

406 YUKIO MISHIMA: O HOMEM DE TEATRO E DE CINEMA

esta luz abundante e violenta, ao supor o equilíbrio semi-divino de como os músculos dos competidores, que se moviam incessantemente com vivacidade e estacionavam, se desintegravam sem cessar e eram de novo restaurados, deixa-me feliz.

Impressionado com os corpos esplêndidos dos jovens atletas que haviam participado das Olimpíadas na Antigüidade, Mishima deve ter sentido na carne o lema de Juvenal (mente sã em corpo são). O objetivo do escritor japonês não era atacar a cultura judaico-cristã, estava apenas constatanto o curso da natureza humana como ele a via. Mishima assevera:

> Animais não têm espírito. Apenas a espécie humana o possui, porque só ela obteve êxito em conquistar a natureza. A raça humana, especialmente os machos, inventaram o espírito quando descobriram que não lhes restava papel algum após o seu desempenho na procriação (as fêmeas tinham que criar as crianças, portanto, tinham um papel); de um modo ou outro os homens tinham de preencher o período vazio entre a procriação e a morte. Na sua origem, provavelmente o espírito fosse uma posse exclusiva dos machos e servia como sua arma, mas a arma voltou-se contra seus proprietários e os feriram. O espírito ficou isolado, tristemente teve que ser deserdado até mesmo pela Mãe Terra, território feminino.

Aqui a palavra *espírito* está empregada quase como um equivalente de *intelecto*.

Em outro texto, ainda na tradição dos antigos gregos de que haveria uma ligação entre a cabeça da mulher e os seus órgãos genitais, Mishima pondera:

> A mente de uma mulher, visto que está ligada abaixo ao seu útero, não pode deixar o corpo como a mente de um homem [...] Uma mulher tem dois centros nervosos controlando a sua mente, o cérebro e o útero. Os dois sempre funcionam tão intimamente que sua mente, presa entre eles, não pode abandonar o corpo.

Para o jovem escritor, a mulher seria uma criatura estranha, em que corpo e mente coexistiriam inseparavelmente. Portanto, ela não sofreria tanto quanto o homem com a dicotomia moderna entre corpo e mente.

A simetria dos gregos entre os lados interior e exterior vai ser expressa, posteriormente, como o equilíbrio corpo e mente em *Meu Período Itinerante* de 1963, um relato autobiográfico.

> Na minha Grécia adorada, eu tinha apenas a sensação de embriaguez o dia inteiro. No meu parecer, na Grécia antiga não existia tal coisa como o espírito, só havia um equilíbrio entre corpo e mente; o "espírito" era de fato uma invenção abominável do cristianismo. É claro que esse equilíbrio estava prestes a ser quebrado, mas havia beleza na tensão do esforço para impedí-lo. Creio que a lição da tragédia grega, onde o orgulho é sempre castigado, é que esse equilíbrio era extremamente importante. Nas cidades-estado gregas, que também eram uma espécie de comunidades religiosas, os deuses estavam sempre alertas para a possível quebra desse equilíbrio humano. Portanto, a fé aí não se tratava de algo como a "questão humana" do cristianismo. [...]

ESTÉTICA DO CORPO

Não se pode dizer que tais conceitos sejam necessariamente uma interpretação correta do pensamento da Grécia antiga. Mas a Grécia que eu vi então era exatamente assim, a Grécia de que eu necessitava era assim.

Há aqui uma diferenciação entre a *mente* grega e o *espírito* cristão. Mishima nega o "espírito", afirmando que "no meu parecer, ele é uma invenção abominável do cristianismo para se superar o medo da morte". Entretanto, como no Japão o cristianismo é a religião de uma pequena parcela da população, é certo que tudo isso foi herdado de Nietzsche, com seu tratado sobre a tragédia grega, a ênfase no anti-Cristo e no significado do corpo.

Atração pela Superfície

No ensaio *As Coisas que me Fascinaram* de 1956, o próprio Mishima admitira ter sido influenciado pelo filósofo alemão.

Creio que de fato eu via a arte grega sob a ótica nietzscheana. Um brilho que por mais que se procure parece sem sombras, serenidade completa e, por vezes, alegria, vivacidade e jovialidade. Fiquei impressionado que tais coisas não fossem apenas aparências, mas ocultavam o fato mais "misterioso". E passei até mesmo a julgar que a coisa mais superficial é a mais profunda. Porque eu estava farto da análise psicológica e não podia acreditar que as questões humanas procedessem todas daí.

A Grécia de Mishima promulga o extremo da devoção a Radiguet em sua juventude. Em suma, com a Grécia ele chegara ao ápice em sua investigação da literatura européia. Mas ao mesmo tempo, quem matara Radiguet dentro do escritor japonês fora a sua estadia na Grécia.

Além do equilíbrio mente e corpo, entre a *sophia* e o *soma*, o que Mishima descobriu na Grécia foi o "método estético de reorganização da vida e reconstituição da natureza". Mas o que seria esse método? "Os gregos acreditavam no exterior. Isso é um grande pensamento". Essa crença dos gregos no exterior vai se tornar, por sua vez, o seu método estético. Na Grécia ele descobre um novo ideal, a beleza natural e como sua forma típica, a escultura. No Museu de Delfos, diante da estátua de Antínoo, jovem da Bitínia de grande formosura e favorito do imperador Adriano, o escritor saúda:

Adeus, Antínoo! Nossas figuras foram carcomidas pelo espírito, já envelheceram e não podem se assemelhar à sua incomparável beleza. Almejo, oh Antínoo, através das minhas obras, aproximar-me pelo menos um pouco da sua forma de suprema poesia. (*O Cálice de Apolo*).

Em *Meu Período Itinerante*, ele viria a reiterar esse achado na Grécia de um antídoto para a sua sensibilidade romântica.

Eu descobri aqui a conclusão da minha tendência clássica. Era, por assim dizer, a descoberta da identidade do padrão ético entre criar uma obra bela e tornar-me belo.

408   YUKIO MISHIMA: O HOMEM DE TEATRO E DE CINEMA

Creio que os gregos antigos possuíam essa chave. [...] A Grécia curou a minha auto-aversão e solidão, convocou uma "vontade de saúde" nietzscheana e com o coração alegre retornei ao Japão.

Nasce aqui a sua atração pelas profundidades da superfície, o fetichismo da superfície. "Construir uma obra bela e tornar-me belo", a beleza do estilo literário ornamentado conjugada à beleza do exterior denominado corpo. Ele passa a reconhecer uma mesma origem para as belezas do corpo e das palavras, com o seu brilho da superfície. Em *Sol e Aço* o autor indaga perplexo:

Mas por que será que as pessoas sempre buscam as profundezas, o abismo? Por que o pensamento, como um fio de prumo, só se ocupa com uma descida vertiginosamente vertical? Por que é que não é possível para o pensamento mudar de direção e ascender na vertical, sempre para cima, até a superfície? [...] Me parecia ilógico demais que as pessoas não descobrissem profundidades na "superfície".

Mas é necessário um adendo. No excelente "A Grécia de Mishima" (revista *Kaishaku to Kanshô*, julho de 1966), Teiji Yoshimura argumenta que o escritor aprendera desse país não só o culto ao corpo apolíneo. Influenciado por Nietzsche, ele vai se interessar também pelas existências dionisíacas. Nas obras de Mishima, as mulheres de vontade resoluta e as que se dirigem sem vacilar para um destino absoluto seriam variações das vestais, inspiradas nos modelos originais gregos. Em dois textos compostos antes da viagem à Grécia, Shigueko do conto *Leão* (1945) e Etsuko do romanece *Sede de Amor* (1950) são as correspondentes nipônicas da Medéia. Já na dramaturgia, enquanto *Orvalho no Lótus: Contos de Ouchi* é a sua versão kabuki de *Fedra*, a tragédia *Árvore Tropical* é a *Electra* japonesa e as protagonistas de *A Rosa e o Pirata* e *Os Veleiros do Amor* tecem o mundo dos seus sonhos e tornam-se as suas rainhas, por outro lado, *A Queda da Família Suzaku* enfoca o Héracles nipônico.

CONSTRUÇÃO DO CORPO

No início de *Sol e Aço*, num trecho escrito em 1965, a busca do autor por uma linguagem do corpo é metaforicamente associada à atividade agrícola. "Se meu ser era minha residência, então meu corpo se parecia com um pomar que o cercava. Eu podia ou cultivar esse pomar ao máximo de suas possibilidades ou abandoná-lo ao acaso do mato". Ele escolhe cultivá-lo usando sol e aço. "Luz do sol sem cessar e objetos feitos de aço". Graças ao sol e aço Mishima viria a aprender a linguagem do corpo, como quem aprende uma língua estrangeira. "Era minha segunda língua, uma cultura adquirida". Nessa metáfora do pomar observa-se uma identificação entre corpo e paisagem, uma visão dionisíaca ou mitológica da natureza. Mas assim como o pomar

ESTÉTICA DO CORPO

é uma natureza artificial, o seu fruto também será um corpo extremamente artificial.

Cinco anos mais tarde, no catálogo da *Exposição Yukio Mishima*, o escritor recorre novamente à agricultura no segmento "Rio do Livro", para discorrer sobre a arte literária. "O quanto o ato de escrever e a lavoura se assemelham". Ele encarava tanto o seu trabalho literário quanto o seu corpo como objetos de cultivo.

A Rota do Sol

Mishima rememora-se como um jovem sensível.

> Como eu adorava meu poço, meu quarto sombrio, o lugar da minha mesa com pilhas de livros! [...] Eu amava a noite de Novalis e os crepúsculos irlandeses de Yeats, chegando a escrever obras sobre as noites da Idade Média[2].

Para esse habitante do mundo noturno da literatura, o encontro com o sol vai dar-se duas vezes. O primeiro foi aos vinte anos, no verão da derrota na guerra em 1945. "Um sol implacável queimava a grama farta daquele verão". Este sol estava agregado "à corrosão e destruição que impregnavam tudo; o sol nunca tinha estado dissociado da imagem da morte". (*Sol e Aço*, pp. 19-20)

O segundo foi em 1952, aos vinte e sete anos, no convés do navio President Wilson, que o levava em sua primeira viagem ao exterior. Antes da escala no Hawai, ele descobre que ainda podia se reconciliar com a luz do sol e confessa que esta fora a maior invenção de sua vida. "Daquele dia em diante, não consegui mais passar sem sua companhia. E, passo a passo, ele bronzeou minha pele, me marcando como membro da outra raça". (*Sol e Aço*, p. 22) Se o primeiro era o sol da morte, este era o sol da vida. Então, conscientiza-se de que o que tinha em demasia era a sensibilidade e o que lhe faltava era uma sensação de existência física.

Em seu roteiro de viagem havia países solares como Brasil, Grécia e Itália. Em *Meu Período Itinerante*, o autor diz: "Após deixar os Estados Unidos, quando pousei uma noite em Porto Rico, já senti o cheiro dos países queimados de sol". Não por acaso, os relatos dessas viagens foram coligidos num livro intitulado *O Cálice de Apolo*, em homenagem ao deus do sol. Nele insinua-se que o seu maior interesse e impressão fora com a Grécia, apesar da breve estadia de 24 a 29 de abril de 1952. Aos trinta e seis anos, no artigo sobre a estátua de mármore de Apolo em seu jardim, de setecentos quilos e que encomendara da Itália, o escritor proclama: "É a fonte do meu trabalho. É a minha luz".

---

2. Yukio Mishima, *Sol e Aço*, pp. 20-21.

Os Esportes

"O aço proporcionou-me um tipo totalmente novo de conhecimento, um saber que nem livros nem a experiência do mundo poderiam me dar"[3].

Em agosto de 1955, Mishima subitamente desperta para a necessidade de construir o seu próprio corpo. *"Um dia, de repente, resolvi desenvolver em mim mesmo músculos poderosos"* (p. 24). "Para mim, músculos tinham uma das mais desejáveis qualidades: sua função era exatamente o contrário da função das palavras".

Como escritor, o seu sucesso com as palavras baseava-se em distinguir-se dos outros, enquanto a aquisição de músculos seria "o triunfo de saber que a gente é igual aos outros (*Sol e Aço*, pp. 29-30)". Em outro texto, ele manifestou esse desejo romântico.

Até agora eu me dediquei com afinco à literatura, mas para um ser humano só isso não basta. Talvez seja um pouco tarde começar aos trinta anos, mas a partir de agora, me empenharei para transformar o impossível em possível.

A malhação do corpo em sua casa foi um instante decisivo, que o levou a ultrapassar o limiar para uma nova vida.

Assim, as disciplinas físicas, que depois se tornariam tão fundamentais para minha vida, eram, de certa forma, comparáveis ao modo como uma pessoa que teve apenas o corpo como meio de vida, tentasse, num esforço frenético, adquirir no leito de morte a educação intelectual que deveria ter adquirido na juventude. (*Sol e Aço*, p. 28)

Nos dez anos seguintes, Mishima fez halterofilismo, ginástica, praticou boxe, corrida e equitação. Porém, acabou por concluir que os esportes estrangeiros não serviam, porque impunham uma parada precoce. Inicia-se nas artes marciais japonesas, como kendô (esgrima nipônica) e karate. Como no kendô não é necessária a força física, os japoneses teriam a sabedoria de terem criado um esporte, que por mais que se envelheça pode-se praticá-lo. Apesar de ser muito desajeitado e não ter os nervos motores muito desenvolvidos, obteve o terceiro grau de karate e tão logo completou quarenta anos, conquistou o quinto grau de kendô. Diziam que era um quinto grau honorário, concedido a uma celebridade. Indignado, ele decidiu participar numa competição de artes marciais no Departamento da Polícia Metropolitana de Tóquio. O escritor venceu os seus três adversários. Surpreso, um dos detetives derrotados desabafou: "Não pensei que Mishima fosse tão forte. Ele parece o Musashi Miyamoto" (lendário guerreiro japonês, que viveu entre os séculos XVI e XVII).

Em *As Férias de um Romancista*, a 28 de julho de 1955, Mishima registra a correlação entre esportes e artes.

3. Idem, Ibidem.

ESTÉTICA DO CORPO

Certamente a alegria dos esportes, por ser de graça, pelo consumo de esforço e liberação de energia, em certos aspectos apresenta uma forte semelhança com as artes. Não deve existir coisas que se pareçam tanto quanto as artes e os esportes.

Já em *Sol e Aço*, o autor explana o que seria os esportes para ele, praticante de karate e kendô.

Era natural que minha reformulação da sensação pura de força se voltasse na direção do relâmpago do punho e do golpe da espada de bambu; o que está na extremidade do punho fulminante e do golpe de espada de bambu era exatamente o que constituía a prova mais certeira daquela luz invisível que vinha dos músculos. Era uma tentativa de atingir a "sensação suprema" que dista apenas um fio de cabelo do alcance dos sentidos. [...] O que se escondia além do relâmpago do punho e do vôo rasante da espada de bambu era o lado oposto da expressão verbal – o que ficava claro pelo sentimento que transmitia: ser a essência de alguma coisa extremamente concreta, a essência, quem sabe, da realidade. Isto significaria qualquer coisa, menos sombra. Além do punho, além da ponta da espada de bambu, uma nova realidade mostrava a cabeça, uma realidade que rejeitaria qualquer tentativa de transformarem-na em abstração – em suma, que repelia em cheio toda a expressão dos fenômenos através de abstrações.

Sentimento Trágico

Comparemos as duas autobiografias confessionais de Mishima: o romance *Confissões de uma Máscara* (1949), composto aos vinte e quatro anos, e o ensaio *Sol e Aço* (1968), publicado quase vinte anos depois. No romance, o protagonista, quando um garoto de dez anos, olhava fascinado durante um festival religioso, os jovens carregando o andor com "uma expressão da mais obscena e indisfarçada embriaguez do mundo em seus rostos". Este menino frágil representa a mente. Já o ensaio *Sol e Aço* foi escrito por um *eu*, que já adquirira um *corpo* através do treinamento físico. Ocorreu aqui uma revolução de 180 graus, exatamente o contraste entre o negativo e o positivo.

Muito intrigara ao guri o enigma do que os olhos dos jovens carregadores do andor refletiam. Foi só muito tempo depois, aos trinta e um anos, quando o próprio Mishima carregou o andor do Santuário Kumano no festival de verão em Jiyûgaoka, onde ficava a sua academia de ginástica, que ele finalmente conseguiu decifrar o enigma. Se em *Confissões de uma Máscara* temos "o que eles viam", em *Sol e Aço* muda para "o que eu vi". "Em seus olhos, nenhuma visão; apenas o reflexo dos céus azuis e divinos de começo do outono". Ao contrário da experiência anterior, esse corpo quase que inconscientemente acabara vendo uma idéia. "Seria a tal ponto um corpo conceitual?" indaga Takashi Ueno no ensaio "Máscara e Corpo" (revista *Yuriika*, outubro de 1976).

No artigo "Sobre o Êxtase", Mishima revela que naquele momento ele se tornara uno com os carregadores e com o próprio andor. Fora a descoberta de um êxtase compartilhado do intelectual com os jovens, uma experiência epifânica, mística, que dissolvera as contradições mente e corpo, pensamento e ação. "E naquele oscilante céu azul que, como uma ave de rapina com asas abertas, baixava e subia para o infinito, flagrei a verdadeira natureza daquilo que por muito tempo chamei o 'trágico'" (*Sol e Aço*, p. 14). O escritor julgava que a visão trágica da vida é a única que confere dignidade ao ser humano.

Na *Poética*, Aristóteles define a tragédia, *É pois a tragédia imitação de uma ação de caráter elevado*, em suma, imitação de homens superiores. Já em *Sol e Aço*, Mishima diz:

> O sentimento trágico nasce quando a sensibilidade perfeitamente comum e normal, por um momento, se enche com uma nobreza privilegiada, que mantém as outras à distância, e não quando um tipo especial de sensibilidade proclama seus próprios arbítrios. Vai daí que aquele que lida com as palavras pode criar a tragédia, mas não consegue participar dela. Fundamental: que a "nobreza privilegiada" tenha sua base estritamente numa espécie de coragem física. Os elementos de intoxicação e sobrehumana claridade no trágico nascem quando a sensibilidade comum, dotada com a força física certa, encontra aquele tipo de momento privilegiado que nasceu para ela. Tragédia é coisa que pede uma vitalidade e ignorância antitrágicas, e – sobretudo – uma certa "impropriedade". Se alguém às vezes há de chegar perto do divino, então deve em condições normais não ser nem divino nem coisa alguma que pareça sê-lo.

Aliás, o argumento trágico e o tratado sobre o corpo são inseparáveis em Mishima.

> A idéia em questão, como apresentei em minha definição de tragédia, se resolvia no conceito de corpo. Pareceu-me que a carne poderia ser "intelectualizada" no mais alto grau, poderia atingir com as idéias uma intimidade muito maior do que poderia o espírito. (*Sol e Aço*, p. 16)

Como assinala o professor americano radicado no Japão, Paul McCarthy, no capítulo "Yukio Mishima's *Confessions of a Mask*":

> É paradoxalmente para este mais aristocrata dos escritores, um conceito democrático, que admite o homem comum no reino sagrado da tragédia. Se ficamos intrigados com o uso da palavra "trágico" em relação ao limpador noturno de bueiros em *Confissões de uma Máscara*, esta passagem de *Sol e Aço* deve ajudar a nossa compreensão. A mediocridade do personagem ao invés de impedir a qualidade trágica é uma condição "sine qua non"[4].

Só após conseguir ver aquele divino céu azul, Mishima pôde expelir a fé doentia e cega nas palavras e participar da tragédia de todas as criaturas. Ele não queria mais ser um escritor alienado; com o corpo bronzeado e os músculos salientes, perdera o seu complexo de inferioridade física. Agora mais interessado no mundo físico, desejava simplesmente coexistir com os outros.

4. Paul F. McCarthy, *Approaches to the Modern Japanese Novel*, 1976, s/c. pp. 112-128.

ESTÉTICA DO CORPO

Vendo as coisas dessa maneira, compreendi todas as coisas até então obscuras para mim. O exercício dos músculos dissipou os mistérios que as palavras tinham provocado. Era alguma coisa assim como o processo de conhecimento do significado do erotismo. Pouco a pouco, comecei a compreender o sentido da existência e da ação[5].

DUALIDADE CORPO E ESPÍRITO

Desde a mais tenra idade, como relata em *Sol e Aço*, o autor demonstrara um forte interesse pelo corpo. "Minha intuição da infância – o senso intuitivo de que o grupo representava sem dúvida o princípio da carne – estava correta". Mas a questão do corpo só vai aparecer publicamente no pós-guerra, no pequeno ensaio *A Impureza do Espírito* (março de 1947), composto aos vinte e dois anos. Em contraste com a impureza do espírito é assinalada a pureza do corpo. Na sua releitura do *Kojiki* (*Registro das Coisas Antigas*, 712) e *Nihon Shoki* (*Crônicas sobre o Japão*, 720), Mishima discorre sobre a pureza ofuscante do corpo na Antiguidade e opina: "A literatura pura, por assim dizer, também não se exaure na pureza do corpo?" E indica Naoya Shiga e Yasunari Kawabata como os dois polos de escritores modernos, que souberam descrever a pureza corporal, a sabedoria do corpo.

Em *Introdução a Yukio Mishima*, Kô Tasaka argumenta que Mishima provavelmente se baseara no discurso "Dos que Desprezam o Corpo", onde Zaratustra explica o significado do corpo (*Assim Falava Zaratustra*, de Nietzsche).

O corpo é uma razão em ponto grande, uma multiplicidade com um só sentido, uma guerra e uma paz, um rebanho e um pastor.

Instrumento do teu corpo é também a tua razão pequena, a que chamas espírito: um instrumentozinho e um pequeno brinquedo da tua razão grande.

Tu dizes "Eu" e orgulhas-te dessa palavra. Porém, maior – coisa que tu não queres crer – é o teu corpo e a tua razão grande. Ele não diz Eu, mas: procede como Eu. [...]

Os sentidos e o espírito são instrumentos e joguetes; por detrás deles se encontra o nosso próprio ser. [...]

Por detrás dos teus pensamentos e sentimentos, meu irmão, há um senhor mais poderoso, um guia desconhecido. Chama-se "eu sou". Havia no teu corpo; é o teu corpo.[...]

Há mais razão no teu corpo do que na tua melhor sabedoria. E quem sabe para que necessitará o teu corpo precisamente da tua melhor sabedoria?

Pensamento semelhante já pode ser detetado na obra anterior de Nietzsche, *A Origem da Tragédia*, embora o filósofo alemão não tenha empregado aí a palavra *corpo*. E mesmo o *eu* de Mishima, que aparece no início de *Sol e Aço*, não é o termo usual do *eu*, mas o que o ressalta, isto é, o território do corpo.

O "eu" com o qual vou me ocupar não vai ser o "eu" que só se refere estritamente a mim mesmo, mas uma outra coisa, um certo resíduo, que permanece depois que todas

5. Y. Mishima, *Sol e Aço,* p. 15.

414   YUKIO MISHIMA: O HOMEM DE TEATRO E DE CINEMA

as outras palavras que lancei já voltaram para mim, alguma coisa que nem retorna nem tem nada a ver com o que já passou.

Meditanto sobre a natureza desse "eu", fui levado à conclusão de que o "eu" em questão coincidia exatamente com o espaço físico que eu ocupava.

Tanto na questão do *corpo* como na dualidade *corpo e espírito*, Mishima baseia-se em Nietzsche.

O Eros é Necessário à Arte?

No ensaio "O Eros é Necessário à Arte?" de 1955, Mishima aborda a questão da dualidade corpo e espírito na Antiguidade e no mundo moderno, através da comparação de *O Banquete* (c.385 a.c.), diálogo de Platão, e o conto *Tonio Kroeger* (1903) de Thomas Mann.

No banquete oferecido pelo poeta Agaton aos seus amigos, discute-se sobre o amor e o belo. Da beleza física eleva-se à beleza da alma e por fim, chega-se à beleza perfeita e eterna. Na Grécia antiga, de acordo com o tratado erótico da sábia Diotima, Eros, a divindade do amor, é uma existência intermediária entre o sábio (Deus) e os ignorantes, uma existência que devido à sua falta de auto-consciência, ama e procura a sabedoria. Devido a essa falta de auto-consciência, o Eros encontra-se com o belo tanto no plano físico como no espiritual; ele tenta produzir e se reproduzir dentro desse belo. Já o artista (poeta) é a pessoa que tem um desejo de reprodução no plano espiritual, mas atribui uma função absolutamente idêntica tanto à criação corporal como à criação espiritual, isto é, situa a beleza física e a beleza espiritual dentro de um sistema idêntico.

E como seria o artista moderno? O tema de *Tonio Kroeger* é a oposição cidadão e artista, a contradição vida e arte, tão peculiar a Thomas Mann. O desajeitado Tonio, privado de beleza física e aspirante a artista, portanto, amante da beleza espiritual, tem verdadeira veneração pelo jovem Hans e sua namorada Inge, loira e linda. Eles têm beleza física, mas são ignorantes quanto à beleza espiritual, enfim, são os cidadãos comuns. Segundo Mishima, Tonio é a pessoa que se coloca entre esses dois mundos, a arte e a vida. Enquanto no mundo de Diotima, criação corporal e criação espiritual, beleza física e beleza espiritual estão unificadas, no mundo em que Tonio habita, corpo e espírito já se encontram desintegrados. "Ele se relaciona com aquele Eros, a cerimônia secreta do artista na Antiguidade, apenas quanto à sua falta de auto-consciência". Mishima interpreta a contradição cidadão e artista em *Tonio Kroeger*, como a alienação corpo e espírito na sociedade moderna. Porém, aqui também se oculta o pensamento de Nietzsche quanto à dualidade corpo e espírito, uma vez que o filósofo exercera forte influência sobre Mann.

ESTÉTICA DO CORPO

Dualismo em Mishima

> *Os gregos acreditavam no exterior. Isso é um grande pensamento.*
>
> O Cálice de Apolo
>
> *A coisa mais superficial é a mais profunda.*
>
> As Coisas que me Fascinaram

O que se encontra na base destes dogmas tão característicos de Mishima é a dualidade corpo e espírito e o seu desejo de reviver o equilíbrio corpo e mente da Grécia antiga. "A alienação corpo e espírito da sociedade moderna é um fenômeno quase universal", assevera o escritor em *Sol e Aço*. E isso tornou-se um dos temas primordiais no seu trabalho. Pode-se dizer que quase todas as suas obras contêm alguma permutação dessa dicotomia corpo e espírito. Ele opunha seus personagens entre os dotados de qualidades físicas e os associados ao espírito, fazendo gerar a tensão da estória através do embate entre esses dois polos.

Em *As Férias de Um Romancista*, o autor diz:

> Nunca o espírito seguiu tanto a forma do corpo e rendeu-se a ele quanto no século XX. A forma inerente do espírito já havia, assim, entrado em colapso no final do século XIX; a era grega reaparecera e a intimidade corpo e espírito parecia ter sido recuperada. Porém, a diferença fundamental é que ao contrário do espírito na Grécia, que bateu asas e partiu do corpo formoso, no século XX, o espírito tremendo de medo se refugiou dentro do corpo.

Vários personagens dos seus romances são rapazes ou moças protótipos do ideal de beleza física grega, donos de um corpo formoso, mas destituídos de espírito. Como Yûichi Minami em *Cores Proibidas*, Shinji Kubo em *Mar Inquieto* e o jardineiro Saburô em *Sede de Amor*. E mesmo *Sol e Aço* é um ensaio que se ocupa inteiramente do conflito corpo e espírito. Contudo, o desenvolvimento sem adornos do tema é raro, exceto por *Sol e Aço*.

A propósito de *Sol e Aço*, Mishima explana:

> É uma obra onde analisei as relações entre a minha literatura e ação, o meu espírito e corpo de uma posição a mais "justa" e objetiva possível. Mas parece não haver postura mais difícil para o intelectual japonês do que adotar uma atitude "justa" para ambas as partes de corpo e espírito [...] *Sol e Aço* é uma explicação pictórica do meu quase fatal pensamento dualístico e também a narrativa da inevitabilidade fisiológica da gênese desse pensamento dualístico. Embora na topografia japonesa haja o "não diferente", não existe o dualismo. Além do mais, isso significa também que não existe uma base para a formação do "drama" no sentido ocidental.

Ao contrário da maioria dos escritores e intelectuais em geral, que dá grande importância à sua obra e negligencia ou mesmo omite o seu corpo, Mishima se declara francamente dualista, atribuindo igual importância tanto ao corpo e à ação quanto à criação artística. Ele relata o processo em que arte e corpo, arte e ação completam-se reciprocamente na formação do seu ser. Mas em última análise, o tema

416 YUKIO MISHIMA: O HOMEM DE TEATRO E DE CINEMA

primordial de *Sol e Aço* aborda a questão: "O que é o corpo para nós?" O autor descreve a sua estética do corpo para uma apreciação precisa do leitor, através de expressões concisas e categóricas.

SOFRIMENTO, MORTE E GRUPO

O sucesso com a cultura física vai influenciar a consciência e o pensamento de Mishima, porque ele não queria a eliminação da consciência do corpo, mas a justaposição de corpo e consciência ou de corpo e linguagem. Segundo Nagao Nishikawa em *A Recorrência do Japão em Yukio Mishima*, o treinamento físico vai trazer três idéias básicas ao escritor: sofrimento, morte e grupo.

Inicialmente Mishima procurou coincidir os opostos, o valor absoluto da consciência e o valor absoluto do corpo, não através de drogas ou do álcool, mas do sofrimento. Em *Sol e Aço* o autor declara:

> Dor, acabei concluindo, poderia muito bem ser a única prova da persistência da consciência dentro da carne, a única expressão física da existência da consciência. Enquanto meu corpo desenvolvia seus músculos e força, nascia lentamente em mim uma tendência para aceitar positivamente a dor e meu interesse pelo sofrimento físico se aprofundou.

Assim como nas cerimônias primitivas do passado e mesmo dos índios atualmente, a aceitação do sofrimento era e ainda é um ritual de iniciação, morte e ressurreição, assumir o sofrimento seria o principal papel da coragem física. Geralmente a consciência é tida como passiva e o corpo ativo. Contudo, na bravura física os papéis estariam invertidos. Na sua função de autodefesa, o corpo se retira enquanto a consciência passa a controlar o corpo para o auto-abandono.

> Não importa o quanto o filósofo de gabinete rumine sobre o significado da morte, mas sem a coragem física, requisito para a compreensão dela, ele não vai nem começar a entender do que se trata. Quero deixar claro que falo da "coragem física"; a consciência do intelectual e a coragem do intelectual, aqui, não me interessam. (*Sol e Aço*, p. 43)

A crítica literária francesa Dominique Aury, tradutora de Mishima, indagou-lhe durante o encontro na Editora Gallimard em Paris: "O que é mais importante na vida para o senhor?" O escritor respondeu: "A coragem".

O princípio básico do corpo para Mishima é o culto do herói, um conceito físico, uma vez que relacionado ao contraste entre um corpo robusto e a destruição da morte. Em suma, é o tema do martírio de São Sebastião. A morte é refletida sob três ângulos. Primeiro, a morte como uma deficiência fatal da obra de arte denominada corpo.

> Os músculos que assim eu desenvolvi eram ao mesmo tempo pura existência e obras de arte, paradoxalmente, eles até possuíam uma certa natureza abstrata. Sua única

ESTÉTICA DO CORPO

desgraça é que estavam envolvidos intimamente demais com o processo da vida, que decretava que eles deveriam declinar e perecer com o declínio da própria vida[6].

Segundo, a morte como resgate do corpo do cômico.

O corpo é portador do suficiente poder de persuasão para destruir a aura cômica que a autoconsciência descobre; um corpo em boa forma pode ser trágico, mas nele não há traços de cômico. O que salva a carne de ser ridícula é a presença da morte que reside num corpo vigoroso e saudável; é isso que sustenta a dignidade da carne. Como seria cômica a elegância e garbo do toureiro se seu ofício não estivesse intimamente associado com a morte![7]

Terceiro, a morte pode ser espreitada ao cabo de uma ação frenética, para além do sofrimento.

A dor ocasional nos músculos, a partir de um golpe que errou o alvo, dava origem imediatamente a uma consciência ainda mais obstinada que suprimia a dor, e uma mudança de respiração produzia um furor que aniquilava qualquer sofrimento. Assim pude vislumbrar um outro sol bem diverso daquele que por tanto tempo tinha me cumulado de bênçãos, um sol repleto de obscuras chamas de emoções violentas, um sol de morte que jamais chegaria a queimar a pele, mas que tinha um fulgor ainda mais estranho[8].

Agora com seus músculos dignos de uma escultura grega, se o seu corpo fora recuperável, Mishima começou a cogitar se o tempo também não seria restaurável e a bela morte que fugira dele se tornaria possível. Aos dezoito anos, o seu impulso romântico para a morte precoce não pôde ser concretizado, porque ele não possuía as qualificações físicas para isso. A rejeição para o alistamento militar na guerra o desapontara.

Me faltavam, em suma, músculos apropriados para uma morte dramática. E me ofendeu muito meu orgulho romântico, que foi este despreparo físico que me permitiu sobreviver à guerra[9].

Mas a nostalgia da bela morte, como um tema numa abertura de ópera, depois se desenvolveria por toda a sua vida e obra.

Porém, o escritor chega à conclusão de que afinal o tempo era irrevogável, pois embora tivesse feito um longo treinamento e obtido as mais altas qualificações físicas, agora ele já passara dos quarenta anos. O que deixara escapar não fora a morte, mas a "tragédia como um membro do grupo". De constituição física frágil desde a infância, sentindo-se inapto para se adequar ao grupo, Mishima começou a polir as palavras para se justificar e sobressair.

6. Yukio Mishima, op. cit., p. 29.
7. Idem, p. 41.
8. Idem, p. 45.
9. Idem, p;. 28.

418 YUKIO MISHIMA: O HOMEM DE TEATRO E DE CINEMA

A idéia de grupo já aparece em *Confissões de uma Máscara*, na cena da procissão com os jovens carregando o andor. Mais tarde, já com o treinamento físico que o possibilitou carregar o andor, ao contemplar o céu azul, Mishima vê a essência do *trágico*. Pela primeira vez na vida tem a experiência da "tragédia do grupo", a resolução do conflito corpo e mente, mundo literário e mundo da ação.

Porque, uma vez que certas condições físicas sejam iguais e certo peso físico seja compartilhado, enquanto um igual sofrimento físico seja saboreado e uma intoxicação idêntica tome conta de todos, aí diferenças individuais de sensibilidade são restringidas por inúmeros fatores a um mínimo absoluto. Se além disso, o elemento introspectivo for removido quase completamente – então, não há problema em afirmar que o que presenciei não era uma ilusão individual, mas um fragmento da visão de um grupo bem definido[10].

Após a aquisição de um corpo poderoso, com músculos que o tornavam igual aos outros, era inevitável a redescoberta da idéia de grupo ou a sua identificação com o grupo. Desde a infância, Mishima tinha a intuição de que o grupo representava o princípio da carne. "Até hoje, nunca senti a mínima necessidade de alterar essa visão". Mas só a partir de sua breve experiência de treinamento militar nas Forças de Auto Defesa do Japão, por cerca de um mês e meio em 1967, que ele confessa ter-lhe proporcionado "brilhantes fragmentos de felicidade", é que começou a perceber o real significado de se pertencer a um grupo. E conclui que a linguagem do grupo sempre se resolve numa expressão física, pois nega as palavras, deve estar aberto para a morte e no seu caso, representava uma ponte sem retorno.

O grupo tinha tudo a ver com todas aquelas coisas que nunca poderiam emergir das palavras – o suor, as lágrimas, os gritos de alegria ou de dor. Ou indo mais fundo, tinha tudo a ver com o sangue que as palavras nunca teriam forças para derramar. Os escritos de sangue e lágrimas, afastando-se da expressão individual, tocam os corações das pessoas porque, mesmo em sua expressão estereotipada, seriam as palavras do corpo[11].

Após o processo de "identificação com o grupo", a idéia de "sofrimento" é elevada ao conceito de "sofrimento compartilhado", que em certo sentido, não deixa de ser uma concepção extremamente católica.

Sofrimento compartilhado, mais que qualquer outra coisa, é o oponente máximo da expressão através de palavras. Nem a mais aguda "Weltschmerz" (dor do mundo) no coração do escritor solitário, abrindo-se para o firmamento estrelado como uma grande lona de circo pode criar uma comunidade de sofrimento compartilhado. Expressão verbal pode comunicar prazer ou melancolia, nunca uma dor; prazer pode ser acionado por idéias; só corpos sujeitos à mesma circunstância, podem compartilhar um sofrimento comum.

10. Idem, p. 14.
11. Idem, p. 84.

ESTÉTICA DO CORPO 419

Só através do grupo, entendi, compartilhando os sofrimentos do grupo, poderia o corpo atingir aquela altura de existência que ninguém sozinho podia nem sequer sonhar. Para o corpo atingir aquele nível no qual a força máxima se manifestasse, nada mais nada menos que a dissolução da individualidade era indispensável. A qualidade trágica do grupo também era necessária – a qualidade que, constantemente, tirava o grupo do abandono e do torpor em que tendia a se precipitar, conduzindo-o a um sofrimento sempre crescente e, assim, à morte, limite do sofrimento. O grupo deve estar aberto para a morte – o que quer dizer, é claro, que a comunidade tem que ser uma comunicade de guerreiros.[12]

O ESTILO É FÍSICO

Para Mishima, assim como a linguagem do corpo, os conceitos de grupo e herói são físicos, o estilo também é físico. Ele compartilhava o parecer do escritor Juinichirô Tanizaki, de que o estilo está enraizado na constituição física da pessoa. Mas enquanto para Tanizaki, o estilo básico de uma pessoa por ser físico não pode ser mudado, Mishima, ao contrário, sustentava que justamente por ser físico poderia, ou melhor, deveria ser modificado. Em suma, o estilo deve ser dinâmico e não estático. Em *Meu Esforço para a Auto-reforma* de 1956, Mishima argumenta que o autor deve perseguir sempre um estilo ideal.

Toda a minha vida eu acreditei que o estilo de um escritor representa o seu "Sollen" (dever ser) e não o seu "Sein" (ser). Se o estilo de uma obra literária mostra só o "Sein" do autor, ele é meramente um reflexo de sua sensibilidade e do seu físico e como tal não se qualifica a ser denominado estilo [...] O estilo pode estar significativamente relacionado ao tema de uma obra literária, apenas quando é a expressão do "Sollen" do autor e representa o seu esforço intelectual para atingir o inatingível. Pois o tema de uma obra literária é sempre algo ainda não alcançado. Com este ponto de vista, nunca pretendi que o meu estilo fosse expressão do que eu sou; antes, eu criei o meu estilo a partir da minha vontade e aspiração, do meu esforço para a auto-reforma.

Em *Sol e Aço* o autor declara que a linguagem deve emular o corpo. Agora que adquirira um corpo, ele se impôs a tarefa de fazer as palavras serem um reflexo desse corpo.

Até agora eu tinha transformado meu estilo em algo à altura dos meus músculos: tinha se tornado flexível e solto; todo adorno adiposo tinha sido podado; mas a ornamentação muscular tinha sido mantida com assiduidade. Eu detestava um estilo que fosse apenas funcional tanto quanto um outro que fosse apensas sensorial. Meu estilo ideal deveria ter a solene formosura de madeira polida da entrada de uma casa de samurai num dia de inverno.

E acaba adotando um estilo formal, embora não estivesse na moda.

No meu estilo, nem preciso dizer, cada vez mais dei costas às preferências da época que me foi dado viver. Caudaloso de antíteses, envergando pesada solenidade

12. Idem, pp.85-86.

420 YUKIO MISHIMA: O HOMEM DE TEATRO E DE CINEMA

ancestral, nobreza era o que não lhe faltava [...] O meu estilo sempre avançava com o peito para a frente como os militares.

Observa-se aqui um fetichismo pela superfície e pelo estilo varonil, uma vez que "madeira polida da entrada de uma casa de samurai" e "militares" são metáforas relacionadas à superfície e à masculinidade.

Em *Meu Esforço para a Auto-reforma*, Mishima relata com sua habitual franqueza, que ao ler um bom romance logo lhe dá vontade de imitá-lo. No início de sua carreira, suas obras haviam sido escritas como imitações estilísticas dos autores que ele admirava. Tais como: Paul Morand, Tatsuo Hori, os neo-sensualistas (Yokomitsu Riichi e Yasunari Kawabata), os clássicos do Período Heian (794-1192), Radiguet, Stendhal, Ôgai Mori e Thomas Mann. Nesta trajetória fica evidente a mudança gradativa de um estilo dionisíaco, mais feminino, para um estilo apolíneo, mais masculino.

A dialética corpo e mente também está no cerne do estilo de Mishima. Ele tornou-se atleta para ser capaz de se expressar num estilo mais masculino e a partir de 1956, procurou deixar de imitar os estilos masculinos dos outros escritores, notadamente de Stendhal. À medida que cultivava o seu físico, as palavras acompanhavam essa evolução. Em *Sol e Aço*, o autor diz: "O corpo não verbal, pleno de beleza material, em oposição às belas palavras que imitavam a beleza física, igualando-as como duas coisas oriundas da mesma fonte conceptual". Começa então a sua busca por uma idéia platônica, que tornaria possível igualar carne e palavras. "Se estilo era similar a músculos e padrões de conduta, então sua função obviamente era restringir a imaginação arbitrária". Contra as forças doentias da imaginação e secreções ácidas da sensibilidade, ele se defendia com o seu estilo, não importando o que estivesse em voga. O estilo era a sua fortaleza.

> Sabe-se que obras-primas, por ironia, às vezes nascem no meio desta derrota, da morte do espírito. [...] eram vitórias sem batalha, vitórias sem luta, típicas da arte. O que eu buscava era a luta enquanto tal, fosse para que direção fosse. Não me agradava a derrota – muito menos a vitória – sem um combate. [...] Era necessário ser um robusto defensor dentro da arte e um bom lutador fora dela.

Uma vez que o seu corpo não mais tolerava a indolência, o escritor não se permitia sequer o descanso de um ou dois dias. Correspondentemente, as exigências que passou a fazer às palavras tornaram-se ainda mais rigorosas e implacáveis. Os contos *A Espada* e *Patriotismo*, o romance *Cavalos Selvagens* e o próprio ensaio *Sol e Aço* foram redigidos em estilo masculino, despojado, conciso e tenso. Certamente *Sol e Aço* é uma de suas obras escritas com o estilo mais notável.

Mishima acreditava que para adquirir uma estatura heróica, assim como Alexandre o Grande modelara sua vida sobre a de Aqui-

ESTÉTICA DO CORPO

les, o herói deveria recusar a originalidade e ser fiel a um modelo ancestral. As palavras de um heroísmo trágico, através da participação grupal, por fim ele as encontrou nas notas de suicídio dos pilotos *kamikaze*, antes deles partirem para a sua última missão na guerra. A função essencial das palavras é definida em *Sol e Aço*, como sendo

uma espécie de mágica na qual o longo vazio gasto na espera do "absoluto" é, progressivamente, consumido pelo ato de escrever, mais ou menos do jeito como um bordado vai tomando conta, cada vez mais, do puro branco do tecido.

O autor indaga qual seria a função das palavras, para o espírito que está consciente de sua morte iminente. A leitura da coleção de cartas dos *kamikaze*, preservada na antiga base naval de Etajima, resolveu-lhe essa questão crucial que o atormentava.

Em tempos assim, os homens usam as palavras para dizer a verdade ou tentam transformá-las em epitáfio. [...] A verdade nua inevitavelmente faz com que as palavras vacilem. [...] Mas embora lugares-comuns, eram palavras especiais, colocadas numa altura mais elevada do que qualquer ação poderia jamais atingir. Um dia, havia palavras assim, hoje, para nós, perdidas.

Não eram apenas belas frases, mas um desafio constante para o comportamento sobre-humano, palavras que exigiam que o sujeito fundamentasse sua vida na tentativa de escalar seus mais excelsos píncaros. [...] Elas estavam cheias de uma glória que não era deste mundo; sua própria impessoalidade e monumentalidade exigiam a estrita eliminação da individualidade. [...] Mais que quaisquer outras palavras, elas constituem uma esplêndida linguagem da carne.

Ao comparar os testamentos dos pilotos *kamikaze* com os escritos de sua juventude, apesar dele empregar as palavras de um modo completamente diferente, Mishima constata que a consciência do fim estava presente em igual medida nos *kamikaze* e nele. Embora os pilotos que haviam morrido tivessem uma identidade trágica.

DILEMA AUTOCONSCIÊNCIA E EXISTÊNCIA

A sua onisciência aos dezessete anos o levara a ter um profundo desprezo por uma vida que poderia acabar em palavras, relata o autor em *Sol e Aço*. Mas sobreviver em palavras significava escapar da realidade o mais possível e ele sentiu embriaguez nisso. Todavia, com o término da guerra, como o espírito cessara de estar consciente da morte, a embriaguez também interrompera. Portanto, o escritor se determinou a atingir uma existência além da proporcionada pelas palavras.

Não era de espantar que eu só chegaria a sentir a plenitude da existência num momento seleto e solitário da minha breve vida militar. [...] Este tipo de existência, que vinha da rejeição de uma existência baseada em palavras, tinha que ser respaldado por algo bem diferente. "Algo diferente": músculos.

YUKIO MISHIMA: O HOMEM DE TEATRO E DE CINEMA

No artigo "Os Vinte e Cinco Anos Dentro de Mim: O Compromisso que Não Realizei", publicado no *Sankei Shimbun* a 7 de julho de 1970, poucos meses antes do seu suicídio, Mishima radicaliza a sua convicção de que as palavras são fonte de infelicidade e o corpo, de felicidade.

> Nestes vinte e cinco anos, o conhecimento só me trouxe infelicidade. Toda a minha felicidade foi colhida em outra fonte.
>
> De fato, eu continuei a escrever romances, compus peças teatrais também. Entretanto, por mais que se acumule obras de arte, para o autor é o mesmo que amontoar excrementos. [...]
>
> Para colocar em prática, de algum modo, o meu desejo de tornar o corpo e o meu espírito em coisas iguais, pensei em destruir na base a credulidade moderna em relação à literatura.
>
> Os contrastes extremos e a combinação coercitiva da efemeridade do corpo com a tenacidade da literatura, ou então, da indistinção literária com a solidez corporal, é o meu sonho desde antanho. Provavelmente, isso não foi planejado por nenhum escritor europeu antes. Se isso for realizado por completo, se tornará possível a união do criador e da criação, falando ao estilo de Baudelaire, "a combinação do condenado à morte e o seu carrasco". A modernidade não teria começado quando se descobriu o orgulho na alienação criador e criação, que foi pervertida como a solidão do artista? O significado desse meu moderno também é apropriado para a Antiguidade. Ôtomo-no-Yakamochi, poeta do *Manyôshû* (a mais antiga *Antologia Poética do Japão*), e Eurípedes no teatro grego já representam esse tipo de "moderno".

Todavia, o sutil dilema autoconsciência e existência começou a infernizar a sua vida. Por fim, Mishima chega à conclusão de que a identificação ver e existir pode ser feita de dois modos. No primeiro, a autoconsciência deve esquecer as formas exteriores e tornar-se a mais centrípeta possível, para poder existir como o eu nos fragmentos do *Diário Íntimo* do escritor suíço Henri Frédéric Amiel (1821-1881). Nesse manuscrito autobiográfico parcialmente publicado, Amiel analisa sua inquietude e timidez diante da vida, manifestando sensibilidade extrema, quase mórbida e grande profundeza de pensamento. Este tipo de existência, o modelo do homem de letras solitário, seria como uma maçã transparente, com o caroço (o seu eu) completamente visível de fora e respaldada unicamente em palavras.

Já para a autoconsciência derivada exclusivamente da forma das coisas, a antinomia ver e existir seria decisiva. Numa suculenta maçã vermelha, comum, o interior não pode ser visto de fora como na fruta de Amiel. O caroço busca ansiosamente provar que é uma maçã perfeita. Só há um modo de resolver a contradição ver e existir ao mesmo tempo, assevera Mishima em *Sol e Aço*.

> É cortar a maçã ao meio e expor o seu caroço. O caroço da maçã sacrifica a existência com a finalidade de ver. [...] Sangue corre, a existência é destruída, e os sentidos estilhaçados e dispersos dão à existência sua primeira garantia, fechando o hiato lógico entre ver e existir ... Assim é a morte.

ESTÉTICA DO CORPO

A partir do momento que optara por uma existência respaldada em músculos, Mishima já estava experimentando o destino que coube à maçã, metáfora do seu corpo. Em outras palavras,

> a autoconsciência que eu confiava aos músculos não poderia ser satisfeita com as trevas da carne pálida pressionando em volta como um atestado da sua existência; mas, como o cego caroço da maçã, era arrebatada por uma ânsia tão desesperada de provar sua existência que, cedo ou tarde, estava condenada à sua própria destruição.

E assim foi o *seppuku* do escritor, com a exposição de suas entranhas, para provar a sua lealdade ao imperador enquanto idéia cultural.

MORTE, O PRINCÍPIO MAIOR

"O declínio é a única coisa que existe além da mais exaltada glória humana"[13], comenta Mishima sobre a escultura em bronze do jovem auriga de Delfos. A limitação do escultor estaria em ter captado e imortalizado só o momento culminante da vida, de sensação suprema, o instante da vitória. Quando na realidade, "o que sentimos nas mais perfeitas esculturas [...] é o rápido chegar do espectro da morte bem ao lado do vencedor".

Provavelmente o primeiro conhecimento, que Mishima adquiriu do seu treinamento físico, foi que "a solenidade e dignidade do corpo derivam apenas do elemento de morte que se oculta nele"[14].

Em seguida, o autor esclarece como chegara à necessidade de ressuscitar o princípio do *bunbu ryôdô*, a filosofia dos samurais nos séculos XVII e XVIII. Mas esse pensamento, que alia o *conhecimento* (*bun*) à *ação* (*bu*) e cuja união de *ambas as artes* (*ryôdô*) só se dá no instante da morte, será abordado na terceira parte do livro, Rio da Ação.

No "Epílogo: F104", o escritor retorna à dualidade básica corpo e espírito.

> Sou um que sempre só esteve interessado nos extremos do corpo e do espírito, os confins mais remotos do corpo e os confins mais remotos do espírito. Profundidades nunca despertaram meu interesse; deixo-os para os outros, o reino raso dos lugares-comuns. [...] Mas corpo e espírito nunca deram boa combinação. Eles nunca foram parecidos. [...] Em algum lugar deve haver um princípio maior onde os dois se encontrem e façam as pazes. Esse princípio maior, eu pensei, era a morte[15].

Numa tarde de inverno, a 5 de dezembro de 1967, ao embarcar no caça supersônico F104, Mishima transporta o seu corpo a 4500 pés da terra, uma altitude rarefeita, familiar até então somente ao

13. Idem, p. 41.
14. Idem, p. 42.
15. Idem, pp. 89-90.

seu espírito e intelecto. Foi então, num momento de quase êxtase sexual, que ele viu a "gigantesca serpente de nuvens brancas cercando o globo terrestre e mordendo sua própria cauda". Lá no alto, envolto pela morte, posto que "as regiões mais altas, onde não há ar, estão repletas de morte pura", a sua consciência contemplou a união de corpo e espírito, o gigantesco anel-serpente que supera as polaridades.

> O mundo interior e o mundo exterior tinham se invadido mutuamente e se tornado completamente intercambiáveis. [...] A carne deveria brilhar com a previsão saturante do espírito; o espírito, fulgurar com a previsão transbordante do corpo.

O êxtase da morte com a consumação do êxtase erótico.

Em *Máscara e Corpo* (revista *Yuriika*, 1976), Takashi Ueno afirma que "Mishima foi o único literato que apostou a sua vida no experimento de readquirir o corpo perdido". Mas um corpo deliberadamente fadado à destruição. Em oposição à estética da imortalidade dos gregos, Mishima acaba criando uma estética da morte.

Mishima Ator

2. Mishima Ator de Teatro, Musical e Cinema

Wilde descobriu o modelo das emoções artísticas no ator. A música não é uma fraude. No entanto, o ator é o máximo do engodo, o ápice do artificialismo. É o domínio em que as falas, as palavras humanas, descobrem o seu amigo de confiança suprema.

Uma Discussão sobre Oscar Wilde,
de Yukio Mishima

MISHIMA ATOR DE TEATRO E MUSICAIS

Em *Confissões de uma Máscara*, quando tinha cerca de quatro anos, o protagonista relata que ficara decepcionado ao descobrir que o valente cavaleiro com armadura prateada, montado em cavalo branco, era na realidade uma mulher chamada Joana D'Arc.

Senti como se um soco me tivesse prostrado por terra. A pessoa que eu pensara fosse "ele" era "ela". [...] Até hoje, sinto uma repugnância profundamente enraizada e difícil de explicar por mulheres em trajes masculinos.

Desde criança o autor manifestara algumas inversões sexuais, ao usar roupas de sua mãe ou fantasiar-se como as mulheres que o haviam fascinado. A mágica de formosura voluptuosa, Tenkatsu Shôkyokusai (1886-1944), cujo vestuário lhe evocara a "grande meretriz do Apocalipse", ou Cleópatra vista num filme e travestido como elas, apresentava-se para sua avó, mãe, irmãos e empregados ou visitas ocasionais. Todas elas mulheres de personalidade forte, o que manifestaria o seu desejo de transformar-se na sua dominadora avó Natsu.

"Foi só mais tarde, que descobri expectativas como as minhas em Heliogabalo, imperador de Roma no período de declínio, destruidor dos antigos deuses romanos, decadente, monarca bestial", prossegue o seu alter-ego no romance. O escritor não se cansava de elogiar os *onnagata* como Utaemon Nakamura VI e Akihiro Maruyama. Mas detestava o oposto, o travestimento de mulheres em homens, que ocorre até hoje na popular opereta Takarazuka, com elenco exclusivamente feminino.

Mishima era um homem com uma grande vontade de transmutações. Às vezes, era assaltado por um desejo infantil de tornar-se uma outra pessoa, por exemplo, um explorador, um tripulante de navio ou um guarda de fronteira. Esta ambição pertence antes à esfera do ator do que à do escritor. Mas após todo o treinamento físico, quando por fim adquiriu um corpo belo e musculoso como o dos gregos, já não mais se satisfez só com as atividades literárias. Isso o propulsionou a tornar-se ator de teatro, musicais e filmes, bem como modelo fotográfico.

Contudo, em novembro de 1951, antes da primeira viagem ao exterior, o escritor já estreara como ator diletante na peça *O Retorno do Pai*, no papel do irmão mais novo. Já o peculiar teatro dos homens de letras (*bunshi-gueki*), criado em 1934 por sugestão do dramaturgo Kan Kikuchi e promovido anualmente pela revista *Bunguei Shunshu*, havia sido interrompido durante a guerra e retomado em 1952. Mishima participa pela primeira vez nesse teatro, como o balconista Yûhei no kabuki *O Ladrão Benten Disfarçado de Moça*, no Teatro Imperial de Tóquio a 20 de novembro de 1952. Ao despir a manga do quimono, a beldade revela a sua verdadeira identidade, o ladrão Benten Kozô Kikunosuke. Mas como visto em *Kabuki e Cinema*, os três balconistas não devem se espantar de imediato. Só após o primeiro balconista dizer "Ah, então era um impostor?", é que o segundo e o terceiro empregados devem se surpreender. Mishima sabia disso. Porém, o primeiro balconista retrucou "Que transtorno!" e o segundo repetiu logo em seguida, "Que transtorno!" Se só ele ficasse indiferente, pareceria um mau ator, portanto, fez um ar de meditação e disse "Ah, é?"

A partir de então até 1959, atuou várias vezes no teatro de literatos. A 3 de dezembro de 1953, representa Jurozaemon Isogai na cena de arrombamento no kabuki *A Vingança dos Quarenta e Sete Vassalos Leais* (*Chûshingura*). Quanto ao kabuki *No Recinto de Execução em Suzugamori*, Mishima comenta que se um ator se engana quanto à sua posição no palco, causa transtornos a todos. Ele desempenhava o personagem Kumosuke e saía com o escritor Hideo Kobayashi no *hanamichi* (passarela de kabuki). Com ar compenetrado, Kobayashi lhe pedira "Mishima, fique à direita, que eu me dirigirei à esquerda". Ao chegar no palco principal, ele foi à direita conforme o combinado,

MISHIMA ATOR DE TEATRO, MUSICAL E DE CINEMA   429

porém, Kobayashi também se dirigiu à direita e por mais que lhe sussurrasse para ir ao outro lado, Kobayashi não se movia.

Já a 29 de novembro de 1954 no Kabuki-za de Tóquio, ele interpreta Heihei, um dos quatro partidários de Gorozô, no kabuki *A Estória de Gorozô, o Nobre Cidadão*. Mas as suas pernas tremiam tanto, que todos começaram a rir. E a 1 de novembro de 1955 no Teatro Takarazuka de Tóquio, em *O Louco no Telhado* dirigido por Tsuneari Fukuda, atua no papel do irmão mais novo, com o escritor Hideo Kobayashi como o louco e o autor de estórias em quadrinhos Tatsumi Fukuda. A 29 e 30 de novembro de 1958, Mishima ficou muito entusiasmado em representar o vilão barbudo Ikkyu no kabuki *Sukeroku*. Porém, ao sentar-se no banco, as suas pernas tremiam tanto, que os sons dos seus *gueta* ("tamancos de madeira") repercutiam até bem longe. Compartilhavam o palco o romancista Shintarô Ishihara, como o popular herói Sukeroku, e as escritoras Ayako Sôno e Sawako Ariyoshi, respectivamente as cortesãs Aguemaki e Shiratama.

A sua última participação no teatro dos homens de letras foi a 28 e 29 de novembro de 1959, no Teatro Tôhô de Tóquio, protagonizando o notório ladrão Benten Kozô no kabuki *O Ladrão Benten Disfarçado de Moça*. Em muitas dessas encenações, Mishima atuara com Mantarô Kubota, que posteriormente dirigiria muitas delas. Além do *onnagata* Utaemon Nakamura, o encontro com Kubota seria uma das razões que o teriam motivado a compor as suas peças kabuki. Esse teatro interpretado por literatos se extinguiu em 1978.

Entrementes, Mishima atuava em seus próprios dramas e musicais, sempre em papéis secundários. Inicialmente só nas estréias e depois que tomou gosto pela coisa, sempre que estivesse livre. Em *Palacete das Festas* (1956), participou em dois papéis: um carpinteiro que enfeita o salão de baile e permanece mudo, depois mudava rapidamente para um garção que faz a saudação final. Muito compenetrado, o dramaturgo ensaiou com afinco todos os dias e ausentou-se um único dia durante a temporada teatral. No "Posfácio ao *Palacete das Festas*", se justifica:

> Por diversão, o autor também interpretou o papel de um carpinteiro no terceiro ato, sem proferir fala alguma. Mas Goethe também interpretou Orestes, portanto, espero que façam vista grossa a uma diversão deste teor[1].

No mês seguinte Mishima publica o espirituoso *Tratado Teatral Escrito no Camarim* (janeiro de 1957), em que narra as suas impressões sobre a psicologia do ator em papéis secundários. Fruto este das reflexões de uma posição privilegiada, enquanto teórico e sua recente experiência como ator.

1. Yukio Mishima, "Atogaki *Rokumeikan*" (Posfácio a *Palacete das Festas*), *Sôguensha*, março de 1957.

430   YUKIO MISHIMA: O HOMEM DE TEATRO E DE CINEMA

Desde há muito tempo, o dramaturgo nutria o desejo de interpretar um papel em sua própria peça. Portanto, não se importando com a zombaria em cena e fora dela, subia ao tablado quase todos os dias. E assim, acabou descobrindo uma visão peculiar do palco. Enquanto o protagonista e os demais intérpretes de papéis importantes ficam esgotados por serem os favoritos, às vezes, os atores em papéis secundários ficam o tempo todo de costas para o público, sem proferir fala alguma e fazendo alguma tarefa adequada nos seus três ou quatro minutos de aparição. Portanto, aos olhos do figurante, o palco se assemelha a uma festa noturna a que não fora convidado e pode ser visto com uma espécie de prazer maldoso. Se compararmos a peça teatral a uma pintura paisagística, o protagonista está em primeiro plano e o intérprete de papel secundário, distante, em perspectiva. [...] Em suma, o ator em papel secundário está num ponto de contato com a vida (é claro que com a vida do personagem que ele representa), ele está no último ponto, onde a pintura paisagística sugere o mundo e o drama; a vida. Assim, ele tem o direito de contemplar o drama, a partir da vida. Se considerarmos a função do espectador numa peça dentro da peça, essa situação se torna cada vez mais clara.[...]

O tablado reflete aos olhos dos espectadores como uma sala de estar e eles não têm consciência do tempo, senão quando ficam entediados. Todavia, para os atores, o palco é um tempo que escorre suavemente, como um cardume de *medaka* (peixinhos de olhos saltados) num riacho. Eles revolvem, aproximam-se, mudam simultaneamente de direção e correm infatigavelmente diante dos olhos dos atores em papéis secundários. No entanto, nós, intérpretes de papéis secundários, permanecemos resolutos. Não precisamos molhar os nossos pés nesse riacho e experienciarmos o frio[2].

A 23 de março de 1957, no último dia de apresentação do *Britânico* de Racine, Mishima aparece como um soldado romano que permanece mudo. Em *Vida e Morte de Yukio Mishima*, Henry Scott-Stokes relata que ao ver uma fotografia da cena, os outros guardas parecem figurantes ataviados de soldados, com as expressões faciais vazias. Somente Mishima apresenta um semblante duro, adequado ao papel. Mas segundo o diretor Seiichi Yashiro, na realidade, já no palco, o escritor estava tão nervoso que, quando as cortinas se abriram, ficou rígido e os seus braços e pernas não paravam de tremer. Quando do Shintarô Ishihara foi visitá-lo no camarim e lhe disse que ainda tremia, ele retrucou constrangido, "Que nada, seu bobo, não vê que aquilo é o tremor de um guerreiro?" Já em *Lagarto Negro*, encenada em março de 1961, o escritor surge como um *boy* de hotel.

Em 1965, por ocasião da reabilitação da Ópera Fujiwara, Mishima decidiu montar a ópera *Édipo*. Argumentando que "O próprio Cocteau também atuou em sua obra *Édipo Rei*, não é mesmo?", começou a dizer que iria representar. Mas um pouco antes do início dos ensaios, ficou com medo e acabou desistindo. O ator de nô Hideo Kanze foi convocado às pressas para substituí-lo. Como o Teatro Nissei de Tóquio havia lhe solicitado o roteiro do musical *Arabian Nights*, aí encenado em dezembro do ano seguinte, o autor escreveu um papel para si mesmo e pediu com insistência ao diretor Takeo Matsuura, que o deixasse participar. Quando ele apareceu como um escravo com

2. Idem, "Gakuya de kakareta enguekiron" (Tratado Teatral Escrito no Camarim), *Gueijutsu Shinchô*, janeiro de 1957.

MISHIMA ATOR DE TEATRO, MUSICAL E DE CINEMA   431

o torso nu e cantou, o diretor confessa que levou um susto enorme. Durante os preparativos no camarim, o escritor ficava nervoso, suava muito, todo o seu corpo tremia levemente e já no palco, os pelos do seu peito se eriçavam. Porém, como demonstrava uma simpatia genuína, o público acorria em massa para vê-lo. Exceto quando tinha que escrever ou algum compromisso importante, ele atuava.

Em *Yukio Mishima nos Ensaios*, Hiroshi Akutagawa conta que quando o dramaturgo aparecia nos ensaios com sua camisa hawaiana ou jaqueta de couro, carregando as luvas para o treino de boxe, imediatamente formava-se uma atmosfera alegre e descontraída. Entabulavam uma conversa animada e os atores eram envolvidos pelo redemoinho de suas perguntas rápidas, piadas e expressões típicas de um rapaz maroto.

Talvez, ele tivesse a curiosidade de espiar as suas peças teatrais de dentro e é certo que lhe aprazia vestir-se, representar e depois tagarelar com os seus jovens colegas. [...] Quando entrava em cena, ficava tão nervoso que, mesmo no curto tempo de interpretação, cometia um erro sem falta. Se todos viravam para a direita, só ele virava para a esquerda; quando era para cumprimentar uma só vez, acabava cumprimentando duas. Por isso era muito divertido quando todos se recolhiam depois ao camarim. Nos seus últimos anos de vida, ele se desiludiu com os atores. Porém, no início, gostava de conversar à vontade com os jovens atores.

O diretor Takeo Matsuura acrescenta que havia no escritor um desejo genuíno enquanto ator, de proferir realmente palavras, enfim, de interpretar um bom papel e talvez, este tivesse sido o seu sonho irrealizado no teatro.

MISHIMA ATOR DE CINEMA

Provavelmente Mishima fora o escritor japonês que compreendera com maior clareza a distinção entre literatura, teatro e cinema. Os seus admiráveis ensaios e críticas sobre cada gênero atestam isso. Ele tinha olhos perspicazes, que o faziam apreciar o cinema como cinema, nunca como literatura. Em seus ensaios sobre o ator Kôji Tsuruta, um tratado perfeito sobre o ator de cinema, e em críticas como "Jean Cocteau e o Cinema" (1953), "Ao Assistir *Orfeu Negro*" (1960), "O Filme *Testamento de Orfeu*, Drama-Testamento de Jean Cocteau" (1962), "Ao Ver o Festival Mundial de Cinema de Vanguarda: a Obra-Prima *Sangue do Poeta* de Cocteau" (1966), "Acerca dos *Deuses Malditos* de Luchino Visconti: da Perversão Sexual à Degeneração Política" (1970) e tantos outros. Estes artigos chegavam a provocar inveja nos próprios diretores de cinema.

Quando se pensa na relação Mishima e cinema, não dá para se ignorar o praticante de boxe, kendô e karate, com o corpo sarado, sempre a exibir os pelos abundantes no peito e com um olhar desafiador.

432 YUKIO MISHIMA: O HOMEM DE TEATRO E DE CINEMA

Ele foi o primeiro japonês a destruir, por assim dizer, o ídolo "homem de letras". Por considerar importante o trabalho de quebrar a imagem que apresentava como escritor, agitava a mídia ao ir contra a corrente do intelectual padrão. Donald Keene assinala que

os intelectuais nos romances de Mishima são sempre retratados como pessoas triviais, feias e sem graça. Ele se sentia atraído exatamente pelo seu oposto, daí a aparição freqüente de jovens fortes e bronzeados nas suas obras. Por conseguinte, quando atuava em teatro, musicais e cinema, nunca queria aparecer como escritor, só se satisfazia em papéis de "yakuza" (mafioso) ou de "shishi" (patriota) no fim do xogunato Tokugawa (1603-1867)[3].

Mishima interpretou papéis secundários nas adaptações cinematográficas de suas obras, *Uma Noite Imaculada* (1951), *Curso de Educação Imoral* (1959) e *Lagarto Negro* (1968); foi protagonista em seu próprio filme *Patriotismo* (1965) e nas películas da Companhia Daiei, *Um Cara Valentão* (1960) e *Os Matadores* (1969).

Estréia Como Ator de Cinema em Uma Noite Imaculada

A primeira adaptação cinematográfica de um romance de Mishima, *Uma Noite Imaculada* pela Companhia Shôchiku, foi dirigida por Hideo Ôba. Dois anos mais tarde, este se tornaria famoso com o filme melodramático *Qual é o Seu Nome?* Ao contrário da maioria das obras do autor, que até então pareciam quadros de natureza morta, esta provavelmente fora escolhida por apresentar uma estrutura dramática nos personagens e um desenvolvimento maior do enredo, ao usar a estratégia frontal de astúcia e humor. O escritor debuta nessa película como figurante, na cena da festa dançante. Na pré-estréia o seu rosto aparecia nitidamente na tela, porém, na exibição ao público em geral já não dava para distinguí-lo muito bem. Com roteiro de Takao Yanaguii, música de Toshirô Mayuzumi e elenco formado por Kiyosaburô Kawatsu, Michiyo Kigure, Masayuki Mori e Kinzô Shin, *Uma Noite Imaculada* estreou a 31 de agosto de 1951. Assim, a primeira adaptação cinematográfica teve um bom começo, com elenco e compositor musical competentes.

Mestre de Cerimônias em Curso de Educação Imoral

Inicialmente, os ensaios do *Curso de Educação Imoral* de Mishima foram serializados na revista *Shûkan Myôjô* (revista semanal *Vênus*), de 27 de julho de 1958 a 29 de novembro de 1959. Posteriormente, reunidos e publicados como um brilhante livro satírico,

---

3. Donald Keene e Takashi Tsujii, colóquio "Dentô kara jitsuzôe" (Da Tradição á Imagem Real), *Shinchô*, 1990, p. 101.

MISHIMA ATOR DE TEATRO, MUSICAL E DE CINEMA 433

logo se tornou best seller. Ainda em 1958, quando o diretor Katsumi Nishikawa convidou-o a participar do elenco em sua versão cinematográfica, o autor mostrou um grande interesse. Apesar da oposição de sua família, por volta das cinco horas da tarde do dia 17 de dezembro de 1958, um carro o conduziu ao estúdio da Companhia Cinematográfica Nikkatsu.

Mas como Mishima não era um ator profissional, o diretor acrescentou um prólogo e epílogo, para que ele pudesse desempenhar o papel do autor, uma espécie de mestre de cerimônias. O escritor decorou o seu texto curto e ensaiou o jogo de lançar para o alto e receptar uma chave. Porém, ao aproximar-se da câmera, como vacilasse na fala, foi obrigado a repetir inúmeras vezes, o que acabou irritando-o. Depois, ainda teve que esperar um longo tempo e só voltou para casa às 2:00 horas da madrugada. Mas já durante a filmagem, começou a dizer que como já era um ator, gostaria de distribuir brindes de toalhas, segundo uma tradição nipônica. Com elenco composto por Shirô Osaka, Yumeji Tsukioka e Yukio Mishima, música de Toshirô Mayuzumi, a estréia de *Curso de Educação Imoral* deu-se a 9 de janeiro de 1959.

Escada Abaixo em Um Cara Valentão

A 29 de junho de 1959, após quinze meses de trabalho, o escritor completa o romance *A Casa de Kyôko*, publicado em setembro do mesmo ano. Logo houve um projeto de adaptação cinematográfica. Na reunião com o presidente da Companhia Cinematográfica Daiei, Masaichi Nagata, sobre a escolha do diretor, qual não foi a sua surpresa quando ele indagou-lhe se não gostaria de atuar num outro filme. Como já era o romancista consagrado de *Confissões de uma Máscara, Templo do Pavilhão Dourado* e *A Casa de Kyôko*, o seu nome serviria como chamariz para atrair o público. Nagata sugeriu-lhe que aparecesse no papel do próprio Yukio Mishima. Ele argumentou que gostaria de representar um papel oposto ao de escritor e perguntou-lhe como o via. "Seria bom que você interpretasse um inimigo fracassado, um amante tipo *yakuza* (mafioso), não é mesmo?" Apesar de estar de terno e gravata, achou interessante a observação e decidiu aceitar a proposta. Assim, a 30 de novembro de 1959, assinou um contrato como ator exclusivo da Daiei. A sua mulher Yôko opôs-se à decisão, mas por fim, ele acabou por convencê-la e a sua participação no filme atraiu de imediato a mídia. Em janeiro de 1960, o Bungaku-za encenaria a sua tragédia *Árvore Tropical*, em fevereiro e março ele deveria protagonizar um filme pela primeira vez e ainda em março, dirigiria a *Salomé* de Wilde.

Desde o momento em que lera o roteiro de *Um Cara Valentão* (*Karakkaze yarô*), co-autoria do veterano Ryûzo Kikushima e o no-

434 YUKIO MISHIMA: O HOMEM DE TEATRO E DE CINEMA

vato Hideo Ando, Mishima confessou que se apaixonara pelo papel. Porque na descrição minuciosa do caráter dos *yakuza*, havia solidez e realidade, diferentes dos meros filmes de ação. Na sua opinião, os *yakuza* teriam uma existência mais livre. "Visto que o modo de vida dos yakuza está além das leis e moral da sociedade, pode-se dizer que comparados aos homens rígidos, eles têm muito mais possibilidades na vida"[4]. Contracenando com a atriz Ayako Wakao como sua namorada, o escritor protagoniza Takeo Asahina, jovem chefe de uma gangue de *yakuza* em decadência. Um filme sobre a juventude transviada no Japão moderno, que descreve as lutas entre as gangues de Tóquio, no seu universo de amor, corrupção e violência. A jovem bilheteira de cinema fica grávida de Asahina e, apesar dele admoestá-la a abortar, agarra-se ainda mais ao seu rude amado. Com blusão de couro sobre o torso nu, Mishima forjou o modo de vida depressivo de um *yakuza*. Na cena final, Asahina é alvejado pelo matador da gangue rival e a escada rolante da loja de departamentos sobe silenciosamente, transportando o seu cadáver.

Ao começar a trabalhar em *Um Cara Valentão*, o escritor declarou que era como se subitamente a sua rotina tivesse virado de ponta-cabeça. Como romancista estava acostumado a ser independente, trabalhava a partir das 22:00 horas e ia dormir às 6:00 ou 7:00 horas da manhã. Quando teve que freqüentar os estúdios de filmagem, foi obrigado a acordar todos os dias às 7:00 horas da manhã e às 22:00 horas já estava na cama.

As pessoas imaginam que a vida de um ator de cinema é bem irresponsável, tranqüila e agradável. Isso é um grande erro. A vida de um ator de cinema deve ser mais estóica do que a de um romancista. Talvez assemelhe-se mais à existência de um esportista[5].

Até então, Mishima não dera muita atenção à arte de interpretação do ator de cinema. Mas o ator do Bungaku-za, Nobuo Nakamura, deu-lhe um conselho valioso.

Não faça a câmera de boba. Se você se portar como no dia a dia, o seu papel voará para bem longe. Além disso, no cotidiano você tem o tempo em que está a escrever os seus romances, portanto, tudo bem. Porém, isso não funciona no cinema. Tome como base para a composição do seu rosto, o momento em que está sendo criticado por seu pai ou quando está a criar os seus romances.

Durante a filmagem Mishima sofreu um acidente grave. Cerca de meia-noite e meia do dia 1 de março, o diretor Yasuzô Masumura

4. Yukio Mishima, "*Karakkaze yarô* no jôfuron" (Discussão sobre a Amante em *Um Cara na Borrasca*), *Kôdan Kurabu*, abril de 1960.
5. Idem, "Eiga hatsushutsuen no shirushi" ("Registro da Primeira Atuação no Cinema"), *Yomiuri Shimbun*, 24 de fevereiro de 1960.

MISHIMA ATOR DE TEATRO, MUSICAL E DE CINEMA

pediu-lhe que interpretasse uma cena perigosa na escada rolante de uma loja de departamentos em Nishi-Guinza, Tóquio. Ele teria que simular uma queda de ponta-cabeça, escada abaixo. Mas pisou em falso e caiu de fato, batendo com força a cabeça. Resultado, teve que ficar internado no Hospital Toranomon por dez dias. Quando a sua amiga Atsuko Yuasa e o marido Roy James vieram visitá-lo no hospital, irado com o diretor que parece tê-lo judiado bastante, o escritor explodira como uma criança amuada: "Roy, dê uma surra nele![6]" Indagado pela mídia sobre o acidente, Masumura limitou-se a declarar: "Só porque é o Yukio Mishima não terá um tratamento especial. Ele será tratado como um simples ator".

Com elenco composto por Jun Negami (chefe da gangue rival), Yoshie Mizutani (sua amante e cantora de clube noturno), atualmente grande atriz de *shimpa* (tendência nova) e Keizô Kawasaki (irmão mais velho de sua namorada), *Um Cara Valentão*, com 96 minutos de duração, estreou a 23 de março de 1960. Na pré-estréia, Mishima relatou as suas impressões como ator de cinema.

> O cinema é uma arte misteriosa. No meu caso, nunca mostro os segredos do meu ridículo, patético e covardia na minha literatura. Mas no cinema, acabei expondo-os ao público. Esta película é, por assim dizer, o meu romance pessoal escrito através de um filme. Creio que doravante nunca mais exibirei a minha vulnerabilidade a tal ponto.

Ele achou brilhante o discurso de apresentação, "Cocteau no Ocidente e Mishima no Oriente, o mesmo modo de proceder no Ocidente e Oriente", porque além de venerar Cocteau, ambos eram escritores profundamente ligados ao cinema.

Mas apesar de representar com ardor o *yakuza* Asahina, devido à sua interpretação desajeitada, a crítica não o poupou. Mami Ogura, da revista *Kinema Jumpô*, registrou:

> Havia a expectativa de que o fascínio desprendido pela máscara, fixada em suas fotos, aumentaria ao se por em movimento. Todavia, inesperadamente, essa máscara em movimento não possuía uma atmosfera. Entre sua fala e sua ação havia a margem de erro de um ponto[7].

O crítico de cinema e embora amigo, Tôru Ogawa, torpedeou: "Atuação semelhante a de um macaco". O que acabaria por salientar o contraste entre a interpretação correta da atriz Ayako Wakao e a pobreza do desempenho de Yukio Mishima. O talentoso, mas severo diretor Yasuzô Masumura teria comentado sobre o escritor e agora ator: "O mais amador dentre os amadores".

6. Atsuko Yuasa, *Roy to Kyôko* (*Roy e Kyôko*).
7. Mami Ogura, "Crítica de *Karakkaze yarô*", *Kinema Jumpô* nº 257, 15 de abril de 1960.

436　　YUKIO MISHIMA: O HOMEM DE TEATRO E DE CINEMA

Assisti o filme, mas não achei o trabalho de Mishima particularmente tão ruim assim. Atualmente ao reverem a película, os críticos fazem um novo julgamento e dizem ser uma boa atuação, que de certo modo simbolizaria a própria vida do escritor.

No início da filmagem de *Um Cara Valentão*, Mishima declarou que se sentia um mero boneco ao obedecer as ordens do diretor. Porém, ao final da direção dinâmica de Masumura, concluiu que aprendera várias técnicas de movimentação do ator, que lhe seriam úteis em março, quando ele próprio iria dirigir *Salomé* de Wilde.

O ENIGMA DE *PATRIOTISMO*

Ao assistir a cena de *seppuku* em seu filme *Patriotismo*, um jovem lhe indagara: "Não sente vergonha em se ver fazendo aquilo?" O escritor e ator de cinema prontamente retrucara:

> É claro que detesto este sentimento, porém, não sinto um pingo de vergonha em mostrar o umbigo ou ficar de "fundoshi" (tanga). Eu tenho a sensação de vergonha no cérebro, mas da cabeça para baixo sou descarado[8].

Mishima sempre rebatia tais críticas, afirmando que atualmente a profissão de ator é considerada peculiar; mas para ele, representar em sua própria obra era um ato tão natural, como o fora outrora para Molière e Dickens.

Criticado por ter transformado a sua parceira em objeto, proibindo-a de expressar a sua imagem feminina e humana, ele replicou de imediato. Quando escolhera a atriz Yoshiko Tsuruoka, que lhe fora apresentada pelo produtor Hiroaki Fujii, não pensara em lhe indagar o seu currículo. Apenas pressentira que encontrara na sua aparência e atitude ingênuas, o que estivera a procurar há muito tempo. O que o fascinara era o seu talento, como um buraco aberto dentro dela, uma mistura do nada com uma inocência assustadora. Ele acreditava que se captasse em close-up esse rosto de todos os ângulos, só com isso conseguiria construir a imagem da personagem Reiko. E se divertira ao saber que quando o conhecera, a atriz confidenciara à sua mãe: "Hoje, conheci um cara que parecia um yakuza". Aliás, a pedido da atriz, Yoshiko Tsuruoka fora o nome artístico com que o escritor rebatizara a ex-jovem talento da Companhia Cinematográfica Daiei, Noriko Yamamoto, especialmente para a participação em sua película.

Por sua vez, Shizue Hiraoka, mãe de Mishima, dissera-lhe que as suas pernas curtas retratavam bem os militares nipônicos de antes da guerra. Isso o alegrara, pois sempre troçavam por ele ter o torso muito

8. Yukio Mishima, "Boku ga tsukutta *Yûkoku* eiga no uchimaku" (*Making of* do Filme *Patriotismo* que Eu Fiz), *Shûkan Bunshun*, 5 de maio de 1966.

MISHIMA ATOR DE TEATRO, MUSICAL E DE CINEMA 437

desenvolvido devido à malhação e as pernas extremamente inseguras. Mas como não era ator profissional, o escritor tomou precauções em todos os pontos perigosos, para não fazer um papelão. Por exemplo, não profere fala alguma durante todo o filme, porque se o fizesse, certamente ririam dele. Nas montagens teatrais de literatos em que participara, sempre se queixava que por mais que atuasse com seriedade não adiantava, os espectadores vinham para rir dele. De fato, mesmo quando assisti o filme *Lagarto Negro* no Yayoi-za de Kyoto, em março de 1994, no instante em que o escritor aparecia na tela, o público jovem tecia comentários em voz alta e não parava de rir.

Agora, quando vêm assistir *Patriotismo* e lêem "original, roteiro, produção, direção e atuação principal: Yukio Mishima", riem querendo dizer, "É um pretencioso!" Mas logo se aquietam. Quando chega a cena de seppuku, há pessoas que saem, outras que se dirigem para perto da porta e retornam aos seus assentos e acabam olhando compenetrados. É uma sensação boa.

Com o sucesso desta película, talvez surja uma moda entre os literatos de atuar em filmes. Porém, creio que não conseguirão interpretar um papel como aquele. Nenhum deles serve para cometer seppuku. Mesmo o Shintarô Ishihara já não o conseguiria. Aquilo é o meu orgulho![9]

"O Enigma de *Patriotismo*", composto por Mishima no lançamento do filme no Japão, pode ser considerado o seu tratado sobre o ator de cinema. "Por que o próprio autor interpreta o papel principal?" Muitas pessoas, as que viram e também as que não viram, acabaram interpretando o fato psicanaliticamente e atribuiram-no ao narcisismo ou sadismo do criador. Portanto, o próprio escritor decidiu elucidar o enigma.

Bem, eu sou fascinado pelo mistério do ator, especialmente do ator de cinema. Falando com honestidade, dentre as artes interpretativas é o ramo que tem a espontaneidade mais tênue. Num certo sentido, é a sombra da sombra, a visão da visão. Todavia, à medida que a espontaneidade e a vontade se tornam mais tênues, a existência aumenta em importância. O fato dele ser uma sombra e uma existência resoluta não se contradizem nem um pouco. Antes de mais nada, se ele não estiver pleno da sensação de existência como algo visível aos olhos e "assemelhar-se a isso", não conseguirá ter autonomia como a sombra da sombra e a visão da visão. A interpretação é uma questão ulterior e ao se pensar o quão fatal é a má distribuição de papéis no cinema, a verdade supera o imaginado.

Por um lado, eu sou romancista e dramaturgo. O romancista e o dramaturgo têm como pré-requisitos o espírito, a vontade, o intelecto e as demais espontaneidades. É claro que para isso é necessária uma segunda sensibilidade, mas no seu trabalho, antes de mais nada, é preciso uma espontaneidade volitiva, que surrupie a existência das coisas. No entanto, o homem é um ser estranho, à medida que a sua espontaneidade e vontade se tornam mais densas, a sua existência se torna mais diluída.

É claro que não estou querendo afirmar como regra geral que, à proporção que a espontaneidade e a vontade humanas se tornam mais densas, a vida fica mais rarefeita. Por exemplo, no caso de políticos como Napoleão e Hitler, pode-se dizer que conforme a densidade de suas espontaneidade e vontade, as suas existências também se tornaram mais densas. Porém, no caso do artista, existe a obra de arte. Assim como se diz que o

9. Idem, ibidem.

438 YUKIO MISHIMA: O HOMEM DE TEATRO E DE CINEMA

pelicano cria os seus filhos com o seu próprio sangue, o artista resgata a existência de sua obra com o seu sangue. À medida que logra a existência dessa coisa denominada obra de arte, na realidade, ele transfere a sua vida para a sua criação.

Aqui começam a fome e sede do artista pela existência. Creio que sou um ser humano que experienciou esta fome e sede no mais profundo de sua alma. Portanto, este desejo de transformar-me nesse ser estranho, um ator de cinema, de quem 80% do seu ser está relacionado unicamente à vida, deve ser natural.

Eu, por assim dizer, não quis criar um álibi; ao contrário, fui movido pelo desejo de atestar a minha existência. Portanto, o filme *Patriotismo* pode parecer uma tentativa de provar o meu álibi, mas na realidade, ao contrário, com ele eu quis testemunhar a minha vida. E o meu "eu" de então, não é o meu "eu" enquanto romancista, preso às idéias preconcebidas da sociedade; naturalmente, trata-se de um "eu" mais original, mais primitivo.

Bem, o ator de cinema é um ser escolhido. E o que é isso de escolher a si mesmo? Não há aí uma contradição lógica? Unir em si mesmo o selecionador e o selecionado, não sou Baudelaire, mas equivale a "combinar em si mesmo o condenado à morte e o seu carrasco". O sucesso ou fracasso dependerá inteiramente de se o meu "eu" na tela conseguir ter ou não a sensação de existência óbvia, enquanto personagem da obra. É uma aposta perigosa. O erro de cálculo que pode ocorrer quando se procura ver com objetividade o ego, mesmo que ninguém possa escapar disso, deve ser mínimo. Se na existência do "tenente Shinji Takeyama" na tela estiver refletida mesmo que um pouco da sombra do "romancista Yukio Mishima", todo o meu plano fracassará, desintegrando a ficção da estória e o mundo da obra provavelmente se espatifará em pedaços, como um copo deixado cair ao chão.

O feitiço, a vibração e o suspense que me foram proporcionados por este perigo eram ilimitados. O fato de eu conseguir possuir ou não a sensação de existência, enquanto a sombra da sombra, a visão da visão, está relacionado ao meu sonho extremo sobre a vida. Além disso, a propósito desta aposta, toda a sociedade está arriscando no meu inimigo. Bem, agora só me resta esperar pelo julgamento de cada espectador que assistir o filme[10].

Foi exatamente essa "aposta perigosa", que causou a inveja confessa no escritor, dramaturgo e diretor teatral Kobo Abe, conforme o seu artigo "O Desafio Altivo da Estética de Mishima: Qual é a Questão que Impregna o Filme *Patriotismo*?" (maio de 1966).

Não se trata da questão do escritor interpretar o papel principal, aquela película inteira é de fato o alter-ego do autor. Se transformar o ego em obra for o caso do romancista da vida pessoal, Mishima, ao contrário, talvez tivesse tentado transpor para esta obra o seu ego.

É claro que isto é impossível. Originalmente, autor e obra estão numa relação de positivo e negativo. Se ambos os lados acabarem por se unir por completo, apagam-se mutuamente, só restando o nada. Mishima devia saber disso e mesmo ciente, ousou desafiar esta impossibilidade. Que desafio altivo e paradoxal! O que me fez sentir uma simpatia próxima à inveja foi com certeza causada por essa ambição intrépida. Ela encerra uma grande questão, que não pode ser solucionada simplesmente com uma crítica à obra. De qualquer forma, na minha posição de escritor, não me reluto em tirar-lhe o chapéu[11].

10. Idem, "*Yûkoku* no nazo" (O Enigma de *Patriotismo*), *Art Theater* n. 40, abril de 1966, pp. 54-55.

11. Kobo Abe, "Mishima bigaku no gôman na chôsen: eiga *Yûkoku* no haramu mondai wa nanika" (O Desafio Altivo da Estética de Mishima: Qual é a Questão que

MISHIMA ATOR DE TEATRO, MUSICAL E DE CINEMA   439

O DUELO DE NAVALHAS EM *LAGARTO NEGRO*

A primeira versão cinematográfica de *Lagarto Negro* (1962), dirigida por Umeji Inoue e estrelada por Machiko Kyô, foi considerada simples imitação de uma opereta feminina. Já a sua montagem teatral (1968), protagonizada pelo *onnagata* Akihiro Maruyama e sua estranha beleza invertida, tornou-se um grande sucesso. O que levou, ainda nesse ano, à sua filmagem pela Companhia Cinematográfica Shôchiku, com roteiro de Masashigue Narusawa e direção de Kinji Fukasaku. Este entretenimento, de gosto barroco e grotesco, pode ser considerado um filme para Akihiro Maruyama.

Mas Tadao Sato criticou na revista *Kinema Jumpô* (outubro de 1968). "Ele, que parecia uma mulher deslumbrante no palco, não mostra tal brilho na tela. Será que o realismo da câmera em close-up acabou negando a ilusão cênica?"[12]. Mishima, ao contrário, louvou o desempenho de Maruyama:

> No Ocidente o "boy-actor" desapareceu após a época de Shakespeare e hoje, acabou tornando-se um palhaço engraçado. Todavia no Japão, apesar de se dizer que está em declínio, a tradição de transformismo, que vigora desde o século XV e pode ser visto sobretudo no onnagata de kabuki, ainda sobrevive. O onnagata da atualidade, ao fazer corresponder a sua forma à sua época, não teria desabrochado em Maruyama?[13]

Na cena do museu com belos jovens empalhados, Mishima aparece no papel de um patife, que trava um duelo de navalhas com um negro. O escritor representou com movimentos enérgicos e exibiu com orgulho os músculos do seu torso seminu, num duelo de morte em que ambos acabam se dizimando. Após quatro horas de filmagem, de muito bom humor, ele repetiu várias vezes que se divertira e que na próxima vez, gostaria de usar peruca e atuar num filme de samurai. O que de fato se concretizaria no ano seguinte.

A ESTÉTICA DO TERRORISMO EM *OS MATADORES*

Os Matadores (*Hitokiri*) de 1969, filme dirigido por Hideo Gosha, expõe de modo tenaz e enérgico a estética do terrorismo, por meio da descrição da vida miserável de um matador em Kyoto. No fim do xogunato Tokugawa (1603-1867), havia três notórios matadores no Japão: Izô Okada, Shimpei Tanaka e Hikosai Kawakami. Logo ficou decidido que o ator Shintarô Katsu protagonizaria Okada, beberrão e mulherengo, mas um gênio em manejar a espada. O problema estava

Impregna o Filme *Patriotismo?*), *Shunkan Dokushojin*, 2 de maio de 1966.

    12. Tadao Sato, crítica do filme *Kurotokague, Kinema Jumpô* n. 479, 1 de outubro de 1968.

    13. Yukio Mishima, citado em "Sato, Hiroshi Engui jôtatsu: haiyû Mishima Yukio" (O Ator Yukio Mishima: Progresso na Atuação), *Eiga Gueijutsu*, outubro de 1968.

440 YUKIO MISHIMA: O HOMEM DE TEATRO E DE CINEMA

na escolha do ator que interpretaria Tanaka, de poucas cenas e falas, porém, com uma sede de sangue jorrando de todo o seu corpo. Existia uma espécie de amizade entre Okada e Tanaka.

Quando a decisão recaiu sobre Mishima, o diretor foi à residência do escritor convidá-lo a participar do elenco. Disse-lhe que haveria vários combates, uma grande luta e um final enigmático com o *seppuku* de Tanaka. Como o dramaturgo praticava *kendô* (esgrima japonesa) e já estrelara uma cena de *seppuku* em *Patriotismo*, gostaria de contar com a sua colaboração. Sorridente, ele disse que nunca atuara em filme histórico, contudo, decidiria até o dia seguinte. Mas nessa mesma noite, telefonou ao diretor dando-lhe uma resposta afirmativa, porque a figura desse terrorista simplório lhe agradara.

Na realidade, quando Shimpei Tanaka cometera *seppuku*, o bisavô de Mishima, Naonobu Nagai, era chefe de governo a serviço na cidade de Kyoto. Portanto, ele fizera uma prisão domiciliar e o *seppuku* de Tanaka fora efetuado em sua casa. Agora, como iria protagonizar Shimpei Tanaka, o escritor enviou um cartão ao amigo Fusao Hayashi, dizendo: "O meu antepassado deve estar com um sorriso amarelo na cova". Para atuar, ele teve aulas no jardim de sua casa com um professor do *estilo revelação*, método para se derrubar o adversário no primeiro golpe de espada.

Ao iniciar a filmagem, Mishima comunicou ao diretor que como amador obedeceria fielmente às suas ordens, entretanto, gostaria que deixasse sob sua inteira responsabilidade a cena de *seppuku*. Desde então, representou com fervor, acatando com humildade as instruções do diretor e os conselhos do veterano Shintarô Katsu. Como nos ensaios ele desempenhava com vigor o ritual de *seppuku*, o diretor advertiu-o para que guardasse a sua energia para quando a cena fosse efetivamente rodada. Mas não adiantou e no último ensaio, acabou cortando o abdômen com a espada de bambu, que normalmente não fere. Quando a cena foi filmada, com o corpo vermelho, moveu com toda a força a espada de bambu e, apesar do artifício da bolsa com sangue falso, a sua pele começou a inchar. Em "Olhos do Diretor" (1972), Gosha relata que quando o escritor terminou de atuar, inesperadamente a produção o acolheu com muitos aplausos e ele o comprimentou: "Mishima, nenhum ator conseguiria interpretar com tal vigor!" Mas de qualquer modo, como precisava fazer o curativo no abdômen, trouxe-lhe a caixa de primeiros socorros. "Nesse momento, com o semblante ainda em êxtase, os seus olhos vazios brilhavam"[14].

Apesar de desajeitado tanto na elocução quanto na expressão corporal, ao desempenhar com entusiasmo a sua composição realista do matador Shimpei Tanaka, o escritor acabou recebendo elogios da

---

14. Hideo Gosha, "Enshutsuka no me" (Olhos do Diretor), *Roman*, dezembro de 1972.

MISHIMA ATOR DE TEATRO, MUSICAL E DE CINEMA 441

crítica especializada. O irônico era que dentre vários atores famosos, Shintarô Katsu, Tatsuya Nakadai, Yûjirô Ishihara e a atriz Mitsuko Baishô, Mishima fora o que mostrara maior dignidade e excelente atuação. Mais tarde, o próprio Gosha reconheceria isso.

O caráter de Shimpei Tanaka e a atmosfera criada pelo terrorista só poderiam ser expressos por Mishima. Embora estivesse apenas representando, havia nele uma sede de sangue e, conforme a cena, chegava a refrear a atuação de Shintarô Katsu. [...] Mishima era tímido e não tinha reflexos. Todavia, creio que quanto aos nervos dos reflexos, a reação aos sentimentos e apreensão da emoção, isto é, a capacidade de se imiscuir profundamente na emoção do seu parceiro, ele era um gênio. [...] E mais, do ponto de vista lógico, também tinha uma grande força persuasiva. A profissão de diretor é captar com severidade a emoção dos seres humanos, ao mesmo tempo que apreende a atmosfera dessas cenas, com o significado e a ênfase das falas, que incluem a reação do parceiro. Desse ponto de vista, creio que Mishima poderia ter-se tornado um diretor de primeira classe[15].

As cenas de luta, quando Shimpei Tanaka elimina com a espada cerca de dez aliados do imperador, foram rodadas em três dias. O escritor convocou especialmente a Kyoto a sua esposa Yôko e os seus amigos mais próximos, para que eles pudessem assistí-las. No final, apesar do diretor dizer que já estava bom, ele pediu para repetir as cenas inúmeras vezes e declarou:

Por mais que eu mate, há tantas coisas que me levam a querer dizimar. [...] No cinema é bom porque assassina-se, mas logo em seguida a pessoa ressuscita. Quando mato pensando, "Este é fulano, aquele é sicrano e acolá o beltrano", é realmente revigorante![16]

Assim, acabou quebrando cinco ou seis espadas de bambu, que usualmente não se quebram e ocasionou algumas manchas nos figurantes, embora eles estivessem protegidos com faixas sob as suas vestes.

Quando a filmagem terminou, o escritor ficou muito desolado e disse que desejaria continuar atuando por mais uma semana. Na entrevista concedida ao *Yomiuri Shimbun* (1 de julho de 1969), confessou que representar Shimpei Tanaka em *Os Matadores* fora pura diversão.

Atuar no cinema já não me é tão surpreendente, pois é a terceira vez. Porém, sempre misteriosa é a natureza da interpretação cinematográfica. Até ver a primeira cópia da película, ou melhor, até ver todo o filme pronto, não dá para se saber terminantemente se o modo como a gente procedera estava correto ou não.

Gosha presume que enquanto filmava, Mishima estava pensando em morrer. Certa vez, o diretor contou-lhe as suas experiências aos dezesseis anos, como um *kamikaze* que sobrevivera à guerra e que os

15. Idem, ibidem.
16. Yukio Mishima, citado em Hideo Gosha, *Enshutuka no me.*

442   YUKIO MISHIMA: O HOMEM DE TEATRO E DE CINEMA

kamikaze, embora à noite tremessem ou chorassem de medo, ao entrarem nos aviões todos os seus semblantes tornavam-se iguais. Não eram mais homens, haviam se transformado em deuses. Após dizer *Que triste!*, o escritor ficara sem palavras e com lágrimas nos olhos. Depois de um certo tempo, se pronunciara:

> De fato, há poucas pessoas que dão a sua vida por uma causa e fazem alguma coisa. Porém, coramos de vergonha quando lembramos que, graças a esses inúmeros jovens que deram as suas vidas, existe o Japão de hoje. Não precisaríamos escavar esse sentimento mais uma vez? Gostaríamos de deixar algo, mas por mais que o tempo passe, não sabemos o quê, não é mesmo?

Filmes Adaptados dos Contos e Romances de Mishima:

- *Uma Noite Imaculada (Junpaku no yoru)*, 1951 (Shôchiku), dirigido por Hideo Ôba
- *A Aventura de Natsuko (Natsuko no bôken)*, 1953 (Shôchiku), do diretor Noboru Nakamura
- *Feito no Japão (Nipponsei)*, 1953 (Daiei), dirigido por Kôji Shima
- *Mar Inquieto (Shiosai)*, 1954 (Tôhô), do diretor Senkichi Taniguchi
- *Uma Primavera Longa Demais (Nagasuguita haru)*, 1957 (Daiei), dirigido por Shigueo Tanaka
- *As Vacilações da Virtude (Bitoku no yoromeki)*, 1957 (Nikkatsu), do diretor Kô Nakahira
- *Conflagração (Enjô*, segundo *Kinkakuji – Templo do Pavilhão Dourado)*, 1958 (Daiei), dirigido por Kon Ichikawa
- *Senhorita (Ojôsan)*, 1961 (Daiei), do diretor Tarô Yugue
- *A Espada (Ken)*, 1964 (Daiei), dirigido por Kenji Misumi
- *Mar Inquieto (Shiosai)*, 1964 (Nikkatsu), do diretor Kenjirô Morinaga
- *Jogo das Bestas (Kemono no tawamure)*, 1964 (Daiei), dirigido por Sôkichi Tomimoto
- *A Escola da Carne (Nikutai no gakkô)*, 1965 (Tôhô), do diretor Ryô Kinoshita
- *Sede de Amor (Ai no kawaki)*, 1967 (Nikkatsu), dirigido por Koreyoshi Kurahara
- *Um Cara Complicado (Fukuzatsu na kare)*, 1968 (Daiei), do diretor Kôji Shima
- *Mar Inquieto (Shiosai)*, 1971 (Tôhô), dirigido por Shirô Moritani
- *Música (Ongaku)*, 1972 (ATG), do diretor Yasuzô Masumura
- *Mar Inquieto (Shiosai)*, 1975 (Tôhô), dirigido por Katsumi Nishikawa
- *Templo do Pavilhão Dourado (Kinkakuji)*, 1976 (ATG), do diretor Yôichi Takabayashi
- *O Marinheiro que Perdeu as Graças do Mar (Gogo no eikô)*, 1976 (Inglaterra), dirigido por Lewis John Carlino

MISHIMA ATOR DE TEATRO, MUSICAL E DE CINEMA

- *A Partida do Barco da Felicidade* (*Kôfukugô shuppan*), 1980 (Tôei Central), do diretor Kôichi Saito
- *Mar Inquieto* (*Shiosai*), 1985 (Tôhô), do diretor Yoshiyasu Kotani
- *L'École de la Chair* (*Nikutai no gakkô*), 1988 (Flash Piramide International), do diretor Benoit Jacquot

Enquanto gênero, o teatro é mais antigo do que o romance, mas existe até hoje e se opõe ao romance. Do mesmo modo, Mishima acreditava que para o romance se opor ao cinema e sobreviver, o cinema teria que desenvolver-se até um certo estágio. Todavia, a oposição romance e cinema diferiria da oposição teatro e romance. O romancista escreve pensando não só no leitor do presente, mas espera ser lido até pelo menos daqui a trezentos anos. Comparado ao romance, o cinema seria uma arte mais imediatista, o que teria fascinado Cocteau. O cinema só teria surgido por volta de 1895, época de fim do romance naturalista. Assim, a relação literatura e cinema só ocorreria com o romance pósnaturalista, quando cada gênero teria definido o seu próprio caminho e iniciado o intercâmbio. Portanto, originalmente romance e cinema estariam separados e seriam antinomias. Mas os romances até o naturalismo seriam mais fáceis de serem adapatados ao cinema, uma vez que no romance do século XX há descrições psicológicas em demasia.

Desde a primeira até a última dessas adaptações cinematográficas, exceto o seu filme *Patriotismo*, Mishima nunca deixou de acreditar que as suas obras literárias e as películas correspondentes eram trabalhos completamente distintos. Quando vendia os direitos de adaptação cinematográfica dos seus originais, o escritor sempre adotava o sábio princípio de respeitar a liberdade de cada diretor, não lhe impondo pedidos difíceis de serem atendidos. Até *Mar Inquieto* (1954) dirigido por Senkichi Taniguchi, julgara que fora por demais indiferente às adaptações cinematográficas de suas obras. Todavia, como neste filme examinara todo o roteiro, a partir de então, passou a considerar que o autor deve opinar bastante durante o processo de criação do roteiro. Porque regra geral, os roteiros de cinema japonês apresentam muitos pontos ilógicos, visto que camuflam os pontos importantes com a emoção. Mas com exceção de *Patriotismo*, ele não mais escreveu roteiros de cinema.

Filmes Adaptados das Peças Teatrais de Mishima:

- *O Farol* (*Tôdai*), 1959 (Tôhô), do diretor Hideo Suzuki
- *Lagarto Negro* (*Kurotokague*), 1962 (Daiei), dirigido por Umeji Inoue
- *Palacete das Festas* (*Rokumeikan*), 1986 (Tôhô), dirigido por Kon Ichikawa

444 YUKIO MISHIMA: O HOMEM DE TEATRO E DE CINEMA

– *Lagarto Negro* (*Kurotokague*), 1968 (Shôchiku), do diretor Kinji Fukasaku

A diferença mais marcante entre teatro e cinema estaria no emprego ou não do corpo inteiro do ser humano. Nas cenas de ação tanto no teatro como no cinema, o ator desempenha com todo o seu corpo. Mas nas cenas psicológicas, enquanto o ator de teatro trabalha com todo o seu corpo, no cinema isso não é necessário. Em *Teoria do Corpo Cinematográfico: A Parte e o Todo*, Mishima afirma:

> Então, nesse momento todas as partes do corpo, exceto a necessária para a expressão de uma psicologia definida, tornam-se sobressalentes e transformam-se em ornamentos. [...] Desde as suas origens, o cinema é uma arte que ao mostrar a parte, sugere o todo. Bem, é diferente da arte teatral, que ao apresentar o todo, vai tornando vivas as partes[17].

Filme Adaptado do Livro de Ensaios de Mishima:

– *Curso de Educação Imoral* (*Fudôtoku kyôiku kôza*), de 1959 (Nikkatsu), dirigido por Katsumi Nishikawa

Dentre as adaptações cinematográficas de suas obras, a sua preferida era *Conflagração* de Kon Ichikawa, seguida por *Sede de Amor* de Koreyoshi Kurahara.

MISHIMA MODELO FOTOGRÁFICO

> *A pose é um esforço "subjetivo" para se tornar o seu ser original, entretanto, o próprio sujeito se apresenta à câmera como um objeto. É um ato em que a atitude decidida de ser subjetivo, acaba transformando-o em "objeto". Talvez, isso também seja uma espécie de "suicídio". Até morrer, Yukio Mishima realizou performances de inúmeros suicídios diante da câmera. Por sua vez, tiraram-se infinitas cópias dessas fotografias, que foram consumidas pela massa. Portanto, o suicídio de Mishima (repetido várias vezes) foi a performance pioneira da sociedade de consumo e de massa. Mas nesses momentos, a mensagem = significado que Mishima procurou transmitir foi unicamente a " morte"[18].*
>
> HIDEYA KAI

Após trabalhar como ator secundário em adaptações cinematográficas de suas obras na década de 1950 e protagonizar *Um Cara Valentão* (1960), Mishima tomou gosto pela profissão de ator de ci-

---

17. Idem, "Eigateki nikutairon: sono bubun oyobi zentai" (Teoria do Corpo Cinematográfico: a Parte e o Todo) em *Eiga Gueijutsu*, maio de 1966.

18. Hideya Kai, *Fukusei gueijutsu jidai no Narushisu* (*O Narciso na Época das Técnicas de Reprodução*), *Bungakukai*, março de 1986.

MISHIMA ATOR DE TEATRO, MUSICAL E DE CINEMA 445

nema. Na sua concepção, "o ator de cinema é um objeto ao extremo", portanto, ele achava interessante ser tratado o máximo possível como objeto, em suma, um tipo, um caráter. O cinema surgiu como uma extensão da fotografia, posto que é fotografia em movimento. Logo, quis se aventurar também como modelo fotográfico, quando se encontraria no estágio original enquanto "objeto ao extremo", numa pose fixa. Assim, em setembro de 1961, o escritor solicitou ao jovem fotógrafo Eiko Hosoe, desconhecido na época, que o retratasse para a capa e o frontispício do seu primeiro livro de ensaios críticos, *O Ataque da Beleza*. Ele apreciara as fotos que Hosoe havia tirado do dançarino Tatsumi Hijikata e sua trupe para a série *Homem e Mulher* (1959-1960), um teatro fotográfico com cenas eróticas e iconoclastas. Não queria um "retrato do escritor" como os usualmente existentes no mundo. Portanto, estava disposto a transformar-se no seu "objeto a ser fotografado" e ser desmistificado.

Em *O Ataque da Beleza*, publicado pela Kodanhsa em novembro de 1961, Hosoe criou um retrato de Yukio Mishima inexistente até então. Entusiasmado com essa experiência, mais tarde, o próprio Hosoe é que lhe pediu para ser o seu modelo, ou melhor, emprestando a expressão do escritor, o seu "objeto a ser fotografado". Dessa sessão de fotos, do outono de 1961 à primavera do ano seguinte, resultou o famoso album de fotografias *Punição das Rosas* (*Barakei*). Quando o vi pela primeira vez na biblioteca do International Research Center for Japanese Studies em Kyoto, fiquei muito impressionada. Tanto pela excelência das fotos, poéticas e sombriamente belas, bem melhores que as do album de Madonna, como também pelo ensaio, na realidade, um verdadeiro tratado fotográfico, composto por Mishima à guisa de "Prefácio para Eiko Hosoe".

A 21 de dezembro de 1993, entrevistei Eiko Hosoe (1933-) em seu estúdio no bairro de Yotsuya em Tóquio. Atualmente professor da Faculdade de Artes de Tóquio, Hosoe se apresentou dizendo que conhecia o fotógrafo brasileiro Sebastião Salgado e gostava do seu trabalho, porque havia nele *um cheiro de terra*. Mostrou-me o seu album com as fotos de Tatsumi Hijikata, *Kamaitachi* (1968), Prêmio de Artes do Ministério da Cultura do Japão. Destacam-se ainda os seus livros *A Place Called Hiroshima* e *O Universo de Gaudi*. Em seguida afirmou que no título de *Barakei*, ele pretendera unir a beleza da *rosa* (*bara*) e algo terrível, a *condenação* (*kei*), e que a produção do album, assim como o peculiar método criativo do escritor, também fora realizada a partir das fotos do último capítulo. Durante o trabalho, o modelo Mishima foi extraordinariamente colaborador e houve inclusive ocasiões em que vistava inesperadamente o estudio perguntando: "Hoje não vai fotografar?"

Logo após as primeiras sessões de fotos, o modelo deu um depoimento em *O Lirismo de Eiko Hosoe: da Posição do Fotografado*:

446   YUKIO MISHIMA: O HOMEM DE TEATRO E DE CINEMA

Creio que o tema mais interessante das artes contemporâneas é: qual a forma que deve assumir o lirismo hoje. O lirismo contemporâneo, ao invés de abraçar as variadas formas negativas de contestada, retorcida, paradoxal, derrotada, exilada, incômoda..., em oposição a isso, irradia uma fonte clara e fresca. Na atualidade se o lirismo tiver adotado, à primeira vista, uma forma realmente semelhante a estas, é evidente que ele é falso. Este é o meu método de apreciação do "lirismo contemporâneo".

Os trabalhos de Eiko Hosoe me comovem muito, porque ele cria obras profundamente ocultas por tal "lirismo contemporâneo". Aí sempre estão a digladiar uma consciência produtiva extremamente artificial e um espírito gentil e sensível. A rosa, ao ser colocada num lugar onde originalmente ela não deveria estar, recupera, pela primeira vez, a soberania da rosa na atualidade. Não se deve interpretar mal. Estas obras não me fotografam, posto que sou o coadjuvante; a protagonista é uma rosa solitária e esplendorosa, sublime e resplandecente, a assim denominada "rosa da alquimia", de William Butler Yeats[19].

Após a publicação de *Barakei* em março de 1963, no artigo "Como Modelo do Album Fotográfico *Condenação das Rosas*: Resultados Positivos e Negativos'63", época de sua ruptura com o Bungaku-za, Mishima fez uma espécie de balanço do ano.

Talvez o ponto positivo tenha sido a grande repercussão alcançada na Alemanha por *Condenação das Rosas* (*Barakei*) de Eiko Hosoe (recebeu até um "Prêmio dos Críticos de Fotografia"). Parece que este livro incomum monopolizou a popularidade na Feira Internacional de Livros de Frankfurt. Mas eu, que servi de modelo em todo o exemplar, não sou um romancista, porém, um objeto. Portanto, calculo que só essa crítica favorável a esse puro objeto tornou-se um resultado positivo. Outro fator positivo foi que a 24 de março, auspiciosamente obtive o segundo grau em *kendô* (esgrima japonesa)[20].

Doravante foi sempre como *um tipo*, *um caráter*, personagens opostos à sua condição de escritor, que ele serviu de modelo a fotógrafos renomados. Para Tamotsu Yato, em pleno inverno de 1969, posou como um samurai desnudo, só com uma tanga (*fundoshi*) branca e uma espada japonesa desembainhada. Ora ajoelhado na neve, ora sentado no *tatami*, a perna esquerda à frente, apoiando-se na espada com a mão direita, com os seus olhos de águia refletindo os da águia na gravura do *tokonoma* (altar da arte). Em 1970, para Kishin Shinoyama, na famosa pose de São Sebastião, com o rosto sofrido mas em êxtase ou como um motoboy recostado numa potente Honda, usando unicamente sunga, botas e luvas pretas, óculos escuros e chapéu militar. Ele fez questão de ser fotografado de baixo para cima, para alongar as suas pernas curtas e salientar o seu torso musculoso.

19. Yukio Mishima, "Hosoe Eiko-shi no ririshizumu: torareta tachiba yori" ("O Lirismo de Eiko Hosoe: da Posição do Fotografado"), *Madomoazeru* (*Mademoiselle*), janeiro de 1962.
20. Idem, "Shashinshû *Barakei* no moderu o tsutomete: purasu, mainasu'63" ("Como Modelo do Album Fotográfico *Condenação das Rosas*: Resultados Positivos e Negativos'63"), *Yomiuri Shimbun*, 28 de dezembro de 1963.

MISHIMA ATOR DE TEATRO, MUSICAL E DE CINEMA 447

Pouco antes de falecer, Mishima visitou o pintor Tadanori Yokoo hospitalizado e propôs-lhe o album *A Morte do Homem*, tendo os dois como modelos para Kishin Shinoyama e a ser publicado pela Bara Jûjisha (Editora Cruz de Rosas). Com Yokoo ainda internado, ele terminou as sessões de fotos e se suicidou. Em 1983, Yokoo criou um quadro enorme, *A Morte do Homem ou os Retratos de Yukio Mishima e Wagner*, inserindo a imagem do escritor na pose de São Sebastião. Não consegui ver esse album derradeiro, mas em *Mishima ou a Visão do Vazio*, Marguerite Yourcenar registra as suas impressões sobre o escritor obcecado com a morte.

E sobretudo, num último album de fotografias publicado depois, a título póstumo, menos voluptuosas estas do que as do primeiro album, *Tortura pelas Rosas*, no qual o vemos sofrendo vários tipos de morte: afogando-se no lodo, o que é, certamente, um símbolo; deformado por um caminhão carregado de cimento, o que talvez seja outro símbolo; em várias ocasiões cometendo o seppuku e inclusive crivado de flechas como um São Sebastião

As Últimas Fotos

> *O homem moderno é quase destituído do desejo dos antigos gregos de viver "com beleza" e "com beleza" morrer*[21].

A 3 de outubro de 1968, houve um debate na Universidade Waseda. À observação indiscreta de um estudante, que "o Mishima que advogara a estética da morte prematura, teve vida longa", o escritor disse rindo *Será que deixei escapar a minha chance?* Em seguida manifestou-se a respeito de um patriota, que se suicidara em nome do imperador.

Creio que Takamori Saigô morreu de forma bela aos 49 anos. Como me restam seis ou sete anos, ainda reluto em ter esperanças. Então, o que seria morrer de modo feio? É acumular cada vez mais fezes de honrarias mundanas e falecer no leito sujando a calça. Abomino, odeio e tenho tanto pavor disso. Certamente eu também terminarei assim. Portanto, como temo isso, faço várias coisas e estou arquitetando para chegar o mais rápido possível a uma decisão. Você me diz que eu não tinha a intenção séria de morrer. Mas depois que a guerra acabou, não há quase oportunidades.

No ensaio primoroso *As Últimas Fotos*, Shintarô Ishihara relata que um jovem policial lhe mostrara os últimos retratos que tirara do escritor em vida, momentos antes dele cometer *seppuku*. Bem mais impressivos do que as fotos com as cabeças decepadas de Mishima e seu companheiro Morita, anos depois profusamente estampadas nos jornais e revistas da época.

Como me expressar? Com as fotografias nas mãos, fixando-as sem me enfastiar, eu pensei: Ao invés de dizer que até então, eu nunca vira um semblante tão formoso de Mishima, não só em fotos mas diretamente, na verdade, eu não vira nem mesmo

21. Yukio Mishima, *Sol e Aço.*

uma face humana com uma expressão tão bela e límpida. [...] Provavelmente aquela tivesse sido a única ocasião durante toda a sua existência, em que, embora estivesse sendo fotografado, ele não se conscientizara da presença do fotógrafo. [...] Mas em todas essas fotos, sem levar em conta os gestos, o seu rosto é sempre absolutamente igual, infinitamente limpo, claro e como dizer, extraordinariamente formoso. [...] Impressionado com a beleza da fisionomia real de Mishima, que via pela primeira vez, eu contemplava. Fiquei comovido porque em qualquer foto pude sentir, embora levemente, a sombra de um sorriso gentil e transparente. Talvez se possa dizer que fosse a expressão da existência limite de um ser humano que finalmente, por um instante, excedera a vida e a morte, ou então, o rosto de um verdadeiro ativista que abandonara de vez o êxtase.

Face a face com a morte, o suicídio que cometeria minutos depois através do *seppuku*, ele não mais posava, não fazia uma *performance*, enfim, conseguia ser um homem de ação?

Ledo engano de Ishihara. Um gênio em auto-análise, Mishima sabia e previra tudo. Bem antes das pessoas apontarem algo, ele se analisava e expressava isso por meio de seus contos, romances, ensaios e nos debates. Em *Sol e Aço*, o autor afirma que provavelmente seja no instante da morte, que o corpo de um homem mostre o seu brilho máximo. E que se pode reconhecê-lo como uma beleza super-erótica.

Por que deveria um homem se associar à beleza apenas através de uma morte heróica e violenta? Na vida comum, a sociedade mantém uma vigilância cuidadosa para se assegurar de que os homens não tenham acesso à beleza; a beleza física no macho, quando considerada como um "objeto" em si, é desprezada, e a profissão de ator – que envolve, constantemente, o "ser visto" – nunca recebe o respeito que merece. No que se refere ao homem, impõe-se uma regra rígida: sob condições normais, um homem nunca deve permitir se transformar em objeto: ele só pode ser objetivado através da ação suprema – que é, eu suponho, o momento da morte, o momento quando, mesmo sem ser visto, a ficção de ser visto e a beleza do objeto são permitidos. Desse tipo é a beleza do esquadrão kamikaze de pilotos suicidas, que é reconhecido como beleza, não apenas no sentido espiritual, mas, pelos homens em geral, num sentido extremamente erótico também.

Em dezembro de 1990, na revista *Shinchô* dedicada aos vinte anos da morte do escritor, no artigo "O Eclipse Solar de Yukio Mishima: A Ficção de sua Glória e Êxtase", Shintarô Ishihara voltaria a refletir sobre as últimas fotos.

Ao ver essas expressões, ninguém pensará em pura tolice ou perturbação mental. A lucidez daquele rosto só pode ser a de uma pessoa liberta de toda a consciência, por assim dizer, a de um ser perfeitamente livre. Em suma, para ele, aquele era o momento da volta ao ventre[22].

Mishima Cantor

22. Shintarô Ishihara, "Yukio Mishima no nisshoku: sono eikô to tôsui no kyokô" ("O Eclipse Solar de Yukio Mishima: A Ficção de sua Glória e Êxtase"), *Shinchô*, dezembro de 1990.

MISHIMA ATOR DE TEATRO, MUSICAL E DE CINEMA   449

Durante anos Mishima nutrira o desejo de cantar no palco. Portanto, quando Akihiro Maruyama telefonou-lhe convidando-o a participar do seu recital de caridade, aceitou de imediato. Como gostava das baladas de marinheiro, criou uma canção baseada no conto de Yasushi Nakajima, *Pergunto ao Vento*, publicado na revista *Hojinkai* do Gakushûin. Assim, a *Canção do Marinheiro Assassinado pela Flor Artificial* teve letra de Mishima e composição musical de Maruyama. Mas como o escritor não sabia ler as notas musicais, Hisashi Yûki ajudou-o com paciência nos ensaios. No *Recital Akihiro Maruyama*, ele cantou a balada em duo com Maruyama, no Nikkei Hall de Ôtemachi em Tóquio, a 7, 9 e 10 de julho de 1966.

No dia da estréia, um pouco antes do seu número, como o escritor estivesse tremendo de nervosismo, o amigo Masaki Dômoto precisou fazer-lhe uma massagem de emergência.

Nesse momento, percebi que sob os seus músculos salientes, o belo "espírito juvenil", desamparado como um barco a vela sacudido por uma rajada, ofegava. Então, senti como se eu tivesse descido ao magma do cosmos do teatro de Mishima. Agora, mais do que o seu teatro ortodoxo, para mim essa "sensação real" tornou-se mais importante e difícil de ser esquecida. E nessas horas, ele era amável, infinitamente gentil[23].

Mishima Maestro

Em março de 1968, Mishima atua como maestro no *Ikuma Dan Pop Concert* no Hall Público do distrito de Bunkyô, em Tóquio.

23. Masaki Dômoto, *Yukio Mishima no engueki: makuguire no shisô*, p. 283.

3. Teatro e Cinema de Yukio Mishima

POR QUE MISHIMA ESCREVIA PEÇAS TEATRAIS ?

Aos vinte e quatro anos

Às vezes, me dá uma vontade louca de escrever dramas. Isso ocorre quando estou a compor contos ou miscelâneas. Não consigo analisar com clareza esse sentimento. Crio uma peça teatral como se saísse para uma reunião noturna, não muito luxuosa, mas o suficiente para uma diversão, uma mudança no meu cotidiano monótono. E novamente arrependido da bebedeira, da tagalerice e do cansaço das pernas a que não estou acostumado, volto de madrugada para casa. Porém, se a minha vida monótona continua por mais um ou dois meses, saio outra vez para aquela noitada tipo interiorana, que serve para me alegrar um pouco e na qual, de certo modo, me sinto à vontade para contar piadas pretensamente inteligentes, repetir leves noções de argumentos filosóficos e diálogos amorosos[1].

Aos vinte e cinco anos

Por mais que a impressão após a leitura seja ruim, tenho a sensação de que ao escrever para o teatro, jorra dentro de mim um lirismo ou algo semelhante a um canto interior[2].

Aos vinte e nove anos

Ultimamente, tirei férias do romance por um momento e redigi bastante para o teatro: um drama em três atos para o Haiyû-za, a dramatização de *O Biombo do Inferno* para

---

1. Yukio Mishima, "Guikyoku o kakitagaru shôsetsuka no nôto" ("Anotações de um Romancista que Aspira Escrever Dramas"), *Nihon Engueki*, outubro de 1949.

2. Idem, "Butai no ninguenzô" ("A Imagem do Ser Humano no Palco"), *Higueki Kigueki*, março de 1950.

452   YUKIO MISHIMA: O HOMEM DE TEATRO E DE CINEMA

o Kabuki-za e agora estou compondo uma peça em um ato, sem previsão de montagem. Todos os trabalhos me dão um imenso prazer. Por vezes, não é absolutamente exagero dizer que cheguei a esquecer de me alimentar e dormir por alguns dias seguidos[3].

Ao começar a compor, o drama despertou em mim uma outra parte do meu desejo, que não se satisfazia só com o romance. Hoje, ao criar um romance longo, a seguir não posso ficar sem escrever uma peça teatral[4].

Aos trinta anos

Comecei a criar dramas, como a água que escorre nas profundezas. Para mim, a topografia do teatro parece encontrar-se num lugar mais baixo e mais instintivo do que o romance, mais próximo das brincadeiras de uma criança pequena. Mas quando redigi uma peça teatral pela primeira vez, não sabia como fazê-lo. Na carta de Storm[5] a Heyse[6] estaria escrito que "a novela e a tragédia são irmãs nascidas do mesmo ventre". Eu, que até então compunha contos, com essa aptidão compreendi que poderia escrever um drama em um ato. [...] Mesmo agora, ao criar um romance e em seguida uma peça, não sinto nenhuma contradição entrementes. O teatro e o meu gabinete são ambas as extremidades da minha gangorra[7].

Aos trinta e um anos

Convidado por seu amigo Seiichi Yashiro a filiar-se ao Bungaku-za, com um olhar travesso, Mishima disse em tom de brincadeira: Quero manter o romance como o meu fundamento e me relacionar com o teatro como um hobby, como se com a esposa e a amante. Declaração de 1956

Aos trinta e dois anos

Temos a tendência de procurar em demasia as emoções humanas nos romances e, além do mais, atividades humanas cruas. Portanto, precisamos ler peças teatrais para nos acalmarmos[8].

Aos trinta e três anos

Eu realmente amo o teatro e muito mais ainda, o recinto teatral. Se no Japão a profissão de dramaturgo fosse suficientemente paga, talvez há muito tempo eu tivesse desistido de ser romancista. A produção de romances é um trabalho persistentemente sereno, mas no teatro há pelo menos a excitação. Não consigo ser uma pessoa sem relações com a excitação e o entusiasmo[9].

3. Idem, "Shibai to watakushi" (O Teatro e Eu), *Bungakukai*, janeiro de 1954.

4. Idem, *Atogaki* (*Mishima Yukio sakushinshû*) 6, guikyoku (*Posfácio 6 às Peças Teatrais*, em *Obras Completas de Yukio Mishima*), Tokyo, *Shinchôsha*, 1954.

5. Theodor Storm (1817-1888), escritor alemão, autor de poemas e novelas.

6. Paul von Heyse (1830-1914), escritor alemão, autor de novelas e dramas históricos, Prêmio Nobel de Literatura em 1910.

7. Yukio Mishima, *Guikyoku no yûwaku* (*A Tentação do Drama*), escrito em 1955. Primeira publicação em *Guendai shôsetsu wa koten tarieru ka*, Tokyo, *Shinchôsha*, 1957.

8. Idem, *Kosei no tanremba* (*Academia de Ginástica para a Individualidade*), em *Yukio Mishima zenshû*.

9. Idem, "Ratai to ishô" (Nudez e Vestuário), julho de 1958.

TEATRO E CINEMA DE YUKIO MISHIMA

Aos trinta e quatro anos

Hoje, quando o jornalismo e a sociedade japonesa não aprovam nem acreditam na solidão e no lazer do escritor, pode-se dizer que é impossível a existência de um hermitão confinado na cidade. Então, é preciso descobrir um outro motivo para se manter ocupado. A maioria dos escritores penou para descobrí-lo e foi dar no golfe ou na corrida de cavalos. O que não tem muito sentido, porque lá ele irá se encontrar com as mesmas pessoas de sua profissão e isso de nada adiantará. Eu, a meu modo, descobri uma ocupação no teatro e nos esportes e os opus à minha profissão principal. Mas ao me aprofundar no teatro, ele transformou-se em "trabalho" e o puro prazer anti-literário do início acabou se diluindo. Desta forma, encurralado, só me resta os esportes[10].

Originalmente, sou do tipo que se entedia com muita facilidade. Estou sempre querendo fazer algo novo. Quanto a viver, sou incondicionalmente um operador múltiplo, mas quanto a escrever não sou múltiplo. Por exemplo, não escrevo roteiros para televisão, rádio nem cinema. Doravante pretendo continuar sempre assim. Apenas não quero aumentar a loja. Eu componho peças teatrais porque realmente gosto[11].

Aos trinta e nove anos

O meu teatro ideal é como no estrangeiro, fazer jovens e idosos, pobres e ricos, em seus melhores trajes, se inebriarem com o puro prazer teatral de uma noitada num recinto luxuoso. Para tal, deve-se mostrar não um espetáculo barulhento e vistoso só na aparência, mas uma peça impressiva, em boa ordem e com muitos ensaios. Em Nova York, os intelectuais quase não assistem musicais e afluem aos dramas sóbrios de O'Neill e Osborne; mesmo em Paris, o Teatro Mogador (sobretudo de operetas) e o Teatro Châtelet (principalmente de musicais) são locais frequentados por caipiras ou turistas, enquanto que os verdadeiros parisienses vão assistir peças de conteúdo. Os tokyoitas também, com o seu orgulho de serem tokyoitas, ao escolherem tais dramas, creio que farão florescer a verdadeira cultura teatral de Tóquio. Mas é claro que para tal, é necessário um teatro belo e imponente. O senso comum no Japão até agora, de montar espetáculos populares em teatros grandes e luxuosos, e peças de nível elevado em auditórios mal equipados, deve ser revisto[12].

Aos quarenta e cinco anos, uma semana antes do seu suicídio

Já cansei de escrever peças teatrais. O que eu queria dizer, já expressei tudo em *Meu Amigo Hitler* e *O Terraço do Rei Leproso*. Quanto à experimentação formal, terminei com a *Marquesa de Sade*. O kabuki é desesperador, os atores não obedecem e estão totalmente decadentes[13].

10. Idem, "Waga hibungakuteki seikatsu" (A Minha Vida Não Literária), janeiro de 1959.

11. Idem, "Quero me tornar um objeto", *Shûkan Kôron*, dezembro de 1959.

12. Idem, "Watashi ga hassuru toki: *Yorokobi no koto jôen* ni kanjiru sekinin", (O Momento em que Eu me Afazamo: A Responsabilidade que Sinto ante a Encenação de *A Harpa da Alegria*), *Yomiuri Shimbun*, 10 de maio de 1964.

13. Última entrevista concedida a Takashi Furubayashi, novembro de 1970

4. Processo Criativo

No ensaio *Minha Arte de Escrever* (1963), Mishima faz uma analogia entre o seu método de composição e um turista clássico. Aliás, como ele o fora na sua viagem ao México em 1957, quando preparara detalhadamente de antemão todo o itinerário e seguira-o à risca. Seu processo criativo compreendia basicamente quatro estágios: procura do tema, estudo do ambiente, construção do enredo e redação.

Procura do Tema – Tudo o que declarou em relação ao primeiro estágio do romance pode ser aplicado à criação de uma peça teatral.

Raramente começo a escrever um romance deixando meu tema recentemente descoberto no mesmo estado em que o encontrei. Eu examino o material, filtro-o e tento extrair a sua essência. Faço uma análise completa para descobrir porque eu fora inconscientemente atraído por ele; trago tudo à luz da mente consciente. Livro o material de suas peculiaridades e reduzo-o à abstração.

O Artista Precisa Ver

Em seguida o autor faz um inventário do ambiente, procedimento inverso ao do primeiro estágio, para dar uma sensação de realidade ao tema abstrato. Não deve haver escritor tão escrupuloso como Mishima, quanto à pesquisa de campo. Na sua opinião, escrever só com a imaginação, baseando-se unicamente em fotos e relatos de outrém, é um método equivocado. Ele acreditava na coleta de dados como uma condição essencial do escritor profissional; a necessidade de confirmar com os próprios olhos, para ter confiança ao criar uma obra. Daí ter feito esboços dos seus romances, contos e dramas, com muito mais freqüência do que os assim chamados autores realistas.

Para Mishima, quem não tem concomitantemente os talentos para a delineação das vidas real e ideal, não pode ser denominado artista. No conto *Epitáfio das Viagens*, o protagonista Jirô Kikuta, seu alter-ego, assevera:

> As pessoas que estão confortavelmente acomodadas no saber, sempre possuem e têm certeza do mundo por meio do conhecimento. Todavia, o artista precisa ver. Ao invés de simplesmente saber, ele necessita ver. Acaba vendo uma vez, mas no final a incerteza da existência o envolve. [...] No meio dessa incerteza e intranqüilidade, às vezes, a bênção do artista começa a brilhar como uma música. [...] Não através do conhecimento, mas simplesmente por existir na situação mais evidente e muito mais nua do que um corpo nu. Quando sinto que estou relacionado ao mundo, eu próprio também existo, do mesmo modo que um pedaço de papel soprado num bairro miserável de Nova York, o carpete do hotel em Miami ou o garção do café em Paris. Eu me encarno neles. Nesse momento, desfaz-se a discriminação entre o que olha e o que é olhado, tudo passa a ter o mesmo valor, coexistindo em harmonia. A minha ausência que enchia o mundo, agora é suprida pela relação da minha existência com todas as coisas. Como um espírito, que não desce até às profundezas de tal mundo, pode se encarnar num objeto tão seguro (quanto um pedaço de papel ou o carpete) designado obra de arte?![1]

Para compor o romance *Sede de Amor*, Mishima percorreu os subúrbios de Osaka. Já *Mar Inquieto*, baseado no romance pastoral *Dáfnis e Cloé* do escritor grego Longo, nasceu da viagem à Grécia e coleta de dados em Kamishima, transpondo-se os campos gregos para uma vila pesqueira japonesa. A estadia no Brasil rendeu-lhe a opereta *Bom Dia, Sra.!* e o drama *A Toca de Cupins*. A visita ao Camboja inspirou-o no drama *O Terraço do Rei Leproso* e para criar o kabuki *Lua Crescente: As Aventuras de Tametomo*, foi pesquisar em Okinawa. Por fim, antes de iniciar a tetralogia *Mar da Fertilidade*, viajou pelo sudeste asiático, da Índia, passando por Laos até à Tailândia. Nessas pesquisas de campo, o escritor confessava que se sentia comovido mais com a natureza do que com as pessoas locais. Porque as coisas da natureza são meramente físicas, não podendo ser reduzidas a abstrações, enquanto que os seres humanos são constituídos de corpo e mente.

Construção do Enredo

Embora ainda hoje predomine o conceito de que os japoneses carecem de habilidade na construção de uma estrutura elaborada, Mishima rebatia argumentando que as peças de bunraku e kabuki já apresentam uma estrutura dramática elevada. E denunciava a *falácia realista*, de que para se criar a sensação de realidade é preciso copiar a própria vida.

---

1. Y. Mishima, *Tabi no bohimei* (*Epitáfio das Viagens*) em *Radeigue no shi*, pp. 235-236.

PROCESSO CRIATIVO

Talvez nenhum outro escritor nipônico tenha enfatizado tanto a importância de um enredo unificado, através de uma estrutura lógica.

Redação

No estágio final ao se concentrar para escrever, esquecia-se de toda a metodologia e do processo criativo, uma vez que tudo já estava intrinsecamente assimilado.

SÓ EXISTE O DEMÔNIO CONSCIENTE

Ao contrário da maioria dos dramaturgos que compõe ao sabor da inspiração, os personagens de Mishima agem dentro de uma construção programada minuciosamente. Ele estruturava de antemão toda a obra na sua mente. Certa vez, o escritor Takeshi Kaiko indagou-lhe a sua opinião sobre a afirmação corrente de que se o personagem começa a caminhar sozinho, a obra obterá sucesso. Gide denominara esse parto inconsciente de *aperto de mãos com o demônio*, sendo necessário aguardar a colaboração do gênio do mal. Mishima respondeu com severidade.

Eu não concordo. Isso é uma negligência, uma decadência imperdoável do romancista. Não posso admitir isso. Não consigo começar a escrever se a última frase não estiver definida e prossigo sempre assim. Não permito que o personagem ande sozinho.

Kaiko retrucou-lhe que esse é o processo criativo do drama e não do romance, ao que ele aquiesceu sorrindo.

Exatamente, é o processo de criação dramatúrgica. Não sou um romancista, sou um "playwright" (dramaturgo). Por isso desde antigamente, venho repetindo que existe unicamente o demônio consciente. Não compreende? Para mim, só existe o demônio consciente[2].

Impaciente, Mishima pretendeu incorporar na criação dos seus romances o método aprendido em sua dramaturgia e mais, no teatro clássico europeu, isto é, captar os seres humanos de forma dramática. Enquanto ele reconhecia-se como um romancista da Idade de Ouro do século XIX, demiúrgico, onisciente, pois só iniciava a obra após havê-la planejado nos seus mínimos detalhes, Kaiko, ao contrário, gostaria de apertar as mãos com o demônio inconsciente. A sua posição assemelha-se à dos romancistas brasileiros, Jorge Amado e João Ubaldo Ribeiro, que admitem que a partir de um certo momento, os personagens escapam ao controle dos seus criadores e começam a caminhar sozinhos.

2. Takeshi Kaiko, "Ikko no kampeki na muda", *Shinchô*, ed. especial fevereiro de 1971, pp. 69-70.

458 YUKIO MISHIMA: O HOMEM DE TEATRO E DE CINEMA

No ensaio *Sobre a Arte do Romance* (1949), Mishima expõe a sua visão do romance ideal, com tudo controlado pelo autor.

Para que o romance como um todo pareça uma coincidência fascinante em larga escala, todas as coincidências devem ser cuidadosamente removidas; não deve haver nenhum encontro acidental, nenhuma conduta imprevisível, nenhum lance de dados. Tudo no romance deve mover como nas constelações. Uma sensação enfadonha de balanço deve permear o romance, como o balanço geral de uma firma comercial.

Em *A Lenda de Yukio Mishima*, Takeo Okuno retruca:

Mas Mishima, crítico sagaz, reconhecia a impossibilidade do autor de romances ser demiúrgico hoje em dia. Ele próprio se via não como um ser unificado, absolutamente seguro, mas dividido em algumas pessoas, se debatendo, sempre em confronto e contradições. Para esse Mishima, o romance, em que a posição do autor absoluto acaba por amputar categoricamente o personagem dentro da obra, freqüentemente se torna a cena de uma antinomia[3].

O mesmo pode ser dito dele enquanto um dramaturgo contemporâneo. Entretanto, Mishima não demonstrava nenhuma força imaginativa pelo *texto aberto*, pela *obra de arte aberta*, conceito que entraria em voga logo depois. Em julho de 1970, num debate com o dramaturgo e diretor de vanguarda Shûji Terayama, ele declarou:

Em suma, a inevitabilidade é o espírito, o deus do teatro. Portanto, não quero de modo algum introduzir o "happening" no teatro. Isto é, como existe a inevitabilidade no teatro, permite-se o acaso, creio que este é o máximo de concessão[4].

Fiel a esta fórmula durante toda a vida, Mishima só admitiu o *happening* uma única vez em seu trabalho, ao empregar de modo inusitado a música de Wagner no filme *Patriotismo*. Aliás, o escritor buscava a inevitabilidade não apenas no teatro. Ele próprio se fez como uma existência inevitável, visto que não admitia em si algo de que não pudesse estar consciente.

CRIAÇÃO A PARTIR DO DESFECHO

Talvez não haja um escritor japonês, que tenha exposto com tanta clareza quanto Mishima as suas razões criativas. O dramaturgo costumava acrescentar um posfácio às suas peças teatrais, no qual explanava a sua própria obra, muitas vezes de maneira admirável. Apesar de ciente de que isso cercearia ou mesmo aniquilaria a interpretação dos leitores ou espectadores, ousava fazê-lo porque sabia que eram de difícil compreensão. Ele sempre começava a redigir o seu drama a partir da última

3. Takeo Okuno, *Mishima Yukio densetsu*, p. 259.
4. Yukio Mishima, debate com Shûji Terayama, "Erosu wa teikô no kyoten ni narieruka" (O Eros Pode se Tornar Base para a Resistência?), *Shio*, julho de 1970, p. 145.

PROCESSO CRIATIVO 459

fala, criava a peça a partir da cena final, de maior densidade e chave de toda a obra. A sua dramaturgia não se punha em movimento se a última imagem decisiva e de maior impacto não estivesse perfeitamente delineada, pois ela funcionava ao mesmo tempo como o *dénouement* (*desenlace*) da peça e ponto de partida da estrutura a ser arquitetada. O dramaturgo apostava nessa fala final toda a vida da peça.

O método de Mishima assemelha-se ao de artistas brasileiros, como Jô Soares na concepção dos romances *O Xangô de Baker Street, O Homem que Matou Getúlio Vargas* e *Assassinatos na Academia Brasileira de Letras*. No programa *Passando a Limpo* (abril de 1999) de Boris Casoy, na TV Record, o comediante e escritor afirmou: *Eu só começo a escrever se souber o final. Eu redijo de trás pra frente*. E no *Fantástico* (1 de maio de 2005) da TV Globo, acrescentou: *Senão, eu tenho medo de me perder*. Já no *Vídeo Show* da TV Globo, Chico Anísio reitera que esta é uma característica dos humoristas. "Todos os grandes escritores de humor redigem de trás pra frente. Sem desfecho não há desenvolvimento do humor. Com Haroldo Barbosa também era assim". E na *Filosofia da Composição*, Edgar Allan Poe revela que começa a criar tendo o *dénouement* em mente. *Pode-se dizer que o início da poesia está no fim. O final é o lugar de onde todas as variadas obras de arte devem começar*. O célebre poema *O Corvo* foi composto a partir do último verso.

Mas no caso de Mishima, a criação a partir do desfecho não se limitaria a uma simples questão de método. Certamente deveria ter relação com as profundezas de sua sensibilidade. Tenho uma forte impressão de que na sua juventude, ele teria sofrido uma influência decisiva do nô, teatro ímpar no mundo, pois começa quando tudo já terminou. Esse processo criativo não se restringia à sua dramaturgia, mas se estendia também aos seus romances e contos; o autor não conseguia escrever a primeira linha, se a frase final não estivesse perfeitamente estabelecida.

Provavelmente a única exceção fora o romance *A Queda do Anjo*, último volume da tetralogia *Mar da Fertilidade*. Pela primeira vez em sua longa carreira de escritor, ele não sabia como seria o desfecho. *Mar da Fertilidade* baseia-se na teoria budista da reencarnação e o protagonista dos quatro volumes reencarna em cada tomo. O herói tem três verrugas no corpo, sinal de sua reencarnação a cada livro. A primeira parte é a estória da Era Meiji e passa-se em 1910; a segunda, da Era Shôwa, transcorre de 1930 a 1935 e o protagonista é filho de um líder de direita, que se encontra com uma princesa tailandesa e planeja um golpe de estado; a terceira, de 1940, tem como heroína a princesa tailandesa; e a quarta parte é sobre o futuro. Há sempre um personagem amigo do protagonista, o advogado Honda, que sabe do segredo de reencarnação e funciona como um poeta épico na tetralogia. Em fevereiro de 1969, no artigo "Sobre o *Mar da Fertilidade*", o romancista diz:

460 YUKIO MISHIMA: O HOMEM DE TEATRO E DE CINEMA

Se tudo correr bem, o término do quarto volume se dará no final de 1971. Na verdade, tenho medo de acabar este romance. Em parte porque ele se transformou na minha existência e, por outro lado, "tenho medo da conclusão deste romance".

O autor temia o seu futuro, que aliás chegou um ano antes, a 25 de novembro de 1970, com o seu suicídio.

No fim de *A Queda do Anjo*, completado na manhã do mesmo dia do *seppuku* de Mishima, o personagem Honda, velho e doente aos oitenta e um anos, tem toda a sua existência questionada e o que transparece é o nihilismo total. O romance termina com uma das mais belas imagens da morte, no jardim do templo. "Ele chegara a um lugar que não tinha memórias, nada". Instigadas por esta passagem final, a 31 de março de 1994, minha amiga Hiromi Yamamoto e eu visitamos o Templo Enshôji em Nara, que serviu de modelo ao Templo Guesshûji no romance. E lá encontramos um outro leitor de *Mar da Fertilidade*, procedente de Kyûshû, em peregrinação ao jardim branco do silêncio.

TEATRO E ROMANCE

Se romance e drama começam pelo desfecho, qual seria a diferença na criação desses gêneros? Em *O Background da Literatura de Mishima*, o escritor afirma:

No processo criativo, o estabelecimento consciente de várias formas desperta o inconsciente. No caso do teatro, se a fala final não estiver firmemente decidida, não consigo começar a escrever o texto, porque vou perseguindo isso. Tenho que colocar dentro do cercado o rebanho de carneiros, denominado palavras. Isto é teatro. O romance não é necessariamente assim, ele possui aspectos semelhantes a pastagens, portanto, às vezes, é preciso retirar os carneiros do cercado. Mas no caso do drama, persegue-se o rebanho de carneiros que está fora, para que entre aí. Creio que esta é a diferença fundamental entre romance e teatro. Em primeiro lugar, deve haver algo como o interior do cercado. Em vários momentos, os carneiros querem se desviar do caminho certo, no entanto, a gente acaba forçando-os para dentro do cercado. A fala final nos dramas *Marquesa de Sade*, "A marquesa nunca mais o reverá", e *Meu Amigo Hitler*, "A política deve caminhar no centro", tudo converge para aí sem olhar absolutamente para os lados[5].

Ao confrontar esta declaração de 1970 com os seus textos de 1949, quando estreou como dramaturgo, pode-se constatar que os seus métodos de composição do romance e do teatro não mudaram no decorrer de toda a sua existência. Em "A Propósito de *Casa em Chamas*", ele diz:

O que considero fascinante no drama é inteiramente devido à sua "restrição". A minha admiração é pela forma que possui um destino claro, a delimitação precisa de tempo e espaço. Nesse sentido, no momento, o meu fascínio e ambição são pela peça em um ato. Aí, pela primeira vez, a liberdade humana é inquirida sob condições definidas.

5. Idem, *Mishima bungaku no haikei*, pp. 29-30.

PROCESSO CRIATIVO 461

E no ensaio *Anotações de um Romancista que Aspira Escrever Dramas*, o autor se pronuncia: "O drama é um gênero mais antigo do que o romance, mas a sua reconfirmação da condição necessária e natural de uma 'forma evidente em si mesma', me parece um trabalho importante, mesmo para mim que sou um romancista".

Mishima explica o que seria essa forma evidente em si mesma, no ensaio *As Férias de um Romancista* de 1955:

> Um drama completo deve ser um microcosmo, um romance também. Mas o mundo do romance não é tão fechado quanto o do drama, o fluir do tempo também é livre e não é preciso que um modelo, tipo lei cósmica, governe todos os recantos desse mundo. Como uma manifestação oposta a esse modelo, no romance não se pode abusar do acaso tanto quanto no drama. Em suma, porque para tornar inevitável o acaso, a obra deve ser perpassada pela lei da inevitabilidade. Quando uma personalidade sobre a qual teciam-se rumores aparece convenientemente na peça e não fica artificial, é porque no teatro se requer, do ponto de vista da forma, uma lei inevitável bem mais densa do que no romance. [...] Na sua essência, o romance é uma arte que tateia à procura de sua metodologia e é onde diverge do teatro, arte provida de forma e metodologia.

Exceto pelas direções de cena, o texto teatral não precisa de descrições porque a dramaticidade é expressa através de diálogos, chegando-se ao clímax pelo confronto lógico dos personagens. No artigo "O Teatro e Eu", de 1954, o escritor aborda isto na diferenciação entre teatro e romance:

> O que é bom no teatro é que, em primeiro lugar, não precisa haver descrições. No teatro dá para se começar diretamente com os diálogos, não havendo necessidade de explicar os significados implícitos, um a um. Se for preciso um vaso prateado, basta colocar só isso. Ao escapar do labor tedioso das descrições, o autor pode navegar livremente dentro do seu ambiente criado, como se fosse o seu lar. Deste modo fica mais natural e, além do mais, ninguém se recorda dos motivos do papel de parede em sua casa. [...]
> O drama tem relações longínquas com o mundo caótico do romance. O templo de vidro deve parecer flutuar no céu. Por mais que a peça seja naturalista, o tema que carrega uma tensão dramática nunca adota uma forma cotidiana como a do romance. Os sentimentos intensos sempre sacrificam as ninharias e avançam esmagando-as. [...] As ninharias no drama precisam inevitavelmente sugerir ou simbolizar um tema violento. Talvez seja por isso que, apesar das suas regras de composição intelectual, o fato de escrever dramas nos dá a excitação de parecermos existir exatamente no meio da vida. No ato dessa produção, há um julgamento que divide o que é trivial e o que não é, abandonando-se o que não é importante; é uma decisão idêntica ao de um estado de emergência na vida, quando a gente se concentra só no que é importante.
> E mais, no ato de compor dramas, resta ao autor o prazer de uma ampla margem ao estímulo da força imaginativa. Porque o poder imaginativo do teatro não termina aí, ele não é uma arte de forma acabada como o romance. Como ele sempre progride sob a forma do presente, o dramaturgo pode sentir exatamente a mesma alegria do estímulo da força imaginativa, que o leitor experimenta ao ler um romance.

Assim, para Mishima, o teatro originalmente só pode existir sob a forma progressiva do presente. Em "Teatro e Literatura" de 1951, colóquio com o ator Hiroshi Akutagawa, ele já assinalava:

462 YUKIO MISHIMA: O HOMEM DE TEATRO E DE CINEMA

Quando se inicia uma peça de teatro, passado e presente começam juntos, esta é a diferença com o romance. No romance o presente pode voltar livremente para uma parte do passado, porque é uma descrição. No teatro quando a cortina se abre, o presente está progredindo e, ao mesmo tempo, o passado está avançando no reverso das falas. Em suma, há o passado e, num certo sentido, a situação dessa pessoa deve ser compreendida pelos espectadores[6].

A habilidade do dramaturgo está em dispor isso de modo a não parecer absolutamente explicativa.

No *Manual de Composição* de 1959, Mishima completa o seu pensamento de que no teatro tudo deve ser relatado através de diálogos: o local, a posição social e as situações.

Portanto, creio que o espectador que chega atrasado à abertura de uma peça é o que menos entende de teatro. Os diálogos no prólogo, de dez ou vinte minutos, são os mais importantes enquanto explanadores da situação. E quanto mais os diálogos forem casuais, tanto mais a situação estará naturalmente aí enredada. Assim, na verdade, as cenas iniciais são justamente aquelas nas quais a platéia precisa escutar com a máxima atenção, não descansando os seus ouvidos por sequer um segundo.

A MÚMIA E A ROTA PARA O CLÁSSICO

"Eu gosto do Japão tradicional. Não sou um escritor revolucionário, de vanguarda", disse Mishima a Alberto Moravia, quando de sua estadia no Japão e visita à sua residência. Ele tentou uma única vez criar uma obra de vanguarda, o romance *A Estrela Bela* (1962). Porém, como não houve repercussão, parou por aí. Fundamentalmente um autor clássico, seu estilo literário e dramatúrgico era extremamente racional, correto e nunca surpreendia com um estilo novidadeiro, vanguardista.

Em *Meu Período Itinerante*, o escritor conta que por volta de 1949, por fim chegara à compreensão de que a poesia, que o empolgara e o atormentara na juventude, era, na realidade, uma falsa poesia e influência equivocada do lirismo. O conhecimento sim, seria a substância da poesia. E explana com clareza as razões de sua opção pelo classicismo.

Após escrever o romance *Confissões de uma Máscara*, quando tive a sensação de ter subjugado de alguma forma o monstro interior, nasceram distintamente no meu espírito, aos vinte e quatro anos, duas direções opostas. Uma era o sentimento de que eu teria que viver de qualquer maneira e a outra, a inclinação para um classicismo evidente, intelectual e claro.

Mais adiante, ele relata um episódio que o levaria a tornar-se clássico, devido à sua atração pela Grécia desde a infância e a rejeição do intelectual sombrio.

6. Idem, colóquio com Hiroshi Akutagawa *"Engueki to bungaku"*, *Bungakukai*, 1951.

PROCESSO CRIATIVO   463

Creio que foi no início do outono de 1950. Eu tinha ido a uma grande livraria comprar livros e saboreava sorvete no terraço de uma casa de chá defronte à livraria. Na porta de entrada da livraria havia um mural, onde as pessoas se agrupavam. Eu pensara tratar-se de notícias breves, porém, ao reparar bem, eram fotografias da múmia do Templo Chûson. Então, os rostos das pessoas que entravam e saíam da livraria e das que paravam defronte às fotos, de repente, pareceram-me todos de múmias. Fiquei irado com essa feiúra. Como são feias as faces dos intelectuais! Que espetáculo repulsivo o dos intelectuais!

Não há dúvida de que a minha adoração pela Grécia existira desde o início, mas provavelmente emanara da minha aversão insuportável em tais momentos. É claro que isso é um tipo de rejeição egocêntrica, pois dentro de mim haviam germinado a aversão à desarmonia e ao exagero, bem como o desejo irrefreável pela harmonia e naturalmente eles haviam nascido da minha crise interior.

Mais tarde ao refletir sobre isso, pressenti que talvez eu tivesse me equivocado. A minha rejeição das coisas intelectuais era, na realidade, uma aversão à minha sensibilidade gigantesca como um fantasma dentro de mim. Se não for assim, não consigo compreender a minha rota, em que gradualmente fui me tornando um clássico.

A sua viagem à Grécia em 1952, o faria retornar de lá um clássico perfeito. A partir de então, a sua consciência estética vai tomar o *kata* (forma de atuação estabelecida) como uma autoridade no seu processo criativo. E por extensão, a sua dramaturgia também adquire um estilo clássico, ao adotar os *kata* do teatro tradicional nipônico (nô, kyôguen, bunraku e kabuki), bem como a regra das três unidades aristotélicas e a simetria do *shingueki* (teatro moderno) japonês.

VENERAÇÃO PELOS *KATA*

> *O nô é o mais belo dos "kata". Detesto as coisas vagas, sem forma. Aprendi na Grécia, que a beleza é algo em que a força está vergada dentro da forma. Um ancião, ex-militar, é esplêndido*[7].

YUKIO MISHIMA

> *Na raiz do teatro de Mishima havia uma veneração pelos "kata", que está no âmago do corpo e trafega entre essas duas coisas, equilíbrio e destruição. Portanto, o cerne da dramaturgia de Mishima não estava na oposição de caráteres, na luta de pensamentos contraditórios e na mudança dramática do destino, elementos da dramaturgia em geral*[8].

TAKASHI NOMURA

Não só como artista na criação de seus romances, contos e dramas, mas na sua própria existência, vida e morte, Mishima sempre atribuiu grande importância aos *kata*, procurando expressar-se através de uma forma definida. Basta lembrar a sua atração desde a ado-

---

7. Yukio Mishima, diálogo com Fusao Hayashi: *Tratado sobre os Japoneses*.

8. Takashi Nomura, programa do Shimbashi Embujô para a montagem de *Lagarto Negro*.

464 YUKIO MISHIMA: O HOMEM DE TEATRO E DE CINEMA

lescência pelo nô e kabuki, bem como o seu trágico final, através do ritual de *seppuku*. No artigo, "Romances e Peças Teatrais de Yukio Mishima", Yukio Rizawa indaga:

> Se o ser humano for apreendido totalmente enquanto forma, não se parece com um personagem teatral? Porque o personagem dentro de um drama assemelha-se a uma pessoa decidida a morrer e cada pequeno ato, por mais trivial, passa a ser visto como tendo um significado. Na vida cotidiana, há o entendimento de que uma ação é sempre efetuada tendo em vista um objetivo. Portanto, a ação em si mesma termina sem retrospecção. Todavia, a ação de uma pessoa decidida a morrer, pelo fato de que a sua existência ultrapassou o cotidiano, em qualquer gesto por mais insignificante, ao invés do objetivo do gesto, os olhos se dirigem para o gesto em si mesmo[9].

Os *kata* simbolizam o não realismo e o seu aprendizado é extremamente antimetódico. Após ver ou ouvir a performance do mestre, ator ou músico tradicional japonês, o discípulo repete várias vezes o mesmo ato, procurando imitá-lo o mais corretamente possível. Mishima justifica este procedimento de domínio dos *kata*, num debate sobre *Kabuki*, de 1954, com Junji Kinoshita, Tetsuji Takechi e Yasuji Toita.

> Cada um se apodera concretamente dos "kata", portanto, não há um método geral, universal. É assim porque a formação dos "kata" não possui absolutamente uma construção lógica. No teatro europeu, tanto no grego como no clássico francês e no moderno, a construção lógica dos sentimentos não muda e é transmitida com base nesse fato, por isso talvez o realismo não varie; mas o "kata" japonês não tem metodologia[10].

Os *kata* não seriam fixos, uma vez que abrigariam em si a consciência do momento crítico de destruição.

Mishima acreditava que a habilidade fundamental do artista não é uma questão de consciência estética ou sensibilidade, mas a de dominar o *kata* (*forma*), que é a própria arte. Apesar da tendência nas artes contemporâneas de começar quando a forma ainda não é visível, o escritor considerava isso muito perigoso. Não se deveria iniciar nada, se não se conseguisse captar primeiro a sua forma. Ele só começava a coletar dados para o seu novo trabalho, depois de apreender a sua forma, que acabava gradualmente determinando o estilo de sua escrita.

Durante a guerra, Mishima lera muitos livros de Sartre e admite que talvez tivesse sofrido um pouco a influência do existencialismo. Mas dentre os filósofos ocidentais, lera sobretudo Nietzsche e sentira uma grande força em *A Origem da Tragédia*. Segundo a sua leitura dessa obra, "a emoção representada pelos atores e a emoção sentida pelos espectadores tornam-se uma e essa colisão é uma espé-

---

9. Yukio Rizawa, "Yukio Mishima ni okeru shôsetsu to guikyoku" (Romances e Peças Teatrais de Yukio Mishima), *Kaishaku to Kanshô*, março de 1974.

10. Yukio Mishima, debate *Kabuki* com Junji Kinoshita, Tetsuji Takechi e Yasuji Toita, *Gueijutsu Shinchô*, novembro de 1954.

PROCESSO CRIATIVO 465

cie de excitação na tragédia". Já no caso do teatro tradicional nipônico, como nô e kabuki, a moldura da colisão entre atores e platéia
se dá justamente através dos *kata*. Porém, no shingueki não existe
os *kata* de atuação. Portanto, o intercâmbio se faz quando os atores
interpretam os seus papéis, acrescentando a sua individualidade e
os seus sentimentos, mas se mantêm numa atitude reservada e o
público, ao seguir esse exemplo, também se torna reservado. Então,
o instante de colisão fica muito limitado. Essa seria a diferença entre
kabuki e teatro moderno japonês.

Assim, ao invés das formas de atuação estabelecida, o que faz a
comunicação emocional entre palco e platéia no shingueki são as palavras, que despertam as emoções vivenciais adormecidas do espectador.
A força interpretativa está na compreensão do texto teatral, isto é, o
seu significado e a apreensão do estilo literário. A linguagem é que faz
a logicização das sensações, transmutando os sentimentos, por vezes,
grotescos ou suspeitos, em formas claras, de inegável prazer estético.

O PRINCÍPIO TRÁGICO E A ESTÉTICA DA DECADÊNCIA

O escritor sentia-se atraído tanto pela catástrofe quanto pela simetria, encontrada por exemplos, num par de pilares de pedra adornando
a porta de entrada de uma mansão ou nos galhos de uma grande árvore,
que crescem igualmente em ambos os lados do tronco. E confessara:
"O que estou tentando fazer como romancista e dramaturgo é explorar
esta minha predileção infantil e desenvolvê-la o máximo possível".

O Teatro como um Jogo de Montar

Mishima compõe um drama como um brinquedo de armar e a
sua lei teatral é a que conduz à catástrofe. No ensaio *A Tentação do
Drama* (1955), o autor discorre sobre esse argumento.

> Quando eu era criança, gostava de brincar com jogo de montar. Sabia que se
> acrescentasse mais uma pequena peça de madeira, imediatamente ele perderia o equi-
> líbrio e desmoronaria. Mas empregando vários artifícios para o equilíbrio, eu gostava
> de ir empilhando até chegar a esse ponto-limite. [...] Já na minha época de estudante,
> quando aprendi a palavra "operações de aniquilamento" (Vernichtungskampf) no livro
> do professor Ryozo Niizeki, essa palavra não cessou de me fascinar. As lembranças
> desta palavra e da palavra "catástrofe" constituem, ainda hoje, o indescritível e singular
> suporte da minha idéia trágica. Quer dizer, eu gosto do desabar do brinquedo de armar.
> Gosto da catástrofe tanto quanto do equilíbrio. Falando com precisão, a idéia de equi-
> líbrio, controlado e organizado unicamente para dirigir-se à catástrofe, transformou-se
> na minha idéia de teatro e, num sentido mais amplo, na minha idéia de arte.

Esta concepção, que Mishima também teria encontrado no teatro clássico francês, como na *Fedra* de Racine, não se restringiu ao
drama. Mais tarde, passou a empregá-la na criação de seus romances

466 YUKIO MISHIMA: O HOMEM DE TEATRO E DE CINEMA

e contos. Insatisfeito com a situação do romance contemporâneo japonês, o escritor pretendeu introduzir a lei do teatro na composição do romance, passando a criá-lo sempre a partir do final, da catástrofe. Entretanto, a catástrofe em sua dramaturgia não significa que a obra termine na morte trágica do protagonista. Este pode sobreviver como um velho decrépito, a exemplo do marquês de Sade, ou um cidadão afogado no seu cotidiano medíocre, como Shigueomi em *Os Crisântemos do Décimo Dia*. Mas caso ocorra um final feliz, encerra necessariamente uma ironia. Essa estética da catástrofe não se limitou à sua arte, ela se estendeu também à sua existência. Com a sua morte trágica através do ritual de *seppuku*, ele transformou a sua própria vida num drama que visava a estética da catástrofe.

O ESPETÁCULO DA GUERRA E O NASCIMENTO DA ESTÉTICA DA MORTE

> *Deixamos o trem e abrigamo-nos nas muitas cavernas que foram cavadas ao longo de uma linha [...] e do nosso abrigo vimos o céu sobre Tóquio tornar-se carmesim. [...] um coro de aclamações se levantava da multidão de observadores sempre que localizavam, contra o fundo carmesim, a sombra de um avião atingido e que estava caindo. [...] O som de aplausos e vivas ecoava das bocas dos túneis dispersos, como num teatro. À distância de onde o espetáculo era visto, parecia não fazer uma diferença essencial se o avião que caía era nosso ou do inimigo. Tal é a natureza da guerra [...]*[11]
>
> PROTAGONISTA de *Confissões de uma Máscara*

A sua estética da decadência, que germinara na infância, vai ser consolidada durante a guerra. Nascido a 14 de janeiro de 1925, Mishima teve uma existência paralela à história da Era Shôwa, que começou em 1926, e passou toda a sua adolescência em plena guerra. Em *Meu Período Itinerante*, o autor relata:

O narcisismo da fronteira entre a meninice e a adolescência usa tudo ao seu favor, até mesmo a destruição do mundo. Quanto maior o espelho, melhor. Aos vinte anos, eu podia me imaginar como tudo: um gênio de vida breve, o último jovem da tradição estética nipônica, o mais decadente dentre os decadentes, o último imperador da época decadentista e inclusive um kamikaze da beleza [...]

Durante a guerra convive-se cotidianamente com o pessimismo, a desesperança e a sensação de que tudo terminará inevitavelmente em catástrofe. Que influências esse jovem sensível teria sofrido, então? Nos intervalos do seu trabalho no escritório da fábrica de aviões Koizumi, para escapar da inércia, Mishima podia diligentemente redi-

---

11. Yukio Mishima, *Confissões de uma Máscara*.

PROCESSO CRIATIVO 467

gir os seus textos. Como um Radiguet japonês, ele pretendia deixá-los como suas obras póstumas. Assim, o romance *Idade Média*, o conto *Caça aos Esugai* e a peça *A Dama Íris* foram compostos e publicados em revistas literárias, durante os intensos bombardeios aéreos.

Em fevereiro de 1945, ao receber a "carta vermelha" (*akagami*) de convocação militar, ele apresenta-se, mas não pôde se alistar, por ter inflamação nos pulmões e chiado nos brônquios, enfim, uma tuberculose incipiente. Mas fora um diagnóstico errado, na realidade, estava com febre alta devido à bronquite causada por um forte resfriado. Recebe o resultado com imenso alívio e alegria, pois quer viver. Foge apressadamente da morte, porém, com sentimentos complexos. Ao mesmo tempo, paradoxalmente continua a nutrir um desejo romântico de morte, como um piloto *kamikaze* lançando o avião sobre um navio americano, de existir por um momento e se apagar como os fogos de artifício.

Em maio, transferido para o arsenal da marinha em Kôza, província de Kanagawa, o jovem estudante passa a levar uma vida mais despreocupada. Cada vez que as sirenes soavam alertando sobre um ataque iminente, ele carregava os seus manuscritos, refugiava-se no úmido abrigo anti-aéreo e espreitava lá fora.

O bombardeio aéreo na distante metrópole era lindo. As chamas refletiam diversas cores, ao longe da planície noturna do distrito de Kôza. Era uma grande e luxuosa festa de destruição e morte, como se vislumbrasse a luz de uma fogueira distante. Nesses dias, certamente eu era feliz. Não tinha preocupações de emprego, nem mesmo de exames escolares [...] e literariamente também era feliz,

recorda o escritor em *Meu Período Itinerante*.

Mas essa existência de confronto diário com a morte se emaranhou com o seu pendor para o classicismo e deu nascimento à sua estética da morte.

A atmosfera apocalíptica da guerra e suas experiências de estudante mobilizado a trabalhar vão servir-lhe de base para o drama *Jovens, Ressuscitem!*, enquanto que a composição de *Um Conto no Promontório* estendeu-se até o final da guerra. A destruição do mundo real vinha a corroborar a concepção do seu mundo das idéias e trouxe-lhe o conceito romântico de morte. Já então para Mishima, a beleza estaria associada à destruição e morte. Aliás, a beleza só teria existência através da ruína e morte. "O que estava nos limites extremos dos meus sonhos era perigo extremo e destruição; jamais visei a felicidade. O tipo mais apropriado de vida diária para mim era uma destruição cotidiana do mundo; paz era o estado mais difícil e anormal de se viver", rememora o autor em *Sol e Aço*.

Muitos dos seus romances, como *Templo do Pavilhão Dourado*, bem como a sua dramaturgia, são perpassados por variações des-

468 YUKIO MISHIMA: O HOMEM DE TEATRO E DE CINEMA

sa estética da decadência e morte. Desde as *Peças de Nô Moderno*, as inúmeras cenas de assassinato e suicídio no *Kabuki de Mishima*, passando por *Os Crisântemos do Décimo Dia, A Queda da Família Suzaku*, o marquês de Sade, símbolo maior da decadência, até o derradeiro *O Terraço do Rei Leproso*, todos foram escritos sob a ótica da decadência e morte.

A Angústia do Pós-Guerra

> *Não era a relidade da derrota. Em vez disso, para mim apenas, aquilo significava que dias terríveis estavam começando. Significava que, quisesse eu ou não, e apesar do tanto que me iludira de que tal dia nunca chegaria, bem no dia seguinte eu devia começar aquela vida cotidiana de um membro da sociedade humana. Como me faziam tremer as simples palavras[12].*

> PROTAGONISTA de *Confissões de uma Máscara*

O jovem de vinte e um anos, que amava Radiguet e Wilde, ícones do decadentismo, Yeats e o classicismo japonês, descobre no pós-guerra que já estava defasado. Pois tudo o que valorizara até então, a premissa de morte precoce aos vinte anos, como Radiguet ou num martírio patriótico como os soldados que deram a vida pelo país e pelo imperador, perde o seu significado e, de repente, se tornara ofensivo para a época. A consciência de não ter falecido na guerra, quando sentia que deveria ter sido dizimado, sempre pesara a Mishima; o resto lhe dava a sensação de sobrevida. Portanto, ele passa a levar a existência de uma vida que se inclina para a morte, carregando a decadência e o niilismo dentro de si. A decadência transformou-se, assim, numa "doença incurável".

Segundo o pensamento singular do escritor e tema recorrente em sua dramaturgia, o ser humano deve extinguir-se na ocasião única que se lhe apresenta de morrer por um sentimento nobre e, se possível, no auge da juventude. Quem deixa escapar esse momento seria repulsivo. A ladra Lagarto Negro diz ao jovem Amemiya: "A sua formosura se quebrou em pedaços. Quando você tinha a intenção de morrer, era belo, mas quando quis absortamente viver, tornou-se repulsivo". O tema de *Os Crisântemos do Décimo Dia* é justamente o de não ter sido assassinado pelos rebeldes e a desolação de ter sobrevivido. Já o casal de *Patriotismo* e o jovem Tsunehiro de *A Queda da Família Suzaku* não deixaram escapar essa oportunidade de morte gloriosa em lealdade ao imperador.

Esse princípio existencial de Mishima estaria associado ao pensamento budista do *sokushinjôbutsu*, isto é, atingir o nirvana máximo, perecer e tornar-se um deus. Ele próprio, na vida real, teria realizado

12. Idem, Ibidem.

PROCESSO CRIATIVO

o seu *sokushinjôbutsu*. No artigo "Peças Teatrais de Yukio Mishima", Hiroko Suzuki afirma:

No teatro de Mishima, a cortina fecha-se no instante da mais bela catástrofe (que também é estabelecida de antemão). Ele deveria amar esse final, o cerrar da cortina, impossível no cotidiano. Durante a guerra a cortina que deveria se fechar, não fechou. Mas a peça teatral não trai, ela seria, para o dramaturgo, a forma que encarnaria o ideal do instante supremo em que o mundo se aniquilaria, o tão esperado ponto final[13].

No colóquio com Takeshi Muramatsu e Yutaka Haniya, "Consciência da Decadência e Visão da Vida e Morte", Mishima declara:

Se decadência é a paixão da negação, niilismo e decadência tornam-se sinônimos. Mas acho que não é bem assim, pois enquanto nuança, o elemento de auto-satisfação é muito forte na decadência. Creio que a decadência pára um passo antes do abandono. Se der um passo a mais para o abandono, nesse momento, já se transforma em niilismo ativo.

Em suma, a decadência não possui a negação e a rebeldia existentes no niilismo.

O Museu de Arte Decadentista escolhido por Mishima seria composto por quatro obras: *Osen Kasamori*, pertencente à série *28 Famosos Haiku Populares* de Yoshitoshi Taiso (1839-1892), expoente em gravuras *ukiyoe* visceralmente sangrentas; *Antro do Ópio* de Yumeji Takehisa (1884-1934), com suas beldades lânguidas; *Incêndio* do italiano Monsu Desiderio (1593-1644), artista do imaginário e irracional; e *Bispo* de Aubrey Beardsley.

Viver como se Não Houvesse um Amanhã

Em *O Background da Literatura de Mishima*, o dramaturgo declara que um escritor vai-se modificando no decorrer de sua existência. Porém, unicamente o seu sentimento de querer viver com a sensação de "não ter um amanhã" não mudara. O problema estaria em como legitimá-lo. Durante a guerra talvez seja possível um "mundo sem amanhã", mas em época de paz é impossível. Suponha-se que dois amigos se comprometessem a se reunir na quarta-feira da semana que vem no Hotel Imperial de Tóquio. Em plena guerra não dá para se saber até chegar nesse dia, pois pode haver um bombardeio, enquanto que no presente é quase certo que poderão se encontrar. Em suma, isto seria o princípio fundamental de sua literatura, o fato de não saberem se poderão se reunir. Enquanto romancista esse mundo seria absolutamente necessário, pois o significado de escrever estaria em perseguir essa situação de que não poderão se encontrar. Isto seria o seu *princípio trágico*.

---

13. Hiroko Suzuki, "Mishima Yukio no guikyoku" ("Peças Teatrais de Yukio Mishima") em *Hirosaki daigaku kindai bungaku kenkyûshi*, Aomori, março de 1988.

470 YUKIO MISHIMA: O HOMEM DE TEATRO E DE CINEMA

Já a idéia central da dramaturgia de Mishima é justamente o conceito de tragédia.

A tragédia não é senão avançar necessária e implacavelmente em direção à ruína. O que o ser humano responsabilizou-se e o que teve de assumir, tudo isso junto segue em direção à inevitabilidade. Todavia, a vida real progride sob a forma de quase se evitar a necessidade e a inexorabilidade. Na sociedade contemporânea de estrutura branda, toda a vida real acaba sendo regulada pelo acaso e pelo evitável, especialmente pelo "happening" e pelo evitável, para que não se necessite proceder assim.

Ao rebater as críticas de que os seus romances seriam por demais teatrais, o escritor justifica-se afirmando que o seu universo literário procura captar ao máximo esses propósitos de necessidade e inevitabilidade. Ou então, o fato dele ter estudado direito talvez lhe tenha sido útil.

Quando ocorre um delito, como trata-se de um caso criminal, move-se um processo, que acaba encerrando totalmente o ser humano dentro dos propósitos de necessidade e inevitabilidade. Como para mim isso transforma-se na força motriz de uma concepção romântica, no meu caso, todo "romance" é teatral. Somente as pessoas que se precipitam absortamente em direção à ruína são belas, todas as que se dispersam são tolas ou repulsivas.

PROCESSO CRIATIVO E *CÓDIGO DE PROCESSO CRIMINAL*

No instigante ensaio *No Início Deve Haver a Decisão: Yukio Mishima e o Código de Processo Criminal*[14],Takehiko Noguchi faz um paralelo entre o estudo do Código Legal e o processo criativo do escritor. "Leis e Literatura" (1961) é um pequeno artigo apresentado por Mishima para a Associação Midori, numa convenção no departamento de direito da Universidade de Tóquio. O texto mostra com clareza que o seu pensamento fora forjado ao estudar as leis e revela-se um esboço de sua criação artística.

Quando eu era estudante de direito nesta universidade, interessava-me sobretudo pelo *Código de Processo Criminal*. [...] O trem do "processo de busca da evidência", como que se precipitava estratégica e resolutamente em direção ao seu destino; esse exaustivo avanço da lógica me cativava particularmente.

Dois argumentos do *Código de Processo Criminal* levaram-no a considerá-lo um modelo técnico para a sua produção literária e dramatúrgica. O primeiro argumento seria a "estrutura abstrata", que se movimenta pela sua lógica imanente, razão de sua construção ordenada e fria.

Na época, para mim, o *Código de Processo Criminal* era algo assim. E mais, diferindo-se do *Código de Processo Civil*, por ser um estudo diretamente relacionado

14. Takehiko Noguchi, "Hajimeni henketsu ariki: Mishima Yukio to keijisoshôhô" em *Mishima Yukio to Kita Ikki.*

PROCESSO CRIATIVO 471

ao "mal" original da natureza humana, devia constituir-se em um de seus fascínios. Além disso, esse mal jamais aparece na superfície através de sua concretude viva, ele passa inevitavelmente pelo processo de generalização e abstração.

Ainda mais por ser uma formalidade dessa investigação, o *Código de Processo Criminal* está duplamente separado do mal real. [...] Isso também é um de seus fascínios. Esse contraste por demais marcante, entre o "mal", essa coisa pastosa, primitiva, amorfa e estranha, e a frieza ordenada da construção lógica do código legal, não cessava de me atrair.

O segundo argumento seria a semelhança entre o seu método de criação e o *Código de Processo Criminal*. Antes de compor a obra e quando ainda está a redigí-la, o escritor não conhece bem o seu tema.

Se a "prova" do *Código de Processo Criminal* for substituída pelo "tema" do romance ou da peça teatral, falando sem reservas, o resto deve ser tecnicamente idêntico.

Daqui nasceu a tendência clássica da minha literatura. Mas tanto o romance como o drama, com uma lança lógica imperdoável, persegue o tema invisível e por fim, quando captura esse tema, julgo que ele deva se completar. Antes de escrever o livro, o autor não conhece com clareza o tema. Perguntar ao escritor "Qual é o tema desta obra?" é como se dirigir ao promotor público e indagar-lhe "Qual é a prova deste crime?" O personagem dentro da obra ainda permanece um suspeito. É claro que não estou falando a respeito da estória ou do proto. O romance em que o autor conhece o tema desde o início é o de mistério e é por esta razão que não me interesso por ele.

O princípio da estória seria "o que acontece a seguir" e o do proto, "por que isso ocorre". Questões estas relacionadas às técnicas de composição, enquanto que o *tema* se oporia a isso. Mas Mishima sempre começava a criar sua obra a partir do final, já na corte, ao contrário, o veredicto final submetido ao julgamento ainda estaria para ser concebido. Esse processo criativo de sua literatura e dramaturgia, aprendido no curso de direito, não mudaria durante toda a sua vida.

O MUNDO DA FARSA

Pelo repertório dramatúrgico de Mishima, dá para se conjeturar que ele gostava sobretudo de tragédia e não demonstrava muito interesse pela comédia. Quase todos os seus dramas visam a estética trágica, baseada no tripé, juventude, beleza e morte. Mas nos ensaios "O Teatro de Mishima e o Senso Cômico" e "As *Peças de Nô Moderno* como Farsas", o crítico Minoru Tanokura desenvolve a tese de que, embora quase toda a dramaturgia de Mishima tenda para a tragédia, as confusões e reviravoltas, peculiares ao mundo da farsa, já aparecem desde o kabuki *A Rede de Amor do Vendedor de Sardinhas* de 1954. O imprudente Saru Guenji, vendedor de sardinhas, seria o símbolo do personagem cômico do dramaturgo, ao se fingir de senhor feudal para conseguir as graças da cortesã de luxo Hotarubi, na realidade, uma princesa com quem acaba se casando.

472   YUKIO MISHIMA: O HOMEM DE TEATRO E DE CINEMA

E mesmo as *Peças de Nô Moderno* conteriam elementos farsescos. Por exemplos, os diálogos entre Jirô e a beldade em *O Travesseiro dos Sonhos*; o zelador ancião que se apaixona pela formosa burguesa Hanako, em *O Tamboril de Damasco*; a enfermeira de *A Dama Aoi*; o empresário Munêmori que desmascara a amante, ao introduzir a sua saudável mãe, supostamente à beira da morte, em *Yuya*; o Toshinori de *O Jovem Cego*, que nega a sua identidade e quer continuar a viver baseando-se nessa negação.

Mishima sabia que a transcrição do nô para a linguagem contemporânea era impossível. Uma vez que não se poderia adotar a ideologia do nô clássico e o seu ritmo com prelúdio, desenvolvimento e final; as peças de nô moderno posicionando-se entre a tragédia e a comédia, não podiam deixar de se transformar em teatro grotesco, com um certo tom farsesco,

assevera Tanokura em *"As Peças de Nô Moderno* como Farsas"[15].

O dramaturgo cria ainda um tipo de casal moderno, formado pelo cômico marido novo-rico, arrivista, e uma esposa de berço nobre, como Narukichi Kaneno em *A Deusa que se Dissipou*, o duque Clementino em *Bom Dia, Sra.!* e o comerciante de jóias Atsuhei Iwase em *Lagarto Negro*. Outra característica do teatro de Mishima é o enfoque do lar como um microcosmo, onde se desenrola um drama doméstico sob a forma de um teatro grotesco e de humor negro, que caberia dentro do âmbito da tragicomédia. Os elementos contrários coexistem ou se justapõem, gerando uma imagem dupla, angustiante e cômica, bela e feia, vida e morte.

Em *O Teatro de Mishima e o Senso Cômico*, Tanokura discorre sobre a tragicomédia.

Na história do teatro, a tragicomédia é um gênero reconhecido como tendo originado no final do século XVI e desde então, tem existido sem interrupção unindo-se às formas teatrais de cada época. Podemos considerar que, após passar pelo teatro elizabetano, Corneille, melodrama do século XIX e mais, por Bernard Shaw e Tchekhov, ela continua até o teatro do absurdo contemporâneo. *Esperando Godot* de Beckett e *A Lição* de Ionesco podem ser classificadas de tragicomédias. Assim, a tragicomédia pode ser reconhecida como um estilo cênico, adequado à apresentação do espetáculo teatral da época moderna à contemporânea. É claro que Mishima não adotou conscientemente este gênero, mas a expressão teatral do seu pensamento tomou a forma de tragicomédia. Pode-se dizer que o tema do mal estar de viver, que não é interrompido pela morte, torna-se familiar à dramaturgia de Mishima[16].

15. Minoru Tanomura, "Fuarusu to shite no kindai nô" (As *Peças de Nô Moderno* como Farsas), Programa do *Mishima Yukio Kindai nôgakushû, Guendai Engueki Kyôkai*, novembro de 1990.

16. Idem, "Mishima gueki to komikku sensu" ("O Teatro de Mishima e o Senso Cômico"), *Subaru*, ed. especial *Mishima Yukio no nani o yomu*, Shûcisha, novembro de 1988.

PROCESSO CRIATIVO

O escritor não ampliara no seu teatro a veia cômica vislumbrada em *A Rede de Amor do Vendedor de Sardinhas* e no kyôguen *Busu*. Como era muito espirituoso, ele parece tê-la praticado nas brincadeiras na vida real e nos ensaios teatrais em que participava, manifestando o seu lado trocista. Mesmo no cotidiano Mishima era retórico, mas dono de um enorme senso de humor à francesa ou à inglesa, que transparece em suas obras. Entretanto, muitos atores e diretores não entendiam isso, o que resultava em trabalhos desiguais, incompreensíveis. "Por que será que ao encenarem uma peça minha, todos os atores assumem ares afetados? Gostaria que dialogassem de modo mais natural", costumava lamuriar-se o dramaturgo. Ainda assim, *Nada é Tão Caro Como o Grátis*, *A Rosa e o Pirata*, *Os Crisântemos do Décimo Dia* e *A Harpa da Alegria* caberiam no gênero tragicomédia. Na estética de Mishima, os que malogram e não conseguem resolver o seu drama com a morte são habitantes do mundo da tragicomédia, como os dois casais no final de *A Toca de Cupins*.

O TEATRO É UM SHOW DA FALA

Em janeiro de 1958, ao regressar de sua segunda viagem aos Estados Unidos com passagem pela Europa, indagado por Hirotsugu Ozaki quais eram os dramaturgos que mais apreciava, o escritor prontamente respondeu: *Garcia Lorca e Tennessee Williams*. Na entrevista *A Cadeira do Dramaturgo* (revista *Higueki Kigueki [Tragédia, Comédia]*, julho de 1970), Ozaki rememora esse episódio e ele reafirma que ainda então, considerava Lorca muito bom. Segundo Mishima, o dramaturgo Junji Kinoshita, autor de *Pássaro do Poente* (versão ópera de Ikuma Dan no Teatro Municipal de São Paulo, em 1995), criou peças folclóricas, mas ele não carrega a decadência dentro de si. Enquanto que Lorca tinha ambas as facetas, a extremamente popular e a decadentista, isto é, a demasiada maturidade da cultura espanhola, por isso o seu teatro é tão rico. *Bodas de Sangue* e *Yerma* têm enredo tênue e, nesse sentido, estariam próximas do nô. Se o nô manifestasse a sua sensualidade oculta de forma bem mais aberta, se transformaria no teatro de Lorca.

Mas o estilo das peças de Mishima, baseado na recitação, está bastante distante da simplicidade poética de Lorca e se aproxima mais de um *show da fala*, com sua vontade deliberada de afastar-se do cotidiano. O dramaturgo japonês investigou as possibilidades da arte da fala, como o fez o Classicismo de Racine e mesmo o romantismo. No *Manual de Composição*, o autor informa que a história da literatura ocidental começou em versos. Já a prosa originara na Grécia, depois do surgimento da literatura histórica. Mas anteriormente, a epopéia, o teatro e a poesia lírica eram todos compostos em versos. Para ele, o teatro na sua origem era poesia, daí o dramaturgo

474 YUKIO MISHIMA: O HOMEM DE TEATRO E DE CINEMA

nipônico ser conhecido pelo seu estilo, como se espalhasse pedras preciosas ao longo do texto.

No início o estilo literário de Mishima, extremamente elegante, poético e metafísico, caracterizava-se por uma imaginação selvagem, rica em paradoxos, característica do romantismo, e espargia metáforas e aforismos originais, numa composição que se assemelhava às peças de nô. Todavia, por volta dos vinte e quatro anos, desgostoso com a sua sensibilidade excessiva, o escritor afasta-se definitivamente dele. Em *Meu Período Itinerante*, o autor relata que para forjar o seu ser, decidiu ler as obras completas de Ôgai Mori, "com seu estilo que obedece corretamente as regras, o intelecto frio, a paixão refreada ao máximo". Mas suas metáforas, das quais não mais podia se livrar, posto que haviam se transformado na sua segunda natureza, tornaram-se intelectuais e frequentemente irônicas.

Segundo o seu *Manual de Composição*, há dois estilos na literatura moderna japonesa: apolíneo e dionisíaco. O de Ôgai, da tradição de escrita masculina, um mundo lógico e intelectual, seria um estilo apolíneo, predominantemente de prosa e proviria da literatura clássica chinesa, com sua concisão, pureza e despojamento. Já o de Kyôka Izumi, da tradição de escrita feminina, manifesta o mundo dos sentimentos, imaginação e sensualidade; um estilo dionisíaco originado do japonês clássico e empregado pelas damas da corte no período Heian (794-1192). O estilo de Ôgai Mori (1862-1922), médico do Exército Imperial Nipônico, que estudara vários anos na Alemanha, corta com serenidade, quase crueldade, o real e elimina todo o supérfluo. Ao ser indagado sobre os segredos do seu estilo, ele teria dito: "Em primeiro lugar, a clareza; em segundo, a clareza; e em terceiro, a clareza". Já o romancista e dramaturgo Kyôka Izumi (1873-1939) só descrevia o que considerava belo; não investigava os incidentes nem os carácteres, perseguia tão somente uma espécie de confissão de sua sensação estética. Mishima, que experimentara vários estilos, ao entrar em contato com os trabalhos de Ôgai, procurou emular a vida e obra desse militar e contista, disciplinado e homem de ação.

Depois da segunda guerra mundial, a literatura japonesa enfatizou a "tradição feminina" ou o "espírito terno", representado pela paz, elegância, beleza e sensualidade, como nas obras de Tanizaki e Kawabata. Mishima, ao contrário, procurou voltar à "tradição masculina" ou ao "espírito rude" do samurai, expresso nas narrativas de guerreiros da Idade Média, na poesia dos samurai desde o século XV e em algumas peças de nô e kabuki.

> Desejávamos encobrir as nossas consciências. Então, demos grande publicidade ao fato de que somos um povo que ama a paz, o ikebana (arranjo floral), os jardins e esse gênero de coisas. Foi de propósito. O governo queria ocultar nossa tradição masculina aos olhos dos estrangeiros como uma espécie de proteção. Surtiu efeito. Durante a ocupação, as esposas dos oficiais americanos ficaram encantadas com o arranjo floral e o resto

PROCESSO CRIATIVO 475

da "cultura japonesa". Porém, nós também escondemos de nós mesmos este "espírito rude". [...] Este sangue e brutalidade é algo que estilizamos em um sentido especial de beleza. Ele vem do nosso subconsciente. Sempre tivemos um simbolismo peculiar sobre o sangue. Por exemplo, usamos o sangue como uma metáfora das flores de cerejeira,

diz o escritor na entrevista a Philip Shabecoff em *Japan's Renaissance Man – Yukio Mishima*.

Em oposição à ambiguidade natural dos japoneses, a clareza é uma qualidade freqüentemente apontada no seu estilo. Em *O Background da Literatura de Mishima*, o escritor declara que no início não era muito lógico. Mas quatro ou cinco anos depois de se formar em direito, passara a achar que a técnica lógica fora o seu aprendizado mais importante e ainda então, o que mais apreciava era a clareza de Paul Valéry e Ôgai Mori. Porém, no seu caso, o desejo de tornar clara a língua nipônica fora muito mais devido às influências do curso de direito e de Ôgai do que do Ocidente. Em geral o japonês dos outros escritores, como do romancista Sôseki Natsume, era vago, o que detestava. Ele queria se expressar num japonês tão claro e belo como o de Ôgai, em cujo pensamento não havia a oposição Oriente e Ocidente, e certamente conseguiu ser bem sucedido no seu intento.

Teorema Teatro = Fala

A maior dificuldade em compor para o teatro estaria, segundo Mishima, na questão da linguagem. O escritor afirmava que nas conversas usuais, as pessoas falam ordenadamente. Portanto, logo no início da sua carreira de dramaturgo, ao compor *Jovens, Ressuscitem!* (1954), declarou que

pretendia treinar para que os personagens dos seus dramas aplicassem com precisão as partículas. E se possível, não utilizassem as inversões, exceto quando necessário, seguindo pelo menos um pouco a gramática correta, na ordem sujeito e predicado, expressando com decisão as suas opiniões.

A propósito, ele jamais empregou a linguagem desordenada do pós-guerra nem as palavras em moda na época. Desde a sua peça de estréia, *Casa em Chamas* (1949), sempre usou a linguagem da classe média alta de Tóquio.

Durante a minha estadia no International Research Center for Japanese Studies em Kyoto, havia solicitado uma entrevista ao seu amigo e escritor Takeshi Muramatsu, autor de *O Mundo de Yukio Mishima*. Mas infelizmente, ele faleceu logo depois. A sua irmã, a bela atriz Hideko Muramatsu, que atuara em várias peças do dramaturgo, escreveu convidando-me a participar de uma reunião em sua memória, a que estariam presentes vários conhecidos de Mishima. Houve contratempos e só pude encontrá-la na noite de 10 de junho de 1994 e no dia seguinte, já estaria deixando o Japão. Recordo-me da

476   YUKIO MISHIMA: O HOMEM DE TEATRO E DE CINEMA

incessante chuva de verão e do saboroso café gelado, quando a entrevistei em sua residência no bairro de Meguro em Tóquio. Indagada sobre a questão da linguagem teatral em Mishima, Hideko afirmou-me que este argumentava:

> Falar de modo corriqueiro não constitui os diálogos de um drama. Se o Hamlet de Shakespeare diz "Ser ou não ser, eis a questão", por que eu deveria me expressar de maneira coloquial na minha dramaturgia?

Como no seu âmago era um filósofo e poeta, nunca se expressou de maneira convencional em seus textos teatrais. Talvez, porque ele tivesse uma consciência muito forte de que teatro e vida eram espaços diferentes. Hideko Muramatsu sempre se referia ao escritor como Yukio Mishima *sensei* (*mestre*). Provavelmente numa atitude de gratidão, pois ele lhe dissera: "Eu nunca criei um ator, mas quero educá-la como atriz por meio das minhas peças". Sempre que compunha uma obra nova, a convidava para desempenhar um papel e lhe dava conselhos valiosos. Ela julga que o dramaturgo só acreditava numa expressão cênica nipônica, o teatro nô. Portanto, quando estrelara a Renée em *Marquesa de Sade* na montagem de 1969, o autor ressaltara dois pontos.

> O diálogo é muito importante e atue como uma protagonista de nô (*shite*), com movimentos controlados e elegantes. E acrescentara: tente manifestar as várias faces de uma mulher, a sua paixão e o seu ódio, bem como a sua meiguice e o seu refinamento. Isto torna o ser humano muito rico e real.

As falas elegantes de suas peças, muito longas e velozes, eram difíceis de serem enunciadas. Ele pediu-lhe que as proferisse como palavras muito impressivas, semelhantes aos arranha-céus de Manhattan, onde há vários tipos de edifícios. Exprimir suas palavras de modo a construir sentenças, algumas muito curtas e outras bastante extensas, misturar tais padrões e arquitetá-los num todo, como se fossem os prédios de Manhattan. O que significa que os diálogos, através da importância dada à voz, são a base do teatro de Mishima.

Na despedida ofereceu-me um exemplar da revista *Higueki Kigueki* (julho de 1992), com o seu artigo "Mestre Yukio Mishima: Até a Encenação da *Marquesa de Sade*". A autora descreve a sua trajetória como atriz do repertório de Mishima e que se emocionara até às lágrimas, quando o dramaturgo lhe lera ao telefone uma crítica elogiosa sobre a sua atuação como Renée e lhe dissera: "Eu não lhe disse, Hideko? Consegui educá-la como atriz de maneira brilhante!" O texto termina assim:

> Teatro de Mishima, doce e teatral, que começa pela negação de si e suporta os métodos dos teatros clássicos, oriental e ocidental; um discernimento rigoroso do ser humano e da existência, com uma dignidade tecida pela modéstia [...] Meus agradecimentos pelos inúmeros ensinamentos não têm fim. O mestre Mishima, que me deu a glória de interpretar Renée, é um benfeitor.

PROCESSO CRIATIVO

A retórica elegante da dramaturgia de Mishima tem um estilo diferente dos demais autores de shingueki (teatro moderno) japonês. Embora fosse altamente elogiada, também era bastante criticada como sendo artificial. As suas peças, repletas de longas falas, eram criticadas por serem de difícil montagem. Enquanto que em Shakespeare uma metáfora vai criando uma nova metáfora, no texto de Mishima, muitas vezes, uma fala extensa é sustentada por uma única metáfora. Daí adviria a dificuldade de colocá-la em cena, pois enquanto essa longa fala é enunciada, a ação teatral fica suspensa. Creio que o dramaturgo conhecia profundamente as técnicas teatrais, portanto, influenciado sobretudo por Racine, empregava esse artifício de maneira deliberada.

Marquesa de Sade foi o drama com que Mishima rebateu de frente a todas essas críticas, ousando narrar o supremamente anticonvencional e erótico de modo eminentemente claro e refinado. Diz ele em "Reencenação da *Marquesa de Sade*":

> Narrar as coisas extremamente sórdidas, vulgares, cruéis, imorais e sujas de maneira sumamente elegante. Dentro desse meu plano, é claro que eu tinha confiança na abstração e no poder purificador das palavras, elas é que atestariam da forma mais notável a força da fala no teatro[17].

Para estabelecer o teorema *Teatro = Fala* do teatro ocidental, o dramaturgo acreditava que seria impossível só com diálogos comuns. Porém, o que torna *Marquesa de Sade* decididamente superior, comparado aos seus demais dramas poéticos, é que nele a própria retórica transforma-se em ação dramática, sem metáforas vazias, como ocorria por vezes em *A Centésima Noite* (*Sotoba Komachi*) e *A Dama Aoi*. No artigo "Yukio Mishima Enquanto um Ser Teatral", Tetsuo Kishi assinala que

> as palavras empregadas em *Marquesa de Sade* são extremamente conceituais. Num certo sentido, são palavras libertas das coisas ou pode-se dizer que as próprias palavras transformam-se em coisas. E a asserção de que o conceito é de fato o mais substancial, isto é, todas as substâncias não passam de conceitos, é que forma a peça *Marquesa de Sade*[18].

Mishima sempre admitiu que o "shingueki" japonês "é um teatro de palavras". O seu manifesto *O Quadro Futuro do NLT*, outubro de 1966, diz:

> O NLT (Néo Littérature Théâtre) dá maior importância à dramaticidade do que à literatura, à teatralidade do que à dramaticidade. A grande ênfase literária no shingueki japonês criou de um lado, uma tendência política e de outro, uma presunção acadêmica. Para corrigir isto, o grande valor da fala, não simplesmente literária, mas mostrada

17. Y. Mishima, *Mainichi Shimbun*, 1 de Setembro de 1966.
18. Tetsuo Kishi, *Guekiteki ninguen to shite no Mishima Yukio* (*Yukio Mishima enquanto Ser Teatral*) em *Kokubungaku*, julho de 1981, p. 60.

478 YUKIO MISHIMA: O HOMEM DE TEATRO E DE CINEMA

no momento resplandecente do teatro em cena, no tablado, é o alvo do NLT. É preciso tornar eficaz ao máximo, o encontro do teatro com as palavras no palco.

É claro que o esboço realista e fundamental da atuação é absolutamente necessário. Mas com base nele, o NLT nega o psicologismo, o realismo trivial e por outro lado, nega a estilização vazia, servindo com devoção ao instante supremo no palco, quando o ator aparece como o deus da beleza.

Nós retornamos à intenção original, que Ibsen aprendeu de Sardou e chutamos todos os preconceitos tolos do shingueki japonês. Por um certo tempo, também escolheremos o repertório com base nesta tendência. E se vocês vierem assistir o teatro do NLT, com certeza sempre nos esforçaremos para que possam apreciar "Ordem e beleza,/ Luxo, tranquilidade e também prazer" (Baudelaire). Nós nos devotamos ao teatro da voluptuosidade[19].

Com *Marquesa de Sade* e *Meu Amigo Hitler*, Mishima acreditava que finalmente tinha realizado experimentações extremas com o teatro dos seus sonhos. Este se resumiria a uma espécie de drama clássico, com cenário imutável, poucos personagens e tendo as próprias falas como ação, uma vez que além delas não existiria ação. E mais, com a condição de que um teria elenco exclusivamente feminino e o outro, exclusivamente masculino, não havendo assim, possibilidade de caso amoroso. O dramaturgo admitia que até compor estas duas peças, não havia conseguido atingir esse patamar. Mas agora, como já havia realizado a coisa mais difícil da geometria, não lhe restava mais o que criar na área teatral.

LUTA ENTRE O AMOR E A POLÍTICA

Em 1966, após a palestra no Press Club de Tóquio, indagado se haveria uma temática comum nos seus romances, assim como em Faulkner e Tchekhov, Mishima revelou:

Todas as mulheres expressam os sentimentos humanos e todos os políticos, o lado racional da psicologia humana. Esta faceta racional é uma moral totalmente fora de moda, concessiva, isto é o cavaleirismo japonês. Em todas as minhas obras eu sempre descrevi de bom grado este tipo de conflito; no meu romance *Templo do Pavilhão Dourado*, foi o embate entre a beleza e os sentimentos humanos. Mas alguns romances são exceções. Por exemplo, em *Mar Inquieto* não há combate nem tensão. Todas as estórias desenrolam-se dentro de um pequeno mundo, em uma área delimitada, porém, aí uma moralidade e uma idéia singulares controlam a vida dos habitantes. Provavelmente tal manuseio da oposição seja uma influência das técnicas teatrais, do método dramatúrgico. Em suma, a sua temática seria a luta existencial do homem e da mulher, com as mulheres simbolizando os sentimentos e os homens, a política, com os seus mecanismos da realidade vulgar.

Mas de onde lhe viera a idéia dessa oposição singular? No *Manual de Composição* (1959), o autor inicialmente investiga as duas proposições da literatura japonesa. No Período Heian (794-1192), os

19. Yukio Mishima, "NLT no miraizu" (O Quadro Futuro do NLT) em *Programa da Companhia Teatral NLT*, outubro de 1966.

PROCESSO CRIATIVO 479

ideogramas eram denominados letras masculinas e o silabário *hiragana*, ideado pelas mulheres em estilo cursivo, letras femininas. A literatura desse período, escrita em *hiragana*, teria sido criada quase que totalmente por mulheres, representando uma literatura feminina e cuja tradição se arrastaria até hoje. Durante um longo tempo na literatura nipônica, negligenciara-se a força estrutural, enfim, o mundo do intelecto, lógica e conceito abstrato, que constitui a tradição da literatura masculina.

Imagino que na sociedade dessa época, a lógica e os sentimentos, o intelecto e as emoções estavam claramente divididos entre homens e mulheres. As mulheres representavam os sentimentos e as emoções, e os homens, a lógica e o intelecto. Originalmente, isso estava profundamente baseado nas características sexuais de ambos os sexos. Porém, no Período Heian, as palavras empregadas, seguindo essas características sexuais, também se diferenciaram. Em suma, extensivamente à lógica e ao intelecto, havia a política, a economia, os interesses sociais e todos os tipos de vida exterior. E extensivamente aos sentimentos e às emoções, havia a paixão, o amor, o ciúme, as aflições por um amor não correspondido, a tristeza e todas as coisas interiores da vida humana.

Em "A Jóia da Loucura"[20], o diretor Takeo Matsuura corrobora que até essa época, a dramaturgia de Mishima era centrada nas mulheres, o mundo dos sentimentos femininos e a sua força de vontade. Por exemplos, a condessa Asako em *Palacete das Festas*, a empregada Kiku em *Os Crisântemos do Décimo Dia*, a escritora de livros infantis Ariko em *A Rosa e o Pirata* e a gueixa louca de paixão em *Os Leques Trocados* tinham em comum a não cooperação com a realidade, ou mesmo, através de sua força volitiva, a negação e superação da realidade. Já os homens existiriam apenas para salientar o brilho feminino. Só procuravam sobreviver e não negar ou superar a realidade, visto que eles representariam a própria realidade, com a afirmação e incitação de sua feiúra e maldade. Portanto, as mulheres, mais calmas e sábias, só lutariam contra os homens para proteger o seu universo dos sentimentos. Nesse sentido, pode-se dizer que a primeira fase da dramaturgia de Mishima, até aproximadamente 1960, é governada pelos princípios femininos e que ele próprio era um advogado dos direitos da mulher.

No entanto, no final de 1960, o escritor descobre o niilismo ativo. Esta segunda fase seria a do mundo masculino. Através de seus romances, contos e ensaios, Mishima intentou restaurar a vontade trágica e varonil da tradição literária japonesa, e por meio dos seus atos, a tradição do samurai. A partir do conto *Patriotismo* (janeiro de 1961) e dos dramas *Marquesa de Sade* (1965) e *A Queda da Família Suzaku* (1967), o protagonista teria mudado da mulher para o homem.

20. Takeo Matsuura, "Kyôki no hôseki" (A Jóia da Loucura), *Mita bungaku*, abril de 1968.

Com *Marquesa de Sade* ocorre uma reviravolta, pois quem entra no universo metafísico é um homem, o marquês de Sade. Mas a terrível catarse, "Eu já deixei de existir há muito tempo", no final de *A Queda da Família Suzaku*, é um tema que perpassa toda a dramaturgia de Mishima, desde a sua estréia com *Casa em Chamas* (1949).

5. Artes do Ator de Teatro e do Ator de Cinema

ARTE DO ATOR DE TEATRO

O que é Teatro em Cena para o Ator?

No "Tratado Teatral Escrito no Camarim", de 1957, Mishima indaga o que seria o teatro em cena para o ator.

Para o público parece uma síntese e tem mesmo de parecer assim. Mas para o ator assemelha-se a um monstro invisível, que enquanto o envolve num turbilhão, desvia-o aqui, ali e avança temerariamente em sua direção desejada. As falas são dirigidas pra cá, pra lá e nesse momento, sempre mudando de foco, a peça salta, ataca vários personagens, por vezes, foge para fora do cenário e irrompe de volta pela janela. O ator deve agarrar-se desesperadamente ao que vem a ser a sua continuidade individual, senão ele não passará de uma ficção, que se destruirá de imediato. Sim, por acaso, eu disse continuidade individual do ator. O que assegura ao extremo essa continuidade, o próprio ator acredita que seja a sua continuidade psicológica e sensitiva, recomposta intelectualmente, mas na realidade, é exatamente a sua continuidade corporal, enquanto existência identificada exteriormente[1].

O que é um Ator de Teatro?

Dois anos antes em *As Férias de um Romancista*, Mishima já salientara que na continuidade corporal, física, oculta-se a peculiaridade da arte do ator. Sempre que o dramaturgo acompanhava os ensaios de

---

1. Yukio Mishima, "Gakuya de kakareta enguekiron" (Tratado Teatral Escrito no Camarim) em *Gueijutsu Shinchô*, p. 178.

482 YUKIO MISHIMA: O HOMEM DE TEATRO E DE CINEMA

suas peças, ele meditava sobre a natureza misteriosa do ator de teatro. A 10 de julho de 1955, ao assistir os ensaios de *A Dama Aoi* e *Nada é Tão Caro como o Grátis*, montadas pela Companhia Bungaku-za no Daiichi Seimei Hall em Tóquio, ele se pôs a refletir mais profundamente sobre a questão do ator.

Afinal, o que é um ator?

Quanto à emoção de interpretar é o personagem de um certo papel, por exemplo, a sra. Rokujô (personagem de *A Dama Aoi*); quanto à razão que controla essa emoção, é terminantemente um ator. Além disso, a sra. Rokujô, que é uma criação dramatúrgica minha, narra logicamente os impulsos da sua paixão violenta e do seu mal sombrio. Desse modo, a emoção apresentada em cena é carcomida pelos três lados: pelas razões do autor, do diretor e do ator. Além disso, como o drama tem de ser empurrado para a frente por meio de emoções violentas, claramente visíveis aos olhos do público, a comoção dos espectadores também precisa nascer, provocada pela própria existência de tais emoções.

Sobre o tablado há realmente o corpo do ator. Entre o palco e a platéia há um meio físico, claramente visível. Mas os espectadores quase se esqueceram de que ele é, na realidade, o meio mais abstrato.

O fato de que a emoção carcomida ao extremo pela razão, além de agir poderosamente sobre o público, precise ir arrastando-o, é um requisito paradoxal do teatro. Entretanto, o lugar que possibilita tal paradoxo da emoção é verdadeiramente o corpo do ator. E o ator, que é um meio, decora as suas falas, submetendo-se ao controle minucioso da razão, como o de que após uma certa fala, ele deve retirar-se de cena ou simultaneamente elevando as suas funções fisiológicas, ficar rubro de raiva e, por vezes, lamentar-se vertendo lágrimas verdadeiras.

Todavia, a obra do ator é extremamente abstrata; o ator, aquele dentre os artistas que mais se expressa através do corpo (visível), na realidade, possui a obra mais abstrata (invisível).

Esse corpo é um elemento imprescindível de sua obra, porém, não se pode dizer que seja a obra em si, porque é algo que ele possui desde o seu nascimento. Por exemplo, mesmo que ele consiga fazer o seu nariz ficar mais alto, através de uma cirurgia nasal, restringe-se a uma simples correção médica; porque o seu rosto, as suas pernas curtas ou compridas, a sua estatura baixa ou elevada, não são em absoluto algo que ele construiu. Mas é claro que do ponto de vista físico, também exista uma boa compleição do ator.

Seria mais adequado dizer que essa boa constituição física é um bom material com o qual ele foi agraciado. Ao construir a sua obra, como material dessa obra, o ator lida com o seu corpo, que é algo totalmente desprovido de plasticidade. Em oposição, os outros artistas (embora para o escultor a pedra e a argila sejam representativas), como material de suas obras, lidam mais ou menos com coisas plásticas. O ator é diferente. Não deve haver ninguém com tanta consciência quanto o ator, de sua própria existência encerrada na jaula do corpo. É claro que desde antigamente, havia se pensado sobre os suplementos para tal antiplasticidade: a máscara e a maquilagem eram elementos essenciais para a arte do ator. Mas essa incômoda coisa substituta denominada corpo, metade material e metade natureza, provavelmente exerça uma ação fatal sobre a sua obra.

Entretanto, se o corpo é fatal, não se pode dizer que o espírito não seja fatal. Não se pode afirmar que o destino do corpo do ator não se assemelhe ao destino do espírito de todos os artistas. Não enxergamos nas obras do romancista, do compositor e na natureza morta do pintor, algo semelhante ao corpo do ator, um destino do espírito tão nítido exatamente quanto o destino do corpo? O que esses artistas julgam tratar-se de material plástico, não seria uma simples crença cega?

À medida que ponho-me a refletir dessa forma, ocorre-me uma definição grotesca do que vem a ser um ator. Provisoriamente (embora seja com persistência, apenas

ARTES DO ATOR DE TEATRO E DO ATOR DE CINEMA   483

temporaria), sou tomado pela tentação de definir assim: "Enquanto artista, o ator é uma espécie de ser humano cujo interior e exterior estão perfeitamente invertidos; ele é realmente 'um espírito franco e visível'".

Quando ele personifica um certo papel, nesse momento, o seu interior fica abarrotado pelo espírito de uma outra pessoa, as falas escritas pelo dramaturgo. É claro que essas falas têm de ser filtradas pelo seu espírito; no entanto, por um instante, o seu interior acaba sendo ocupado pelo espírito de um estranho. Isto é um estado violento, que ultrapassa de muito aquele em que ficamos quando lemos um livro e somos apossados pelo espírito do escritor. Como isso pode ocorrer? O seu espírito, que transfere o seu interior para outrém, sai completamente para o exterior e ele não acaba se unindo ao seu corpo? Embora se renda sucessivamente aos espíritos de outras pessoas (nesse aspecto, o ator assemelha-se ao crítico), ele segue uma direção distinta da crítica e isso não seria graças ao seu corpo, o seu exterior nítido?

Então, quando o seu espírito se torna algo visível, ele brilha no palco e a sua existência física em si mesma é uma obra de arte.

De qualquer modo, na atualidade quando os conceitos artísticos estão em crise de destruição sob diversas formas, por esta razão, creio que não exista algo como a arte do ator que apresente a questão artística de modo típico e, além do mais, simbólico, como também não deve haver arte tão saudável.

Por que saudável? Evidentemente porque não se afasta da escala humana. Por exemplo, a técnica do close-up no cinema é uma ampliação monstruosa do rosto humano e cai no "exagero funcional da natureza humana", ponto em que é inimiga da arte.

A arte do ator é terminantemente restrita ao físico, aos corpos humanos semelhantes aos nossos. Os nossos olhos que contemplam o palco, podem acreditar no que vêem; não há aqui a perplexidade como diante de um quadro de Picasso, que pintou uma mulher semelhante a um rodovalho, com dois olhos num lado. Talvez, hoje tenhamos nos esquecido da atitude dos gregos, que diziam: "Antes de mais nada, creio a partir do que vejo". Mas para o ator, o todo visível ao público, bem ou mal, é a sua individualidade. Dessa forma, a individualidade é a sua "premissa natural" e se quiser ser algo mais do que isso, o seu corpo golpeará com força a sua cabeça e a calará. Portanto, saudavelmente o ator acabará não sendo invadido pela superstição de veneração da individualidade que, desde o romantismo, envenena a arte contemporânea (embora, é claro, também haja atores intelectuais, desajeitados, que gostariam de ser invadidos por ela). Então, o ator confina a questão da individualidade só ao âmbito do visível e do seu interior, agarra a oportunidade de mergulhar no espírito de uma outra pessoa, esse ser super-individual.

Bem, o ideal do ator não é mostrar um certo ator, mas que essa pessoa, o personagem do seu papel, seja vista como se pavoneando no palco. Essa expressão artística não se limita "como tal, a ser visível", ela deve chegar, "como tal, até à existência", então, pela primeira vez, nascerá a obra do ator e "atuar" corresponderá a "criar".

A alma do ator, plena de consciência própria, assemelha-se a Narciso, que ama a sua figura refletida na água, pois para Narciso, o seu corpo é o próprio objeto do seu amor. Se tomarmos isso como a metáfora do sucesso artístico do ator, pode-se dizer que ele seja o Narciso que se jogou na água, o espírito que mergulhou com o seu corpo no mundo da "expressão", "o sujeito que se lançou no objeto". Na verdade, a relação dele com o seu papel assemelha-se à relação da alma de Narciso com o corpo de Narciso refletido na água. O que eu considero um modo saudável de expressão é exatamente isso.

Bem, em todos os gêneros de arte contemporânea, em especial no campo literário, o fantasma do romantismo, o espectro do assim denominado "subjetivismo" de Corfu, ainda lança as suas sombras em todos os lugares. Corfu escreveu: "Para o subjetivismo, a 'natureza humana' significa a 'individualidade' com uma originalidade ilógica".

O fato característico é que, como resultado, ocorreu a alienação decisiva entre sujeito e objeto. Visto que o sujeito só pode buscar o motivo de sua expressão na confissão, a rota para a expressão livre, que tem o objeto como um meio, acabou sendo fechada.

484 YUKIO MISHIMA: O HOMEM DE TEATRO E DE CINEMA

Apenas enquanto um método do sujeito para se tornar íntimo do objeto, deu-se importância à "descrição" no romance; porém, a descrição meramente técnica seguiu direto ao declínio. Diz ser o modelo da obra, mas o que resta é só a individualidade, portanto, a obra perde de imediato o estilo e deixa de ter unidade orgânica enquanto obra.

Em oposição a isso, o método de Stendhal é o de lançar-se nos objetos que ele ama, Julien ou Fabrice, atuando ele próprio como Julien ou Fabrice. Ele não é um confessor. O Stendhal dentro desses romances é um ator que não possui as amarras do corpo, ele é tão somente um escravo da "paixão", que é o destino do seu espírito. De posse de tal meio, o mundo expressivo de Stendhal bateu asas com liberdade (Quem experimentou livremente essa estória da expressão dentro do romance foi Balzac em *As Ilusões Perdidas*, com Vautrin e Lucien de Rubempré. Ali, diferentemente de Julien, aparece Lucien, que só é belo e não possui espírito algum; mas por outro lado, Vautrin, a encarnação do espírito, expõe o seu imenso e terrível rosto. De acordo com o livro *George Sand* de André Malraux, pode-se pensar que Vautrin talvez fosse o próprio Balzac e o modelo para Lucien, o pequeno Jules, namorado de George Sand).

O egoísmo de Stendhal descobriu tal objeto, isto é, ele conseguiu "ver" o seu espírito de forma nítida (quase como um corpo humano). Assim como antigamente Alexandre, o Grande, enxergara a forma do seu espírito no calcanhar de Aquiles descrito por Homero, em suma, o seu grande feito fora exatamente o de ter representado Aquiles. Porém, o subjetivismo moderno mudou o semblante espiritual para algo vasto; doravante ninguém mais pôde captar com clareza a sombra de Narciso refletida na água e, por fim, ele acabou sendo enterrado no fundo ilimitado do pântano espiritual.

E finalmente na década de 1930 surge Sartre. Este existencialista rejeitou o esforço inútil de admitir o pântano caótico em si, como algo semelhante ao seu espírito. Ele assegurou que nada nasce de tal condição opositiva sólida, entre sujeito e objeto. Sartre afirma que "a existência precede a essência" e que é preciso "partir da subjetividade". Ele estabeleceu a doutrina de que "o ser humano se escolhe em relação aos outros homens". Assim, a rota expressiva do romance abre-se de novo.

Mas para o romance, assim como para as outras artes, a questão é sempre a "via crucis" do index crítico até à criação. Não sabemos se as mesmas circunstâncias das célebres palavras de Thibaudet, "*Dom Quixote* é uma resenha do romance, que ocorre dentro do romance", darão nascimento a um novo romance, porém, estamos averiguando essa sugestão. O existencialismo possui uma espécie de peculiaridade clássica. Nas peças teatrais e nos romances de Sartre, como também nos de Camus, há um classicismo evidente. Se seguirmos a definição de Valéry: "A Escola Clássica tem um crítico no seu ser, que é o autor que se deixa participar intimamente do labor do seu ser (*A Posição de Baudelaire*)", de fato, da análise moderna que caíra numa espécie de romantismo, o existencialismo "escolheu" com base na crítica. E quanto a tal significado na Europa, sempre se pode ver uma característica clássica numa arte nova.

Eu aderi de tal modo à arte do ator, porque ela adota fundamentalmente o método da crítica, mas além disso, para levá-la até à criação, usa como escabelo o seu corpo, que tem uma forte escala humana. E eu enxerguei neste ponto, a alusão de libertação da esterilidade de todas as críticas[2].

O Ator e a Vida Real

O crítico teatral Akihiko Senda diz no ensaio *Restauração da Teatralidade*[3], que falta em Mishima um tratado essencial sobre a arte do

---

2. Idem, *Shôsetsuka no kyûka* (*As Férias de um Romancista*), pp. 37-43.
3. Akihiko Senda, "Guekijôsei no fukken" (Restauração da Teatralidade), *Kokubungaku*, dezembro de 1976

ARTES DO ATOR DE TEATRO E DO ATOR DE CINEMA 485

ator de *shingueki* (teatro moderno) japonês. Segundo ele, o dramaturgo compusera excelentes estudos sobre o ator de kabuki, como *Introdução a Utaemon Nakamura VI* de 1959 e *Danzô, uma Arte* de 1966, sobre o suicídio do ator como a dramatização de sua vida, mas não deixara uma única teoria fundamental sobre o ator de teatro moderno.

Entretanto, ao meu ver, já no tópico "O Ator e a Vida Real" do *Tratado Teatral Escrito no Camarim* em 1957, Mishima discorre não sobre um ator representativo do shingueki, mas acerca da questão do ator moderno em geral. Ao contrário do teatro tradicional japonês (nô, kyôguen e kabuki), em que vigora o distanciamento teatro e realidade, e não há, portanto, a identificação ator e personagem, o dramaturgo visualiza o ator de teatro moderno como a existência mais abstrata possível, a mais distante das coisas, em suma, o detrimento do *ser* em função do *parecer*.

O conto *O Desejo de Ser um Homem* de l'Isle-Adam[4] é um clássico eterno, enquanto sátira à psicologia do ator. Certa madrugada o famoso ator trágico Monanteuil, ao retornar do teatro, vê a sua face refletida no espelho num canto da cidade. Ele fica chocado ao descobrir as ruínas de um homem, que passara toda a sua existência a proferir unicamente falas de outra pessoa e a viver emoções criadas por outrém. Então, decide: "Preciso a todo custo transformar-me em um ser humano. Antes de morrer, tenho que experimentar pelo menos uma vez um sentimento real". Ele procura o "arrependimento", como o sentimento mais adequado enquanto ser humano e se oculta atrás dele. Após cometer, sem motivo aparente, um grande crime incendiário, passa a viver recluso num farol remoto. "Agora sim, me arrependerei, terei sentimentos genuínos e finalmente poderei tornar-me um ser humano". Assim, fica a esperar com impaciência durante um longo tempo, mas os remorsos não vêm e por fim, ele falece. "Sem perceber que o seu próprio ser era o que ele de fato estava a procurar".

Aprecio este conto e *As Cem Estórias* de Ôgai Mori como duas grandes obras literárias. Ôgai descreve inteiramente do exterior e l'Isle-Adam, do interior, mas ambos são estórias em que a alienação extrema do ser leva o próprio ser humano a se transformar em fantasma.

Assim como o cientista que trabalha com o rádio sofre, pouco ou muito, com a radiação, o artista, ele próprio um ser humano que lida com a vida, em retribuição é danificado pela existência. [...]

O espírito humano é algo que, originalmente, deve ser tratado pelo próprio homem. Portanto, essa transação é sempre acompanhada de perigo e como resultado, o seu próprio espírito é afetado pelos espíritos das pessoas que ele aborda. Ao cabo dessa violação, ele se transforma em fantasma vivo. E como o rádio, que utilizado para tratamento médico ou um objetivo eficaz, atua como um veneno sobre o operador, assim também a existência e o espírito humanos, que em si são belos, despercebidamente transformam-se em veneno assustador para o homem que trabalha com isso. A pessoa que não for afetada em certa medida por tal elemento nocivo não é digna de ser denominada artista.

Bem, talvez não haja profissão que se exponha sempre a tal perigo do elemento nocivo quanto a de ator (embora exista atores "saudáveis", completamente imunes a tal elemento nocivo), uma profissão perigosa, cuja linha fronteiriça entre vida e arte é propensa a tornar-se ambígua, não dá para se distinguir até onde é teatro e onde começa a vida [...]

---

4. *Villiers de l'Isle-Adam*, conde Auguste, escritor francês (1838-1889), autor de *Contos Cruéis*.

486 YUKIO MISHIMA: O HOMEM DE TEATRO E DE CINEMA

Todavia, tais perigos não são exclusivos do ator, estão também latentes no romancista e no poeta. O conto de l'Isle-Adam satiriza o destino dos artistas em geral. [...]

É preciso escapar ao logro do mundo do "scheinen" (parecer) e retornar ao mundo do "sein" (ser), que se satisfaz em existir sem ser visto. [...] Não é só no teatro que basta "parecer". O primeiro ensinamento da vida em sociedade foi o de que o ancião deveria parecer idoso, a crianca, infantil e o ministro, político. O teatro apenas enfatizou e tornou artística esta função da vida social. O público se reúne no teatro em busca de uma certa "aparência" e o ator concentra o seu espírito para a encarnação de uma certa "aparência". [...] Começa aqui uma perigosa filosofia de vida, a do "scheinen", que pensa que o sentido da vida só finda com a personificação perfeita de um certo "parecer". [...]

Ao deixar o palco, o ator precisa voltar depressa para o mundo das coisas e recuperar aí o seu ser humano. Senão, como aquele personagem do conto de l'Isle-Adam, acabará sua vida sem se dar conta de que ele próprio é uma coisa. O ator deve fugir apressadamente dos diálogos e das agitações emotivas, sob a iluminação artificial, e retornar ao mundo sem diálogos nem emoções. Em suma, um mundo onde os sentidos não foram sublimados e estão satisfeitos consigo mesmos, essa é a verdadeira terra natal do artista. Quando os sentidos alcançam o clímax da mentira no tablado e estão satisfeitos em serem vistos, nesse momento, o rádio se encontra no estado de desprendimento máximo do seu veneno. Mas no caso do romancista, uma vez que é colocado imediatamente para fora no mundo da obra completada, não é tão mau assim, pois ele se salva. Todavia, na arte do ator, o corpo todo engana os seus sentidos e serve a uma ficção, portanto, o perigo desse mundo é sério. Ser visto acaba se transformando na condição mesma dos seus sentidos. E apesar dos sentidos serem solitários, estarem incessantemente a ponto de fervura e ebulição, e serem de fato a última base de apoio dos artistas em geral, eles acabam até mesmo por perdê-los. Ouvi dizer que o ator James Mason vive em sossego na sua casa, rodeado por uma dúzia de gatos[5].

Assisti um depoimento televisivo do ator Walmor Chagas, declarando que nos intervalos dos trabalhos, isola-se no seu sítio, tendo unicamente uma montanha maciça diante de si. Pouco tempo depois, a revista *Veja* (2001) publicou: "'Conheci tantas pessoas e de maneira tão intensa, que acabei me cansando de gente'. Walmor Chagas, explicando porque, aos setenta anos, mora sozinho no interior de São Paulo". Provavelmente, entre essas *tantas pessoas* também estivessem incluídos os inúmeros personagens que ele interpretara ao longo de toda a sua carreira.

ARTE DO ATOR DE CINEMA

Star, a Estrela de Cinema

Inspirado em sua experiência como protagonista no filme *Um Cara na Borrasca*, em março de 1960, Mishima compõe o conto *Star*, publicado inicialmente na revista *Gunzô*, novembro do mesmo ano.

---

5. Yukio Mishima, "Haiyû to nama no jinsei" (O Ator e a Vida Real) em *Gakuya de kakareta enguekiron.*

ARTES DO ATOR DE TEATRO E DO ATOR DE CINEMA

A minha realeza está em "ser visto". [...] Por mais que eu explique às pessoas o que é "ser visto", creio que é inútil. Porque a nossa característica de "sermos vistos" é a causa de nossa expulsão do seio da sociedade e transformação em estranhos,

revela o personagem, estrela de cinema. No posfácio à edição do conto pela editora Shinchôsha (janeiro de 1961), o autor assinala que como se trata da existência peculiar de uma estrela de cinema, sob a forma de um conto de idéias, está apartada dos atores e trabalhadores de cinema reais.

Embora seja um ser sempre à vista e próximo de todos, como se pudesse ser tocado com as mãos, na realidade, talvez não haja, quanto à forma existencial, um proprietário de "um corpo tão abstrato" quanto uma estrela de cinema[6].

Quero me Tornar um Objeto

No dia seguinte à assinatura do contrato como ator da Companhia Cinematográfica Daiei, Mishima publica o artigo "Quero me Tornar um Objeto", em que expõe a sua visão singular do ator de cinema. O escritor acreditava que como romancista, podia trabalhar em liberdade e construir o mundo que desejava com as palavras, portanto, era bem ativo. Já no mundo do cinema, o diretor e o produtor é que seriam ativos, enquanto que

o ator de cinema parece o mais ativo, mas é a existência mais distante da ação. Creio que este é o desempenho do ator de cinema. Eu me senti fascinado por esse princípio, isto é, o de que o ator de cinema é um objeto ao extremo. [...] Falando de maneira radical, para mim, acho mais interessante ser tratado o máximo possível como um objeto. Empregando palavras comuns, é ser tratado como um tipo, um caráter. Em suma, creio que se eu for tratado como uma coisa e se conseguir expressar o sabor e o fascínio dessa coisa, será um sucesso. [...] Um uniforme, por exemplo, transforma o ser humano em objeto.

Pode parecer paradoxal, mas desde antigamente eu cogitava se não haveria um mundo desconhecido, oposto ao meu. Sempre me sentira atraído por algo semelhante a um mundo anti-proton, como se diz na física[7].

A Coisa Em Si (das Ding an sich), o Demônio da Arte Cinematográfica

Quanto às imagens, Mishima explana sobre *a coisa em si* (*das Ding an sich*), a essência incognoscível e transcendental de Kant, no *Tratado do Corpo Cinematográfico: a Parte e o Todo.*

Por mais que o diretor use a sua faculdade de controle mental, de repente, "a coisa em si" (das Ding an sich) não levada em conta mostra a sua cara e, como esse resíduo

---

6. Idem, Posfácio ao conto *Star.*
7. Idem, "Boku wa obujie ni naritai" (Quero me Tornar um Objeto), *Shûkan Kôron,* 1 de dezembro de 1959.

488 YUKIO MISHIMA: O HOMEM DE TEATRO E DE CINEMA

possibilita vários tipos de argumentos, o diretor passa a levar cada vez mais a sério a manifestação de sua consciência e a faculdade de controle mental. Então, forma-se a misteriosa fórmula "das Ding an sich = metáfora"[8].

No filme *Patriotismo*, esse *das Ding an sich = metáfora* seria as entranhas humanas transbordando nas mãos do tenente Shinji Takeyama, após cortar o abdômen.

Essa sensação sinistra era avassaladora e estava repleta de uma terrível força persuasiva, sensual e exibicionista do pensamento tradicional japonês, que simbolizava a sinceridade humana por meio dos intestinos. Eu acreditava que o real valor histórico da cultura nipônica quanto ao seppuku não seria compreendido, se não o expusesse até a esse ponto. Portanto, eu apresentei a "minha sinceridade"[9].

As entranhas, sendo meramente uma porção do corpo humano, não possuem individualidade. Mas por que quanto mais impessoal a coisa, tanto mais ela é chocante ou obscena? Mishima procura responder esta questão, através da relação com a técnica cinematográfica do close-up.

Originalmente, o close-up tem por objetivo ampliar o belo rosto de um ator. Mas entrementes, ele passa a incluir uma função contraditória e a conotar a tendência de progredir para uma idéia sexual e universal de individualidade.

Bem, não há parte mais pessoal do corpo humano quanto a face. Mas afora o rosto, em cada porção impessoal, como "as pernas de Maria da Silva" ou "os seios de Maria da Silva", enquanto "impessoalidades nominadas", a coisa e o nome estão paradoxalmente a se fortalecer um ao outro. Pode-se dizer que essa é a estrutura paradoxal do erotismo comum e que não há meio que tenha sido capaz de empregá-lo mais do que suficientemente quanto o cinema.

E quanto às entranhas? Se fosse a exposição do seu intestino verdadeiro, o ator não sobreviveria, portanto, com exceção de um filme documentário, é impossível que seja "as entranhas de José dos Santos". Mesmo as pessoas acostumadas a ver a morte no cinema, podem ficar bastante chocadas com tais truques. No entanto, esse choque excede em muito o erotismo como o de "as pernas de Maria da Silva", um erotismo de crise da "individualidade erodida pelo erotismo impessoal". Isso é de fato o choque da coisa, o revolver da sensação de segurança que nutrimos vagamente em relação à "coisa" denominada corpo, em relação ao qual sustentamos confusamente uma sensação de medo de sermo-nos mostrado o avesso do corpo. As pessoas sentem ânsias de vômito. Nesse momento, elas por certo confrontam a realidade da existência física, universal e impessoal do ser humano, que é consumadamente o alvo extremo do close-up e tem quase o mesmo tipo e qualidade da idéia universal de individualidade. Isto é o que eu realmente denomino "sinceridade"[10].

Mas mesmo nas cenas psicológicas, *a coisa em si (das Ding an sich)* aparece e desaparece sem cessar, traindo constantemente a lógi-

---

8. Idem, "Eigateki nikutairon, sono bubun oyobi zentai" (Tratado do Corpo Cinematográfico: a Parte e o Todo), *Eiga Gueijutsu*, maio de 1966.
9. Idem, ibidem.
10. Idem, ibidem.

ca. Portanto, os espectadores precisam perseguir a lógica dramática, embora sentindo-se sufocados pela ilogicidade das imagens.

Ao se fazer um paralelo entre as artes do ator de teatro e do ator de cinema, na visão de Mishima, pode-se concluir que ambos se assemelham quanto ao fato de que tanto o ator de teatro como o de cinema trabalham com o seu corpo, sempre visível, porém, um meio extremamente abstrato. Mas a diferença fundamental estaria em que, enquanto a existência do ator de teatro é a do mundo do parecer, da ficção, em detrimento do ser, já ao contrário, 80% da existência do ator de cinema estaria relacionada à vida, como o escritor explana em *O Enigma de Patriotismo*. Porém, os atores de papéis secundários no teatro ainda estariam num ponto de contato com a vida. A existência do ator de teatro seria a mais distante possível das coisas e dos objetos, daí o alerta de Mishima para que uma vez deixada a ribalta, ele deveria voltar correndo para o mundo das coisas e recuperar a sua identidade enquanto ser humano. Enquanto que o ator de cinema teria uma vida a mais distante da ação, uma vez que seria *um objeto ao extremo*.

6. O Teatro Ideal Morreu

"Wagner *era* um artista, portanto, não era um idealista. Nietzsche era um idealista, portanto, ficou desapontado com Wagner" (grifo de Mishima). Ao ler o artigo do regente de orquestra alemão Wilhelm Furtwängler (1886-1954) na revista *Gueijutsu Shinchô*, o escritor japonês ficou profundamente impressionado com essa frase explicativa do rompimento de Nietzsche com Wagner.

O que abalara Mishima fora o emprego do *era*, dito de maneira tão leve e sensata, mas que seria uma questão grave no Japão. A proposição "É um artista, portanto, não é um idealista" seria verdadeira pelo menos no Período Edo (1603-1867), quando se deu o florescimento das artes populares, os teatros bunraku e kabuki, as gravuras *ukiyoe* e os romances hedonistas de Saikaku Ihara. Porém, como ainda não havia artista nem idealismo nipônico modernos, no sentido estrito da palavra, ela simplesmente não existiria. Mas a partir da Era Meiji (1867-1912), passa a vigorar a asserção "É um artista, portanto, é um idealista". Logo, ainda hoje a máxima "É um artista, portanto, não é um idealista" soaria irracional aos japoneses. O mundo do shingueki (*teatro moderno*) japonês também teria adotado a proposição anti-Furtwängler, "É um artista, portanto, é um idealista". E nesse sentido, ainda permaneceria na mesma posição da era da civilização Meiji.

Para ilustrar estas duas asserções opostas, Mishima compara o dramaturgo Michio Kato, que advogava o "teatro ideal" e acabou se suicidando por enforcamento, e Wagner, que ergueu um teatro monumental em Bayreuth, atendendo às suas novas concepções artísticas.

492 YUKIO MISHIMA: O HOMEM DE TEATRO E DE CINEMA

Toda vez que evocava a vida de Kato, Mishima supunha a pressão que tal ambiente nipônico exercera sobre ele. Kato estava sempre a temer que devia ser um idealista. Após o fracasso de sua peça *Trapos e Jóias*, que o magoara muito, Mishima relata o que sucedera em *Tratado Teatral Escrito no Camarim*:

Ele foge dos deveres de artista e idealista, que o perseguiam, e fica a sonhar absortamente com o "teatro ideal", pois não tinha mais onde se evadir. Não encontrando o teatro ideal em lugar algum, as suas obras encenadas ferem-no cada vez mais e por fim, este poeta gentil, por meio do suicídio, parte para o "país em que existe o teatro ideal".

Bem, Wagner construiu o teatro ideal em Bayreuth. Não há artista que tenha realizado um empreendimento tão grandioso sobre a face da terra, uma vez que Reinhardt não foi muito longe e Diaghilev faliu. No entanto, conforme o dito usual de Furtwängler, Wagner materializou algo semelhante a um teatro ideal, porque ele era artista e não idealista. O teatro edificado por um homem que não era idealista, por mais que objetivamente fosse um teatro ideal, é bastante duvidoso que para ele próprio fosse o teatro ideal. Além do mais, ele não o levantou com o seu dinheiro. Ele obteve uma soma vultuosa de um rei tolo e além disso, possuía talento para gastá-lo como se fosse água e fazer o mundo acreditar que era um gênio genuíno. Este homem era um artista e também um político, mas não um idealista.

Ao chegar até aqui, a minha teoria fica um pouco confusa. No mundo não há senão uma maneira para se realizar um desejo próprio? Arte e política não são iguais quanto a esse meio? Não é por isso que, de fato, arte e política se dão tão mal? Mas quem sempre inevitavelmente fracassa e fica com raiva é apenas o idealista.

Diferentemente de Michio Kato, pode-se conjeturar que Wagner era um homem que de algum modo, no fundo, sabia com muito mais clareza do que ninguém, que o teatro ideal morrera. Por isso, o seu "teatro ideal" foi fundado. Entretanto, ao ver a reaparição desse antigo teatro de festivais, Wagner, afinal de contas, como o seu amigo, e mesmo inimigo, Nietzsche que declarara com uma expressão solene no rosto: "Deus morreu", talvez sorrindo com ironia, tivesse balbuciado: "O teatro ideal morreu".

Ao pensar no homem Wagner, apesar de sua obra comovedora, não consigo deixar de sentir que Wagner em si era uma pessoa que não possuía o mínimo de comoção. Provavelmente porque ele fora educado e, além do mais, vivera num ambiente em que "É um artista, portanto, não é um idealista". Na Europa o comovente conde de l'Isle-Adam, um monstruoso idealista e um dos seguidores de Wagner, no final não chegou senão a um artista de segunda categoria.

Bem, o "teatro ideal" morreu. Isto já é tão certo como "Deus morreu". Se Deus é uma criação humana, o teatro ideal também o é; ninguém sabe se antigamente eles existiram de fato, ninguém pode provar. O dramaturgo não precisa se comprometer com o "teatro ideal". É bom que ele escreva com devoção para o seu próprio bem. Creio que a dramaturgia e o movimento teatral devem manter uma relação de inimizade mútua. Ambos devem se pegarem de surpresa.

7. Encontros com Homens de Teatro

Lee Strasberg

Em 1957, durante sua estadia em Nova York, Mishima vem a conhecer Lee Strasberg (1902-1982) no Actor's Studio. Strasberg fora um dos fundadores e diretor do Group Theatre e do famoso Actor's Studio, centro de formação profissional para atores.

O JAPÃO VISTO POR TENNESSEE WILLIAMS

> *O artista está sempre a se machucar. Ele fere o seu corpo, despeja o seu sangue sobre os outros e está sempre sonhando. O artista é como um ser humano que estivesse a arrancar a pele do seu próprio corpo. Todos os dias ele corta as suas veias e expõe os seus nervos, por isso fica tão esgotado. Escrever não é um ato agradável; trabalha-se, trabalha-se, como se estivesse a esmurrar uma parede de pedras[1].*
>
> TENNESSE WILLIAMS

> *Gosto de pessoas que têm a personalidade nítida, como Tennessee[2].*
>
> YUKIO MISHIMA

1. Tennessee Williams em diálogo com Yukio Mishima: *O Japão Visto Pelos Dramaturgos*.
2. Yukio Mishima em diálogo com Tennessee Williams: *O Japão Visto pelos Dramaturgos*.

494 YUKIO MISHIMA: O HOMEM DE TEATRO E DE CINEMA

Como costumava frisar, dentre os dramaturgos ocidentais do século xx, Mishima apreciava sobretudo Garcia Lorca e Tennessee Williams (1911-1983). Os dramas sulistas de Williams, bem como os romances e contos de Faulkner e as peças de Albee, com o encadeamento de sexo, violência e frustações, lhe pareciam "quadros anatômicos de tragédias gregas". Portanto, lhe diziam muito mais do que outros dramas contemporâneos, que se limitavam a descrever seres humanos sem sangue e sem ossos. Por ocasião da montagem nipônica de *O Zoológico de Vidro*, Mishima publicou o artigo "Drama de Época Americano: *O Zoológico de Vidro*"[3]. O interessante é que o cenário de E. S. Stevens lhe evocou o de uma peça de época (*sewamono*) do kabuki, assim como o rancor assustador da mãe Amanda lhe lembrou o kabuki *Conto dos Fantasmas de Yotsuya*.

Em 1952, durante sua primeira estadia em Nova York, Mishima foi recepcionado por Williams, que lhe ofereceu uma grande festa, quando veio a conhecer Truman Capote. Já em 1957, Williams encontrou-se por acaso com o escritor japonês numa das ruas de Nova York. Assim, em 1959, quando o dramaturgo americano veio a Tóquio pela primeira vez, Mishima visitou-o no Hotel Imperial e depois no Akasaka Prince Hotel, para onde ele se transferira porque aí havia uma piscina. Onde quer que estivesse, Williams escrevia todas as manhãs. Ele costumava levantar-se por volta das 7:00 horas, trabalhava exaustivamente por umas três horas e depois nadava. No momento estava compondo *A Noite do Iguana*, que estrearia em 1961. Segundo o autor, o iguana amarrado sob a varanda do hotel mexicano não simbolizava nenhum dos personagens americanos. Como muitos indivíduos de suas obras, "prisioneiros das circunstâncias", nenhum deles podia fugir, enquanto que o único a ser libertado no final é o iguana. E o velho poeta americano da peça, que não criava poesia há muitos anos, completa o seu poema derradeiro e falece. Nessa ocasião, Mishima também estava a idear o seu drama *Árvore Tropical*.

Os escritores dão uma entrevista a 16 de setembro de 1959, "O Japão Visto pelos Dramaturgos"[4], tendo como observadores o secretário particular de Williams, Frank M., e o crítico de cinema Donald Richie. Quanto à temática do teatro de Williams, Mishima vê em *Caminho Real*; *Orfeus, Descending* (1957) e *De Repente, no Último Verão* (1958), a reencarnação da idéia de sacrifício do herói trágico, que originara nas cerimônias da Antiguidade. Williams revela que a Blanche de *Um Bonde Chamado Desejo* (1947) seria a representante típica desse personagem trágico. Uma pessoa de sen-

---

3. Yukio Mishima, "Amerika no sewaba: *Garasu no dôbutsuen*" (Drama de Época Americano: *O Zoológico de Vidro*), *Mainichi Shimbun*, 6 de abril de 1950.

4. Idem, "Guekisakka no mita Nippon" (O Japão Visto pelos Dramaturgos), *Gueijutsu Shinchô*, novembro de 1959.

ENCONTROS COM HOMENS DE TEATRO 495

sibilidade delicada e vulnerável, de caráter extremamente romântico, que devido à sua desintegração mental, vai decaindo cada vez mais e no final é sacrificada. Já a protagonista de *A Rosa Tatuada* (1950), apesar de romântica, seria a versão cômica de Blanche. Mas como ele já explorara à exaustão esse veio, de que a tragédia nasce quando um espírito jovem e puro se depara com um poder muito forte e é despedaçado, no seu mais recente *O Doce Pássaro da Juventude* (1959), na época em cartaz com grande sucesso na Broadway, decidira pelo oposto, a protagonista é agora uma atriz envelhecida e durona.

Depois de compor tantas peças sobre a *decadência*, enfim, sobre seres sensíveis acossados pelo fracasso e solidão, Mishima conjeturou que ao querer mudar, talvez Williams tivesse perdido o interesse por esse assunto que tanto o atraíra. Já Williams apreciara muito o drama *O Louco no Telhado* de Kan Kikuchi, que acabara de ler, e pretendia montá-lo nos Estados Unidos. A estória extremamente simples, a pureza de sensibilidade do louco e o coração genuíno do seu irmão mais novo, que tenta protegê-lo, encontrariam ecos no teatro de Williams.

Até então, o dramaturgo americano já estivera em vários países que o haviam interessado, ora pelo povo, ora pela vida social e, por vezes, pela vida sexual. Mas o Japão era a primeira nação que o atraíra profundamente pelo seu aspecto intelectual e cultural, sobretudo a literatura e o cinema. Muito antes de vir ao Japão, ele já adquirira o hábito de ler aos poucos a literatura nipônica. As inúmeras correspondências que descobrira entre as literaturas contemporâneas japonesa e americana sulista, talvez estivessem no seu apego à terra, na forte influência da família, na sensibilidade excessiva dos nipônicos e seu decorrente tormento de viver, sempre tomados pela visão da morte, uma vez que a esperança seria algo momentâneo e só poderia ser encontrada de instante a instante na vida. Todos esses fatores o faziam sentir como se tivesse retornado ao seu torrão natal. Os conceitos de "realidade" e "tragédia" seriam muito similares nessas duas culturas, embora guardadas as diferenças de que os americanos sulistas os tratam de modo muito mais direto do que os japoneses.

Os romances *Não Mais Humano* e *Sol Poente* de Osamu Dazai lembrariam os romances da escritora sulista Carson McCullers (1917-1967), autora de *O Coração é um Caçador Solitário*, *Reflexos num Olho Dourado* e *Frankie Addams*, que discorrem sobre a solidão humana. Não por acaso, Williams ficara impressionado com os romances de Dazai, observa Mishima. Pois o fracasso e decadência de um ser proveniente de uma família rica do nordeste do Japão e o seu desejo de reabilitação seriam o retrato dos próprios personagens dos dramas de Williams, um americano sulista.

Pela pureza do seu lirismo bem como a auto-sátira, *Um Bonde Chamado Desejo* seria o maior sucesso de Williams, com Blanche como a representante sulista perfeita. A lanterna de papel que ao acender logo queima e se transforma em cinzas, uma coisa sulista, simbolizaria Blanche em sua delicada fragilidade, confidenciou o autor. E acrescentou que na sensibilidade excessiva dos japoneses também havia algo dos americanos sulistas. No dia da entrevista, Williams assistira o ensaio de *Um Bonde Chamado Desejo* pela trupe *Shichiyôkai* (Associação dos Sete Dias da Semana) e lamentara que estivesse americanizado, pois gostaria que fosse mais em estilo kabuki. Mas ao contrário de Mishima, a princípio, ele não comparecia aos ensaios de suas peças, porque acreditava que estaria violando a liberdade do encenador. Muitos dos seus dramas foram dirigidos por Elia Kazan. Na montagem de *Caminho Real* em Nova York, Kazan usara o corredor da platéia como um *hanamichi* (*passarela* de kabuki). Contudo, o resultado não fora satisfatório, porque os espectadores temiam que os atores pisassem nos seus pés. O escritor japonês lhe disse que achava bem melhor o original de *Gata em Teto de Zinco Quente* de 1955, antes do dramaturgo tê-lo revisado a pedido de Kazan e Williams ficara feliz ao ouvir isso, pois era da mesma opinião.

Ao discutir sobre a questão do homossexualismo, Mishima declarou que originalmente no Japão, isso era tratado de forma bem mais aberta. Entretanto, a partir da Restauração Meiji (1867), com o puritanismo trazido pelos missionários americanos, se distorcera. Embora houvesse muitos escritores americanos que usam o homossexualismo como um chamariz, Williams retrucou que uma única peça sua, *Gata em Teto de Zinco Quente*, trataria do homossexualismo. Mas simplesmente como um efeito dramático, uma vez que o tema principal seria a mentira, a falsidade.

Para Mishima, uma peça teatral baseia-se inteiramente no princípio estrutural, isto é, uma vez estabelecida uma construção detalhada, deve progredir de uma só vez. Caso contrário, o fluir do drama acaba se perdendo. Portanto, ele não conseguia entender por que apesar de Williams dedicar-se com afinco ao trabalho, de três a cinco horas pela manhã, só conseguia avançar umas poucas linhas por dia. "Williams escreveria um drama como se fosse um romance, levando um ano para criar uma obra?" Aliás, o dramaturgo americano confessou que, na realidade, levava um ano e meio para compor uma peça. Entrementes, só havia cinco dias em que escrevia de fato, como se as comportas de uma represa se abrissem e tudo afluísse de uma só vez. No entanto, Mishima concluíra que a estrutura das obras de Williams era fraca e no seu impressionismo histérico havia algo semelhante ao romancista Osamu Dazai.

No ano seguinte, em 1960, de novo no Japão, Williams participou de um debate televisivo com Mishima na CBS.

ENCONTROS COM HOMENS DE TEATRO   497

A "proximidade" entre americanos e japoneses seria a coexistência simultânea entre "crueldade e elegância, violência e estética". Ainda hoje, isso tem valor e deve ser observado com interesse como um tratado sobre Mishima, visto de um ângulo original[1].

Posteriormente, os dramaturgos passaram a compartilhar a mesma agente literária em Nova York. Por ocasião da montagem japonesa de *Orpheus, Descending*, drama de 1957, quando se inicia o movimento beatnik, Mishima publica o artigo "A Derrota da Natureza Selvagem: *Orfeu do Inferno* pelo Bungaku-za"[2]. O primeiro ato seria um teatro realista; o segundo, um teatro psicológico; e o terceiro, um teatro simbólico. Pelo fato das mudanças serem abruptas demais, "essa tragédia decorrente da derrota e decadência da pureza, liberdade e natureza selvagem", aliás, a idéia básica em toda a dramaturgia de Williams, não falaria diretamente ao coração. Daí a sua não receptividade tanto em Nova York como no Japão.

O BREVE ENCONTRO COM ALBEE

No outono de 1960 no Theatre de Lys em Nova York, após a apresentação de *Shepherd's Cameleon* de Ionesco, houve um debate entre o dramaturgo e Rosamund Gilder. Seguiu-se um colóquio entre Jack Gelber, autor preferido no início pelo Living Theater, Albee e Mishima, para se discutir *O Quanto o Teatro e o Público Novaiorquinos Estão Doentes*. Indagado por que não escrevia dramas de corpo inteiro, Edward Albee (1928), que em um ano e meio criara cinco notáveis peças em um ato, respondeu com convicção: "Mas todas as minhas peças são de corpo inteiro".

No artigo "O Breve Encontro com Albee"[3], o escritor japonês rememora que Albee era pequeno, usava terno, um típico artista novaiorquino, mas não boêmio e muito sensível. Havia nele sombras de silêncio e solidão, que lhe agradaram. Mishima não conhecia em absoluto o trabalho de Albee, esse representante do teatro do absurdo, e a temporada de *História do Zoológico* já havia terminado. Depois em San Francisco, chegara a participar de um workshop de *Areeiro*, mas julgara que as peças cômicas japonesas, kyôguen, eram bem melhores. Porém, ao ler *História do Zoológico* (1958) numa tradução japonesa, reconheceu de imediato o talento de Albee. "Não é uma peça de antiteatro, um "tôfu" azedo, mas uma obra legítima e respeitável.

---

1. Tennessee Williams, citado em Masaaki Okamoto "Amerika sakka no mita Mishima: Henry Miraa o chûshin ni" (Mishima Visto pelos Escritores Americanos: Centrado em Henry Miller), *Shinchô*, ed. especial *Vinte Anos da Morte de Mishima*, dezembro de 1990.

2. Yukio Mishima, "Yasei no haiboku: Bungaku-za no *Jigoku no Orufeusu*" (A Derrota da Natureza Selvagem: *Orfeu do Inferno*) em *Asahi Journal*, 26 de março de 1961.

3. Yukio Mishima, "Albee tono tsukanoma no deai" (O Breve Encontro com Albee) em *Bungaku-za Tsûshin*, maio de 1962.

498 YUKIO MISHIMA: O HOMEM DE TEATRO E DE CINEMA

Além do mais, é um drama assustador, que mostra de forma realista o impasse da civilização, como se atravessasse no fio da navalha em Nova York".

COCTEAU, ANJO E LEÃO

Quatro anos após a montagem do seu drama dançante *Orfeu*, baseado no filme de Cocteau, numa tarde nublada e extremamente gélida, a 15 de dezembro de 1960, o casal Mishima encontra-se com Tomiko Asabuki no Café Dôme de Montparnasse em Paris. Ela os conduz a uma escola nos arredores, para assistirem os ensaios das peças de Jean Cocteau. No subsolo do edifício havia um pequeno auditório de trezentos lugares, próprio para experimentações antes de se transferirem para um recinto maior. Admirador do artista francês desde a mocidade, o escritor japonês confessa em "O Cocteau dos Ensaios", que não pôde reprimir a sua profunda emoção, quando a figura de estatura elevada adentrou no teatro com o seu sobretudo marrom claro. "Ao pensar 'Então, este é o Cocteau a quem admiro há tanto tempo?', seria exagero dizer que ele parecia envolto por uma aura"[4].

Recentemente, Cocteau por fim consentira que alguns dos seus dramas em um ato, escritos na juventude, fossem publicados e montados. A trilogia apresentada tinha estilos diferentes, porém, um tema comum: a fidelidade feminina. A tragédia *Sombra*, a mais especificamente cocteauana, era protagonizada pela atriz japonesa Keiko Kishi, na época casada com um produtor francês. Ela interpretava a esposa que se suicida, acusada de adultério pelo marido, porque o filho não o reconhecera ao retornar ao lar, após anos na guerra. Encenada em estilo teatro chinês, ora com máscaras ora retirando-as, nas cenas de guerra o marido, com ambos os braços abertos, simulava um avião de caça. Na pungente cena final, a criança que não sabia da morte da mãe, acende o candeeiro sobre a mesa e ao projetar a sombra de um boneco sobre a parede, diz: *Olhe, este é o meu pai*. Só então, o marido se dá conta de que se enganara. A segunda tragédia passa-se numa vila de pescadores e fora composta bem antes, mas assemelha-se muito a *O Mal-entendido* (1944) de Camus. A terceira, uma comédia espirituosa, fora inspirada nas estórias romanas antigas.

Cocteau ficara muito satisfeito com o desempenho de Keiko Kishi, com sua bela voz e postura adequada na expressão de uma fidelidade tipicamente oriental. Entretanto, criticara a encenação por demais em estilo de teatro de bonecos. Embora proibido pelo médico de comparecer aos ensaios para não se exaltar, nesse dia, Cocteau chegou e sentou-se exatamente na frente do casal Mishima. Muito

4. Idem, "Keikoba no Kokutô" (O Cocteau dos Ensaios), *Gueijutsu Shinchô*, março de 1961.

ENCONTROS COM HOMENS DE TEATRO

sensível à forma, quando quis mostrar ao ator no palco um determinado movimento, seus longos braços se estenderam para trás e seus formosos, delgados dedos, nervosos e pontiagudos, pareceram a ponto de esbofetear a amedrontada Yôko Mishima.

Anos mais tarde, precisamente a 22 de abril de 1963, Cocteau foi acometido por uma nova crise cardíaca, vindo a falecer a 11 de outubro do mesmo ano na região parisiense. O escritor japonês dedica-lhe um artigo comovente, *A Morte de Cocteau, Anjo e Leão*.

Ao saber do falecimento de Cocteau aqui, de um lugar remoto, parece extremamente irreal e o sentimento de pesar também não jorra de imediato. Falando à maneira de Cocteau, a distância espacial funciona do mesmo modo que a distância temporal, logo, pode-se dizer que no Japão Cocteau ainda não morreu.

De um modo geral, é estranho que Cocteau pereça e mesmo o fato dele envelhecer era uma coisa muito esquisita, contrária à natureza. Além do mais, no final de 1960 em Paris, quando me encontrei pela primeira vez com o Cocteau já todo enrugado, não senti desilusão em particular. No entanto, diante do Cocteau provecto, diferentemente da velhice das pessoas comuns, parecia-me ver uma pessoa acometida, por acaso e infelizmente, por uma doença incurável chamada "velhice". Desde então, ele sofrera alguns ataques cardíacos e a sua saúde perigava.

É certo que quando jovem Cocteau fundara uma época, mas ela foi infeliz. Comparada à sua fama no Japão, na França – à parte os seus anos derradeiros quando foi eleito o "Rei dos Poetas" – durante um longo tempo rondou uma espécie de dúvida, um fedor de sênior e Cocteau era considerado um poeta mundano. Originário de uma família da classe média alta de Maisons-Laffitte, embora odiasse a mundaneidade, havia algo nele que fizera da sociedade mundana a sua cliente favorita até à morte.

Não bastou ser eleito o "Rei dos Poetas", Cocteau se esforçou amiude tornar-se um deus. Porém, de modo geral, fracassou nesse intento. Faltava-lhe a estupidez digna dos deuses, o papel de anjo lhe caía melhor.

Ao chegar à era em que os metálicos e leves jatos revoam barulhentamente no céu, poderia-se crer que a "leveza" extremamente moderna de Cocteau e o seu lado profético e mitológico, pela primeira vez, apertaram as mãos com intimidade. Para confrontar a dor da existência, Cocteau parecia apresentar não as pesadas correntes de ferro, mas as cordas de um piano. As linhas dos desenhos de Cocteau, extremamente precisas e nervosas, assemelhavam-se a tais cordas de piano e a eficácia das descrições límpidas de seus poemas, romances e peças teatrais também eram assim. Era um remédio novo da arte, totalmente distante do tratamento contra a dor, pesado, sombrio e espesso, preconizado pelo século XIX. Durante um longo tempo, as pessoas não despertaram para a eficácia deste novo medicamento. Mas recentemente, por fim, se aperceberam que Cocteau era sem dúvida um poeta. Em suma, ele nos ensinara uma nova forma de viver.

Dentre os romances de Cocteau, o que eu mais aprecio é *Tomás, o Impostor*. Mas o romance da vida privada, *O Escarranchamento das Pernas*, também é importante. Das peças teatrais prefiro o *Orfeu* cheio de lacunas ao neo-romântico *A Águia de Duas Cabeças* e *Os Pais Terríveis*, que esconde sob a estrutura de um teatro de boulevard, uma tragédia antiga. Dos filmes, o primeiro que assisti, *A Bela e a Fera*, é de fato inesquecível. Quanto aos poemas, eu, que não domino a língua original, não posso me pronunciar. Entretanto, gosto do facilmente compreensível *Os Ladrões de Crianças* (em *Ópera*, coletânea de poemas em prosa e verso).

A amizade entre Cocteau e o Japão talvez seja revelada pela sua bela descrição, quando de sua visita ao meu país em 1936. Ao ver o ator Kikugorô Onoe VI, como protagonista na segunda parte do drama dançante de kabuki *A Dança do Leão no Espelho*, ele declarou: "Os pés golpeiam o solo, os braços se estiram, a juba turbilhona no ar, dando a impressão de escrever com um pincel grosso o texto mudo desta peça. A moça se transformara em leão"[5].

No seu livro *On Stage in Japan*, o crítico de teatro e ator de kyôguen, Don Kenny, americano radicado no Japão, faz uma observação curiosa. "Diz-se que inspirado por esta dança, Jean Cocteau criara o seu filme *A Bela e a Fera* (1946)"[6].

5. Idem, "Kokutô no shi: tenshi to shishi" ("A Morte de Cocteau: Anjo e Leão"), *Mainichi Shimbun*, 15 de outubro de 1963.
6. Don Kenny, *On Stage in Japan*, Tokyo, Shufunutomo, 1974..

8. As Coisas que me Fascinaram

No ensaio *As Coisas que Me Fascinaram* de 1956, Mishima relata que desde o começo, não manifestara o menor interesse pela arte honesta e instrutiva nem pelos romances moralistas. Inicialmente sentira-se atraído pelas coisas demoníacas, sobretudo a *Salomé* de Wilde ilustrada por Beardsley. Depois fora influenciado pelos romances de Junichirô Tanizaki. Ele próprio não conseguia fazer uma maldade sequer a ninguém, mas passou a pensar na arte como algo em que o belo e o mal estavam sempre unidos. Porém, logo descobriu que essa atração pelo demônio era ingênua e sensual, como um desejo sexual subconsciente na juventude.

A SERENIDADE CLÁSSICA DE RAYMOND RADIGUET

> *Ao conhecer Radiguet, o jovem que não for possuído por esse demônio da juventude, deve ser estranho. Eu, por natureza, nunca me apaixonei pelo personagem de um romance. Entretanto, apaixonei-me pela pessoa do escritor Radiguet, apostando nele toda a minha juventude[1].*
>
> YUKIO MISHIMA

Ao ler o romance *O Baile do Conde d'Orgel* de Raymond Radiguet, Mishima ficou muito impressionado. Ele percebeu que

---

1. Yukio Mishima, "A Propósito das *Obras Completas de Raymond Radiguet*", em *Mishima Yukio zenshû*, vol. 25..

502 YUKIO MISHIMA: O HOMEM DE TEATRO E DE CINEMA

além da estética de arte desproporcional e demoníaca de Wilde, havia uma outra, a de arte equilibrada e com sagacidade apolínea. A primeira leitura do romance de Radiguet, aos quinze anos, o transtornara.

Como um jovem de vinte anos conseguira organizar os seus impulsos, eliminando todo o supérfluo? Esse exemplo de sucesso, ao edificar esse mundo abstrato da obra de forma tão mentalmente equilibrada, era para mim um milagre, um espanto, uma espécie de mistério, narra ele em *As Coisas que me Fascinaram*.

Mais tarde no artigo "Um Livro", publicado no *Asahi Shimbun* em 1963, confessaria: "Foi realmente a bíblia da minha juventude. Não sei quantas vezes reli esse exemplar da editora Hakusuisha".

Em *Atraído por Radiguet*, o escritor revela que tivera um choque e compreendera que Radiguet estava relacionado às coisas realmente francesas da literatura francesa. Ele considerava *O Baile do Conde d'Orgel* o exemplo supremo de romance com estrutura abstrata e pura, que denominou de "estrutura ótica", com todas as partes convergindo para a catástrofe final. "Este método de construção, que intensifica o clímax do romance de um modo que lembra a tragédia clássica, se tornaria um elemento indispensável na minha arte do romance". Pode-se acrescentar que essa "estrutura ótica", em que todos os incidentes convergem para a catástrofe final, se estenderia a toda a sua arte ficcional, inclusive dramaturgia e cinema.

Portanto, ele ficou muito feliz quando conseguiu adquirir as *Obras Completas de Raymond Radiguet* de 1938, traduzidas por Daigaku Horiguchi. Escritor francês, autor de dois romances psicológicos, *Com o Diabo no Corpo* (1923) e *O Baile do Conde d'Orgel* (1924), e uma coleção de poemas *As Faces Rubras*, Radiguet (1903-1923) foi uma das paixões de Jean Cocteau. No início Mishima se interessara por Radiguet devido a uma razão muito simples, a questão da idade; com um misto de ciúme e espírito competitivo em relação a esse gênio precoce, que falecera prematuramente aos vinte anos, deixando uma obra-prima como *O Baile do Conde d'Orgel*. Mas aos poucos, acabou sobrepondo a sua própria figura à de Radiguet e durante a guerra esforçou-se para escrever uma obra-prima, esperando morrer igualmente aos vinte anos.

Atraído pela sua personalidade, elegância do seu estilo de um rigor clássico e a psicologia que pode ser analisada pela lógica, foi através da janela aberta por Radiguet, que Mishima adentrou na literatura européia e americana, quando ainda estudava no Gakushûin. Com o espírito de investigar cada vez mais a fonte do romance de Radiguet, ele lera *A Princesa de Clèves* de madame La Fayette, o primeiro romance psicológico moderno, e *Adolfo*, o romance intimista de Benjamin Constant, um dos mestres da análise psicológica. Depois lera sobretudo Racine, Mauriac, as literaturas alemã, inglesa e americana.

AS COISAS QUE ME FASCINARAM

Quando eu tinha quase a mesma idade de Radiguet, senti-me atraído cada vez mais pela perfeição clássica de suas obras. Mas a minha inclinação para a realização clássica, através da mediação de Radiguet, dirigiu-se mais além, para Racine e o teatro grego antigo. Hoje o que eu amo nas obras de Radiguet é inteiramente a sua juventude (Eu também envelheci!). De modo geral, o direito de morrer por volta dos vinte anos não é privilégio de romancista de país algum. Porém, no abuso desse direito que os deuses impuseram a Radiguet, agora já existe a versão de que ele se tornou uma lenda do mistério da própria juventude, semelhante às mortes prematuras de Adonis e Jacinto[2].

Essa influência clássica de Radiguet marcaria o escritor japonês até o final da guerra e o levaria a criar o conto *Vidro Colorido* em 1940 e o romance *Ladrões* de 1948, "com o qual pretendera estabelecer as contas finais com a experiência de Radiguet". Porém, só conseguiria libertar-se dessa influência ao compor o conto *A Morte de Radiguet* em 1953, em que descreve os anos derradeiros do escritor francês, a vida em comum com Cocteau e a sua morte. Assim que Radiguet completa o romance *O Baile do Conde d'Orgel* no interior, em fins de setembro de 1923, o casal retorna a Paris e leva uma existência boêmia, mudando de hotéis, ingerindo muita bebida e pílulas para dormir.

Mishima transcreve a fala do moribundo a 9 de dezembro, registrada por Cocteau no seu prefácio ao romance.

Dentro de três dias, eu serei fuzilado pelos soldados de Deus. O poeta lhe diz: Em suma, o fato de você ter escrito isto aos vinte anos é uma traição terrível à vida, como também uma indiferença às suas leis. Sou um pouco mais velho do que você, mas já vi exemplos da vingança cruel da natureza aos infratores das leis da existência. Viver é uma espécie de travessia na corda. Por ter escrito *O Baile* aos vinte anos, você quebrou esse equilíbrio. A questão está em como você recuperará o equilíbrio. Além do mais, que ironia, pois *O Baile* é uma obra que mantém um equilíbrio perfeito.

Após a morte de Radiguet a 12 de dezembro de 1923, Cocteau confidenciou ao poeta Max Jacob: "Quando Radiguet vivia, nós morávamos com o milagre". Pouco depois, Cocteau aderiu ao ópio como um lenitivo para a sua dor.

ÔGAI MORI, UM MESTRE MAIOR DO QUE RADIGUET

Depois da guerra, Mishima foi gradualmente despertando e convalescendo dessa *doença de Radiguet*. Como por exemplo, a enorme influência das patéticas sentenças propositalmente invertidas em *O Baile do Conde d'Orgel*, que não deixavam de acusar um certo sentimentalismo. "François sabia que ele carecia de sentimentos gentis por

---

2. Yukio Mishima, *"Radigue zenshû" ni tsuite* (A Propósito das *Obras Completas de Radiguet*) em *Mishima Yukio zenshû*, vol. 25. Os artigos *Radigue-byô* (*A Doença de Radiguet*), *Reimon Radigue* (*Raymond Radiguet*) e *Dorujeru-haku no butôkai* (*O Baile do Conde d'Orgel*) estão neste livro.

504 YUKIO MISHIMA: O HOMEM DE TEATRO E DE CINEMA

Mahaut", quando na realidade, François de Séryeuse amava Mahaut. Aos poucos, esse romance de Radiguet e as obras de Akinari Ueda (1734-1809), autor de *Contos da Lua Vaga* filmado por Kenji Mizoguchi, deixaram de estar ao seu lado.

No posfácio à sua coletânea de contos com o título homônimo de *A Morte de Radiguet* (1955), Mishima confessa que só ao escrever literalmente sobre a morte do escritor francês, por fim, conseguira exorcizá-lo.

> Durante um longo tempo Radiguet viveu dentro de mim, tiranizando-me e dominando-me. Mas agora, Radiguet não me intimida tanto. Ele já é um rapaz dez anos mais jovem do que eu. O Radiguet que me ameaçava, finalmente morreu dentro de mim.

Já por volta dos vinte e seis anos, ao se familiarizar com as obras de Ôgai Mori, Mishima descobriu nele um mestre maior do que Radiguet. Pois Ôgai não acusava nenhum sentimentalismo, ao contrário, apenas uma grande frieza, um complexo de superioridade intelectual, com o niilismo e uma indiferença total no seu reverso. "Ôgai era um adulto completo, a própria Era Meiji e um grande sintetizador das culturas oriental e ocidental", afirma ele em *As Coisas que me Fascinaram*. Além do mais, Ôgai conhecia todos os meandros sombrios da existência, como no conto *As Cem Estórias*, no qual ele vislumbrara um demonismo mais violento e torvo do que em Oscar Wilde. No jogo das *Cem Estórias*, realizado totalmente no escuro exceto por cem velas acesas, ao final da narração de uma estória de fantasma por cada um dos participantes, uma vela era apagada. Quando a escuridão se tornasse completa, surgiria uma aparição. No conto, trata-se de um artista que se torna recluso e passa a levar uma existência de espectro.

O DUALISMO DE THOMAS MANN

O quarto item de *As Coisas que me Fascinaram* seria o "impulso fundamental para a destruição". Mishima apreciava a idéia arquitetural, uma vez que a matemática e a arquitetura seriam as bases não só da arte grega, mas também da européia. Assim como a arquitetura tem por objetivo construir um edifício que nunca desmorone, a arte também se assemelharia à arquitetura quanto à sua forma, com uma estrutura equilibrada. Mas a diferença fundamental entre arquitetura e arte, na concepção do escritor japonês, é que uma vez completada a obra de arte se destruiria, como na sua célebre metáfora do jogo de montar.

Desde a Antiguidade não era novidade a associação arte e arquitetura, sendo a arte entendida como "tudo o que é produzido por um meio que não seja a natureza". Portanto, "arte de pensar significaria engenho, invenção". Já no século XVII, Descartes declara no *Discurso do Método* que "a ciência é tarefa de um só", não no sentido de um único indivíduo, mas de unidade racional. Na se-

AS COISAS QUE ME FASCINARAM

gunda parte da obra, o filósofo faz uma digressão sobre arquitetura e urbanismo, cuja idéia já se encontra na primeira de suas *Regras para a Direção do Espírito*. Ele passa da questão do urbanismo para a da política em Esparta. A arquitetura de um só, a legislação de um só e a ciência de um só constituem a racionalidade de um Estado absoluto, que surge como tipicamente racional e moderno. Em suma, o elogio da unificação como uma forma de racionalidade. Há também em Mishima esse elogio do equilíbrio e da estrutura racional da arquitetura, modelos para a sua criação teatral, bem como a idéia do dramaturgo onisciente, absoluto. Porém, enquanto na arquitetura e no pensamento cartesiano o objetivo final é a preservação da ordem e estabilidade, o inusitado na criação artística do escritor japonês, atendendo à sua estética da decadência, é que tudo deve convergir para a inevitável catástrofe final.

Apesar de ter escrito sobre Jean Genet e Norman Mailler, Mishima não foi muito influenciado por eles. Dos escritores ocidentais contemporâneos, talvez a influência mais marcante tivesse sido de Thomas Mann (1875-1955). Através da mediação de Ôgai Mori, que estudara na Alemanha, começa a sua devoção a Mann, que fora fortemente influenciado por Nietzsche. Por exemplo, o tema de *Tonio Kroeger* é a oposição vida e arte, que em termos nietzscheanos seria a dualidade vida (*dionisíaca*) e espírito (*apolíneo*). O romancista e contista alemão mostrara um grande interesse pela falta de sentido da vida burguesa, justamente porque o seu impulso para a ruína e a catástrofe deveria ser muito grande, conjetura Mishima. O dualismo genuíno e dramático entre arte e vida, o sentimento trágico da literatura alemã, a harmonia entre a elevada natureza artística e a vulgaridade, ele os aprendera de Thomas Mann.

A eles, o escritor japonês acrescentaria os dualismos corpo e espírito, conhecimento e ação. Entretanto, unificar arte e vida seria uma tendência extremamente perigosa, que arruinaria tanto a arte como a vida. Daí a sua crítica ao romancista Osamu Dazai (1909-1948), que se suicidara com a amante, pois Mishima não admitia em hipótese alguma o suicídio literário. Em *O Background da Literatura de Mishima*, ele afirmou:

Por detestarem o dualismo, os japoneses sempre acabam diluindo-o com um foco suave. Portanto, não há uma fronteira nítida entre chuva ou tempo bom, fica sempre nublado ou com nevoeiro. Creio que a primeira vez que fui influenciado por um dualismo ocidental, totalmente diferente, foi através de Mann. Arte e vida, assim como várias outras formas de dualismo são influências muito fortes, que fortalecem os elementos do drama e o mundo do romance.

Mas aos poucos, Mishima passou a julgar cada vez mais como Nietzsche, que na arte ideal não pode faltar o aspecto apolíneo nem o dionisíaco.

A ORIGEM DA TRAGÉDIA DE NIETZSCHE

Segundo os testemunhos do seu pai Azusa e de sua mãe Shizue Hiraoka, Friedrich Nietzsche (1844-1900) marcara profundamente o escritor. Durante a guerra, dentre os pensadores estrangeiros ele lera principalmente Nietzsche e sobretudo *A Origem da Tragédia*. Nos colóquios com Yukio Miyoshi, *O Background da Literatura de Mishima*, seis meses antes de sua morte, e no último com Takashi Furubayashi, "Depoimento de Mishima", uma semana antes do seu suicídio, ele revelaria que *A Origem da Tragédia* ainda era a obra de que mais gostava. "Não há livro tão agradável e que faça estremecer a minha alma quanto este. Creio que mesmo inconscientemente, fui bastante influenciado por ele".

A obra de estréia de Nietzsche, *A Origem da Tragédia* de 1872, um livro complexo de um especialista em filologia e teologia antigas, tornou-se famosa pela criação de uma terminologia peculiar, que expressa os conceitos opostos de *apolíneo* e *dionisíaco* vigentes na sua visão artística.

> Contrariamente aos que se aplicam a fazer derivar as artes de um princípio único, princípio que seria a nascente da vida necessária a toda obra de arte, contemplo eu "duas" divindades artísticas dos gregos, Apolo e Diónisos, e nelas reconheço os representantes vivos e evidentes de "dois" mundos de arte que diferem essencialmente nas respectivas essências e nos seus respectivos fins[3].

Nietzsche propõe a questão do antagonismo existente no mundo grego entre a arte plástica ou apolínea e a arte sem forma, musical ou dionisíaca. Do casamento desses dois impulsos artísticos contrastantes é que seria gerada a tragédia grega, ao mesmo tempo apolínea e dionisíaca. Esta é a essência da tragédia grega na concepção do filósofo alemão. Mas a singularidade de Nietzsche está em afirmar que desses dois impulsos básicos, o dionisíaco é que seria de fato a fonte da tragédia grega. Enfim, *trágico* pode ser lido como *dionisíaco*.

Ambos os espíritos, apolíneo e dionisíaco seriam "forças artísticas que brotam do seio da própria natureza", "sem intermédio do artista humano" e as suas essências seriam marcadas pelas oposições "mundo dos sonhos e mundo da embriaguez". A "bela aparência" do mundo dos sonhos seria a condição prévia das artes plásticas, da literatura e do teatro. Apolo seria a "imagem divina e esplêndida do princípio de individuação, cujos gestos e olhares nos falam de toda a sabedoria e de toda a alegria da 'aparência', ao mesmo tempo que nos falam da sua beleza"[4].

Já o estado dionisíaco seria melhor compreendido por analogia com o mundo da embriaguez.

---

3. Friedrich Nietzsche, *A Origem da Tragédia*, p. 120.
4. Idem, p. 39.

AS COISAS QUE ME FASCINARAM

Graças ao poderio da beberagem narcótica era que todos os homens e todos os povos primitivos cantavam seus hinos. Ou então, era isso devido à força despótica de renovação primaveril, aquela que alegremente penetra em toda a natureza, que vai despertar a exaltação dionisíaca, que vai atrair o indivíduo subjetivo, para o obrigar a aniquilar-se no total esquecimento de si mesmo. [...] Não é somente a aliança do homem com o homem que fica novamente selada pela magia do encantamento dionisíaco: também a natureza, alienada, inimiga ou subjugada, celebra a sua reconciliação com o filho pródigo, o homem[5].

Quanto às festas dionisíacas no mundo antigo:

Quase por toda a parte o objeto dos seus regozijos era uma licença sexual desenfreada, cujo fluxo exuberante não se detém respeitoso perante a consangüinidade e transpondo os limites da moral, submerge as leis veneráveis da família; era verdadeiramente a bestialidade mais selvagem da natureza humana que se desenfreia até chegar àquele misto horrível de prazer e crueldade que parece ter o sabor de uma bebida cozinhada por feiticeiras[6].

Durante um certo tempo, os gregos estiveram protegidos desses desregramentos pela estátua de Apolo. Todavia, quando "das raízes mais profundas do helenismo, começaram a surgir semelhantes instintos", tornou-se necessária uma aliança.

Foi uma reconciliação de dois adversários, com a delimitação rigorosa das fronteiras que, de futuro, nenhum poderia transgredir, uma reconciliação seguida de trocas periódicas e solenes de presentes[7].

E nas festas dionisíacas dos gregos, reconhece-se uma

significação superior: a de festas da redenção libertadora do homem e dias de transfiguração. [...] Pela primeira vez, nelas, o aniquilamento do princípio de individuação tornou-se um fenômeno artístico[8].

Isto é, no caso dos gregos, o impulso dionisíaco não teve o efeito de *crueldade e prazer* e foi descoberto como um fenômeno artístico.

Em suma, enquanto Apolo seria o *gênio do princípio de individuação*, com Dionísio "quebra-se o jugo da individuação e abre-se um novo caminho para as causas geradoras do Ser[9]". Mas a proposição que perpassa toda *A Origem da Tragédia* é uma concepção metafísica da arte, a de que "o mundo e a existência não podem ter justificação alguma, a não ser como fenômeno estético"[10]. A natureza possui impulsos artísticos. Apolo e Dionísio seriam as duas divindades ar-

5. Idem, p. 40.
6. Idem, p. 43.
7. Idem, p. 43.
8. Idem, p. 44.
9. Idem, p. 121.
10. Idem, p. 175.

508 YUKIO MISHIMA: O HOMEM DE TEATRO E DE CINEMA

tísticas dos gregos. Porém, como a força artística mais profunda é a dionisíaca, o "fenômeno artístico", em última instância, possuiria uma identidade original com o "fenômeno dionisíaco". Isto também é válido na estética de Mishima, em que *dionisíaco* = *trágico*, tendo a "morte trágica" como o seu ápice. No excelente *Introdução a Yukio Mishima*[11], Kô Tasaka afirma que Nietzsche criticava a cultura moderna pela perda da imagem trágica (leia-se dionisíaca) do mundo moderno e via nela a causa de toda a sua infelicidade.

O EROTISMO DE BATAILLE

O pensador contemporâneo europeu com quem Mishima tinha mais afinidades era Georges Bataille (1897-1962), a quem chamava de *o* "Nietzsche do erotismo". O primeiro contato com esse escritor francês, fortemente influenciado pelas filosofias de Hegel (*A Fenomenologia do Espírito*), de Nietzsche, acerca de quem compôs o ensaio *Sobre Nietzsche* e de Heidegger, deu-se em 1955, por volta dos seus trinta anos. Para Mishima, isso representaria o seu segundo encontro com Nietzsche. A tal ponto de Kô Tasaka asseverar que, a partir de então, o cerne da estética de Mishima pode ser resumido no amálgama de Nietzsche (argumento trágico) + Bataille (argumento erótico).

Posteriormente, Mishima iria descobrir essa estrutura estética (Nietzsche + Bataille) no sistema imperial japonês, que se tornaria o núcleo de sua estética trágico-romântica. E com base nela comporia vários romances, contos, dramas e ensaios. Mas a primeira referência a Bataille só aparece em abril de 1960, quando faz a resenha de *O Erotismo* de 1957 para a revista *Koe* (*Vozes*). O estilo ardente com que se manifesta diz bem o quanto este livro o seduzira. Porque, na realidade, "o que residia dentro de Mishima como uma obsessão já havia sido teorizado claramente por Bataille", observa com argúcia Yukihito Hirano em "Yukio Mishima e Georges Bataille"[12].

Logo no início da resenha de *O Erotismo*, Mishima diz: "Só de ler o índice da primeira parte, dá para se perceber o quanto este livro é interessante" e transcreve todos os itens da primeira parte e, em seguida, os da segunda. O que o atraíra fora que Bataille abordara a questão do erotismo, "provavelmente o âmago do mundo espiritual do século XX", de modo tão abrangente, jamais verificado até então. E resume o tema do livro, que está no prefácio de *O Erotismo*. Bataille parte da premissa de que a essência da vida está na descontinuidade. Os seres humanos, enquanto indivíduos, são limitados por seus corpos, portanto, existências *descontínuas*, isoladas dos outros. Em oposição a essa

11. Kô Tasaka, *Mishima Yukio nyûmon* (*Introdução a Yukio Mishima*).
12. Yukihito Hirano, "Mishima Yukio to Joruju Bataiyu" (Yukio Mishima e Georges Bataille), *Kaishaku to Kanshô*, fevereiro de 1976, p. 72.

AS COISAS QUE ME FASCINARAM 509

descontinuidade, a *continuidade da existência* com os outros ou com a natureza só seria possível através da morte. O momento da procriação seria um instante típico, no qual o indivíduo adquire a *continuidade*. Quando ele se amalgama com o outro, cada qual perde a sua própria *descontinuidade* e dele nasce uma nova existência descontínua.

Essa relação sexual no mundo das idéias humanas é denominada *erotismo*. Portanto, erotismo e morte estão profundamente ligados. Erotismo seria a dissolução das nossas vidas descontínuas. A similaridade entre o amor sexual e o sacrifício estaria no fato de que, com a sua morte, as pessoas vêem a evidência da existência contínua que é o fundamento do sagrado. Segundo Kô Tasaka, as concepções opostas de existências "descontínua" e "contínua" do tratado erótico do nietzscheano Bataille corresponderiam às idéias do "princípio de individuação" (apolíneo) e "destruição do princípio de individuação" (dionisíaco) de Nietzsche.

Fortemente impressionado pela *Exposição de Arte Pré-Colombiana* (1918) realizada em Paris, Bataille logo se aproximaria da escola de sociologia e antropologia francesa, representada por Émile Durkheim e Marcel Mauss. Como as sociedades modernas estão doentes porque sofrem de anomia, dos pré-colombianos aprenderia o modo de vida das sociedades pré-modernas ou não industriais. Lá vigoraria a dialética vulgar e sagrado, a distinção e alteração entre o tempo cotidiano, mundano de trabalho e proibição, e o tempo sagrado dos festivais, quando eram permitidas as imolações e liberdades sexuais.

Essas atividades de Bataille, acrescidas das fundações da revista literária *Acéphale* e da Sociedade de Pesquisas Sociológicas, que visava restaurar o sagrado como o núcleo de uma forte comunidade espiritual, assemelhavam-se às diligências do próprio Mishima. Enquanto lia *O Erotismo*, ele freqüentemente se lembrava da viagem que fizera ao México em 1957, quando visitara sob o sol abrasador, as ruínas das pirâmides da civilização maya na península de Yucatan, famosas pelos sacrifícios humanos. Começa aqui o retorno do escritor japonês à mitologia. Em "Um Momento Privilegiado: Yukio Mishima e Bataille"[13], Tatsuo Satomi assinala que ao ler o diário de Mishima de 1958 a 1959, constata-se o seu interesse por Yung, pelo folclorista Shinobu Origuchi (1887-1953) e que ele chegara inclusive a solicitar a tradução do manuscrito de *Popol Vuh*, livro sagrado dos antigos mayas, habitantes da Guatemala, sobre as origens e criação do mundo, o mais precioso documento da literatura indígena das Américas.

Assim como Bataille, Mishima procurava a salvação do niilismo contemporâneo, "a clara consciência da descontinuidade da existência", o estranhamento do mundo, igualmente num modelo de vida

---

13. Tatsuo Satomi, "Tokkenteki shunkan: Mishima Yukio to Bataiyu" ("Um Momento Privilegiado: Yukio Mishima e Bataille"), *Yuriika*, maio de 1986, pp. 210-211.

510　YUKIO MISHIMA: O HOMEM DE TEATRO E DE CINEMA

pré-moderna, isto é, "nas trevas sangrentas da Antiguidade", diz ele na resenha de *O Erotismo*. E prossegue:

O esforço intelectual não diz senão suporte a descontinuidade. [...] A experiência de aprofundar essa fronteira foi freqüentemente tentada e além do mais, em larga escala, pelo intelectualismo. No entanto, acabou sendo obrigado a fixar-se numa ética individual. O existencialismo do pós-guerra também é uma manifestação limite desse esforço intelectual, mas não é a salvação das trevas sangrentas da Antiguidade, unindo numa linha direta morte, sentimento do sagrado, erotismo e morte.

Enquanto Bataille investigava teoricamente o *sagrado* na Sociedade de Pesquisas Sociológicas e na prática e em segredo, com os membros da revista *Acéphale*, por sua vez, Mishima denunciava o modo de vida atual.

Mas os contemporâneos perderam totalmente essa clara divisão do tempo. O poder da religião se debilitou e foi suplantado por vários tipos de entretenimentos ideológicos, que incluem o cinema e a televisão, bem como por uma considerável parte da literatura. Todos os dias, esses conceitos de crime e indulgência sexual são diluídos em água e fornecidos como pílulas de vitamina [...] Assim como os habitantes de uma cidade onde existe um crematório, nós nos acostumamos ao odor rarefeito da morte e não conseguimos mais distinguir o cheiro da morte verdadeira.

Em *Madame Edwarda* (1937), Bataille também adota essa posição crítica. "Hoje, temos em relação aos seres humanos (humanidade) uma imagem igualmente afastada, tanto do prazer extremo quanto da dor extrema".

Mas o ponto forte de Bataille estaria em declarar que

a imagem do mundo atual, dividido em pedaços e dispersado, ainda é conservada na sua base pelo erotismo, enquanto princípio unificador. E que em oposição ao humanismo ocidental, hoje a "morte" parece surgir como um grande princípio civilizatório.

Este ponto de vista de Bataille se assemelharia, embora de maneira não tão lógica, com a descoberta que D. H. Lawrence fizera no México da cerimônia pagã da *serpente alada*, com a correlação de derramamento de sangue e erotismo, morte e ressurreição.

Bataille classifica o erotismo em três tipos: físico, espiritual e sagrado, com o ponto comum de "mudar a descontinuidade e solidão da existência para uma profunda consciência de continuidade". No erotismo físico o pensador aborda sobretudo a questão da violência, porque "é uma invasão da existência do parceiro, equivalente tanto ao assassinato como à morte". Desnudar-se significa o início da perda completa do governo de si, para abrir-se a uma situação de comunicação. Quanto ao erotismo espiritual, "ao invés da conquista do parceiro significar a morte, ao contrário, ao perseguir o parceiro é que intervém a morte. Pensar que precisa ser aceito naturalmente pelo parceiro amado é uma espécie de consciência de continuidade".

AS COISAS QUE ME FASCINARAM 511

E se não for aceito, cogita-se até mesmo em matá-lo ou em se suicidar. Já no erotismo sagrado como trata-se de um amor santificado, o objeto é ausente.

Assim como o homem diferencia-se do animal pelo seu labor, quando suas atividades sexuais afastam-se do simples desejo animal, tornam-se eróticas. Para explicar sociologicamente o erotismo, Bataille apresenta a dialética "interdição e transgressão", que tem uma relação importante com a estética de Mishima. As principais proposições de Bataille quanto à proibição e interdição dizem: "O objeto básico da interdição é a violência" e os paradoxos de que "A proibição existe para ser violada" e "Em certos momentos, pode-se transgredir até certo ponto". Portanto, temos em Bataille as questões de "proibição e violência" e de "interdição e transgressão". Para Kô Tasaka, a transgressão do proibido corresponderia ao *trágico*, que é igual a "dionisíaco", que por sua vez é a origem da estética de Mishima, com a "morte trágica" no seu cume.

Há a proibição e os dias livres, que corresponderiam, segundo Mishima, aos "dias comuns (*ke*) e às grandes ocasiões (*hare*)" na etnologia nipônica. Sem os "dias de festa" não existiria o "cotidiano" e sem os "dias normais" não haveria os "dias de gala". Em termos nietzscheanos, os dias de festa (*hare*) corresponderiam ao dionisíaco, em oposição ao cotidiano (*ke*). O escritor afirma que como a vida contemporânea transcorre no relativismo, transformou-se apenas em cotidiano (*ke*), de onde não mais emerge o transcendental. Já a proposição fundamental do pensamento de Bataille seria a de que sem algo transcendental, não pode existir o erotismo, pois ele manifesta o seu real valor, pela primeira vez, quando entra em contato com o transcendental.

A Concepção da Morte

> *Se me perguntarem diretamente se tenho a determinação de morrer, só posso responder que não. Mas a idéia da morte é a mais suave mãe do meu trabalho*[14].
>
> YUKIO MISHIMA

O "conceito de morte" era o doce ventre da obra de Mishima. O seu "impulso romântico para a morte" vai-se constituir em um dos pontos de partida do seu trabalho. Ele considerava a vida, através da idéia de morte. Mais tarde, a morte como uma doença romântica será transmutada para um desejo ardente do *trágico*, que passará a compor o âmago de suas obras.

Yukihito Hirano assinala no ensaio acima mencionado, que os contos *Ottô e Maya* de 1942 e *Príncipe Karu e Princesa Sotoori* de 1947, escritos por Mishima respectivamente aos dezessete e vinte e

---

14. Y. Mishima, *Meus Retratos aos Dezoito e aos Trinta e Quatro Anos.*

512   YUKIO MISHIMA: O HOMEM DE TEATRO E DE CINEMA

dois anos, já apresentam vários elementos bataillianos. *Ottô e Maya* transcorre na Antiguidade e é uma obra quase abstrata, em que as idades, a condição social e o ambiente são vagos. Mas é um louvor ao êxtase de amor e morte, com o tema de ressonância da morte. O amor deles só se realiza porque a morte já se encontra a priori nos seus íntimos. Ela falece e ele sentiu que, talvez "a vida verdadeira só nasça da mais sólida união de duas mortes", o que já resume uma das temáticas na maioria das obras do escritor. Traduzindo em termos batailleanos, esses dois corpos "descontínuos", que guardam dentro de si o segredo da morte, unem-se pela primeira vez quando a morte real intervém. Já em *Príncipe Karu e Princesa Sotoori*, conto histórico, a morte não existe a priori para o casal e o êxtase amoroso só é alcançado quando a morte intervém. Dois anos mais tarde no romance *Confissões de Uma Máscara* (1949), a excitação sexual do protagonista, gerada ao ver a gravura do *Martírio de São Sebastião* de Guido Reni, também fora provocada pelo choque de erotismo e morte.

Enquanto no erotismo de Bataille, os dois corpos no processo de adquirir a "continuidade" perdem o controle dos seus seres e aí então, manifesta-se o desejo violento de morte, no de Mishima, a morte já existe a priori nos dois corpos que se amam e procuram a "continuidade". Mas só quando a morte real intervém, é que os dois corpos se unem de fato pela primeira vez. Porém, como assevera Yukihito Hirano, "isso não é uma diferença essencial. O importante é que a essência do erotismo em ambos "é uma aprovação da vida até na morte" *(l'approbation de la vie jusque dans la mort)*"

Bataille e Mishima assemelham-se em vários aspectos, mas não há uma influência direta de um sobre o outro. Aliás, como assevera o próprio escritor no depoimento a Takashi Furubayashi, eles divergem em pontos decisivos.

No meu caso, fui iluminado por Bataille, porém, não se trata simplesmente de Bataille. Estética, erotismo e morte formam uma única linha no meu interior. Mas há também a crueldade, que é algo concreto, comumente considerada "sachlich" (objetiva, prática). Entretanto, Bataille não trata isso como "sachlich". No livro dele há fotografias de torturados chineses: foram-lhes retiradas as carnes do peito e aparecem as costelas, cortados os joelhos e surgem os ossos. No entanto, esse grupo está sorrindo nas fotos. É claro que não estão a rir porque está doendo. Fizeram-lhes fumar ópio para evitar a dor. Bataille afirma que nessas figuras que receberam essas punições encontra-se de fato o verdadeiro valor do erotismo. Em suma, Bataille se esforçou ao máximo para descobrir, do outro lado do zênite do que há de mais cruel neste mundo, o mais transcendental. Ele achava que a não ser através desses atos para se recuperar a totalidade da vida, os seres humanos de hoje não mais poderiam ser salvos. Eu também concordo com Bataille.

Por volta dos seus trinta anos, simultaneamente ao retorno à mitologia, Mishima fez uma volta ao corpo físico. A malhação e a prática de boxe, kendô e karate traduziam o seu desejo de restaurar a sua "continuidade existencial". Ele considerava o típico romancista moderno japonês "um aleijado feio, cujo exterior fora deformado pelo veneno de sua mente". Porém, no pequeno artigo *Boxe e Romance* de outubro de 1956, o autor confessa que a estória não é tão simples assim.

> Penso sobre o mundo ideal onde eu gostaria de viver. Aí, o boxe e a arte dão um aperto de mãos sem nenhuma inaturalidade, a força física e a vitalidade intelectual unem as suas energias e correm, a vida e a arte trocam sorrisos. [...] O que estou fazendo não passa de uma cena de comédia, a figura de um romancista que pratica boxe é de fato caricatural. Eu sei que o meu mundo ideal (em que vida e arte coincidem) não passa de um sonho.

Após o retorno à mitologia e o culto ao corpo, o escritor foi dar, em última instância, no seu sonho de renascimento da mitologia do sistema imperial, em suma, na restauração do sistema imperial divino. Portanto, no caso de Mishima, o transcendental, que Bataille explica claramente em *O Erotismo* como sendo o "sagrado", é simplificado na imagem do imperador. Ele procurou firmemente o *sagrado* no princípio do sistema imperial.

Não por acaso, apenas oito meses após a resenha de *O Erotismo*, Mishima publica o conto *Patriotismo* (janeiro de 1961), baseado no culto ao imperador. A tal ponto de Yukihito Hirano assinalar em *Yukio Mishima e Georges Bataille*, que

> não se pode pensar na obra *Patriotismo* sem a experiência de Bataille por parte de Mishima. Pode-se dizer que Mishima se descobriu em Bataille. Em *Patriotismo*, o cerne do pensamento de Bataille está tão admiravelmente negado (aufheben), que se torna problemático determinar até onde vai Mishima e onde começa Bataille. Mas mesmo aqui, a dialética do que nega é, ao contrário, também negado, é verdadeira.

Na filosofia, *aufheben* é a dissolução de dois pensamentos opostos, unindo-os num nível mais elevado.

No ensaio *Mito e Realidade do Japão na Década de 1930* (*Modern Japan*, 1977), Ben-Ami Shillony registra o justificado protesto de Tsukasa Kôno.

> Três meses após o espetacular seppuku do próprio Mishima, Tsukasa Kôno, irmão de um dos rebeldes de 26 de fevereiro e chefe de sua Sociedade Memorial (Busshinkai), publicou um livreto denominado *O Incidente de 26 de Fevereiro e Yukio Mishima*. Kôno elogia Mishima por seu profundo interesse pelos rebeldes e apoio marcante aos seus ideais. Mas também repreende Mishima, por ter distorcido o quadro dos jovens oficiais em *Patriotismo*. Nessa estória, diz Kôno, sexo e patriotismo, por motivos patrióticos, são elevados ao mesmo nível. Isto não se adequa à tradição nipônica, que reputa o seppuku como muito elevado, porém, mantém o sexo no domínio da privacidade oculta. A mistura de sexo e patriotismo nessa obra de ficção, segundo Kôno, é uma imitação da literatura ocidental e não reflete as atitudes dos antigos samurais ou dos jovens oficiais de tempos recentes.

514   YUKIO MISHIMA: O HOMEM DE TEATRO E DE CINEMA

Mas desde o início, a idéia de morte sempre esteve presente nas obras de Mishima. Nos dois contos juvenis, *Ottô e Maya* e *Príncipe Karu e Princesa Sotoori*, o escritor aborda apenas o erotismo espiritual, posto que o tema principal é o trágico destino humano. Já em *Patriotismo*, uma vez que baseado em Bataille, o tema central é os erotismos físico e sagrado. Isto é, o autor almejou descrevê-los concretamente, seguindo o seu lema de "a união numa linha direta de sentimento do sagrado, erotismo e morte nas trevas sangrentas da Antiguidade". Depois do êxtase sexual, ocorre a violência e orgia do ritual de *seppuku*, com a exposição das entranhas sangrentas, numa cena visceral e densa de beleza e horror, tendo como pano de fundo o sentimento do sagrado, o culto ao imperador.

A Morte de Deus

> *Certamente um grande Deus morreu, quando o incidente de 26 de fevereiro de 1936 fracassou. Na época, como eu era um garoto de onze anos, só pude pressentir isso de forma vaga. Porém, na idade sensível dos meus vinte anos, quando me defrontei com a derrota na guerra, pude perceber que o sentimento real da terrível e cruel morte de Deus estava intimamente ligado ao que eu intuíra aos onze anos na minha meninice[15].*
>
> Yukio Mishima

Nos exemplares da revista *Acéphale*, fica patente que através das transgressões Bataille procurou ressuscitar o proibido, chegando ao extremo de quase realizar um sacrifício humano. Após a dissolução da revista, o pensador mergulhou sozinho numa experiência interior, que denominou de "imolação do sujeito", procurando com fervor atingir o "sagrado", uma "experiência mística sem Deus". E no final desejou criar uma nova comunidade, uma religião própria, a da "morte de Deus". Mishima, por sua vez, experienciara duas vezes a versão nipônica da "morte de Deus": no fracasso do levante de 26 de fevereiro de 1936 e na renúncia de sua divindade pelo imperador, quando da derrota do Japão na segunda grande guerra.

O escritor japonês vai justapor a sua experiência da "morte de Deus" à experiência da "morte de Deus de Bataille", provavelmente quando lê o argumento pioneiro de Tôru Shimizu sobre Bataille em "Um Ponto de Vista Hipotético sobre as Literaturas das Duas Grandes Guerras Mundiais"[16]. Logo no mês seguinte, Mishima publica o conto *As Vozes dos Espíritos dos Heróis Mortos* e no posfácio à *Trilogia*

---

15. Yukio Mishima, posfácio "O Incidente de 26 de Fevereiro de 1936 e Eu", *Mishima Yukio zenshû*.
16. Tôru Shimizu, na revista *Sekai Bungaku*, maio de 1966.

AS COISAS QUE ME FASCINARAM 515

sobre o Incidente de 26 de Fevereiro, o autor cita um trecho da tese de Shimizu.

Junto com a "morte de Deus" em Bataille, renasce o paganismo. Mas onde descobrir o "sagrado", que se relaciona à vida e morte do ser humano? Shimizu observa:

> O erotismo lhe falaria do modo mais direto sobre a realidade sombria da "morte de Deus" [...] Se empregarmos a hábil metáfora de Sartre, diríamos que a vida de Bataille seria o "melancólico dia seguinte à morte desta existência familiar", Deus. Ele vive o dia seguinte da "morte de Deus, como se fosse um viúvo inconsolável em traje de luto inteiramente preto, punido pela solidão, em luto pela mulher morta". Agora, a "proibição" que procura ocultar o sexo, tudo se transforma num esqueleto vazio e além do mais, a lembrança da morte de Deus ainda é recente em Bataille. Nesse caso, não lhe restaria outro caminho senão acumular "transgressão" sobre "transgressão" e revivificar a "interdição", que se tornara uma letra morta? Quando a "transgressão" atingir o seu limite, o "proibido" se substancializará solenemente em sua forma extrema.

Aí então, completa Shimizu em *Georges Bataille e Yukio Mishima*, "o sagrado, que empalidecera juntamente com a morte de Deus, se manifestará como um raio de luz vertiginoso"[17].

Porém, Mishima culminara na estética do sistema imperial, que necessita da premissa do imperador divino para assegurar o *Japão puro*. Mas se já ocorrera a "morte de Deus", então, seria necessário planejar a "ressurreição de Deus". Enfim, a restauração do sistema imperial divino e, ao mesmo tempo, procurar um ser absoluto nesse sistema imperial erótico. A existência desse ser absoluto, com sua ordem e proibição, possibilitava como em Bataille, a essência do erotismo como "uma aprovação da vida até na morte". Daí ele escrever o conto *As Vozes dos Espíritos dos Heróis Mortos*, fundar o seu exército particular, a Sociedade do Escudo, o escudo do imperador, e ao cometer *seppuku*, ofereceu-se para ser sacrificado numa espécie de imolação do sujeito, o martírio do santo.

17. Tôru Shimizu, "Joruju Bataiyu to Mishima Yukio" (Georges Bataille e Yukio Mishima), *Kokubungaku*, ed. extra maio de 1970.

9. O Verdadeiro Teatro de Mishima

IDEAL ESTÉTICO DE SIMPLICIDADE E CLAREZA

O ideal estético de Mishima era a simplicidade, essência do ser humano. Na sua concepção, a arte deveria ser fundamentalmente fácil de ser entendida, compreensível em si mesma. Daí a sua idolatria da tragédia clássica, sobretudo Racine, justamente por ser bem mais simples do que o teatro contemporâneo europeu. Ele acreditava que por se ignorar essa simplicidade clássica, a arte de vanguarda européia anterior à segunda guerra mundial teria se tornado hermética. Então, os artistas teriam dado uma reviravolta e ao pensar no povo, chegaram a um estágio anterior à arte, como no caso da propaganda soviética. Mas este manifesto encerra uma contradição. Apesar dele pregar a simplicidade como seu ideal estético, influenciado por Wilde, Nietzsche, Cocteau e Bataille, escritores e pensadores audazes que desafiaram a sabedoria convencional, as obras literárias e dramatúrgicas, bem como os ensaios políticos de Mishima são complexos, frutos de um escritor extremamente sofisticado.

Enquanto profissional, Mishima acreditava que devia-se redigir com letra grande e bem legível, como uma cortesia ao impressor, ao diretor e aos atores de teatro. Os seus manuscritos eram sempre em belas e nítidas letras de forma, com poucas rasuras e inserções, e entregues exatamente no dia prometido à editora ou à companhia teatral. Ele não se atrasou nem uma única vez. A sua caligrafia limpa e clara não se alterou durante toda a sua existência. Por sua vez, a retórica

518   YUKIO MISHIMA: O HOMEM DE TEATRO E DE CINEMA

elegante e profunda de suas falas, composta de modo lógico e sustentada por conceitos claros e enérgicos, foi, como a sua letra, uma das coisas que não mudaram durante toda a sua vida.

Além de conhecer bem Racine e dominar a regra das três unidades do teatro clássico, Mishima é muito apreciado no Ocidente pela sua clareza e lógica, rara nos escritores japoneses até então. O seu sucesso internacional fora porque ele tornara nítido o "enigma e o mistério nipônicos", ao descrever e explicar com clareza o que, à primeira vista, poderia parecer muito vago, ambíguo ou mesmo bizarro aos ocidentais.

Em *Restauração da Teatralidade* (1976), o crítico teatral Akihiko Senda assinala:

> Em suma, todas as peças de Mishima que possuem um tema claro e uma construção sólida, fazendo desabrochar a flor da retórica de fala elegante, possuem, quanto ao método e composição, um caráter que se enquadra perfeitamente na esfera que se completa, desde o teatro clássico francês centrado em Racine até o teatro moderno europeu do início do século XX. [...] No pós-guerra, enquanto o shingueki japonês só se preocupava em seguir as tendências dos teatros modernos europeu e americano, a dramaturgia de Mishima salientava-se não pelo caráter inovador e nem só pela retórica elegante, mas exatamente porque preservava uma antiguidade equivalente ao teatro clássico europeu. O shingueki japonês de então não tinha tempo de voltar-se para o teatro clássico europeu, assim, a antiguidade original na dramaturgia de Mishima criou, ao contrário, o paradoxo de parecer inovadora. Bem, se o caráter da dramaturgia de Mishima está dentro do âmbito do drama europeu, desde Racine até o início do século XX, é natural que o conceito de teatralidade apresentado, que se adapta a isso, também seja a do teatro moderno europeu[1].

A sua dramaturgia mostra duas facetas: a estrutura de suas peças é clara como um silogismo lógico e apresenta-se sob forma clássica, mas o seu conteúdo, o enredo, é romântico. Aliás, Mishima também possuía esses dois elementos opostos, clássico e romântico, apolíneo e dionisíaco. Se por um lado era uma pessoa séria, sempre com olhos críticos, que amava os *kata* (formas de atuação estabelecidas), um escritor satírico e até mesmo amargo, autor de tratados políticos, por outro, era extremamente passional, um poeta lírico-romântico. Mas a sua essência não era a de um lógico, ele reconhecia em si a sua feição demoníaca e mais do que o aspecto apolíneo, o dionisíaco.

TEATRO É CONFISSÃO, COM UMA MÁSCARA

A maioria dos escritores japoneses de romances do eu (*watakushi shôsetsu* ou *shishôsetsu*), narrados na primeira pessoa, emprega a confissão como um importante meio de expressão. Mishima, ao con

---

1. Akihiko Senda, "Guekijôsei no fukken" (Restauração da Teatralidade), *Kokubungaku*, dezembro de 1976.

O VERDADEIRO TEATRO DE MISHIMA 519

trário, começou oficialmente a sua vida literária com o romance *Confissões de uma Máscara*, procurando antes ocultar o seu ser.

Todo mundo diz que a vida é um palco. Mas a maioria das pessoas não parece ficar obcecada com a idéia, menos ainda tão cedo como eu. Pelo final da infância, eu já estava firmemente convencido de que a coisa era assim e de que eu devia representar minha parte no palco sem nem uma vez revelar o meu verdadeiro eu. [...] Acreditava com otimismo que, assim que o desempenho terminasse, a cortina cairia e a platéia nunca veria o ator sem maquilagem[2]. [...] E naquela casa era tacitamente exigido que eu me comportasse como um menino. A relutante máscara começara a nascer. Mais ou menos nessa época eu estava começando a compreender vagamente o mecanismo do fato de que aquilo que as pessoas consideravam em mim como uma pose era, na realidade, uma expressão da minha necessidade de afirmar minha verdadeira natureza, e que era precisamente o que as pessoas olhavam como meu verdadeiro eu que era uma máscara[3].

Mas na vida real, quando o autor se extasiava ao carregar o andor no festival de Jiyûgaoka em Tóquio, procissão semelhante à Festa do Círio de Nazaré em Belém, ou ao brincar no carnaval do Rio, ou ainda em momentos antes do seu suicídio, a sua expressão facial não era a de uma máscara.

Desde o início da sua carreira de escritor, Mishima tinha uma forte consciência de que "a essência da confissão é impossível", uma vez que "confissão" e "máscara" são frente e verso do mesmo objeto. Em *O Background da Literatura de Mishima,* ele voltaria a reafirmar a sua convicção de que "toda confissão não passa de uma máscara. Ao confessarem, as pessoas sempre mentem e acabam inserindo os seus desejos. No meu caso, é claro que a confissão numa obra é importante. Mas na realidade, a própria confissão transforma-se em ficção".

Já em *Dramatização e Direção de Lua Crescente: As Aventuras de Tametomo* (1969), o autor diz: "É uma opinião cara a mim, a de que todas as peças conotam uma confissão". Mais uma vez, ao contrário da maioria dos dramaturgos japoneses, para quem relatar diretamente o seu ser é tecnicamente impossível no teatro, Mishima, com a sua premissa da *máscara*, admitia poder *se confessar* muito mais à vontade ao compor para o teatro. "Eu tenho uma natureza estranha, pois consigo me confessar com muito mais ousadia e franqueza ao escrever dramas, especialmente as *Peças de Nô Moderno*, do que romances, que é a minha ocupação principal", declarou ele no início da sua carreira de dramaturgo.

No colóquio "Seres Humanos e Literatura" de 1967, Mishima rebate a posição de Mitsuo Nakamura, de que "uma obra-prima não comportaria uma confissão". O escritor afirma com veemência:

2. Yukio Mishima, *Confissões de uma Máscara*, p. 75.
3. Idem, p. 24.

520   YUKIO MISHIMA: O HOMEM DE TEATRO E DE CINEMA

Para mim, a questão "O que é Sade?" é quase igual a "O que sou eu?" Nesse sentido, talvez se possa dizer que aquele drama é uma confissão. Embora eu não seja Sade, a questão do que seja Sade é bastante próxima à questão do que sou eu. Se não fosse assim, eu não teria escrito aquela peça.

Portanto, a convicção de que "toda peça conota uma confissão" e a consciência de que "a essência da confissão é impossível" não constituiriam a sub-corrente de sua dramaturgia? É confissão, mas ao mesmo tempo é ficção. Para Mishima, a primeira condição do teatro é a de que o autor esteja completamente ausente na obra, não importa se comédia ou tragédia, pois o dramaturgo deve cortar relações com o mundo dentro da peça. "O verdadeiro teatro, na sua acepção mais pura, é uma criação".

Há duas correntes opostas em relação à dramaturgia de Mishima. De um lado, o ponto de vista de um teórico, o crítico teatral Hirotsugu Ozaki, que sustenta a tese de que

cada peça de Mishima chega a uma conclusão clara, nunca termina desordenadamente sem conseguir apreender as contradições humanas ou de modo incompleto, deixando um enigma. É por isso que a sua dramaturgia se completa em estilo clássico[4].

Por outro lado, o diretor Takeo Matsuura, que encenou inúmeras peças do autor, tem um parecer contrário e com o qual concordo plenamente.

Quando abordo o teatro de Mishima, sempre me vem a idéia de máscara. Toda a dramaturgia de Mishima não é algum tipo de confissão com uma máscara? E no fundo desse drama há o sorriso enigmático e tranqüilo da máscara. Mas o que é esse enigma? Nunca abordei uma peça dele sem pensar nisso. Além disso, agora que a máscara adquiriu carnes profundas e não sei em absoluto onde termina a sua face e onde começa a máscara, por mais que eu releia a sua obra ou reveja a peça que montei, sempre me dá a impressão de que haverá um desmascaramento em algum lugar[5].

NEGAÇÃO DA REALIDADE

A negação da realidade ou ser negado pela sociedade é um atributo da arte moderna em geral. Enquanto escritor e dramaturgo, Mishima não era uma exceção. Para superar esse estranhamento, ele expressava-se de forma paradoxal, embelezando e sublimando esteticamente a realidade. Devido a esse distanciamento do real, muitos o consideram um romântico comum, mas na verdade, era um romântico no seu sentido mais puro. Um romântico anticotidiano, antimundo e essencialmente idealista, que através de sua obra quis tornar possível o impossível.

4. Hirotsugu Ozaki, "Mishima Yukio no guikyoku ni tsuite", *Kaishaku to Kanshô*, agosto de 1968.
5. Takeo Matsuura, *Kyôki no hôseki* (*A Jóia da Loucura*).

O VERDADEIRO TEATRO DE MISHIMA

Na dramaturgia de Mishima, um mundo sustentado por falas esplêndidas, elegantes e compostas como uma música, as verdades históricas e cotidianas são totalmente apagadas em prol dos sentimentos que se ressaltam. Nesse vai e vem entre realidade e fantasia, ocorre uma negação do cotidiano, do real, com a afirmação dos sentimentos e emoções que se cristalizam. Os seus personagens, sempre modelos antiépoca, aparecem em cena como encarnações de um certo sentimento. Uma estética dramatúrgica de negação do ser e da vida, em última instância, uma estética da morte.

Em 1963, quando rompeu com a Companhia Teatral Bungakuza, Mishima declarou: "*A Harpa da Alegria* afasta a minha época feminina", isto é, a primeira fase de sua dramaturgia centrada nas mulheres e no tema dos sentimentos. Mas um pouco antes, a partir do final de 1960 com o seu teatro político, inicia-se a sua fase masculina com *Patriotismo*, o Sade ausente em *Marquesa de Sade, A Queda da Família Suzaku, Meu Amigo Hitler, O Terraço do Rei Leproso* e *Lua Crescente: As Aventuras de Tametomo*.

No ensaio *A Jóia da Loucura* (1968), o diretor Takeo Matsuura assinala:

> Yukio Mishima é um ser resoluto, que nega todas as trapaças cotidianas e a praticidade, essa crença incerta. Baseado na razão e nos sentimentos, ele é um mágico que retira as emoções adormecidas nos corações das pessoas e nos revela um mundo misterioso. [...] A dramaturgia de Mishima nega a realidade e faz evoluir dentro de uma fantasia chamada palco uma sensação de plenitude, verdades que inspiram abundantes emoções. E pode-se dizer que esse instante é a catarse do drama.

A condessa Asako Kagueyama em *Palacete das Festas*, a escritora de livros infantis Ariko em *A Rosa e o Pirata*, a ex-governanta Kiku em *Os Crisântemos do Décimo Dia*, estas protagonistas da primeira fase são mulheres decididas a serem alguma coisa através da sua força de vontade. Todas passam por uma provação e, no instante mesmo em que pareciam ter sido derrotadas, renascem como o fênix e transformam-se no que haviam decidido ser.

Para Mishima a inutilidade prática é um mérito. Takeshi Muramatsu abordou esta questão na revista *Shinchô* (janeiro de 1971).

> O que perpassa toda a obra de Mishima é que ele ousou escrever que desejaria dizer que "o mundo é uma rosa", ao invés de "falso". Isto é, ele deixou uma grande rosa, uma fantasia no meio da falsidade. "O fio condutor que compõe a rosa é a estética do incendiar dos sentimentos de uma só vez. Quanto mais estes sentimentos parecerem sem sentido, melhor. Eles se afastam das influências externas e se tornam puros. Quanto mais puros, mais perfeitos e preserva-se a beleza de uma só vez". Ele sempre vivia dizendo isso, mas no fim tornou-se mais radical.

Em janeiro de 1963, Mishima enviou uma carta a Takeo Matsuura, que se encontrava em Nova York com uma bolsa da Fundação

522   YUKIO MISHIMA: O HOMEM DE TEATRO E DE CINEMA

Rockfeller, e no final acrescentou que acabara de completar trinta e oito anos. À guisa de auto-retrato desenhou uma máscara de nô do ancião Okina, com uma barba assustadoramente comprida e assinou *Velho Yuki* (*Yuki* [com o ideograma de *neve*] *Okina*). No artigo "O Velho Yuki Já Não Vive Mais", Matsuura, que desde *Palacete das Festas* montara várias peças do dramaturgo e nos anos derradeiros, *Marquesa de Sade*, *A Queda da Família Suzaku* e *Meu Amigo Hitler*, rememora o seu trabalho de encenador.

O *background* das peças de Mishima está sempre na rejeição senão na negação mesmo da realidade. Os sentimentos humanos, que se perderam de vista no decorrer da vida cotidiana ou que existem justamente antes do seu sufocamento, aí florescem e voltam a respirar. Pode-se dizer que os sentimentos humanos, de uma dimensão diferente do cotidiano, possuem força e forma peculiares. O mundo que nunca é danificado, de fato, é a topografia cênica dos dramas de Mishima. Em suma, poderia-se dizer que o liberar no palco das energias, ao mesmo tempo, explosivas e calmas do espírito ou dos sentimentos fora a dramaturgia de Mishima.

E para mim, o trabalho de dar forma às suas peças era sempre uma luta dentro de suas algemas peculiares, extremamente severas. Falando de uma maneira exagerada, era também um teste de ascetismo. Mishima rejeitava por completo a direção que destruísse incoerentemente essas algemas. Ou melhor, dentro dessas algemas, quando as palavras se emaranhavam em definitivo, ele almejava a catarse de um sentimento de completude, um instante que conseguisse inspirar determinado sentimento pleno, dentro de uma ficção chamada teatro.

Ele não gostava de cenários novidadeiros, estranhamente rebuscados ou estilizados de forma barata, nem de música acessória ameaçadora ou sentimental. Que essas palavras férteis dançassem com pureza e se polissem, rejeitando o cotidiano e negando a realidade. Em outras palavras, ele sonhava com a afirmação dos sentimentos, que fizesse perceber a existência do mundo dos sonhos. E essas palavras plenas coexistiam com o silêncio profundo e a tranqüilidade total, as palavras ornamentavam o silêncio e o silêncio ressaltava as palavras. Quanto mais belas as palavras, mais o silêncio se solidificava e aumentava o seu peso[6].

A VOZ É A VIDA DO TEATRO

Mishima admirava a elocução do ator de kabuki Kanzaburô Nakamura XVII, que costumava afirmar: "Para vivificar ou matar uma fala, basta o tom". No kabuki, a modulação da voz (*merihari*) consiste em colocar o acento e o ritmo na fala. Em cada fala há elementos tradicionais de acento e ritmo, mas se for realizada exatamente da mesma maneira torna-se imitação da voz de alguém. A dificuldade consiste em colocar a nuança particular de cada ator nessa tradição. Já a elocução de Kichiemon Nakamura era poética e, mesmo debilitado pela doença, era um ator que prendia o público pela voz. Por conseguinte, Mishima julgava que no exterior também, os atores que ocupavam posições de destaque tinham talento na elocução. "Vi em

6. T. Matsuura, "Yuki Okina wa mou inai" (O Velho Yuki Já Não Vive Mais), *Suplemento nº 19 das Obras Completas de Yukio Mishima*, Shinchôsha, novembro de 1974.

O VERDADEIRO TEATRO DE MISHIMA

Londres a atuação de John Gielgud, o maior dos atores shakespeareanos e ele tinha uma bela voz, era extraordinário".

Esse parecer coincide com o depoimento do diretor Peter Brook ao *Le Monde*, sobre o eclético ator inglês John Gielgud, notável intérprete de Shakespeare, Tchekhov, dos mestres de comédias William Congreve e Richard Sheridan, bem como de Harold Pinter e inclusive ator de cinema.

> Conheci-o quando eu era muito jovem. Graças a ele fui pela primeira vez a Nova York. Ele me convidou e me fez descobrir a cidade. Depois trabalhamos várias vezes juntos. *Medida por Medida*, em Stratford, *Conto de Inverno*, em Londres, e *A Tempestade*, de Shakespeare, mas também *Édipo*, de Sêneca. Esse *Édipo* é uma coisa belíssima: Sêneca escreveu a peça para ser lida em voz alta nos banhos romanos.
>
> Em nossa montagem conservamos o estilo: tudo partia da voz. Foi um trabalho que ressaltou a maior qualidade de John Gielgud: dar vida à palavra. Ele era o teatro inglês[7].

TEATRO TRADICIONAL E SHINGUEKI

Após assistir *Otelo* protagonizado pelo ator de kabuki Kôshirô Matsumoto, Iago pelo ator de shingueki Masayuki Mori e dirigido por Tsuneari Fukuda, Mishima publica suas "Impressões Miscelâneas sobre Otelo" no *Asahi Shimbun*, 13 de junho de 1960, em que tece reflexões sobre a arte interpretativa de ambas as escolas teatrais.

> Tem-se dito com freqüência que o shingueki (teatro moderno) japonês entusiasmou-se em demasia com sua missão de antítese do teatro tradicional e acabou estreitando os limites de sua técnica. Por um lado, o teatro tradicional, devido à sua estranha peculiaridade, não consegue se expressar artisticamente de modo suficiente se não for por um ator que tenha confinado até na medula dos seus ossos, por meio de uma longa prática, os sentimentos de vida e costumes antigos. Forçosamente também é uma verdade bastante conhecida, que o ator que não pôde deixar de ser influenciado pelos sentimentos de vida e costumes novos, está procurando alguma saída para superar essa lacuna. O pessoal do shingueki aspira pela interpretação estilizada, a expressão narrativa das falas e a liberdade corporal do teatro tradicional, que ele não possuía até então. Enquanto que o grupo do teatro tradicional sente-se atraído pelas interpretações analítica e psicológica minuciosas, a elocução psicológica rápida nas falas e a investigação de caráter do shingueki, que lhe faltam. De qualquer modo, para um teatro ideal é preciso que esses dois requisitos se combinem e entrem em fusão para se tornarem unos.

Mishima chega à conclusão que a montagem de *Otelo*, que deveria resultar em um casamento espetacular do kabuki com o shingueki, não chegou senão a um noivado intranqüilo, que talvez se desfaça. Daí a sua sugestão.

> Nem é preciso dizer que o importante é a questão de técnica e treinamento. Todavia, o que é mais problemático na tradição nipônica, é que técnica e treinamento existem

---

7. Peter Brook, "Peter Brook fala de John Gielgud", *Folha de São Paulo*, 25 de junho de 2000.

524 YUKIO MISHIMA: O HOMEM DE TEATRO E DE CINEMA

sem relação alguma com a metodologia. Com a metodologia do shingueki não dá para se captar a técnica do teatro tradicional; com a técnica do teatro tradicional não dá para se apreender a metodologia do shingueki.

O escritor tinha uma profunda consciência de que o teatro japonês de sua época (dramaturgia e arte do ator) estava dividido entre as representações do teatro tradicional e shingueki. Mesmo na sua dramaturgia, somente as peças do *Kabuki de Mishima* e o seu bunraku são tipicamente nipônicos. Todo o resto do seu repertório teatral, inclusive as *Peças de Nô Moderno*, pertence à categoria do shingueki (*teatro moderno*), portanto, fortemente influenciado pelo teatro ocidental, que privilegia a fala. Seria necessário construir uma ponte, a ligar o tradicional e o moderno, incorporando-se técnicas dramatúrgicas e interpretativas de um ao outro. O que o próprio Mishima não conseguiu realizar e só seria concretizado pela geração seguinte, com o *shôguekijô undô* (movimento dos pequenos teatros), que surgiu em meados da década de 1960. Esse movimento teatral também conhecido como *angura* (leitura japonesa de *underground*), com Tadashi Suzuki, Shogo Ohta, Jûrô Kara e Yukio Ninagawa, vai enfatizar o corpo do ator e estabelecer pela primeira vez uma ponte real e efetiva entre os teatros contemporâneo e tradicional japonês.

TEATRALIDADE

Com a "restauração da teatralidade" baseada no teatro romântico francês, que Mishima defendeu com tanto ardor, seguida de seus esforços para montar *La Tosca* e *Ruy Blas*, bem como a criação do melodrama *Palacete das Festas*, é certo que ele alcançou um certo resultado nesse sentido. Mas comparado às inúmeras experiências ousadas e radicais no cenário mundial até essa época, como as de Artaud, Meyerhold e a vanguarda russa, a teatralidade ideada pelo dramaturgo nipônico permanece limitada aos seus conceitos estéticos e à situação histórica do teatro japonês de então. Mishima nunca tentou destruir as regras e estruturas tradicionais do teatro e dentro dessa ordem inconveniente, procurou desenvolver a sua habilidade teatral através das falas.

MISHIMA ATOR E MODELO FOTOGRÁFICO

Quando criança, o escritor tinha um forte desejo de mascarar-se, de disfarçar-se como um príncipe que logo seria assassinado ou um condenado à morte, enfim, de transformar-se em outro e assim, obter os aplausos do público familiar. Já adulto, apesar de sua consciência crítica aguda quanto à sua inexperiência e inabilidade interpretativa, ousou atuar com frequência no *teatro dos homens de letras* (*bunshi-*

O VERDADEIRO TEATRO DE MISHIMA 525

gueki), em suas próprias peças e no cinema, chegando inclusive a imitar cantores e servir de modelo fotográfico. Com um narcisismo pronunciado, não se cansava de contemplar as fotos com o seu poderoso corpo musculoso. Isto não estaria ligado ao seu desejo ingênuo de manifestar de forma dramática e por vezes, caricatural, o seu ego, a sua consciência de ator, de *star?* Mas ao mesmo tempo, creio que ele era sincero, ao afirmar que gostava de representar para atestar a sua existência.

MISHIMA E O OCIDENTE

Mishima era dotado de uma enorme força de vontade, com uma personalidade muito forte, uma individualidade marcante, rara entre os japoneses de então e certamente mesmo hoje, o que o tornava "diferente dos japoneses". Desde muito cedo interessou-se pela cultura ocidental, não de maneira fácil, como um objeto de veneração distante ou algo simplesmente a ser imitado. Viajou extensivamente pela Europa, Estados Unidos e América Central, como também pelos países do sudeste asiático e esteve inclusive no Brasil. Mas seja na literatura, seja no teatro, o escritor procurou aprender e dominar o método e o estilo ocidentais da forma mais completa possível, para poder confrontar no mesmo nível que os seus pares ocidentais.

No Japão pré-segunda guerra mundial houve a preponderância da cultura alemã, enquanto no pós-guerra salientaram-se as influências das culturas francesa, inglesa e americana, com a introdução de conceitos internacionais. A clareza e a vontade demasiadamente resoluta do Ocidente (na visão dos orientais) vão transparecer na sua estrutura, bem como nos seus estilos literário e dramatúrgico, que ele usava para encobrir os seus sentimentos e emoções com a crosta intelectual. Mishima era aberto ao Ocidente, daí a sua vasta cultura ocidental, sobretudo européia e isso não se limitava à sua profissão de escritor, mas estendia-se também ao seu modo de vida. Aliás, na sua existência privada, ele era um poço de contradições. Apesar do seu alegado antiestrangeirismo, suas preferências na arquitetura, literatura, comida e vestuário eram não-nipônicas. Dentre os escritores contemporâneos japoneses, era o que mais tinha amigos ocidentais, a quem recebia nas festas que promovia na sua residência em estilo colonial vitoriano, que denominava de "minha casa antizen", inteiramente decorada com objetos europeus e uma estátua de Apolo no jardim. Gostava de pinturas a óleo européias a gravuras budistas, seu prato preferido era o bife e usava calças super-agarradas ao corpo. Ele era seguramente um dos japoneses mais ocidentalizados de sua época.

Em dezembro de 1963, a revista *Bunguei* (*Artes Literárias*) realizou uma enquete com Mishima, na época com trinta e oito anos. "O que mais detesta?" *As relações humanas pegajosas.* "Onde gostaria de ir?" *Costa Rica.* "A maior felicidade da existência?" *Trabalho e*

526 YUKIO MISHIMA: O HOMEM DE TEATRO E DE CINEMA

solidão. "A maior infelicidade da vida?" *Solidão e trabalho*. "O defeito que não o deixa ser generoso?" *Empenhar-me em minha generosidade*. "Protagonista de um romance que aprecia?" *Fabrice del Dongo*. "Homem histórico?" *Os tenentes do incidente de 26 de fevereiro de 1936*. "Mulher histórica?" *Senhime* (1597-1666), filha mais velha do xogum Hidetada Tokugawa. "Pintor que aprecia?" *Watteau*. "Músico que preza?" *Wagner*. "Profissão de que gosta?" *Realmente, a de romancista*. "O que lhe é mais agradável?" *Quando termino um trabalho*. "Três desejos?" *Mais um olho, mais um coração, mais uma vida*. "Quem desejaria ser?" *Elvis Presley*. "Característica primordial do seu caráter?" *Frivolidade e paciência*. "O que mais almeja num amigo?" *Um afeto distinto*. "Sua principal virtude?" *Adesão ao compromisso*. "Animal que estima?" *Gato*. "Prato preferido?" *Bife*. "Poeta que aprecia?" *Shizuo Ito*. "Homem vivo que admira?" *Nenhum*. "Mulher viva que admira?" *Nenhuma*. "Seu costume?" *Dar gargalhadas sem motivo*. "Habilidade que gostaria de obter?" *Habilidade real no sétimo grau de kendô (esgrima japonesa)*. "Em uma palavra, o seu estado de espírito agora?" *Medo*. "A sua condição literária atual?" *Manter o meu ritmo*. "Um lema?" *O segredo da arte poética está no cultivo do ser (Teika Fujiwara, 1161-1241)*.

Muitos escritores nipônicos aprenderam o método ocidental, só para salientar os aspectos ocidentais do seu país. Mishima, com o domínio dos método e estilo ocidentais, ao contrário, procurou conscientemente apresentar um Japão não ocidentalizado ou mesmo anti-ocidental. Quando suas obras começaram a ser traduzidas em outras línguas, tanto mais ele procurou a sua auto-afirmação frente ao Ocidente, investigando o Japão tradicional nas suas origens.

Todavia, isso não significa que se inserisse de maneira confortável no ambiente nipônico. Em *As Férias de um Romancista* (1955), que tinha como *background* a era reacionária após a guerra da Coréia (1950-1951), Mishima assevera:

> Naquele período (de 1945 até 1947, 1948), eu não conseguia fazer nada na existência real. Mas a simpatia pelo vício e a expectativa remoinhavam no meu íntimo; embora não estivesse fazendo nada, eu de fato "dormia com" aquela época. Por mais que adotasse uma pose antiépoca, de qualquer modo, dormia com ela. Comparado a isso, nesta fase de 1954 a 1955, eu não chego a dormir com esta época. Desde que chegou, por assim dizer, a era reacionária, não me lembro de ter compartilhado o mesmo leito com ela. Um escritor deve sempre dormir com o seu tempo, como uma prostituta?

No pós-guerra, notadamente a partir de 1960, em oposição à democracia americana, Mishima procurou o princípio do Japão e chegou ao sistema imperial. Começa então, a sua produção literária, ensaística, dramatúrgica e cinematográfica com forte teor político: *Patriotismo, Os Crisântemos do Décimo Dia, As Vozes dos Espíritos dos Heróis Mortos, A Queda da Família Suzaku, Tratado para a De-*

O VERDADEIRO TEATRO DE MISHIMA

fesa da Cultura, sem esquecer os célebres debates com os estudantes e a formação do seu exército particular, a Sociedade do Escudo. Mas assim como o seu conto *Patriotismo* não existiria sem Nietzsche e Bataille, a sua versão nipônica da morte de Deus, a declaração da perda da divindade pelo imperador, esse absoluto, também já não estaria irremediavelmente tingido pelos matizes do Deus cristão, absoluto, de Nietzsche e Bataille? E a noção de imperador divino, última fortaleza contra a ocidentalização, na realidade, não estaria distante do Yamato Takeru de Mishima, do deus tradicional dos japoneses e se aproximaria mais da idéia de um deus ocidental, de uma religião monoteísta como o Deus do cristianismo?

O VERDADEIRO TEATRO

Em plena guerra durante a juventude, Mishima era um rapaz frágil e pálido, imerso na literatura e, por vezes, criticado pelos seus colegas mais engajados. A ironia estaria em que vinte e poucos anos mais tarde, o escritor se veria na posição de advertir esses mesmos tipos literários ou artísticos franzinos, que abundavam no final da década de 1960, sobre o perigo causado pela verdadeira literatura.

No item *Sobre o Tipo Literário ou Artístico Excessivamente Delicado* do livro *Para o Jovem Samurai*, o autor faz uma admoestação enérgica.

A verdadeira literatura mostra com franqueza, sem papas na língua, o quanto o ser humano é pleno de um destino terrível. Porém, ao invés de nos revelar isso através de um truque assustador, como um castelo assombrado num parque de diversões, ela nos faz conhecer, por meio do mais belo estilo literário deste mundo e de descrições fascinantes que enternecem os nossos corações, que não há nada nesta existência, que no fundo da natureza humana oculta-se um mal irrecuperável. E quanto melhor for a literatura, tanto mais ela nos ensina, escrupulosa e persistentemente, que o ser humano é irrecuperável. E se procurarmos nela o objetivo da vida, é certo que um pouco mais adiante encontra-se a religião; mas a "boa literatura" é aquela que não faz a travessia até o território religioso, ela nos conduz até às bordas do precipício mais aterrorizador e nos larga lá[8].

Esta proposição singular de Mishima aplica-se não só à sua estética literária, mas estende-se a toda a sua produção artística, que conduz inevitavelmente à catástrofe final. Nesse sentido, quanto ao processo de sua criação dramatúrgica, substitua-se as palavras *literatura* por *teatro*, *estilo literário* por *estilo dramatúrgico*, *descrições* por *diálogos*, e o argumento continua inteiramente válido.

8. Yukio Mishima, *Bunjaku no to ni tsuite* em *Wakaki samurai no tame ni*, pp. 70-71.

Rio
da
Ação

O rio do corpo abriu-me naturalmente o rio da ação. Num corpo de mulher isso não ocorreria. Mas o corpo de um homem, devido à sua disposição e função inatas, o conduz à força ao rio da ação, o mais terrível rio das selvas, onde há jacarés, piranhas e lanças venenosas vêm voando de aldeias inimigas. Este rio colide frontalmente com o rio do livro. Por mais que se diga "ambas as artes, literária e militar" (bunbu ryôdô), a verdadeira simultaneidade de ambas as artes, literária e militar, provavelmente só possa se estabelecer no momento da morte. Porém, neste rio da ação há lágrimas, suor e sangue, que o rio do livro desconhece. Há aí um contato espiritual, não mediado por palavras. E nesse caso, é o rio mais perigoso, sendo plausível que as pessoas não se aproximem dele. Este rio não possui a gentileza da irrigação para a lavoura, não traz riqueza nem paz e não concede repouso ... Meramente uma vez que se é homem, não dá para resistir, de modo algum, à tentação deste rio.

MISHIMA.
em catálogo da *Exposição Yukio Mishima*, 1970

FIGURA 31: Debate com os estudantes comunistas na Universidade de Tóquio, a 12 de maio de 1969.

FIGURA 32: Mishima com membros da Sociedade do Escudo (19 de outubro de 1970). Da esquerda: Masakatsu Morita, Hiromasa Koga, Masahiro Ogawa e Masayoshi Koga.

1. Debates com os Universitários de Ipponbashi, Waseda e Ibaraki em 1968

Mishima não fazia comerciais nem participava de debates televisivos porque achava que a televisão é só imagem, a câmera não conseguiria captar a essência humana, pois ali não haveria espaço para a reação, logo a existência humana desapareceria. Enfim, ele não gostava de televisão, da imagem televisiva. Mas assim como Wilde, era um brilhante conferencista, franco, com senso de humor e tinha uma voz potente e clara. Portanto, o escritor fazia questão de ir às universidades quando convidado, para falar diretamente aos alunos e discutia com ardor as questões levantadas. A terceira parte do livro *Tratado para a Defesa da Cultura*, intitulada "Debates com os Estudantes[1]", reúne justamente as três discussões fragorosas que realizou em 1968, abordando o *Princípio de Reforma da Nação*. Na Universidade Ipponbashi a 16 de junho, a seguir na Universidade Waseda a 3 de outubro e por fim, na Universidade Ibaraki a 16 de novembro. As duas primeiras instituições ficam em Tóquio.

1968 foi o ano dos grandes acontecimentos no cenário internacional. Portanto, no primeiro debate na Universidade Ipponbashi, Mishima propôs duas questões: guerra e política, movimentos estudantil e operário.

Bem, quem leu Clausewitz sabe que ele fez a célebre declaração: "A guerra é um outro meio de política, enquanto que a política é a guerra através do método pacífico". Porém, Mao Tsé-Tung também diz a mesma coisa: "A guerra é uma política

---

1. Yukio Mishima, "Gakusei to no teach-in" ("Debate com os Estudantes"), em *Bunka bôeiron*.

que derrama sangue, enquanto que a política é uma guerra que não verte sangue". Ao dividir dessa maneira, faz-se uma distinção muito hábil, mas a questão está antes nesse intervalo. A característica do mundo de hoje está na política que não é uma guerra e no entanto derrama sangue, ou então, na guerra que não verte sangue.

Esta seria justamente a contradição do mundo atual.

No campo da revolução, o escritor cita a revolta dos estudantes que ocorrera um mês antes em Paris, visando a reforma do sistema universitário. Mas essa greve, que acabou se propagando por toda a França, não teria provocado muitas mortes. Mishima faz algumas reflexões sobre a revolução de maio em Paris.

Em todo caso, tenho dentro de mim uma imagem clássica. Mas o que seria a revolução? Bem, é um fundamento que derruba o poder. E quais seriam as condições para o sucesso da revolução? De modo geral, creio que ela será bem sucedida quando se juntarem perfeitamente os elementos lógico e emocional, acrescidos do poder militar.

O elemento emocional estaria na base do movimento estudantil, o elemento lógico seria representado pelo movimento dos trabalhadores e o apoio de 2/3 do exército asseguraria o sucesso da revolução. Porém, a tragédia do mundo contemporâneo nos países desenvolvidos estaria no fato de que o movimento estudantil, que traduz as contradições fundamentais da sociedade, julga tratar-se apenas de insatisfações conceituais, portanto, não combina com os operários, que já estão estabelecidos e querem se limitar ao campo da disputa econômica.

Indagado se a imagem dos estudantes na revolução de maio em Paris sugeriria o quadro vindouro do movimento estudantil japonês, Mishima cita Che Guevara (1928-1967), assassinado no ano anterior, para discorrer sobre a sua visão trágica a respeito do futuro do movimento estudantil em seu país.

Guevara exortava os três princípios da guerra popular. Primeiro, "Não se deve ficar esperando pelo amadurecimento de quaisquer condições revolucionárias. É necessário realizá-las por si mesmos". Segundo, "Deve-se ter o povo como aliado, mas para isso, é preciso mover-se como um peixe no mar popular". Provavelmente haveria aí alguma influência de Mao. Terceiro, "Qualquer que seja o exército legal, ele perde do exército popular".

Já a questão da liberdade de expressão, que o escritor tanto prezava, foi abordada acaloradamente nos segundo e terceiro debates. Ele abre a discussão na Universidade Waseda, declarando que a liberdade de expressão foi o problema mais importante na Tchecoslováquia com a revolta dos intelectuais, como também na revolução de maio em Paris. A Tchecoslováquia, que pretendera um desenvolvimento socialista com base na liberdade de expressão, fora facilmente esmagada pelo exército russo. Enquanto que os estudantes de Paris enfatizaram um socialismo com plena liberdade de expressão.

DEBATES COM OS UNIVERSITÁRIOS EM IPPONBASHI...

Mas o que seria essa liberdade de expressão? Mishima esclarece.

Nas palavras há o significado original das palavras e creio que quem capta esse significado é o artista. Portanto, as palavras censuradas não podem ser consideradas oriundas do cerne do ser humano. Por exemplo, as palavras de Mao Tsé-Tung são muito humanas, isso porque ele não se cerceou. Acho que a expressão mais literária na China comunista é a de Mao, o seu estilo é extremamente livre porque ele não precisa se regular. Por outro lado, não dá para se ler o que os chineses controlados por Mao escrevem.

No *Tratado para a Defesa da Cultura*, o autor assevera que é preciso proteger os sistemas democrático e parlamentarista vigentes no Japão, porque eles asseguram a liberdade de expressão. Porém, só isso não basta. Para assegurar a continuidade histórica da tradição nipônica, em suma, a unificação da cultura de *O Crisântemo e a Espada*, seria necessário ressuscitar o *tennô* (imperador) enquanto conceito cultural.

À primeira vista, a ligação sistema imperial e liberdade de expressão parece ilógica. Mas no debate na Universidade Ibaraki, o escritor assegura que são perfeitamente compatíveis e propõe a tese paradoxal de que para testemunhar a eternidade do sistema imperial, os japoneses devem proteger a liberdade de expressão.

O que vem a ser para nós a existência do *tennô*? Eu declarei que o *"tennô"* é o símbolo da cultura. Além disso, no meu *Tratado para a Defesa da Cultura* escrevi com insistência que a liberdade de expressão é, em última instância, a condição necessária do *tennô* enquanto idéia cultural. O que seria isso? Esta é uma teoria do *tennô* original minha e, falando de forma simples, o meu pensamento fundamental é que o *tennô* não é poder. Por outro lado, o que seria o poder? Pode-se pensar no poder como "a força que estabelece o meu ser, graças à rejeição do outro". Portanto, Stalin pôde se tornar Stalin exatamente porque ele repeliu o anti-stalinismo. Do mesmo modo, Hitler extinguiu o anti-hitlerismo e pôde se tornar de fato Hitler. Se afagasse as cabeças dos anti-hitleristas, ele não se configuraria. A forma extrema de poder é a exclusão do outro. Qual seria esse método? Como eu disse há pouco, no stalinismo ou no totalitarismo de Hitler exclui-se por meio desses três elementos: polícia secreta, campos de concentração e extermínio. Esta é a estrutura típica do poder.

No encontro com universitários de Ipponbashi, Mishima já havia se manifestado sobre os campos de concentração nazista em Auschwitz. "Houve também o fato de se assassinar os corpos dos judeus, porém, na realidade, eles pretendiam matar o pensamento dos judeus". Isto porque, mesmo enclausurados, é certo que os judeus continuariam a manter as suas idéias.

Retornando ao debate na Universidade Ibaraki, o escritor reitera que o *tennô* não é símbolo de qualquer poder, mas é o espelho da nação japonesa em que todo o povo se reflete, permitindo a pluralidade e independência culturais. Ele acreditava que não se deveria esperar que o governo protegesse o sistema imperial, seria necessário combater com toda a tradição cultural nipônica.

O presidente é poder, o primeiro ministro do Japão é poder, mas o *tennô* não é poder. O meu pensamento fundamental é que como o *tennô* não rejeita coisa alguma, ele não é poder. O espelho mítico de "Yata" ("Yata no kagami", enorme espelho construído para atrair a deusa do sol Amaterasu, que se ocultara na caverna celeste mergulhando o país nas trevas) simboliza isso. Em suma, acho que o espelho do *tennô* acaba refletindo todos os rostos de cada membro da nação. Portanto, se vocês colocarem as suas faces na frente do espelho, elas se refletirão nele. Mas se Stalin possuísse um espelho, não é certo que os rostos de todos os russos nele se refletissem, porque fora feito de maneira a não refletir os rostos dos que Stalin desgostava. Se o *tennô* for negado, desaparecerá o espelho que reflete a nossa totalidade cultural; se o *tennô* for destruído, a nossa identidade cultural se extinguirá.

Mishima detestava os regimes totalitários, tanto de direita como de esquerda, Hitler, Stalin e Mao, porque se baseavam na negação da liberdade de expressão, na ditadura do partido único. Já no caso do comunismo, era contra a junção de comunismo e poder administrativo, pois fora exatamente esse erro que ocorrera na Tchecoslováquia, que se transformara numa autocracia comunista. No diálogo com Fusao Hayashi, *Testemunho à História*, Kinemaro Izawa relata que pouco antes de se suicidar, Mishima afirmara com clareza:

Agora estou numa posição de direita, mas se ocorrer uma revolução de direita e o poder de direita oprimir a liberdade de expressão, eu me tornarei de esquerda e combaterei a direita. Lutarei contra qualquer governo que oprimir a liberdade de expressão.

A liberdade de expressão do sistema imperial levaria a uma espécie de anarquismo, que incluiria até mesmo um terrorismo estético.

2. Encontro com os Estudantes Comunistas da Universidade de Tóquio

A 13 de maio de 1969 no campus de Komaba, ocorre o famoso debate de Yukio Mishima com a Associação dos Membros de Embate da Universidade de Tóquio. O escritor de direita precisa a dupla e misteriosa estrutura do *tennô*, ao mesmo tempo ideal e real, para o poderoso grupo de estudantes comunistas.

Após a discussão ferrenha com esses radicais de esquerda, no artigo "Uma Condolência Lógica aos Habitantes do Deserto", inicialmente Mishima explana a sua idéia de imperador em termos abstratos.

A minha concepção de imperador é a de Yamato Takeru transformando-se em um cisne branco. [...] E depois: O que eu chamo de imperador é um único ser humano que possui uma imagem dupla, uma estrutura dual: o *tennô* humano, enfim, o *tennô* enquanto governante, e o *tennô* cultural, poético e mitológico. O cerne do meu pensamento é que ele não tem relação com a personalidade de cada um dos *tennô* reais. O *tennô* possui uma estrutura dupla, misteriosa, a de que sem esse *tennô* dado como existência agora, na realidade, não é possível o *tennô* enquanto "Sollen" (dever ser), um conceito abstrato (o contrário também é verdadeiro). Em suma, o *tennô* possuía esse caráter duplo desde a época de separação entre homens e deuses, como relatei a propósito do *Kojiki* (Registro das Coisas Antigas). O que significaria essa dupla estrutura do *tennô*? Por mais que se negue o *tennô* enquanto existência na realidade, a imagem do *tennô* conceitual e ideal pode perdurar graças à história e tradição; além disso, por mais que se negue o *tennô* conceitual, sucessivo e ideal, aí resta de novo, como na atualidade, o *tennô* enquanto "Sein" (ser), uma existência na realidade. [...]

E hoje, estamos na presença de um sistema imperial em que o elemento "Sollen" (dever ser) está muito rarefeito. Mas eu insisto que graças à restauração desse elemento "Sollen", pela primeira vez, o *tennô* pode se tornar o princípio da reforma. Então, eu designo esse *tennô* conceitual, imaginário ou ideal, de sistema imperial e cultural, e

538 YUKIO MISHIMA: O HOMEM DE TEATRO E DE CINEMA

coloco a sua defesa e manutenção no cerne do meu princípio político. Nesse sentido, o meu pensamento político está extremamente próximo da idéia de revolução pelo imperador, de antes da guerra[1].

Quer dizer, o levante de 26 de fevereiro de 1936 seria um modelo para o autor.

É célebre a estória de que ao participar dessa discussão inflamada, mas cortês, com a Associação dos Membros de Embate da Universidade de Tóquio, o escritor encontrara um espírito congênere nesse grupo, que denominava de "falsa esquerda". E vociferara: "Se vocês disserem *Tennô*! (eu uno as mãos com vocês)". Em suma, a diferença entre o seu pensamento e o dos estudantes comunistas estava em se possuíam ou não essas duas letras do *tennô*. Mas estes estudantes não acreditavam em absoluto na fonte do Japão original.

No artigo "Política e Ação em Yukio Mishima", Ichirô Murakami afirma que "ao invés de tomar o *tennô* como o princípio do conservadorismo, Mishima está procurando transformá-lo no princípio da reforma. Em outras palavras, pode-se ver aqui a forma de pensamento na qual o conservadorismo é de fato o mais revolucionário"[2].

Já a rarefação do elemento *Sollen* (dever ser) no *tennô* seria, na visão de Mishima, devido aos liberalistas da Era Taishô (1912-1926), que teriam criado um *tennô* humano, como também ao "sistema imperial para as revistas semanais" que, na opinião de Fusao Hayashi, seria um neologismo do escritor, manifestando a sua ira contra esse estado de coisas.

1. Yukio Mishima, "Sabaku no jûmin e no ronriteki chôji" ("Uma Condolência Lógica aos Habitantes do Deserto"), em *Tôron Yukio Mishima Tôdai zenkyôtô* (*Debate de Yukio Mishima com a Associação da Luta Conjunta de Todos os Estudantes da Universidade de Tóquio*).

2. Ichirô Murakami, "Mishima Yukio no seiji to kôdô" (Política e Ação em Yukio Mishima), *Kokubungaku*, ed. especial maio de 1970, p. 115.

3. O Que Proteger?

A QUESTÃO DO IMPERADOR

Após discutir acaloradamente com os membros da Dieta e os universitários, o escritor chega à conclusão de que não tem sentido proteger o lar, o território nacional ou a nação, uma vez que não estão relacionados com proteger o Japão. Numa família pode haver oposições ideológicas e no pós-guerra ocorreu o fenômeno da urbanização e industrialização, acrescido da ocupação americana, que acabaram por desmembrar a comunidade territorial. Além disso, há pessoas que podem não querer ser protegidas pela Dieta. Nessa situação de fragmentação, para voltar a ser um todo unificado como nação é imprescindível um cerne e, no caso do Japão, o *tennô*. Em *Manifesto Contra-Revolucionário* de 1969, difícil ensaio redigido no acampamento militar em estilo de filosofia alemã, Mishima afirma que "antigamente proteger o lar, a vila, a cidade, o território nacional, o povo e o *tennô* estavam todos ligados como uma corda única".

No seu primeiro tratado de estratégia política, *Tratado para a Defesa da Cultura* de 1968, texto bastante abstrato que em suma é uma defesa do *tennô*, o autor explana porque é preciso protegê-lo. Ele é o símbolo espiritual e cultural do Japão, de preservação da pureza da tradição cultural e linguística nipônica. Defender o *tennô* seria a verdadeira defesa do país, porque "o *tennô* é o símbolo e encarnação da historicidade, unidade e totalidade do Japão. Proteger a cultura nipônica resulta em proteger o *tennô*".

Já no artigo "Faça da Universidade de Tóquio um Zoológico" de 1969, Mishima diz:

O ser humano não morre pela casa própria, com o telhado vermelho e a grama verde. O ser humano não falece por algo visível aos olhos. O ser humano é algo mais espiritual. O nacionalismo é um impulso vital de uma raça e, enquanto face oposta da mesma moeda, é também um impulso de morte.

No *Tratado para a Defesa da Cultura*, o autor declara que é importante morrer por algo, isto é, pela defesa da cultura cujo símbolo é o imperador.

Os seus ensaios políticos de 1967 a 1969, reunidos em livro com o título homônimo de *Tratado para a Defesa da Cultura* de 1969, foram escritos enquanto uma teorização da ação. Mas na realidade, já caminham lado a lado com a ação.

O xintoísmo, religião nativa japonesa, é politeísta. Segundo o *Kojiki* (Registro das Coisas Antigas), na mitologia o deus Izanagui e a deusa Izanami, casal que deu origem ao arquipélago e aos deuses japoneses, tiveram três filhos: Amaterasu (deusa celeste), Tsukuyomi (deus lunar) e Susanoo (deus terrestre). Amaterasu, a deusa do sol, é a suprema do panteão xintoísta, mas ao mesmo tempo, ela também venera um deus. Quando o seu arruaceiro irmão Susanoo atira um cavalo esfolado, janela adentro da sala em que se encontrava, Amaterasu trabalhava no tear, o que significa que se submetia a um deus. Ao contrário das três grandes religiões monoteístas, no Japão não existia um deus absoluto como Jeová do judaísmo, Alá do islamismo e Deus do cristianismo. Originalmente no Japão, não havia esse tipo de deuses que se confrontam com os humanos, devido à inveja, vingança ou impondo-lhes um castigo, uma vez que os deuses xintoístas eram humanos. O *tennô* (imperador divino) da mitologia nipônica diferencia-se dos deuses da mitologia de outros países, pois ele seria o intermediário entre os deuses do mundo dos espíritos e os seres humanos. O próprio *tennô*, mais do que ninguém, sabe que ele não é divino; apenas uma personalidade sagrada, que transmite as orações humanas aos deuses e as palavras divinas aos homens. O *tennô* é diferente do imperador, deus que apareceu no mundo sob a forma humana do monarca absoluto.

Na acepção de Mishima, para ser *tennô* (imperador divino) é preciso muito estudo, preceitos religiosos e orações constantes. Através disso ele deve adquirir uma personalidade mais próxima aos deuses, a de divindade enquanto ser humano, particular do Japão. No debate com Fusao Hayashi, *Tratado sobre os Japoneses* (1966), Mishima declara que o *tennô* é infalível. O *tennô* enquanto "dever ser" (*Sollen*) era o seu idealismo e ponto essencial na sua concepção de imperador.

Para mim, ele é a existência mais misteriosa deste mundo. O imperador, as obras de arte e os esquadrões de pilotos suicidas da segunda guerra mundial (shinpûren) são símbolos de pureza. Quero identificar a minha obra literária com Deus.

O QUE PROTEGER? 541

Esse *tennô*, sagrado e intocável, seria a última fortaleza contra a ocidentalização. O símbolo da divindade trágica deveria resgatar o Japão puro do seu destino de derrota e constituir-se no princípio das reformas. A função mais importante do *tennô* seria a de realizar os festivais religiosos. Portanto, ao reverenciar os deuses, ligaria os japoneses à deusa Amaterasu e, nesse sentido, ele seria divino. Assim, o significado do imperador nipônico está em dar continuidade aos festivais religiosos, venerando os seus ancestrais e os preceitos imperiais. Pois é com esse espírito, que as gerações sucessivas de imperadores têm protegido o Japão puro.

O filósofo e historiador Takeshi Umehara sempre diz que não se pode fazer uma pesquisa séria sobre a cultura japonesa, desvinculada da religião. Já num debate com Taijun Takeda, Takeshi Muramatsu[1] afirma não se poder ignorar que o elemento religioso, que se encontra no fundamento da cultura nipônica, é o imperador, personificação da continuidade da raça. A chave, para se superar a sociedade de massa no mundo contemporâneo, seria a cultura original dos japoneses. Surge então, a questão do imperador, pois conforme registrado no *Kojiki* e *Nihon Shoki* (*Crônicas sobre o Japão*), o descendente da linhagem dos deuses torna-se automaticamente o imperador. À vista disso, seria difícil explicar o *tennô* através da lógica, porque é antes de tudo uma questão religiosa.

Mishima salienta que não se deve fazer uma interpretação intelectual e moderna do *tennô*, porque ele é uma "santidade misteriosa", uma existência do mundo da fé, como era para os antigos japoneses. Para proteger essa santidade, o escritor admitia que o poder das palavras é limitado. Portanto, acreditava que se deveria defendê-lo com a espada, mesmo com o risco da própria vida. A linhagem ininterrupta dos *tennô* significa que não há um imperador enquanto indivíduo, pessoal e humano no Japão. Como ele é uma deidade viva, pode cometer erros e fracassar. Mas precisa se esforçar para se comportar como um deus, não pode gozar a vida como um mortal qualquer.

Alegrar-se porque a então princesa Michiko (atual imperatriz) aparecia nas revistas semanais, na opinião de Mishima, era uma traição ao sistema imperial, pois tornava o imperador, pessoal. Nesse sentido, seria inconcebível uma princesa Diana no Japão, apesar dela ter sido idolatrada ali. A concepção de *tennô* é diferente da de rei ou imperador dos outros países. Enquanto príncipe, pode levar a vida de um jovem comum. Mas uma vez elevado ao posto de *tennô*, deve renegar o seu ego e suportar todos os sofrimentos e pressões, orar aos deuses e imbuir-se de um amor misericordioso e ilimitado pela nação. Todavia, "a declaração de que o imperador é humano" (*ninguen sen-*

---

1. Takeshi Muramatsu, debate com Taijun Takeda: "Mishima Yukio no jisetsu", (O Suicídio de Yukio Mishima), *Shinchô*, ed. especial janeiro de 1971.

542   YUKIO MISHIMA: O HOMEM DE TEATRO E DE CINEMA

guen), quando da derrota do país na segunda grande guerra, acabou por negar esse amor imparcial, semelhante ao dos deuses.

Na palestra aos universitários "Com Base na História, Cultura e Tradição Nipônicas", Mishima expressa a sua forte confiança na fé religiosa e no comportamento ilógico dos seres humanos.

> A chama que faz mover a realidade é algo extremamente ilógico e nela há elementos de fé. Por exemplo, o feito absurdo de suicídio queimando-se vivo, como uma forma de protesto à guerra do Vietnã. Tais elementos irracionais, que parecem não poder ser entendidos por nós, movimentaram a história. É isto que faz a realidade. É só nesses momentos, em que surgem tais elementos ilógicos, que atingem o coração das pessoas e se tornam compreensíveis[2].

Isto explicaria o seu próprio suicídio através do ritual de *seppuku*, que não foi a morte de um terrorista, mas a de um mártir, como os religiosos que se imolaram no Vietnã. Remete também ao estudante chinês, que abriu os seus braços e se postou de pé, sozinho, fazendo parar os tanques blindados na Praça Tian'Anmen (da Paz Celestial) de Pequim, em junho de 1989. Essa imagem comoveu e correu o mundo, como a metáfora viva da luta pela liberdade num regime totalitário.

Fusao Hayashi vê nesse apoio à fé e ao irracional, a chave para a concepção do *tennô* de Mishima. Uma vez que não só no Japão atual, mas no mundo, uma das existências mais ilógicas, no sentido de que estão o mais distante e superam o pensamento lógico, é o *tennô* nipônico.

> Ele nasceu da antiga e distante fé dos japoneses e existe ainda hoje. Nem o racionalismo antigo do confucionismo e do budismo, importado há 1200 anos, nem o racionalismo científico ocidental, produto importado desde o século XIX, puderam analisá-lo ou negá-lo. Houve tentativas de negá-lo, mas por fim, tanto o confucionismo como o budismo e até mesmo a ciência moderna mudaram para a posição de afirmação e apoio. Atualmente, o marxismo do partido comunista luta arduamente para derrubar o sistema imperial, mas é um esforço inútil. O povo nipônico, tanto nos tempos antigos como no moderno, chega até hoje, protegendo os deuses e o *tennô* do Japão[3].

Em suma, no território da fé, fora da especulação racionalista.

Quando foi instituído o sistema de xogunato no Japão, o poder político passou para os militares e o imperador se recolheu ao seu palácio em Kyoto, como uma autoridade destituída de poder. Com os sucessivos xogunatos, Kamakura (1192-1333), Muromachi (1333-1573) e Tokugawa (1603-1867), os militares permaneceram praticamente no poder durante séculos. Portanto, a continuidade da existência do *tennô*, essa eminência parda, por tão longo tempo, é uma peculiari-

---

2. Yukio Mishima, "Nihon no rekishi to bunka to dentô ni tatte" (Com Base na História, Cultura e Tradição Nipônicas), em *Yûkoku no ronri* (*A Lógica do Patriotismo*), "Nihon Kyôbunsha".

3. Fusao Hayashi, "Mishima Yukio no tennôkan" (A Visão de Mishima sobre o Imperador), *Roman*, maio e junho de 1973, p. 34.

O QUE PROTEGER? 543

dade nipônica, sem paralelo na história política mundial. Regra geral, quando a corte perde o poder militar devido a um complô, revolução ou derrota na guerra, ao mesmo tempo, ela é destruída e desaparece. É o caso dos reis egípcios e do império Inca, cujos reis e imperadores eram tidos como deuses que detinham o poder militar. Entretanto, o *tennô* japonês resistiu à derrota na segunda grande guerra e à subsequente ocupação militar americana durante sete anos e, mesmo quando o general MacArthur impôs "a declaração do imperador humano" (*ninguen senguen*), ele não se extinguiu. Nesse sentido, para Fusao Hayashi, "isso é ilógico, está além da capacidade de elucidação lógica e científica".

Na Antiguidade todas as nações civilizadas passaram pelo regime teocrático, governo exercido por uma casta sacerdotal. Mas tanto no Egito, como na Grécia e em Roma, o fim da teocracia, a separação governo e religião, vai se dar concomitantemente ao fim da Antiguidade. Uma concepção semelhante à do rei ou imperador divino da Antiguidade ressurge na França e na Rússia durante a era moderna. Porém, com o advento da Revolução Francesa de 1789 e a Revolução Russa de 1917, tanto o rei Luís XVI como o czar Nicolau II são assassinados pelas populações. Contudo, tais tragédias não teriam ocorrido no Japão porque, há pelo menos 1200 anos, os seus habitantes já haviam assimilado suficientemente a teoria divina do *tennô*.

Segundo Mishima, o mal estaria em relacionar *tennô* e poder político. Isso teria ocorrido algumas vezes no passado, mas não houve um único caso em que o *tennô* tivesse se tornado ditador. O escritor critica o governo Meiji (1867-1912), que teria associado um sistema político ocidental ao sistema imperial nipônico, resultando numa monarquia constitucional. Assim, esse "*tennô* enquanto idéia política", o sistema imperial como poder político existente antes da segunda grande guerra, a política de clãs militares que usou o sistema imperial, acabaria sacrificando o "*tennô* enquanto idéia cultural". Como também critica e nega o *tennô* do pós-guerra, que se declarou humano, pois com isso o sistema imperial teria se tornado problemático. Portanto, ele enfatisa a necessidade de proteger não o "*tennô* enquanto idéia política", visto que no passado oprimira o *miyabi* ("elegância e refinamento da cultura nipônica"), mas de ressuscitar a antiga e histórica dignidade do "*tennô* enquanto idéia cultural ou do *tennô* enquanto unificador da totalidade cultural".

Fusao Hayashi supõe que o "*tennô* enquanto idéia cultural" fosse uma frase inventada por Mishima, pois deparara com ela pela primeira vez no *Tratado para a Defesa da Cultura*. De fato, o escritor acabou criando um belo *tennô*, que ele indaga se na origem não teria sido assim. Portanto, seria imprescindível ligar *tennô* e exército com o vínculo da honra, como no *Tratado para a Defesa da Cultura* diz o autor.

544 YUKIO MISHIMA: O HOMEM DE TEATRO E DE CINEMA

É claro que o ressuscitar desse conteúdo de honra e soberania não é o do *tennô* enquanto idéia política, mas tem que se incitar a restauração do *tennô* enquanto idéia cultural. [...] Quando se nega o imperador ou quando ele é envolto pela idéia política de totalitarismo, o Japão ou a cultura nipônica encontra-se em crise verdadeira.

ORIGINAL E CÓPIA

No *Tratado para a Defesa da Cultura*, Mishima afirma que a peculiaridade da nação japonesa é que, originalmente, na sua cultura não há a distinção original e cópia. A cultura ocidental como coisa é feita sobretudo de pedra, como a nipônica é de madeira. O exemplo mais extremo e singular da cultura japonesa seria o Santuário Ise na província de Mie, construção toda de madeira, que é inteiramente reconstruída a cada vinte anos. No instante mesmo em que o original desaparece, a cópia torna-se o original. Comparada à desvantagem de grande parte da escultura clássica grega, dependente de cópias da era romana, a singularidade da idéia cultural de reconstrução cerimonial do Santuário Ise num determinado ano deve ficar clara. Isso corresponde exatamente à filosofia do *tennô* de Mishima. O *tennô* de cada época é de fato o próprio *tennô*, ele não se encontra numa relação de original e cópia com a deusa Amaterasu, ancestral imperial. Os sucessivos *tennô* ao ascenderem ao trono, por meio da cerimônia de entronização, simultaneamente transformam-se na própria deusa Amaterasu.

Não é que o escritor advogue a teoria de que ao ser entronizado, o *tennô* se torna imediatamente divino (*tennô sokushin-ron*). Isso corresponderia ao que empregando a terminologia da filosofia alemã, Mishima designa *tennô* como *Sein* (ser) e *tennô* enquanto *Sollen* (dever ser). O *tennô* como *Sein* é o existente na realidade, no sistema político, e o *tennô* como *Sollen* é o abstrato, ideal e duradouro, enfim, um juízo de valor. Para se tornar o *tennô* enquanto *Sollen*, extremamente puro, que os japoneses têm em seus corações, o *tennô* real, humano, deve se esforçar arduamente, com muito estudo e ascetismo.

No ensaio *O Narciso na Época das Técnicas de Reprodução* de 1986, Hideya Kai assinala que o pensamento de que o "*tennô* como idéia cultural ou o *tennô* como unificador da totalidade cultural", em que a própria cópia é o original, provém da utilização como base, da fotografia enquanto método. O ponto de vista de que não há a hierarquia "original" e "cópia" na cultura nipônica não seria uma idéia singular de Mishima, posto que já fora apresentado pelo filósofo Tetsurô Watsuji (1889-1960) e pelo crítico literário Yojûrô Yasuda. Kai assinala que há inclusive trechos no *Tratado para a Defesa da Cultura*, em que Mishima teria se baseado no tratado de defesa do sistema imperial do pós-guerra, escrito por Watsuji.

Entretanto, o importante é que tal maneira de pensar não terminasse simplesmente como uma nostalgia antiépoca pelos tempos antigos. Mas por basear-se na logicização

O QUE PROTEGER? 545

da fotografia como técnica de reprodução, pôde se tornar uma ideologia da sociedade de massa e consumo[4].

Kai procura descobrir aí um sentido contemporâneo, ao afirmar que esse pensamento antecipou a sociedade de massa e de consumo. E nisso teria sido influenciado pelas idéias de Walter Benjamin, que foram herdadas pelos ideólogos da sociedade de consumo contemporâneo, como Jean Baudrillard. Por volta de 1900, ao estudar as técnicas de reprodução como a fotografia, Benjamin apontara a destruição da "aura da obra de arte única".

Como o conceito de que "a própria cópia é o original" apareceria de modo concreto no teatro de Mishima? Kai indica o drama *A Queda da Família Suzaku*, no qual um dos clímaxes situa-se na contradição do chefe do clã Suzaku. De um lado, Tsunetada Suzaku quer afastar o ministro militarista do *tennô*, para conduzir o Japão ao fim da guerra. Mas de outro, apesar de poder impedí-lo, deixa que o seu único filho parta para a morte certa no campo de batalha, sob a alegação de que esta é a intenção do *tennô*. "Todavia, o que se deve salientar aqui é que o *tennô*, que assim ordena a Tsunetada, é ausente". Em suma, como na realidade o *tennô* não disse coisa alguma a Tsunetada, as palavras de Tsunetada não passam de cópias que não possuem um original. "Porém, como são pronunciadas pelos lábios de Tsunetada, como palavras do *tennô*, são de fato o original que possui a autoridade absoluta".

Segundo Kenji Miura, as afirmações de Kai sobre o "*tennô* ausente como o unificador da cultura como um todo" e de Yukihito Etani, que "o *tennô* em si não existe, mas ele é o grau zero que dá continuidade ao sistema", seriam unhas da mesma carne.

O *tennô* enquanto idéia política, pelo menos a partir da restauração do governo imperial Meiji em 1867 até a época da derrota do Japão na segunda guerra mundial, não era ausente. As teorias do *tennô* ausente e como grau zero, estão, afinal de contas, no ápice dos sistemas militar e burocrático, não passando de especulações para esconder a responsabilidade do *tennô*, que começou e executou a guerra[5].

CARACTERÍSTICAS DA CULTURA JAPONESA

Até os trinta anos, Mishima fora um esteta que se deleitara com as questões do belo. Porém, ao retornar de sua primeira viagem ao redor do mundo ocidental, ele começou a se indagar o que seria a estética nipônica. Colocou a fonte dela na tradição japonesa, o que em suma evoca o *kata* (forma) e como símbolo e encarnação suprema dessa tradição aparece o *tennô*. No debate na Universidade Ibaraki em 1968, o escritor relata:

4. Hideya Kai, "Fukusei guijutsu jidai no Narushisu", *Bungakukai*, março de 1986.
5. Kenji Miura, *Mishima Yukio saihyôka to tennôsei bikaron*.

Recentemente ao ler um ensaio de Yoshitaka Takahashi, constatei que misteriosamente a cultura é a forma que resta como modo ou ação, mesmo depois que várias coisas já se arruinaram. Por exemplo, ao assistirmos o teatro nô, o *kata* (forma de atuação estabelecida) de *shioru* (entristecer) permanece como era há quinhentos anos, tendo sido transmitido de ator a ator. Yoshitaka Takahashi indaga se esse *kata* não seria a cultura. Creio que este pensamento atingiu o âmago do que seja a cultura.

Já por volta dos seus trinta e cinco anos, surge claramente em Mishima a noção de que a cultura não se limita às atividades espirituais e intelectuais, mas abrange também o domínio da ação. No seu parecer, seriam três as características da cultura nipônica que a tornam singular: o seu formalismo, a não diferenciação entre original e cópia e, por fim, a cultura como manifestação de um sujeito livre e transmissor de uma forma.

No *Tratado para a Defesa da Cultura*, o autor discorre sobre essas características.

A cultura, mesmo que tenha como resultado tornar-se uma "coisa" (mono), quanto à sua situação viva, não é uma "coisa" nem o espírito nacional informe antes do seu aparecimento; ela é um *kata*, uma espécie de cristal transparente, que deixa entrever o espírito nacional. Por mais que a cultura adquira um aspecto túrbido, é tida, graças ao *kata*, como algo que obteve um grau de transparência que permita ver a sua alma. Portanto, ela inclui não só o que é denominado obra de arte, mas também a ação e o estilo da ação. A cultura compreende desde uma forma de atuação estabelecida do nô até a ação de um oficial da marinha que morreu na guerra, brandindo a sua espada japonesa ao saltar de um torpedo que veio à superfície numa noite enluarada no mar da Nova Guiné, como também inúmeras notas póstumas deixadas pelos *kamikaze* (pilotos suicidas). E abrange totalmente ambos os lados de *O Crisântemo e a Espada*: do *Conto de Guenji* aos romances contemporâneos, do *Manyôshû* (Antologia Poética do Japão) aos *tanka* (poemas de 31 sílabas) de vanguarda, da estátua de Buda no Templo Chûson às esculturas contemporâneas, do ikebana e cerimônia de chá ao kendô e judô, como também do kabuki aos filmes de capa e espada (chambara), do zen à disciplina militar. A literatura, na medida em que emprega a língua japonesa, é um componente importante na construção da cultura nipônica enquanto "forma".

Não é apropriado ver na cultura japonesa apenas o seu aspecto estático e ignorar o dinâmico. A cultura nipônica possui uma tradição singular de transformar o próprio estilo da ação em obra de arte. Uma das características do Japão é que o *budô* e outras artes marciais pertencem ao mesmo gênero artístico que a cerimônia do chá e o ikebana, que ocorrem, subsistem e desaparecem num curto espaço de tempo. O *bushidô* (caminho do samurai) é um sistema semelhante de esteticização da ética ou de moralização da estética, ele é a união de vida e arte. A importância atribuída aos *kata* das artes cênicas, que se originaram do nô e kabuki, tem providenciado desde o início o suporte para a sua transmissão. Mas esse próprio suporte é a "forma", que estimula o sujeito livre e criativo. A "forma" invoca a "forma" e a característica das artes cênicas japonesas é que a "forma" sempre desperta a liberdade.

A segunda característica da cultura nipônica, a não separação original e cópia já foi abordada. Quanto à terceira característica, o autor prossegue no seu tratado:

Assim, a construção da cultura japonesa, do ponto de vista do sujeito criador, é a de um sujeito livre e criativo; a própria transmissão dos *kata* desperta as atividades

O QUE PROTEGER? 547

desse sujeito original e criativo. Como isto está na base da idéia cultural, que inclui não só as obras de arte como também as ações e a vida, se em algum momento houver uma cisão com essa fonte, o sujeito nacional livre e criativo, é natural que ocorra uma exaustão cultural e a essência de continuidade da vida cultural (a sua aprovação total) contradiz o desenvolvimento dialético e a idéia de progresso. Porque esse sujeito criador supera as restrições das condições históricas, por vezes, ocultando-se, outras, explodindo e deve formar uma história cultural do espírito nacional, unificada e consistente (não a história cultural que enumera as obras restantes por acaso).

4. Hagakure de Jôchô Yamamoto, a Filosofia da Morte

Introdução ao Hagakure de 1967, composta por Mishima aos 42 anos, foi publicada no Brasil como *O Hagakure – A Ética dos Samurais e o Japão Moderno* em 1987, pela editora Rocco. O *Hagakure* (literalmente *Oculto Sob as folhas*) assemelha-se aos *Encontros com Goethe* (1836-1848) de Johann Peter Eckermann, secretário e amigo de Goethe, pois trata dos ensinamentos do samurai Jôchô Yamamoto (1659-1719), anotados e organizados por seu discípulo Tsuramoto Tashiro. Aos 42 anos, Yamamoto quis se sacrificar pela honra da morte de seu amo Mitsushigue Nabeshima. Mas devido a uma ordem deixada pelo próprio Nabeshima, impedido de se suicidar, Yamamoto tornou-se sacerdote e faleceu aos 60 anos deixando o *Hagakure*.

Em *As Férias de um Romancista*, a 3 de agosto de 1955, Mishima registra a sua apreciação sobre o *Hagakure*. Todavia, o nome do autor consta como Tsunetomo Yamamoto, segundo a leitura nipônica dos ideogramas do prenome. Mas em vários livros e artigos em japonês está como na edição brasileira, Jôchô Yamamoto, conforme a leitura chinesa. Durante a segunda grande guerra no Japão, lia-se muito o romance *La Mort* de Paul Bourget e incentivava-se o *Hagakure*, que explanava a filosofia da morte, para animar os jovens a participarem da guerra.

Os japoneses foram sempre um povo sombriamente consciente da morte, sob a superfície de suas vidas cotidianas. Mas o conceito japonês da morte é direto e claro,

550   YUKIO MISHIMA: O HOMEM DE TEATRO E DE CINEMA

sendo, nesse sentido, diferente da morte terrível, repugnante, tal como vista pelos ocidentais. O deus europeu medieval da morte (o Pai Tempo), carregando uma enorme foice, nunca existiu na imaginação japonesa. A imagem japonesa da morte é diferente também da imagem da morte num país como o México, em cujas esquinas obscuras das cidades modernas ainda se elevam ruínas astecas e toltecas, completamente dominadas pela morte, transbordantes da luxuriante vegetação do verão. Não aquele tipo de morte áspera e selvagem, mas uma imagem da morte além da qual existe uma fonte de água pura, da qual pequenos regatos estão constantemente jorrando essas águas puras para o nosso mundo, há muito enriqueceu a arte japonesa[1].

O adolescente Mishima começou a lê-lo durante a guerra, conservando-o sempre na escrivaninha e nos vinte anos seguintes, ao ler uma página ao acaso, ficava de novo profundamente impressionado. Em *As Férias de um Romancista*, o autor relata que o *Hagakure* é um livro moral, misterioso e ímpar, em que a sabedoria da ação e a determinação vão criando os paradoxos por si mesmos. O escritor chega inclusive a admitir que haveria na obra uma loucura correta. "Descobri que o caminho do samurai é a morte" (*Livro Dois*) expressa o pensamento utópico de Yamamoto, a sua idéia de liberdade e felicidade. Hoje pode-se lê-lo como a estória de um país ideal, porém, o que realmente ocorreu é que tudo não passou de uma fantasia de Yamamoto. Mas mesmo no seu ato derradeiro, no atentado em Ichigaya, Mishima e os jovens correligionários da Sociedade do Escudo tinham uma faixa atada em suas cabeças, com uma frase do *Hagakure*: "Viva sete vidas para melhor servir à pátria".

1. Yukio Mishima, *O Hagakure, A Ética dos Samurais e o Japão Moderno*.

5. História do Seppuku

*A forma positiva de suicídio chamada "harakiri" não
é um sinal de derrota, como no Ocidente, mas a expressão
final do livre arbítrio, a fim de proteger a própria honra[1].*

YUKIO MISHIMA

A história do *seppuku* (suicídio cortando-se o abdômen) começa
e termina no Japão, com a emergência e o desaparecimento da classe
dos samurais, por volta do século XII até o fim do século XIX. Portanto,
o *seppuku* nasce com os guerreiros, *seppuku* e samurais estão indissoluvelmente ligados. Originalmente os samurais eram valentes homens
armados, com treinamento em artes marciais, que protegiam os feu-
dos e fazendas dos invasores. Em caso de derrota certa nas batalhas,
era-lhes natural ceifar suas próprias vidas com bravura. Essa morte
gloriosa através do *seppuku* não era exclusivo aos samurais, posto que
também era reinvidicada como uma honra pelos membros de sua família e demais guerreiros servindo ao mesmo senhor. Enquanto forma
de punição, o *seppuku* era infligido apenas aos samurais, mas como
método de suicídio era adotado tanto pelas esposas dos guerreiros
como pelos mercadores.

Na época dos heróis guerreiros Tametomo e Yoshitsune, que
cometeram *seppuku*, ainda não existia o *kaishakunin*, assistente que
ajuda a acabar com a dor insuportável, decepando-lhe a cabeça. Ele

---

1. Yukio Mishima, *O Hagakure, A Ética dos Samurais e o Japão Moderno.*.

só vai aparecer no seguinte Período Kamakura (1192-1333). Já no Período Edo ou Tokugawa (1603-1867), ao atingir a maturidade aos quinze anos, além de adquirir o direito de usar ambas as espadas, longa e curta, a primeira coisa que o filho de um samurai aprendia do seu pai era como morrer. No limiar da vida adulta, recebia antes instruções de como falecer do que de viver, pois um guerreiro deveria estar mentalmente preparado a morrer a qualquer hora. O treinamento mais comum do *seppuku* era feito com um leque fechado, representando a espada curta, que era colocado à sua frente no solo. Com o torso nu, ele empunhava o leque e a partir do lado esquerdo do ventre, fazia o corte horizontal numa linha reta, sem deixar transparecer traço algum de agonia no semblante. Em seguida, deveria apunhalar o seu pescoço e inclinar-se para a frente, ou então, o *kaishakunin* lhe decepava a cabeça.

Durante todo o Período Edo, vigorou esse método, inclusive adotado por Mishima, de corte do ventre em uma única linha reta. Como essa região possui uma espessa camada de gordura, requer um esforço muito grande para se fazer a primeira incisão, que geralmente era acompanhada por um grito *Ei!*, também lançado pelo escritor. Mas durante as batalhas, os samurais costumavam acrescentar à linha horizontal um corte vertical da boca do estômago até bem abaixo do umbigo, formando uma cruz, o número dez em japonês.

O *seppuku* fixa-se no *bushidô* (caminho do guerreiro), que se estabelece no Período Kamakura (1192-1333). A tal ponto que Miyoshi Ôkuma, autor de *História do Seppuku*, declara:

A queda de um castelo e o seppuku são como a forma e a sua sombra. No reverso da queda de um castelo, certamente ocorre o seppuku, que torna a queda do castelo ainda mais dramática[2].

Hajime Nakamura, da Universidade de Tóquio, realizou uma pesquisa de antropologia cultural sobre o *seppuku* na Ásia. E acabou encontrando casos isolados de guerreiros no Ceilão (Sri Lanka) e no sul da Índia, que cometeram *seppuku* dos séculos XI ao XIV, bem como alguns exemplos na China, sempre para expiarem alguma culpa. Entretanto, o *seppuku* nunca foi adotado como uma prática nesses países.

Rousseau afirma que o homem é o único animal que tem a consciência metafísica da morte. Assim também o suicídio consciente só ocorre na espécie humana. O que teria levado os japoneses a adotarem esse método doloroso de suicídio? Originalmente para o samurai em combate, o *seppuku* equivalia a coroar o sucesso final de sua vida com a morte. Isto é, ao invés de ter a cabeça decepada pelo inimigo, ele cometia antes o *seppuku*.

2. Miyoshi Ôkuma, *Seppuku no rekishi*, p. 56.

HISTÓRIA DO *SEPPUKU*

A palavra *hara* ou *fuku*, que significa ventre, é usada em inúmeras expressões idiomáticas nipônicas para conotar *intenção real, coragem* ou *bravura* e encontra correspondência no francês *ventre*, que é empregado com o mesmo sentido de *coragem*. Segundo uma antiga crença japonesa, a alma e sobretudo suas qualidades de sinceridade e coragem se alojam no ventre; enquanto que para os europeus, o fígado é fonte de bravura e a expressão *white-livered* significa *coragem*. O folclorista Tokuji Chiba da Universidade Tsukuba alega que até o século XIX, os japoneses não tinham o costume de comer carne. Como não dissecavam animais, desconheciam os seus órgãos interiores e acabaram tecendo crenças religiosas baseadas em mitos. Segundo o folclorista Mashio Chisato, já os *ainu*, tribo de caçadores e habitantes nativos de Hokkaidô no extremo norte do país, tinham um conhecimento concreto dos órgãos internos. Portanto, eles não desenvolveram relações abstratas ou místicas entre os órgãos interiores e o espírito, por isso não se verifica a tradição de *seppuku* entre os *ainu*. A revista *The East* (janeiro de 1984) apresenta um interessante artigo, "*Seppuku*: Testemunho do Espírito Samurai", sobre essa questão.

O *seppuku* começa a ser conhecido no Ocidente com a designação popular de *harakiri* (cortar o ventre), a partir do incidente em Sakai. Em 1868 nessa cidade portuária pertencente ao distrito de Osaka, marinheiros franceses provocaram arruaças e um deles arrebatou a bandeira do clã Tosa, logo recuperada. Seguiu-se uma batalha franco-nipônica, com treze baixas para a França. Vários vassalos do clã Tosa foram condenados a cometer *seppuku* no Templo Myôkoku, diante de autoridades francesas e japonesas. O primeiro deles, após cortar o abdômen, chegou a arrancar as próprias vísceras com a mão direita e amaldiçoar os franceses. Mas logo teve a cabeça decepada. Quando chegou a vez do décimo segundo, o emissário-chefe francês não mais suportando o espetáculo cruel e sangrento, se retirou. Ele ficara admirado com o espírito do samurai, que dá a vida pela nação, e ordenou que poupassem os nove condenados restantes. Ainda hoje, restam as onze lápides dos guerreiros de Tosa no Templo Myôkoku.

Em 1869, foi apresentado um projeto de lei no parlamento japonês para proibir a prática de *seppuku*. Entretanto, sob a alegação de que "o seppuku é a encarnação do espírito nipônico, uma vez que nascera do princípio do 'bushidô', o projeto foi rejeitado pela maioria de seus membros. Negá-lo seria negar o espírito japonês", assevera Miyoshi Ôkuma. Uma vez que o *seppuku* nascera do princípio do *bushidô* (caminho do samurai) e não como castigo, o *seppuku* como punição desaparece em 1873. Mesmo assim, ainda ocorreu algumas vezes. Por fim, em 1876, é decretada a lei de proibição do uso de espadas, durante séculos, parte do próprio corpo dos descendentes de samurais e um arrimo para o seu espírito.

Em abril de 1966 no Press Club de Tóquio, um estrangeiro perguntou a Mishima por que antigamente os japoneses haviam escolhido o *seppuku*, essa forma peculiar de suicídio. O escritor contou que, certa feita, um produtor cinematográfico inglês lhe propusera a mesma questão. Ele respondera por carta, afirmando que não podia crer na sinceridade ocidental porque ela não é visível aos olhos. No período feudal, os japoneses acreditavam que a sinceridade alojava-se nas vísceras.

Caso houver necessidade de mostrar a sinceridade a alguém, nós temos de cortar o ventre e retirar a sinceridade para torná-la visível aos olhos. Não só eu, mas penso que todos os japoneses crêem realmente nisso. Isto é também o símbolo da vontade do guerreiro, enfim, do samurai. Como todos sabem, o seppuku é o método de suicídio que provoca mais sofrimentos. Por que escolher morrer do modo mais doloroso? Simplesmente porque ele basta para testemunhar a bravura do samurai. Desta forma, o seppuku tornou-se uma invenção de suicídio nipônico.

6. "O Estilo é o Homem"

Um antigo provérbio japonês diz: *O estilo é o homem* (*Bun wa hito nari*). Em *Discussão sobre Yasunari Kawabata*, Mishima analisa a veracidade dessa asserção e no *Manual de Composição*, assevera que o estilo literário do escritor ou as obras do artista acabam imperceptivelmente descrevendo uma forma aproximada com a vida do seu criador. Desde a sua primeira coletânea de contos publicada aos 19 anos, *Bosque em Flor* em 1944, Mishima passara a julgar que "um romance é só o seu estilo". Num estágio muito baixo, não se poderia afirmar que "o estilo é o homem". Mas quando estilo e artista tornam-se indissociáveis, pode-se denominá-lo, pela primeira vez, um estilo artístico. Valéry também declara no seu famoso aforismo, que "o autor é antes o resultado de suas obras". Do escritor francês, ele ainda herdaria a obstinação em narrar com clareza e minúcia. Nesse sentido, o ensaio *Sol e Aço* é uma produção valériana.

A partir dos trinta anos, Mishima começou a se esforçar para tornar-se num ideal grego de beleza física. O escritor levava a sério o culto ao corpo. Toda semana freqüentava a academia de ginástica e nunca deixou de fazê-lo até o final de sua existência. Praticou vários esportes como equitação, natação, kendô, karate e boxe. Aliás, ele considerava os esportes e as artes marciais como pertencentes à categoria da arte, uma vez que quanto à premissa de que "não morrem", não diferem da arte. Através do condicionamento físico, construiu uma sólida armadura de carne e músculos, e o seu rosto também sofreu uma grande transformação, endureceu, passando de um literato genial para um líder revolucionário.

O corpo surgiu como a sua "segunda língua" e abriu-lhe um novo horizonte. Ao invés de palavras e conceitos, a posse do físico poderoso incitou-o a entrar no mundo da ação. Já por volta dos seus 35, 36 anos, inicia os preparativos para a ação e a estrutura para o trabalho de toda uma vida. Mishima revê o incidente de 26 de fevereiro de 1936, bem como a derrota do Japão na segunda grande guerra e chega à conclusão da importância desses acontecimentos. Em 1961 publica o conto *Patriotismo* e em 1963, o romance *A Espada*. Foi quando começou a dizer que um intelectual não deve só escrever, ele precisa concretizar o seu pensamento e vontade. Nessa época interessou-se pelo *Yômeigaku*, filosofia da ação, de influência chinesa. Quando o escritor Shintarô Ishihara ingressou na política, Mishima mostrou um ciúme quase infantil. Pouco a pouco, a obsessão pela ação pura o levou, o mais apolítico dos escritores, primeiro, a compor obras literárias, dramas e ensaios políticos, e em seguida, a desempenhar um papel político a que não estava acostumado.

Na base do seu pensamento e ação havia o sistema imperial como uma consciência estética e cultural, um valor mais alto do que a própria vida. Inclusive o erotismo em Mishima não se resumia ao amor entre um homem e uma mulher, mas um afeto pela estética, por algo belo e puro como a arte, a cultura e em última instância, o imperador. No item sobre a segunda característica do *Hagakure*, uma filosofia do amor, ele afirma:

Os primeiros ideais europeus modernos de patriotismo também podem ser considerados como agape, em sua fonte. Sem muito exagero, poderíamos dizer, porém, que no Japão não há nada como o amor pelo seu país. Não há nada como o amor por sua mulher. Na constituição espiritual básica dos japoneses, eros e agape estão fundidos. Quando o amor por uma mlher ou um rapaz é puro e casto, não difere da lealdade e dedicação ao governante. Esse conceito de amor, que não estabelece a distinção entre eros e agape, foi chamado "apaixonar-se pela família imperial" (renketsu no jo) ao final do Período Tokugawa e preparou o terreno emocional para o culto do imperador.

O sistema imperial de antes da guerra desmoronou, mas o conceito de amor, na constituição espiritual do povo japonês, não desabou necessariamente com ele. Esse conceito baseia-se numa firme convicção de que aquilo que vem da pura sinceridade instintiva leva diretamente a um ideal pelo qual lutar, pelo qual morrer, necessariamente. A filosofia do amor de Jôchô tem nisso as suas bases. Citando como exemplo o amor de um homem por outro, que em sua época era considerado como uma emoção superior, mais espiritual do que o amor por uma mulher, ele sustenta que a forma mais verdadeira e intensa de amor humano transforma-se em lealdade e dedicação ao governante[1].

Logo Mishima começou a dizer: *Não posso mais ficar quieto. Vamos formar um exército de proteção.*

---

1. Yukio Mishima, *O Hagakure, A Ética dos Samurais e o Japão Moderno*.

7. Encontro com os Jovens do Ronsô Journal

Entre as minhas convicções incuráveis está a crença em que os velhos são eternamente feios, os jovens eternamente belos. A sabedoria dos anciãos é eternamente sombria, as ações dos moços eternamente transparentes. Quanto mais as pessoas vivem, piores se tornam. A vida humana, em outras palavras, é um processo invertido de declínio e queda[1].

YUKIO MISHIMA

Influenciado pelo mestre Fumio Shimizu no Gakushûin, Mishima cedo descobriu os valores do Classicismo japonês. Mas desde a adolescência, tinha consciência de que a sua geração seria a primeira a não retornar aos valores dos seus ancestrais e que a perda da tradição nipônica seria irremediável. Para o escritor, a corrupção e a decadência do Japão contemporâneo deviam-se ao processo de modernização, em suma, de imitação do Ocidente. Daí o seu esforço de preservação da tradição japonesa na língua, arte e ideologia.

Mishima começou a escrever como um membro do grupo literário Românticos Japoneses (Nihon Roman-ha). Mas por volta dos seus 26 anos, renegou o romantismo e tornou-se adepto do classicismo, com a alucinação de que poderia controlar tudo pela razão e isso durou até aproximadamente os seus 34 anos. "Já não creio mais do fundo do meu coração na idéia de classicismo, que nutri com tanto fervor. [...] O meu

1. Yukio Mishima, *O Incidente de 26 de Fevereiro de 1936 e Eu*, em *Obras Completas de Yukio Mishima*.

eu dos 26 anos, o eu clássico que sentia estar o mais próximo da vida, pode ser que fosse 'falso'", menciona o autor em *Meu Período Itinerante*. Porém, quando descobriu que a sua essência era romântica, teve que efetuar uma *volta ao lar* (*Heimkehr*), o que vai dar na adolescência, da qual subitamente jorra um monte de coisas, como a caixa de Pandora, diz ele na última entrevista, uma semana antes do seu suicídio.

> Quando escrevi que a morte da minha irmã mais nova fora um fato mais deplorável do que a derrota na guerra, era mentira. A derrota na guerra foi um choque muito grande. Eu não sabia o que fazer. Como não entendia de política, fugi para o princípio da arte pela arte, daí mudei para o classicismo e quando me vi sem saída, retornei ao pensamento da adolescência.

Entretanto, a sua volta derradeira não seria para os Românticos Japoneses, mas para algo mais antigo, as origens do Japão.

Anteriormente num romance, Mishima escrevera que se pode dividir as pessoas mais velhas em dois grandes grupos: os que gostam e os que não gostam de jovens. Ele pensava pertencer claramente ao segundo grupo. "Mas menos de um ano depois, ocorreu um incidente que causaria uma mudança revolucionária em mim". No artigo "Sobre os Jovens", publicado no *Ronsô Journal* (*Revista Polêmica*) de outubro de 1967, o escritor rememora que a 19 de dezembro de 1966, numa tarde de inverno fria e chuvosa, recomendado por Fusao Hayashi, o jovem Kiyoshi Bandai o procurara em sua residência. Sem pertencer a partido político algum, um grupo de rapazes pretendia consertar o Japão distorcido, unicamente com um espírito puro e firme união. Na impossibilidade de unir palavras e atos, estavam dispostos até mesmo a morrer pelo seu propósito.

> Ao ouvir essa estória de luta sincera, um estranho inseto começou a se agitar dentro de mim. Eu que me sentia incapaz de me emocionar com o interior dos jovens, sem me dar conta, me comovera. Mais do que surpreender-me com a estória de Bandai, eu estava espantado comigo mesmo. [...] Embora continuasse a evitar os moços, talvez eu estivesse a esperar com devoção pelo aparecimento dos verdadeiros jovens.

Como tinha acabado de completar a primeira parte do romance *O Cavalo Selvagem*, o autor sentiu que a ficção se tornara realidade.

Na noite de 11 de janeiro de 1967, Mishima dissera a Kiyoshi Bandai e Kazuhiko Nakatsuji, do departamento editorial dessa revista de discussão política, formados pela Universidade Meiji e respectivamente com 26 e 25 anos: "Ao ouvir o relato de vocês, começo a sentir que as paredes do meu gabinete, que eu julgava inquebrantáveis, começaram a ruir". As paredes de sua mônada se fragmentaram. Já não mais satisfeito em expor as suas idéias apenas nas suas obras e atuar só em teatro, cinema, musical e como modelo fotográfico, ele quis estender o seu campo de ação. Para transferir o seu pensamento para a prática e atuar também na vida real como militar, porque, na sua concepção, "o militar é a forma mais extrema do homem de ação".

8. Formação da Sociedade do Escudo

Ao saber que o escritor planejava fazer um treinamento militar nas Forças de Autodefesa do Japão (Jieitai) e organizar uma milícia, os jovens também manifestaram o desejo de participar. Provavelmente este fora o motivo da fundação do seu exército particular, a Sociedade do Escudo (Tate no kai). Um escudo do imperador, com o objetivo de promover as virtudes militares e defender o imperador.

Inicialmente, o seu pedido fora recusado pelas autoridades militares. Mas depois de muito insistir, eles acabaram consentindo. Assim, aos quarenta e dois anos, na primavera, de 11 de abril a 27 de maio de 1967, Mishima alistou-se sozinho com o seu nome verdadeiro de Kimitake Hiraoka. O seu primeiro treinamento antiguerrilha do exército deu-se em três lugares: na Escola de Kurume, no regimento de orientação da Escola Fuji e na Tropa de Paraquedistas em Narashino. Ele voltou para casa com o corpo cheio de escoriações, mas feliz. E a 5 de dezembro de 1967, o escritor realizou a proeza de embarcar no caça de guerra supersônico *F104*, cuja experiência narra no epílogo de *Sol e Aço*. Talvez ele tenha sido o primeiro civil japonês a ter obtido essa permissão. No artigo *Corrida para a Morte*, o seu amigo Takeshi Muramatsu relata:

A alegria dele nesse momento era esplêndida. Não consigo me recordar de tê-lo visto se excitar com tanta inocência, senão duas vezes: na primeira festa com os jovens, quando os uniformes da Sociedade do Escudo ficaram prontos, e nessa ocasião.

560 YUKIO MISHIMA: O HOMEM DE TEATRO E DE CINEMA

Nas três primaveras seguintes, Mishima e os membros da Sociedade do Escudo (composta de 95 estudantes das Universidades Waseda, Kanagawa, Meiji e Faculdade de Línguas Estrangeiras de Tóquio) continuaram a efetuar treinamentos miltares: de 1 a 28 de março de 1968, com trinta estudantes; de 1 a 29 de março de 1969, com 27 estudantes; e de 1 a 28 de março de 1970, com trinta estudantes, sempre no acampamento militar de Takigahara da Escola Fuji do Serviço de Autodefesa do Exército Nipônico.

A 26 de janeiro de 1968, antes do seu segundo treinamento, o escritor e dez membros do *Ronsô Journal* fizeram um juramento assinado com sangue.

A Sociedade do Escudo é um exército em situação de espera. Impossível saber quando chegará o nosso dia. Talvez amanhã, talvez nunca. Até então, permaneceremos em posição firme. Nada de demonstrações nas ruas, nem associações, discursos públicos, combates com coquetéis Molotov ou pedradas. Até o último e pior momento, nos negamos a cometer esses atos. Porque somos o mais pequeno exército do mundo e o mais grande por seu espírito[1].

Mishima levava a sério a Sociedade do Escudo, organização paramilitar de jovens estudantes sob sua liderança, fundada em 1967 e inaugurada oficialmente a 5 de outubro de 1968. Todas as despesas estavam a seu encargo, inclusive os uniformes militares de inspiração francesa, no estilo dos usados pelos oficiais da Era Meiji (1867-1912). Mas em agosto de 1969, ele irrita-se com Bandai e Nakatsuji do *Ronsô Journal*, que deixam a Sociedade do Escudo. Em *O Background da Literatura de Mishima*, o escritor enfatisa que não se pode nivelar as suas atividades como ator de teatro e cinema ou modelo fotográfico com a Sociedade do Escudo. Porque não se falece no teatro, cinema ou como modelo, mas em suas diligências na Sociedade do Escudo estava decidido até a morrer por essa causa.

---

1. Marguerite Yourcenar, *Mishima o la visión del vacío*, p. 113.

9. Conceito de Bunbu Ryôdô

A 21 de outubro de 1968, Dia Internacional da Ação Unificada Antiguerra, houve tumultos nos bairros de Shinjuku e Roppongui em Tóquio. Já em Guinza, os estudantes radicais se defrontaram com a tropa de choque da polícia, em protesto contra a ratificação do Tratado de Segurança Mútua Japão-Estados Unidos. No ensaio *Como uma Correnteza Violenta*, Shizue Hiraoka, mãe de Mishima, conta que o escritor e membros da Sociedade do Escudo foram ver os campos de batalha. Em Guinza, ele subira no telhado de um posto policial para observar melhor e a sua excitação nessa noite era incontrolável.

Enquanto ele relatava com minúcias o acontecimento, com apropriados gestos de mãos e movimentos corporais, embora eu achasse interessante, escutei com uma sensação levemente sinistra. Senti que algo que estava afundado no mais profundo do seu coração, jorrara de um só ímpeto.

Em 1969 esperava-se grandes revoltas contra o tratado americano, mas nem a esquerda nem a extrema direita, que também a desaprovava, se manifestaram. Durante o seu último treinamento militar, Mishima enviou cartas de Gotemba, aos pés do monte Fuji, aos escritores Yasunari Kawabata e Fusao Hayashi. Um trecho da missiva para este último, datada de 6 de março de 1970, diz:

A Federação Nacional das Associações de Autogestão dos Estudantes (Zengaku-ren) acalmou-se e tenho a impressão de que o Japão está prestes a adormecer de novo.

562   YUKIO MISHIMA: O HOMEM DE TEATRO E DE CINEMA

Não posso deixar de me impacientar, quando penso que as coisas essenciais serão negligenciadas e enquanto "o Japão mascarado" continuar, provavelmente acabará se esquecendo da sua face real.

Perdi completamente o interesse pelo teatro e, por um certo tempo, não tenho vontade de compor. O romance me é penoso, mais venenoso do que qualquer coisa. Porém, não tenho outra alternativa senão continuar a escrever. [...]

Por mais que eu envelheça, o coração e o orgulho são facilmente feridos, portanto, devo ser um "Romantiker"(romântico, em alemão no original). Todavia, tenho a impressão de que o Japão finalmente se afastará do romantismo[1].

Até morrer, Mishima continuou a denominar-se de *Romantiker*. Se antes o escritor buscava o equilíbrio corpo e mente, produzindo romances, contos e dramas onde os mundos exterior e interior estão separados, agora começa a procurar um princípio maior que unisse arte e vida, estilo e espírito de ação. Ele irá encontrá-lo no *bunbu ryôdô*, a ética do samurai. No seu popular *Introdução ao Hagakure* (1967), Mishima relata que influenciado pelo *Hagakure* do século XVIII, passara a insistir com firmeza no conceito de "bunbu ryôdô, isto é, o caminho combinado do erudito e do guerreiro ou a habilidade em ambas as artes, literária e militar", segundo o qual os samurais deveriam aperfeiçoar-se em ambos os ofícios.

Estou convencido, porém, de que a arte, mantida comodamente dentro dos limites da arte apenas, definha e morre, e nesse sentido não acredito no que se chama habitualmente de arte pela arte. [...] O *Hagakure* baseia-se nos princípios dos samurais. A ocupação dos samurais é a morte. Por mais pacífica que seja a época, a morte é a motivação suprema do samurai e se ele temer ou evitar a morte, nesse instante deixa de ser samurai.

A introdução do *Kokinwakashû* (*Coletânea de Poemas Antigos e Modernos*), de 914, diz: "As palavras movem os céus e a terra". Embora fosse um devoto da estética do *Kokinwakashû*, Mishima acreditava que as palavras têm o poder de mover os céus, mas justamente aí se encontra a sua impotência, pois quem move a sociedade é a ação. Este seria o significado do *bunbu ryôdô*, o cruzamento de ambas as artes, literária e militar. O escritor acreditava que era o momento de reviver o antigo ideal japonês de arte e ação. Mas a sua convicção de que esse conceito, que se revolve e se resolve em torno da morte, só existe no Japão, estava correta.

O *bunbu ryôdô* deriva da "filosofia da ação", ou melhor, da ênfase no "pensamento com ação" de Wang Yang-ming (Ô Yômei, em japonês), pensador chinês que viveu de 1472 a 1528. Esta escola neo-confucionista influenciou samurais e patriotas do fim do Período Edo e início da Era Meiji, que deram a vida por seus ideais sociais. Tais como Heihachirô Ôshio (1793-1837), Shôin Yoshida (1830-1859), Takamori Saigô (1827-1877), general Maresuke Nogui (1849-1912),

1. Yukio Mishima, citado em Fusao Hayashi, "Fragmento Literário (Danshô), *Shinchô*, ed. especial, jan. de 1971, p. 147.

CONCEITO DE *BUNBU RYÔDÔ*   563

os tenentes do incidente de 26 de fevereiro de 1936 e o jovem Futaya Yamaguchi no pós-guerra.

O *bunbu ryôdô* foi inicialmente proposto por Heihachirô Ôshio, guerreiro erudito, seguidor da filosofia de Wang Yang-ming, que prega a obliteração de todas as contradições e dicotomias através do pensamento e ação. Com a escassez de arroz em Osaka, devido aos comerciantes inescrupulosos em conluio com o xogunato Tokugawa, e diante da fome premente do povo, Ôshio, que sabia holandês, aprendeu como construir um canhão e planejou um levante. Delatado por um traidor, antes de ser preso, ele e seu filho preferiram se explodir com a pólvora que haviam preparado para a revolução. Por sua vez, o patriota Shôin Yoshida, também crítico do xogunato Tokugawa, enfatizou a lealdade ao imperador e foi martirizado por isso. Já Takamori Saigô fora um político, que ajudara a derrubar o xogunato Tokugawa. Mas ao conduzir a última contra-revolução de oposição à Restauração Meiji, fracassou na revolta e suicidou-se com a sua espada em nome do imperador. Durante a guerra da Rússia, o general Nogui apresentara muitas baixas de soldados japoneses, mas fora perdoado pelo imperador. Portanto, no dia do enterro do imperador Meiji, ele suicidou-se com a sua esposa Shizuko, como uma forma de reconhecimento e gratidão. Segundo Mishima, a cada trinta ou cinquenta anos, esses líderes deram um golpe de estado, que impediu a queda do Japão. E os seus efeitos políticos não foram imediatos, porém, depois provocaram uma reação em cadeia.

Mas o *Yômeigaku* japonês é diferente do *Yômeigaku* chinês, assim como o marxismo de Lênin é diferente do marxismo de Mao Tsé-tung. Por exemplo, o *Yômeigaku* de Ôshio era repleto de dogmatismo revolucionário. Em 1968, após ler tudo sobre essa filosofia da ação, Mishima compôs o ensaio *O Yômeigaku como Filosofia da Revolução*. Quando a crença no imperador como a encarnação do Japão puro e que, se protegesse o imperador, a fonte da estética e cultura nipônicas não cessaria se tornaram mais fortes, o escritor encontrou uma causa pela qual morrer. Numa de suas derradeiras cartas ao amigo e tradutor Donald Keene, ele escreveu: "Você deve ser o que poderá entender a minha conclusão, influenciada pela filosofia Yômei. Eu acredito que saber sem agir não é conhecer suficientemente e o ato em si não requer qualquer eficácia". E na última missiva ao mesmo destinatário: "Depois de pensar e refletir durante quatro anos, desejei sacrificar-me pela bela e antiga tradição do Japão, que está desaparecendo rapidamente, dia após dia. [...] Eu desejo morrer antes como um samurai do que um literato".

O sol e o aço ensinaram-lhe: "o segredo de perseguir as palavras com o corpo e não apenas o corpo com palavras. Assim, o gerador de sua mente passou de uma corrente contínua para uma corrente alternada" e ele começou a manter um equilíbrio entre esses dois polos de arte e ação. Ao contrário do princípio literário, em que a morte embora mantida em cheque é usada na composição de ficções vazias, "o princípio da espada residia em aliar a morte não com o pessimismo ou a impotência, mas com a energia abundante, o clímax da perfeição física e o desejo de lutar", relata o autor em *Sol e Aço*. A ação como realidade, coisa verdadeira e a arte, coisa falsa. "Assim, combinar ação e arte é combinar a flor que fenece e a flor que dura para sempre. [...] Ação é morrer com a flor; literatura é criar uma flor imortal. E uma flor imortal, evidentemente, só pode ser uma flor artificial".

Enquanto escritor, Mishima prossegue: "Descobri, então, que as origens mais profundas da imaginação estão na morte". E de sua experiência militar, como a maçã que é cortada e cai em pedaços: "Dessa forma, aprendi que a sensação momentânea e feliz de existir, que eu tinha experimentado naquela tarde de verão durante minha vida no exército só poderia ser, finalmente, justificada através da morte".

Ele descobre em si mesmo que a raiz de ambas as artes, literária e militar, assim como no *bunbu ryôdô*, é a morte.

10. Dramatização de Patriotismo: O Seppuku no Quartel-General de Ichigaya

No processo criativo de seus romances e dramas, Mishima só começava a escrever quando determinava claramente o final. Depois pensava em como levar à conclusão, tendo em vista a última cena. E isso ele também o praticou em sua existência. A sua vida adequava-se ao seu pensamento, portanto, o seu fim também não mudou. O escritor esculpiu o seu corpo como uma obra de arte, que segundo a sua estética estava irremediavelmente fadado à destruição, à tragédia derradeira. Ele acreditava que a Sociedade do Escudo lhe permitiria superar a brecha entre corpo e espírito, arte e ação. Todavia, estava ciente que a união total desses opostos só se daria no momento extremo da morte, como prega o *Hagakure*.

Mas quando ele teria arquitetado com nitidez a cena final de sua existência? A partir de uma certa época, a sua costumeira risada alegre desapareceu e chegou a dizer: "Eu não admito em absoluto o meu envelhecimento". No artigo "O que Significa 'Proteger o País?'", o autor revela: "Agora, em 1969, a metodologia para eu não participar da política já está quase pronta. Quero usar a minha espada unicamente para a luta espiritual".

E a sua "pequena descoberta" seria o atentado que provocaria no Quartel General das Forças de Autodefesa do Japão, no distrito de Ichigaya em Tóquio, um ano depois. Desde então, Mishima planejou detalhadamente a sua morte, como os enredos de seus romances, contos e dramas. Nenhum escritor no Japão ou em qualquer outro país executou um suicídio público tão elaborado e complexo. Enviou cartas de despedida aos seus amigos e tradutores Donald Keene e Ivan Morris, aos mestres e amigos japoneses mais íntimos, convocou dois colegas repórteres e telefonou a outros conhecidos na mídia para estarem presentes num determinado local, dia e hora.

O escritor costumava comunicar com alguns meses de antecedência, quando o romance serializado terminaria. Mas a 25 de novembro de 1970, após finalizar *A Queda do Anjo*, último volume da tetralogia *Mar da Fertilidade*, quando a encarregada da editora Shinchôsha veio buscar o envelope, ele estava rigidamente grampeado. Ao abrir o manuscrito na editora, estava escrito *Completado*. Mishima e quatro membros da Sociedade do Escudo já haviam se dirigido ao Quartel General em Ichigaya, onde tinham uma reunião com o general Mashita às 11:00 horas daquela manhã. Ele teria dito: "Eu completei o romance no mesmo dia da minha ação, para realizar o meu "bunbu ryôdô" (síntese das artes cultural e guerreira)".

Após imobilizarem o general, ao meio-dia o escritor dirigiu-se à sacada e pretendia falar aos soldados por trinta minutos. Ele queria conscientizá-los sobre a hipocrisia nacional, a do país que almeja paz e prosperidade econômica sob a proteção militar americana, uma vez que a constituição atual proíbe a formação de um exército nacional, e forçar a revisão da constituição pacifista do Japão, de 1946. Cópias do *Manifesto* redigido por Mishima foram arremessadas aos soldados presentes na base de Ichigaya, para incitá-los a iniciar uma rebelião contra o impotente exército nipônico. Mas o barulho dos helicópteros da polícia, que sobrevoavam o local, impedia a compreensão do que era vociferado e os soldados troçaram dele durante todo o seu breve pronunciamento, que durou cerca de sete minutos.

Mishima havia declarado não ter feito um testamento porque já o fizera aos vinte anos, quando fora convocado para a guerra, com a convicção de que seria morto em combate. O testamento juvenil, após agradecer aos pais, irmãos e mestres, termina com a saudação "Vida Longa ao Imperador!" (*Tennô heika, banzai!*). Foi com esta mesma saudação, bradada três vezes por Mishima e seu assistente Masakatsu Morita, que ele encerrou o seu discurso e ambos se retiraram da sacada para cometer *seppuku*. Era o dia da execução do patriota Shôin Yoshida, a quem o escritor tanto venerava. Mishima não se importava que 99% do Japão pudesse se modernizar, o que significa se ocidentalizar, pois acreditava que se protegessem o último 1%, o imperador, o país ainda poderia ser salvo. E demonstrou isso num protesto com a sua vida, dando um exemplo concreto ao se martirizar pelo imperador. Não o imperador Hirohito enquanto pessoa física, por quem tinha pouco apreço e que desgostava de tais atos extremos, como demonstrara no incidente de 26 de fevereiro de 1936, mas o imperador como idéia cultural. Porém, qual seria a essência desse imperador, a sua figura original? O escritor se imolou em nome desse grande enigma.

DRAMATIZAÇÃO DE *PATRIOTISMO*: O *SEPPUKU* NO QUARTEL-GENERAL... 567

Muitas contradições cercam essas atividades, o seu manifesto e o golpe de estado. Apesar de exortar os soldados a lutarem pela proteção nacional, derrubar os políticos corruptos, realizar uma reforma constitucional e a necessidade da criação de um exército nacional, ele não tinha dúvidas de que as suas ações não eram políticas ou mesmo que eram antipolíticas. Mas é inegável que os seus últimos atos e a sua morte estavam politizados. A concepção política de Mishima era como a dos jovens tenentes do levante de 26 de fevereiro de 1936. Entretanto, o incidente que provocou não se assemelha. No *Manifesto* o autor declara: "Esperamos quatro anos e no último ano, esperamos ardentemente". O que significa a sua vida durante quatro anos como líder da Sociedade do Escudo, pois o escritor dedicava-lhe a metade do seu tempo. O seu pensamento, o *Manifesto* e a ação em Ichigaya eram próprios dele, depois de refletir longa e arduamente sobre o atentado e só com os quatro elementos da Sociedade do Escudo.

Após o incidente, aos amigos do escritor que iam apresentar condolências à família, sua mãe, Shizue Hiraoka, dizia: "Kimitake (Yukio) não morreu como um literato, mas como um samurai. Doravante, sobreviverei como a mãe de um guerreiro". Já o seu pai, Azusa Hiraoka, de 75 anos, começou a andar com a postura ereta e sem se apoiar no corrimão quando usava a escada. Na cerimônia em sua memória, como bem expressou o compositor Toshirô Mayuzumi: "Este não foi um golpe de estado político, mas um golpe de estado espiritual". E que, na realidade, golpeou frontalmente a atualidade nipônica.

No artigo "Os 25 Anos Dentro de Mim: O Compromisso que Deixei de Realizar", publicado poucos meses antes do seu suicídio, Mishima descreve uma visão pessimista do pós-guerra.

Quando reflito sobre esses 25 anos dentro de mim, fico espantado com o seu vazio. Quase não posso dizer que "vivi". Passei pela existência suportando com paciência o seu fedor. As coisas que eu odiava há 25 anos mudaram um pouco a sua forma, porém, mesmo agora, sobrevivem teimosamente como sempre. Não só sobrevivem, mas com a sua força propagativa assustadora acabaram saturando completamente todo o Japão. Isso é a democracia do pós-guerra e o terrível bacilo denominado hipocrisia, que nasce daí.

No final do texto, o autor profetiza:

Se continuar assim, o Japão se extinguirá e no seu lugar restará uma grande potência econômica, inorgânica, vazia, neutra, rica e astuta num canto do Extremo Oriente [...] Não tenho nem mais vontade de falar com as pessoas que pensam que mesmo assim está bem.[1]

---

1. Yukio Mishima, "Watashi no naka no 25nen" (Os 25 Anos Dentro de Mim), *Sankei Shimbun*, 7 de julho de 1970.

Como diz o título do artigo de Philip Shabecoff no *The New York Times Magazine*, de 2 de agosto de 1970, "Japan's Renaissance Man – Yukio Mishima", o escritor, que hoje poderíamos denominar de multimídia, na verdade deixou vários testamentos: *Sol e Aço* e o *Tratado para a Defesa da Cultura*, respectivamente seus testamentos filosóficos sobre o corpo e a ação; a *Exposição Yukio Mishima* na loja de departamentos Tôbu e o álbum póstumo de Kishin Shinoyama, "A Morte do Homem", como testamentos fotográficos; a direção da *Salomé* de Wilde, como um testamento teatral de sua morte; o *Manifesto* distribuído aos soldados e a exortação na sacada do Quartel General em Ichigaya, como testamentos políticos; e a tetralogia *Mar da Fertilidade*, como seu testamento literário.

A história do teatro tradicional japonês é perpassada pela estética da morte. O nô de Zeami, drama poético em que o protagonista é sempre o espírito de um morto, é uma "estética necrófila" nos dizeres de Mishima, comparável às obras de Edgar Allan Poe, *Lígia* e *Berenice*, pois começa quando tudo já terminou. Já o bunraku e o kabuki são conhecidos pelas peças de duplo suicídio amoroso de Chikamatsu e pelo seu mais célebre drama histórico *A Vingança dos 47 Vassalos Leais (Chûshingura)*, ápice dessa estética da morte, uma vez que 47 vassalos cometem *seppuku* em lealdade ao amo Hangan Enya. Por sua vez, o teatro e o cinema de Mishima também seguem a estética da morte. Mas enquanto o teatro tradicional nipônico (nô, bunraku e kabuki) coloca a ênfase na narrativa, canto falado complementado por dança e atuação, embora fosse um promotor do drama romântico, a dramaturgia de Mishima era extremamente clássica e ortodoxa. Porém, influenciado pelo teatro clássico europeu, ele realizou experimentações extremas com o teatro da fala, que faltava no teatro japonês. Nesse sentido, foi fundamental na modernização do teatro nipônico no pós-guerra. O seu pensamento, força conceptiva, estrutura e o próprio estilo literário e artístico eram essencialmente teatrais, assim como o seu modo de vida e o trágico final.

Mishima gostava mais de Racine do que de Shakespeare, mais do teatro nô do que de kabuki. Apesar de suas múltiplas atividades como romancista, dramaturgo, ensaísta, diretor, ator de teatro, musical e cinema, modelo fotográfico, cantor e ativista militar, na sua essência era um protagonista de nô (*shite*), que almejara falecer na guerra aos vinte anos e o pós-guerra lhe parecia uma sobrevida, passando a viver com a morte dentro de si. Mas por desejar um fim varonil, encenou e dirigiu a sua morte como um grande espetáculo de kabuki moderno. Combinou o teatro da fala, na cena de discurso aos soldados na sacada do Quartel General em Ichigaya, a uma cena kabuki ao cometer *seppuku* com o seu companheiro Masakatsu Morita, diante do horrorizado general Mashita. Após ter praticado *seppuku* diante das câmeras no seu filme *Patriotismo* e efetuado vários ensaios como o samurai

DRAMATIZAÇÃO DE *PATRIOTISMO*: O *SEPPUKU* NO QUARTEL-GENERAL... 569

Shinpei Tanaka na película *Os Matadores*, ele conseguiu realizar sem falhas a morte ritual do samurai na melhor tradição de *seppuku*. No artigo "Explanações sobre *O Bosque em Flor* e *Patriotismo*" de 1968, o escritor diz:

A estória de *Patriotismo* em si mesma trata simplesmente do incidente de 26 de fevereiro de 1936. Mas o espetáculo de amor e morte, a fusão completa de eros e obrigação moral e suas implicações múltiplas, pode-se dizer que é a bênção suprema e singular que eu almejo nesta vida. Infelizmente este tipo de bênção suprema, talvez, só possa se realizar no papel como um escrito. Nesse caso enquanto romancista, ao escrever o conto *Patriotismo*, talvez eu deva me dar por satisfeito.

Contudo, não satisfeito, já em 1965 *Patriotismo* havia se tornado um filme, com original, roteiro, produção, direção e interpretação principal de Yukio Mishima. Porém, a dramatização de *Patriotismo*, na qual o autor acabou acumulando de novo todas essas cinco funções, transformou-se em sua atuação na vida real, com a exortação aos soldados e o *seppuku* com Morita no Quartel General em Ichigaya, tendo como coadjuvantes os quatro membros da Sociedade do Escudo.

Com o seu amplo domínio de ambas as culturas nipônicas, antiga e moderna, bem como o seu vasto e profundo conhecimento da cultura ocidental, sobretudo européia, Mishima deve ter sido o último dramaturgo japonês a realizar a passagem do passado tradicional para a era contemporânea. Yukio Mishima foi um homem de teatro completo, que atuou nas suas três principais frentes, como dramaturgo, diretor e ator; aventurou-se também no cinema como produtor, roteirista, diretor e ator. Após o seu trágico fim teatral, que não foi uma morte literária nem espiritual, mas política, sua vida e obra ficaram indissoluvelmente ligadas, não mais podendo ser dissociadas.

Masaki Dômoto assim se pronunciou sobre a morte do escritor: "Como nos rituais de sacrifício humano dos povos semíticos antigos, os deuses pedem sangue humano e o povo renasce com isso"[2]. No incidente em Ichigaya, ao cometer *seppuku*, Mishima validou com a sua vida o que havia declarado ao rodar o filme *Patriotismo*.

O que eu almejei ao extremo [...] não foi um drama. Foi antes um estágio anterior ao drama, um "dromenon" religioso, algo semelhante a um ritual de sacrifício nas cerimônias agriculturais, o destino vegetal do ser humano na natureza. Um ritual mágico de elevação, ruína e renascimento.

Ele apostou nesse golpe de Estado o seu sonho exorbitante, de imolar-se em nome do imperador, para ressuscitar o Japão original.

---

2. Masaki Dômoto, "Somuki no ie no shijintachi", *Guendai Shi Techô*, janeiro de 1971.

Dramaturgia de Yukio Mishima

1. OS MAGOS DO ORIENTE (HIGASHI NO HAKASETACHI), peça em um ato. Primeira publicação na revista *Hojinkai* (*Associação Hojin*) n.163. Tóquio, Gakushûin, 1 de março de 1939, com seu nome verdadeiro de Kimitake Hiraoka. Não foi encenada.
2. KONKUWAI KIKU NO ARIAKE, poesia em prosa. Primeira publicação na revista *Mahoroba* (*Lugar Exemplar*). Tóquio, março de 1944. Não foi encenada.
3. ÍRIS (AYAME), drama poético. Primeira publicação na revista *Fujin Bunko* (*Biblioteca de Senhoras*). Tóquio, maio de 1948. Não foi encenada.
4. CASA EM CHAMAS (KATAKU), peça.em um ato. Primeira publicação na revista *Ninguen* (*Ser Humano*), Kamakura, Kamakura Bunko, novembro de 1948. Primeira encenação na *5ª Apresentação da Associação de Pesquisas Criativas do Haiyû-za* (*Teatro do Ator*), no Mainichi Hall, em Tóquio, 24 de fevereiro a 2 de março de 1949. Direção de Suguisaku Aoyama.
5. ANSIEDADE AMOROSA (AI NO FUAN), peça em um ato. Primeira publicação na revista *Bunguei Ôrai* (*Comunicações Literárias*), Kamakura, Kamakura Bunko, fevereiro de 1949. Primeira montagem pela *Associação de Estudos do Ateliê Bungaku-za* (*Teatro Literário*), em Tóquio, a 18 de março de 1959. Direção de Haruyasu Mizuta.
6. O FAROL (TÔDAI), peça em um ato. Primeira publicação na revista *Bungakukai* (*Mundo Literário*). Tóquio, Bungakukaisha, maio

572 YUKIO MISHIMA: O HOMEM DE TEATRO E DE CINEMA

de 1949. Primeira apresentação pelo *Osaka Hôsô Guekidan* no Bunraku-za em Osaka, 9 a 21 de novembro de 1949, dirigida por Kenji Koyama. Primeira direção teatral de Yukio Mishima, sob orientação técnica de Suguisaku Aoyama, na *8ª Apresentação da Associação de Pesquisas Criativas do Haiyû-za*, no Mainichi Hall, em Tóquio, fevereiro de 1950

7. NÍOBE (personificação da dor materna), peça em um ato. Primeira publicação na revista *Gunzô* (*Imagem da Multidão*). Tóquio, Kodansha, outubro de 1949. Não foi encenada.

8. A SANTA (SEIJO), peça em um ato. Primeira publicação na *Edição Especial de Artes* da revista *Chûo Kôron* (*Resenha Central*). Tóquio, Chûo Kôronsha, outubro de 1949. Primeira montagem pelo *Sôguei-za* no Sanyô Hall, em Tóquio, 7 a 10 de outubro de 1952. Direção de Tamao Aoyama. Apresentada também como peça *underground* no Sasori-za (*Teatro Escorpião*), em julho de 1967.

9. CULTO DE ADORAÇÃO DO DEMÔNIO (MAJIN RAIHAI), peça em quatro atos. Primeira publicação na revista *Kaizô* (*Reconstrução*). Tóquio, Kaizôsha, março/abril de 1950. Não foi encenada.

10. O TRAVESSEIRO DOS SONHOS (KANTAN), primeira das *Peças de Nô Moderno* em um ato. Primeira publicação na revista *Ninguen*. Tóquio, Meguro Shoten, outubro de 1950. Primeira encenação na *5ª Apresentação do Ateliê do Bungaku-za,* em Tóquio, 15 a 17 de dezembro de 1950. Direção de Hiroshi Akutagawa.

11. O TAMBORIL DE DAMASCO (AYA NO TSUZUMI), nô moderno em um ato. Primeira publicação na *Edição Especial de Artes* da revista *Chûo Kôron,* janeiro de 1951. Primeira apresentação pela *3ª Associação de Estudos do Haiyû-za* no Teatro Mitsukoshi, em Tóquio, 13 a 14 de fevereiro de 1952. Direção de Teruko Nagaoka.

12. HADE KURABE CHIKAMATSU MUSUME, primeiro drama dançante kabuki em três atos. Primeira publicação no *Programa da Associação Midori Yanaguibashi*. Tóquio, outubro de 1951. Primeira encenação na *5ª Apresentação da Associação Midori Yanaguibashi* no Meiji-za, em Tóquio, 27 a 31 de outubro de 1951. Supervisão de Eiryô Ashihara e coreografia de Kikunojô Onoe.

13. A CENTÉSIMA NOITE (SOTOBA KOMACHI), nô moderno em um ato. Primeira publicação na revista *Gunzô,* janeiro de 1952. Primeira montagem na *6ª Apresentação do Ateliê do Bungaku-za,* em Tóquio, 19 a 25 de fevereiro de 1952. Direção de Teruko Nagaoka.

14. CAVALHEIRO (SHINSHI), pantomima. Primeira publicação na revista *Engueki* (*Teatro*). Tóquio, Hakusuisha, janeiro de 1952. *Performance* de Ken Mitsuta.

15. NADA É TÃO CARO COMO O GRÁTIS (TADA HODO TAKAI MONO WA NAI), tragicomédia em três atos. Primeira publicação na revista *Shinchô* (*Maré Nova*). Tóquio, Shinchôsha, fevereiro de 1952.

DRAMATURGIA DE YUKIO MISHIMA

Primeira apresentação pelo *Bungaku-za* no Mainichi Kaikan, em Osaka, 18 a 23 de junho de 1955. Direção de Teruko Nagaoka.

16. GIRASSOL NOTURNO (YORU NO HIMAWARI), peça em quatro atos. Primeira publicação na revista *Gunzô*, abril de 1953. Primeira encenação pelo *Bungaku-za* no Mainichi Kaikan, em Osaka, 25 a 29 de junho de 1953. Direção de Teruko Nagaoka.

17. MUROMACHI HANGONKÔ, drama dançante kabuki em três atos. Primeira publicação no *Programa da Associação Midori Yanaguibashi*. Tóquio, outubro de 1953. Primeira encenação na *7ª Apresentação da Associação Midori Yanaguibashi* no Meiji-za, em Tóquio, 28 de outubro a 2 de novembro de 1953. Coreografia de Kikunojô Onoe.

18. O BIOMBO DO INFERNO (JIGOKUHEN), kabuki em um ato baseado no conto homônimo de Ryûnosuke Akutagawa. Impresso no *Panfleto da Companhia Teatral Kichiemon*. Tóquio, 1953. Primeira publicação na coletânea *Radiguê no shi*. Tóquio, Shinchôsha, julho de 1955. Primeira montagem pela *Companhia Teatral Kichiemon Nakamura* no Kabuki-za, em Tóquio, 5 a 26 de dezembro de 1953. Direção de Mantarô Kubota.

19. A DAMA AOI (AOI NO UE), nô moderno em um ato. Primeira publicação na revista *Shinchô*, janeiro de 1954. Primeira representação pelo *Bungaku-za* no Mainichi Kaikan, em Osaka, 18 a 23 de junho de 1955. Direção de Ichirô Inui.

20. JOVENS, RESSUSCITEM! (WAKÔDO YO YOMIGAERE), peça em três atos. Primeira publicação na revista *Gunzô*, junho de 1954. Primeira apresentação pelo *Haiyû-za* no Teatro Haiyû-za, em Tóquio, 18 a 30 de novembro de 1954. Direção de Koreya Senda.

21. A DEUSA QUE SE DISSIPOU (TOKETA TENNYO), opereta em três atos com cenas de comédia, balé e ópera. Primeira publicação na revista *Shingueki (Teatro Moderno)*. Tóquio, Hakusuisha, julho de 1954. Não foi encenada.

22. BOM DIA, SENHORA! (BOM DIA SENIORA), opereta em sete cenas sobre estória de amor no carnaval do Rio. Primeira publicação em *Mishima Yukio zenshû (Obras Completas de Yukio Mishima)* vol. 21. Tóquio, Shinchôsha, 1974. Primeira apresentação pela *Tóquio Shôchiku Kaguekidan (Companhia de Opereta Feminina da Shôchiku em Tóquio)* no Minami-za, em Kyoto, 5 a 14 de setembro de 1954. Direção de Tomoyoshi Murayama e coreografia de Yôji Ken.

23. A REDE DE AMOR DO VENDEDOR DE SARDINHAS (IWASHIURI KOI NO HIKIAMI), kabuki cômico em um ato. Primeira publicação na revista *Enguekikai (Mundo Teatral)*. Tóquio, Engueki Shuppansha, novembro de 1954 e posteriormente na coletânea *Radiguê no shi*, julho de 1955. Primeira montagem pela *Companhia Teatral Kichiemon Nakamura* no Kabuki-za, em Tóquio, 2 a 26 de novembro de 1954. Direção de Mantarô Kubota e coreografia de Kanjurô Fujima.

574 YUKIO MISHIMA: O HOMEM DE TEATRO E DE CINEMA

24. BOXE (BOXINGU), peça radiofônica. Primeira publicação em *Mishima Yukio zenshû* vol. 24, abril de 1975. Primeira transmissão no *9º Festival Artístico do Ministério da Educação e Cultura* pela NHK (Associação de Radiodifusão do Japão), 21 de novembro de 1954. Composição sonora de Toshirô Mayuzumi.

25. OS LEQUES TROCADOS (HANJO), nô moderno em um ato. Primeira publicação na revista *Shinchô*, janeiro de 1955. Primeira encenação como programa especial da *Associação Dôjin* e do *Estúdio Haiyû-za*, no Hall Público de Chiyoda, em Tóquio, 20 de junho de 1957. Direção de Chikao Tanaka.

26. YUYA (nome da protagonista), kabuki em um ato com duas cenas. Primeira publicação na revista *Mita Bungaku* (*Literatura de Mita*). Tóquio, Kodansha, maio de 1955. Primeira montagem na *2ª Apresentação da Associação Tsubomi* no Kabuki-za, em Tóquio, 24 a 27 de fevereiro de 1955. Composição musical de Eizô Kineya III e coreografia de Kanjurô Fujima.

27. GRAND NU FOLLIES: O AMOR POSSUI SETE CHAVES (GURAN NU FUORIZU: KOI NI WA NANATSU NO KAGUI GA ARU), musical em 19 cenas por vários autores. Mishima incumbiu-se das cenas 2 à 4: "A Chave da Bebida que Desvela o Amor" ("Koi o hiraku sake no kagui"). Primeira publicação no roteiro do Nichigueki Music Hall. Tóquio, março de 1955. Primeira apresentação no *3º Aniversário do Nichigueki Music Hall,* de Tóquio, 4 de março a 4 de abril de 1955. Organização e direção de Nagaaki Maruo.

28. AS TRÊS CORES PRIMÁRIAS (SANGUENSHOKU), peça em um ato com cinco cenas. Primeira publicação na revista *Chisei* (*Intelecto*). Tóquio, Chiseisha, agosto de 1955. Primeira representação pelo *Recital Masaki Dômoto* no Sôguetsu Kaikan, em Tóquio, 17 de abril de 1962. Direção de Masaki Dômoto.

29. A SAUDAÇÃO DO BARCO (FUNE NO AISATSU), monólogo em um ato. Primeira publicação na revista *Bunguei* (*Artes Literárias*). Tóquio, Shinchôsha, agosto de 1955. Primeira encenação na *22ª Apresentação do Ateliê Bungaku-za,* em Tóquio, 15 a 19 e 27 de junho de 1955. Direção de Takeo Matsuura.

30. A TOCA DE CUPINS (SHIROARI NO SU), drama em três atos. Primeira publicação na revista *Bunguei*, setembro de 1955. Primeira montagem na *3ª Apresentação da Companhia Teatral Seinen-za* (*Teatro dos Jovens*) no Haiyû-za, em Tóquio, 29 de outubro a 6 de novembro de 1955. Direção de Taku Sugawara & Kôji Abe. *2º Prêmio Kishida de Dramaturgia* em dezembro de 1955, prêmio instituído em memória do dramaturgo moderno Kunio Kishida (1890-1954).

31. O ORVALHO NO LOTUS, CONTOS DE OUCHI (FUYÔ NO TSUYU OUCHI DIKKI), kabuki experimental em um ato, baseado na *Fedra* de Jean Racine. Primeira publicação na revista *Bunguei*, dezembro

DRAMATURGIA DE YUKIO MISHIMA 575

de 1955. Primeira representação pelas *Companhias Teatrais de Kichiemon e Ennosuke* no Kabuki-za, em Tóquio, 3 a 27 de novembro de 1955. Direção de Yukio Mishima.

32. UM GRANDE OBSTÁCULO (DAISHÔGAI), peça em um ato com quatro cenas. Primeira publicação na revista *Bungakukai*, março de 1956. Primeira apresentação pelo *Ateliê Bungaku-za* no Centro de Pesquisas Teatrais do Bungaku-za, em Tóquio, 16 a 25 de abril de 1957. Direção de Takeo Matsuura.

33. PALACETE DAS FESTAS (ROKUMEIKAN), melodrama em quatro atos. Primeira publicação na revista *Bungakukai*, dezembro de 1956. Primeira montagem pelo *Bungaku-za* no Daiichi Seimei Hall, em Tóquio, 27 de novembro a 9 de dezembro de 1956. Direção de Takeo Matsuura.

34. ORFEU (ORUFUE), drama dançante em oito cenas, adaptado do filme *Orphée* de Jean Cocteau. Primeira publicação em *Mishima Yukio zenshû* vol. 24, abril de 1975. Primeira encenação na *Apresentação da Nova Dança de Hôzui Kitamura* no Tôyoko Hall, em Tóquio, 1 de dezembro de 1956. Direção de Yukio Mishima e Toshikiyo Masumi, coreografia de Hôzui Kitamura.

35. A FACE NO ESPELHO (DÔJÔJI), nô moderno em um ato. Primeira publicação na revista *Shinchô*, janeiro de 1957. Montada pela *Associação dos Membros de Encenação das Peças de Nô Moderno de Yukio Mishima,* no Teatro Nacional do Japão, em Tóquio, 5 a 13 de junho de 1979. Direção de Hiroshi Akutagawa, cenografia e vestuário de Setsu Asakura.

36. BRITÂNICO (BURITANIKYUSU), tragédia em cinco atos de Jean Racine. Tradução japonesa de Shinya Ando e retórica de Yukio Mishima. Primeira publicação na revista *Shingueki*, abril de 1957. Primeira apresentação pelo *Bungaku-za* no Daiichi Seimei Hall, em Tóquio, 5 a 23 de março de 1957. Direção de Seiichi Yashiro.

37. AZALÉIA MATUTINA (ASA NO TSUTSUJI), tragédia shimpa em um ato. Primeira publicação na revista *Bungakukai*, julho de 1957. Primeira encenação numa co-apresentação de *Shimpa* e *Associação Tsubomi* no Shimbashi Embujô, em Tóquio, 3 a 27 de agosto de 1957. Direção de Teruko Nagaoka.

38. BUSU, kyôguen moderno. Primeira publicação na revista *Chûo Kôron*, abril de 1971. Escrito em Nova York em 1957, como interlúdio entre os nô modernos, *A Dama Aoi* e *A Centésima Noite* (*Sotoba Komachi*). Não foi apresentado.

39. ÂNSIA DE AMAR (LONG AFTER LOVE), peça em três atos resultado da unificação de três nô modernos, *A Centésima Noite* (*Sotoba Komachi*), *A Dama Aoi* e *Os Leques Trocados* (*Hanjo*). Redigida em Nova York, em 1957, tendo em vista a encenação americana. Primeira publicação na revista *Chûo Kôron*, maio de 1971. Não foi encenada.

576 YUKIO MISHIMA: O HOMEM DE TEATRO E DE CINEMA

40. A Rosa e o Pirata (Bara to kaizoku), peça em três atos. Primeira publicação na revista *Gunzô*, maio de 1958. Primeira montagem pelo *Bungaku-za* no Daiichi Seimei Hall, em Tóquio, 8 a 27 de julho de 1958. Direção de Takeo Matsuura. 1º Prêmio Yomiuri de Dramaturgia, em 1959.

41. Faixa de Cintura, o Lago Favorito da Moça (Musumegonomi obitori no ike), kabuki em um ato. Primeira publicação na revista *Nippon (Japão)*. Tóquio, Kodansha, dezembro de 1958. Primeira encenação pelas *Companhias Teatrais de Kichiemon e Ennosuke* no Kabuki-za, em Tóquio, 1 a 26 de novembro de 1958. Direção de Mantarô Kubota.

42. Yuya (nome da protagonista), nô moderno em um ato. Primeira publicação na revista *Koe (Vozes)* n. 3. Tóquio, Maruzen, março de 1959. Primeira representação pelo *Art Theater* no Art Theater Shinjuku Bunka, em Tóquio, 17 de novembro a 2 de dezembro de 1967. Direção de Masaki Dômoto.

43. As Mulheres Não se Renderão (Onna wa senryô sarenai), drama contemporâneo em quatro atos com onze cenas. Primeira publicação na revista *Koe* n. 5, outubro de 1959. Primeira apresentação pela *Companhia Tôhô* no Gueijutsu-za, em Tóquio, 2 a 27 de setembro de 1959. Direção de Teruko Nagaoka.

44. Árvore Tropical (Nettaiju), tragédia em três atos com 23 cenas. Primeira publicação na revista *Koe* n. 6, janeiro de 1960. Primeira montagem pelo *Bungaku-za* no Daiichi Seimei Hall, em Tóquio, 7 a 23 de janeiro de 1960. Direção de Takeo Matsuura.

45. Prosérpina (Purozerupiina), monólogo de Goethe traduzido por Yukio Mishima. Primeira publicação no *Guete zenshû* 4 (*Obras Completas de Goethe*, vol. 4). Tóquio, Jinbun Shoin, março de 1960. Primeira encenação em estilo nô pela *Associação Santei de Pesquisa em Dança Japonesa*, no Isetan Hall, em Tóquio, 13 de novembro de 1962. Direção de Masaki Dômoto.

46. O Jovem Cego (Yoroboshi), nô moderno em um ato. Primeira publicação na revista *Koe* n. 8, julho de 1960. Primeira apresentação pelo NLT (Néo Littérature Théâtre) no Art Theater Shinjuku Bunka, em Tóquio, 19 a 22, 24 a 29 e 31 de maio e 1 a 3 de junho de 1965. Direção de Yoshihiro Terasaki.

47. Os Crisântemos do Décimo Dia (Tooka no kiku), peça em três atos com vinte e oito cenas. Primeira publicação na revista *Bungakukai*, dezembro de 1961. Em junho de 1966 é publicada com *Patriotismo* e *As Vozes dos Espíritos dos Heróis Mortos (Eirei no koe)* como as três obras do incidente de 26 de fevereiro de 1936, com o título de *As Vozes dos Espíritos dos Heróis Mortos*, pela Kawade Shobô de Tóquio. Primeira representação pelo *Bungaku-za* nos 25 anos da *Companhia*, no Daiichi Seimei Hall, em Tóquio, 29 de novembro a 17 de dezembro de 1961. Direção de Takeo Matsuura.

DRAMATURGIA DE YUKIO MISHIMA 577

48. LAGARTO NEGRO (KUROTOKAGUE), peça de suspense em três atos com treze cenas. Adaptação do romance policial homônimo de Edogawa Rampo. Primeira publicação na revista *Fujin Gahô* (*Revista Feminina Ilustrada*). Tóquio, Fujin Gahôsha, dezembro de 1961. Primeira montagem produzida por Fumiko Yoshida no Sankei Hall, em Tóquio, 3 a 26 de março de 1962. Direção de Takeo Matsuura.

49. MISSA PARA O PRÍNCIPE GUENJI (GUENJI KUYÔ), último dos nô modernos em um ato. Primeira publicação na revista *Bunguei*, março de 1962. Primeira apresentação pela *Associação dos Membros de Encenação das Peças de Nô Moderno de Yukio Mishima*, no Teatro Nacional do Japão, em Tóquio, 7 a 15 de julho de 1981. Direção de Kijû Yoshida.

50. A HARPA DA ALEGRIA (YOROKOBI NO KOTO), peça em três atos com seis cenas. Primeira publicação na revista *Bunguei*, fevereiro de 1964. Primeira representação pelo *Shiki* (*Quatro Estações*) no Teatro Nissei, em Tóquio, 7 a 30 de maio de 1964. Produção e direção de Keita Asari.

51. MINOKO (NOME DA PROTAGONISTA), ópera em três atos. Primeira publicação em *A Harpa da Alegria, com a inclusão de Minoko*. Tóquio, Shinchôsha, fevereiro de 1964. Não foi encenada.

52. OS VELEIROS DO AMOR (KOI NO HOKAGUE), peça em três atos. Primeira publicação na revista *Bungakukai*, setembro de 1964. Primeira montagem no *1º Aniversário do Teatro Nissei,* em Tóquio, 3 a 29 de outubro de 1964. Direção de Keita Asari.

53. O MARTÍRIO DE SÃO SEBASTIÃO (SEI SEBASUTIAN NO JUNKYÔ). Tradução de Yukio Mishima e Kôtarô Ikeda do milagre homônimo (1911) de Gabrielle D'Annunzio. Primeira publicação na revista *Hihyô* (*Crítica*). Tóquio, Bancho Shobô, abril a novembro de 1965. Não foi encenada.

54. MARQUESA DE SADE (SADO KÔSHAKU FUJIN), drama em três atos baseado em *A Vida do Marquês de Sade*, de Tatsuhiko Shibusawa. Primeira publicação na revista *Bunguei*, novembro de 1965. Primeira encenação pelo NLT (Néo Littérature Théâtre), no Kiinokuniya Hall, em Tóquio, 14 a 29 de novembro de 1965. Direção de Takeo Matsuura. Prêmio do 20º Festival de Artes – Categoria Teatro, Ministério da Educação e Cultura do Japão.

55. PATRIOTISMO (YÛKOKU), roteiro cinematográfico adaptado do seu conto homônimo publicado em Tóquio pela Shôsetsu Chûo Kôron, janeiro de 1961. O roteiro completado a 16 de janeiro de 1965 foi editado como "Versão Cinematográfica de *Patriotismo*" (*Yûkoku eigaban*). Tóquio, Shinchôsha, abril de 1966. A filmagem terminou a 30 de abril de 1965. Original, roteiro, produção, direção e papel principal de Yukio Mishima, com participação da atriz Yoshiko Tsuruoka. Direção de atores por Masaki Dômoto, fotografia de Kimio Watanabe e música de Wagner.

578   YUKIO MISHIMA: O HOMEM DE TEATRO E DE CINEMA

56. ARABIAN NIGHTS (ARABIAN NAITO), musical em dois atos e quinze cenas sobre as *Mil e Uma Noites*. Primeira publicação na
coletânea *Kôya yori* (*Dos Campos Devastados*). Tóquio, Chûo
Kôronsha, março de 1967. Primeira apresentação no Teatro Nissei, em Tóquio, 19 de novembro a 18 de dezembro de 1966. Direção de Takeo Matsuura.

57. A QUEDA DA FAMÍLIA SUZAKU (SUZAKUKE NO METSUBÔ), tragédia
em quatro atos baseada na tragédia *Heracles*, de Eurípedes. Primeira publicação na revista *Bunguei*, outubro de 1967. Primeira
montagem na *7ª Apresentação da Companhia NLT,* no Kiinokuniya Hall, em Tóquio, 13 a 29 de outubro de 1967. Direção de
Takeo Matsuura.

58. MIRANDA, roteiro de balé em dois atos. Primeira publicação na
revista *Kokoro* (*Espírito*). Tóquio, Heibonsha, outubro de 1968.
Primeira apresentação no *Festival Artístico em Comemoração ao
Centenário da Era Meiji*, no Teatro Nissei, em Tóquio, 26 a 27
de outubro de 1968. Direção de Akiko Tachibana.

59. MEU AMIGO HITLER (WAGATOMO HITTORA), peça declamatória
em três atos. Primeira publicação na revista *Bungakukai*, dezembro de 1968. Primeira representação pelo *Roman Guekijô* (*Teatro
Romântico*), no Kiinokuniya Hall, em Tóquio, 18 a 31 de janeiro
de 1969. Direção de Takeo Matsuura.

60. O TERRAÇO DO REI LEPROSO (RAIÔ NO TERASU), peça em três
atos. Primeira publicação na revista *Umi* (*Mar*). Tóquio, Chûo
Kôronsha, junho de 1969. Co-encenação das trupes *Kumo* (*Nuvens*) e *Roman Guekijô,* no Teatro Imperial, em Tóquio, 4 a 30 de
julho de 1969. Direção de Takeo Matsuura.

61. LUA CRESCENTE: AS AVENTURAS DE TAMETOMO (CHINSETSU YU-
MIHARIZUKI), kabuki em três atos baseado no romance homônimo
de Bakin Takizawa. Primeira publicação na revista *Umi*, novem-
bro de 1969. Primeira montagem no *3º Aniversário do Teatro
Nacional do Japão* em Tóquio, 5 a 27 de novembro de 1969.
Direção de Yukio Mishima.

62. LUA CRESCENTE: AS AVENTURAS DE TAMETOMO (CHINSETSU YUMIHA-
RIZUKI), versão bunraku do kabuki homônimo. Primeira publicação
em *Mishima Yukio zenshû* vol. 24, abril de 1975. Primeira apresentação no *5º Aniversário do Teatro Nacional do Japão,* em Tóquio, 14
a 28 de novembro de 1971. Direção de Shoichi Yamada.

Bibliografia em Japonês

OBRAS DE YUKIO MISHIMA

Mishima Yukio zenshû (*Obras Completas de Yukio Mishima*), 38 vols. Tokyo, Shinchôsha, 1973 a 1988.
Mishima Yukio guikyoku zenshû (*Teatro Completo de Yukio Mishima*), vols. I e II. Tokyo, Shinchôsha, 1990.
Kindai nôgakushû (*Peças de Nô Moderno*). Tokyo, Shinchô Bunko, 1989.
Shibai nikki (*Diário Teatral*). Tokyo, Chûo Kôronsha, 1991.
Gurafuika Mishima Yukio (*Álbum Fotográfico de Yukio Mishima*). Tokyo, Shinchôsha, 1990.
Bunka bôeiron (*Tratado para a Defesa da Cultura*). Tokyo, Shinchôsha, 1969
Wakaki samurai no tame ni (*Para o Jovem Samurai*). Tokyo, Nihon Kyôbunsha, 1969.
Tôron Mishima Yukio vs. *Tôdai zenkyôtô* (*Debate Yukio Mishima vs. Associação de Todos os Estudantes da Universidade de Tokyo*). Tokyo, Shinchôsha, 1969.
Mishima Yukio-ten (*Exposição Yukio Mishima*). Tokyo, Loja de Departamentos Tôbu, 12 a 17 de novembro de 1970.
Bunshô tokuhon (*Manual de Composição*). Tokyo, Chûo Kôronsha, 1995.
Mishima Yukio (*Yukio Mishima*). Tokyo, Chikuma Shobô, 1991.
Radigue no shi (*A Morte de Radiguet*). Tokyo, Shinchôsha, 1980.
Ratai to ishô (*Nudez e Vestuário*). Tokyo, Shinchôsha, 1983.
Shôsetsuka no kyûka (*As Férias de um Romancista*). Tokyo, Shinchôsha, 1982.
Ranryô-ô: Mishima Yukio's 1967.1~1970.11 (*Rei Ranryô: Artigos de Yukio Mishima – janeiro de 1967 a novembro de 1970*). Tokyo, Shinchôsha, 1971.

580 YUKIO MISHIMA: O HOMEM DE TEATRO E DE CINEMA

Mishima Yukio taidanshû: Shôbu no kokoro (Espírito Guerreiro, Antologia dos Colóquios de Yukio Mishima). Tokyo, Nihon Kyôbunsha, 1979.

BIBLIOGRAFIA SOBRE YUKIO MISHIMA

AKIYAMA, Sussumu et al. *Gunzô Nihon no sakka 18: Mishima Yukio (Escritores do Japão)*. Gunzô, vol. 18: Yukio Mishima. Tokyo, Shogakukan, 1990.

DÔMOTO, Masaki. *Mishima Yukio no engueki: makuguire no shisô (Teatro de Yukio Mishima: o Pensamento do Desfecho)*. Tokyo, Gueki Shobô, 1977.

_____. *Guekijin Mishima Yukio (O Homem de Teatro Yukio Mishima)*. Tokyo, Gueki Shobô, 1994.

FUJISHIMA, Taisuke. *Tennô, seinen, shi: Mishima Yukio o megutte (A Respeito de Yukio Mishima: Imperador, Jovens, Morte)*. Tokyo, Nihon Kyôbunsha, 1973.

FUKUSHIMA, Jûrô. *Shiryô:Mishima Yukio (Dados sobre Yukio Mishima)*. Tokyo, Sôshisha, 1982.

HASEGAWA, Izumi. *Damie garasu no bigaku (Estética do Vidro Colorido)*. Tokyo, Shibundô, 1973.

_____. *Mishima Yukio no chiteki unmei (O Destino Intelectual de Yukio Mishima)*. Tokyo, Shibundô, 1990.

_____. MORIYASU, Masafumi; ENDÔ, Tasuku & OGAWA, Kazusuke (orgs.). *Mishima Yukio kenkyû (Pesquisa sobre Yukio Mishima)*. Ubun Shoin, 1970.

HAYASHI, Fusao & IZAWA, Kinemaro. *Rekishi e no shôguen: Mishima Yukio senketsu no ikun (Testemunho à História: o Último Testamento a Sangue Fresco de Yukio Mishima)*. Tokyo, Kôyû Shuppan, 1971.

HIRAOKA, Azusa. *Segare, Mishima Yukio (Meu Filho, Yukio Mishima)*. Tokyo, Bunguei Shunshû, 1972.

_____. *Segare, Mishima Yukio (botsugo) (Meu Filho, Yukio Mishima, Após o seu Falecimento)*. Tokyo, Bunguei Shunshû, 1974.

HOSAKA, Masayasu. *Yûkoku no ronri (A Lógica do Patriotismo)*. Tokyo, Kodansha, 1980.

HOSOE, Eiko. *Barakei*. Álbum fotográfico de Yukio Mishima com prefácio de Mishima e notas de Hosoe, ilustrado por Yasuhei Suguiura. Tokyo, Shûeisha, 1ª ed. de 1963.

_____. *Barakei*, ilustrações de Tadanori Yokoo. Tokyo, Shûeisha, 2ª ed. de 1971.

_____. *Barakei*, ilustrações de Kiyoshi Awazu. Tokyo, Shûeisaha, 3ª ed. de 1984.

IIDA, Momo. *Mishima Yukio (Yukio Mishima)*. Tokyo, Toshi Shuppansha, 1970.

IMURA, Kimie. *Sarome no henyô: honyaku, butai (As Metamorfoses de Salomé: Traduções e Encenações)*. Tokyo, Shinshokan, 1990.

ISHIHARA, Shintarô. *Mishima Yukio no nisshoku (O Eclipse Solar de Yukio Mishima)*. Tokyo, Shinchôsha, 1991.

KAKII, Michihiro. *Kannu eigasai saiyûshû gueijutsu kôkenshô jushô sakuhin MISHIMA (MISHIMA, Obra Distinguida com o Prêmio de Contribuição para as Artes do Festival Cinematográfico de Cannes)*. Tokyo, Asuka Shinsha, 1986.

BIBLIOGRAFIA EM JAPONÊS   581

KATO, Taizô (org.). *Mishima no shi o dô miruka* (*Como Ver a Morte de Yukio Mishima*). Tokyo, Akimoto Shobô, 1971.

KOMURO, Naoki. *Mishima Yukio to tennô* (*Yukio Mishima e o Imperador*). Tokyo, Tenzan Bunko, 1990.

KUNO, Osamu & TSURUMI, Shunsuke. *Guendai Nihon no shisô* (*Pensamento Japonês Contemporâneo*). Tokyo, Iwanami Shoten, 1999.

MATSUMOTO, Ken'ichi. "Mishima Yukio kakeochi densetsu" (A Lenda da Fuga de Yukio Mishima). *Bunguei*, Tokyo, agosto de 1987.

MATSUMOTO, Tôru (editor e autor). *Nenpyô sakka tokuhon MISHIMA YUKIO* (*Manual Cronológico do Escritor YUKIO MISHIMA*). Tokyo, Kawade Shobô, 1995.

MURAMATSU, Takeshi. *Mishima Yukio no sekai* (*O Mundo de Yukio Mishima*). Tokyo, Shinchôsha, 1990.

NAKAMURA, Tetsurô. *Kabuki no maboroshi* (*A Ilusão do Kabuki*). Tokyo, Jinmu Shobô, 1970.

NAKAMURA, Yûjirô. *Mishima no kague: engueki no sô no shita ni* (*A Sombra de Mishima: Aspectos Teatrais*). Tokyo, Fukutake Shoten, 1988.

NAKANISHI, Sussumu. "*Kindai nôgakushû* no ai to kodoku" (Amor e Solidão nas *Peças de Nô Moderno*), *Programa Peças de Nô Moderno*. Tokyo Teatros Sanbyakunin, Nacional e Sunshine, 1 a 27 de novembro de 1990.

NOGUCHI, Takehiko. *Mishima Yukio no sekai* (*O Mundo de Yukio Mishima*). Tokyo, Kodansha, 1971.

_____. *Mishima Yukio to Kita Ikki* (*Yukio Mishima e Ikki Kita*). Tokyo, Fukumura Shuppan, 1986.

OGAWA, Tôru. *Taidanshû: Sore wa Mishima no shi ni hajimaru* (*Coletânea de Colóquios: Isso Começa com a Morte de Mishima*). Tokyo, Tachikaze Shobô, 1972.

OKA, Yumiko. *Mishima Yukio: Eirei no koe* (*Yukio Mishima: As Vozes dos Espíritos dos Heróis Mortos*), s/c, Himeji Daiuchû Shinri Gakkai, 1972.

ÔKUMA, Miyoshi. *Seppuku no rekishi* (*História do seppuku*). Tokyo, Yûzankaku, 1973.

OKUNO, Takeo. *Mishima Yukio densetsu* (*A Lenda de Yukio Mishima*). Tokyo, Shinchôsha, 1993.

SATO, Hideaki (org.) *Mishima Yukio: bi to erosu no ronri* (*Yukio Mishima: a Lógica da Estética e do Erotismo*). Tokyo, Yûseido, 1991.

_____. (ed.) *Mishima Yukio botsugo sankô bunken mokurokukô* (*Catálogo Bibliográfico de Referência sobre Yukio Mishima, Após a sua Morte*), Nagoya, Hideaki Sato, 1993.

SHIBUSAWA, Tatsuhiko. *Mishima Yukio oboegaki* (*Memorando sobre Yukio Mishima*). Tokyo, Tachikaze Shobô, 1983.

SHIMAZAKI, Hiroshi & MISHIMA, Yôko. *Teihon Mishima Yukio shoshi* (*Edição Príncipe da Bibliografia sobre Yukio Mishima*). Tokyo, Bara Jûjisha, 1972.

TAKAHASHI, Bunji. *Mishima Yukio no sekai: yôsetsu no yume to fuzai no bigaku* (*O Mundo de Yukio Mishima: o Sonho de Morte Prematura e a Estética da Ausência*). Tokyo, Shintensha, 1989.

TAKEMOTO, Tadao. *Pari yûkoku-ki: Mishima Yukio vs. yôroppa* (*Em Paris, o Patriotismo de Luto: Yukio Mishima Vs. Europa*). Tokyo, Nihon Yôbunsha, 1981.

TANAKA, Miyoko. *Kanshô Nihon guendai bungaku dai23kan Mishima Yukio* (*Apreciação da Literatura Contemporânea Japonesa, vol. 23: Yukio Mishima*). Tokyo, Kadokawa Shoten, 1980.

582 YUKIO MISHIMA: O HOMEM DE TEATRO E DE CINEMA

TASAKA, Kô. *Mishima Yukio nyûmon* (*Introdução a Yukio Mishima*). Tokyo, Origin Shuppan Center, 1985.

TAKECHI, Tetsuji. *Mishima Yukio: shi to sono kabukikan* (*Yukio Mishima: Morte e sua Visão Kabuki*). Tokyo, Nami Shobô, 1971.

UMEHARA, Takeshi. "Nihonjin no biishiki: shi no bigaku" ("A Consciência Estética dos Japoneses: Estética da Morte"), *Kokubungaku*. Tokyo, junho de 1970.

YAMASAKI, Masao. *Mishima Yukio ni okeru danshoku to tennôsei* (*Homossexualismo e Sistema Imperial em Yukio Mishima*). Tokyo, Umitsubame Shobô, 1978.

YASHIRO, Seiichi. "Kôkotsu no kishutachi: Kato Michio, Mishima Yukio, Akutagawa Hiroshi no seishun" ("Os Porta-Estandartes do Êxtase: a Juventude de Michio Kato, Yukio Mishima e Hiroshi Akutagawa"). *Shinchô*, Tokyo, setembro de 1984.

REVISTAS DEDICADAS A YUKIO MISHIMA

Mishima Yukio tokuhon (*Manual de Yukio Mishima*). *Shinchô*, Tokyo, edição extra janeiro de 1971.

Mishima Yukio tsuitô tokushû (*Edição Especial em Memória de Yukio Mishima*). *Shinchô*, Tokyo, fev. 1971.

Mishima Yukio, em *Bunguei tokuhon* (*Manual de Artes Literárias*). Tokyo, Kawade Shobô Shinsha, 1975.

Mishima Yukio zenshû. furoku n. 1, 1973nen kara furoku n. 36, 1976nen rokugatsu made (*Suplementos das Obras Completas de Yukio Mishima. n.s 1 a 36, abril de 1973 a junho de 1976*). Tokyo, Shinchôsha, 1973 a 1976.

Mishima Yukio hikkei (*Manual de Yukio Mishima*) In: MIYOSHI, Yukio (org.), *Kokubungaku* (*Literatura Japonesa*), vol. extra n. 19, Tokyo, Gakutôsha, 1983.

Ima Mishima Yukio o yomu (*Ler Yukio Mishima Agora*). *Kokubungaku*. Tokyo, Gakutôsha, jul. 1986.

Botsu 20nen. Mishima Yukio o yomu tame no kenkyû jiten (*Dicionário de Pesquisa para Ler Yukio Mishima. Vinte Anos do seu Falecimento*). *Kokubungaku*. Tokyo, Gakutôsha, abr. 1990.

Botsugo 20nen Mishima Yukio tokushû (Edição Especial Vinte Anos da Morte de Yukio Mishima). *Shinchô*, Tokyo, dez 1990.

PROGRAMAS DE ENCENAÇÕES DAS PEÇAS DE YUKIO MISHIMA

Bara to kaizoku (*A Rosa e o Pirata*), montada pelo Bungaku-za no Daiichi Seimei Hall, em Tóquio, 8 a 27 de julho de 1958, direção de Takeo Matsuura

Chinsetsu yumiharizuki (*Lua Crescente: As Aventuras de Tametomo*). Kabuki dirigido por Yukio Mishima, Teatro Nacional do Japão, em Tóquio, nov. 1969.

Chinsetsu yumiharizuki (*Lua Crescente: As Aventuras de Tametomo*). Kabuki co-dirigido por Shoichi Yamada e Kôji Ota, Teatro Nacional do Japão, em Tóquio, 5 a 27 de nov. 1987.

Chinsetsu yumiharizuki-ten (*Exposição Lua Crescente: As Aventuras de Tametomo*), Teatro Nacional do Japão, em Tóquio, 24 de set. a 12 de dez. 1987.

BIBLIOGRAFIA EM JAPONÊS 583

Kindai nôgakushû (Peças de Nô Moderno). Vários diretores, Sanbyakunin Guekijô de Tóquio, 23 a 3 de jul. 1988.

Kindai nôgakushû (Peças de Nô Moderno), Teatros Sanbyakunin, Nacional do Japão e Sunshine, em Tóquio, 1 a 27 de nov. 1990.

Nettaiju (Árvore Tropical), apresentada pelo Bungaku-za no Daiichi Seimei Hall em Tóquio, 7 a 23 de jan. 1960.

Rokumeikan (Palacete das Festas), dirigido por Takeo Matsuura e encenado pelo Teatro *Umi (Mar)* no Kiinokuniya Hall em Tóquio, 7 a 12 de mai. 1986.

Rokumeikan (Palacete das Festas), direção de Ichirô Inui e representado pela Companhia Shôchiku no Teatro Nissei em Tóquio, 4 a 28 de out. 1988.

Sado kôshaku fujin (Marquesa de Sade), dirigida por Ingmar Bergman com o Teatro Real Sueco, *Sotoba Komachi (A Centésima Noite)* e *Kantan (O Travesseiro dos Sonhos)*, sob direção de Yukio Ninagawa, The Globe de Tóquio, 1990.

Wagatomo Hittora (Meu Amigo Hitler), sob direção de Takeo Matsuura e montada pelo Teatro *Umi*, Theater Moliére em Shinjuku. Tóquio, 29 de ago. a 7 de set. 1989.

Yuya (nome da protagonista), drama dançante kabuki coreografado por Kanjûrô Fujima e estrelado por Utaemon Nakamura VI, Teatro Nacional do Japão em Tóquio, out. 1989.

ENTREVISTAS SOBRE MISHIMA

COM O FOTÓGRAFO EIKO HOSOE, a 21 de dezembro de 1993, no seu estúdio no bairro de Yotsuya em Tóquio.

COM O ATOR DE KYÔGUEN E DIRETOR TEATRAL SENNOJÔ SHIGUEYAMA, a 17 de maio de 1994 no Kanze Kaikan de Kyoto. O seu filho e ator de kyôguen Akira Shigueyama também participou da entrevista.

COM A ATRIZ HIDEKO MURAMATSU, a 10 de junho de 1994 na sua residência no bairro de Meguro em Tóquio.

COM TOSHIHIKO TARAMA, a 1 de agosto de 2005, no Edifício Winston Churchill, na Av. Paulista em São Paulo. Rimi H. de Oliveira também esteve presente à entrevista.

Bibliografia em Línguas Ocidentais

DRAMATURGIA DE YUKIO MISHIMA

Dôjôji. Tradução de Donald Keene. In: *Death in Midsummer and Other Stories*. Nova York, New Directions, 1966.

Dôjôji. Tradução de Aulyde Soares Rodrigues. In: *Morte em Pleno Verão e Outras Histórias*. Rio de Janeiro, Rocco, 1986.

Five Modern Nô Plays. Tradução de Donald Keene. Tokyo, Tuttle, 1986.

Le Palais des Fêtes. Tradução de Georges Nevrand. Paris, Gallimard, 1983.

Madame de Sade. Tradução de Donald Keene. Nova York, Grove, 1967.

Madame de Sade. Tradução de André Pieyre de Mandiargues. Paris, Gallimard, 1983.

My Friend Hitler. Tradução de Hiroaki Sato. *St. Andrews,* vol. 4, n. 3 e 4, Laurinburg (Carolina do Norte). St. Andrews Presbyterian College, outono e inverno de 1977; primavera e verão de 1978

Seis Piezas Nô. Tradução de Vicente Ribera Cueto & Masae Yamamoto. Barcelona, Barral, 1973.

Tropical Tree. Tradução de Kenneth Strong. *Japan Quarterly*. Tokyo, abr/jun de 1964.

Twilight Sunflower. Tradução de Shigueo Shinozaki e Virgil A.Warren. Tokyo, Hokuseido, 1958.

Yoroboshi. Tradução de Ted Takaya. In: *Modern Japanese Drama*. Nova York, Columbia University Press, 1979.

The Three Primary Colors. Tradução de Miles K. McElrath. *Occasional Papers n° 11, Japanese Culture II*, Ann Arbor. Universidade de Michigan, 1969.

Peças de Nô Moderno (O Travesseiro dos Sonhos, O Tamboril de Damasco, A Centésima Noite, A Dama Aoi, Os Leques Trocados, A Face no Espe-

586   YUKIO MISHIMA: O HOMEM DE TEATRO E DE CINEMA

lho, O Jovem Cego), *Árvore Tropical, Marquesa de Sade, Condenação das Rosas* (*Barakei*). Tradução de Darci Kusano. In: *Teatro Escolhido e Ensaio Fotográfico de Yukio Mishima*, tese de livre-docência vol. II. Escola de Comunicações e Artes da Universidade de São Paulo, 2003.

ROMANCES, CONTOS E ENSAIOS DE YUKIO MISHIMA

Confissões de uma Máscara. Tradução de Manoel Paulo Ferreira. São Paulo, Vertente, 1958.

Confissões de uma Máscara. Tradução de Jacqueline Nabeta. São Paulo, Companhia das Letras, 2004.

Cores Proibidas. Tradução de Jefferson José Teixeira. São Paulo, Companhia das Letras, 2002.

Mar Inquieto. Tradução de Leiko Gotoda. São Paulo, Companhia das Letras, 2002.

Depois do Banquete, sem tradutor, editora e data. Existente no Centro de Estudos Nipo-Brasileiros em São Paulo.

Forbidden Colors. Tradução de Alfred H. Marks. Tokyo, C. E. Tuttle, 1975.

Marinheiro que Perdeu as Graças do Mar, O. Tradução de Waltensir Dutra. Rio de Janeiro, Rocco, 1985.

Morte em Pleno Verão e Outras Histórias. Tradução de Aulyde Soares Rodrigues. Rio de Janeiro, Rocco, 1986.

O Hagakure, A Ética dos Samurais e o Japão Moderno. Tradução de Waltensir Dutra. Rio de Janeiro, Rocco, 1987.

Sol e Aço. Tradução de Paulo Leminski, assessoria técnica de Elza Doi e Darci Kusano. São Paulo, Brasiliense, 1985.

O Templo do Pavilhão Dourado. Tradução de Eliana Sabino. Rio de Janeiro, Rocco, 1988.

Tetralogia *Mar da Fertilidade*, São Paulo, Brasiliense: I. *Neve de Primavera*. Tradução de Newton Goldman, 1986; II, *Cavalo Selvagem*. Tradução de Isa Mara Lando, 1987; III. *O Templo da Aurora*. Tradução de Isa Mara Lando, 1988; IV. *A Queda do Anjo*. Tradução de Isa Mara Lando. 1988.

The Sound of Waves. Tradução de Meredith Weatherby. Tokyo, C. E. Tuttle, 1977.

Thirst for Love. Tradução de Alfred H. Marks. Tokyo, C. E. Tuttle, 1976.

The Monster e *The Peacocks*, traduzidos por David O. Mills, *Occasional Papers* n.11, *Japanese Culture II*, Ann Arbor, Universidade de Michigan, 1969.

CRÍTICAS, BIOGRAFIAS, ÁLBUM FOTOGRÁFICO E BIBLIOGRAFIA GERAL

ARISTÓTELES. *Poética*. Tradução de Eudoro de Souza, Porto Alegre, Globo, 1966

BATAILLE, Georges. *L'Érotisme*, Paris, Minuit, 1965.

CANALES, Luis. *Don Quixote and Mishima Yukio: a Noble Knight and a Homo-erotic Samurai*, xerox.

FINO, Giuseppe. *Mishima, Écrivain et Guerrier*, tradução do italiano por Philippe Baillet. Paris, Éditions de la Maisnie, 1983.

HOSOE, EIKO. *Ordalie par les Roses*. Álbum fotográfico de Yukio Mishima,

BIBLIOGRAFIA EM LÍNGUAS OCIDENTAIS

prefácio de Mishima e notas de Hosoe, traduzidos do inglês por Tanguy Kenec'hdu, ilustrações de Kiyoshi Awazu. Paris, Hologramme, 1986.

IWAMOTO, Yoshio & WAGENAAR, Dick. "Dialetics of Mind and Body", *Contemporary Literature* XVI-1, 1975.

KAWABATA, Yasunari. *Correspondance avec Mishima*. Paris, Albin Michel, 2000.

KEENE, Donald. "Mishima and the modern scene", *Times Literary Supplement*, 3265, 20 de ago. 1971.

_____. *Landscapes and Portraits: Appreciations of Japanese Culture*. Tokyo, Kodansha International, 1971.

LEBRA, Joyce C. "Mishima's Last Act". *Literature East and West*, Vol. 15, n. 2, 1971.

LIFTON, Robert Jay; KATÔ, Shûichi & REICH, Michael R.. *Six Lives, Six Deaths*. Londres, Yale University Press, 1979.

MENDIOLA, Venancio L. "Mishima's Tetralogue: an Interpretatio" *Unitas*, nr. 56-3, University of Santo Tomas, 1983, pp. 331-515.

MILLER, Henry. *Reflections on the Death of Mishima*. Santa Barbara, Capra, 1972.

NAPIER, Susan J. "Death and the Emperor: Mishima, Ôe and the Politics of Betrayal". *The Journal of Asian Studies*. University of California Press, vol. 48, fev. 1989.

NATHAN, John. *Mishima, a Biography*. Tokyo, Tuttle, 1991.

NIETZSCHE, Friedrich. *A Origem da Tragédia*. Tradução de Álvaro Ribeiro, Lisboa, Guimarães, 1972.

_____. *Assim Falava Zaratustra*. Tradução de José Mendes de Souza, São Paulo, Brasil Editora, 1965.

PETERSEN, Gwenn Boardman. *The Moon in the Water: Understanding Tanizaki, Kawabata and Mishima*, Honolulu, University Press of Hawaii, 1979.

PINGUET, Maurice. *A Morte Voluntária no Japão*. Tradução de Regina Abujamra Machado. Rio de Janeiro, Rocco, 1987.

RACINE, Jean. "*Fedra, Ester, Atália* de Racine e *Polieucto* de Pierre Corneille". In: *Teatro Clássico,* vol. v. Tradução de Jenny Klabin Segall. São Paulo, Martins, 1970.

SHILLONY, Ben-Ami. *Revolt in Japan: the Young Officers and the February 26, 1936 Incident*. Princeton, Princeton University Press, 1973.

SOUZA, José Afonso Medeiros. *Yukio Mishima ou a Teatralização da Morte. Cultura Vozes*. Petrópolis, Jan.-fev, 2000.

STARRS, Roy. *Deadly Dialetics*. Sandgate, Folkestone, Japan Library, 1994.

STOKES, Henry Scott. *A Vida e a Morte de Mishima*. Tradução de Milton Persson. Porto Alegre, L&PM, 1986.

TESSIER, Max (org.). *Cinema et Littérature au Japon: de l'ère Meiji à nos jours*. Paris, Centre Georges Pompidou, 1986

UEDA, Makoto. *Modern Japanese Writers and the Nature of Literature*, Stanford, Stanford University Press, 1976

VALLEJO-NÁGERA, Juan Antonio. *Mishima o El Placer de Morir*. Barcelona, Planeta, 1978.

VIGLIELMO, Valdo H. "Mishima y Brasil: Un Estudio de Shiroari no su". *Estudios Orientales*. México, El Colegio de Mexico, vol.VIII, n. 1, 1973.

VILLIERS DE L'ISLE-ADAM, Auguste, conde de *O Desejo de Ser um Homem*.

In: *Contos Cruéis*. Tradução de Pauline Alphen. São Paulo, Iluminuras, 1987.

WOLFE, Peter. *Yukio Mishima*. Nova York, Continuum, 1989.

YOURCENAR, Marguerite. *Mishima o la Visión del Vacío*. Tradução de Enrique Sordo. Barcelona, Seix Barral, 1988.

Créditos das Imagens

CINE YAYOI-ZA DE KYOTO

Figura 30.

COMPANHIA BUNGAKU-ZA

Figuras 7, 8, 9, 11, 16, 17, 25, 26, 27.

COMPANHIA CINEMATOGRÁFICA DAIEI

Figura 28.

MUSEU DO TEATRO DA UNIVERSIDADE WASEDA

Figuras 1, 2 (a, b, c, d), 3 (a, b, c, d, e, f, g, h, i, j), 5, 6 (a, b, c, d, e, f), 10 (a, b, c, d, e), 12, 13 (a, b, c, d, e, f), 14 (a, b, c, d, e, f, g), 15 (a, b, c, d, e), 18, 19 (a, b), 20 (a, b, c, d), 21 (a, b), 22, 23 (a, b, c), 24 (a, b, c, d, e, f), 31.

TEATRO NISSEI

Figura 29.

TOSHIHIKO TARAMA (ARQUIVO PESSOAL)

Figura 4.

TEATRO NA PERSPECTIVA

O Sentido e a Máscara
Gerd A. Bornheim (D008)
A Tragédia Grega
Albin Lesky (D032)
Maiakóvski e o Teatro de Vanguarda
Angelo M. Ripellino (D042)
O Teatro e sua Realidade
Bernard Dort (D127)
Semiologia do Teatro
J. Guinsburg, J. T. Coelho Netto e
Reni C. Cardoso (orgs.) (D138)
Teatro Moderno
Anatol Rosenfeld (D153)
O Teatro Ontem e Hoje
Célia Berrettini (D166)
Oficina: Do Teatro ao Te-Ato
Armando Sérgio da Silva (D175)
O Mito e o Herói no Moderno Teatro Brasileiro
Anatol Rosenfeld (D179)
Natureza e Sentido da Improvisação Teatral
Sandra Chacra (D183)
Jogos Teatrais
Ingrid D. Koudela (D189)
Stanislávski e o Teatro de Arte de Moscou
J. Guinsburg (D192)

O Teatro Épico
Anatol Rosenfeld (D193)
Exercício Findo
Décio de Almeida Prado (D199)
O Teatro Brasileiro Moderno
Décio de Almeida Prado (D211)
Qorpo-Santo: Surrealismo ou Absurdo?
Eudinyr Fraga (D212)
Performance como Linguagem
Renato Cohen (D219)
Grupo Macunaíma: Carnavalização e Mito
David George (D230)
Bunraku: Um Teatro de Bonecos
Sakae M. Giroux e Tae Suzuki (D241)
No Reino da Desigualdade
Maria Lúcia de Souza B. Pupo (D244)
A Arte do Ator
Richard Boleslavski (D246)
Um Vôo Brechtiano
Ingrid D. Koudela (D248)
Prismas do Teatro
Anatol Rosenfeld (D256)
Teatro de Anchieta a Alencar
Décio de Almeida Prado (D261)

A Cena em Sombras
Leda Maria Martins (D267)
Texto e Jogo
Ingrid D. Koudela (D271)
O Drama Romântico Brasileiro
Décio de Almeida Prado (D273)
Para Trás e Para Frente
David Ball (D278)
Brecht na Pós-Modernidade
Ingrid Dormien Koudela (D281)
O Teatro É Necessário?
Denis Guénoun (D298)
O Teatro do Corpo Manifesto:
Teatro Físico
Lúcia Romano (E301)
O Melodrama
Jean-Marie Thomasseau (E303)
João Caetano
Décio de Almeida Prado (E011)
Mestres do Teatro I
John Gassner (E036)
Mestres do Teatro II
John Gassner (E048)
Artaud e o Teatro
Alain Virmaux (E058)
Improvisação para o Teatro
Viola Spolin (E062)
Jogo, Teatro & Pensamento
Richard Courtney (E076)
Teatro: Leste & Oeste
Leonard C. Pronko (E080)
Uma Atriz: Cacilda Becker
Nanci Fernandes e Maria T.
Vargas (orgs.) (E086)
TBC: Crônica de um Sonho
Alberto Guzik (E090)
Os Processos Criativos de Robert Wilson
Luiz Roberto Galizia (E091)
Nelson Rodrigues: Dramaturgia e
Encenações
Sábato Magaldi (E098)
José de Alencar e o Teatro
João Roberto Faria (E100)
Sobre o Trabalho do Ator
Mauro Meiches e Silvia Fernandes
(E103)
Arthur de Azevedo: A Palavra e o Riso
Antonio Martins (E107)
O Texto no Teatro
Sábato Magaldi (E111)

Teatro da Militância
Silvana Garcia (E113)
Brecht: Um Jogo de Aprendizagem
Ingrid D. Koudela (E117)
O Ator no Século XX
Odette Aslan (E119)
Zeami: Cena e Pensamento Nô
Sakae M. Giroux (E122)
Um Teatro da Mulher
Elza Cunha de Vincenzo (E127)
Concerto Barroco às Óperas do Judeu
Francisco Maciel Silveira (E131)
Os Teatros Bunraku e Kabuki: Uma
Visada Barroca
Darci Kusano (E133)
O Teatro Realista no Brasil: 1855-1865
João Roberto Faria (E136)
Antunes Filho e a Dimensão Utópica
Sebastião Milaré (E140)
O Truque e a Alma
Angelo Maria Ripellino (E145)
A Procura da Lucidez em Artaud
Vera Lúcia Felício (E148)
Memória e Invenção: Gerald Thomas
. *em Cena*
Sílvia Fernandes (E149)
O Inspetor Geral *de Gógol/Meyerhold*
Arlete Cavaliere (E151)
O Teatro de Heiner Müller
Ruth Cerqueira de Oliveira Röhl
(E152)
Falando de Shakespeare
Barbara Heliodora (E155)
Moderna Dramaturgia Brasileira
Sábato Magaldi (E159)
Work in Progress na Cena Contemporânea
Renato Cohen (E162)
Stanislávski, Meierhold e Cia
J. Guinsburg (E170)
Apresentação do Teatro Brasileiro
Moderno
Décio de Almeida Prado (E172)
Da Cena em Cena
J. Guinsburg (E175)
O Ator Compositor
Matteo Bonfitto (E177)
Ruggero Jacobbi
Berenice Raulino (E182)
Papel do Corpo no Corpo do Ator
Sônia Machado Azevedo (E184)

O Teatro em Progresso
Décio de Almeida Prado (E185)
Édipo em Tebas
Bernard Knox (E186)
Depois do Espetáculo
Sábato Magaldi (E192)
Em Busca da Brasilidade
Claudia Braga (E194)
A Análise dos Espetáculos
Patrice Pavis (E196)
As Máscaras Mutáveis do Buda Dourado
Mark Olsen (E207)
Caos / Dramaturgia
Rubens Rewald (E213)
Para Ler o Teatro
Anne Ubersfeld (E217)
Entre o Mediterrâneo e o Atlântico, Uma Aventura Teatral
Maria Lúcia de Souza Barros Pupo (E220)
Do Grotesco e do Sublime
Victor Hugo (EL05)
O Cenário no Avesso
Sábato Magaldi (EL10)
A Linguagem de Beckett
Célia Berrettini (EL23)
Idéia do Teatro
José Ortega y Gasset (EL25)
O Romance Experimental e o Naturalismo no Teatro
Emile Zola (EL35)
Duas Farsas: O Embrião do Teatro de Molière
Célia Berrettini (EL36)
Marta, A Árvore e o Relógio
Jorge Andrade (T001)
O Dibuk
Sch. An-Ski (T005)
Leone de'Sommi: Um Judeu no Teatro da Renascença Italiana
J. Guinsburg (org.) (T008)

Urgência e Ruptura
Consuelo de Castro (T010)
Pirandello do Teatro no Teatro
J. Guinsburg (org.) (T011)
Canetti: O Teatro Terrível
Elias Canetti (T014)
Idéias Teatrais: O Século XIX no Brasil
João Roberto Faria (T015)
Heiner Müller: O Espanto no Teatro
Ingrid Dormien Koudela (Org.) (T016)
Büchner: Na Pena e na Cena
J. Guinsburg e Ingrid Dormien Koudela (Orgs.) (T017)
Três Tragédias Gregas
Guilherme de Almeida e Trajano Vieira (S022)
Édipo Rei de Sófocles
Trajano Vieira (S031)
As Bacantes de Eurípides
Trajano Vieira (S036)
Teatro e Sociedade: Shakespeare
Guy Boquet (K015)
Eleonora Duse: Vida e Obra
Giovanni Pontiero (PERS)
Linguagem e Vida
Antonin Artaud (PERS)
Ninguém se Livra de seus Fantasmas
Nydia Licia (PERS)
O Cotidiano de uma Lenda
Cristiane Layher Takeda (PERS)
História Mundial do Teatro
Margot Berthold (LSC)
O Jogo Teatral no Livro do Diretor
Viola Spolin (LSC)
Dicionário de Teatro
Patrice Pavis (LSC)
Jogos Teatrais: O Fichário de Viola Spolin
Viola Spolin (LSC)
Zé
Fernando Marques (LSC)

IMPRESSÃO E ACABAMENTO